INVENTAIRE

ARCHIVES INTERNATIONALES D'HISTOIRE DES IDÉES

INTERNATIONAL ARCHIVES OF THE HISTORY OF IDEAS

54

J. BRUGGEMAN†

A. J. VAN DE VEN

INVENTAIRE

DES PIÈCES D'ARCHIVES FRANÇAISES SE RAPPORTANT
À L'ABBAYE DE PORT-ROYAL DES CHAMPS ET SON CERCLE

ET

À LA RÉSISTANCE CONTRE LA BULLE UNIGENITUS ET À L'APPEL

(ANCIEN FONDS D'AMERSFOORT)

J. BRUGGEMAN†

A. J. VAN DE VEN

INVENTAIRE

DES PIÈCES D'ARCHIVES FRANÇAISES
SE RAPPORTANT
À L'ABBAYE DE PORT-ROYAL DES CHAMPS
ET SON CERCLE

ET

À LA RÉSISTANCE CONTRE LA BULLE UNIGENITUS
ET À L'APPEL

(ANCIEN FONDS D'AMERSFOORT)

MARTINUS NIJHOFF / LA HAYE / 1972

Cette publication a été réalisée grâce à l'aide financière:
de l'Organisation Néerlandaise pour le Développement de la Recherche Scientifique (Z.W.O.);
des Archives d'État des Pays-Bas;
de l'Église Vieille-Catholique d'Utrecht;
de la fondation Prins Bernhard à Amsterdam;
de la fondation Fentener van Vlissingen à Utrecht;
et d'une fondation Néerlandaise qui préfère rester inconnue.

ISBN 90 247 5122 5

PRINTED IN THE NETHERLANDS

PREFACE

Longtemps réunies en un seul dépôt au séminaire Vieux-Catholique d'Amersfoort et mentionnées communément sous le nom de Fonds d'Amersfoort, les pièces d'archives françaises dont on trouvera la description dans les deux sections du présent inventaire proviennent de deux collections différentes. Sur la formation et la transmission de chacune de ces collections bien des obscurités subsistent, aussi nous semble-t-il souhaitable de consigner ici les points dûment établis de leur historique.[1]

Comme le relève M. Gazier, bien avant 1709, année de sa destruction, l'Abbaye de Port-Royal n'était plus considérée comme un dépôt sûr.[2] Afin de mettre à couvert les pièces d'archives et les papiers précieux qu'elle abritait, on fit appel aux Hollandais catholiques qui, depuis le vicariat de Jean de Neercassel (†1686), évêque de Castorie i.p.i. et Vicaire Apostolique des Pays-Bas (du Nord), étaient en rapport avec Port-Royal. Comment le transfert s'effectua-t-il? Quelles furent les négociations qui y préludèrent? Les archives ecclésiastiques hollandaises ne nous fournissent aucune donnée précise sur ce point.[3] On ignore également l'endroit où fut tout d'abord déposée la collection, mais on peut supposer que ce fut à la cure de Sainte-Gertrude à Utrecht dans le "Driehoek van Sint Marie" (Les trois coins de Sainte-Marie, selon l'expression de Sainte-Beuve[4]) où se trouvait alors le dépôt central des archives du Chapitre métropolitain et des Vicaires Apostoliques. Par la suite, ces archives françaises furent transférées à la maison de Rijnwijk (Rhijnwijck), située dans la seigneurie de Stoetwegen,

---

[1] Rappelons qu'en 1968 le Chapitre métropolitain d'Utrecht (Vieux-Catholique) mit ses collections d'archives (c'est-à-dire le fonds néerlandais se rapportant à l'Eglise catholique de la République des Sept Provinces depuis la Réformation jusqu'au schisme de 1723, et dès lors jusqu'à 1873, à l'Eglise Vieille-Catholique des Pays-Bas, ainsi que le fonds français susdit) en dépôt au Rijksarchief (Dépôt des Archives du Royaume) dans la province d'Utrecht, où les historiens intéressés pourront les consulter. Ces fonds sont désignés respectivement comme fonds "Oud-Bisschoppelijke Clerezij" (abrégé: O.B.C.) et "Port-Royal et Unigenitus" (abrégé: P.R.). Ces deux collections ont des cotes différentes. Du fonds O.B.C. il existe un inventaire imprimé (La Haye 1928), rédigé par M. J. Bruggeman, et complété ultérieurement par de nombreuses additions manuscrites.

[2] A. Gazier, *Histoire Générale du mouvement janséniste*, Paris, 1922, II, p. 33.

[3] Un Recueil de vers etc., de la main de M. de Pontchâteau (P. R. 433 ci-après) contient la note suivante: Première (partie?) paraphée suivant le procès-verbal de ce jour d'huy 4 décembre 1726. (signé) Revauls. Berthier. – Probablement ce procès-verbal se trouve dans le fonds des archives de la Bastille (Bibliothèque de l'Arsenal). Cf. le livre de M. Bruno Neveu, *Sébastien Joseph du Cambout de Pontchâteau (1634–1690) et ses missions à Rome d'après sa correspondance et des documents inédits*, Paris, 1969, p. 341.

[4] C. A. Sainte-Beuve, *Port Royal*, 3e éd., V (1867), p. 306.

v

qui appartient aujourd'hui à la commune de Zeist, à l'est d'Utrecht. Cette maison de Rijnwijk, démolie au cours de l'année 1867, avait été achetée en 1726 pour y héberger les moines cisterciens de l'Abbaye d'Orval (aujourd'hui en Belgique) qui avaient refusé en 1725 d'accepter la Bulle *Unigenitbus*.[5] A l'extinction de la communauté des Orvalistes, la maison fut vendue par son propriétaire hollandais, en 1743, aux frères Jean-Baptiste et Alexis Desessarts, respectivement diacre et prêtre du diocèse de Paris, qui, à leur tour, la cédèrent en 1756 à Alexandre Darboulin. Ce dernier devait en rester le propriétaire jusqu'en 1772.

Peu après l'arrivée des moines cisterciens, la maison de Rijnwijk avait servi également de refuge à des ecclésiastiques français, qui avaient dû s'expatrier à la suite de leur refus de la Bulle *Unigenitus*. C'est sans doute à cette époque, entre 1730 et 1740, que les collections d'archives provenant de l'Abbaye de Port-Royal et de son cercle furent déposées à Rijnwijk. Les Orvalistes, puis les Français réfugiés y ajoutèrent alors leurs propres collections, dont on trouvera la description dans la première section du présent inventaire. Soulignons ici qu'au nombre de ces Français se trouvait l'évêque de Babylone, Dominique-Marie Varlet, à qui l'Eglise Vieille-Catholique des Pays-Bas doit sa hiérarchie indépendante de Rome. On sait que le principe d'une telle hiérarchie s'imposa, après le premier Concile du Vatican, aux autres églises vieilles-catholiques. La maison de Rijnwijk posséda encore une bibliothèque, assez vaste sans doute, pour répondre aux besoins du séminaire de théologie, fondé par les ecclésiastiques réfugiés. La mort de Jean-Baptiste le Sesne de Ménilles d'Etemare en 1770 et probablement encore la quasi-pénurie d'étudiants français en théologie créèrent à Rijnwijk une situation nouvelle. En 1772, Alexandre Darboulin vendit la maison à M. Jean Kol, intendant des représentants des terres nobles de la Province d'Utrecht, et ses deux derniers occupants, les abbés Gabriel Dupac de Bellegarde et Jean-Baptiste Mouton, allèrent s'installer à Utrecht dans une maison du "Sint Marienkerkhof" (aujourd'hui Maria-plaats). Cette maison était attenante au terrain de la maison de Clarenburg, où se trouvent encore de nos jours l'église cachée et la cure de Sainte-Marie Minor. Nos deux Français l'appellèrent, sans autre souci d'exactitude (ce qui a induit quelquefois les historiens en erreur) tout simplement Clarembourg. En fait, leur nouvelle demeure était à l'origine une maison claustrale du chapitre de Sainte-Marie. Après la Réformation, la coutume s'établit de louer ou de vendre ces maisons, le terrain restant toutefois propriété du chapitre, qui, rappelons-le, devait survivre jusqu'à sa suppression par Napoléon en 1811.

Dupac mourut en 1789 et Mouton en 1803. Ce dernier étant mort intestat, ce ne fut qu'après avoir surmonté bien des difficultés, suscitées par ses héritiers en France, que l'Eglise de Hollande put acquérir la propriété de la maison baptisée à tort Clarembourg, mais couramment appelée à cette époque "la maison française". De 1825 à 1937, elle devait servir de palais archiépiscopal, sauf pendant les années 1858–1873, années au cours desquelles l'archevêque Henri Loos conserva, avec sa charge de curé de Sainte-Marie Minor, la maison de Clarenburg proprement dite. Vendue en 1937, la maison disparaîtra vraisemblablement dans un proche avenir, sacrifiée aux exigences de la circulation urbaine.

Le déménagement de 1772 avait entraîné le transfert à Utrecht de la bibliothèque[6] et

---

[5] A. J. van de Ven, "La communauté cistercienne de la maison de Rijnwijk près d'Utrecht", *Internationale Kirchliche Zeitschrift* (Berne), 1949, p. 115–139.
[6] Les vicissitudes de la bibliothèque ne sont pas exactement connues. Peut-être a-t-on transféré, dès 1772, une partie des livres au séminaire d'Amersfoort, une autre partie à Utrecht. Après le décès de

des archives. Faute de documents, nous ne pouvons nous étendre plus avant sur ces dernières. Un fait du moins s'impose à nous: le fonds janséniste de la Bibliothèque de Troyes contient des pièces d'archives provenant de la maison de Rijnwijk. Ces pièces, avant la Révolution, étaient à Troyes en possession des Pères de l'Oratoire qui avaient en cette ville un collège et une maison.[7] On présume qu'une grande partie de ces pièces, – originaux ou surtout copies –, étaient alors parvenues en France par l'entremise de l'Abbé Le Roy de Saint-Charles, qui avait été pendant un temps l'hôte de Rijnwijk et devint par la suite avocat au Parlement de Paris.[8] Lors de ma visite à Troyes en 1955, j'ai pu consulter dans le manuscrit 2202 une lettre originale de l'archevêque d'Utrecht, Gaultier-Michel van Nieuwenhuysen, du 27 décembre 1775, à Le Roy. Citons encore cet extrait d'une lettre, en date du 30 janvier 1856, du Doyen Stiévenart, de la Faculté des Lettres de Dijon, à M. Lescoeur, Inspecteur d'Académie à Niort:[9] "Il n'y a rien dans les dépôts publics de Dijon de ce dont vous m'entretenez. Peut-être aurez-vous meilleure chance à Troyes. Cette ville a possédé des papiers considérables sur Port-Royal. Ils ont été autrefois partagés entre Troyes et le Séminaire de Rynswieck en Hollande. Je crois que M. Cousin en parle quelque part."[10] Ces papiers se trouvent inventoriés dans le catalogue des manuscrits de la bibliothèque municipale de Troyes, mais ne constituent pas un fonds spécial.

Les papiers, provenant de Rijnwijk et se trouvant à Amersfoort dans une centaine de boîtes, avaient été catalogués vers 1885 par Richardus Johannes Hooykaas (1862–1944), ancien séminariste et plus tard libraire à Utrecht et à Amsterdam. Le résultat de son énorme travail est constitué par quatorze livres, pourvus chacun d'un index, qui ne sont malheureusement plus utilisables pour les chercheurs d'aujourd'hui. En 1930, le Chapitre métropolitain demanda à Jacob Bruggeman[11] d'inventorier de nouveau cette collection, d'y insérer les documents qui, dans le cours des temps, en avaient été distraits et d'en retirer ceux qui y avaient été placés à tort. Une telle démarche s'imposait. En effet, diverses pièces, ayant appartenu aux archives de l'Eglise hollandaise, s'étaient trouvées mêlées aux pièces françaises, du fait du classement opéré précédem-

l'abbé Mouton, il se peut que l'on ait procédé à une nouvelle répartition. En effet, dans la Bibliothèque de Sainte-Gertrude d'Utrecht se trouve une traduction latine du Coran avec le texte en arabe (1698), ce qui laisse supposer une provenance de Rijnwijk et des Missions Etrangères. Vers 1890, l'Antiquariat Frederik Muller & Co. d'Amsterdam (qui n'existe plus aujourd'hui) publia un catalogue à prix fixe intitulé: *Bibliotheca Rhynwykiana*. La préface, de la main de l'associé Frederik Adama van Scheltema (1846–1899), candidat en théologie, ne dit rien de l'origine de cette collection. La tentative faite pour s'enquérir de la survie des archives de cet antiquariat s'est heurtée à un net refus de la part du dernier associé. Les vestiges de la bibliothèque de la "Maison française" à Utrecht ont été conservés dans cette maison jusqu'en 1937. Ils se trouvent encore maintenant chez l'archevêque.

[7] La loi de 1792 mit fin à l'existence de cette maison de l'Oratoire. Cf. Forneron, *Notice historique sur le Collège de Troyes*. (Mémoires de la Société d'agriculture, sciences, arts et belles-lettres du département de l'Aube, X(1840/41), p. 114. – Chanoine A. Prevost, *Le diocèse de Troyes, histoire et documents*, t. III, p. 55 sqq. – Françoise Bibolet, "Le fonds janséniste de la Bibliothèque de Troyes", *Chroniques de Port-Royal*, No. 17–18 (1969), p. 59–67.

[8] A. Gazier, *o.c.*, II, p. 40.

[9] Fonds O.B.C., cote 1248. Rijksarchief Utrecht. Cette lettre fut remise par le père de M. Lescoeur, juge de paix à Pont-de-Veyle, au Président du Séminaire d'Amersfoort, M. l'abbé Christian Karsten, qui s'était alors informé des papiers de Port-Royal et de la Mère Agnès.

[10] Sur Victor Cousin cf., *Nouvelle Biographie Universelle*, XII (1855), p. 254; A. Gazier, *Histoire Générale* ..., II, p. 236. Dans son rapport à l'Académie Française sur une nouvelle édition des Pensées de Pascal (1843), p. 15, Cousin fait mention de la Bibliothèque de Troyes, mais non de celle de Rijnwijk.

[11] A. J. van de Ven, "In memoriam J. Bruggeman", *Nederlands Archievenblad*, 1956/57, p. 64–68.

ment par auteurs. Cependant les archives françaises furent acheminées peu à peu d'Amersfoort à La Haye, où J. Bruggeman entreprit un nouveau triage. Le 30 novembre 1944, jour de son 75e anniversaire, ce dernier mettait le point final à l'inventaire qui forme la première section du présent ouvrage. En cette heure des plus sombres du dernier hiver de la guerre et de l'occupation il exprimait dans une émouvante formule latine un *nunc dimittis* plein d'espérance.[12]

Outre la collection d'archives, provenant de la maison de Rijnwijk, il en existait une autre, d'origine différente, que l'abbé Karsten avait réussi à acquérir, grâce à ses relations avec les "Amis de la Vérité" à Paris.[13] J. Bruggeman avait commencé l'inventaire de cette collection. Nous avons pu, au lendemain de notre retraite comme archiviste-en-chef du dépôt des Archives du Royaume à Utrecht, en 1963, y consacrer la plus grande partie de notre temps et le mener à terme.

La correspondance échangée entre Mademoiselle Rachel Gillet de Paris et l'abbé Karsten nous permet de retracer l'origine de cette collection.[14] C'est vraisemblablement le prêtre Léonard Dilhe qui prit l'initiative de recueillir les papiers des Appellants de la Bulle *Unigenitus* (1713), papiers que l'on trouvera pour la plupart décrits dans la seconde section de cet inventaire. Peut-être acquit-il, le cas échéant, les pièces antérieures à 1713, c'est-à-dire datant de l'époque de Port-Royal. Il les mit en ordre, dans la mesure du possible, en identifia l'auteur ou le destinataire et les data. En particulier, il a noté le nom du destinataire des lettres adressées aux évêques de Montpellier et de Senez. En 1764, par l'entremise de l'abbé Sartre, il déposa une caisse de manuscrits à la Bibliothèque des Pères de l'Oratoire de la rue Saint-Honoré à Paris.[15] Par la suite, ces manuscrits se trouvèrent en possession de M. Jean-Louis Rondeau, ancien oratorien, ancien curé constitutionnel de Sarcelles et finalement vicaire à Saint-Séverin de Paris, qui mourut en 1832.[16] Mademoiselle R. Gillet suppose que Rondeau put les acquérir pendant la Révolution de 1789.[17] On peut aussi penser que, là encore, Le Roy de Saint-Charles servit d'intermédiaire. Rondeau laissa la collection à deux jansénistes fervents, les frères Roch et Amable Pâris.[18] Le premier, professeur de dessin à l'Ecole Polytechnique mourut le 14 avril 1837; le second, employé dans les bureaux du Conseil d'Etat, le 11 février 1845.[19]

Or, en cette année 1845, dans le but probablement de rendre visite aux Amis de la Vérité et aux Soeurs de Sainte-Marthe, l'archevêque Jean van Santen (1772–1858) projeta un voyage à Paris, en compagnie de l'abbé Karsten (1809–1884), professeur au séminaire d'Amersfoort. L'archevêque étant tombé malade, M. Karsten dut partir seul, en août 1845, à Paris, où il jouit de l'hospitalité de la famille Gillet. Les demoiselles Rachel et Sophie Gillet[20] devaient par la suite entretenir avec leur hôte hollandais une correspondance[21] suivie jusqu'à leur mort, respectivement en 1875 et 1877. Au

[12] Cf. ci-dessous, p. 174.
[13] A. Gazier, *o.c.*, II, p. 242.
[14] Fonds O.B.C., cote 1247.
[15] Voir cote 5852 ci-après.
[16] A. Gazier, *o.c.*, II, p. 180 note; Voir aussi: Cécile Gazier, *Histoire de la Société et de la Bibliothèque de Port-Royal*, Paris 1966, p. 28 sqq.
[17] Lettre du 4 février 1847 à l'abbé Karsten, O.B.C., cote 1247.
[18] C'est ce que rapporte Mlle Gillet dans la préface de son catalogue manuscrit. Cf. ci-après cote 7156.
[19] A. Gazier, *o.c.*, II, p. 162, note 1.; C. Gazier, *o.c.*, p. 26–27 sqq.
[20] Sur ces demoiselles cf., A. Gazier, *o.c.*, II, p. 269 sqq.; C. Gazier, *o.c.*, p. 37 sqq.
[21] Fonds O.B.C., cote 1247.

cours de son séjour parisien, l'abbé Karsten fit également la connaissance de M. Ambroise Guélon, rédacteur de la *Revue ecclésiastique*,[22] qui l'introduisit à la Bibliothèque janséniste, sise alors rue de la Parcheminerie. C'est là sans doute qu'il prit connaissance des manuscrits dont on trouvera la description dans la seconde section de cet inventaire.

Rachel Gillet se consacra à l'examen et au classement de ces manuscrits pendant toute l'année 1846. Il semble qu'elle ait tenté de systématiser dans une certaine mesure la collection, en regroupant des pièces similaires, par exemple les lettres émanant d'un même auteur, mais destinées à diverses personnes, comme l'avait fait, sans se soucier du principe de respect des fonds, M. Hooykaas pour les papiers de Rijnwijk. Lors du récent triage, ce regroupement a suscité de temps à autre des difficultés et incertitudes, auxquelles nous n'avons pas toujours été en mesure d'apporter une solution satisfaisante. Que les chercheurs qui auront recours à notre inventaire veuillent bien excuser certaines petites irrégularités découlant de cette impossibilité. Dans une lettre du 4 février 1847, Rachel Gillet rendait compte en ces termes de son travail de toute une année: "Je n'ai point continué d'aller ainsi quelquefois ranger ces papiers et brochures à cause de la saison, mais j'ai entrepris d'examiner ces cartons dont je vous parlais, et que j'avais réservé jusque-là. Je les apporte chez nous, où je fais une table de ce que contient chaque carton et ensuite je reporte chaque chose sur un catalogue afin qu'on puisse savoir ce qu'ils contiennent, et y avoir recours. Il y en a plus de cinquante. Ils contiennent presque tous manuscrits autographes et pièces originales. Ce sont tous les papiers de M. l'évêque de Senez, de M. de Montpellier et de Mr. Gaultier le théologien". Ce catalogue était l'adaptation, comportant nombre de corrections et de compléments, d'un catalogue entrepris par l'abbé Rondeau (des annotations de sa main sur les dossiers rappellent encore à mainte reprise son travail) et laissé inachevé.[23]

Pendant une vingtaine d'années, l'affaire de cette deuxième collection, qui concernait principalement la Bulle *Unigenitus* et l'Appel avec leurs conséquences, resta en sommeil, mais M. Karsten, admirateur ardent de Port-Royal et de son cercle, ne l'avait pas oubliée. En 1862 déjà, il s'était informé auprès de Mlle Gillet des papiers et des lettres touchant les affaires de l'Eglise hollandaise. Par une lettre du 18 juin 1866, Victor Gilquin, dont M. Karsten avait fait la connaissance à Paris, offrit à ce dernier "un grand carton, se trouvant à la bibliothèque, où nous tenons nos séances, qui renferme la correspondance entre l'Eglise de Hollande et les Amis de France". Non seulement M. Karsten accepta l'offre de M. Gilquin, mais, pensant que c'était désormais une question de *nunc aut nunquam*, fit à son tour à celui-ci une autre proposition, dans une lettre du 29 juin 1866. Après avoir donné une description générale de la correspondance entre "des membres de notre Eglise et des amis français" qu'il avait déjà entre les mains, et où il avait "puisé en grande partie la connaissance un peu plus détaillée que je puis avoir des affaires, si grandes aux yeux de la foi, qui ont eu lieu alors" (c'est-à-dire aux XVIIe et XVIIIe siècles), il poursuit: "Sachant à qui j'écris, j'ose même hasarder une idée qui m'a passé plus d'une fois par la tête depuis bien des années, et qui s'est réveillée à l'occasion de votre dernière lettre; une idée dont vous ferez usage ou non, selon votre prudence. Vous dites donc, mon cher ami, que le petit nombre d'amis qui sont membres de votre réunion, sont presque tous avancés en âge, et que vous ne voyez pas parmi vos connaissances d'amis assez dévoués pour les agréger à

[22] A. Gazier, *o.c.*, II, p. 222 sqq.; C. Gazier, *o.c.*, p. 37.
[23] Voir les cotes 7155 et 7156 ci-après.

votre réunion *pour la perpétuer*. Cette réunion pourra donc prendre fin plus tôt ou plus tard. Cependant, parmi les manuscrits dont cette réunion est en possession, il s'en trouve d'un genre qu'on pourrait désigner assez proprement du nom de *papiers de famille*. Par exemple, j'ai lu, étant à Paris il y en a déjà plusieurs années, les lettres et les pièces qui contiennent et décrivent l'origine de l'appel. Il y a des cartons, contenant la correspondance des théologiens Boursier, Gourlin, Boucher, Dilhe avec leurs amis français demeurant ici, sur les sacres de nos archevêques, sur les différends internes qui ont été une si grande part des épreuves les plus sensibles de notre pauvre Eglise. Tout cela roule sur une époque de 50 à 60 ans. J'en ai lu une partie. Quand votre digne réunion cesserait d'exister, tout cela doit-il être livré en des mains qui en pourront abuser contre notre Eglise? Il y a des sujets assez tendres, à l'occasion de l'usure et des divers sacres, quand on jugeait des personnes, tant électeurs qu'élus, avec d'autant plus de franchise qu'on était plus assuré de la discrétion des amis. Mais ceux qui ont conservé toute cette correspondance, n'ont pu prévoir la tournure que prendraient les affaires de l'Eglise: ils se sont confiés en Dieu, et n'ont pas pris de précautions. Voilà que j'ai plus d'une fois pensé en moi-même, quand je fouillais dans la moitié de cette correspondance qui se trouve ici, et j'en ai été en peine.

Serait-ce une si grande indiscrétion de ma part, quand je vous proposerais de prendre acte de ce que je vous écris ici, et d'y penser à temps, pour prévenir que ces précieux trésors, tombant en des mains presque ennemies, ne fassent deux maux à la fois: 1. de priver l'historien futur de notre Eglise d'une partie des sources où il aurait pu puiser si heureusement; 2. de prêter matière à bien des difficultés, à bien des objections d'autant plus graves, et d'autant plus défavorables à notre Eglise, qu'elles seraient tirées de la correspondance des amis les plus intimes. Dieu nous en préserve."[24]

Mademoiselle Gillet se souciait, elle aussi, du sort futur de la collection qui, comme elle le dit dans une lettre du 18 juillet 1866, concernait "l'Eglise et la grande cause de la Vérité". "Je désire beaucoup voir ces précieux témoignages en sûreté et dans les mains de personnes qui peuvent s'en servir; cependant c'est avec peine que je vois ôter cela d'ici. Mais M. G[ilquin] y est tout à fait décidé; il est bon que cela se fasse pendant qu'on le peut, mais avec discrétion et prudence. Le bon Dieu a sans doute des desseins dans tout cela". Très vraisemblablement elle a insisté fortement auprès de M. Gilquin sur l'accord à donner à la demande de M. Karsten. Le dernier envoi de la collection parvint à Amersfoort à la fin de février 1867. Le 3 mars suivant, Karsten écrivait à Gilquin: "Tout me prouve de plus en plus que j'avais bien raison de dire que c'étaient des papiers de famille qui ne devaient pas passer en des mains étrangères ou même ennemies". Comme il ressort d'une lettre de Mlle Gillet, du 11 août 1866, M. Gilquin avait agi de sa propre autorité avec l'assentiment de ceux à qui il en avait parlé une fois, "mais avec la discrétion et la prudence que réclame notre triste position ... M. Guélon n'aurait pas osé prendre cette détermination que M. Gilquin croit aujourd'hui juste et nécessaire ... M. Gilquin considère ces papiers comme un dépôt, fait à l'Eglise, qui avait toujours été entre les mains de Mrs. ecclésiastiques, et il croit juste de les remettre au clergé de Hollande. C'est bien là aussi notre sentiment et notre désir".

Sur l'histoire antérieure de cette collection, une lettre de Mlle Gillet, du 3 juillet 1867 nous fournit encore les détails suivants: "Ces papiers de Port-Royal, lettres autographes, etc., ont appartenu à M. Le Roy de Saint-Charles, et ensuite à M. Gilquin.

---

[24] Minute. Fonds O.B.C., cote 1247. Victor Gilquin était maître des novices de la Société des frères Saint-Antoine et mourut en 1872. Cf. A. Gazier, *o.c.*, II, p. 225 et 288.

Ces papiers sont presque tous de ceux qui ont été saisis par M. Hérault, lieutenant de police, chez M. Berthier et M. Dilhe en 1726. Ils sont numérotés et paraphés par MM. Hérault et Berthier. Or les papiers saisis en 1726 ont été portés à la Bibliothèque royale, ainsi que ceux saisis en 1728 chez M. Petitpied. J'en ai vu à la Bibliothèque impériale ainsi paraphés. Parmi ces papiers à M. Gilquin, un certain nombre ont de plus le timbre de la Bibliothèque royale. Comment, et quand sont-ils venus entre les mains de M. Le Roy? On l'ignore. Est-on obligé de reporter à la Bibliothèque ce qui est marqué *Bibliothèque Royale*? Je ne le pense pas. Il vaut mieux réunir ces papiers à ceux que vous avez, Monsieur, et M. Gilquin les remet volontiers entre vos mains".[25] Sur ces saisies on peut consulter aujourd'hui l'ouvrage de M. Bruno Neveu sur M. de Pontchâteau.[26]

Peu de temps après ma nomination comme archiviste-en-chef du Rijksarchief à Utrecht en 1946 et mon établissement sur place, le Professeur P. J. Maan, plébain de la cathédrale Sainte-Gertrude, me montra cette collection, qui, renfermée encore dans les cartons originaux datant du commencement du XIXe siècle, se trouvait alors dans la salle des archives de son église. Vu le projet de publier en France l'inventaire de l'ancien fonds d'Amersfoort (originaire, comme on l'a vu ci-dessus, de la maison de Rijnwijk) établi par M. Bruggeman, je représentai à ce dernier qu'il serait désirable d'inventorier également cette seconde collection, afin de publier ensemble et en même temps les deux inventaires. Le premier inventaire étant achevé, avec ses cotes et son index, on ne pouvait penser à le refondre en recourant à des combinaisons et à des intercalations.

M. Bruggeman, déjà octogénaire, hésitant à entreprendre sur nouveaux frais un triage long et considérable s'efforça de laisser cette collection dans l'ordre qu'elle présentait. Il se mit au triage de quelques cartons et ajouta, dans l'index de son inventaire manuscrit, des renvois au catalogue de Mademoiselle Gillet, mais la maladie le contraignit à cesser son travail. Il mourut en 1956. L'année précédente, j'avais été désigné par le Chapitre métropolitain pour succéder à M. Bruggeman dans sa charge d'archiviste ecclésiastique, c'est alors que les deux fonds (O.B.C. et P.R.) furent transférés de La Haye à Utrecht. Dans la mesure où mes activités officielles me le permettaient, je poursuivis le triage de la seconde collection d'archives françaises commencé par M. Bruggeman. Tâche des plus ardues. Il était évident que nombre de pièces similaires étaient éparpillées en divers cartons et qu'il convenait de les réunir. On ne pouvait, comme l'avait pensé M. Bruggeman, laisser la collection dans l'ordre que lui avait donné Mademoiselle Gillet. Ce triage et l'établissement de l'Inventaire ont été des travaux de longue haleine auxquels je n'ai pu accorder tout le soin qu'ils requéraient qu'après avoir quitté le service de l'Etat.

Dans son inventaire M. Bruggeman avait mis au point son propre système d'index, mais il n'avait pas toujours inséré les noms de famille qu'on pourra trouver dans les pièces pourvues d'une même cote. C'est ainsi que la cote 32** contient des biographies de différentes personnes dont les noms ne sont mentionnés que par: Angran-Witte, alors que dans son index l'auteur fait mention des noms de toutes ces personnes. Il se peut donc que l'on relève dans l'index un nom qui ne se retrouve pas dans la cote de l'inventaire imprimé. De même pour les noms de lieux, M. Bruggeman n'avait pas

---

[25] Toutes ces lettres se trouvent au fonds O.B.C., cote 1247.
[26] Neveu, *o.c.*, Appendice II. B) Les papiers de M. de Pontchâteau au XVIIIe siècle, p. 340–344.

mentionné toutes les cotes en question. Pour la composition du nouvel index, M. André Wijker, alors étudiant en théologie au Séminaire d'Amersfoort, a bien voulu m'assister. Nous nous sommes efforcés de corriger ces omissions en séparant l'index des noms propres de l'index des noms de lieux.

Il me reste à exprimer toute ma gratitude envers deux historiens français qui m'ont réservé le meilleur des accueils lorsque j'ai eu recours à eux. Je dois beaucoup à leur compétence et à leurs conseils: Monsieur le Professeur Jean Orcibal, de l'Ecole pratique des Hautes-Etudes et M. Bruno Neveu, chargé de recherches au C.N.R.S. J'espère que notre travail pourra leur être de quelque utilité, à eux et à leurs collègues et leur montrer ainsi qu'ils ne m'ont pas fait bénéficier en vain de leur assistance.

Je ne saurais enfin taire ma dette à l'égard du Dr M. P. van Buijtenen, qui m'a succédé dans les fonctions de archiviste- en-chef du Rijksarchief à Utrecht. Avec une science et un dévouement hors pair, il s'est consacré à la mise au point et à la réalisation de cette publication. Je suis également reconnaissant envers Madame N. Meiners et M. H. Leeuwenberg, du Rijksarchief à Utrecht, qui ont préparé avec grande minutie le manuscrit à l'impression. Ma reconnaissance s'étend enfin à M. le Professeur Paul Dibon, de Paris, Directeur de la Fondation des Archives internationales d'Histoire des Idées, qui a bien voulu nous donner la plus cordiale des hospitalités dans la collection qu'il dirige chez Martinus Nijhoff à La Haye, et également à toutes les organisations et fondations néerlandaises qui par leur aide financière ont permis la réalisation de cette publication.

A. J. van de Ven

TABLE DES MATIÈRES

PREMIÈRE SECTION

PORT-ROYAL ET SES ADHÉRENTS
1–948

PORT-ROYAL EN GÉNÉRAL
1–32**

ABBESSES DE PORT-ROYAL
33–221

ABBESSES DE PORT-ROYAL DE PARIS INTRUSES
222–223

PRIEURES DE PORT-ROYAL
224–231

232–266

232   Françoise-Louise de Ste. Claire Arnauld.
233   Anne-Eugénie de l'Incarnation Arnauld.
234–235 Marie-Angélique de Ste. Thérèse Arnauld d'Andilly.
236   Marie-Charlotte de Ste. Claire Arnauld d'Andilly.
237   Marie-Catherine de Ste. Célinie Benoise.
238   Madeleine de Ste. Christine Briquet.
239   Catherine de Ste. Suzanne Champagne.
240   Isabelle de Ste. Agnès de Chateauneuf, bibliothécaire.
241   Marie de Ste. Anne Cousturier.
242–243 Marguerite de Ste. Gertrude Dupré.
244   Marie-Madeleine de Ste. Gertrude Du Valois.
245   Marie des Anges de Feu.
246   Anne-Marie de Ste. Eustoquie Flécelles de Brégy.
247   Madeleine de Ste. Sophie de Flécelles.
248   Louise de Ste. Eugénie Girard.
249–250 Marie de Ste. Catherine Issaly.
251–253 Marguerite de Ste. Thècle Josse.
254   Geneviève de Ste. Madeleine de la Haye.
255–256 Marie de Ste. Dorothée de l'Incarnation Lecomte.
257–258 Élisabeth (Isabelle) de Ste. Agnès Le Féron.
259   Françoise de Ste. Agathe Le Juge.
260   Jeanne de Ste. Colombe Leullier ou Levillier.
261   Marie-Angélique de Ste. Barthélemy.
262   Charlotte Nicole.
263   Marguerite de Ste. Lucie Pépin, chantre.
264   Anne-Julie de Ste. Synclétique de Remicourt.
265   Anne de Ste. Eugénie de Boulogne de St. Ange.
266   Charlotte de St. Bernard de Saint-Simon.

MESSIEURS

267–461

267–323 Antoine Arnauld.
324–330 Henri Arnauld, évêque d'Angers.
331–345 Robert Arnauld d'Andilly.
346–351 C. H. Arnauld de Luzancy.
352–353 Jean Du Vergier de Hauranne, abbé de Saint-Cyran.
354–359 Martin de Barcos, abbé de Saint-Cyran.
360   Jean Doamlup, sousdiacre, sacristain de Port-Royal.
361   Eustace, confesseur de Port-Royal.
362   Antoine Giroust, sacristain de Port-Royal.
362*   Claude Grenet, supérieur de Port-Royal.
363–367 Jean Hamon, médecin.
368–371 Claude Lancelot.
372–375 Antoine Le Maistre, avocat.

376–385 Isaac Le Maistre de Sacy (Leclerc, M. de Gournay).
386–387 Guillaume Marignier.
388–409 Pierre Nicole (et Varet).
410 A. Paulon.
411–448* S. J. de Cambout de Pontchasteau, clerc de Nantes, notaire apostolique.
449–456 Claude de Sainte-Marthe.
457–460 Antoine Singlin.
461 Sébastien Le Nain de Tillemont.

AMIS

462–917

462 Madame Aubry à Troyes.
463 Mad. la marquise d'Aumont à Port-Royal de Paris.
464 Abbé d'Auran.
465–472 Henri-Charles de Beaubrun à Paris, clerc tonsuré.
473–474 Mad. Catherine Angran, veuve de Bélizy.
475–476 Bertin, directeur des vivres de la Marine à Paris.
477–482 Louis-Henri de Loménie, comte de Brienne, à l'Oratoire de St. Magloire.
483 Bruscoly, Père de l'Oratoire.
484 Nicolas Choart de Buzanval, évêque de Beauvais.
485–499 Antoine Chertemps, chanoine de St. Thomas du Louvre à Paris.
500–574 Jean Deslyons, doyen de Senlis.
575 Toussaint Guy Joseph Desmares, Père de l'Oratoire à Liancourt.
576 Dodart, médecin du Prince de Conti à Versailles.
577 M. Druval.
578–579 Thomas du Fossé (Cherville, Mr. de Beaulieu † 1698).
580 Guillaume Dugué de Bagnols, conseiller du roi et maître des requêtes à Lyon et à Paris.
581–583 Dumarnef, prieur de Bray.
584 Simon Dumesnil (Merlin, Guelphe).
585–587 Du Molain, intendant des vignes à Paris.
588 Duverbois.
589 François V. Faure, évêque d'Amiens.
590–608 Mathieu Feydeau (De la Croix, Du Ormeau).
609–613 Flambart, vicaire de Feydeau à Vitry.
614–615 Madame de Flécelles.
616–619 Mademoiselle Angélique de Flécelles à Paris.
620–623 Mademoiselle Élisabeth-Madeleine de Flécelles à Paris.
624–628 Mademoiselle Marguerite de Flécelles à Paris.
629–658 Madame la comtesse Angélique Angran de Fontpertuis.
659 L. H. de Gondrin, archevêque de Sens.
660–661 Louise de Grignan aux Feuillantines.
662 Hillerin, Charles, prieur de Saint-André.
663 J. de Hondt, prévôt de l'Oratoire à Bruxelles.
664 Mademoiselle Issaly.
665–736 Françoise-Marguerite de Joncoux.
737 Madame Le Nain, au grand couvent des Carmélites.

738–776 Guillaume Leroy, abbé de Haute Fontaine.
777   Mademoiselle Le Tourneur, à Paris.
778–789 Notre-Dame de Liesse.
790   M. de Liges.
791–813** Vincent Loger, curé de Chevreuse.
814–816 Anne-Geneviève de Bourbon-Condé, duchesse de Longueville.
817   L. C. A. duc de Luynes.
818   Mabile, docteur de Sorbonne, au cloître de St. Jacques l'Hôpital à Paris.
819   Nicolas Malebranche, de l'Oratoire à Paris.
820   I. Marissal, à Valenciennes.
821   M. Ménard.
822   Madame de Montempuys à Paris.
823–852 Nicolas Pavillon, évêque d'Alet.
853   Madame Périer (Gilberte Pascal).
854–855 Pierre Périer, neveu de Pascal.
856–859 Madame Marie Petit, à Paris.
860   Piqueri, Père de l'Oratoire à Mons.
861   M. Poncet, à Liancourt.
862   M. de Préfontaine, conseiller du roi au Fresne par Montoire, frère de Guillaume
         Leroy, abbé de Hautefontaine.
863   Armand-Jean de Bouteillier de Rancé, abbé de la Trappe.
864   M. Robert, à Paris.
865   Abbé Rocher, à Nevers.
866   M. de Sainte-Digne.
867   Mademoiselle de Sainte-Mesme à Paris.
868–869 M. de Sauçay, chanoine et pénitencier d'Orléans.
870   Madame de Senlis, sœur de Mlle de Joncoux.
871–872 M. Thaumas, prisonnier à la Bastille.
873   Tristan, chanoine et grand vicaire de Beauvais.
874   Abbé Michel de Tronchay.
875   Alexandre-Louis Varet, grand vicaire de Sens.
876–882 François Varet de Fontenay, frère du précédent.
883   de Bretaigne, Mademoiselle de Vertus.
884–886* Félix Vialart, évêque de Châlons-sur-Marne.
887   Rév. Mère Madame de Villeneuve.
888   M. Vincent, supérieur de la Mission de St. Lazare à Paris.
889   Madame Vitart, à Paris.
890–917 Germain Vuillart, secrétaire de M. Guillaume Leroy.

VARIA
918–948*

918–919 Pièces sur les troubles ecclésiastiques et le Formulaire en général.
920–948* Personalia (925–927: F. de Caulet, évêque de Pamiers; 928–933: Gabriel
         Gerberon OSB de St. Maur).

LA RÉSISTANCE
CONTRE
LA BULLE UNIGENITUS
949–4175

1680–1825

1680 Alexandre au prieuré de St. Hymer.

1681 Amaury, Père de l'Oratoire à Thouars.

1682–1683 Jean Arman, élève de la Congrégation de la Doctrine Chrétienne.

1684 P. Baron au noviciat de St. Dominique à Paris.

1685–1686 Laurent Blondel à Paris, à l'imprimerie de Desprez et Desessarts.

1687 Bourdin, procureur au Châtelet à Paris.

1688–1689 Bourgoin, à Paris.

1690 M. et Mlle Bijou, à Paris.

1691 De Catellan, abbé de Boulancourt, à Paris.

1692–1693 M. de Caumesnil chez M. de Fontenille à Paris.

1694 M. de Charmont (frère de N. et C. Petitpied), à Paris.

1695–1696 M. de Charon.

1697–1699 Charpentier, curé de St. Leu à Paris.

1700 Chicanot, officier du duc d'Orléans.

1701–1702 M. de Circourt, directeur des Dames Carmélites à Paris.

1703 Abbé Clément à Paris.

1704–1706 Delorme.

1707 Abbé Doien à Paris.

1708–1730 Clément du Tremblai, chanoine-trésorier d'Auxerre, agent à Rome, évêque constitutionnel de Versailles.

1731 Royer, métropolitain constitutionnel de Paris.

1732–1734 Abbé Simon (de Fernanville), au château de Rivau par Chinon.

1735 M. Benoît Fourgon, prêtre.

1736 Abbé Gagnon, à Paris.

1737 A. J. Gaucher, chanoine de Jargeau.

1738 Gibassier, recteur de l'école à Beaune.

1739 Jobart, chanoine de Reims.

1740 Religieuses de Gif.

1741 A. Gilbert, prêtre de l'Église de Paris.

1742 Abbé J. M. Giron, à Paris.

1743–1744 C. P. Goujet, chanoine de St. Jacques l'Hôpital à Paris.

1745 Gourlin.

1746 Guérin de Richeville, avocat au Parlement à Paris.

1747 Mademoiselle Hamon.

1748 M. Houtart, à Orval.

1749–1750 M. Joubert.

1751 Abbé de la Cousinière à St. Magloire à Paris.

1752 Madame Lambert, conseillère au Parlement à Paris.

1753 Abbé de la Motte, docteur de Sorbonne à Paris.

1753* Abbé de la Roussière au collège de Fortet à Paris.

1754 Corneille-Guillaume Le Fèvre, à Diest.

1755–1757 Catherine-Thérèse-Marie Le Fèvre, l'aînée, "klopje" à Utrecht.

1758 Gertrude Le Fèvre, marchande-libraire au coin de Ste. Marie à Utrecht.

1759 Philippe-Emmanuel-Jérôme Le Fèvre, à Thuin.
1760–1763 Le Jeune, chanoine de St. Martin à Liège.
1764–1767 M. Longuet, prêtre.
1768–1789 Longer de St. Jean, prêtre-sacristain de St. Étienne à Châlons-sur-Marne.
1790–1797* Louail, ecclésiastique chez l'abbé de Louvois à la Bibliothèque Royale de Paris.
1798 Michelet, lieutenant-général au Présidial de Metz.
1799–1804 Madame Mol, nièce de Duguet, à Paris.
1805–1812 J. B. Mongin, médecin du roi, à Paris.
1813 Dom René Pelé, sous-prieur du monastère bénédictin de St. Clément de Craon.
1814 Président du Conseil d'État à Bruxelles.
1815 M. Reynaud, curé de Vaux en Auxerre.
1816 Richer, chanoine d'Auxerre.
1817 M. Rougelot, à Paris.
1818 M. de Salis, capitaine au régiment suisse de Buisson, à St. Denis en France.
1819 Abbé Pierre Sartre, vicaire général de Montpellier.
1820 M. de Savigni, à Paris.
1821 M. Serani.
1822 M. de Val Launay, directeur de la Poste à St. Pierre.
1823 François Vaury, maître de l'école à Chilly.
1824 M. Vaury, à la communauté de St. Jacques du Haut Pas, à Paris.
1825 Père de Vence, de l'Oratoire à Paris.

RÉFUGIÉS FRANÇAIS
ET BELGES
1826–4175

1826–1834* Rijnwijk en général.
1835–1837 Vronestein, den Ham et Schonauwe.
1838 Vianen.
1839–1841 "Clarenburg" à Utrecht (Clarembourg).

Fondateurs et bienfaiteurs de Rijnwijk et Schonauwe

1842–1843 A. Darboulin, greffier de la Cour des Aides à Paris.
1844 Alexis Desessarts, président des conférences de St. Étienne du Mont à Paris.
1845–1852 J. B. Desessarts (Poncet), à Paris et Rijnwijk.
1853–1858 Abbé Marc-Antoine Desessarts, à St. Magloire à Paris.
1859–1860 L. Dilhe (Desormes, autrement Dupuis).
1861–1863 M. Du Coudray, conseiller au Châtelet à Paris.
1864–1867 Marc-Claude Guénin (Le B.H., de Saint-Marc).
1868–1876 Larrière (Dubois, Castéra), à Paris.
1877 J. B. Lasseray, l'aîné, à Paris.
1878–1879 Saintain, à Paris.
1880–1881 Texier, avocat à Paris.
1882–1887 Touvenot Duvivier de Jonval, à Utrecht et Paris.

Les Orvalistes à Rijnwijk et autres habitants ou visiteurs

1888–1890 Étienne Ourry (Brachet).
1891 Beauvais.
1892–1897 J. Bellon de Saint-Quentin.

1898 Bercher (Leroy de St. Charles).

1899–1903 De Bonval.

1904–1997 A. J. Brigode Dubois (Silvain), marchand-libraire à Amsterdam.

1998–2006 Chatelain (Savoye), libraire à Utrecht.

2007–2017 Pietro-Antonio Cuzzoni (Petitmont, Cleinberg).

2018–2019 Destouches.

2020–2021 Jacques Ducellier (Tranquille), diacre Capucin externe.

2022–2674 Gabriel Dupac de Bellegarde, ancien comte de Lyon.

2675–3085* Jean Baptiste Le Sesne de Ménilles d'Étemare (Chevalier de Préaux, Rigobert, Senneville, De la Rivière).

Famille de l'abbé d'Étemare

3086–3098 Madame Du Bourdun de Ménilles, à Bourgneuf et Loudun, mère de M. d'Étemare.

3099 Mademoiselle Mariette à Ménilles.

3100–3110 Comte et comtesse de Ménilles à Bourgneuf (Loudun).

3110* M. de T(hémericourt).

3110** Madame de Théméricourt de Ménilles à Bourgneuf (Loudun).

3111 Madame de Ménilles de Théméricourt.

3112 Madame de Ménilles chez Mlle de Beauvau, à Paris.

3113 Mesdemoiselles de Ménilles, à Évreux.

3114 Mlle de Véniez Ménilles à la Congrégation des filles N.D. à Paris.

3115–3230 Marie-Scolastique le Sesne de Théméricourt de Ménilles.

3231 Jacques van Heeck, à Rijnwijk.

3231* Michel Jacqmin.

3232–3248 André Jallon.

3249–3257 Charles-Louis Jourdain (Van Este), à Utrecht.

3258–3262 M. de Lanoix (Péret), à Rijnwijk et chez M. Savoye (Chatelain) à Utrecht.

3263 M. de la Pallu à Rijnwijk.

3264–3266 M. de Latrie chez M. Savoye (et chez Mrs. Bonval), à Utrecht.

3267–3359 Nicolas Legros (Maupas, Dupont).

3360–3382* Madame de Montagny, à Paris, correspondante de M. d'Étemare.

3383 M. de Montagny, conseiller de Grande Chambre à Paris.

3384–3384* Abbé de Mérault (adresse: Mad. de Montagny à Paris).

3385–3619 Jean-Baptiste Mouton.

3620–3623 Pageot à Rijnwijk et Utrecht.

3623* Pasumot.

3624 Bertrand Pémartin, à Rijnwijk.

3625 M. de Vallois, à Rijnwijk.

3626–3803 Dominique-Marie Varlet, évêque de Babylone (Dumont, Dupont à Pozzo, Dupré, Gerson).

3804–3934 Dom Thierry de Viaixnes OSB de St. Vannes, secrétaire de Mgr. Varlet.

3935–4093 Louis Paris Vaquier de Villiers, administrateur de Rijnwijk et Schonauwe.

Les Chartreux à Schonauwe et ailleurs

4094–4118 Léon Brunet Serraire (Blondel, Chartreux), à Utrecht.

4119 J. F. Boulouffe, notaire à Liège, externe de Schonauwe.

4120–4122 Aspais Chesneau (Dumoncaux), à Utrecht.

4123–4130 Honoré Cornier dit de Sainte Croix, à Schonauwe.

4131–4136 De Lérines (Gaultier), à Schonauwe et Utrecht.

4137 Benoît Houasse (Van Schuym, Duval), prieur des Chartreux à Schonauwe.

4138–4140 Emart (Guillaume Jallabert ou Van den Duycker), à Schonauwe.

4141–4152 Jubé (de la Cour), à Schonauwe.

4153 De la Haye (Lanniez), procureur de Schonauwe.

4154 Le Blond (D. François de Sales Dupuis), Chartreux retiré en Hollande et retourné à Paris.

4155–4174 Dom François Louvard (M. de Saint-Gervais) OSB en l'abbaye de St. Gildas des Bois, à Schonauwe et Utrecht.

4175 Philadelphe Soufflot (Perrin), à Schonauwe.

ADEPTES DE PORT-ROYAL
AU 19E SIÈCLE
AMIS DE LA VÉRITÉ, PETITE ÉGLISE
4176–4243

4176 Agier, président de la Cour impériale d'appel à Paris.

4177 M. Grégoire, Hureau et Rondeau, députés des Amis de la Vérité.

4178 Gilquin, Maître de l'École Chrétienne.

4179–4205 Ambroise Guélon.

4206–4238 P. A. V. Morillon, ancien maire de Villiers-le-Bel.

4239–4241 Rédacteurs de la Revue Ecclésiastique (1839) (Gilquin, Ravisé, Guélon, Videcocq, Vendrin libraire).

4242 Vendrin, libraire à Paris.

4243 P. A. Videcocq, docteur en médecine à Paris

ÉVÊQUES ET PRÊTRES
CONSTITUTIONNELS
4244–4248

N.B. Clément du Tremblai, évêque constitutionnel de Versailles: voir nos. 1708–1730.
Henri Grégoire, évêque constitutionnel de Blois: voir l'index.
Royer, métropolitain constitutionnel de Paris: voir no. 1731.

4244–4245 C. Grégoire, ancien curé de Montliard.

4246 J. C. Leblanc de Beaulieu, évêque constitutionnel de Rouen.

4247–4248 M. Noël, abbé à Caen.

DEUXIÈME SECTION

PORT-ROYAL ET SES ADHÉRENTS
4249–4290

4249–4251 Antoine Arnauld.

4252 Henri Arnauld, évêque d'Angers.

4253 Cerle, vicaire général s.v. de Pamiers.

4254 Mademoiselle Issaly.

4255 Pièces concernant la condamnation du livre de Jansénius, et les cinq propositions.

4256–4260 Université de Louvain.

4261 Pierre Nicole.

4262 N.N.

4263–4277 Nicolas Pavillon, évêque d'Alet.

4278 Vincent Ragot, chanoine d'Alet.

4279–4281 Armand-Jean de Rancé, abbé de la Trappe.

4282 Louis Gorin de Saint-Amour.

4283–4284 Mademoiselle des Vertus, à Port-Royal des Champs.

4285–4290 Copies de relations et d'autres écrits concernant des sympathisants de l'abbaye de Port-Royal.

LA RÉSISTANCE CONTRE
LA BULLE UNIGENITUS
4291–7082

LES APPELLANTS, ACTES D'APPEL
4291–4578

Clergé séculier

4291–4365 Clergé séculier.

Clergé régulier

4366–4389 Chanoines réguliers de Saint-Augustin de la Congrégation de Sainte-Geneviève ou de France.

4390 Congrégation des Barnabites.

4391–4451 Ordre de Saint-Benoît (Religieux Bénédictins).

4452–4456 Religieuses Bénédictines.

4457 Congrégation du Calvaire.

4458–4459 Ordre des Camaldules.

4460–4464 Ordre des Capucins.

4465–4466 Ordre des Carmes Déchaussés.

4467–4469 Religieuses Carmélites.

4470 Ordre des Célestins.

4471–4479 Ordre des Chartreux.

4480–4490 Chartreux réfugiés aux Pays-Bas, demeurant aux maisons du Ham, de Schonauwe et de Vronesteyn près d'Utrecht.

4491–4493 Ordre de Cîteaux.

4494–4496 Religieuses de Cîteaux.

4497 Religieuse Cordelière.

4498–4507 Congrégation de la Doctrine Chrétienne.

4508–4510 Ordre des Dominicains (Frêres Précheurs).

4511–4520 Congrégation des Pères Feuillants.

4521–4522 Ordre de Grandmont.

4523–4525 Religieuses Hospitalières de St. Augustin.

4526 Ordre de St. Jean de Jérusalem.

4527–4530 Congrégation de la Mission de St. Lazare.

4531 Congrégation de Notre Dame de la Merci.

4532 Congrégation de Notre Dame de Nemours.

4533–4551 Congrégation de l'Oratoire.

4552–4556 Ordre de Prémontré.

4557 Religieux de la Trappe.
4558 Ordre de la Sainte Trinité.
4559-4560 Ordre des religieuses Ursulines.
4561-4563 Ordre des religieuses de la Visitation.

Laïcs

4564-4578 Laïcs (hommes et femmes).

4786–4794 Chartreux réfugiés en Hollande.

4795 Chauvelin, ministre.

4796 Cochin, avocat au Parlement de Paris.

4797–5795 Charles-Joachim Colbert de Croissy, évêque de Montpellier.

5796–5802 Charlotte Colbert de Croissy, religieuse à Saint-Antoine de Paris, abbesse de Maubuisson.

5803 De Cormis, avocat à Aix.

5804–5813 Abbé Christophe Coudrette, prêtre du diocèse de Paris (Le Prieur).

5814–5818 De Courcelles.

5819 De Court, chevalier de l'ordre royale et militaire de St. Louis, à Paris.

5820–5839 Pierre Croz, chanoine et sacristain de l'église de Ste. Anne de Montpellier.

5840 Danjan, (à Paris?).

5841–5842 Dom Jean Daret O.S.B., prieur du prieuré de St. Quentin lez Péronne (dioc. de Noyon).

5843 Estienne Debonnaire (Guérin), chartreux à Schonauwe.

5844 Père Deschamps, de l'Oratoire à Paris.

5845 Mlle Despoisses, à Écouan.

5846–5927 Léonard Dilhe (Des Ormes, Du Perron, Du Plessis, Dupuy, Ferrand?, Romchin?, le Solitaire).

5928 Père Dossolin, prêtre de l'Oratoire à Bourges.

5929 Abbé Doyen, à Paris.

5930–5933 Frère Paul Drouyneau, dépositaire des Ermites du Mont Valérien.

5934 Mademoiselle Dubois à Toulouse.

5935 Du Coudray.

5936–5945 Jacques-Joseph Duguet.

5946 Duchey, procureur du roi au Présidial d'Auvergne, à Riom.

5947 Du Mesnil, à Paris.

5948 Jean Dupasquier, prêtre et chanoine de Senez.

5949–5950 Duplessis, à Chilly.

5951–5952 Estève, prêtre, prieur à Saint-Vincent.

5953–5977 Jean-Baptiste Lesesne de Ménilles d'Étemare (Depreau, de Ranton, Rigobert, de la Rivière).

5978–5980 François de Fitz-James, évêque de Soissons.

5981 André-Hercule cardinal de Fleury.

5982–5985 Fontaine de la Roche, rédacteur des Nouvelles Ecclésiastiques.

5986 Abbaye de Fontfroide Ord. Cist.

5987 Père Forestier, prêtre de l'Oratoire à Nevers.

5988–5989 Père Foucquet, de l'Oratoire.

5990–5997 Jacques Fouillou (de la Place).

5998–5999 Jean-Baptiste de Pavie de Beccarie de Fourquevaux.

6000–6001 Madame Frenaye, sœur de Mgr. Soanen.

6002 M. Frenaye Descassières, neveu de Mgr. Soanen.

6003 Lieutenant Frenaye et Mad. Frenaye, lieutenante, à Gannat, neveu et nièce de Mgr. Soanen.

6004–6006 Les sœurs Jeanne-Thérèse et Marie-Agnès Frenaye, religieuses de la Visitation à Riom, nièces de Mgr. Soanen.

6007 Gagne, chanoine de St. Étienne de Dijon.

6008 Le marquis de Gardouch.

6009–6048 Jean-Baptiste Gaultier (1684–1755), grand vicaire du diocèse de Boulogne jusqu'en 1724, bibliothécaire de Mgr. Colbert 1724–1738.

6049 Léonard Gefrard, prieur de l'abbaye de Bourgueil.

6050 Julien-René-Benjamin de Gennes, prêtre de l'Oratoire.

6051–6067 Abbé Étienne Gourlin (Garlenius, Gurlaenius, Gurlinius).

6068 Dom Grangier O.S.B., à Chanteuges.

6069–6073 Guénin de Saint-Marc (le B.H.), rédacteur des Nouvelles Ecclésiastiques.

6074 Guerrier, prêtre de l'Oratoire.

6075–6076 Abbé de Guitaud, à Époisses et à Paris.

6077 Abbé Hennequin.

6078–6079 Himbert, prêtre de la Congrégation de la Mission.

6080 Jaunard, prêtre de l'Oratoire, bibliothécaire de Saint-Honoré à Paris.

6081–6088 Claude-Romain Jobard, curé d'Évry-sur-Seine, supérieur du Séminaire des Missions Étrangères à Paris.

6089 Mademoiselle Françoise-Marguerite de Joncoux.

6090–6091 Dom Joseph de Saint-Martial, prêtre, religieux Feuillant, à Paris, élu Général par l'Assemblée des Feuillants.

6092–6093 Joubert, prêtre de Montpellier.

6094 Dom André Jounel (?).

6095 Mademoiselle Jupine, fille dévote de Bruxelles.

6096–6100 Pierre de la Broue, évêque de Mirepoix.

6101 Madame de la Bruyère.

6102–6103 Dom Lacoste O.S.B., de St. Vigor à Bayeux.

6104 Abbé Laigneau.

6105 Abbé Lambert.

6106 Lamoureux de St. Jean, prêtre à l'hôpital de Bicêtre à Paris.

6107–6108 De Langlard, avocat au Parlement de Paris.

6109–6124 Pierre de Langle, évêque de Boulogne.

6125 Le grand vicaire de feu l'évêque de Boulogne.

6126 Langlois, conseiller, secrétaire et fermier général du roi à Paris.

6127 P. Hippolite Langlois (du Fresne), capucin apostat (protestant français) à Londres.

6128–6129 Etienne de la Porte, grand vicaire de Senez.

6130 De la Rivière, marchand à Aix.

6131 Marie-Anne La Tour d'Auvergne, religieuse Carmélite à Paris.

6132–6133 Cardinal Étienne Le Camus, évêque de Grenoble.

6134 Le Fèvre, docteur de Sorbonne.

6135 Le Gris, prêtre de l'Oratoire, à Paris et à Soissons.

6136 Le Quin, Dominicain.

6137 Guillaume Le Roy, abbé de Haute Fontaine.

6138–6140 Abbé Le Vacher, à Paris.

6141–6143 François-Armand de Lorraine d'Armagnac, évêque de Bayeux.

6144–6145 Dom François Louvard, prêtre, O.S.B. de la Congrégation de Saint-Maur.

6146–6148 Monastère des religieuses Bénédictines à Lyon.

6149 Mane, prêtre de l'Oratoire, à Lyon.

6150 Mariette, confrère de l'Oratoire.

6151–6154 Antoine Martelly, théologal d'Agde.

6155 Mademoiselle Maur, à Paris.

6156–6159 Madame de Montagny, à Paris.

6160–6170 Monastère de la Visitation à Montpellier.

6171 Mouton, chanoine de Senez.

6172 Abbé Nivelle.

6173 N.N.

6174 N.N.

6175 N.N.

6176 N.N.

6177 N.N.

6178 N.N.

6179 Fr. Étienne-Laurent Noailles O.P.

6180 Gaston-Jean-Baptiste-Louis de Noailles, évêque de Châlons-sur-Marne.

6181–6207 Louis-Antoine cardinal de Noailles, archevêque de Paris.

6208 Père Norbert O.F.M. Cap.

6209 Congrégation de l'Oratoire.

6210 Chapitre d'Orléans.

6211 Couvent des Ursulines de St. Charles à Orléans.

6212 Le Chef du Conseil à Paris.

6213 Curés de Paris.

6214 François de Pâris, diacre.

6215 De Pâris, conseiller, frère du diacre François de Pâris.

6216 Dom Julien Pelé O.S.B., à Angers.

6217–6228 Nicolas Petitpied.

6229–6232 Antoine Philopald, prêtre de la Congrégation de la Mission.

6233–6234 Jacques Pichard, prêtre de l'Oratoire à Notre-Dame de la Grace à St. Étienne-en-Forests.

6235 Pichard, secrétaire de l'évêque de Nevers.

6236–6238 Pichard, chanoine de l'église de St. Agnan à Orléans.

6239–6240 Pichaud, doyen de Montaigu (dioc. de Luçon).

6241 M. Pierre.

6242 Dom Pierre de Ste. Susanne, religieux Feuillant à Paris.

6243 Pinondel, chanoine régulier à Paris.

6244 Le comte de Pontchartrain.

6245–6271 J. J. Pougnet (l'abbé de Beaumont, le chevalier de Beaumont, Bérard), neveu et secrétaire de Mgr. Jean Soanen, évêque de Senez.

6272 Juste Prévot, à La Chartreuse de Gaillon.

6273 Le père Pasquier Quesnel et la bulle Unigenitus (en général).

6274–6286 Pièces concernant le père Pasquier Quesnel.

6287 L'abbé Roard, à Paris.

6288 L'abbé H. E. F. de Roquette, prieur de St. Hymer.

6289 François Rouvière O.P.

6290 Pierre Roussel, chanoine de la cathédrale de Châlons-sur-Marne.

6291 Ruelland, docteur en médecine à Paris.

6292 Ernest Ruth d'Ans.

6293 Le comte de Saint-Florentin, à Paris.

6293* De Saint-Hilaire, conseiller au Parlement de Paris.

6294 Le Père de Saint-Jean, prêtre de la Doctrine Chrétienne, à Paris et ailleurs.

6295 Madame Sainte-Bathilde, religieuse du Valdône à Charenton.

6296 L'abbé Sarret, archidiacre de Montpellier.

PREMIÈRE SECTION

PORT-ROYAL ET SES ADHÉRENTS

1–948

PORT-ROYAL EN GÉNÉRAL

1–32**

1 Histoire de la fondation de Port-Royal par la Mère Angélique Arnauld, et conti-
nuée par quelques autres personnes, avec nécrologe. 1 t. fol. (Amf. 19).
N.B. Ci-jointe: Histoire de l'abbaye depuis la fondation jusqu'en 1647, avec annotation:
C'est ce qu'on donna à M. de Sainte-Marthe pour leur histoire.

2–6 Relation des événements, 1625–1661. 5 t. fol.
N.B. L'auteur est G. Hermant. Copiée par Mlle Mégard à Paris, 1746–1749.

    2. 1625–1652. Livre I–VI.

    3. 1652–1653. Livre VII–X.

    4. 1654–1656. Livre XI–XVI.

    5. 1657–1658. Livre XVII–XX.

    6. 1659–1661. Livre XXI–XXV.

7 Relation de la Mère Angélique de St. Jean Arnauld d'Andilly de sa captivité,
1665 nov. 28. 1 t. fol.
N.B. Cette relation a été imprimée.

8 Relation du voyage d'Aleth (Pavillon) par Claude Lancelot et adressée à la Mère
Angélique de St. Jean Arnauld, 18–24 déc. 1667. Abrégé des vies de Mgr. N.
Choart de Buzanval, évêque de Beauvais, 1679, de F. Vialart, évêque de Châlons-
sur-Marne, 1680, et de F. E. de Caulet, évêque de Pamiers, 1680. 1 t. 4°. Copie.
N.B. La vie de Caulet est une autre que celle de M. Le Blond, Inv. no. 4154.

9 Diverses relations, 1644–1666. Captivités des sœurs Briquet et Dupré. Touchant
la séparation du bien, 1666 mars. Maladie de Suzanne Champagne, 1666 sept.
26. Récit de la conduite de Mgr. de Harlay, 1671–1695. (Amf. 10, 18 et 19).

10–13 Journal de Port-Royal, 1664–1696. 4 t. fol.
N.B. Dans le 2e tome après la table des matières on trouve encore quelques lettres de Nicole
à l'abbesse de Ligny, 1665–1666 et de Buzanval, 1668–1669.

    10–11. Lettres, 1664 août 27–1665 août 5. 2 t. fol.

    12. 1667–1668.

    13. 1669–1696.
N.B. Avec annotations de Mlle de Théméricourt.

14 Recueil de diverses lettres de la Mère Angélique Arnauld, de N. Pavillon, Quesnel, H. Arnauld, Duguet, C. de Sainte-Marthe, Anjubault, Le Tourneux et
Nicole. Lettres à M. Dubreuil, L'Insule (L'Isle Bouchard), De Vertu, Louail.
Mémoire pour les vierges de l'Enfance et panégyriques de St. François de Paule
et de Sales.

14* Voir: Addendum (p. 317).

15   Recueil de divers mémoires historiques sur la Mère Angélique de St. Jean Arnauld, Mgr. Caulet, F. Carlat, Chardon, H. Arnauld, P. T. de la Vergne, T. Odierre, Bourdoise, De Ciron, De Sacy, Mgr. Fouquet, Vialart, Pascal, Richelieu et Gondrin, et lettres de M. Le Tourneux, prieur de Villers. 1 t. 8°.

16   Lettres de Dugué, C. de Sainte-Marthe e.a. à M. de Vertu, Angélique de St. Jean, 1638–1688. Copies.

17   Catalogue des pièces de Port-Royal et des écrits des disciples de St. Augustin, 1640–1668.

18   Règlements des écoles, qui s'observaient dans l'école de Chesnay, (1650).

19   Noms des religieuses de Port-Royal de Paris et des Champs, 1661–1683.

20   Table chronologique de Port-Royal, 1625–1662. (Amf. 18).
      N.B. Imprimée dans: Mémoires etc. Utrecht, 1742, I 216.

21   Mémoire des peines des religieuses de Port-Royal pour la signature du Formulaire, (1663). (Amf. 19).

22   Prières, (1664 et s.d.). (Amf. 18, 19).

23   Histoire de la vie et de la conversion d'Armand de Bourbon, prince de Conti, tirée de la vie de Mgr. d'Alet.

24   Journal sur l'état présent de l'Église, 1668 nov. 12–déc. 19. (Amf. 18).

25   Chronologie, 1643–1671. (Amf. 19).

26   Annotations sur Antoine Arnauld et Isaac Le Maistre de Sacy.

27   Histoire abrégée ou mémoires etc. de Port-Royal, 1602–1661. 1 vol.
      N.B. Commencée par l'auteur en 1696, copiée 1697 sept. 3.

28   Histoire abrégée de Port-Royal. (Amf. 19).
      N.B. Finie 1698 févr. 26.

29   Liste des défunts de Port-Royal, 1255–1709, laquelle a appartenu au P. Quesnel et à Fouillou. Avec supplément jusqu'à 1716. (Amf. 10).
      Supplément au nécrologe de Port-Royale, imprimé p. 1–220, avec des notes manuscrites sur les auteurs des Remarques sur la Préface, M. Blondel et Le Fèvre.

30   Pièces sur la suppression de Port-Royal, 1707–1710. (Amf. I,J,V.).

31   Pièces sur Port-Royal et le Quiétisme.
      N.B. Don des Archives du Royaume des Pays-Bas, 1918. Quelques numéros ont été transportés à la place, où ils conviennent.

32   Vie de Mad. la princesse L. M. H. Palatine de Bavière, abbesse de Maubuisson, 1709 juin 17. (Amf. 17).

32* Commémorations de plusieurs vénérables amis de la Vérité, composées par l'abbé Léon Dilhe.
      N.B. Voir Nouvelles ecclésiastiques, 18 avril 1770, p. 61.

32** Recueil de biographies, Angran-Witte.

ABBESSES DE PORT-ROYAL

33–221

Marie Angélique de Ste. Madeleine Arnauld
Lettres reçues de:

33   Arnauld, Antoine, 1655–1656. 2 lettres. (Amf. XXI).
      N.B. Avec timbre: Bibliothèque Royale.

34   Arnauld d'Andilly, Robert, 1652 nov. 2. (Amf. 18).

35   Barcos, De, abbé de St. Cyran, 1644–1655. 22 lettres.

36	Beauvilliers, sœur de St. Jean de, abbesse de Montmartre, 1652 oct. 4 (Amf. 19).
37	Bernières, M. de, à Rouen, 1657 mars 11 (Amf. 19).
38	Bricquet, E., à Nogent, 1645 août 12. (Amf. 19).
39	Donatien de Griet, Barthélemy de, évêque de Comminges, s.d. (Amf. 19).
40	Dugué de Bagnols, 1651–1656. 8 lettres. (Amf. 22).
41	Duvergier de Hauranne, abbé de St. Cyran, 1623 juillet 4.
42	Gondi, J. F. P. de, archevêque de Paris, s.d. (cardinal de Retz). (Amf. 19).
43	Le Maistre, Antoine, s.d. (Amf. 18).
44	Le Pelletier Destouches, à St. Cyran, 1654–1658. 3 lettres. (Amf. 19).
45	Longueville, duchesse de, (1659) sept. 7. (Amf. 19).

N.B. Voir ses lettres éditées à Utrecht 1742–1744.

46	Martineau, Samuel, évêque de Bazas, 1653 sept. 28.
47	Noailles, duchesse de, s.a. août 8.
48	Rohan, Anne de, princesse de Guéméné, (1654) janvier 9.

Minutes

49	Raisons qui m'ont porté à sortir de la jurisdiction de l'ordre de Cisteaux, 1653 févr. 21.
50	Lettres à la reine de Pologne, 1655–1656. 2 lettres. (Amf. 18).
51	Lettre à la Mère Agnès sur la mort de M. Le Maistre, (1658).
52	Lettre à la Reine Mère du roi, 1661 mai 25.

N.B. Imprimée Utrecht 1745, III 536.

Agnès de St. Paul Arnauld

N.B. Voir ses lettres éditées par M. Faugère, Paris 1858. 2 t. Ce recueil a été composé par Mlle Rachel Gillet.

Lettres reçues de:

53	Arnauld, Angélique, 1661 juillet 17 (Amf. XXI).
54	Arnauld, Antoine, 1661 août 7.
55	Arnauld, Henri, évêque d'Angers, (1661) août 14. (Amf. 19).
56	Barcos, De, 1634–1661. 21 lettres.
57	Bellisi, Catherine Angran de, (1661) août 8.
58	Bernières, Mad. la présidente de, (1661) août 10.
59	Boisguilbert, Mad. de, à Rouen, (1661) août 21.
60	Bois Ruffin, M. Catherine de, religieuse de Chelles, 1661–1669. 2 lettres.
61	Bouchard, Père de l'Oratoire à Paris, 1671 févr. 2.
62	Bridieu, H. M. de Ste. Agnès de, Ursuline, 1669 mars 7.
63	Catherine du St. Sacrement, abbesse de Tard, (1669) juillet 18.
64	Chaugy, De, de la Visitation d'Annecy, 1664 déc. 13.

N.B. Pas rendue à cause de la captivité de la Mère Agnès.

65	Cheverny, Angélique de, abbesse de l'Eau, 1661 août 12.
66	Christine de Jésus, abbesse des Bernardines de Dijon, 1661 août 21.
67	Claude de Jésus, abbesse de N. D. de Troyes, (1661) août 14.
68	Clerget, 1661 août 17.
69	Dimmer, Sophie E., à Utrecht, 1669 avril 9. (Amf. 14).
70	Dupuy, A., abbesse du Ronceray, 1661–1669. 2 lettres. (Amf. 19).
71	F. de St. Augustin, abbesse de Gif, (1661) août 8.
72	Féret, A., (Mad. Allen), 1661 août 26.
73	Gadagne, Marie Gabrielle de, supérieure des Annonciades de Lyon, (1665) sept. 1.
74	Gaulthier, N., 1661 août 20.

75	La Guette, C. M. de, de la Visitation de Poitiers, 1670 janvier 5. Avec une lettre de sœur Lescalopier.
76	Loron, Charles de, Chartreux à Paris, 1669. 2 lettres.
77	Louise Marie (de Gonzague), reine de Pologne, (1661) sept. 10.
78	Madeleine de Jésus, Bernardine de N.D. de Tard à Dijon (Gaulthier?), 1669–1670. 4 lettres.
79	Marie Angélique de St. Ange, de la Visitation à Melun, 1661–1669. 3 lettres.
80	Marie Cécile de St. Léger, de la Visitation à Poitiers, 1669 mai 15.
81	Marie Constance, de la Visitation à Angers, 1669–1670. 2 lettres.
82	Marie de Jésus Christ, de N.D. à Tard, 1669–1671. 2 lettres.
83	Marie de Jésus Marie, supérieure de N.D. à Rouen, 1661 août 17.
84	Marie de Ste. Agnès, Bernardine de N.D. de Tard à Dijon, 1669 août 8.
85	Marie Martine de Ste. Lucie, Ursuline à Rouen, 1669 juin 13.
86	Marle, C. de, Mad. de Charmont, (1661) août.
87	Mouchy, Mlle de, (1661 août).
88	Mydorge, M. G. de, religieuse du Mans et du Pré, 1661–1669. 2 lettres.
89	Nicaise, chanoine de Dijon, 1670 janvier 15.
90	Nourisson, Anne, dicte de Jésus, Ursuline d'Orléans, 1661 sept. 16.
91	Raffetot, Marie Claire du St. Sacrement, (1661) août 14.
92	Richard, curé de Triel, (1669) mars 4.
	N.B. Imprimée dans Recueil de pièces par Leclerc, p. 525.
93	Sablé, Mad. de, s.d.
94	Saint-Paul, de la Fidélité à Saumur, 1669 mars 9.
95	Santeuil, chanoine régulier de St. Victor, (1659) août 24.
96	Supérieure des Ursulines d'Orléans, (1661) août 20.
97	Thomas, Maître des Comptes à Rouen, 1661 août 8.

Minutes

98	Requête au roi, 1661 mai 6; projet de lettre à Chamillart, (1664 sept.); lettre à Mgr. (Hardouin de Péréfixe, 1664).
	N.B. La requête a été imprimée dans le recueil de ses lettres, Paris 1858, I 493.

Marie des Anges Suireau
Lettres reçues de:

99	Arnauld, Marie Angélique, 1654–1657. 2 lettres (Amf. 18).
100	Barcos, De, s.d. 5 lettres.
101	Luynes, duc de, (1656) sept. 15. (Amf. 19).
102	Pontchasteau, (1669).

Madeleine de Ste. Agnès de Ligny
Lettres reçues de:

103	Ariste, J. E., (1665) juillet 19 (Amf. 19).
104	Barcos, De, 1662 mars 27 (copie).
105	Grandin, De, à Paris, 1663 août 10.
106	La Guette, C. M. de, de la Visitation à Poitiers, 1669 févr. 19.
107	La Houssaye, M. de, 1668. Mémoire sur la translation.
108	Leroy, G., de Haute Fontaine, 1664–1669. 2 lettres (Amf. XXI).
109	N.N., 1667 juillet 7.
110	Pigeon, Anne, 1669 févr. 7 (Amf. 19).

111	Raffetot, Marie-Claire du St. Sacrement, de N.D. de Troyes, 1669. 2 lettres.
112	Schonberg, J. de, duchesse de Liancourt, 1668 nov. 16.
113	Thérèse de St. François, supérieure de N.D. de Provins, 1669 févr. 26.

Minutes

114	Acte d'appel dont les religieuses de Port-Royal chargèrent Marguerite de Ste. Gertrude Dupré le jour de sa mort, 1666 juillet 5, avec renouvellement du 15e août (Amf. 19).
115	Récit de ce qui s'est passé à l'égard de Suzanne Cécile (Robert) sur le sujet du procès-verbal, 1666 juin 7; juillet 30; août 9.
116	Requêtes des religieuses de Port-Royal à Mgr. de Paris sur leur translation, 1668 août 24 et s.d., avec mémoire sur un changement.
117	Lettre des religieuses de Port-Royal des Champs à celles de Paris, 1669 févr. 17.

Copies

118	Lettre de Marguerite Dupré à Marguerite de Ste. Dorothée, 1665 févr. 4.
119	Rétractations des religieuses de Port-Royal de la signature du Formulaire, 1664–1666.
120	Lettre de la duchesse de Longueville sur le brevet de la Ste. Dorothée, 1667 janvier 24.
121	Requête du supérieur de Port-Royal, présentée à l'archevêque de Paris par quelques parents pour procurer aux moniales les grâces du Jubilé, 1667 déc. 24. Avec histoire, remarques et annexes, 1668. N.B. On reconnaît dans quelques annotations la main de Claude de Ste. Marthe.
122	Requête des proches parents des religieuses de Port-Royal (signée: Choart de Buzanval), dressée sur le projet fait par Mgrs. de Paris et de Meaux, présentée à Mgr. de Paris, 1668 août 9, avec ce qui s'en est suivi jusqu'au 25e sept.
123	Mémoire dressé par Mgr. de Meaux, consulté 1668 nov. 19, et conclusion sur la translation.
124	Requête des parents des religieuses de Port-Royal, que sa cause soit jugée par 12 personnes sans appel, (1668).
125	Ce qu'il y a à faire, si Mgr. de Paris en vient aux procédures irrégulières.
126	Projet de lettres patentes pour la translation de Port-Royal des Champs dans le diocèse de Sens, (1668).
127	Réponse de Mgr. de Paris à la requête des religieuses de Port-Royal, 1669 févr. 17.
128	Lettres de F. (Vialart), évêque de Châlons-sur-Marne, à Mad. de Ligny, abbesse de Port-Royal, sa cousine, et à la prieure Du Fargis, 1669 mars 29.
129	Arrêt de partage des biens de Port-Royal des Champs et de Paris, 1669 mai 13.

Marie de Ste. Madeleine Du Fargis
Lettres reçues de:

130	Aligre, E. d', abbesse de St. Cyr, 1671 mars 2 (Amf. 19).
131	Barcos, De, 1671 mars 13.
132	Bouchard, P. de l'Oratoire à Paris, 1671 févr. 26.
133	Chasteigner, Diane, (Mad. de St. Loup), (1684 janvier).
134	Du Tronchoy, Andry, chanoine de Saintes, 1671 mars 8.
135	Floriot, P., à Paris, 1669 mars 2.
136	Hemicort, Benoist, à Paris, 1684 juin 23 (Amf. P).

137 Le Canu, N., prêtre, 1671 mars 9.
138 Leroy, G., de Haute Fontaine, 1671 mars 1 et 5 (Amf. 16).
139 Lombert, M., 1671 févr. 20.
140 Loron, Dom Charles de, 1671 mars 6.
141 Marcel, L., curé de St. Jacques du Haut Pas, 1671 févr. 23.
142 Pavillon, N., évêque d'Alet, 1671 avril 11 (Amf. 19).
143 Santeuil, (1684) août 27; oct. 2.
144 Taconnet, chanoine régulier de St. Victor, supérieur de Port-Royal, (1684) mai 25.
   N.B. Imprimée dans Mém. Hist. etc. par Guilbert, II 592.

Minutes
145 Lettre à N., s.a. juillet 9, avec quelques lignes du 20e juin et copie d'une lettre de Mad. de Longueville à la Mère Agnès, s.d.
146 Mémoire sur la Mère Angélique de St. Jean Arnauld, morte 1684 janvier 29.
147 Lettre à St. Bernard, portée à son tombeau, 1684 août 10.
148 Lettre à Antoine Arnauld, 1690 juin 3.
   N.B. De la main de la sœur Le Féron.

Copies
149 Rétractations de la signature du Formulaire, (1664–1665), 1670 (Amf. 18).
150 Acte de confirmation de Mgr. de Paris de la bulle de séparation des deux Port-Royal, 1672 avril 20 (Amf. 19).
151 Lettres patentes du roi concernant le partage des biens de Port-Royal, 1672 avril, déc. 22.
152 Mémoire touchant Mlle de Dampierre, 1676 août 12.
153 Lettre de l'abbesse de la Virginité à Mgr. de Paris, son frère, ne voulant pas accepter la charge de Port-Royal à Paris, (1685 janvier).

Angélique de St. Jean Arnauld d'Andilly
Lettres reçues de:
154 Ameline, M., 1679 mai 28 (Amf. 19).
155 Ariste, J. E., (1671) févr. 22.
156 Arnauld, Antoine, 1656 janvier 31 (Amf. XXI).
   N.B. Avec timbre: Bibliothèque royale.
157 Arnauld, Marie Angélique, 1660 janvier 30 (Amf. 18).
158 Arnauld de Pomponne, N.S., ambassadeur de France à La Haye, 1671–1681. 2 lettres.
159 Bazin, à l'armée, 1678 sept. 30 (Amf. 19).
160 Besson, prêtre à Paris, (1671) févr. 25.
161 Bouchard, P. de l'Oratoire à Paris, 1671–1679. 2 lettres.
   N.B. Cf. Cécile Gazier, Histoire du monastère de Port-Royal (1929), p. 294.
162 Burlugay, théologal de Sens, 1671–1680. 2 lettres.
163 C.D.T. (Thulden, Charlotte de), prieure de la Cambre, 1670 juin 12.
164 Cerle, chanoine de Pamiers, vicaire général, 1682 mars 9.
165 Choart de Buzanval, Marie-Aimée de Ste. Pélagie, 1668–1669. 11 lettres.
166 Du Pille, abbé à Paris, (1683) avril 15.
167 Du Tronchoy, Andry, 1671 mars 4.
168 Du Trouillas, Lomb., 1676 déc. 2.
169 Duval de Dampierre, Mlle, s.d.

170	Eustache, F., abbé de N.D. de Septfont, 1683 nov. 15 et 19.
171	Feydeau, 1673–1680. 8 lettres.
172	Grenet, curé de St. Benoît, 1671–1684. 4 lettres.
	N.B. Cf. Vies intéressantes IV, 102.
173	Hermant, 1669–1671. 3 lettres.
174	Houdessan, abbé d', 1678 sept. 5.
175	Issaly, M., à Paris, 1671–1679. 3 lettres.
176	Lamy, François, O.S.B., (1683) mars 24.
177	Lancelot, C., 1666–1671. 2 lettres (Amf. 20).
178	La Petitière, M. de, 1672 avril 8 (Amf. 19).
179	La Planche, De, (1679).
180	Leclerc, (1679 juin).
	N.B. Un autre que M. Le Maistre de Sacy.
181	Le Maistre le Docteur, 1681 mai 18.
182	Le Pelletier Des Touches, (1679) mai 27.
183	Leroy, Guillaume, abbé de Haute Fontaine, 1679–1681. 3 lettres (Amf. 16).
184	Luynes, duc de, 1671–1679. 2 lettres (Amf. 19).
185	Magnieu, prêtre à Paris, 1683 août 26.
186	Monglats, Mlle de, 1670 févr. 20.
187	Morice, prieure de St. Martin, 1671 févr. 23.
188	Mouchy, Mlle de, (1661 août).
189	Nicaise, abbé, 1671 févr. 25.
190	Noailles, maréchal de. (l'adresse seul).
191	Périer, Mlle J., (1671 mars 16).
192	Quesnel, P., 1671–1681. 2 lettres.
193	Rambures, De, abbesse de Vuillancourt, 1679 déc. 28.
194	Richer, Mlle, (1671) févr. 22.
195	Rohan, Anne de, princesse de Guéméné, (1671) févr. 24.
	N.B. Aussi adressée aux 2 sœurs d'Andilly.
196	Soyer, Mlle, (1671) avril 4.
197	Taconnet, N., 1683 juillet 16.
198	Thérèse de l'enfant Jésus, carmélite de Narbonne, 1680 oct. 7.
199	Thomas, curé de St. Jacques du Haut Pas, 1681 sept. 11.
	N.B. Cf. Vies intéressantes IV, dernière lettre.
200	Tillemont, Sébastien Le Nain de, 1671 févr. 27.
201	Victoire, A., abbesse de Gif, 1679 mai 21, 24 et 29.
	N.B. Son nom est Anne Victoire de Clermont de Montglat.

Minutes

202	Lettre à son oncle Antoine Arnauld, 1665 juillet 3.
203	Lettres à N.N., 1666 févr. 18; déc. 2.
204	Portrait d'une sainte abbesse (Agnès Arnauld), avec image de sa vertu. (Amf. 18, 19).
205	Lettres à N.N., 1671–1679. 3 lettres.
206	Requête des religieuses de Port-Royal au roi, 1679 mai 27, et lettre d'Antoine Arnauld à Mgr. de Paris, 1679 août.
207	Lettres à Mad. de Luynes, 1679 nov. 23; déc. 2.
208	Requête des religieuses de Port-Royal au roi au sujet du renouvellement des persécutions après la mort de Mad. de Longueville, 1679.

Copie

209 Mémoires et autres écrits de Port-Royal, 1650–1678 (Amf. XXI).
N.B. Avec timbre: Bibliothèque royale.

Agnès de Ste. Thècle Racine
Lettres reçues de:

210 Coislin, P. du Cambout de, cardinal, à Paris, (1699) févr. 17 (Amf. 19).
211 Desmarets, Paul, évêque de Chartres, (1692–1709).
212 Noailles, L. A. de, évêque de Châlons-sur-Marne et archevêque de Paris, 1695–1697. 5 lettres, avec copies et réponse.

Minute

213 Déclaration sur la guérison de Marie-Madeleine de Ste. Gertrude Du Vallois, 1690 avril 17. Avec notices de Pontchasteau.
N.B. Voir inv. no. 244.

Copie

214 Carte de visite de Simon Roynette, vicaire général de Paris, à Port-Royal des Champs, 1696 mai.

Elisabeth de Ste. Anne Boulard de Ninvilliers
Lettres reçues de:

215 Gilbert, vicaire général de Paris, 1704–1705. 4 lettres (Amf. 19).
216 Menguy, abbé, 1706 avril 3.
N.B. Cf. Mém. Hist. par Guilbert III, 462.
217 N.N., 1706 avril 3.
N.B. Sur la clause: Sans déroger à la paix de Clément IX.
218 Noailles, L. A. cardinal de, 1700 sept. 12.

Minutes

219 Lettre à M. Mabille sur la visite du supérieur Gilbert, avec relation, 1706 mars 23.
220 Lettre des religieuses de Port-Royal à Mgr. de Paris sur la constitution de 1705, 1706 mars 26.

Copie

221 Assignation de Port-Royal de Paris à Port-Royal des Champs pour rentrer dans la possession des deux maisons, 1702 déc. 9.

ABBESSES DE PORT-ROYAL DE PARIS INTRUSES
222–223

Marie de Ste. Dorothée Perdreau
222 Lettre de Buzanval, 1669 janvier 14 (Amf. 19).

Mad. de Chateau Renaud
223 Lettre de Marie de St. Michel, supérieure de St. Julien d'Amiens, 1711 août 9.

Françoise de Ste. Julie Baudrand
224 Lettre sur la mort d'Antoine Arnauld, 1694 août 8 (Amf. XXI).

Louise-Anastasie Dumesnil
Lettres reçues de:
225 Eustace, (1707) et s.d. 11 lettres (Amf. 18, 19).
226 Gilbert, vicaire général de Paris, 1707–1708. 3 lettres.
227 Joncoux, Mlle de, 1709. 12 lettres.
228 Loger, V., 1707 sept. 17, 18 et 20.
229 Vivant, F., vicaire général de Paris, (1707) sept. 10 et 16.

Minutes
230 Lettres des religieuses de Port-Royal à Mgr. de Paris, au supérieur Gilbert, au pape et au cardinal Sacripante, 1706–1708.
N.B. Cf. Mém. Hist. par Guilbert, III, IV, V.
Requêtes au roi 1707, et au Parlement 1708, avec lettre à N.N.
N.B. Cf. *Ibid.*, IV, V.
Actes capitulaires des religieuses de Port-Royal, 1707.
N.B. Cf. Histoire de la persécution (1750) I, 298.
Mémoires (2, 4, 5, 7 et 8) pour le Chancelier, 1707–1713.
Mémoire justificatif contre les prétentions des sœurs de Paris, 1707 juin 30.
Discours prononcé à Port-Royal par (Firmin) Pollet, et sa délégation par Mgr. de Paris, 1707 sept. 14 et 24; oct. 3, avec des remarques.
Réponse aux requêtes des sœurs de Paris au roi et au cardinal de Noailles, 1707.
Requête au Mgr. de Paris, 1707 oct. 20.
Protestation contre l'extinction de Port-Royal des Champs.
Lettre patente du roi sur la bulle de la suppression de Port-Royal, 1708 nov. 14.
Mémoire sur la prochaine dispersion des sœurs de Port-Royal, 1708 déc. 15.
Lettre à M. Le Tourneur, notaire à Paris, 1709 juin 16, à Alphutius, banquier à Hambourg, (1709 juin) et au lieutenant-criminel, 1709 juillet 24.
Relation de la prise de possession de l'abbaye de Port-Royal des Champs par Mad. de Chateau Renaud, avec acte de protestation, 1709 oct. 1–29, et récit de la destruction de la communauté jusqu'au 12e nov.

Copies
231 Arrêt du Conseil d'État, 1706 déc. 8.
Recueil de pièces et lettres au sujet du certificat de Port-Royal de la réception de la constitution du pape et du mandement de Mgr. de Paris, (1706).
Arrêt du Parlement, 1709 août 3, avec copie de la lettre à Voisin.
Ordonnance du cardinal de Noailles, 1707 nov. 18 et lettre au cardinal, 1709.
Extrait de la continuation du procès-verbal, 1709 avril 13.
Éclaircissements sur le mandement du cardinal de Noailles, portant permission d'imprimer une lettre de Bossuet aux religieuses de Port-Royal, 1709 avril 28.
Décret d'extinction de l'abbaye de Port-Royal par le cardinal de Noailles, 1709 juillet 11, avec exploit.

Pièces sur la dispersion des religieuses de Port-Royal, 1709 oct. 26–1710 janvier 15.

Écrit trouvé parmi les papiers de la sœur Anne de Ste. Cécile de Boiscervoise († 1709 nov. 8).

Acte de signature de la constitution de Clément IX par Françoise Madeleine de Ste. Ide Le Vavasseur, 1710 juillet 17.

SŒURS DE PORT-ROYAL
232–266

Françoise-Louise de Ste. Claire Arnauld
232 Lettre de la Mère Agnès de St. Paul Arnauld, 1657 août 18 (Amf. P).

Anne-Eugénie de l'Incarnation Arnauld
233 Lettre de M. I. L. Le Maistre de Sacy, 1650 janvier 27.

Marie Angélique de Ste. Thérèse Arnauld d'Andilly
234 Lettre de sa cousine sur sa captivité, 1664 oct. 2 (Amf. XXI).
235 Relation de l'enlèvement de la Mère Catherine Agnès de St. Paul Arnauld pour Paris, 1665 sept. 2.

Marie Charlotte de Ste. Claire Arnauld d'Andilly
Lettres reçues de:
236 D'Albert de Luynes, H. Angélique, religieuse de Jouarre, (1669 juillet 1) (Amf. 19).
La Potherie, M. de, 1669 mars 21.
Madeleine de Jésus, de N.D. de Tard à Dijon, 1671 févr. 24.
Marie Angélique de St. Ange, de la Visitation de Melun, 1669 mai 19.
N.N., s.a. oct. 19.

Marie Catherine de Ste. Célinie Benoise
237 Lettre de M. Eustace, confesseur de Port-Royal, (1707) (Amf. 18).

Madeleine de Ste. Christine Briquet
238 Lettre de M. de Santeuil, (1684) oct. 22 (Amf. 19).
Extraits des prédications de M. Poligné à Port-Royal des Champs, 1680 avril 19 et 21.

Catherine de Ste. Suzanne Champagne
239 Relation de ma guérison, 1660 oct.22–1662 janvier 7.

Isabelle de Ste. Agnès de Chateauneuf, bibliothécaire
240 Lettre d'Arnauld d'Andilly de Pomponne, 1669 sept. 20, et d'Arnauld de Luzancy, (1669). 3 lettres.
N.B. Ci-jointes copies de lettres de Nic. Fontaine, 1691–1692 (Amf. 10).

12

Marie de Ste. Anne Cousturier

241 Lettres à N.N., 1711 juillet 4; nov. 17 (Amf. 19).
Acte de rétractation, 1717 (Amf. 18).

Marguerite de Ste. Gertrude Dupré

242 Lettres de Mgr. Hardouin de Péréfixe, archevêque de Paris, 1664 oct., avec copies de sa lettre à Mgr. du 4e oct. et de la réponse du 6e oct.; 1665 janvier 22, avec rétractation de ses signatures (Amf. 19).
243 Copie de la lettre de Claude de Ste. Marthe aux religieuses de Port-Royal, 1661 août 9.

Marie Madeleine de Ste. Gertrude Du Valois

244 Déclaration sur sa guérison miraculeuse, 1689 août 30, avec certificats des sœurs et des docteurs Hecquet, Alex. Girard et Dodart, 1689–1690.
N.B. Cf. Mém. Hist. par Guilbert, Utrecht 1755, III, 67–78.

Marie des Anges de Feu

245 Récit de sa guérison miraculeuse par la Mère Angélique de Ste. Madeleine Arnauld.

Anne-Marie de Ste. Eustoquie Flécelles de Brégy

246 Lettre de M. Pivot en Sorbonne, 1681 avril 5 (Amf. j).
Extraits des prédications de M. Poligné, 1680 (Amf. 19).

Madeleine de Ste. Sophie de Flécelles

247 Lettre de M. Eustace, (1707) (Amf. 18).

Louise de Ste. Eugénie Girard

248 Lettre de M. Villethierry, 1669 févr. 21.

Marie de Ste. Catherine Issali

249 Lettres de M. Eustace, 1706–1707 et s.d. 107 lettres. (Amf. 18).
250 Copie d'une lettre d'Anne-Julie de Ste. Synclétique de Rémicourt à Eustace, (1706) (Amf. 19).

Marguerite de Ste. Thècle Josse
Lettres reçues de:

251 Arnauld, Marie Angélique, 1653–1657. 28 lettres (Amf. 18).
252 Longueville, duchesse de, (1661) mai 16 (Amf. 19).
253 Louise Marie, reine de Pologne, 1664 oct. 17.

Geneviève de Ste. Madeleine de la Haye

254 Lettres de Marie Angélique Arnauld, 1660. 3 lettres (Amf. 18).

Marie de Ste. Dorothée de l'Incarnation Lecomte

255 Lettre de Marguerite de Ste. Gertrude Dupré des Annonciades de St. Denis, 1665 févr. 4 (Amf. 19).
256 Relation de sa captivité.

Élisabeth (Isabelle) de Ste. Agnès Le Féron
Lettres reçues de:
257 Arnauld, Henri, évêque d'Angers, 1667 sept. 14 (Amf. 19).
Lancelot, 1669. 2 lettres (Amf. 20).
Le Maistre de Sacy, I. L., 1680. 3 lettres.
Nicole, 1693 janvier 4.
Rebours, Antoine de, 1643 juillet 2 (Amf. 19).
Sainte-Marthe, C. de, 1661–1690. 4 lettres (Amf. 10).

Copie
258 Lettre de la Mère Angélique Arnauld à M. Dessaux, 1658 août 27.

Françoise de Ste. Agathe Le Juge
259 Rétractation du Formulaire, 1710 mai 20 (Amf. 19).

Jeanne de Ste. Colombe Leullier ou Levillier
260 Lettre de G. Hermant à Beauvais, 1669 mars 23.

Marie Angélique de St. Barthélemy
N.B. Non mentionnée dans le Répertoire de A. Maulvault.
261 Lettre de Marie Angélique Arnauld, (1654) févr. 24 (Amf. 18).

Charlotte Nicole
262 Lettre d'Antoine Singlin sous le nom de Montigny, 1663 avril 23 (Amf. XXI).

Marguerite de Ste. Lucie Pépin, chantre
263 Récit d'un chant miraculeux à la mort de la Mère Boulard, 1706 avril 20.
N.B. Voir: Mém. Hist. par Guilbert III, 488.

Anne Julie de Ste. Synclétique de Rémicourt
264 Lettre de cachet et actes par rapport à sa sortie de l'abbaye de Bellefonds et son
entrée chez les chanoinesses de Picpus (Amf. 19).

Anne de Ste. Eugénie de Boulogne de St. Ange
265 Lettres de Mad. de Brienne et de Mlle de Vertus (X. de Bretaigne), (1661).

Charlotte de St. Bernard de Saint-Simon
266 Lettres (2) de M. de Foix, abbesse de Saintes, 1661–1669.

MESSIEURS DE PORT-ROYAL
267–461

Antoine Arnauld
Lettres reçues de:
267 A. d…, à Paris, 1692 juillet 12.
268 Angran, M., 1684 janvier 20 (Amf. 19).
269 Arnauld d'Andilly, Angélique de St. Jean, 1669–1682. 4 lettres.
270 Arnauld d'Andilly, Marie Angélique de Ste. Thérèse, 1684–1692. 5 lettres.

271 Arnauld d'Andilly, Robert, (1671) févr. 21.
272 Baudrand, F. M. de Ste. Julie, 1684 nov. 8.
273 Briquet, Madeleine de Ste. Christine, (1687) nov. 5.
274 Cerle, vicaire général de Pamiers, 1682 mars 8.
275 Chastillon, Claude abbé de, 1683 avril 22. (L'adresse manque).
276 Cocquelin, 1663 juillet 17 (Amf. 1). (L'adresse manque).
277 Desbasmonts, 1686 juillet 25.
278 Dubrouchoy, Placide, 1681 juillet 12. Adresse: M. Laisné.
279 Du Fargis, Marie de Ste. Madeleine, 1684–1690. 4 lettres.
280 Dupuy St. Sauveur, à Paris, 1650 mai 6. (L'adresse manque).
281 Duvaucel, 1681–1687. 9 lettres. Adresse: M. Bonnevais (Amf. j).
282 Hermant, G., chanoine de Beauvais, 1656 juillet 20. Adresse: M. Du Breuil. (Amf. XXI).
    N.B. Avec timbre: Bibliothèque royale.
283 J.B., 1684 août 13.
284 Lancelot, Claude, 1665 avril 4 (Amf. 20). (L'adresse manque).
285 La Pierre, F. de, 1681–1684. 20 lettres. Adresses: Merlin (= Dumesnil) et A. Zetty (Amf. j, l).
    N.B. Autre écriture que dans les lettres au P. Quesnel.
286 Le Camus, Estienne, évêque de Grenoble, 1671–1678. 14 lettres, avec 2 minutes. (Amf. Y).
287 Leyburn, J., évêque d'Adramiti (Hadrumète), à Windsor, 1686 juin 18.
288 M.V., Mlle, à Paris, 1684 mars 3. (Amf. 19). (L'adresse manque).
289 Modersohn, Justus, curé à Amsterdam, 1680–1682. 9 lettres, avec annexes et une lettre de B. Pesser.
290 N.N., 1666–1668. 2 lettres, au sujet de l'Apologie. Adresse: Jean Laisné.
291 N.N., 1681 avril 5. (L'adresse manque).
292 N.N., 1682 janvier 7. (L'adresse manque).
293 N.N., 1683–1686. 2 lettres.
294 N.N., 1684 sept. 26.
295 N.N., 1685 mars 14. (L'adresse manque).
296 N.N., 1685 avril 5.
297 N.N., (1685) août 3.
    N.B. Faussement attribuée à l'abbé G. Leroy de Haute Fontaine.
298 N.N., 1692 mars 6. (L'adresse manque).
299 N.N., s.d.
300 N.N., religieuse, (1684).
301 N.N., Parente religieuse de Port-Royal, 1684–1685. 3 lettres.
    N.B. Elle nomme Paulin "son cousin".
302 N.N., à Paris, (1681) nov. 24. (L'adresse manque).
303 N.N., à Paris, 1682 mars 6. (L'adresse manque).
304 N.N., à Rome, 1668 juin 26.
305 N.N., à St. Mihiel, 1677 août 12. (L'adresse manque).
306 Neercassel, J., 1682–1685. 2 lettres.
307 Nicole, P. 1664–1688. 38 lettres. Adresses: P. Piéri de l'Oratoire à Mons pour Durval (S. Dumesnil) et Paulin (Ruth d'Ans).
    N.B. Voir cote 318: St. Vaast.
308 Parive, F. de, à Liège, 1688. 2 lettres. (Amf. 1).
309 Personne, J. de Ste. Domitille, religieuse de Port-Royal, 1682–1687. 6 lettres (Amf. 19).

310 Pontchasteau, 1682–1690. 19 lettres (2 pour Merlin et une adressée à M. Simon (Dumesnil).
311 Quesnel, P., (Duzillon), 1682–1685. 3 lettres. Adresse: Au prieur du Ris.
312 Racine, Agnès de Ste. Thècle, abbesse de Port-Royal, (1687).
313 Raucour, De, à Melun, 1668 juillet. Adresse: Jean Laisné.
314 S.M.A.J., religieuse, (1685).
315 Sacy, I. L. Le Maistre de, 1665 févr. 7.
316 Sainte-Beuve, De, 1660–1661. 2 lettres.
317 Sainte-Marthe, C. de, 1683. 3 lettres. Adresse: Monsieur Videt.
318 Saint-Vaast, De, 1683 mars 25, Adresse: M. de Nortdoncq.
   N.B. Voir cote 307.
319 Tillemont, 1681–1691. 9 lettres (Amf. 10).
320 Verniel, Jac., à Louvain, 1688 févr. 28 (Amf. 1).
321 Vuillart, Germain, 1682 févr. 16. Adresse: M. de Ranfort.

Minutes
322 Avis généraux sur la grâce, 1661.
   Mémoire sur la translation des reliques de Port-Royal, (1668).
   Mémoire pour J. M. de Hondt, de l'Oratoire à Bruxelles, sur la communion dans la messe, 1686.
   Disposition de ses livres, 1687 juin 15.
   Testament avec mémoire, 1690 avril 5, sept. 23. Voir inv. no. 323.
   Note sur Mlle de V., 1692 nov. 27.
   Mémoire sur les parents de Jansénius contre P. Hazard, (1693 mars 9).
   Mémoires pour ses livres et son testament etc., 1693.
   Dissertatio bipartita.
   Sermons etc.,
   Justification de la 2e lettre apologétique.[1]

   Lettres à:
   Saint-Amour, De, 1655 oct. 19.
   N.B. Écriture de M. de St. Gilles [1].
   Liancourt, M. de, 1656 janvier 31.[1]
   Arnauld, H., 1659–1660. 2 lettres.
   Chamillard, 1664 sept. 1.
   N.N., 1666 avril 12.[1]
   Pomponne, De, (1668).
   N.N., Mgr., 1675 mars 1.[1]
   Harlay, Mgr. de, (1676).
   Louis XIV, pour Mgr. H. Arnauld, (1676).
   Louis XIV, 1679 mai 7.
   Chancelier, 1679 août.
   Mlle de (Galier), 1682–1683. 3 lettres.[1]
   Sur la prétendue assemblée de Bourgfontaine, (1686 ou 1687) janvier 24.
   Castañaga, marquis de, gouverneur des Pays-Bas, 1689 mai 9.
   Théologien de Louvain, (1692) mars 5.

   [1] Amf. XXI avec timbre: Bibliothèque royale.

16

Vuillart, G., 1694 avril 17.
Malebranche, 1694 juillet 25.
Princesse de Guéméné (Anne de Rohan).

Copies
323 Extractum e registris priorum Sorbonae, son testament, harangue et lettres 1636–1694.

Henri Arnauld, évêque d'Angers
Lettres reçues de:
324 Arnauld, Antoine, 1656. 4 lettres. (Amf. XXI).
   N.B. Avec timbre: Bibliothèque royale.
325 Bourbon, Mad. J.X. de, à Paris, (1661) août 14 (Amf. 19).
326 Le Maistre de Sacy, I. L., 1661.
327 Noailles, abbé de, s.a. oct. 25, avec lettre de la duchesse de Noailles (Amf. 10).
328 Vertu, X. de Bretaigne de, (1661) août 16.

Minutes
329 Lettres au roi, 1662 juillet 24, à l'évêque d'Alet, 1664, et à l'évêque de Beauvais, 1664 déc. 7 (Amf. XXI), 1665 août 18.
   Lettre pastorale touchant un miracle, 1668 juin 25. (Amf. 19).
   Testament, 1688 mars 9.

Copies
330 Lettre de Sacy de la Bastille, 1666 juin 28.
   Bref du pape Innocent XI, 1677 avril 7.

Robert Arnauld d'Andilly
Lettres reçues de:
331 Aiguillon, duchesse d', à Paris, 1671 févr. 28 (Amf. 19).
332 Arnauld, Angélique, 1621–1657. 10 lettres (Amf. 18).
333 Bois Ruffin, M. Catherine de, religieuse de Chelles, sœur de M. de Montmorency, 1671 mars 1 (Amf. 19).
334 Choiseul, G. de, évêque de Comminges et de Tournai, 1655–1671. 3 lettres (Amf. XXI).
335 France, Mademoiselle de, 1661 août 13 (Amf. 19).
336 Grenet, Claude, curé de St. Benoît à Paris, 1671 févr. 20.
337 La Feuillade, duchesse de, (1671) févr. 20.
338 Le Maistre de Sacy, I. L., 1661–1671. 3 lettres.
339 Leroy, Guillaume, abbé de Haute Fontaine, 1671 févr. 28 (Amf. 16).
340 Luynes, duchesse de, (1671 févr. 28) (Amf. 19).
341 Montausier, duc de, gouverneur du Dauphin, 1671 mars 7.
342 Schonberg, J. de, duchesse de Liancourt, (1671) févr. 27, avec postscriptum du duc de Liancourt.
343 Vertus, Mlle X. de Bretaigne de, (1678) août 16.

Minutes
344 Lettres (5) au cardinal Mazarin, 1656, avec réponse. (Amf. XXI avec annotation de M. de St. Gilles).

17

Lettres (6) à l'évêque de Coutances, 1656, avec réponse.
Lettres (2) à la Reine, 1656.
Lettre à M. de Bartillac, 1656 mars 15.
Lettre à la princesse de Guéméné, 1656 mars 18.
Lettres (2) à la duchesse de Chevreuse, 1656 mars 19 et 24, avec réponse.
Billet de M. Duplessis, 1656 avril 1.
Lettres (2) à Mgr. d'Alet, 1661–1664.
Moyens d'abus et nullités du décret de la faculté de théologie à Paris sur la censure de la 2e lettre d'Arnauld, (1656).
Lettre à la marquise de Sablé, 1671 mars 8.

Copies
345 Vœu de M. Arnauld père, 1619 dec. 17 (Amf. 19).
Lettres de M. Angélique à la princesse de Guéméné, 1654 janvier 7, et à Mlle Josse, 1656 févr. 15 et s.d. (Amf. 18).
Mémoire fait par M. Le Maistre contre les faux bruits, que l'on fait courir de Port-Royal des Champs, 1654 janvier 9.
Lettre de Mgr. de Marca au cardinal Mazarin, (1658).
Lettres à Mad. (N.N.), 1660 déc. 26 et s.d., et à Mad. de Sévigné, 1661 mai 16.
N.B. Imprimées Utrecht 1742.
Paroles de M. Angélique, 1661 juin 2.
Extrait d'un billet de ma fille Angélique (de St. Jean) touchant la maladie de M. Angélique, 1661 août 2. (Amf. 19).

C. H. Arnauld de Luzancy
Lettres reçues de:
346 Arnauld, Marie Angélique, s.d. 2 lettres.
347 Arnauld d'Andilly, Angélique de St. Jean, s.d. 3 lettres.
348 Arnauld d'Andilly, Marie Charlotte de Ste. Claire, (1665 mars 1) (Amf. 19).
349 Arnauld de Pomponne, 1665–1666. 2 lettres.
350 Bourgeois, docteur de Sorbonne, s.a. oct. 17.

Minute
351 Lettre à Mgr. (d'Orléans), 1647 déc. 15.

Jean Duvergier de Hauranne, abbé de St. Cyran
352 Le chapelet du St. Sacrement.
353 De l'humilité et de la modestie.
N.B. Voyez lettres à St. Cyran 1617–1637 dans la bibliothèque du Vatican, Brom, Archieven in Italië II nr. 46.

Martin de Barcos, abbé de St. Cyran
Lettres reçues de:
354 Arnauld, Angélique, 1658 août 22.
355 Lage, A. M. de, religieuse de Ste. Marie à Poitiers, s.a. juin 26.

Minutes
356 Lettres à Mlle . . ., s.a. juillet 31 et s.d.

Copies
357 Lettres et écrits, 1647–1675. Deux traités contre Arnauld, 1663.
358 Lettres et écrits, 1656–1660. 1 t. 8°.
359 Remarques sur les instructions d'Alet.

Jean Doamlup, sous-diacre, sacristain de Port-Royal
360 Lettre à M.N., s.a. juin 20 (Amf. 19).

Eustace, confesseur de Port-Royal
361 Épitaphe de Guillaume Marignier, 1657–1706 (Amf. 19).
Lettre à N.N., 1697 août 2.
Lettre au curé de St. Louis en présentant le cœur de Mad. C. Angran de Bélizy, (1701) (Amf. 18).

Antoine Giroust, sacristain de Port-Royal
362 Lettres (3) de I. L. Le Maistre de Sacy, 1665–1668.
Lettre à la sœur Marguerite du St. Esprit (Giroust des Tournelles), 1669 févr. 23 à Haute Fontaine (Amf. XXI).
N.B. L'adresse est de la main de G. Vuillart.

Claude Grenet, supérieur de Port-Royal
362* Lettre à l'archevêque de Paris, (1684 avril) (Amf. 19).

Jean Hamon, médecin
Lettres reçues de:
363 Feydeau, M., 1682 mars 12 et 17 (Amf. 19).
364 Le Maistre de Sacy, I. L., (1684?) lundi déc. 18.

Minutes
365 Lettres sur la vie et la mort de Charlot, jardinier de Port-Royal, 1668.
366 Pensées sur la pauvreté. 1 t.
N.B. Imprimées en 1739.
367 Prières, lettres et mémoires. Copies. (Amf. 18).

Claude Lancelot
368 Lettre de Rousse, (1664) nov. 13 (Amf. 19).

Minutes
369 Relation d'une visite aux filles de St. Thomas pour savoir des nouvelles de la sœur Marie Claire (Arnauld), 1664 août 30–sept. 2.
370 Hérésies faites par la M. Eugénie en parlant avec ma sœur Françoise M. de Ste. Julie (Baudrand), malade, 1664 nov. 10.
371 Sur la soumission des religieux à l'Ordinaire.

Antoine Le Maistre, avocat
Lettres reçues de:
372 Dallencon (ou Toussaint d'Alençon), à Paris, 1641 juin 24 (Amf. 19).
373 Drilhon, à Paris, 1638 déc. 30.

Minutes

374 Lettres au Chancelier et à son père, 1637 déc. 15–16; mémoire touchant les solitaires 1645–1650 et sur les faux bruits contre l'abbaye, 1654 janvier 9 (Amf. 18).
N.B. Le mémoire a été imprimé dans: Supplément au nécrologe de Port-Royal, p. 168 et 39.

375 Lettre à son père et à son frère.

Isaac Le Maistre de Sacy (*Leclerc, M. de Gournay*)
Lettres reçues de:

376 Bignon, J. B. P., 1682.
377 Floriot, (1664) nov. 17 (Amf. 19).
378 Hermant, 1683. 4 lettres.
379 Montausier, 1671–1683. 4 lettres.
380 Nicole, 1682 août 6.
381 Pavillon, N., 1668–1673. 6 lettres.
382 Percin de Montgaillard, P. J. F., évêque de St. Pons, 1679 nov. 10.

Minutes

383 Lettre à Mgr. Gondrin, archevêque de Sens, s.a. août 4.
Lettres (4) à M. Donis.
Lettres (3) à N.N., 1659–1672 (Amf. XXI).
Lettres (2) à N.N., religieuse de Port-Royal, 1664–1683.
Lettre à Mad. N., 1682.
Lettre au roi, (1666).

Copies

N.B. Une copie de 1809 du Poème sur l'Eucharistie par Isaac Le Maistre de Sacy se trouve
dans le fonds O.B.C., cote 1241.

384 Lettres de St. Cyran à M. Destouches, 1642, avec mémoire sur la mort de Sacy.
385 Lettres à Lancelot, 1664, à Antoine Arnauld, 1664–1665 et à Marie Angélique
Thérèse (Arnauld d'Andilly), 1670–1680.
Discours sur la mort de M. Arnauld d'Andilly, 1674.

Guillaume Marignier

386 Lettre de M. du Tronchoy, chanoine, 1692 juin 16 (Amf. 10).

Minute

387 Attestation d'une relation, 1706 août 2, avec copie des lettres de Marignier et
des religieuses de Port-Royal au cardinal de Noailles (Amf. 19).

Pierre Nicole
Lettres reçues de:

388 Arnauld, Antoine, 1687–1688. 2 lettres (Amf. XXI).
389 Joncoux, Mlle de, (Galier), s.d.
390 Pontchasteau, 1688 mars 14.
N.B. Provenant de la collection Port-Royal du Royaume à La Haye.

391 Quesnel, P., 1685–1686. 2 lettres.
392 Roche, François, à Amiens, 1676 janvier 22.
N.B. Cette lettre est écrite sans doute à un des Messieurs de Port-Royal dont l'abbé Berthier
avait beaucoup de papiers, qu'il reçut lui-même de M. de Beaubrun.

393 Tassy, H. F. de, évêque de Chalon-sur-Saône, 1691 mars 9.

Minutes
394   Mémoires sur la signature des 5 propositions, (1660).
395   Remarques sur la déclaration du roi.
396   Raisons pour les sœurs de Port-Royal, 1666 avril 20.
397   Pensées sur Chamillard.
398   Lettre à Mad. Boutard sur la persécution de Port-Royal, 1679 mai 20.
399   Lettre à l'abbé (N.N.) sur sa séparation avec Arnauld, 1679.
400   Système de la grâce universelle, 1699.
401   Lettre à N.N. sur la grâce suffisante d'Alvarez, s.a. mai 27.
402   Lettre de Paris à ma sœur, s.a. sept. 3.
403   Lettre à Mad. de St. Loup, s.a. oct. 23.
404   Lettre à N.N., s.a. nov. 15.
405   Lettre à l'abbé de Sinai (fragment).
406   Lettre à la supérieure de la Visitation d'Avignon.
407   Question touchant la prédestination.
408   Notes diverses.

Nicole et Varet
409   Mémoire pour justifier les mandements.

A. Paulon
410   Relation de la visite de Mgr. Hardouin dans l'abbaye de Port-Royal des Champs.
      1664 nov. 14–19 (Amf. 19).

S. J. de Cambout de Pontchasteau, clerc de Nantes, notaire apostolique
Lettres reçues de:
411   Agnès de Jésus, Carmélite à Mons, 1675–1678. 7 lettres.
412   Arnauld, Antoine, 1669–1674. 2 lettres.
413   Arnauld d'Andilly, Angélique de St. Jean, (1662) avril 6.
414   Coislin, P. de Cambout de, évêque d'Orléans, (1680). 3 lettres, avec 2 minutes.
415   Estienne, Dom, 1655 oct. 31.
416   Hamon, J., s.a. avril 6 (Amf. 18).
417   Hermant, G., 1665–1675. 2 lettres (Amf. XXI).
418   Hilaire, 1684 déc. 14.
419   Lancelot, C., 1666. 11 lettres, sur l'affaire de Port-Royal (Amf. 19, 20).
420   Le Camus, E., évêque de Grenoble, 1669–1684. 79 lettres, dont 19 sous l'adres-
      se: Varet de Fontenay, et 3 annexes.
421   Le Clerc, curé de Provins, s.d. (Amf. XXI).
422   Leyburn, J., à Rome, 1684 juin 10.
423   Lions, à Grenoble, 1672–1673. 3 lettres (Amf. Q).
424   Magnet, précepteur de M. de Pontchasteau, 1632–1664. 3. lettres.
425   N.N., 1667 nov. 6 (Amf. 10).
426   N.N., 1668. 2 lettres (Amf. 19).
427   N.N., 1687–1688. 4 lettres.
      N.B. 1688 mai 19 paraît être de M. Nicole.
428   N.N., s.d.
429   Pavillon, N., 1668 janvier 23.
430   Sainte-Marthe, Claude de, 1663 et s.d. 47 lettres.
431   Singlin, 1661–1664. 9 lettres.

432 Vert, Dom de, 1686. Questions proposées et réponses sur plusieurs rites ou cérémonies (Amf. XXI).

Minutes
433 Recueil de quelques vers sur M. Le Maistre, M. d'Andilly, Port-Royal etc., des extraits des Pères de l'Église, de sermons à Port-Royal, 1654–1656 et de quelques lettres. 1 t. (Amf. XXI).
N.B. Première partie paraphée suivant le procès-verbal du 4e déc. 1726. Berthier.
434 Apologie des religieuses de Port-Royal (Chap. 1. de la 2e partie).
435 Relations et lettres pour la liberté de Sacy et les sœurs de Port-Royal, 1665–1667.
436 Lettres à la Mère Agnès.
437 Journaux, 1676–1682. Avec copie et notes.
438 Lettres à Duvaucel, 1681–1688.

Copies
439 Lettre de l'abbé de P. à Venise au Dr. le M., 1658 juin 22.
440 Bref du pape Alexandre VII, 1659 janvier 13.
441 Récit de l'emprisonnement de Jean Richard, curé de Triel, 1663.
442 Lettre (d'Antoine Arnauld) aux sœurs de Port-Royal.
443 Lettre de Favoriti à l'évêque d'Angers (H. Arnauld, 1676 ou 1677).
444 Decretum P. Nic. Olivae, O.S.A. prioris generalis, 1677 sept. 19 (Amf. j).
445 Remarques de Davy (Antoine Arnauld) de la Vie des saints (de Dufossé, 1685).
446 Règlement des heures, de l'office etc. (d'Orval).
447 Lettre de M. de Vert aux religieux de St. Jean des Vignes sur la communion au Vendredi Saint.
448 Lettre sur le bonheur des souffrances.
448* Négociations et lettres du concile de Trente.

Claude de Sainte-Marthe
Minutes
449 Lettre à M., 1664 (Amf. XXI).
450 Placet au roi, (1666) (Amf. 10, 20).

Copies
451 Lettre à Mad. et Louis Périer.
452 Entretien avec M. Duhamel, 1665 janvier 14.
453 Lettre à M. de Buzanval, (1679).
454 Lettre à M. Caillet, notaire, 1689 oct. 19.
455 Tables chronologiques sur les controverses sur la grâce et sur Saint-Cyran, 1516–1673.
456 Des défauts de la maison de Port-Royal et sur la maladie de la Mère Du Fargis, 1688–1690, avec table de Mlle Rachel Gillet.

Antoine Singlin
Lettres reçues de:
457 Gondi, J. F. P. de, archevêque de Paris, s.d. (Amf. 19).
458 Le Maistre de Sacy, I. L., (1678?) juin 3 vendredi, avec postscriptum de . . .

Minutes
459 Lettre à une personne du monde, 1655 oct. 18.
460 Lettre aux religieuses de Port-Royal, s.d.

Sébastien Le Nain de Tillemont
461 Lettres (3) à sa cousine sur Ruth d'Ans et à M. N.N., 1680–1689 (Amf. j).
     N.B. Ci-jointes: Lettres au R. P. Rancé et les résponses etc., 1705 (imprimées).

AMIS DE PORT-ROYAL

462–917

Mademoiselle Aubry à Troyes, chargée de l'éducation de quelques filles
462 Lettres (12) de Nicole, 1682.

Mad. la marquise d'Aumont à Port-Royal de Paris
463 Lettre de Mad. A. de Froumentières, 1649 janvier 18 (Amf. 19).

Abbé d'Auran
464 Lettre de J. B. Dubreuil, s.a. déc. 6 (Amf. 10).

Henri-Charles de Beaubrun à Paris, clerc tonsuré
Lettres reçues de:
465 Dumesnil, Louise-Anastasie, prieure de Port-Royal, (1706). 2 lettres (Amf. XXI).
466 Lachetardye, 1685 janvier 1.
467 Pâris, Fr. de, sousdiacre, (1718 août).
468 Quesnel, P., 1695–1702. 26 lettres (Amf. boîte Quesnel, Y et j).
     Adresses: Frère François, Frère Bel, Charles Henri et Charles de St. Henri Cap.
469 Racine, Agnès de Ste. Thècle, abbesse, (1695). 2 lettres.

Minutes
470 Mémoires sur M. Arnauld d'Andilly, de Luzancy, de Mgr. Gondrin et de M. Le Maistre de Sacy.
471 Relation dictée par M. de Beaupuis en 1701 au retour de son voyage à Port-Royal.
472 Nécrologe de Port-Royal (Amf. XXI).

Mad. Catherine Angran, veuve de Bélizy
Lettres reçues de:
473 Arnauld d'Andilly, Angélique de St. Jean, 1678–1682. 5 lettres.
474 Du Fargis, Marie de Ste. Madeleine, et Catherine de Ste. Suzanne Champagne, 1685. 2 lettres (Amf. XXI).

Bertin, directeur des vivres de la Marine à Paris
Lettres reçues de:
475 Du Pille, abbé, s.a. oct. 22.
476 La Regnardière, Mad., à Rouen, 1716. 7 lettres, avec minutes, réponses et mémoire sur l'exhibition de la lettre de cachet pour Anne-Julie de Rémicourt (Amf. 19).

Louis Henri de Loménie, comte de Brienne, à l'Oratoire de St. Magloire
Lettres reçues de:
477   Le Tellier, à St. Germain, 1666 nov. 15.
478   Louvois, De, 1666. 2 lettres.
479   N.N., (1668) août 3.
480   N.N., s.d.
481   Nicole, s.a. déc. 4.
482   Pontchasteau, 1668. 5 lettres.

Bruscoly, Père de l'Oratoire
483   Lettres (6) d'Armand-Jean de Rancé, 1677–1678 (Amf. 10).

Nicolas Choart de Buzanval, évêque de Beauvais
484   Lettre au roi sur le petit office de la Vierge, 1675.
Lettres et mémoires, 1688 (de la main de Hocquet, chanoine de Beauvais) (Amf. XXI).
N.B. Ci-jointe lettre de M. A. de S. P. Choart de Buzanval à son père, (1669) mars 6 (Amf. 19).

Antoine Chertemps, chanoine de St. Thomas du Louvre à Paris
Lettres reçues de:
485   Anne Marie de Jésus (de Vertus), s.d. (Amf. 19).
486   Caignart, à Clermont, 1688 nov. 15.
487   Cordier Desmaulets, 1687 juillet 5 (Amf. j).
488   Du Fargis, Marie de Ste. Madeleine, abbesse, (1689). 2 lettres.
489   Dumesnil, Simon, (De Guelphe), 1678 mars 15 (Amf. a).
490   Hamon, J., 1684–1685. 5 lettres (Amf. 18).
491   Hemicort, B., O.S.B. de Cluny, 1684. 2 lettres (Amf. 1).
492   Le Maistre, 1681. 2 lettres.
493   Loger, V., 1688 avril 25 (Amf. 18).
494   Quesnel, (François), à St. Magloire, 1680 sept. 15 (Amf. Y).
495   Quesnel, P., 1680–1692. 14 lettres.
496   Sainte-Marthe, Claude de, s.d.
497   Thaumas, 1677 mars 17.
498   Vertus, X. de Bretaigne de, 1684–1689. 3 lettres.
499   Vuillart, G., 1686 juillet 1 (Amf. i).

Jean Deslyons, doyen de Senlis
Lettres reçues de:
500   Arnaudin, D', à Paris, 1698 oct. 3, avec lettre de Deslyons à Dumarnef. (Amf. 1).
501   Arnauld, Antoine, (1656), avis pour la signature de la censure de M. Arnauld.[1]
502   Allourry, M., à Paris, 1661 juin 15.
503   Bagot, Jean, supérieur de St. Louis à Paris, 1656 janvier 6.[1]
504   Blampignon, curé de la Bruyère, 1664. 2 lettres.
505   Blanchart, F., abbé de Ste. Geneviève, 1657 mars 2.
506   Boileau, Ch., 1671–1673. 11 lettres.[1]
507   Brisbart, Claude, 1653 avril 10.
508   Chamillard, 1655–1657. 2 lettres.

[1] Avec minute.

509   Chassebras, à Paris, 1649 août 6.

510   Chicot, J., 1672 janvier 5.[1]

511   Choiseul, G. de, évêque de Comminges, 1663. 3 lettres.

512   Clermont, François de, évêque de Noyon, 1665 juillet 13 (Amf. g).

513   Colbert, prieur en Sorbonne, 1656 avril 30.

514   Colondres, à Montpellier, 1664. 2 lettres.

515   Deloeil, Jean Philippe, s.d., avec postscriptum de Villemontois O.S.B.

516   Diroys, P., à Paris, 1649 août 16.

517   Du Tour, à Soissons, 1658 août 28.

518   Féret, S., curé de St. Nicolas du Chardonnet, à Paris, 1655–1664. 14 lettres.[1]

519   Galloya, à Châlons, 1665 avril 14.

520   Gillot, Germain, 1656–1657. 4 lettres.[1] (Amf. 17).
N.B. Ci-jointe: Vie de Nicolas Colbert, évêque de Luçon et d'Auxerre, 1628–1676.

521   Goussainville, vicaire de la Madeleine à Paris, 1664–1665. 4 lettres.

522   Grandin, 1656–1661. 9 lettres,[1] avec lettre de Séguier, théologal de Paris, à Grandin (Amf. 11).

523   Grenet, Claude, curé de St. Benoît à Paris, (1656) mars 14.

524   Guy, s.a. mai 22.

525   Guyart, syndic de Paris, 1659 janvier 13.

526   Hermant, Godefroi, 1657–1671. 8 lettres.
N.B. Ci-jointe: Lettre de Nicolas, évêque de Beauvais, 1665 sept. 9, et minute à Madame, 1655 déc. 7 (Amf. 19, i). Dissertation sur les dispenses du mariage (Amf. K).

527   Hersant, 1655–1656. 6 lettres.

528   Humières, marquise d', à Paris, s.a. mars 20.

529   Julien, curé d'Etrepilly (dioc. de Meaux), 1660 mai 13.[1]

530   La Haye, De, à Noyon, s.a. sept. 27.

531   Le Blanc, E., prêtre de St. Sulpice à Paris, 1660 févr. 21, avec 2 lettres de Camus de Baignols et Deslyons à Le Blanc.

532   Legentil, J., à Paris, 1661 mai 19.

533   Leroy, G., abbé de Haute Fontaine, 1647 avril 5 (?).

534   Leschassier, M., (1656). 4 lettres.

535   Leschassier, Mlle A.L., 1656. 2 lettres, avec traduction de la lettre de M. Deslyons au pape.

536   Lhermite, à Rome, (1642) avril 18.

537   Liancourt, abbé de, à Paris, s.a. oct. 8.

538   Ligny, abbé de, à Paris, 1664 janvier 9.

539   Lombard, à Soissons, 1661 mai 21.

540   Longueville, Mad. de, (1665) juillet 6.[1]

541   Marie de St. Joseph, 1655–1660. 9 lettres.

542   Martineau, Samuel, évêque de Bazas, 1661 mai 19 (Amf. g).

543   N.N., à Pont Audemer, 1656 mai 26–29.

544   N.N., 1655 déc.

545   N.N., 1660 oct. 20.

546   N.N., s.d.

547   N.N., s.d.

548   N.N., Mad., 1656. 8 lettres.

549   N.N., 1655–1679. 24 lettres.
N.B. Sur la censure d'Antoine Arnauld, 1656.

[1] Avec minute.

550 Pasquier, 1663 août 30.
551 Pelinghen, s.d. 2 lettres.
552 Pignay, N., à Luçon. 1654. 2 lettres.
553 Quéras de Xaintonge, prêtre, 1654–1656. 6 lettres (Amf. 11).
N.B. Ci-jointe: Lettre de Camus de Baignols à Quéras, (1660). Adresse: Guérier, vicaire général de Sens.
554 Rebours, Antoine de, 1653 mars 10. Adresse: Dr. Taimer.
555 Rechinge Voisin de Guron, Louis de, évêque de Tulle, 1661 mai 20.
556 Richard, à Paris, 1653 sept. 20, avec extrait d'une lettre de M. de Fauquembergue à Richard.
557 Roannez, duc de, s.a. juillet 18 et 20.
558 Sarazin, théologal de Chartres, 1660. 3 lettres.
559 Schonberg, J. de, duchesse de Liancourt, 1661 août 5.[1]
559* Vialart, Felix, évêque de Châlons-sur-Marne, 1673. 9 lettres (Amf. g).
560 Vilers, à Paris, (1656) janvier 16.
561 Virsigny, 1656 oct. 19 et 27.

Minutes
562 Brissac, duchesse de, (1656).
563 Esprit, P., 1655 déc. 17.
564 Étampes de Valençai, L. d', archevêque de Reims, 1642. Avec postscriptum 1660 déc. 20.
565 Harlay, R. F. de, archevêque de Paris, 1692 juillet.
566 Jeanne de Jésus, prieure des Carmélites de Pontoise, 1658 déc. 30.
567 Messieurs N.N., s.d.
568 Mgr. N.N., s.d.
569 Pavillon, N., 1654–1660. 4 lettres.
570 Perrochel, F., évêque de Boulogne, 1674 juin 4.
571 Séguier, D., évêque de Meaux, 1656 juillet 29 et 30.
572 Sainte-Beuve, 1661 mai 22.
573 Tristan, Cl., docteur de Sorbonne, et à l'abbesse N.N., 1649 août 8.
574 Pièces diverses.

T. G. J. Desmares, Père de l'Oratoire à Liancourt
575 Lettre de Saint-Amour, à Paris, 1679 sept. 6 (Amf. 19).

Dodart, médecin du P. de Conti à Versailles
576 Lettres de Françoise de Ste. Julie Baudrand, prieure de Port-Royal, (1699) déc. 29 et de Nicole, s.d. (Amf. 19).

M. Druval
577 Lettres (4) de N.N., 1679.

T. Du Fossé (Cherville, Mr. de Beaulieu, † 1698)
578 Lettres (12) de I. L. Le Maistre de Sacy, s.d.
579 Vie de St. Thomas, archevêque de Cantorbéry, 1674, et quelques autres copies (Amf. j).

Guillaume Dugué de Bagnols, conseiller du roi et maître des requêtes à Lyon et à Paris, († 15 mai 1657)
580 Lettres (11) de I. L. Le Maistre de Sacy, 1651–1653.

[1] Avec minute.

Dumarnef, prieur de Bray
Lettres reçues de:
581 Deslyons, 1697–1700. 26 lettres (Amf. 11).
582 Foullon, secrétaire de M. Deslyons, 1699 mars 5.
583 N.N., 1700–1703.

Simon Dumesnil (Merlin, Guelphe)
584 Lettre d'Antoine Arnauld, (1682) juillet 12.

Du Molain, intendant des vignes à Paris
Lettres reçues de:
585 Le Maistre, 1681 juillet 23.
586 N.N., 1681–1682. 2 lettres (Amf. j).
587 Ruth d'Ans, 1681. 3 lettres.

Duverbois
588 Lettre de Claude de Ste. Marthe, s.d.

François V. Faure, évêque d'Amiens
589 Lettre de Milord W. Montagu, à Pontoise, 1653 avril 6 (Amf. 11).

Mathieu Feydeau (De la Croix, Du Ormeau)
Lettres reçues de:
590 Arnauld, Antoine, (1680) janvier 18 (Amf. XXI).
591 Arnauld d'Andilly, R., 1660 sept. 12 (Amf. 19).
592 Arnauld d'Andilly, Angélique de St. Jean, 1679–1682. 3 lettres.
593 Arnauld d'Andilly, M. A. de Ste. Thérèse, 1692. 2 lettres.
594 Barré, doyen d'Orléans, 1694 juillet 12.
595 Choart de Buzanval, Nicolas, évêque de Beauvais, 1679 janvier 29.
596 Fontpertuis, Mad. de, (1694) juillet 24.
597 Fouquet, L., évêque d'Agde, 1694 juin 30, avec lettre pastorale de 1689.
598 Gorge, chanoine régulier à Angers, 1661 oct. 2 (Amf. 1).
599 Hermant, G., 1678–1680. 5 lettres.
600 Le Maistre de Sacy, I. L., 1678 oct. 24.
601 Le Pelletier Destouches, 1693 juillet 12.
602 N.N., 1650.
603 Pavillon, N., 1668 mai 18.
604 Racine, Agnès de Ste. Thècle, (1693 mars).
605 Tillemont, S. L. de, 1693 mars 3, avec lettre de son père Lenain.
606 Treuvé, S. M., à Haute Fontaine, 1667 août 10.

Minutes
607 Vers sur le Jansénisme.
608 Lettre à un ami, 1660 sept. 4. (Imprimée).

Flambart, compagnon de Feydeau. Adresse: Mad. de Bélisy à Paris
Lettres reçues de:
609 Arnauld d'Andilly, Angélique de St. Jean, 1682. 6 lettres (Amf. XXI).

610 Barré, 1694. 3 lettres.
611 Baudrand, Françoise de Ste. Julie, prieure, 1703 janvier 20.
612 Racine, Agnès de Ste. Thècle, abbesse, (1694). 2 lettres.
613 Treuvé, S. M., 1677–1694. 2 lettres.

Madame de Flécelles
Lettres reçues de:
614 Flécelles, Marie Madeleine de Ste. Sophie de, (1710) (Amf. 19).
615 Tubert, Marie, supérieure des Ursulines de Blois, 1710 févr. 1.

Mademoiselle Angélique de Flécelles à Paris
Lettres reçues de:
616 Bureau, Anne Marie de Ste. Rose, supérieure des Ursulines de Montcénis, 1710. 5 lettres (Amf. 19).
617 Dumesnil, L. A., (1710). 2 lettres.
618 Flécelles, M. M. de Ste. Sophie de, (1710).
619 Leblanc, Marie, 1710 juillet 27.

Mademoiselle Élisabeth Madeleine de Flécelles à Paris
Lettres reçues de:
620 Bureau, A. M. de Ste. Rose, 1710. 2 lettres, la première avec postscriptum de sœur Marie M. de Ste. Sophie de Flécelles (Amf. 19).
621 Flécelles, Marie M. de Ste. Sophie de, (1710). 6 lettres, la première avec postscriptum de Mère Bureau.
622 Eustace, 1710. 2 lettres (Amf. 18).
623 Tubert, Marie, (1710 mai), avec postscripta de Mère L. A. Dumesnil et de . . .

Mademoiselle Marguerite de Flécelles à Paris
Lettres reçues de:
624 Bureau, A. M. de Ste. Rose, 1709–1710. 9 lettres, la première avec postscriptum de M. M. de Ste. Sophie de Flécelles (Amf. 19).
625 Cuillier, L. de, s.d.
626 Eustace, 1701–1709. 6 lettres, 1709 nov. 10 avec postscriptum de . . . (Amf. 18, Y).
627 Fresne, Mad., à Senlis, 1709 nov. 24.
628 Flécelles, M. M. de Ste. Sophie de, 1709–1710. 6 lettres.

Mad. la comtesse Angélique Angran de Fontpertuis.
Adresses: M. et Mad. de Fontpertuis, de Mérilles, Le Tanneur, Fileau, Le Tallu, Le Tellier, Le Tessier, Le Tointereau, Le Tonnelier, Le Touret, Le Toussu, Du Royon et De Vaux
Lettres reçues de:
629 Alègre, Mad. d', à Paris, 1706 oct. 22 (Amf. 1).
630 Arnauld, abbé, neveu de Mgr. H. Arnauld, 1692 nov. 23.
631 Arnauld, Antoine, 1685–1694. 200 lettres.
   N.B. Beaucoup de ces lettres sont imprimées, et quelques-unes munies de postscripta de
      Quesnel, Ruth d'Ans et N.N.
      Annexe de 1688 oct. 15: acte de décharge.
      Annexe de 1693 déc. 15: extrait d'une lettre de Rome.

Ci-jointe: Testament d'Antoine Arnauld, 1690 sept. 23, copie notariale du 30e oct. 1694. Les légataires universels sont Mad. de Fontpertuis, Léon de Guelphe, clerc tonsuré à Paris, P. Quesnel et Ruth d'Ans.

632 Arnauld d'Andilly, Angélique de St. Jean, 1674–1684. 359 lettres, numérotées 1–361; quelques numéros manquent (Amf. 11).

633 Benoise, Marie-Catherine de Ste. Céline, 1689. 13 lettres (Amf. 19).

634 Berbis, curé de St. Cosme à Paris, 1698 sept. 30 (Amf. 1).

635 Bigres, 1709. 3 lettres (Amf. j).

636 Daguesseau, 1688–1689. 5 lettres (Amf. j, 1).

637 Du Charmel, (1706).

638 Dumesnil, Louise-Anastasie, (1709). 7 lettres.

639 Fontpertuis, M. de, fils, (1708). 4 lettres, sur l'affaire de Nordstrand (Amf. D, 19).

640 Gondy, Mad. de, duchesse de Lesdiguières, à Paris, 1707–1711. 13 lettres (Amf. a, 1).

641 Grandmont, sœur de, 1710 mai 16.

642 Lauthier, (1709).

643 Le Picart de la Houssaye, Catherine, 1674–1711. 76 lettres (Amf. 18).

644 N.N., 1682 avril 14.

645 N.N., 1704 avril 29.

646 N.N., 1709 janvier 8.

647 N.N., 1709–1710. 2 lettres.

648 N.N. de la Visitation d'Angers, 1692 juin 14, avec extrait.

649 N.N., à Paris, 1703 août 8.

650 N.N., à Paris, 1710 déc. 2.

651 Pacori, A., 1698–1708. 2 lettres (Amf. 20, j).

652 Parcq, baronne de, à Bruxelles, 1693 nov. 12, avec annexes.

653 Maupeou de Pontchartrain, à Marly, 1703 janvier 8.

654 Pontchartrain, à Vannes, 1679. 2 lettres.

655 Quesnel, P., (De Frequau, Rebeck), 1684–1712. 113 lettres, sous les adresses de vicomtesse de Mérilles, Rév. Mère de Mérilles, chanoinesse régulière, Geneviève de la Croix, Toisonnier, Tongre, Toré, Toureil etc. ou à Monsieur . . . (Amf. boîte Quesnel et Y)

656 Racine, Jean, à Verdun (1687?) mai 29, avec copie-codicille du 10e oct. 1698.
   N.B. Imprimée dans les mémoires de sa vie, 1747. La lettre est représentée et le texte est aussi imprimé dans les Cahiers Raciniens V.

657 Ruth d'Ans, Ernest, 1709. 2 lettres.

658 Saint-Amour, De, 1657 avril 14.
   N.B. Ci-jointe: Lettre de A. C. de Fontpertuis à M. Anjubaut, principal du collège de Mayenne, s.a. juillet 2, sur Père Du Breuil.

L. H. de Gondrin, archevêque de Sens

659 Lettre de François Caulet, évêque de Pamiers, 1668 sept. 4 (Amf. XXI).

Louise de Grignan aux Feuillantines
Lettres reçues de:

660 Bureau, 1687 avril 23.

661 Coursier, théologal de Paris, s.d. (Amf. 18).

Hillerin, prieur de St. André
662 Lettre de I. L. Le Maistre de Sacy, 1665 févr. 15.

J. de Hondt, prévôt de l'Oratoire à Bruxelles
663 Lettre de Sébastien Tillemont, 1689 août 30.
N.B. Ci-jointe: Copie d'une lettre du cardinal Colloredo à De Hondt, 1692 août 8 (Amf. 10, 18). Probablement cette lettre qui fait mention de l'ordination du destinataire, était destinée à M. Ruth d'Ans.

Mademoiselle Issali
664 Lettre de Marie de Ste. Anne Couturier, 1711 janvier 15 (Amf. 19).

Françoise Marguerite de Joncoux († 17 sept. 1715)
(Mademoiselle Petit, de St. Étienne, Montagne, Géniez, Galier, Guilleboeuf, Wendrock, le petit coq à la ménagerie)
N.B. Elle a écrit: Histoire abrégée du Jansénisme.
Lettres reçues de:
665 Arnauld d'Andilly, Angélique de St. Jean, 1682–1684. 33 lettres, une avec adresse: Mlle de Luynes.
666 Arnauld d'Andilly, Marie-Angélique de Ste. Thérèse, 1684–1697. 7 lettres (Amf. XXI).
667 Asfeld, abbé d', (1713 déc.) (Amf. C).
N.B. Il se sert du mot de servante dans la signature.
668 Baudrand, Françoise-M. de Ste. Julie, 1702–1705. 10 lettres (Amf. 19).
669 Bertrand, Marie-Madeleine de Ste. Cécile, de la Visitation d'Amiens, 1711 août 26.
670 Bocquillot, L. A., 1689 janvier 7.
671 Briquet, Madeleine-Christine, 1682–1683. 27 lettres.
672 Couturier, Marie de Ste. Anne, religieuse de Port-Royal, chez les Ursulines de Nevers, 1710–1711. 11 lettres, deux à l'adresse de M. L. Parfumeur pour Mlle Frapé.
N.B. Ci-jointes: copies de lettres à Joncoux et Issali et minutes-réponses.
673 Dorothée, sœur de Ste., supérieure des Ursulines de Nevers, 1713 mai 1.
674 Drouet, Mlle, s.d.
675 Du Fargis, Marie de Ste. Madeleine, 1682–1687. 19 lettres, avec 2 Miséricordes sur la mort de Thomas Dufossé et du père des sœurs Couturier.
676 Duguet, 1700–1706. 2 lettres (Amf. C).
677 Dumesnil, Louise-Anastasie, 1703–1711. 58 lettres (Amf. 16, 19).
N.B. Annexes du 10e mai 1709: lettre de N.N. à la prieure; du 23e juin 1709: lettre à (Alphutius), signée par 14 sœurs de Port-Royal des Champs; du 17e oct. 1709: lettre à M. le Ch. P.
678 Du Saussay, chanoine d'Orléans, 1699–1702. 6 lettres (Amf. 20).
679 Du Vallois, Marie-Madeleine de Ste. Gertrude, 1711 août 10.
680 Eustace, s.d. 2 lettres (Amf. XXI).
681 Féret, 1703 juin 28.
682 Forget, Agnès de Ste. Blandine, sœur de Port-Royal en exil à Rouen, 1711 oct. 29.
683 Fouillou, 1705–1715. 5 lettres (Amf. O).
684 Hermant, G., 1687 mars 6.
685 Issali, Marie de Ste. Catherine, 1706 mai 24.

685* La Croix, De, 1715. 3 lettres, dont la dernière est adressée à Mlle Magdelain chez M. de Senlis à Paris.
N.B. Cf. l'écriture du no. 970*.

686 Laimé, Anne de Ste. Marine, sœur de Port-Royal à Amiens, 1711 déc. 27.

687 Lami, Dom François, 1696 mars 9.

688 Lefebure, F., 1676 janvier 6 (Amf. a).

689 Le Féron, Élisabeth (Isabelle)-Agnès, 1690–1705. 7 lettres.

690 Le Maistre de Sacy, I. L., 1683. 5 lettres.

691 Lemoyne, J. M., supérieure des Hospitalières de Chartres, 1711 août 8.

692 Le Roy, Julienne-Rosalie, supérieure de la Visitation à Rouen, 1711 oct. 28.

693 Le Tourneux, Nicolas, 1683. 5 lettres, avec copie à M. de Santeuil, 1685.

694 Marie de St. Michel, supérieure de St. Julien d'Amiens, 1711. 2 lettres.

695 Marignier, 1705 nov. 29.

696 Milan Visconti, Mlle A. M., à Utrecht, 1715 juillet 25 (Amf. V).

697 N.N., (1702) oct. 29.

698 N.N., 1708 févr. 14.

699 N.N., s.a. août 19.

700 N.N., s.a. déc. 28.

701 N.N., (1714) sept. 3 (Amf. R).

702 Pacory, A., 1699–1704. 54 lettres (Amf. 20, R).
N.B. Ci-jointes 3 lettres, 1700–1701, à Du Chatelier, secrétaire de M. Phélipeaux à Paris à la même adresse que Joncoux.

703 Quesnel, P., (De Fresne, D. R., De Rebeck), 1700–1702. 10 lettres, la dernière adressée à Mlle Magdelain chez M. de Senlis à Paris, 1715 août 19.

704 R., P.C., à Mons, 1704 oct. 7.

705 Racine, Agnès de Ste. Thècle, 1690–1695. 6 lettres (Amf. XXI).

706 Rémicourt, Anne-Julie de Ste. Synclétique de, 1710. 3 lettres, avec annexe à Mlle Aimée chez M. de Senlis à Paris.

707 Ruth d'Ans, Ernest, 1703–1705. 13 lettres + 4 à Mlle Magdelain chez M. de Senlis, avocat au parlement à Paris, 1715 (Amf. 18, V).

708 Save, 1695 juin 17 (Amf. A).

709 Thiery, F., à Sarri, 1715 août 3. (Amf. 10).
N.B. Ci-joint extrait d'une lettre de Thiery, 1712 oct. 20.

710 Tubert de la Croix, Marie-M., supérieure de Ste. Ursule de Blois, 1711 août 17.

711 Vieuxbourg, marquise de, 1708. 48 lettres, avec annexes et une lettre à Vieux-bourg.

Minutes

712 Relation par rapport à Port-Royal, 1706–1707 (Amf. 18).

713 Lettres à Mgr. C. J. Colbert, évêque de Montpellier, 1714. 8 lettres (Amf. 10).

714 Lettres à l'évêque de Châlons, 1714. 3 lettres.

715 Lettre au P. Quesnel, 1700 sept. 15 (Amf. Y).

Copies

716 Lettres d'Antoine Arnauld à l'abbesse de Port-Royal, 1664–1676.

717 Lettre de Mgr. H. Arnauld sur les Hospitalières, 1680 mai 7.

718 Lettre d'Antoine Arnauld à Angélique de St. Jean sur la philosophie de Descartes (Amf. XXI).
N.B. Imprimée dans tome 38 des œuvres d'Arnauld.

719 Relation faite par la sœur Briquet de la mort de la sœur Élisabeth de St. Marcelline Wallon de Beaupuis, (1681).

720 Lettres de M. Besson, curé de Magny, sur la pénitence.

721 Effusions de cœur de la sœur Eustoquie de Brégy († 1 avril 1684). Avec corrections de Pontchasteau.

722 Traités sur les péchés véniels, un d'Antoine Arnauld.

723 Lettres de et à l'abbé de la Trappe, 1680–1697.

724 Lettre du P. Quesnel à l'abbé Nicaise, et harangue prononcée à Port-Royal, 1694–1695.

725 Lettres de Fouillou à Ruth d'Ans, 1697–1698. 9 lettres, avec annotations de Joncoux, rectifiées par ...

726 Lettres du P. Quesnel au P. Matthieu et à Vuillart, 1698–1700.

727 Lettre de Fouillou au P. Quesnel, avec lettres de Mad. de Fontpertuis à Quesnel et réponse, 1699 (Amf. O).

728 Sermon fait par Nicole et prononcé par M. Robert: Éloge de St. François de Sales.

729 Lettres du P. Quesnel pendant sa prison, 1703 (Amf. Y).

730 Observations de Fouillou sur l'Explication apologétique du P. Quesnel, 1712.

731 Lettres de M. à Mgr. (de Noailles), 1714 (Amf. R).

732 Lettre du comte Pontchartrain à Pourchot etc., 1714 juin 11 (Amf. V).

733 Lettre de Mgr. de Senez à Joncoux, 1714 oct. 25 (Amf. E).

734 Lettres de Duguet à M. de la Noé Menard, 1714–1717. 3 lettres (Amf. C).

735 Lettre du cardinal L. A. de Rohan à Lemoine, (1714) (Amf. V).

736 Annotations (de Quesnel) sur un cas de conscience de Troyes et des Jésuites (Amf. T).

Mad. Le Nain au grand couvent des Carmélites

737 Lettres de Dom Le Nain à sa sœur et à M. de L., 1696–1724 (Amf. XXI, 19).

Guillaume Leroy, abbé de Haute Fontaine
Lettres reçues de:

738 Albon, sœur d', au nom de 3 sœurs de la Visitation à Tours, 1677. 4 lettres, avec une pour G. Vuillart (Amf. 16).

739 Arnauld, Antoine, 1673–1677. 4 lettres.

740 Boileau, doyen de Sens, 1677–1679. 7 lettres.

741 Bossuet, J. B., évêque de Condom, 1677. 2 lettres.

742 Bridieu, à Port-Royal, 1677 oct. 11.

743 Cappé, à Sens, 1677–1679. 3 lettres, la première avec postscripta pour Treuvé et Vuillart.

744 Chardon, à Riom, 1679 févr. 6.

745 Claude, abbé de Chastillon, 1673–1679. 7 lettres.

746 Desgab(ets), Robert, 1677 août 24.

747 Desprez, 1677. 3 lettres.

748 Élisabeth de la Ste. Mère de Dieu, prieure des Carmélites à Sens, 1677 sept. 7.

749 Étoille, F. B. abbé de l', à Paris, 1678–1679. 4 lettres.

750 Feydeau, 1677 juillet 31.

751 Fléchier, abbé, à Versailles, 1677–1679. 4 lettres, avec lettre de Feuillet, chanoine de St. Cloud, à l'abbé Danet.

752 Floriot, 1677 juin 9.
753 Gar, De, 1677 août 18.
754 Gardey, à Châlons, 1677. 2 lettres.
755 (Hennezon), Henry, abbé de St. Mihiel, 1677–1678. 2 lettres.
756 Le Maistre, Antoine, 1679. 4 lettres.
757 Leroy de Hautes Bruyères, Mad., 1677 août 12.
758 Longueville, Anne duchesse de, à Paris, (1664–1666). 4 lettres (Amf. 19).
759 M. du St. Esprit, supérieure des Ursulines de St. Dizier, 1677 juin 14.
760 Monnier, Hilarion, O.S.B., de Vannes, à St. Michel, 1677–1679. 8 lettres.
   N.B. Ci-jointe lettre à Monnier, 1680 nov. 6, et à M. de Pélisson, 1689.
761 Montausier, duc de, à Versailles, 1677 juillet 21.
762 N.N., à Paris, 1680.
763 Nicole, 1673 sept., avec postscriptum d'Antoine Arnauld.
764 Périer, à Clermont, 1677 déc. 3.
765 Pontchasteau (Mercier), 1673–1679. 11 lettres, avec réponse.
766 Préfontaine, De, 1677–1681. 5 lettres.
767 Rancé, 1672–1678. 12 lettres.
768 Richard, Victor, à Moiremont, 1677 juillet 9.
769 Saint-Éloy, abbé de, 1677 juillet 6.
770 Sainte-Marthe, Claude de, (1679) mars 3.
771 Thérèse de Jésus, prieure des Carmélites à Riom, 1677–1679. 5 lettres, avec annexe du 13e déc. 1677: Lettre de Mad. G. Pascal à la prieure.
772 Treu, à Époisses, 1679 janvier 29.
773 Varet de Fontenay, 1677 juin 13 et 16.
774 Vialart, Félix, évêque de Châlons-sur-Marne, 1673 août 6, sept. 7.

   Minutes
775 Éclaircissement sur la réponse que l'abbé de N. a faite sur les fictions.
776 Lettres à diverses personnes, 1662–1679, aussi de la main de Vuillart.

Mademoiselle Le Tourneur à Paris
777 Hermant, Godefroi, chanoine de Beauvais, 1690. 4 lettres, avec copie de lettres de Mgr. de Beauvais et du cardinal de Forbin Janson.

Notre-Dame de Liesse
Lettres de J. E. Ariste, directeur de Liesse, à:
778 Mère prieure, s.d. 5 lettres (Amf. 18).
779 Agnès, sœur de Ste., 2 lettres.
780 Dorville, sœur, e.a., s.a. févr. 6.
781 Faronville, sœur de, s.a. mai 28.
782 Geneviève, sœur de Ste., s.a. janvier 4.
783 Jean, sœur de St., s.d. 6 lettres.
784 Madeleine, sœur de Ste., s.d. 21 lettres.
785 Novices, s.a. nov. 5.
786 Paul, sœur de St., s.d. 10 lettres
787 Placide, sœur de Ste., s.a. janvier 26.
788 Thérèse, sœur de Ste., s.d. 9 lettres.
789 Ursule, sœur de Ste., s.d. 3 lettres.
   N.B. Ci-jointes 2 lettres de la sœur de Ste. Olimpiade à M. Le Gris de l'Oratoire à Paris (1756 et 1758?), et 52 lettres de Mgr. Soanen à diverses personnes, 1695–1740.

M. de Liges
790   Lettres (2) de Pontchasteau, 1663.

Vincent Loger, curé de Chevreuse
Pièce et lettres reçues de:
791   Arrêt sur le glanage, publié 1699 juillet 11 (Amf. 18, 19).
792   Beaufils, curé de St. Michel à Chartres, 1702–1703. 2 lettres, avec 4 minutes.
793   Charles, F., s.d.
794   Colars, s.d.
795   Cousturier, Marie de Ste. Anne, 1711. 8 lettres.
796   Cretot, 1700. 3 lettres, avec une de l'abbé Préau à M. Cretot aux Hermites du Mont Valérien, 1700 févr. 27 (Amf. j).
797   Duguet, s.d. (Amf. C).
798   Dumesnil, Louise-Anastasie, 1707. 3 lettres.
799   Francastel, De, 1700 févr. 24.
800   Grignan, Louise de, aux Feuillantines, (1687). 3 lettres, avec minutes.
801   Issali, Marie de Ste. Catherine, 1709. 2 lettres.
802   N.N., 1692–1709. 5 lettres, avec copie-sermon de M. Paulet aux sœurs de Port-Royal.
803   N.N., à Bruxelles, 1703 déc. 6 (Amf. V).
804   Pépin, Marguerite de Ste. Lucie, 1707. 3 lettres.

Minutes
805   Réflexions sur le renouvellement des vœux à la Trappe, 1694 sept. 14.
806   Lettre à N.N., 1703 févr. 28.
807   Système de la grâce universelle de M. N(icole); Exercice de la journée; Règle de St. Augustin pour les sœurs de la congrégation de N.D.; Manière d'entendre la messe.

Copies
808   Éclaircissements touchant les lettres spirituelles de St. Cyran etc. par M. Doamlup.
809   Lettre de Pontchasteau à N.N., s.d. et 2 lettres du P. Dubreuil.
810   Réflexions sur la carte de visite, faite à l'abbaye des N.D. de Clairesses par l'abbé de la Trappe, 1690 févr. 16 (Amf. 16).
811   Carte de visite de Port-Royal des Champs, 1696 mai 21.
812   Imago abbatis de Rancé.
812*   Remarques sur la vie de feu l'abbé de la Trappe (Rancé) par M. de Meaupon, curé de Nonancourt (1703).
813   Mandement de l'archevêque de Paris, 1706 août 19.
813*   Lettre de l'évêque de St. Pons à l'évêque de Bayeux, 1710 oct. 24, et de Charles, archevêque d'Embrun, à l'évêque de Gap, 1711 juillet 13. (Amf. g, V).
813** Pièces sur Bochard de Sarron, 1711.

Anne-Geneviève de Bourbon-Condé, duchesse de Longueville
Lettres reçues de:
814   Garbrin, L. H. de, (1668 août) (Amf. 19).
815   Vertu, Mlle de, (X. de Bretaigne), (1678).

816 Réponse pour M. de Longueville à un écrit intitulé: Deffenses des droits de Mad. de Nemours pour les souverainetés de Neufchatel et de Vallengin (Amf. 10).

L. C. A. duc de Luynes
817 Lettres (34) de I. L. Le Maistre de Sacy, 1651-1659.
N.B. Ci-jointe: Discours de J. de Schomberg pour son mari, 1666.

Mabile, docteur de Sorbonne, au cloître de St. Jacques l'Hôpital à Paris
818 Lettres (4) de N.N. à Rouen, 1710.,

Nicolas Malebranche de l'Oratoire à Paris
819 Lettre de F. Daniel, Récollet, à Orléans, 1675 sept. 29, et de N.N., s.d. (Amf. 1).

I. Marissal à Valenciennes
820 Lettres (2) de N.N., (1679–1680).

M. Ménard
821 Lettre de Marie-Catherine de Ste. Célinie Benoise, (1689) sept. 17 (Amf. 19).

Mad. de Montempuys à Paris
822 Lettres (7) de Nicolas Petitpied, 1703–1704, avec copie de J. Vivant, syndic de la faculté.

Nicolas Pavillon, évêque d'Alet
Lettres reçues de:
823 Anne-Marie de Jésus (d'Épernon), Carmélite, 1665 janvier 1.
824 Anglure de Bourlemont, évêque de Castres, archevêque de Toulouse, 1663 mars 12, avec lettre de St. Laurans, 1663 févr. 15.
825 Arnauld, Henri, évêque d'Angers, 1677 juin 5 (Amf. XXI).
826 Barcos, M. de, 1673–1676. 2 lettres.
827 Choart de Buzanval, Nicolas, évêque de Beauvais, 1663 janvier 20.
828 Cordon (Dom Arsène), 1672 juillet 11.
829 Esprit, P., de l'Oratoire à Paris, 1663 juin 22.
830 Faret, Marie, à Paris, nièce de Mgr. d'Alet, 1664–1665. 3 lettres.
831 Féret, S., 1650–1663. 13 lettres, avec minutes.
832 Fouquet, François, archevêque de Narbonne, 1664 juin 8 (Amf. g).
833 Launay, F. de, P. de l'Oratoire au Mans, 1668 juillet 1.
834 Lavergne, abbé de, à Toulouse, 1666 oct. 1. Adresse: Ragot, chanoine et promoteur d'Alet.
835 Le Maistre de Sacy, I. L., 1673. 2 lettres.
836 Le Pelletier de la Houssaye, à Paris, 1667 mars 12.
837 Leroy, G., abbé de Haute Fontaine, 1669 avril 24.
838 Montgaillard, P. J. F. Percin de, évêque de St. Pons, 1677 juin 20.
839 Montpezat de Carbon, Joseph de, évêque de St. Papoul, 1668 juin 18.
840 Morel, Joseph, P. de l'Oratoire à Toulouse, 1667 déc. 5.
841 Mython, V. M.
842 N.N., 1667 oct. 22.
843 Nicole, 1676 août 16.

844 Labistrate, C. de, mère de Mgr. d'Alet, 1648 mai 25.
845 Pavillon, Marie, à Paris, sœur de Mgr. d'Alet, 1642–1670. 2 lettres.
  Pavillon, Marie de la Visitation, nièce de Mgr. d'Alet, s.d., avec minute.
846 Pavillon, Marthe, à Paris, sœur de Mgr. d'Alet, 1663 avril 11, avec minute.
847 Ragot, Vincent, promoteur d'Alet, à Toulouse, 1668–1671. 4 lettres, avec une de
  Taumas, une de N.N., deux lettres à Ragot et une d'Antoine Arnauld à Ragot.
848 Rancé, 1670–1672. 2 lettres.
849 Sainte-Marthe, A. L. de, 1668 sept. 19.
850 Tubeuf, M., évêque de Castres, 1668 avril 15.
851 Vialart, F., évêque de Châlons-sur-Marne, 1668 oct. 24.

852 Papiers divers, 1653–1679. Minutes, copies et imprimés.

Madame Périer (Gilberte Pascal)
853 Relation de la vie de sœur Jacqueline de Ste. Euphémie Pascal (Amf. 10).

Pierre Périer, neveu de Pascal
854 Lettre de P. Nicole, s.d., sur le livre: Jésus pénitent, avec note de Quesnel.
855 Lettre à Nicole sur la conversion de M. de Strada, 1682 (Amf. XXI).

Madame Marie Petit à Paris
Lettres reçues de:
856 Barbereau, F., 1684–1691. 7 lettres (Amf. I, i, L).
857 Lefebure, F., 1670–1672. 3 lettres.
858 N.N., 1640 oct. 2.
859 Petit, 1664–1691. 7 lettres (Amf. 10, l).

Piqueri, Père de l'Oratoire à Mons
860 Lettre de Claude de Sainte-Marthe, s.a. oct. 1.

M. Poncet à Liancourt
861 Lettre de N.N., s.d. (Amf. j).

M. de Préfontaine, conseiller du roi au Fresne par Montoire,
frère de Guillaume Leroy, abbé de Haute Fontaine
862 Lettres (173) de Germain Vuillart, secrétaire de G. Leroy, 1694–1700. 1 t.
  N.B. Éditées par Ruth Clark, avec introduction et notes, 1951. Annexes de:
      1697 mai 30: extrait de la gazette de Rotterdam.
      1698 févr. 22: lettres des sœurs Al. Sens et De Levy Charlus, à Provins, à Vuillart.
      1698 mai 10: copie d'une lettre de Rome.
      1699 avril 18: copie du mandement de Mgr. F. Fénelon, archevêque de Cambrai.
      1699 avril 26: copie du circulaire du roi aux évêques.

Armand Jean de Bouteillier de Rancé, abbé de la Trappe
863 Minutes, copies et pièces sur Rancé et l'abbaye de la Trappe, 1664–1700 (Amf. 10, 16).

M. Robert à Paris
864 Laregnardière, Mad., à Rouen, (1716) nov. 7 (Amf. 19). Sur la sœur Rémicourt.

Abbé Rocher à Nevers

865 Quincy, sœur de, (1712). Sur les sœurs Couturier, Issali et Mlle de Joncoux.

M. de Sainte-Digne

866 Lettre d'Antoine Arnauld, (1680) juin 3 (Amf. XXI).

Mademoiselle de Sainte-Mesme à Paris

867 Lettre de Feydeau, 1660 août 8 (Amf. 19).

M. de Sauçay, chanoine et pénitencier d'Orléans

868 Lettre de (Lefebure), 1682 juillet 7.
869 Écrit d'Antoine Arnauld sur une dispense pour le mariage du marquis de Pomponne (copie).

Madame de Senlis, sœur de Mlle de Joncoux

870 Lettre de Petitpied, 1716 juillet 16 (Amf. S).

M. Thaumas, prisonnier à la Bastille

871 Lettres (9) de I. L. Le Maistre de Sacy (de Gournai), 1653–1661.
872 Lettres (3) à F. de Harlay, archevêque de Paris, 1681.

Tristan, chanoine et grand vicaire de Beauvais

873 Lettre de Deslyons, 1644 févr. 27 (Amf. 11).

Abbé Michel de Tronchay

874 Lettre de Marie-Angélique Arnauld, 1657 janvier 22 (Amf. 18).

Alexandre-Louis Varet, grand vicaire de Sens

875 Lettres de P. de Moissey, P. de l'Oratoire, 1655–1671. Originales et copies.

François Varet de Fontenay, frère du précédent
Lettres reçues de:
876 Arnauld de Luzancy, 1680 déc. 27.
877 Burlugay, J., 1681 janvier 23 (Amf. 19).
878 Bretaigne, de, (Mlle de Vertus), (1681) janvier 3.
879 Chateigner (de la Rocheposay), Diane, (Mad. de St. Loup), (1681) janvier 19.
880 Fleury, prêtre à Ste. Colombe, 1681 mars 10.
881 Hermant, G., à Beauvais, 1681 janvier 8 et 23.
882 Hersant, J., à Sens, 1680 déc. 27.

De Bretaigne, Mlle de Vertus, († 1692)

883 Lettres (5) de I. L. Le Maistre de Sacy, 1679–1680.
N.N., 1685 janvier 30, avec mémoire.

Felix Vialart, évêque de Châlons-sur-Marne
Lettres reçues de:
884 Arnauld, Henri, évêque d'Angers, 1668 oct. 23 (Amf. XXI).
885 Beauvau, sœur Félix de, 1676–1677. 3 lettres (Amf. i).

886   Choart de Buzanval, évêque de Beauvais, 1668 oct. 2.
886*   Lettres au pape et au roi, 1679–1680 (Amf. f).

Rév. Mère Madame de Villeneuve
887   Lettres (3) de M. Feydeau, 1682–1683 (Amf. 19).

M. Vincent, supérieur de la mission de St. Lazare à Paris
888   Lettre de Séguier, théologal de Paris, 1656 juillet 30 (Amf. 11).

Madame Vitart à Paris
889   Lettre de I. L. Le Maistre de Sacy, 1661 août 20. Avec lettre de N.N. à M. Vitart.

Germain Vuillart, secrétaire de M. Guillaume Leroy
Lettres reçues de:
890   Cappé, directeur du seminaire à Châlons, 1679 févr. 3 et 27 (Amf. 16).
891   Danet, 1665–1677. 2 lettres.
892   Duvaucel, 1665 janvier 9 (Amf. 1).
893   Gir, 1665 janvier 7.
894   Joncoux, 1678–1700. 3 lettres (Amf. j, ij).
895   Le Maistre de Sacy, I. L., 1665 janvier 2.
896   Mallet, Anne, (1697) (Amf. a).
897   N.N., 1665 juin 29.
898   N.N., 1667 févr. 3.
899   N.N., 1672.
900   N.N., 1689 nov. (Amf. a).
901   N.N., s.d. Mémoire sur M. Varet (Amf. d).
902   N.N., à Luxeuil et St. Mihiel, 1677. 2 lettres.
903   Nicole, 1677–1691. 4 lettres.
904   Perreau, 1665 juillet 21.
905   Pontchasteau, 1677. 2 lettres.
906   Préfontaine, M. de, 1680 nov. 25.
907   Prieur de St. Riom, à Paris, 1679 févr. 17.
908   Quesnel, P., 1696–1702. 47 lettres, et 2 minutes 1679 (Amf. Y, a, l).
909   Ruth d'Ans, Ernest, 1698 juin 18.
910   Sablier, à Tours, 1677 août 30.
911   Varet de Fontenay, 1677 juin 3.

Minute
912   Ode ad Monasterium Portus-Regalis, 1706, et autres vers sur Port-Royal. (Amf. XXI).

Copies
913   Lettre de Rancé à Antoine Arnauld, 1679 janvier 10.
914   Lettre de C. R. Le Vigneur, P. de l'Oratoire, à Guillaume Leroy, 1680 nov. 11.
915   Lettre de Mad. de St. Paul de la Hautière au P. Cappé, 1691 mai 7.
916   Oratio habita ab Innocentio XII, 1692 janvier 9.
917   Pièces diverses, 1657–1697 (Amf. K, S, f, g).

VARIA

918–948*

Pièces sur les troubles ecclésiastiques et le Formulaire en général
918 Manuscrits, avec retroacta, 1303–1711 (Amf. C, U, V, W, 10, 1).
919 Imprimés, 1594–1709

Personalia (N.B. 928-933 concernent Gabriel Gerberon O.S.B.)
920 Actes du procès de F. Avoine, curé de St. Ouen, 1708–1712 (Amf. i).
921 Requête de J. J. Dorat à l'archevêque de Paris, (1669 mars), avec réponse (Amf. l).
N.B. Voir invent. suppl. O.B.C., no. (154) 632.
922 Lettre de Mgr. Estienne Le Camus, évêque de Grenoble, au P. Du Juanet, assistant du général de l'Oratoire à Paris, 1676 déc. 29 (Amf. Y).
923 Lettres (9) du P. Quesnel à M. Dureau à Paris, 1687–1689.
924 Lettre de Feuillet à Mgr. le duc d'Orléans, 1687 juin 3 (Amf. XXI).
925 Vie de F. de Caulet, évêque de Pamiers († 1 août 1680) par P. Gabaret, chanoine régulier de Pamiers. Tome I avec notes de Duvaucel.
N.B. Voir invent. suppl. O.B.C., no. (154) 632.
926 *Idem.* Tome II (1680–1704).
927 Vie de F. de Caulet. 1 tome.
N.B. Une autre rédaction que nr. 925; au commencement: Ex libris A. Dessessartz.
928 Manifeste au secrétaire d'état, 1683, et mémoire touchant son procès devant la cour épiscopale de Malines, et sa rétractation prétendue, 1703–1711. Minutes, copies et imprimés (Amf. j).
N.B. Voir invent. suppl. O.B.C., no. 1039.
929–930 Commentarius in historiam Jansenismi cum appendice.
931 Observationes in D. Hazart S.J. concionem, 26 aug. 1685 habitam de praedestinatione (Amf. K).
932 Factum seu motivum iuris pro P. van Hamme, P. de l'Oratoire (Amf. I).
933 Considérations sur la dispute entre Bossuet et Fénelon sur le Quiétisme. Pag. 1–68 et 109–128.
N.B. Note de Dom Thierry de Viaixnes: Papiers qui me viennent d'Ernest (Ruth d'Ans).
934 Lettre d'Astain à Dr. Jean Guillebert, curé de Rouville, 1664 sept. 11 (Amf.19).
935 Lettre du P. Quesnel à Mad. de la Fontaine, 1707 août 11.
936 Lettres (3) de F. M. Lefebure, à Orléans, 1666 oct., et de N.N. à M. de Loménie, à St. Magloire (Amf. l).
937 Lettres (5) de A. Pacory à Massuau, ecclésiastique au séminaire d'Orléans et à Paris, 1702–1704 (Amf. 20).
938 Lettres (2) de M. d'Héricourt, à St. Magloire, s.d., et de Mgr. E. Le Camus au P. de Moissey, de l'Oratoire à Lyon, 1694 août 1.
939 Lettre du P. Quesnel à Mlle Noorman, à Essenburg, 1706 août 25.
940 Divers écrits et lettres de Norman, curé d'Asq, 1681–1707 (Amf. P).
941 Lettre du P. Quesnel à M. Passet, prieur de Vernoil Vernante, 1690 janvier 19.
942 Lettre du P. Quesnel au prieur de Corbie à Vitry, (1679) avril 5/19.
943 Lettre de N. Petitpied à M. Rabouyn, 1703 avril 18 (Amf. Y).
944 Abrégé de la vie de Louis Rousseau, prêtre de Liège, (1710) (Amf. 17).
945 Lettre du P. Quesnel à M. Sarau, 1687 mai 28.
946 Lettre de René à Schelpiste au sénéchal de Seffendijck, commis à la recherche de la noblesse du pays de Vaes, (1688) mai 20.

947   Lettres (2) de Ruth d'Ans à M. et Mad. Vaes, 1704–1716.

948   Lettre de Petrus Marcelis, à Liège, à J. L. Vaes, supremi senatus Brabantiae consiliarius, 1690 déc. 28.

948*   Lettre de M. Ryot à M. Dupuy, avocat au parlement à Paris, 1694 juillet 8, avec postscriptum de Laborde.

LA RÉSISTANCE CONTRE LA BULLE UNIGENITUS

949–4175

PASQUIER QUESNEL

949–1247*

N.B. À consulter: J. A. G. Tans, Pasquier Quesnel et les Pays-Bas (1960).

Actes

949   Lettres (5) d'ordination, 1654–1659.

950   Actes de récusation, signifiés à l'archevêque de Malines par G. Quesnel et Anselme de Brigode au nom de leurs frères, 1703 août 9 (Amf. Y).

951   Acte de citation par H. de Precipiano, 1704 févr. 13 (imprimé).

952   Actes contre H. J. van Susteren, vicaire général de Malines, 1711 déc. 14–1712 févr. 24.

Lettres reçues de:

953   Anne, princesse palatine de Bavière, à Paris, 1717 févr. 7 (Amf. S).

954   Archaimbaud, de l'Oratoire de Riom, 1676 oct. 3, avec arrêt du conseil d'état.

955   Ariste, (1679).

956   Arnauld, Antoine, (1680). 4 lettres.

957   Arnauld d'Andilly, Angélique de St. Jean, 1681 juillet 15 (Amf. 18).

958   Arnauld de Torces, Mad., à Paris, 1718 déc. 5.

959   Aschies, Q., de l'Oratoire, théologal de Soissons, 1717 juillet 14.

960   Asfeld, abbé d', (1718) avril 9 (Amf. C).

961   Asselin, prêtre à Chartres, 1669 déc. 9.

962   Aubert, de l'Oratoire à Paris, 1707–1717. 2 lettres.

963   Baillot, sœur Anthoinette de Ste. Scolastique, 1716 déc. 2.

964   Barillon, Henri de, évêque de Luçon, 1677 févr. 23.

965   Barneville, M. de, 1716–1717. 4 lettres.

966   Basnage, (1717) nov. 27.

967   Baudouin, Mad., s.a. mars 21, avec lettre du P. André de Berziau à elle-même (Amf. 10).

968   Beaucourt, 1718 oct. 31.

969   Berlize des Annonciades, De, 1717. 2 lettres.

970   Bernard, religieux de la Trappe, 1670. 5 lettres (Amf. i).

970*   Bertin, abbé Nicolas, à St. Victor à Paris et à Raptoncourt, 1717. 5 lettres (Amf. K, S).

N.B. Avec note sur un passage de Fleury touchant les immeubles de l'Église.

971   Berziau, P. André de, de l'Oratoire, s.d. (1666).

971* Besson, P. de l'Oratoire à Douai, réexpédie une lettre de Guy de Sève de Roche-chouart, évêque d'Arras, s.d. (Amf. g).
N.B. La lettre du P. Besson manque.
972 Bidal, abbé, à Madrid, 1715–1716. 2 lettres.
973 Bigot, Guillaume, curé de Limay, (1714), avec relation de son affaire et lettre de la veuve Charles Bigot.
974 Billy, De, prêtre, 1717 avril 22.
975 Boche, Jacques de, sacristain d'Arles, 1679–1682. 12 lettres.
976 Boileau, Jacques, doyen de Sens, 1675–1679. 4 lettres (Amf. Y, i).
977 Boileau, J. J., 1717–1719. 11 lettres. Adresses: Adrienne Jaupin et M. de La Place à Anvers (Amf. V).
978 Bon(neford), De, P. de l'Oratoire à Nantes, 1717 avril 22.
979 Bont, C. de, 1689–1694. 2 lettres (Amf. j).
980 Borzon, sousdiacre de Paris, 1719 avril 6.
981 Bouchard, P. de l'Oratoire, (1676–1680). 7 lettres.
982 Bouhon, Fr. A., 1715 janvier 25.
983 Bouillon, cardinal de, 1712 sept. 26. Adressée à Pierre Isarn, ministre de l'Église Wallone à Amsterdam.
984 Boullenois (St. Martin), 1718 mars. 2 lettres.
985 Bridieu, De, archidiacre de Beauvais, 1677–1679. 2 lettres (Amf. 16).
986 Brigode Dubois, De, à Amsterdam, 1711–1712. 2 lettres, avec extraits de lettres de Paris et une lettre à E. Sylva à Londres.
987 Brisacier, De, à Paris, 1707 juillet 9. Adressée à M. de la Vérité, Grand Vicaire.
988 Brouillard, A., curé de St. Jean des Champs, 1700 juin 15 (Amf. i).
N.B. Cette lettre ne paraît pas être envoyée directement au P. Quesnel.
989 Byou, Mlle, 1718 janvier 18, avec postscriptum de M. Jerôme.
990 Caron, L. A., à Paris, 1684–1719. 31 lettres.
N.B. 1717 avril 5 adressée à M. de Charmont à Paris, et avril 14 avec note (de Nicolas Petit-pied).
991 Casmont, De, P. de l'Oratoire à Marseille, 1679 mai 27 (Amf. 1).
Cassard, voir: 1006.
992 Caylus, sœur de, à Auxerre, 1718 nov. 12.
993 Chabot, Julie de Rohan, abbesse à Soissons, ensuite de Liesse, 1718–1719. 8 lettres.
994 Chassenay, De, à Paris et Prémontré, s.d. 2 lettres (Amf. 10).
995 Chastellier de Senlys, Mad. G. M., 1715–1717. 12 lettres.
N.B. 1716 mai 10 avec postscriptum de Fouillou, et nov. 29 avec copie de la peroraison de l'abbé Gastaud.
996 Chaudières, N., doyen de Sorbonne, 1719 janvier 15.
997 Chrysostome, Fr. J., 1714 mai 4.
998 Clairmont, à Paris, 1714 mai 11.
999 Clercq, Ignace de, S.J., à Louvain, 1708 mars 11–avril 28.
N.B. Cette lettre ne paraît pas être envoyée directement au P. Quesnel.
1000 Clinet de la Chastaigneray, Louis, vicaire général de St. Malo, 1719 janvier 15 et 24, avec annexe des vicaires P. Oresve et Clinet.
1001 Colbert, Nicolas, évêque d'Auxerre, 1675–1676. 2 lettres (Amf. Y).
1002 Collart, A., de l'Oratoire à Thuin, 1714 mai 28 et 1717 avril 23, avec note de Ruth d'Ans à qui la lettre est envoyée et avec copie d'une lettre de M. Goulart, official de Cambray, à M. A. Collart sur l'exclusion du P. Valentin Dubois.

1003 Cousturier, Marie de Ste. Anne, Françoise de Ste. Agathe Le Juge et Denise de Ste. Basilisse Noiseux, religieuses de Port-Royal des Champs, à Malnoue, 1718 juillet 25 (Amf. 19).

1004 D., à Soissons, 1717 juin 26, adressée à Houbigant, P. de l'Oratoire à Boulogne-sur-Mer.

1005 D.D.R., s.d.

1006 D.S.L., 1718 janvier 25.
N.B. C'est Cassard, curé de St. Laurent à Nantes.

1007 Dagneau, F., ancien vicaire général de Ste. Croix, à Paris, 1717. 2 lettres.

1008 Daguesseau, abbé, à Paris, 1717–1718. 2 lettres.

1009 Daret, Jean, M. P. au Mont St. Quentin, 1718 oct. 22, avec copie d'une lettre de Louis Butin.

1010 David, M., P. de l'Oratoire à Saumur, 1677. 2 lettres.

1011 Delaunay Patu, Mad. L.C., s.d.

1012 Delfau, Fr., M. B. de Landovenech, 1675 nov. 15.

1013 Delorme, F. N., à Ambert, 1719 mars 25.

1013* Delwarde, prévôt de l'Oratoire à Mons, 1695–1712. 6 lettres.

1014 Demontempuys, 1718–1719. 2 lettres.

1014* Denis, C., prêtre de l'Oratoire, 1671–1703. 4 lettres (Amf. 10, 1).

1015 Desmares, P. de l'Oratoire, (1668 vieux stile). 2 lettres.

1016 Dilhe, à St. Magloire, 1717. 3 lettres.
N.B. Voir: Dupuis, inv. no. 1027.

1017 Diroys, à Rome, (1675) nov. 28.

1018 Doncker, T., à Utrecht, 1710. 2 lettres.

1019 Dornais, P. de l'Oratoire à Nantes, 1717 juillet 10.

1020 Dossolin, P. de l'Oratoire, à Dijon, s.d. (1718 mars) 31.

1021 Douxfils, à Bruxelles, 1712 mai 16 et 23.

1022 Drappier, curé à Beauvais, 1715–1716. 8 lettres, avec une lettre de N.N. (Amf. S).

1023 Duforest, J., 1712–1718. 3 lettres.

1024 Duguet, (1681), 1715. 2 lettres (Amf. C).

1025 Dupin, L. E., à Paris, (1719 avril 13), avec annexe.

1026 Duportail, P. de l'Oratoire, 1718–1719. 7 lettres.

1027 Dupuis, 1709 mai 17 (Amf. 19).
N.B. Voir: Dilhe, inv. no. 1016.

1028 Duquesnoy, abbesse d'Estrées, 1718 août 1.

1029 Duret, E. J. B., O.S.B. de St. Germain des Prés, 1717 févr. 10.

1030 Du Valois, sœur Mad. de Ste. Gertrude, de Port-Royal, à Estrées, 1717–1718. 3 lettres.

1031 Duvaucel, à Rome, 1678–1715. 67 lettres, avec extrait d'une lettre de M. Aubry, 1703 (Amf. R, S, Y).

1032 Elbecque, F. Norbert d', O.P., 1712. 3 lettres, avec extrait d'une lettre du P. F. C. d'Osson, 1710.

1033 Erckel, J. C. van, à Delft, 1705–1713. 2 lettres (Amf. 14, V).

1034 Esprit de Blois, capucin à Blois, 1715 oct. 12. (Amf. S). Adressée à un magistrat.

1035 Estaing, Mad. Fontaine Martel d', 1717 mars 20.

1036 Estrées, Félicité-Perpétue d', de la Visitation de St. Jacques, 1717 janvier 14.

1037 Étemare, d', 1714–1718. 42 lettres, dont plusieurs sous l'adresse: Adrien ne à Bruxelles.
   N.B. 1716 févr. 6 avec avis de Monnier.
        1717 avril 11 avec annexe.
        1717 mai 27 pour M. de la Haye.
1038 Eustace, directeur de Port-Royal, 1716 avril 7.
   N.B. † à Orval 15 mai.
1039 Fougeray, Jeanne et Françoise, à Nantes, 1718 mars 20.
1040 Fouillou (De la Place), 1710–1717. 12 lettres (Amf. 0).
1040* Fouré, François, de l'Oratoire à Grenoble, oncle du suivant, (1677) mars 21 (Amf. 10).
1041 Fouré, P. de l'Oratoire à Tours, chanoine de Nantes et syndic de la faculté de théologie à Tours, 1717 sept. 13 (Amf. 10).
1042 Gardey, P. de l'Oratoire, (1680) juin 12.
1043 Gastaud, prêtre à Aix, 1716 oct. 20, avec postscriptum de M. Belon (Amf. Y).
1044 Gaultier, chanoine de Boulogne, 1718. 3 lettres.
1045 Gr., (de l'Oratoire à Thuin), (1713 sept.). Adresse: J. B. Dubois à Amsterdam.
1046 Hallé, Mad. M. M., à Paris, 1718 juin 27.
1047 Hamme, Van, prêtre ex-oratorien à Gand, 1709 juillet 20.
1048 Hardy, supérieur du séminaire d'Alet, 1666 nov. 13 (Amf. l).
   N.B. Voir copie d'une lettre, 1664 sept. 22, au no. 852 de cet inventaire.
1049 Hecquet, à Paris, 1717. 2 lettres.
1050 Héricourt, De, doyen du chapitre de Soissons, 1677–1718. 3 lettres (Amf. S, Y, i).
1051 Heurtaux, maître de langue des pages de S.A. duc de Bronsvick etc., à Wolfenbüttel, 1716 sept. 14, avec minute. (L'adresse manque).
1052 Heussen, H. F. van, (Timothé), 1697–1718. 2 lettres (Amf. Q).
1053 Illiers, Mlle d', à Paris, 1717 oct. 19.
1054 Joncoux, Mlle de, 1682–1712. 7 lettres.
1055 Joseph Emanuel de L. C. P., Mad. S. M., 1710–1714. 6 lettres (= Marguerite Bouhon, Mère des Célestines sur Avroy).
1056 L., Mlle M., à Paris, 1717 janvier 16.
1057 La Boissière, De, P. de l'Oratoire à Paris, s.a. mars 16.
1058 Laborde, P. de l'Oratoire, 1718 oct. 24.
1059 La Broue, Pierre de, évêque de Mirepoix, 1717 janvier 20 (Amf. g).
1060 La Croix, M. de, (Bertin, De Verteuil), à Paris, 1715–1717. 7 lettres (Amf. R, S).
   N.B. Il est neveu de J. J. Duguet.
1061 La Duchatelier Tassin, à Nantes, 1718 déc. 2.
1062 La Garde, De, (1680) nov. 14.
1063 Lambert, à Paris, 1716 juillet 3.
1064 Langle, Pierre de, évêque de Boulogne, 1718. 4 lettres (Amf. G).
1065 La Pierre, De, à Paris, 1716 janvier 23. Adresse: Adrienne à Bruxelles et avec note de Brigode Dubois.
1066 Laumosnier Landreuille, de l'Oratoire, 1718 déc. 23.
1067 Le Camus, E(s)tienne, évêque de Grenoble, 1675–1683. 41 lettres (Amf. Y).
   N.B. 1676 nov. 25 avec minute.
        1677 sept. 16 avec minute et mémoire sur l'acte de Mgr. de Châlons et d'Antoine Arnauld sur la paix de l'Église.
1068 Le Clerc, H., à Ste. Geneviève, 1667–1677. 2 lettres.
1069 Lefebure, P. de l'Oratoire à Nantes, 1717–1718. 5 lettres (Amf. S, a).
1070 Legros, Nicolas, (Maupas), à Paris, 1716 déc. 14.

1071 Leibniz, 1707 mars 12.
   N.B. Imprimée dans Ned. Arch. v. Kerkgeschiedenis, N.S., 34 (1944–1945) p. 199, et Lettres
      de Leibniz à Arnauld, par Geneviève Lewis 1952, Appendice, p. 107–111.
1072 Le Jeune (P. L. I. Tonnelier), chanoine de St. Martin de Liège, à Bouillon, 1705–
   1718. 43 lettres (Amf. S, V).
   N.B. 1710 sept. 5 avec lettre de N.N. à Le Jeune et extrait d'une lettre d'un curé et docteur de
      Reims du 17e juillet à Fétizon à Bouillon.
      1710 oct. 14 avec annexe.
      1711 janvier 27 avec copie de lettres de Thibault et Fétizon.
      1713 janvier 4 avec copie d'une lettre de Son Alt. Sér. aux religieuses de Bourbon et
      lettre de cachet.
1073 Le Jeune, prêtre à Nantes, 1717–1718. 3 lettres.
1074 Le Maistre de Sacy, I. L., 1677–1683. 3 lettres.
1075 Le Maistre du Fossé du Bosroger, sœurs, 1718 oct. 17.
1076 Lenfant, Charles, à Rouen, 1717. 2 lettres.
1077 Lenoir, chanoine de N.D. à Paris, 1715 nov. 9 (Amf. S).
1078 Le Pannetier, Urbain, prieur de la Trappe, 1671. 5 lettres (Amf. L).
1079 Le Roy, Guillaume, abbé de Haute Fontaine, 1676–1677. 3 lettres (Amf. 16).
1080 Le Vassor, à Witchindon et Woburn (Angl.), 1704–1714. 2 lettres.
1081 Ligaingneutre, F., prieur de l'abbaye de St. Martin, 1717 juillet 2.
1082 Louvard, François, O. S. B. en l'abbaye St. Denis, 1717–1719. 9 lettres.
   N.B. Ci-jointes copies des réponses de Quesnel sur sœur Adelaide d'Orléans, abbesse de
      Chelles.
1083 Magliabechi, Antonio, à Florence, 1680. 5 lettres.
1084 Malebranche, Éclaircissement que Jésus Christ est figuré dans toutes les écritu-
   res, et: De la nature et de la grâce, avec ses lettres contre Arnauld (Notes d'Antoine Arnauld et Quesnel).
1085 Mareuil, chevalier de, à Marseille, 1681. 2 lettres (Amf. Y, l).
1086 Martelly, théologal d'Agde, 1716–1719. 7 lettres.
   N.B. 1717 juin 22 avec une lettre de (M. Paris, prieur de St. Sévère) à Martelly, s.d.
1087 Mère prieure des Carmélites du Grand Couvent, s.a. juin 23.
1088 Michel, curé de St. Jacques à Beauvais, 1717 janvier 6.
1089 Mignot, chanoine d'Auxerre, 1718 oct. 23.
1090 Visconti, J. G. de, à Utrecht, 1716 janvier 25.
1091 Moissey, P. de, P. de l'Oratoire à Besançon, 1662 nov. 24.
1092 Mol, Mad., 1715–1719. 28 lettres.
   N.B. 1716 déc. 2 avec mémoire.
      1717 mai 18 extrait de lettres d'Angers et de Nantes.
      1717 nov. 12 sur une lettre de la Mère de Valois.
      1718 août 1 avec postscriptum de sœur Vitu à Estrées.
1093 Monnier (Chévry), grand vicaire de Boulogne, 1714–1718. 3 lettres.
1094 Moran, P., à Soissons, 1719 janvier 26.
1095 Moreau, F., prêtre de St. Clément à Nantes, 1717–1718. 3 lettres.
1096 Mortagne, De, P. de l'Oratoire à Paris, 1717 sept. 22.
1097 Murinais de la Bedoyère, De, De la Bedoyère de Grenedan, Eléonor de Grenedan, à Rennes, 1718 juin 26.
1098 N.N., 1677 déc. 21, sur P. Thomassin, avec copie d'une lettre de Nicole(?) du 16e
   déc.
1099 N.N., (1680) août 27.
1100 N.N., 1681 déc. 19.
1101 N.N., (religieuse), 1681. 4 lettres.

1102   N.N., 1682 août 20.
1103   N.N., 1683 mars 28.
1104   N.N., 1684 août 24.
1105   N.N., 1686. 2 lettres.
1106   N.N. (= P. Jean Fauconnier, Oratorien de N.D. des Vertus), (1687–1690). 5 lettres, une adressée: Mlle du Clou.
1107   N.N., (1697).
1108   N.N., (1700) (Ruth d'Ans?).
1109   N.N., (servante), 1701 oct. 2 (= Mlle de Joncoux).
1110   N.N., (1703) (Mémoire pour Pozzo).
1111   N.N., 1707 avril 25, avec Dissertation sur le baptême des monstres par Dr. Ignace Save, à Paris, 1693 mai 25.
       N.B. Imprimée dans: Ned. Archief v. Kerkgeschiedenis N.S. 34 (1944–1945), p. 205.
1112   N.N., 1708–1709. 3 lettres (= Mad. de Fontpertuis).
1113   vacat.
1114   N.N., 1711 févr. 16 (= Opstraet).
1115   N.N., servantes (de St. Imbert), 1712–1718. 5 lettres.
1116   N.N., 1713 mars 27 et 28 (Amf. V).
1117   N.N., 1715 oct. 11 (Amf. S).
1118   N.N., 1716–1718. 5 lettres (= L. F. Boursier).
       N.B. 1717 déc. 26 voir: Mad. Le Roy Lettres de Quesnel II, p. 393–394.
1119   N.N., 1717 mars 23.
1120   N.N., 1717 avril 27 (= A. Collart).
1121   vacat.
1122   N.N., (1718) janvier 13, avec postscriptum de N. du 20e févr.
1123   N.N., 1718 janvier 22.
1124   N.N., indigne prêtre, 1718 avril 12 (P. Boyer, de l'Oratoire?).
1125   N.N., (1719) juin 16 (Amf. S).
1126   N.N., s.a. sept. 8. (E. Le Camus, évêque de Grenoble?).
1127   N.N., s.d. 2 lettres.
1128   N.N., s.d.
1129   N.N., s.d.
1130   N.N., s.d.
1131   N.N., à Abbeville, 1718 nov. 29. Adressée au P. Denis, à Douai, et renvoyée à Quesnel.
1132   N.N., à Beauvais, (1718) janvier 28. Adressée à M. ... au séminaire de St. Magloire et renvoyée à Quesnel.
1132* N.N., (à Grenoble, 1679) (Amf. 10).
1133   N.N., à Lille, 1705 oct. 14, avec lettre pour M. Aubery, vicaire général de Tournai.
1134   N.N., à Paris, 1676 oct. 12.
1135   N.N., à Paris, (1682) juin 26.
1136   N.N., à Paris, 1687 mai 16.
       N.B. Cette lettre ne paraît pas être envoyée directement à Quesnel.
1137   N.N., à Paris, 1717 janvier 14.
1138   N.N., à Paris, 1715 nov. 2, avec postscriptum de N.
1139   N.N., à Paris, 1718 oct. 6.
1140   vacat.
1141   N.N., servantes à Rennes, 1717 mai 2.

1142 N.N., à Rome, 1681. 2 lettres.
1143 N.N., à Rome, (1688) juillet 4.
1144 N.N., à Rome, 1701 déc. 14 (Amf. V).
1145 N.N., sœur au Val de Grâce, 1719 avril 26, avec 2 lettres de l'abbesse de Gif.
1146 N.N., à Vannes, s.a. févr. 25.
1147 Nassau-Siegen, Alexis prince de, prévôt et chancelier de l'université de Louvain, 1712–1713. 5 lettres, avec minute du 19e mai 1712.
1148 Neercassel, J. de, évêque de Castorie, 1680 sept. 1 (Amf. l).
1149 Nicole, 1679–1694. 33 lettres, avec minute, 1679.
1150 Nivelle de St. Jean, diacre à Paris, 1716–1719. 18 lettres (Amf. Y).
   N.B. 1716 déc. 11 en partie pour M. de la Place (Fouillou).
      1717 août 13 avec note sur la lettre d'Albert (docteur de la faculté de Poitiers) du 4e août.
      1719 févr. 19. L'annexe, lettre du clergé de St. André, manque.
1151 Noris, Enrico, augustin, cardinal, à Florence, 1679–1680. 2 lettres, avec minute 1687.
1152 Opstraet, 1712–1718. 4 lettres, qui ne semblent pas être directement adressées à Quesnel.
1153 Oraleix, P. de l'Oratoire à Lyon, 1719 janvier 1.
1154 Outrein, Joh. d', à Amsterdam, 1714 oct. 12, avec minute.
1155 Pelletier, à Paris, 1714–1718. 2 lettres.
1156 Peray, Mlle de, à La Haye, 1716–1717. 3 lettres.
1157 Petitpied, Nicolas, (F. Gallois), 1716–1719. 31 lettres, avec minute du 23e janvier 1712.
   N.B. 1718 mai 23 et 24 aussi pour M. de la Place (Fouillou), avec annexe.
      1718 juin 26 avec extraits d'un livre de Descartes sur Bloemert et Ban.
      1718 nov. 28 sur la mort de Mad. de Joncoux.
      1719 avril 27 avec extrait d'une lettre de Chine, 1717 oct. 30.
1158 Petitpied de Vaubreuil, 1714–1719. 31 lettres (Amf. S, Y, a).
   N.B. 1716. Copie d'une lettre du cardinal de Noailles à l'évêque de Beauvais et extraits de lettres de Rome.
1159 Pfaffius, à La Haye, 1715 févr. 20.
1160 Pinette, 1680–1702. 2 lettres, avec 2 lettres au P. Pineau (Amf. Y, j).
1161 Plouvier, Columban, 1718 mars 10.
   N.B. Cette lettre paraît être écrite à une personne de l'entourage de l'évêque de Châlons-sur-Marne.
1162 Poitevin, à Paris, 1719 oct. 26.
1163 Pontchasteau, 1671–1685. 17 lettres. Adresses: M. Du Zilly, bachelier en théologie à Paris, avocat au parlement à Rennes.
   N.B. On doute que ces lettres soient adressées à Quesnel.
      Peut-être à Nicole. Voir: 1679 nov. 5, 1681 mars 4 et juin 6, 1683 oct. 30.
1164 Quesnel, abbé François, à St. Magloire, 1668–1717. 7 lettres (Amf. S).
   N.B. 1668 avec minute.
      1716 juin 6. Ci-jointe lettre d'une religieuse de Lys à la supérieure de Ste. Marie.
1165 Quesnel, Guillaume. (1669)–1677. 6 lettres (Amf. 10, Y).
1166 Quitaud, abbé A. C. de Peichepeyrou de Commenges de, à Espoisses, 1719 janvier 14.
1167 Rabouyn, sœur A. M., 1717 janvier 13.
1168 Rancé, A. J. B. de, 1669–1681. 43 lettres (Amf. 10, T).
   N.B. 1671 oct. 6 avec lettre de Guillaume Quesnel à sa mère.
      1679 janvier 19 avec lettre de fraternité.
      Les lettres de l'abbé de Rancé au Père Quesnel et la lettre de fraternité ont été imprimées dans Miscellanea Jansenistica, offerts à Lucien Ceyssens O.F.M. (Heverlee-Louvain 1963), p. 265–306.

1169 Rochet, S., chanoine de Besançon, 1717 oct. 1.
1170 Ruffin (Denis, Rémy), 1712–1718. 15 lettres, avec minute 1712 (Amf. S, Y, 1, 10).
1171 Ruth d'Ans, E., 1704–1716. 12 lettres (Amf. V, 18).
    N.B. 1704 avril 16 avec postscriptum de (Brigode Dubois) du 21e avril.
    1709 juin 27, copie de la lettre de H. J. van Susteren, vicaire général, à A. J. de Brigode, à Lille.
1172 vacat.
1173 Sainte-Marthe, A. L. de, général de l'Oratoire, (1679) sept. 30.
1174 Save, Philippe, de l'Oratoire à Mons, 1677 juillet 17.
1175 Schelstrate, E. A., cantor, Antwerpen, 1680 mai 3.
1176 Simon, prêtre de la Congrégation de la Mission, à Rome, 1671–1677. 2 lettres.
1177 Soanen, J., évêque de Senez, 1716–1718. 3 lettres (Amf. E, S).
1178 Suarez, Josephus M., évêque de Vaison, à Rome, 1672 févr. 1.
1179 vacat.
1180 Thiroux, 1717 févr. 13 et mars 6.
1181 Thomassin, L., P. de l'Oratoire, s.d. 3 lettres.
1182 Tillemont, 1673. 2 lettres.
1183 Verhulst, P. L., à Diest, 1719 mai 30.
1184 Vialart, F., évêque de Châlons-sur-Marne, 1671–1675. 11 lettres, avec minute 1678 (Amf. g).
1185 Viard Papin, Mad., à Blois, 1712 déc. 28.
1186 Victoire, A., abbesse de N.D. du Val de Gif, (entre 1676 et 1686). 4 lettres.
    N.B. Son nom est: Anne-Victoire de Clermont de Montglat.
1187 Victoire, Marie-Thérèse, prieure d'Avroy, 1714 oct. 15, avec minute.
1188 Vigier, G., P. de l'Oratoire à Clermont, 1673 sept. 7.
1189 Vogelpoet, J. B., à Munster, 1715 oct. 2.
1190 Willemans, G., P. de l'Oratoire à Ostende, 1717–1718. 2 lettres.

Pièces et minutes
1191 Emendator emendatus sive errata conciliorum, avec lettre de Tillemont 1695 janvier 17 et remarques.
De Carthaginensi primatu.
1192 Rétractation de la signature du Formulaire, 1673 août 28.
1193 Mémoire pour les Pères de l'Oratoire, (1674) (Amf. T).
1194 Remontrance au nom de plusieurs évêques de France au roi, 1676.
1195 Mémoire pour les Dominicains de Rome, 1677.
1196 Annotations sur l'arrêt du parlement, 1680 sept. 24.
1197 Quittance pour Pralard, libraire à Paris, 1686.
1198 Observationes ad cardinalem Ottoboni in loca scripti: Quaedam quae continentur in opere Castoriensis: Amor poenitens, 1683 (1690).
1199 Mémoire sur les erreurs de Mad. Bourignon et de M. Poiret, (1693).
1200 Instruction pour la copie du traité latin de la grâce. Avec annotations d'Antoine Arnauld. Index Tractatus de gratia Christi in 7 libros distributi, (1694).
1201 Sur la condamnation de l'Exposition de la foy de N. Pavillon, (1696).
1202 Affaire de Fénelon, archevêque de Cambrai, (1699).
1203 Preuves que P. Daniel S.J. est l'auteur du Problème, 1699 févr. 28–1703 nov. 20.
1204 Mémoires sur: Véritable tradition sur la prédestination par Dr. de Launoi, 1703 (Amf. K).
1205 Écrit contre Laet S.J., professeur à Louvain, 1705 (Amf. Y).

1206 Mémoire sur son procès, (1705).
1207 Requête au roi, (1706).
1208 Écrit contre les instructions pastorales des évêques de La Rochelle et de Luçon, 1711.
1209 Mémoire sur l'abbaye de Port-Royal.
1210 Parallèle de l'infaillibilité avec les oracles.
1211 Mémoire sur l'esprit des nouveaux disciples de St. Augustin.
1212 Divers mémoires, 1717.

Lettres à:
1213 Boileau, Dr. J. J., chanoine de la Ste. Chapelle à Paris, 1698 févr. 18.
1214 Chartreux, général des, (Amf. 0).
1215 Dubreuil, J. B., prêtre à Rouen (avant nov. 1687).
1216 Emmeclaer, Mlle d', 1715 août 31 (= Foeyt).
1217 Le Camus, Étienne, évêque de Grenoble, 1677 févr. 6.
1218 Menguy et Pucelle, abbés, 1718 avril 25.
1219 Montgaillard, évêque de St. Pons, 1709 avril.
1220 N.N., (Révérend et très chere père), (1704). 3 lettres.
1221 N.N., 1709.
1222 N.N. (Mademoiselle), 1714 nov. 18.
1223 N.N., s.d.
1224 Noailles, cardinal de, les évêques de France et le duc d'Orléans. 1716–1717.
1224* Papebroch S. J., D., 1675 ou 1676 (?).
1224** Prélats de l'Assemblée, 1713 déc. 25.
1225 Quesnel, religieuse au Lys, 1715 nov. 29.

Copies
1226 Lettre de G. de Choiseul, évêque de Comminges, au pape et à l'archevêque de Paris, 1663.
1227 Lettre de Neercassel à Pontchasteau, 1667 févr. 28.
1228 Lettre de F. Fouquet, évêque de Bayonne, depuis archevêque de Narbonne, à M..., 1673.
1229 Lettre des Directeurs des Missions Étrangères à Paris à la Propagande sur les évêchés en Chine etc., 1676 oct. 23 (Amf. g).
1230 Note sur deux mémoires de la Mère Angélique de St. Jean et de Christine Briquet, 1681.
1231 Lettres à et de M. Quesnel, 1682–1691 (Amf. Y).
   N.B. La lettre du 4e déc. 1682 est d'Antoine Arnauld à Duvaucel.
1232 Lettre de Neercassel à Tillemont, 1684 févr. 17, avec annotation de Quesnel sur Sacy et Morton (= Claude de Ste. Marthe) (Amf. 13).
1233 Examen d'Antoine Arnauld d'une formule sur l'infaillibilité en 1686 à l'occasion de H. F. van Heussen.
   N.B. Voir inv. nos. 1318, 1322.
1233* Intrigues du prince d'Orange, fortification suivant Vauban etc.
1234 Isaac Papin, converti, contre libelle de Jurieu, 1690 juin.
1235 Mémoire sur l'université de Louvain, (1694).
1236 Lettre de M. de Charneux à De Fresne, (1702), et de H. Temming, secrétaire du prince de Salm, à M.

1237 Requête au roi en son conseil de Brabant (par son frère Guillaume Quesnel), 1703 juillet 6.

1238 Certificats de François Quesnel et L. H. Pavillon touchant la délivrance du P. Quesnel, 1703 nov. 8 et 1704 janvier 25.

1239 Lettre de H. J. van Susteren, vicaire général de Malines, 1703 déc. 5.

1240 Réponse au mémoire présenté au roi, 1703 déc.

1241 Lettres de P. de Langle, évêque de Boulogne, à M., 1714 juin 5 et 27 (copie de Petitpied) (Amf. G).

1242 Mémoire pour l'affaire du prévôt de St. Amé de Douai (M. Gilbert), 1714.

1243 Lettre de la cousine de M. de la Croix, à Paris, 1715 sept. 27 (Amf. V).

1244 Lettre du P. Quesnel au cardinal de Rohan, 1716 déc. 10 (imprimée).

1245 Lettre des évêques de France au prince d'Orléans, (1716).

1246 Lettre d'un curé à un abbé sur l'Apologie des Casuistes.

1247 Vrai portrait des Jansénistes.

1247* Pièces sur l'eucharistie.

LES APPELLANTS

1248-1679

Claude Baudouin, chanoine de Reims
Lettres reçues de:

1248 (Boileau J. J.), 1716. 5 lettres (Amf. V).

1249 Étemare, d', 1732 mai 17 (Amf. L).

1250 Langle, P. de, 1721 juillet 30, 1723 sept. 12, avec note de Villiers et certificat de Baudouin sur l'envoi de ces lettres à Dom Thierry (de Viaixnes).

1251 (Legros, N., 1716) nov. 27.

1252 (Monnier), à Boulogne, 1723 avril 10.

1253 Viaixnes, Thierry de, 1717-1719. 4 lettres.

Vincent-François Bazin, supérieur de la communauté de St. Hilaire à Paris
1254 Lettre de (d'Étemare), 1719 janv. 14, avec extrait d'une lettre de la Trappe, 1718.

Berthier, prêtre de St. Barthélemy à Paris
Lettres reçues de:

1255 Colbert, C. J., évêque de Montpellier, 1715-1717. 2 lettres (Amf. XXI).

1256 Colbert de Croissy, Charlotte, abbesse de Maubuisson, 1721 mai 24. Avec épitaphe.

1257 La Broue, P. de, évêque de Mirepoix, 1718-1719. 5 lettres.

E. M. Boucher, docteur de Sorbonne à Paris
Lettres reçues de:

1258 Étemare, d', 1727-1728. 5 lettres (Amf. L).

1259 Legros, N., 1736 juillet 16. Adresse: M. Courcelle (Amf. I).

1260 N.N., (1736). 2 lettres (Amf. T).

1261 N.N., (1741 avril 2) (Amf. U).

L. F. Boursier, docteur de Sorbonne à Paris (1679-1748)
Lettres reçues de:

1262 Étemare, d', (1726) mars 31, avec une lettre de Legros à d'Étemare (Amf. I).
1263 Le Riche, 1741 mars 16 (Amf. J).
1264 Annotations sur la confession par lettres (Amf. K).

Charles de Caylus, évêque d'Auxerre
Lettres reçues de:
1265 Colbert, C. J., 1723 avril 2 (Amf. Z).
1266 N.N., 1754 mars 29.
1267 N.N., à Sivignon proche Mâcon, 1754 mars 29.
1268 N.N., à Rome, 1754 mars 13.
1269 Philalethi, chevalier, à Venise, 1752 juin 27.
1270 Requête au roi, 1729 (Amf. E).
1271 Lettres de quelques curés d'Auxerre et du voisinage, 1720 mai 21, juin 6.

Chaillou, Père de l'Oratoire à Saumur
1272 Lettre de Duportail, P. de l'Oratoire, s.d., avec une lettre du P. Verne de l'Oratoire de Vendôme (Amf. R).

Charles-Joachim Colbert de Croissy évêque de Montpellier
Lettres reçues de:
1273 Béthune, Hypolite de, évêque de Verdun, 1720 avril 20 (Amf. g).
1274 Farvacques, P., ancien chanoine et supérieur du séminaire de Tournai, 1736 juillet 25 (Amf. W).
       N.B. Cf. Nouvelles Ecclésiastiques, 1738, p. 180.
1274* Mabillon, Jean, O.S.B., à Paris, 1701 juillet 28 (Amf. P).

1275 Lettres (2) à M. de la Vrillière et Mgr. de Mirepoix, 1714 (Amf. XXI).
       Testament, 1727 août 8, 1738 avril 8–20 (Amf. Z) (en double).

Duforest, chantre et chanoine de St. Pierre à Lille
1276 Lettre de N.N., à Noyon, (1727) juillet 20 (Amf. S).

Dugué de Bagnols, ancien maître des requêtes au chateau de la Mothe St. Lié à Artenay, petit-fils de Guillaume Dugué de Bagnols, exécuteur testamentaire de Quesnel, Fr. de Pâris et Soanen
Lettres reçues de:
1277 Caylus, C. de, 1740–1741. 2 lettres (Amf. E).
1278 Montagny, Mad. de, à Paris, 1742 juillet 5 (Amf. 8).
1278* Théméricourt, Mlle de, 1736–1744. 91 lettres.
1279 Thibauld, à Paris, 1735. 4 lettres, avec copies de lettres de N. Legros à Thibauld (Amf. S).

J.-J. Duguet de l'Oratoire
Lettres reçues de:
1280 Anne-Marie de Jésus (d'Épernon), s.d. (Amf. 10).
1281 Arnauld, Antoine, (1688) juin 30.
1282 Bigot, curé de Limay, 1719. 4 lettres (Amf. i).
1283 Langle, P. de, 1720 juin 5 (Amf. G).

1284 Lettre de M. Duguet, neveu, à M. Verdier, à la Motte, s.a. nov. 12 (Amf. XXI).
1285 Conduite d'une dame chrétienne (copie). 1 t. (Amf. 10).

Duhamel à Seignelay
Lettres reçues de:
1286 Bezançon, Get, Guenin, Mouton, Guénot, Casaux, Patris, Larrière et Blonde, à Rijnwijk, 1757 juin 11 (Amf. 0).
1287 Richer, N. H., chanoine d'Auxerre, 1765 mars 5 et 17.
1288 Ordonnance et instruction pastorale de Mgr. L. contre: Histoire du peuple de Dieu, du P. I. J. Berruyer S.J., avec Avis aux examinateurs (1760) par Duhamel (minute) (Amf. E).

Abbé Foucher
1289 Remarques sur l'Essai de réflexions sur les voies extraordinaires, (1742). Avec note de Fourquevaux (Amf. W).

Jacques Fouillou (Laplace)
Lettres reçues de:
1290 A.A., 1685 févr. 26.
1291 Bellenger, à Paris au collège Duplessis, 1717 févr. 28 (Amf. V).
1292 Bidal, abbé, à Paris, 1716 sept. 17.
1293 Boileau, J. J., 1717. 6 lettres.
1294 Chastellier de Senlys, Mad., 1716. 3 lettres.
1295 Duguet neveu, à Paris, 1716. 3 lettres. Adresse: Adrienne Jaupin, avec note.
1296 Duvaucel (Du Champs), 1711–1715. 28 lettres.
1297 Étemare, d', 1715–1735. 4 lettres (Amf. L, M).
1298 Langle, P. de, s.d.
1299 Lennier, à Paris, 1716 janvier 1.
1300 Le Ruthe, J. F., à Liège, 1715 mars 25.
1301 Louail, 1716 janvier 6 et 9.
1302 Monnier (De Chévri), 1714–1716. 5 lettres, la première avec copie d'une lettre de M. à Joly de Fleury.
1303 N.N., (1710) mai 5.
1304 N.N., 1714 sept. 6.
1305 N.N., 1714–1716. 6 lettres, avec annexes.
1306 N.N., 1716 mars 8 et 16.
1307 N.N., 1716 déc. 2 (Amf. S).
1308 N.N., à Marli, 1714–1716. 2 lettres, avec annexe.
1309 Nivelle (de St. Jean), à Paris, 1716–1718. 5 lettres, avec annexe.
1310 Ruffin (Denis, Rémy), 1710–1717. 37 lettres, avec annexes (Amf. V, W).
N.B. 1710 sept. 20 avec lettre de F. L. de Pur Champ.
1311 Ruth d'Ans, 1717 avril 17.

Minutes
1312 Remarques sur la lettre du cardinal Paolucci, Fabrizio, à Bussi, internonce à Bruxelles, pour lui servir d'instruction sur l'affaire de Hollande, (1705 mai 12).
1313 Lettre à N.N. sur l'intention des papes par rapport aux cinq propositions, 1706 mai 9.
1314 Mémoire sur les miracles, opérés sur M. Thassart et L. M. Millet, 1732 août.
1315 Lettres à M. Dilhe, 1733.
1316 Lettres (2) à Mgr. d'Auxerre, 1735.

1317 Mémoire sur les esprits.
1318 Mémoire pour M. Delan sur l'infaillibilité de l'Église.
      N.B. Voir inv. no. 1233.

Copies

1319 Lettre d'Antoine Arnauld à un ami, (1662).
1320 Extrait des registres du Conseil d'état, 1676 mai 30.
1321 Lettre à Mgr. d'Alet, 1676 août 16.
1322 Lettre à Duvaucel, 1686 oct. 9.
      N.B. Voir inv. no. 1233.
1323 Lettre à Mad. de Fontpertuis, 1694.
1324 Du vrai sentiment de St. Thomas sur l'ignorance, par A. Arnauld (Amf. S).
      N.B. Imprimé dans Recueil sur la grâce générale t. 2, p. 289.
1325 Mémoire de Mgr. d'Ax sur ses doutes au sujet de la communication de Pastel, (1714) (Amf. g).
1326 Extraits de lettres de Paris, 1716.

Abbé J. B. R. Pavie, marquis de Fourquevaux (de Valbon)
Lettres reçues de:

1327 Auribeau, d', Père de l'Oratoire à Toulouse, 1717 mai 9 (Amf. W).
1328 Badou, prêtre à Toulouse, (1716–1717). 6 lettres.
1329 Beauteville, marquis de, 1750–1756. 12 lettres, avec minutes (Amf. C).
      N.B. (1750 janvier): Écrit sur la religion et les mystères.
            1752: Dissertation sur la mécréance moderne.
            1756 s.j.: Sur les actions humaines.
1330 Buisson de Beauteville, J. L. de, évêque d'Alais, 1758 mars 28 (Amf. E).
1331 Caylus, Ch. de, 1748–1754. 6 lettres.
1332 D.L., à Bourneuf, 1741 déc. 4 (Amf. U).
1333 Duguet, 1718–1722. 4 lettres.
1334 Duguet neveu, à Neuville, 1724.
1335 Dupac (Milor), 1739–1758. 4 lettres (Amf. 5, I, N, Z).
1336 Étemare, d', 1739–1763. 5 lettres (Amf. F, I, N).
1337 Fernanville, Simon de, 1736 août 28 (Amf. S).
1338 Fourquevaux, marquise de, mère de l'abbé, (1721 mars), avec lettre originale à sa mère et minute.
1339 Fréjeville (de Lastour), à Toulouse, 1717–1720. 10 lettres.
1340 Goujet, chanoine de St. Jacques l'Hôpital à Paris, 1745 juin 21 (Amf. Z).
1341 Hecquet, N., 1733–1752. 12 lettres (Amf. S, V, Z).
1342 Joubert, 1745–1761. 4 lettres (Amf. 1).
1343 Lenain, Mad. Mascranny, à Paris, 1749 août 4.
1344 Letardière le Boucher, De, à Bourgneuf en Rais, 1742 janvier 29 (Amf. U).
1345 M., à Paris, 1742 juillet 27.
1346 Mérault, (173.) févr. 26.
1347 Montagny, Mad. de, 1745–1757. 18 lettres (Amf. 8).
      N.B. 1748 oct. 28 avec lettre de d'Étemare à Valbon.
            1754 s.d. avec copie de sa lettre à Mad. de Paraza.
1348 Morlet, à Paris, 1742 janvier 24.
1349 N.N., 1750–1751. 3 lettres.
1350 N.N., 1752 mai 8.
1351 N.N., 1752 mai 28.

1352 N.N., à Abbeville, 1752 mars 19 et s.d.
1353 N.N., à Tours, 1768 juillet 28.
1354 Rosset, Mlle de, (1736) juillet 27.
1355 Rulié, curé de Vaylas et ensuite de St. Pierre à Cahors, 1748–1759. 9 lettres, avec minute (Amf. P).
1356 Soanen, J., 1733–1739. 3 lettres (Amf. E).
1357 Texier, à Paris, 1758 avril 15.

Minutes
1358 Ordre de la journée, consultation sur la choix d'un état et élévations à Dieu, 1716–1720.
1359 Essai de réflexions sur les voies extraordinaires, 1742 mai. Copie de Mlle Mégard avec corrections de Fourquevaux et annotations de d'Étemare.
Remarques sur le traité de la grâce de Tournely tel qu'il a été augmenté par Collet. Paris 1748.
Remarques sur les principes discutés des Capucins de Paris sur l'esprit des Jésuites, la conversion des Juifs, la charité etc.
1360 Exposé et réfutation des principes d'irréligion de M. Chub, 1746.
1360* Lettre à Dupré de St. Maur, conseiller au parlement de Paris, 1766 juillet 21.
1361 Liste de ses ouvrages.

Copies
1362 Lettre de St. Basile à St. Grégoire sur la vie solitaire, avec traduction.
1363 Réponse de M.D. à une lettre (de M. Sartre), 1758 févr. (Amf. Q).
1364 Échantillon des Réflexions générales du P. Castel (Amf. W).
1365 Degrés de la grâce, avec notes de Boursier (Amf. K).

Pierre de la Broue, évêque de Mirepoix
1366 Lettres (2) de Berthier, prêtre de St. Barthélemy à Paris, 1718 (Amf. XXI).

Pierre de Langle, évêque de Boulogne
Lettres reçues de:
Béthune, H. de, évêque de Verdun: voir sa lettre à Mgr. Colbert, inv. no. 1273.
1367 Boisot, abbé, à Paris, 1721 mai 20. (Amf. g).
1367* Caylus, Ch. de, 1720–1722. 10 lettres (Amf. E).
1367** Charost, duc de, à Paris, 1714 juillet 11.
1368 Daguesseau, à Paris, 1717 sept. 22 (Amf. G).
1369 Duguet, 1721. 4 lettres (Amf. C). Avec des copies par Mlle Gillet.
1370 La Vrillière, à Paris, 1721. 4 lettres, avec copie d'une lettre à l'évêque de Bayeux et réponse, 1723 (Amf. G, g).
1371 Le Normand, J., évêque d'Évreux, 1718 sept. 13.
1372 Liancour, P. C. R. de Cageul de, de l'abbaye de N.D. d'Eu, 1723 avril 30 (Amf. R).
1373 Lorraine, F. A. de, évêque de Bayeux, 1722. 3 lettres.
1374 Mailly, F. de, archevêque de Reims, (1720), avec une lettre à Marguerite de St. Bernard, Ursuline.
1375 N.N., à Paris, s.d. 2 lettres.
1376 Noailles, L. A. cardinal de, 1712–1724. 16 lettres, avec minute et remarques sur l'instruction pastorale de Noailles.

1377 Noailles, Gaston de, évêque de Châlons-sur-Marne, 1711–1719. 13 lettres (Amf. f).
1378 Orléans, Mad. d', abbesse de Chelles, s.d. 2 lettres (Amf. Q).
1379 Porée, S.J., à Hesdin, 1714 mars 18, avec minute.
1379* Rézai, C. G. de, évêque d'Angoulême, 1714 févr. 8.
1380 Rochechouart, Guy de Sève de, évêque d'Arras, 1718 févr. 27, avec minute.
1381 Rohan, A. J. de, archevêque de Reims, 1723. 4 lettres, avec minute (Amf. G, g).
1382 Ruth d'Ans, 1722. 2 lettres.
1383 Sabattier, P., évêque d'Amiens, 1723 juin 14.
1384 Soanen, J., 1721 déc. 31 (avec minute) (Amf. E, G).
1385 Valbelle, F. de, évêque de St. Omer, 1714 mars 25.

Minutes
1386 Ordonnance au chapitre de Boulogne, 1717 juin.
1387 Lettre à Mad. . . ., s.d.
1388 Lettre à Mlle (Vieuxbourg), 1720 nov. 9.

Copie
1389 Lettre de Mgr. J.J., évêque de Soissons au sujet du Jubilé à Calais, 1721 déc.

Imprimés
1390 Mandement et instruction au sujet de l'appel, 1717 juin 22.
1391 Mandement pour la publication de l'acte d'appel, 1720 oct. 30.

C. F. Monnier, grand vicaire de Boulogne
Lettres reçues de:
1392 Colbert, C. J., 1726 mai 27 (Amf. Z).
N.B. Ci-jointes copies de lettres au Duc, 1724 mai 23 et 28 et à Gaultier pr., 1724 oct. 11.
1393 Langle, P. de, 1724. 23 lettres (Amf. G).
N.B. 1724 févr. 25 avec copie d'une lettre de M. Grésy à Calais à M. Morette.
1724 mars 18, avec copie d'une lettre du nonce à M. Morette.
1394 Miopes, C., (1713) (Amf. P).
1395 N.N., à Paris, (171.) janvier 9.
1396 Réflexions sur le projet d'instruction pastorale et autres pièces sur la bulle et l'appel avec 3 mandements imprimés.

François de Pâris, diacre
1397 Explication de l'épître aux Romains et aux Galates. Autographe. 1 t., avec note de Rachel Gillet, qui l'a acheté en 1870, sur les divers propriétaires.
N.B. Voir les pièces sur les miracles et les convulsions inv. no. 3013*.

Nicolas Petitpied (F. Gallois), professeur de Sorbonne
Lettres reçues de:
1398 Antraisgue, sœur Marguerite-Agnès d', 1716 mars 27.
1399 Asfeld, abbé d', 1703 juin 14. (L'adresse manque) (Amf. Y).
1400 Baudouin, à Reims, 1703 août 10 (Amf. P).
1401 Begon, docteur de Navarre, 1714–1716. 4 lettres (Amf. R).
1402 Bèvres, à La Haye, 1716 août 23.
1403 (Boileau, J. J.), 1716 mars 30.

1404 Bouthillier de Chavigny, D. P. de, évêque de Troyes, 1704 oct. 3 (Amf. g).
1405 Brigode Dubois, A. J. de, 1731–1740. 3 lettres, avec annexes (Amf. 13).
1406 Caylus, Ch. de, 1739 juillet 14.
1407 Chastellier de Senlys, Mad., 1715–1716. 10 lettres.
1408 Chevron, 1739 juillet 23, sur le traité des prêts de commerce, avec délibération de Texier et d'autres avocats de Paris (Amf. W).
1409 Croon, Th. van der, 1734 juillet 7, avec minute (Amf. 12).
1410 Delan, 1703. 3 lettres (Amf. W).
1411 Demontempuys, à Plessis, 1703 août 7.
1412 Desessarts, J. B., (Poncet), 1716–1718. 3 lettres, et 8 lettres s.d.
1413 (Dilhe, L.), 1716 juin 16.
1414 Duffours, à Paris, 1703–1704. 2 lettres, la première avec postscriptum de Polier.
1415 Duvaucel (P. B. Waloni), 1712–1715. 129 lettres, la plupart sans adresse (Amf. V).
    N.B. 1712 janvier 25 avec mémoire sur les 2 volontés en Jésus Christ.
    1712 févr. 18 avec annexes sur Hennebel, Gilbert et Serri.
    1712 mai 23 avec remarques sur: Denunciatio et Augustini Iprensis Uberiores Vindiciae.
    1712 mai 30 avec remarques sur les bulles contre les cinq propositions.
    1712 juin 9: Observation sur l'Exposition de la foi etc. de M. de Barcos.
    1713 avril 27 avec remarques sur le mémoire.
    1713 août 24 avec extrait d'une lettre de Paris.
1416 Erckel, J. C. van, 1716 avril 6 (Amf. 14).
1417 Étemare, d', 1716. 3 lettres (Amf. L).
1418 Fénelon, à La Haye, 1733 déc. 30.
1419 Ferrand, intendant de Bourgogne à Dijon, 1703 avril 17, avec minutes, aussi à Mgr. d'Autun.
1420 Foucquet, P. de l'Oratoire, 1703 juillet 13.
1421 Fouillou, 1703–1734. 237 lettres (Amf. O, V).
    N.B. Presque toutes ces lettres sont adressées à M. Pérault, autre nom emprunté de Nicolas Petitpied, qui se trouvait en 1729 chez M. Kemp dans le Coin à Utrecht. Pérault n'est pas à confondre avec Edme Pérault OSB de St. Maur, 1675–1741 (cf. Nouvelles Ecclésiastiques, 1742, p. 46, 114) qui a écrit une lettre à Dom Thierry de Viaixnes.
    1729 sept. 25–oct. 27 adresse: Abraham Fortain (Fortijn), banquier près de la bourse à Amsterdam, 1730 oct. 26.
    1729 nov. 16 adresse: Mad. la Princesse.
    1729 nov. 23 adresse: Mlle Le P. chez Mad. la princesse d'Auvergne à Amisfort.
    1730 juin 7 avec une lettre de ... à ma très honorée sœur.
    1732 mars 30 avec extrait d'une lettre de Troyes.
    1733 oct. 3 avec lettre de M. d'Asfeld.
    1734 mars 10 avec lettre à Mlle de Tours.
1422 Germain, 1716. 5 lettres.
1423 Gueston, 1703 juin 26.
1424 Haricour, De, 1716 juillet 18.
1425 Henin, Mad., 1731 nov. 14.
1426 Herbers, J., curé de Gosselies, 1714 avril 4. Adresse: Mad. Jaupain.
1427 Joli, théologal de Séez, 1703 mai 27.
1428 Joncoux, Françoise Marguerite de, 1713. 18 lettres, dont 5 avec adresse: J. B. Dubois à Amsterdam, et déc. 16 avec adresse: M. François, directeur de la poste à Bruxelles (Amf. R, W).
1429 Lagache, curé de St. Liévin à Boulogne, 1734 mai 20.
1430 Lefebure, archidiacre à Troyes, 1703–1716. 5 lettres.
1431 Legros, N., 1716–1731. 6 lettres, la dernière avec réflexions sur l'usure, et annexe de S.H., s. d.

1432 Létrée, De, 1703. 4 lettres (Amf. P).
1433 Monnier, 1716 janvier 12 (Amf. V).
1434 Montgaillard, P. J. F. de, évêque de St. Pons, 1704. 2 lettres (Amf. g).
1435 N.N., 1711 avril 18.
1436 N.N., 1717–1733. 7 lettres.
1437 N.N., 1731–1734. 2 lettres.
1438 N.N., s.d.
1439 N.N., à Paris, 1716–1732. 21 lettres.
1440 N.N., à Paris, 1716. 36 lettres.
1441 N.N., à Paris, 1716 avril 3.
1442 Nivelle de St. Jean, 1716. 2 lettres, avec copie d'une lettre anonyme à Baudouin.
1443 Pontel (C. C. Petitpied, sieur de Vaubreuil, à Paris), 1713–1714. 104 lettres
     (Amf. R), dont 27 lettres sous l'adresse de M. de la Place (Fouillou).
     N.B. 1713 juillet 25 avec Instruction pour la dévotion au Sacré Cœur, 1699.
          1713 août 22 avec Mémoire de Dupin.
          1713 déc. 10 avec extrait d'une lettre de Rome.
          1714 févr. 21 avec Mandement de Tours etc.
          1714 juin 19 avec procuration pour la succession de Nicolas Petitpied, oncle à Paris.
          Voir inv. no. 1458.
          1714 juillet 25 avec mémoire sur l'acceptation de la bulle Unigenitus par 2 Chartreux.
          1714 août 15 avec extrait d'une lettre de Paris.
          1714 août 30–31 avec copie du discours de M. Joly de Fleury.
          1714 sept. 8 avec extrait d'une lettre à M. Pérac.
          1714 nov. 12 avec lettre de M. Hecquet à Mad., et de N.N., à Paris, à M. du 8e et 10e
          nov.
          1714 nov. 15, 24 et 28; déc. 4, 9, 14, 18, 30 et 31 écrites par M. Le Jeune.
          1714 déc. 19 avec lettre de N.N.
          1714 déc. 24–25 avec lettre de J.
1444 Quesnel, P., 1711 nov. 15.
1445 R., Mad. P., 1713 juillet 15.
1446 Rabouyn, sœur Anne-Marguerite, 1716 mars 29.
1447 Riccardi, Alessandre, à Vienne, 1724. 2 lettres (Amf. XXI).
1448 Rollin, C., à Paris, 1703. 5 lettres.
1449 Roquette, Gabriel, évêque d'Autun, 1703 août 17, avec copies du 8e et 22e avril
     et réponse.
1450 Ruffin (Denis, Rémy), curé de Manneville, P. de l'Oratoire, 1708–1716. 88 let-
     tres (Amf. S, V, W).
     N.B. 1708 août 29 avec lettre du vicaire de Manneville. L'adresse manque.
1451 Ruth d'Ans, 1715 sept. 12.
1452 Senaux, Bertrand de, évêque d'Autun, 1704 août 2.
1453 Seroskerke de St. Paul de B., s.d.
1454 Thomassin, 1703. 3 lettres.
1455 Vallière, à Rouen, 1733 juin 17.
1456 Varlet, D. M., 1734. 6 lettres, dont 3 avec note de Villiers: M. Gallois me remit
     cette lettre lors de son départ pour Paris, à Utrecht 8 sept. 1734.
1457 Verhulst, P. L., à Amersfoort, 1734–1739. 2 lettres (Amf. 12, 13).

     Minutes de pièces
1458 Acte de pouvoir à ses frères C. C. Petitpied de Vaubreuil et B. Petitpied de
     Charmont de recevoir des rentes léguées par leur oncle Nicolas Petitpied, 1714
     juin 28. (Amf. Y).
     N.B. Voir inv. no. 1443.

1459 Récit de son entretien avec le cardinal de Rohan sur la Constitution, 1716 oct.
1460 Mémoire sur quelques livres, 1716 (Amf. Y).
1461 Notes sur l'usure, 1730 févr. 15.
1462 Raisons pour ne pas sacrer un évêque, 1733 sept. 5 (Amf. 12).
1462* Cas de conscience.
1463 Variae quaestiones de consortio catholicorum cum acatholicis.
1464 Les moines. Comédie et poèmes sur les Jésuites.

Minutes de lettres à:
1465 Dalennoort, 1734. 2 lettres (Amf. Y, 12).
    N.B. 1734 févr. 24 avec copie de la lettre des chanoines d'Utrecht du 27e janvier.
1465* Docteur de Sorbonne, 1716. 2 lettres.
1466 La Vrillière, marquis de, 1716 oct. 16.
1467 N.N., 1730–1740. 5 lettres.
    N.B. 1730 févr. 26–27 sur les solitaires de Schonauwen, en réponse au mémoire du 1er janvier.
    1730 juin 10 sur le château de Vianen.
    1738 sept. 30: Réponse à la question, s'il y a 2 ou 3 principes de nos actions.
    1740 août 8: Cas de conscience sur la validité d'un mariage d'une "klopje" (Strijdonk).
1468 Noailles, cardinal de, 1716 oct. 18.
1469 Orléans, duc et Mad. d', 1719 avril ou mai, pour obtenir le retour du P. Quesnel.
1470 Zegers, 1734 mai 7.
    N.B. Extraits de lettres de Petitpied sur la vie de Quesnel voyez inv. no. 2595*.

Copies
1471 Lettres de Dupin au cardinal de Noailles (1703), de Ruth d'Ans à N.N., 1708 sept., de Ruffin à Mgr. d'Aubigné, archevêque de Rouen, 1709 avril 10, et extrait d'une lettre de Paris, 1717 mars 14 (Amf. P, W, 18).

Imprimés
1472 Defensio piae memoriae Petri Codde, 1711.
1473 Lettres et mémoires.

C. C. Petitpied, sieur de Vaubreuil (Pontel), à Paris, conseiller du roi, auditeur en la chambre des comptes
Lettres reçues de:
1474 Berbis, curé de St. Cosme à Paris, 1704. 3 lettres (Amf. P).
1475 Boileau, chanoine de St. Honoré à Paris, 1703–1716. 15 lettres (Amf. V, Y).
    N.B. (1703 juillet 23) copie de la lettre de Gabriel (de Roquette), évêque d'Autun, (à M. Loppin).
    1716 juin 29 avec extrait d'une lettre de Reims. L'adresse manque.
1476 Parisot, à Crugny, 1703 avril 12, avec annexes (Amf. P, Y).
1477 Petitpied, Nicolas, à Beaune, 1703–1720. 38 lettres.
    N.B. 1703 mai 2 avec copie de la lettre de Parisot du 23e avril.
    1705 oct. 12 en Hollande. Il parle de lui-même dans la troisième personne. Les adresses manquent.
    1705 déc. 10 adresse: Gallois (Le Jeune?).
    1715–1720. Les adresses de toutes ces lettres manquent.
1478 Rollin, C., 1703 avril 4.
1479 Roquette, Gabriel de, ancien évêque d'Autun, 1703. 2 lettres, avec copie de sa lettre à Loppin, chanoine à Beaune, du 22e mai (Amf. W).
1480 Senaux, Bertrand de, nommé évêque d'Autun, 1703 sept. 16.

F. A. Pouget, abbé de Chambon, Père de l'Oratoire à Montpellier et à Paris
1481 Testament et inventaire des effets, 1723 (Amf. d).

Lettres reçues de:
1482 Bentzeradt, Charles de, abbé d'Orval, 1696 nov. 9 (L'adresse manque) (Amf. U).
N.B. Ci-jointes lettres de Charles de la Ruelle, religieux d'Orval, à M. . . . , 1696 oct. 23, et de
Mad. de Véniez Ménilles, à Bourneuf, à Charles de la Ruelle du 16e oct.
1483 Colbert, C. J., 1714 août 31 (Amf. Z).
1484 Duguet, 1693 juin 19 (Amf. C).
1484* Fleury, A. H. de, évêque de Fréjus, (1720) déc. 25 (Amf. g).
1485 Gualtieri, Filippo Antonio, archevêque d'Athènes, évêque d'Imola, cardinal-
évêque de Todi, 1702–1720. 8 lettres (Amf. Z, g).
1485* Noailles, cardinal de, 1721 juillet 11. Avec annexes.
1486 Pétaut, V., P. de l'Oratoire, 1704 août 9 (Amf. P).
1487 Soanen, J., 1704 mars 7 (Amf. Q).
1488 Torcy, M. de, ministre des affaires étrangères, 1708–1714. 10 lettres (Amf. 1).
1489 Varhville, De, à Abbeville, (172.).
1490 Vertrieu, J. C. de la Poype de, évêque de Poitiers, 1712–1715. 12 lettres, avec
deux minutes et une copie.
1491 Vivant, S., curé de St. Leu, (1701). 2 lettres, avec 2 lettres au cardinal de Noailles.

Minutes
1492 Mémoires sur le refus des bulles, 1717–1718 (Amf. K).
1493 Écrit sur la bulle Unigenitus, (1718) (Amf. e).

Abbé Bonaventure Racine
1494 Lettres (3) de d'Étemare, 1749–1750. (Amf. I).

Roussel, supérieur de la communauté de Ste. Barbe à Troyes
Lettres reçues de:
1495 Étemare, d', 1737–1740. 10 lettres (Amf. F, M).
N.B. 1737 déc. 12 avec postscriptum de Mlle (de Théméricourt).
1496 N.N., 1730 oct. 15.
1496* Théméricourt, Mlle de, 1737–1740. 7 lettres.

Nicolas Marie Ruffin, curé de Manneville, Père de l'Oratoire (Denis, Rémy)
Lettres reçues de:
1497 (Boileau), J. J., à Paris, 1718 sept. 25 et 30 (Amf. V).
1498 Étemare, d', à St. Magloire, 1705–1715. 5 lettres (Amf. L).
1499 Monnier, à Calais, 1717 mars 28.
1500 N.N., 1712 oct. 12.
1501 Quesnel, P., 1710–1712. 3 lettres.
1502 Reminiac, R. H. de, abbé du Val des Écoliers à Liège, 1712 oct. 3 (Amf. a).

Minutes et copies
1503 Pièces concernant Ruffin.
1504 Mémoires sur la vie de M. (Paul) Ernest Ruth d'Ans et sur la sortie du P.
Quesnel de sa prison, (1730) (Amf. 18).
1505 Écrit sur les actions des infidèles, 1728 (Amf. I).

Ernest Ruth d'Ans (Paulin, Du Noyer)
Actes
1506 Theses praeside Guilielmo Wildt paedagogii Castrensis professore defensae, 1682 déc. 14.

Decretum archiepiscopi Mechliniensis, 1696 Maii 17.

Decreta archiepiscopi Coloniensis, 1704 Aprilis 15, 1705 Maii 22, cum annexis.

Passeports (copies) et actes sur le refus des sacrements, 1695–1728.

Narration succincte des faits et circonstances qui ont précédé et suivi sa mort, 24 févr. 1728 (Amf. XX, liste Dupac 42).

N.B. Sa lettre dimissoire à la prêtrise du 20e mai 1689 se trouve parmi les lettres reçues du vicaire apostolique Pierre Codde (O.B.C. 643).

Lettres reçues de:
1507 Arnauld, Antoine, 1689–1690. 5 lettres, une avec adresse.
1508 (Arnauld d'Andilly, Marie-Angélique de Ste. Thérèse, 1694). 7 lettres.
1509 Archuinto, Gerolamo, cardinal, archevêque de Thessalonique et de Milan, nonce en Espagne, 1696–1699. 26 lettres.
N.B. 1698 avril 10 avec annexe.
1510 B., s.a. sept. 7. Adresse: Au R.P. abbé.
1511 Backx, J. I., à Rome, 1696. 3 lettres.
1512 Baudrand, F. M. de Ste. Julie, prieure de Port-Royal, 1683–1694. 23 lettres (Amf. 19).
N.B. 1686 août sur l'épitaphe de Mgr. Neercassel par (Dodart) médecin.
1692 déc. 28 avec annexe sur Mlle de Vertu morte.
1513 Bentzeradt, Charles de, abbé d'Orval, 1684–1689. 3 lettres (Amf. I).
1514 Bertier, Le B. de, à Madrid, 1698 mai 8, avec lettre de N. à Joseph de Chomont.
1515 Boileau, J. J., 1717–1718. 3 lettres. Adresse: Jaupin.
1516 Bonome, P., du cloître de Bethlem, 1704–1705. 15 lettres.
N.B. 1705 août 3 avec lettre de M. Dulac.
1517 Bont, Ch. de, à Vlaerdingen, 1692. 3 lettres, sans adresses (Amf. a).
1518 Boucher, abbé de Clairvaux, 1688 oct. 17.
1519 Bourau, prêtre à Tours, 1692 avril 21.
1520 Brigode, P. de, à Lille, 1713 janvier 24, avec lettre de J. Duforest, chantre, chanoine de St. Pierre de Lille.
1521 Brigode Dubois, à Paris, (1716) mai 6. Adresse: Adrienne Jaupin (Amf. V).
1522 Bussi, Giovanni Battista, internonce à Bruxelles, 1705 mars 14, avec annexes.
1523 Cabreros, Diego, 1696 mai 15.
1524 Calderon, M., 1698 juillet 31.
1525 Casoni, Lorenzo, archevêque de Caesarée, à Naples, 1696–1699. 16 lettres.
1526 Cinck, A., 1718–1722. 2 lettres.
1527 D'Albert de Luynes, Mad., à Paris, 1685 mai 6, avec lettre de Mad. M. (Brihor).
1528 D'Elbecque, F. N., à Rome, 1705 avril 18 et 21.
1529 Derbaix, Dom Jean, prieur de St. Ghislain, 1721–1727. 9 lettres.
1530 Desbasmonts, Mlle, (nièce), 1684–1688. 16 lettres.
1531 Dilhe (Desormes), L., à Paris, (1725–1727). 3 lettres (Amf. S).
1532 Dubreuil, J. B., 1686 août 14, à M. Croix et depuis à Ruth (Amf. 10).
1533 (Dufargis, Marie de Ste. Madeleine), 1683–1684. 12 lettres.
1534 Duguet, J. J., 1686–1692. 17 lettres à l'adresse de M. de Sillery, sieur de Rivau, et Paulin, marchand de toile (Amf. C).

1535 (Dumesnil, S.), 1691 sept. 24 (sans adresse) (Amf. j).
1536 Duvaucel, 1684–1703. 2 lettres, avec note.
1537 Ernest de Hessen-Rheinfels, 1690–1692. 5 lettres.
1538 Espen, Z. B. van, 1726 juillet 31.
1538* Estienne, abbé d'Orval, 1720 juillet 9.
1539 Evrard, Dom Pierre, à St. Ghislain, 1721–1726. 2 lettres.
1540 Fabricius, F., Lugduni Batavorum, 1708 févr. 7, avec minute.
1541 Farges de Lyon, 1712 juin 12.
1541* Fouillou, 1714–1715. 4 lettres (Amf. O).
1542 Galvan, B., à Bruxelles, 1698 mai 18.
1543 Génet, J., (signé Pitty), théologal d'Avignon, 1687–1688. 8 lettres (Amf. l).
1544 Gerberon, à Rotterdam, (1671) sept. 12.
1545 Del Giudice, Francesco, cardinal, 1695 mai 7.
1546 Hennebel, J. L., (Du Til), 1692–1696. 10 lettres. Adresses: Mlle Jupine à Bruxelles et M. de Belmont à Munich.
1547 Heussen, H. F. van, 1685. 3 lettres.
1548 Hoffreumont, S., 1720–1723. 65 lettres (Amf. VI), avec une pour M. et Mad....
1549 Justel, Henry, (1685) (Amf. j).
1550 L.,S., 1692 juin 24. (Amf. X).
1551 (La Croix, M. de), à Paris, 1715–1717. 12 lettres. Adresse: Jaupin (Amf. V).
1552 (La Croix, Mlle de), 1683–1685. 5 lettres, avec une pour Mlle Merleville.
1553 Langle, P. de, 1719–1723. 7 lettres.
1554 Leyburn, J., évêque d'Adramite, 1686–1688. 5 lettres (Amf. a, l).
1555 Loeffem, E., à Cologne, 1693 mai 8.
1556 Loger, à Paris, 1692 janvier 17 (sans adresse).
1557 Magliabechi, Antonio, à Florence, 1696 août 14, avec une lettre de (nom illisible).
1558 Martin, docteur à Louvain, 1721 mai 20 (Amf. XIX).
1559 Monnier (De Chévry), grand vicaire de Boulogne, 1721–1722. 4 lettres.
    N.B. 1721 juillet 25 avec postscriptum et Remittatur de Ruth d'Ans à M. (Thierry de Viaixnes).
    1721 août 9 avec insertion d'une lettre du cardinal de Gesvres.
1560 Motte, P. J., à Paris, 1717. 11 lettres.
1561 N.N., 1682 mars 28.
1562 N.N., 1682–1686. 15 lettres.
1563 N.N., 1684 sept. 16.
1564 N.N., Mlle, (1684). 4 lettres.
1565 N.N., 1685 févr. 10.
1565* N.N., 1685 avril 28.
1566 N.N., 1685–1693. 15 lettres.
1567 N.N., 1687 août 7.
    N.B. Selon Dupac: F. Genet, évêque de Vaison, mais d'une toute différente écriture qu'une lettre à Neercassel.
1568 N.N., 1687 août 18.
1569 N.N., (Th. Resassen), 1688 juillet 17.
1570 N.N., 1688 juillet 24.
1571 N.N., 1692. 3 lettres.
1571* N.N., 1694. 2 lettres.
1572 N.N., 1725 mars 10.
1573 N.N., Mlle, (sœur), s.a. sept. 20.

1574	N.N., s.a. nov. 24.
1575	N.N., à Giovenazzo, 1695 août 23.
1576	N.N., à Louvain, 1716 mars 12.
1577	N.N., à Mons, 1694 nov. 1.
1578	N.N., à Montpellier, 1683 sept. 27.
1579	N.N., à Paris, 1716 oct. 1.
1580	N.N., à Rome, 1682. 2 lettres.
1581	N.N., à Seraing et à Liège, 1710. 2 lettres.
1582	N.N., (Tonquin), 1722 janvier 5.
1583	Neercassel, J. van, 1686 févr. 8.
1584	Nicole, P., 1685–1688. 13 lettres. Adresses: M. de Javoroy et Paulin.
1585	Nivelle de St. Jean, à Paris, 1716 juillet 24.
1586	Opstraet, J., 1688–1694. 6 lettres (Amf. I).
1587	Petitpied, N., 1709 déc. 27.
1588	Pontchasteau, 1682–1689. 42 lettres.
1589	Quesnel, P., 1684–1717. 15 lettres. Adresses: Au prieur de St. Ernest, Du Noyer et à M. van Putten adresse Jaupin (Amf. Y et boîte Quesnel).
1590	Reede van Renswoude, baron van, 1725–1727. 7 lettres.
1591	(Réminiac, R. H. de,) abbé du Val des Écoliers à Liège, 1710 oct. 20.
1592	Rey, conde de, à Madrid, 1697–1701. 9 lettres.
1593	Robert, (1690) mai 16.
1594	Saint-Jean, Henri de, (1708).
1595	Sallengre, Philippe de, O.F.M., à Nivelle, 1694 nov. 8.
1596	Scarlatti, Giovanni Battista barone, à Rome, 1696–1704. 5 lettres
1597	Serry, Hyacinthe, à Padoue, 1724 mai 20.
1598	Spada, Fabrizio, cardinal, 1696 août 4.
1599	Spada, Orazio Filippo, internonce à Bruxelles, 1697. 4 lettres.
1600	Spinelli, Carlo, marquis de Misuraca, à Vienne, 1721 sept. 10, avec sa lettre à l'internonce de Bruxelles et réponse d'Ernest à Riccardi.
1601	Steenoven, C., archevêque d'Utrecht, 1724 nov. 26.
1602	Tillemont, (1688)–1694. 9 lettres (Amf. 10).

1603	Tonnelier, à Liège, 1710–1716. 32 lettres (Amf. V), avec signature P. L.
	N.B. 1710 oct. 1 avec mandement épiscopal de Liège.
	    1710 oct. 18 avec profession de foy de Fétizon à Bouillon.
	    1710 déc. 28 avec copie de la lettre de l'abbé de St. Rémy à Mad. Thibault.
	    1711 mai 10 avec mémoire sur la fondation de Mad. Vaes.
	    1711 mai 11 avec lettre de Mad. Vaes.
	    1711 juin 20 avec note de M. Brigode Dubois.

1604	Tronchay, M., 1694. 2 lettres (Amf. 10).
1605	Urtaran, Ortuz de, à Madrid, 1698 juin 3.
1606	Varlet (Dupré), D. M., 1724 juin 26.
1607	Verhulst, P. L., l'aîné, à Louvain, 1727. 4 lettres.
1608	(Vertus), Mlle de, s.d. 2 lettres.
1609	Davia, Giovanni Antonio, nonce à Cologne, puis cardinal (± 1740). 2 lettres (Amf. 1).

1610	Viaixnes, Dom Thierry de, O.S.B de St. Vannes, 1721–1727. 518 lettres.
	N.B. 1722 mars 15 et 16 avec lettre à M. Sottelet, trésorier à Bruxelles.
	    1722 avril 17 avec projet de la lettre du clergé d'Utrecht au pape.
	    1722 avril 23, déc. 17; 1723 juin 7, oct. 24, nov. 25; 1724, févr. 2, 10 et 14, mars 23;
	    1725 juillet 30, sept. 24, déc. 31; 1726 janvier 3, juin 13 et 24, août 22; 1727 avril 14 avec
	    copie d'une lettre de J. C. van Erckel à Viaixnes.

1722 août 10 avec copie d'une recommandation de Charles Spinelli à Vienne pour Ruth d'Ans.

1722 août 17, nov. 9 et 16, déc. 3; 1723 juin 28 avec extrait d'une lettre de Dalennoort à Viaixnes.

1722 août 23 avec copies de lettres de Dalennoort et Van Erckel à Viaixnes.

1722 sept. 28, nov. 6 avec extrait d'une lettre de Kemp à Viaixnes.

1722 oct. 5; 1723 févr. 12 et 19, mars 22 avec extrait d'une lettre de Mgr. Varlet (Dupré).

1722 oct. 15 avec extrait d'une lettre de Chassaigne à Mgr. Varlet.

1722 nov. 7 avec extraits de lettres de Van Erckel, Kemp et Boulonnois.

1722 nov. 13, déc. 12 avec extraits de lettres de Van Erckel et Kemp.

1722 nov. 30; 1723 août 12 avec extraits de lettres de Van Erckel à Viaixnes et Mgr. Varlet et réponses.

1722 déc. 24 avec copie de la lettre de Pierre Levage, à Rome, à Varlet.

1723 janvier 21 avec traduction d'une lettre de (Antony Slicher) à son frère (Wigbold à Amsterdam).

1723 févr. 5 avec copie d'une lettre de Van Erckel à Varlet.

1723 févr. 11 avec copies de lettres de Dupré (Varlet) à Krijs et Viaixnes.

1723 févr. 25 avec copies de lettres de Dalennoort, Van Erckel et Kemp.

1723 mars 4 avec idem de Kemp et Varlet.

1723 mars 11 avec idem de Varlet et Kemp à Viaixnes, de Levage à Krijs, et de Krijs et Van Erckel au Chapitre.

1723 mars 12 avec extrait d'une lettre de Sauville à Kemp.

1723 mars 17 avec extraits de lettres de Krijs à Levage et au Chapitre.

1723 mars 25 avec idem de Dalennoort, Kemp et Akkoy à Viaixnes, et de Dalennoort à Krijs.

1723 mai 21 avec copies de lettres de Mgr. Steenoven au pape et à M. Levage.

1723 mai 27 avec idem de Steenoven au pape et de Levage à Krijs.

1723 mai 28 avec copie d'une lettre de Charles (Maigrot), évêque de Conon, à Rome, à Krijs.

1723 juin 5 avec copie d'une lettre du baron van Reede van Renswoude à Dalennoort.

1723 juillet 2, août 17 avec idem de Krijs à Viaixnes.

1723 août 4 avec idem de Broedersen et Van Erckel à Viaixnes et du Chapitre au pape.

1723 août 6 avec requête du clergé aux États, lettre de Belcampo à Krijs, de Van Erckel à Viaixnes et notes de Broedersen.

1724 juillet 17 avec lettre à M. de Sentis, curé de Lezenne à Lille.

1724 juillet 31, nov. 11 avec copie d'une lettre de l'abbé de Vlierbeek.

1724 août 28, 1726 et 1727 passim copies de lettres.

1725 mai 7 avec lettre de M. Emart.

1726 août 16 avec extrait de deux lettres de M. de Villiers.

1611 Vuillart, Germain, (1692). 2 lettres avec légende de ...

Minutes

1612 Articles de la doctrine de Louvain, présentés à l'archevêque de Malines. Avec thèses théologiques par J. Beaune de Gemblous, 1685 juillet 12.

1613 Itinéraire avec Davy (Arnauld) pour la Hollande, 1686 mai 27–juin 26.

1614 Mémoire touchant l'affaire de G. Huygens, 1687 (Amf. XVIII).

1615 Justification de M. van Gheel, pasteur d'Overijsche, (1688) (Amf. IX).

1616 Vains efforts de la calomnie contre la meilleure manière d'administrer le sacrement de pénitence, (1690).

1617 Relation de l'élection en Sorbonne d'un nouveau professeur, 1692 oct. 7.

1618 Factum pour Jeanne Thomas de Louvain à Mons.

1619 Mémoire pour Hennebel, (1694).

1620 Préface à l'Année chrétienne.

1621 Lettres (19) à N.N. (Viaixnes ou Dubois), 1704–1720 (Amf. 18).

1622 Lettre à M. de Cardonel, 1707 mars 12.

1623 Mémoires touchant la disposition de quelques canonicats de Tournai par les États Généraux des Pays-Bas, (1711).

1624 Lettre à M. Thisquen à Vienne, 1719 juillet 27.

1625 Lettres (8) au chevalier Garelli, proto-médecin de l'Impératrice et bibliothécaire à Vienne, 1722–1726, et à Mgr. de Valence, 1722 mars 3.

1626 Lettre au marquis de Prié, tournée en récit de ce qui est arrivé à Bruxelles, au P. Th. de Viaixnes, O.S.B. de St. Vannes, 1722 mars 12.

1627 Lettre à Mgr. de Cologne, (1722 mai), et de Liège, (1724 févr.).

1628 Lettre à M. Cuvelier, grand audiencier, sur Charles Du Cellier († 1726 mars 14).

1629 Lettre au marquis de Rialp, 1727 avril 29.

1630 Lettre à la duchesse d'Aremberg sur sa fille, la princesse d'Auvergne.

Copies

1631 Edicta Flandriae in causa libri Jansenii, 1651–1656.

1632 Declaratio G. Huyghens super libro: Methodus remittendi etc., 1681 oct. 21.

1633 Duvaucel à Arnauld, 1684 avril 29.

1634 Extrait d'une lettre de Toulouse, 1684 nov. 15.

1635 Tanard ad Neercassel, (1685).

1636 Arnauld à Duvaucel, 1686 mars 7.

1637 Cardinal Slusc, à Chaumont, directeur de la poste à Bruxelles, 1686 juillet 20.

1638 Pièces sur Dr. F. Martin à Louvain, 1688 janvier 29–mars 9.

1639 Requête de G. de Witte au roi et à l'archevêque avec mémoire, 1688 (Amf. IX).

1640 Testament d'Antoine Arnauld, 1690.

1641 Règles et instructions pour accompagner le saint viatique, ordonnées par Innocent XII et publiées par cardinal Gaspare Carpegna, 1695.

1642 M. E. duc de Bavière au Conseil de Brabant etc., 1695 nov. 4, avec réponse, 1696 avril 13.

1643 Breve Innocentii XII ad Ducem Bavariae, 1696 aprilis 14, cum libello supplici pro E. Ruth d'Ans, 1697 maii 2.

1644 Requêtes au roi, (1700), avec annotations de Quesnel et Hennebel. Libelli non oblati.

1645 Confessarius Montis Calvariae Traiecti ad Mosam ad N., 1702.

1646 Requête de G. Huygens e.a. au roi, 1704.

1647 N.N., à Rome, 1705 avril 11.

1648 Lettre de S.A.E. de Cologne au grand vicaire de Liège, 1705 mai 14–22, avec réponse.

1649 Breve Clementis XI ad regem Franciae, 1705 julii 17, 1706 aug. 31, avec lettre du roi au clergé, 1705 août 2.

1650 Mémoires sur la constitution de Clément XI, (1705).

1651 Quesnel à M. E. duc de Bavière et au P. Bonome, (1706) (Amf. X).

1652 Charles III à De Quiros, 1707 nov. 30.

1653 Pièces sur Ch. Maigrot, évêque de Conon, en Chine, 1708–1709.

1654 Mad. de Fontpertuis au chancelier (Boucherat ou Pontchartrain) avec réponse.

1655 Facultas theologica Lovaniensis ad regem, (1710).

1656 Factum dans l'église de Jemeppes, (1710).

1657 Commissio Universitatis Lovaniensis pro P. Melis ad impediendum iuramentum Formularii, 1710.

1658 Lettre du P. Grau, prédicateur d'Aix, 1710.

1659 Mémoires contre la signature du Formulaire à Douai, 1711.
1660 L. Hennebel, Declaratio super negotio Formularii Internuntio Grimaldi oblata, 1712 févr. 10.
1661 Breve Clementis XI ad Universitatem Lovaniensem, 1712 aprilis 2.
1662 F. Martin ad L. Hennebel, 1712 maii 3.
1663 P. de Langle au curé de Gossilies, 1713 nov. 28.
1664 Apologia W. Wildt contra librum: Consolatorium, (1713).
1665 N.N., à Paris, 1715 sept. 5.
1666 Mad. Mol, 1716 févr. 28.
1667 Oppositio Lovaniensium contra bullam Unigenitus, 1718 nov. 8.
1668 Instrumentum appellationis quatuor episcoporum, 1720 sept. 10.
1669 Requête contre le sieur Van Dijck au marquis de Prié, (1721 janvier 21) (Amf. XVII).

Claude de Silly de Clervaut, prêtre d'Amiens
Actes et lettres reçues de:
1670 Testimonia studii, dispensationis, litterae ordinationis, facultatum etc., 1704–1728.
1671 Chauvelin, à Amiens, 1725 avril 10.
1672 Croon, Th. van der, 1735 août 20.
1673 Fasinghen, à Boulogne, 1725 avril 15.
1674 Langle, P. de, 1720 oct. 25.
1675 Meindaerts, P. J., 1739 nov. 4.
1676 Monnier, Claude F., vicaire général de Boulogne, 1720 août 19, avec acte de faculté.

Minutes
1677 Déclaration sur les biens de la cure de Doudeauville, 1728. Avec acte de rétractation de sa signature du Formulaire.
1678 Annotations sur son appartement à Utrecht, 1737–1741.

Jean Soanen, évêque de Senez
1679 Lettre à son chanoine. Avec un poème Philotanus. Ci-jointes œuvres posthumes.

AUTRES PERSONNES PAR RAPPORT À LA BULLE UNIGENITUS
1680–1825

Alexandre, au prieuré de St. Hymer
1680 Lettre de Silva, 1729 nov. 29, avec postscriptum de Tournus (Amf. S).

Amaury, Père de l'Oratoire à Thouars
1681 Lettre de Nicolas Jourdain, P. de l'Oratoire à Paris, s.a. nov. 10.

Jean Arman, élève de la Congrégation de la Doctrine Chrétienne
1682 Lettre de J. Soanen, 1739 mars 1, avec actes d'appel, 1751, et lettre à Mgr. de Montpellier, 1735.
1683 Copie de la lettre de l'abbé Golefert à l'abbé Paschal sur les miracles opérés au tombeau de Mgr. Felix Vialart (Amf. N).
N.B. C'est la même lettre que inv. no. 3175.

P. Baron, au noviciat de St. Dominique à Paris
1684 Lettre de Thomassin, s.d.

Laurent Blondel à Paris, à l'imprimerie de Desprez et Desessarts
Lettres reçues de:
1685 Quesnel, P., 1719. 4 lettres.
1686 Saint-Gervais, De, à Schonauwen, 1737 déc. 5 et 12 (Amf. O).

Bourdin, procureur au Châtelet à Paris
1687 Lettre de Vuitasse, 1748 août 1 (Amf. Z).

Bourgoin à Paris
Lettres reçues de:
1688 Gratien, J. B., évêque de Rouen, 1793–1797. 3 lettres.
1689 Lallement, M., curé à Auxerre, 1783–1791. 8 lettres (Amf. XXI).

M. et Mlle Bijou à Paris
1690 Lettres (2) du P. Quesnel, 1716–1717.

De Catellan, abbé de Boulancourt à Paris
1691 Lettre de F. de la Broue, neveu de l'évêque, 1725 déc. 6 (Amf. XXI).

M. de Caumesnil chez M. de Fontenille à Paris
Lettres reçues de:
1692 Flet, à Abbeville, 1714 juin 2 (Amf. V).
1693 Martuel, 1714 juin 1.

M. de Charmont à Paris
1694 Lettre de N. Petitpied, 1717 mars 9 (Amf. Y).

M. de Charon
Lettres reçues de:
1695 Barchman Wuytiers, C. J., 1730 janvier 16 (Amf. Q).
1696 Petitpied, N., 1730 févr. 27 (Amf. Y).

Charpentier, curé de St. Leu à Paris
Lettres reçues de:
1697 Asfeld, abbé d', 1732–1737. 3 lettres.
1698 Besoigne, (1750) sept. 4.
1699 Cabrisseau, à Tours, 1750 sept. 26 (Amf. XXI).

Chicanot, officier du duc d'Orléans
1700 Lettre de S. Lambart, (1727) sept. 23 (Amf. S).

M. de Circourt, directeur des Dames Carmélites à Paris
Lettres reçues de:
1701 Langle, P. de, 1724 janvier 15 (Amf. G).
1702 Laurent, F., à Leyde, sur l'affaire de Polsbroek, 1727 juillet 3 (Amf. S).

Abbé Clément à Paris
1703 Lettres de Mlle de Ménilles, 1772 août 3, oct. 23 (Amf. P).

Delorme
Lettres reçues de:
1704 Gogneau, J., ancien curé de Châlons en Champagne, 1769 avril 17.
1705 N.N., s.d. Adresse: Mlle Rosney (Amf. j).
1706 Salm-Reifferscheid, F. E. de, évêque de Tournai, (1739).

Abbé Doien, à Paris
1707 Lettres (3) de d'Étemare sur les convulsions, 1732–1738 (Amf. L).

Clément Du Tremblai, chanoine-trésorier d'Auxerre, agent à Rome, évêque constitutionnel de Versailles
Lettres reçues de:
1708 Bellon de Saint-Quentin, à Rijnwijk, 1759 mai 28 (Amf. 13).
1709 Bottari, Giovanni, garde de la bibliothèque du Vatican, 1762–1767. 12 lettres (Amf. 13, A, C, D), avec traduction française de Dupac, Clément et L. van Zeller et vérification.
   N.B. 1762 nov. 17 avec copie de la lettre de M. A. Clément du Tremblay, à Rijnwijk, à Bottari, 1762 oct. 12.
   1766 nov. 19 avec extrait de sa lettre du 5e.
   1767 janvier 28. Extrait de M. Clément.
1710 Castel, 1790 oct. 28 (Amf. e).
1711 Degola, Eustachio, prêtre de Gênes, s.d. (Amf. 23).
1712 Del Mare, Paolo Marcello, 1778. 2 lettres (Amf. 15).
1713 Deschamps, président du séminaire à Amersfoort, 1778–1803. 2 lettres (Amf. 1, 23).
1714 Dumont, à Paris, 1763–1773. 3 lettres (Amf. 4).
1715 Foggini, Pier Francesco, garde de la bibliothèque du Vatican, 1770–1772. 2 lettres (Amf. A).
   N.B. 1770 févr. 14: Réponse au mémoire du 8e.
   1772 nov. 4 avec attestation de M. Du Tremblai et traduction par Dupac.
1716 Foucher, abbé, de l'Académie des inscriptions etc. à Paris, 1764 avril 11, avec annotation de d'Étemare (Amf. 13).
1717 Jong, T. de, 1803 sept. 8 (Amf. 23).
1718 Le Roy de St. Charles (Bercher), (1778) févr. 26 (Amf. 4).
1719 Levasseur (J. J. Jaquesson), 1779. 2 lettres (Amf. 5).
1720 Massa, Giacomo, prêtre, 1779 févr. 17 (Amf. 15).
1721 N.N., à Auxerre, 1759 juillet 21 (Amf. E).
1722 N.N., à Rome, 1771 sept. 18, sur J. Palafox.
1723 Nény, comte de, à Bruxelles, 1766 mai 19, écrite par son secrétaire M. A. Hulet (Amf. 6).
1724 Noguier, abbé, à Chatillon sous Bagneux, 1786. 5 lettres (Amf. A).
1725 Ricci, Bettino de, à Florence, 1789 mars 4 (Amf. 7).
1726 Saint-Vincent, Robert de, à Paris, 1779–1790. 32 lettres (Amf. 5).

Minutes
1727 Observations sur l'augmentation du nombre des évêques, 1766 oct. (Amf. D).
1728 Lettre à N.N., Paris, 1769 mai 14, avec insertion d'une lettre de Francisco Xavier Vasquez, général des Augustins à Rome du 19e avril (Amf. C).

1729 Observations sur le copie-mémoire adjoint du 3e nov. (ou déc.) 1769 de M. Foggini, 1770 janvier 17.

1730 Mémoire joint à la lettre de l'archevêque d'Utrecht en la faisant passer à Marefoschi, 1770 févr. 8 (Amf. A).

Royer, métropolitain constitutionnel de Paris

1731 Lettre de Clément du Tremblay, évêque de Versailles, (1800) oct. 11 (Amf. XXI).

Abbé Simon (de Fernanville), au château de Rivau par Chinon († oct. 1757)
Lettres reçues de:

1732 B., 1727–1728. 2 lettres (Amf. S).

1733 Bissy, cardinal de, à Fontainebleau, 1727 sept. 30 (Amf. g).

1734 Étemare, d', 1724–1737. 2 lettres (Amf. L, M).

M. Benoît Fourgon, prêtre

1735 Mémoire sur la persécution de 1715 ou relation de ma captivité pour l'affaire de la bulle Unigenitus, 1717 nov. 11. 2 copies.
N.B. Édité d'après l'original par M. Justin Godart, Le Jansénisme à Lyon (Paris 1934), p. 131–235.

Abbé Gagnon à Paris

1736 Lettres de Ménil, prêtre d'Hérenville, 1757 sept. 20 et 28, et du cardinal de Noailles, 1721 févr. 19 (Amf. V, g).

A. J. Gaucher, chanoine de Jargeau

1737 Assignation de Mgr. Louis-Gaston Fleuriau, evêque d'Orléans, 1730 mars 4, avec requête de Gaucher et Sanson. Copies (Amf. S).

Gibassier, recteur d'école à Beaune

1738 Lettre de Gibassier, clerc à Dijon, 1716 janvier 8 (Amf. V).

Jobart, chanoine de Reims

1739 Lettre de J. J. Boileau, 1716 nov. 2 et 3 (Amf. V).

Religieuses de Gif

1740 Lettre de J. E. Ariste, directeur des religieuses de N.D. de Liesse, à sœur de Ste. Eulalie, s.a. déc. 24 (Amf. 18).
N.N., à Montpellier, à Mad. de Ségur, coadjutrice de Gif, 1724 déc. 12. Copie avec note de (Courcelles).

A. Gilbert, prêtre de l'Église de Paris

1741 Lettre de P. J. Meindaerts, action de grâce pour l'acte de communion, 1764 déc. 15 (Amf. XXI).

Abbé Juan Manuel Giron à Paris

1742 Lettre de Fernando Alcazar, à Cuenca, 1767 juin 23 (Amf. 4).

C. P. Goujet, chanoine de St. Jacques l'Hôpital à Paris
Lettres reçues de:

1743 Brillont, 1733. 2 lettres, avec mémoire sur la vie de Nicole, dressé par Huet, curé de Mage, et remarques de Loger, curé de Chevreuse.
1744 Laurent, F., 1733 juillet 8, avec annexe.

Gourlin [Jean Etienne]
1745 Notes sur le Catéchisme historique et dogmatique, 1767 (minute) (Amf. Q).

Guérin de Richeville, avocat au parlement à Paris
1746 Lettre de Mlle de la Houssaye, 1728 janvier 19, avec lettre de . . . (Amf. S).

Mademoiselle Hamon
1747 Lettres de Paul Collard († 10 sept. 1775), 1740 nov. 14 et 25 (Amf. P).

M. Houtart à Orval
1748 Lettre du P. Quesnel, 1718 sept. 28.

M. Joubert
Lettres reçues de:
1749 Étemare, d', 1738 juillet 29 (sans adresse) (Amf. F).
1750 Quesnel, P., 1718 août 5–7 (sans adresse).
   N.B. Ci-jointe copie d'une lettre de Charles (de Caylus) à Joubert, 1746 févr. 16 (Amf. E).

Abbé de la Cousinière à St. Magloire à Paris
1751 Lettre de J. Gourmaud, prêtre à Nantes, 1716 févr. 18 (Amf. V).

Madame Lambert, conseillère au parlement à Paris
1752 Lettre de La Maurousière à Angers, 1767 juin 2, avec postscriptum de d'Étemare (Amf. Z).

Abbé de la Motte, docteur de Sorbonne à Paris
1753 Lettre de N.N. sur les convulsions, 1732 janvier 9 (Amf. S).

Abbé de la Roussière au collège de Fortet à Paris
1753* Lettre de N.N., 1717 avril 13.

Corneille-Guillaume Le Fèvre à Diest
1754 Lettre du P. Quesnel, 1717 mai 24.

Catherine Thérèse Marie Le Fèvre, l'ainée, "klopje" à Utrecht
1755 Lettre du P. Quesnel, 1712 déc. 23, 1713 févr., 1715 nov. 26.
1756–1757 Recueil de lettres que Quesnel a eu la bonté de m'écrire, 1727. 2 t. 8°.
   N.B. Quelques lettres aux parents et à ses sœurs, et lettres de Fouillou et Petitpied. Sa mère Mathilde Le Fèvre-Noorman est déjà morte 17 nov. 1709.

Gertrude Le Fèvre à Utrecht, marchande-libraire au coin de Ste. Marie
1758 Lettre du P. Quesnel, 1717 nov. 24.

Philippe-Emmanuel-Jérôme Le Fèvre à Thuin
1759 Lettres (3) du P. Quesnel, 1716–1719, avec lettre à M. van Neck, s.d. (Amf. Z).

Le Jeune, chanoine de St. Martin à Liège
Lettres reçues de:
1760 Quesnel, P., 1717. 2 lettres.
1761 Ruffin (Denis), Père de l'Oratoire, 1711–1716. 9 lettres (Amf. W, j).
1762 Ruth d'Ans, 1716 déc. 18.
1763 Vaes, Mère Marie-Hélène de, 1716 sept. 27 (Amf. S).

M. Longuet, prêtre
Lettres reçues de:
1764 Angevin, à Ménars, 1726 juin 19 (Amf. e).
1765 Gusneau, J., curé de St. Mandé, 1726 déc. 27.
1766 N.N., à Amsterdam, 1727 janvier 9, sur l'Église de Hollande.
1767 N.N., 1727 sept. 4.

Longer de St. Jean, prêtre, sacristain de St. Étienne à Châlons-sur-Marne
Lettres reçues de:
1768 Bigot, curé de Limay, 1715–1719. 18 lettres (Amf. a, b, e, j).
1769 D., 1716 nov. 30.
1770 Davoult, à Mézières, 1719. 2 lettres (Amf. i).
1771 Dehors, à Pont-Audemer, 1717–1724. 3 lettres.
1772 (Desplanches), Théodose de St. François, Carme à Pont-Audemer, 1724 août 14.
1773 Dueil, 1716.
1774 Durani, à Rouen, 1717. 2 lettres.
1775 Jollain, à Calais, 1716–1719. 2 lettres.
1776 Lenfant, C. L., à Rouen, 1716–1718. 5 lettres.
1777 Le Roux, fr. Guillaume, 1716–1717. 2 lettres.
1778 Longer, Louis, à Rouen, 1719 avril 13 (Amf. 1), et veuve Thomas Longer, 1718–1719. 2 lettres.
1779 (Maillefer), chanoine de Reims, 1716–1719. 35 lettres.
1780 N.N., 1716 nov. 14.
1781 N.N., 1717. 2 lettres.
1782 vacat.
1783 N.N., 1717. 3 lettres.
1784 N.N., 1717. 2 lettres.
1785 N.N., 1716–1724. 40 lettres.
1786 N.N., à Rouen, 1717–1719. 6 lettres.
1787 N.N., à Rouen, 1717 mars 15.
1788 Prieur du Rosay, à Rouen, 1716 juillet 29.
1789 Viaixnes, Th. de, à Amsterdam, 1724. 2 lettres.

Louail, ecclésiastique chez l'abbé de Louvois à la Bibliothèque Royale de Paris
Lettres reçues de:
1790 Douce, Dom Amand, 1715–1717. 7 lettres.
1791 Fonspertuis, A. C. de, 1690–1703. 6 lettres (Amf. 20).
1792 Langle, P. de, 1718–1724. 75 lettres (Amf. G).
N.B. 1718 oct. 31 adresse: Mad. Desgranges.
1720 oct. 16 avec lettre de Mad. Colbert, abbesse de Maubuisson, à ...
1720 oct. 21 avec lettre à M. Gobillon.
1793 Pacory, A., 1698–1700. 3 lettres (Amf. 20).

1794 Pomponne, abbé de, s.a. nov. 11.

1795 Veniez Ménilles, Mad. de, à Théméricourt, Ménilles, Loudun et Paris, 1697–1702. 10 lettres (Amf. U).

1796 Viaixnes, Dom Th. de, 1717. 2 lettres.

1797 Mémoires de ma vie et celle de M. le Tourneux, relation d'un voyage à la Trappe, 1693, et à Orléans, 1697, et écrit sur la signature du Formulaire, 1701. Minute.

1797* Mémoire sur M. Passet, prieur de Vernoil, (1696).

Michelet, lieutenant-général au Présidial de Metz
1798 Lettre de d'Étemare (Rigobert), 1741 nov. 17 (Amf. M).

Madame Mol à Paris (nièce de Duguet)
Lettres reçues de:
1799 Baugne, P. de l'Oratoire, 1717 sept. 20.

1800 Fouré, chanoine de Nantes, syndic de la faculté de théologie à Tours, 1717–1719. 21 lettres (Amf. V, l).

1801 N.N., 1714 sept. 4 (Amf. V).

1802 N.N., 1717. 5 lettres.

1803 N.N., s.d.

1803* N.N., à Angoulême, 1715 mars 26.

1804 Lettre de Mad. Mol à . . . , 1717 janvier 8.

J. B. Mongin, médecin du roi à Paris
Lettres reçues de:
1805 Bissy, cardinal de, à Meaux, 1736 nov. 5 (Amf. S).

1806 Fleury, cardinal de, à Versailles, 1736 oct. 17.

1807 La Gare, Estienne de, évêque-duc de Laon, 1736 nov. 22.

1808 Languet de Gercy, J. J., archevêque de Sens, (1736) nov. 1.

1809 Linyères, De, à Versailles, 1736 nov. 2.

1810 Rohan, cardinal de, (1736) nov. 10.

1811 Tournemine S. J., (1736) oct. 31.

1812 Lettres à N.N., (1736) oct. 18 et s.d.

Dom René Pelé, sousprieur du monastère bénédictin de St. Clément de Craon
1813 Lettre de Charles Le Favre O.S.B., d'Évron, 1721 mars 15 (Amf. Y).

Président du Conseil d'État à Bruxelles
1814 Lettre de J. van den Cruyce, à Anvers, s.a. nov. 29 (Recommandation pour M. van Trappe, curé d'Oudenaarde) (Amf. 10).

M. Reynaud, curé de Vaux en Auxerre
1815 Lettre à Cécile Faugeron, 1796 juin 17 (Amf. XXI).

Richer, chanoine d'Auxerre
1816 Lettre de fr. Zacharie C. D. (Clerc Doctrinaire?) de Nevers, 1768 sept. 7 (Amf. Z).

M. Rougelot à Paris
1817 Lettre d'Arsène Cochois, prieur des Camaldules de l'Isle Chauvet, 1765 juin 26.

M. de Salis, capitaine au régiment suisse de Buisson à St. Denis en France
1818 Lettre du P. Quesnel, 1718 juin 23.

Abbé Pierre Sartre, vicaire général de Montpellier
1819 Lettres (2) de d'Étemare, 1733–1765 (Amf. G, L).
N.B. Il a laissé: Vie abrégée de Mlle F. M. de Joncoux.

M. de Savigni à Paris
1820 Lettre de d'Étemare, 1752 juin 3 (Amf. N).

M. Serani
1821 Lettre de Le Moussu dit Vatbois, 1727 mars 11 (Amf. S).

M. de Val Launay, directeur de la Poste à St. Pierre
1822 Lettre de P. Queudeville, à Lessay, sur Nicolas Pinson, soi-disant neveu de feu
Quesnel, 1721 oct. 9.
N.B. Ci-jointe lettre de N. Pinson, 1721 sept. 19, où il se désavoue comme auteur d'une lettre
au curé de Loiré après la mort de Quesnel (Amf. Y).

François Vaury, maître d'école à Chilly († 9 déc. 1788)
1823 Lettres (2) de (Paul Collard, † 10 sept. 1775), 1761–1766.
N.B. Attribuées à Antoine Collard, Père de l'Oratoire, ami de Quesnel, qui pourtant
mourut en 1758. Voir Nouvelles Ecclésiastiques, 1759, 154.
Ci-jointe lettre de F. Vaury, à Rémy, menuisier à Paris, 1777 juillet 17.

M. Vaury à la communauté de St. Jacques du Haut Pas à Paris
1824 Lettre de F. L. Gaultier, curé de Savigny sur Orge, 1753 juin 28 (Amf. XXI).

P. de Vence, de l'Oratoire, à Paris
1825 Lettre de N.N., à Nantes, sur le P. Gallipaud, 1716 mars 17 (Amf. V).

RÉFUGIÉS FRANÇAIS ET BELGES
1826–4175

Rijnwijk en général
1826 Titres de propriété et pièces administratives, 1726–1759 (Amf. c).
N.B. Les propriétaires sont Adrien Wittert et J. B. et Alexandre Desessarts.
Ajoutée: Gravure (par Jubé?), vue extérieure de la maison, avec notice par Mlle Rachel
Gillet sur la vente de Rijnwijk et sur celle de la soi-disant Maison Française à Utrecht.
1827 Pièces touchant les Orvalistes à Rijnwijk, 1717–1745. Originales et copies avec
notes de Villiers, administrateur.
1828 Plan d'étude de théologie, 1758. Manuscrit et imprimé (Amf. K).
1829 Sur les avantages de l'étude et leur décadence en France, (173.).
1830 Mémoire sur les défauts de l'enseignement de la théologie aux séminaires etc.
par l'abbé Guion, 1767.
1831 Règlement et ordre des études; traité de l'éducation ecclésiastique.
1832 Recueil sur les études des Bénédictins.
1833 Instruction au doctorat.
1834 Méthode pour prêcher etc.
1834* Mémoire sur le probabilisme, 1761.

Vronestein, den Ham et Schonauwen

1835 Titres de propriété et pièces administratives de Schonauwen, 1717–1767.

1836 Pièces touchant les Chartreux, 1700–1759. Originales et copies avec notes de Villiers.

    N.B. Ci-jointes lettre originale de Desormes, 1726, et de Desnoyers (Nicolas le Doux), 1729, et profession de foi de Philippe Cleymans, O.S.B., de Vlierbeek, 1741 janvier 19, avril 15.

1837 Quittances du taxe pour l'entretien des moulins et polders de Schonauwen, et pour pension aux Chartreux ici et ailleurs par l'administrateur Villiers e.a., 1734–1759 (Amf. a).

Vianen

1838 Transaction et autres pièces de la maison à Vianen, achetée par J. B. Desessarts (Poncet), 1733–1736 (Amf. a).

    N.B. Ci-jointes lettres de Paris, 1761–1763, à l'adresse: Marchand à Vianen, Fontaine (E. d'Ablainville de Beaupré) chez Vaillant à Vianen et A. Broekman à Culemborg.

Clarembourg (Clarenburg)

1839 Acte de transport d'une maison à la côté septentrionale du "St. Marien Kerk-hof" (Cimetière de Ste. Marie) à Utrecht aux abbés Gabriel Dupac de Bellegarde, Jean-Baptiste Mouton et Jean-Baptiste Castéra, par le mandataire de Jean Dartaguiette de la Mare à Paris, 1772. Avec 5 actes antérieurs, 1654–1743. 6 actes (parchemin). Contrats de vente de cette maison, 1642–1772 (partiellement ex Ste. Marie Minor à Utrecht).

Mémoires etc. concernant la destination future de cette maison, de la main de Dupac, 1772–1785.

Acte de plein-pouvoir, donné par Augustin-Jean-Charles Clément, ancien évêque de Versailles, et Marc-Claude Guénin de Saint-Marc, comme administrateurs, directeurs et régisseurs du Fonds, institué par Messieurs Le Sesne de Ménille d'Étemare et N. Darboulin, à Thimotée de Jongh, curé de Sainte-Gertrude à Utrecht, et Toussaint Drain dit Deschamps, président du séminaire d'Amersfoort, afin de faire transporter la maison susdite en faveur dudit séminaire, 1804. Avec acte (copie) touchant ce transport, 1804, et correspondance sur les difficultés avec les neveux de l'abbé Mouton comme ses héritiers ab intestato, 1805–1810.

1840–1841 Quittances diverses, 1769–1807 et 1776–1807 (Amf. 6).
Livres de ménage, 1795–1803 (Amf. 1, 5).

Fondateurs et bienfaiteurs de Rijnwijk et Schonauwen

Darboulin, greffier de la Cour des aides à Paris

1842 Lettre de N.N., s.d.

1843 Roquette, M. de, 1772–1778. 2 lettres, à l'adresse: Cloître St. Jacques l'Hôpital à Paris, avec une à l'abbé de Laulne à Paris, 1772 (Amf. XXI).

    N.B. Ci-joint engagement de Darboulin d'entretenir Louis Claude Bezançon dit Poligny pour faire l'office de chapelain à Rijnwijk, 1757 oct. 4 (Amf. 12).

Alexis Desessarts, président des conférences de St. Étienne du Mont à Paris, en présence du curé (Pierre) Blondel (c. 1725)

1844 De actibus humanis theses theologicae (Imprimés).

J. B. Desessarts (Poncet) à Paris et Rijnwijk
Acte et lettres reçues de:
1845 Octroi ad testandum, 1751 juillet 26. Original.
1846 Legros, N., 1736–1741. 2 lettres (Amf. I).
1847 Petitpied, N., (F. Gallois), 1716–1737. 5 lettres (Amf. W, Y).
N.B. 1736 sept. 20 adresse: M. Batbedat.

Minutes
1848 Lettre à Fouillou, 1735 oct. 25, avec copies à P. P. (Petitpied), 1736 sept. 13, 18, 20 et 26, sur les convulsions (Amf. W).
1849 N.N.. 1728–1738. 5 lettres (Amf. I, W).
N.B. 1728 mars 17 sur Rijnwijk.
1738 juin 12 avec annotations sur une lettre de Maupas (Legros).
1850 Petitpied, 1731–1736. 4 lettres.
N.B. 1731 sur l'usure.
1851 Écrit sur l'instinct.
1851* La Genèse.
1852 Réflexions sur les deux premiers livres des Rois. 1 tome.

Abbé Marc Antoine Desessarts à St. Magloire à Paris
Lettres reçues de:
1853 Bernard, fr. Michel, à l'Écluse en Flandre, 1730 juin 25 (Amf. a).
1854 Étemare, d', 1715 avril 27 (Amf. L).
1855 Le Riche, 1743–1744. 3 lettres, avec réponses (Amf. J).
1856 M., abbé de, à Versailles, 1710 janvier 10 (Amf. V).
1857 N.N., à Auxerre, 1738 sept. 13.
1858 N.N., à Soissons, 1717 avril 24.

L. Dilhe (Desormes) (autrement Dupuis)
Lettres reçues de:
1859 Barchman Wuytiers, C. J., 1728 oct. 11 (Amf. 14).
1860 Courcelles, De, 1739 mars 7 (Amf. U).

M. Du Coudray, conseiller au Châtelet à Paris
Lettres reçues de:
1861 Bottari, Giovanni, à Rome, 1767 nov. 11 (Amf. C).
1862 Carlo Armano, comte de Gros (Grosso), à Naples, 1782 avril 19 (Amf. 4).
1863 N.N., à Rome, 1769 nov. 8 et 14 (sans adresse).

Marc Claude Guénin (Le B.H., de St. Marc)
Lettres reçues de:
1864 Dupac, 1764–1765. 2 lettres (Amf. 5).
1865 Du Tremblay, Clément, (1766) (Amf. 2).
1866 Larrière, 1796 août 25 (Amf. 10).
1867 Article pour les Nouvelles Ecclésiastiques sur l'éducation commune et la liberté des cultes, 1794 (Amf. 9).

Larrière (Dubois, Castéra) à Paris
Lettres reçues de:
1868 Brun, F., à Toulouse, 1760 févr. 17, sur Vianen et Rijnwijk (Amf. Z).
1869 Dupac, (1761) juin 21, avec postscriptum de Petitmont et annexe (Amf. 5).
1870 Du Tremblay, C., à Auxerre, 1781. 2 lettres (Amf. 2).
1871 Gourlin, 1764 févr. 11 (Amf. V).
1872 Grandchamp, De, à Rome, 1758–1769. 9 lettres (Amf. 15, O, V).
1873 Guénin, M. C., (St. Marc), (1763 déc. 25) (Amf. 9).
1874 Mouton, J. B., 1789–1791. 2 lettres (Amf. 1).
1875 Essai sur l'étude de la théologie. (Minute, 47 p. fol. et 4°) (Amf. K).
1876 Dissertation théologique sur le salut hors de l'Église (13 p. fol. et 40 p. 8°) (Minute avec annotations de Dupac).

J. B. Lasseray, l'aîné, à Paris
1877 Lettres (3) de J. B. Mouton, 1801–1802 (Amf. 23).

Saintain à Paris
Lettres reçues de:
1878 Dubois (Larrière), à Utrecht, 1775 avril 17 (Amf. 10).
1879 Nassau d'Ouwerkerk, comte de, à Utrecht, 1764 déc. 6 (Amf. C).

Texier, avocat à Paris
Lettres reçues de:
1880 Dupac, 1770. 13 lettres (Amf. 5).
    N.B. avril 2 avec copies de lettres à De Rully, De Ménilles et De Ballorre sur la mort de
    d'Étemare.
    avril 9 avec minute.
1881 Étemare, d', 1769 oct. 4, avec postscriptum de Dupac (Amf. G).

Touvenot Duvivier de Jonval à Utrecht et Paris
Lettres reçues de:
1882 Legros, N., 1740 juin 30 (Amf. I).
1883 N.N., 1737 sept. 16 et 20 (sans adresse, avec copies des avis de Titon et Pucelle).
1884 N.N., à Paris, 1736 avril 9 (Amf. T).
1885 N.N., à Paris, 1736–1737. 6 lettres, la dernière avec postscriptum de ...
1886 Poncet (Desessarts), (1736) oct. 1, en partie écrite par ... et avec annotations de (Legros) (Amf. W).
1887 Lettre à Mad. Boursier sur la mort de la princesse d'Auvergne.

Les Orvalistes à Rijnwijk et autres habitants ou visiteurs

Étienne Ourry (Brachet) († 5 févr. 1803)
N.B. Cf. Jaarboekje Oud-Utrecht, 1929 p. 94.
Lettres reçues de:
1888 Batbedat, curé de St. Louis de Gien, 1765 août 7, avec liste des curés d'Auxerre, qui ont signé la lettre à Mgr. d'Utrecht.
1889 Charlier, (1762) déc. 5 (Amf. Z).
1890 Dubois (Larrière), à Rome, 1776 nov. 27, avec postscriptum de Mouton (Amf. 10).
    N.B. Ci-joints: acte de louage d'une chambre et quittance de A. Schravelaar, 1774–1777
    (Amf. 1, 17).

Beauvais
1891 Lettre de Jean Rouvière, à Rotterdam, 1764 avril 18 (Amf. 13).

J. Bellon de Saint-Quentin
Lettres reçues de:
1892 Dupac, 1761. 6 lettres (Amf. 5).
1893 Du Tremblai, C., à Paris, (1759) juillet 22 (Amf. 13).
1894 Étemare, d', 1759. 5 lettres (en partie écrites par Dupac) (Amf. F).
1895 N.N., 1761 avril 7.

Minutes
1896 Lettre à M. . . ., (1756), et projet de réponse à Philopald, 1759 févr. 28.
1897 Mémoire historique sur l'oppression de l'Église d'Utrecht, 1766 avril. Jésuites criminels de lèse-majesté. Catalogue des ouvrages de M. de Witte etc.

Bercher (Le Roy de St. Charles)
1898 Mémoire sur M. Cuzzoni (Petitmont, Cleinberg) avec une lettre imprimée du marquis Riccardi à Vienne, 1720, et de Cuzzoni (Amf. XXI).

De Bonval chez M. Savoye à Utrecht
> N.B. De Bonval alias de Maioy, nom de la princesse d'Auvergne, tant qu'elle a demeuré en Hollande. M. De Bonval était (je crois) son fils qui était élevé avec son frère sous les yeux de M. Legros (Maupas) à Utrecht (Note de M. Chr. Karsten).

Lettres reçues de:
1899 (Courcelles, De,) 1740–1743. 74 lettres (Amf. U, W).
> N.B. 1742 mars 25, juillet 16, sept. 17 et 24 avec annexes.
> 1742 mai 18, juin 4, juillet 30 avec postscriptum de Bonval à: Mon très cher frère.
> 1742 déc. 24 avec extrait de Rigaut et réponse.
1900 Étemare, d', 1739–1743. 13 lettres (Amf. F, M, N).
1901 Moutier, (1739) nov. (Amf. Z).
1902 Saint-Gervais, De, à Schonauwen, 1737 juillet 15 (Amf. T).
1903 Vacat.

A. J. Brigode Dubois (Silvain), marchand-libraire à Amsterdam
Lettres reçues de:
1904 B., à Paris.
1905 Barchman Wuytiers, C. J., 1724 sept. 26, déc. 11.
1906 Vacat.
1907 Bosset, S., à Batavia, 1725 mars 26 (Amf. 1). Adressée à Jacob Krijs.
1908 Boullenois (de Champinot, de St. Martin), 1725. 8 lettres.
1909 Broedersen, N., 1725 mars 31.
1910 Cicé, Louis de, évêque de Sabule en Siam, 1724 nov. 17. Adressée à Jacob Krijs.
1911 Collette, G., à Louvain, 1725 mai 8.
1912 Coninck, F. de, à Batavia, 1732 févr. 15 (Amf. g).
1913 Cordier, F., et J. P. Faucher, prêtres, missionnaires apostoliques au Tonquin, 1734 janvier 4.
1914 Delbecque, N., 1704–1708. 6 lettres.
> N.B. 1705 nov. 7 à l'adresse: Arent Krijs.
1915 Delestang (Urbain Belpeche), s.a. mars 2 et s.d. (sans adresse).
1916 Desessarts, J. B., (Poncet), (1725) mai 8.

1917 (Dilhe Desormes, L.), à Paris, 1716–1727. 118 lettres, avec nouvelles et copies de lettres (Amf. S, V).

N.B. 1725 avril 2 avec annotation de Dubois: Lettre à M. Ernest.
1727 juin 12 adresse: M. Fortin (de La Haye).
1727 août 18 adresse: Lisbeth Budding.

1918 Ducellier, à Rijnwijk et Utrecht, (1741). 35 lettres, avec copies sur la mission en Siam et Tonquin, 1727–1729 (Amf. d).

N.B. 1741 mars 14: adresse de la main de De la Roche.
1741 avril 2 avec postscriptum du fr. Barthélemi (de la Roche).
1741 juin 19, juillet 26 avec postscriptum de Mlle G. Lefebvre.

1919 Duchateau, François (Grandmaison, Groothuys), s.d. 5 lettres.

1920 Dumesnil, S., 1727. 3 lettres.

1921 Duplessis, (1728). 18 lettres.

N.B. Août 31 avec une lettre pour Batavia à M. Bosset. Ci-jointe lettres de Viaixnes, à Rijnwijk, et Brigode Dubois à Duplessis, Amsterdam, 1727 mai 7, 1728 juin 25.

1922 Duvaucel, 1705 avril 2; mai 14.

1923 Emart (G. Jallabert ou Van den Duycker), à Schonauwen, (1726). 3 lettres.

1924 Erckel, J. C. van, à Delft, 1725 mai 26.

1925 Fernanville, 1729.

1926 Fouillou (De la Place), à Paris, 1721–1731. 54 lettres.

1927 Francesco Patriarca, à Rome, 1723 sept. 4, avec minute.

1927* Galart (De la Cose), (1727). 5 lettres (Amf. S).

1928 Godefroid, Angélique, à Lille, 1725 mars 16 et 24, avec lettre à M. Godefroid.

1929 Guérin, s.d. 5 lettres.

1930 Guigue, A., en Siam, 1724–1725. 2 lettres. Adressée à Jacob Krijs (Amf. l).

1931 Henrart, Ch. L. d', (Ozival), à Rijnwijk, 1740. 2 lettres.

1932 Henri de St. Ignace, 1710 févr. 5.

1933 Hoffreumont, S., (Du Buisson), à Ameland et à Amersfoort, 1724–1729. 2 lettres.

N.B. Ci-jointe copie des témoignages de 5 prisonniers de Tonquin.

1934 Isabeau (M. D. Metzers ou Sterdieu), 1727 sept. 8 (Amf. S).

1935 Jubé (de la Cour), 1727 sept. 12 (Amf. S).

1936 Krijs, Jacob, (1723).

1937 L., 1725 juin 11.

1938 La Croix, De, à Paris, 1716. 4 lettres (Amf. V).

1939 La Frenaye, De, au Hoef, s.d. 13 lettres.

1940 La Haye, De, (M. Laurent, Dupont), à Schonauwen. 2 lettres.

1941 La Marche, De, à Lille, 1716 janvier 19 (Amf. S).

1942 La Mare, De, 1746 févr. 12 (Amf. 13).

1943 La Roche, De, à Rijnwijk, 1728–1731. 6 lettres.

1944 Leblanc, à Paris, 1725. 3 lettres.

1945 Leersum, C. A. van, à Paris, 1730. 2 lettres.

1946 Lefebvre, Demoiselles C. T., G. et M. C., à Utrecht, 1725. 3 lettres.

1947 Lefebvre, Ph. J., à Ostende, 1720 févr. 11.

1948 Legros, N., 1717 janvier 1.

1949 Le Maire, F., en Siam, 1724–1725. 2 lettres.

N.B. Ci-jointes: Lettre de Roost à M. M. les Directeurs, et lettres de F. Le Maire à l'ingénieur Le Maire, De Vaux et Mlle Manon de Bresle, à Paris. Par la mort de Jacob Krijs les annexes n'ont pas été délivrées.

1950 Loo, J. van, à Batavia, 1726–1727. 2 lettres, avec annotations sur lettres à Tonquin et Siam, 1725–1735.
N.B. 1726 janvier 20, adressée à Jacob Krijs (mort), répondue par Brigode.

1951 Meindaerts, P. J., 1724 déc. 9.

1952 N.N., 1709 avril 24, avec copie d'une lettre de l'évêque de Chalon-sur-Saône au cardinal de Noailles, 1704 oct. 8 (Amf. S).

1953 N.N., 1711 juin 19.

1954 N.N., (1718 août), avec extrait d'une lettre de Laon.

1955 N.N., 1725 avril 21.

1956 N.N. (de la Mission Étrangère à Paris), 1725 sept. 1.

1957 N.N., 1727 août 21. Adresse: Elisabeth Budding, avec une autre lettre.

1958 N.N., 1727 nov. 17.

1958* N.N., 1733 juin 4, sur la vie et la mort de Mgr. Barchman (Amf. 13).

1959 N.N., s.d.

1960 N.N., à Calais, 1729 juin 20. Adresse: Abraham Fortin, marchand à Amsterdam.

1961 N.N., à Douai, 1712. 2 lettres.

1962 N.N., (à Paris), 1725. 3 lettres, avec annexes.

1963 N.N., à Reims, 1709 juillet 29.

1964 Néez, Louis, prêtre, missionnaire apostolique au Tonquin, 1726–1734. 3 lettres.

1965 Otelin, s.d. 3 lettres, avec billet pour Dominique Daimart.

1966 Pauli, Jeanne, à Anvers, 1725 mars 26.

1967 Petit, André, 1728–1729. 7 lettres, une sous l'adresse de F. Pauli et avec postscriptum de P. Tombeur (Brumot).

1968 Petitpied, Nicolas, 1716–1727. 2 lettres, la première avec postscriptum pour (Ruth d'Ans) (Amf. Y).

1969 Proli, Pieter, à Anvers, 1725 févr. 26.

1970 Roost, A. D., à Mahapram, 1724. 2 lettres. Adresse: Jacob Krijs.

1971 Ruffin (Denis, Rémi), 1711. 4 lettres (Amf. V).

1972 Ruth d'Ans, Ernest, 1716–1727. 29 lettres (Amf. S).
N.B. 1724 août 14 avec postscriptum de M. Barchman pour Benoît (Th. de Viaixnes).
1727 nov. 10, 13, 17, 20 et 27 avec notes de De Viaixnes.

1973 Saint-André, M. de, 1726–1732. 2 lettres (Amf. d).

1974 Saint-Gervais et Cordier, 1724–1725. 2 lettres. Adresse: Jacob Krijs (Amf. l).

1975 Sainte-Justine, sœur de, s.a. févr. 26.

1976 Soufflot, Modeste, (Garnier), Chartreux à Schonauwen, s.d. 12 lettres.

1977 Spoors, Th., curé de Hoogkarspel, 1724 nov. 20.

1978 Straten, Van der, à Paris, 1725. 2 lettres.

1979 Tessier, J. J. de Querelay, évêque de Rosalie (Siam), 1724–1731. 4 lettres, les deux premières à Jacob Krijs (Amf. i).

1980 Thomas, vicaire de St. Séverin à Paris, 1730 déc. 14.

1981 Tombeur, P., (Brumot), 1725–1727. 2 lettres, avec lettres de N.N. à Brumot du 6e et 17e nov., postscriptum de Brumot etc. (Amf. S).

1982 Tremblay, 1725–1726. 2 lettres (Amf. l).

1983 Varlet, D. M., à Hambourg, Rijnwijk et Schonauwen, 1721–1731. 5 lettres.

1984 Viaixnes, T. de, 1727. 15 lettres (Amf. 17).

1985 Villiers, à Rijnwijk, Schonauwen etc., 1729–1737. 28 lettres.
N.B. s.a. janvier 11 avec postscriptum pour Duplessis.

Minutes
1986 Lettre à N. N., (1700 oct. 16), à Mgr. Barchman sur la succession de M. Doncker, 1731 août 6, et à Dom Charles, s.d. (Amf. 14).

Copies
1987 Lettre de la Mère Angélique de St. Jean (Arnauld d'Andilly) à M. Hermant, 1677 mars 28.
1988 Dissertation sur l'immunité ecclésiastique à l'occasion d'un assassinat tenté à Malines en 1700.
1989 Copia apostillae ad libellum A. J. de Brigode, 1703.
1990 Explication de Quesnel sur: Nous sommes les médailles de Dieu.
1991 Lettres de Dubuisson (S. Hoffreumont) à Ameland, 1724 janvier 11-août 23.
1992 P. Rouvière O.P., au P. Gautier, docteur de Sorbonne, 1728.
1993 Projet d'une Compagnie pour l'impression de la Concordantia Bibliorum (avec traduction en néerlandais et 2 épigrammes en latin).
1994 Lettres de Paris etc., 1707–1741 (Amf. P, V).
1995 Mémoire sur l'état d'un religieux (Amf. I).
1996 Prières ou élévations à Dieu.
1997 Pièces sur la mission en Chine et Siam, 1716–1734 (Amf. d, I).
Exemplar sententiae Patris Joannis Bonaventurae cum quibusdam annotationibus ad me missum per Sinam Simonem Hoang etc., 1724. Ms. 65 pag.
Lettres de Brisacier, Cicé, Cordier, P. J. Bogaert, Guige, Lemaire, Montigny, Roost, Th. Sanchez et Tessier à Jobard.

Savoye (Chatelain), libraire à Utrecht
Lettres reçues de:
1998 Cornier (Sainte-Croix), à Dordrecht et Vianen, 1743. 2 lettres (Amf. 14).
1999 Étemare, d', 1737 juin 25 (Amf. M).
2000 Galart (dit Gilbert en ce pays), diacre à Blyendaal, 1734 nov. 4, avec copie de ses lettres à Mgr. van der Croon, oct. 31, et à Legros, nov. 2 (Amf. H).
2001 Lhermitte, à Reims, 1742 juin 26.
2002 N.N., 1737. 9 lettres, avec annexes (Amf. T).
2003 N.N., à Paris, 1736. 2 lettres.
2003* Pasquier (Ferrouillat), (1737 août) (Amf. S).
2004 Théméricourt, Mlle de, 1732–1740. 72 lettres, aussi adressées à Lérines (Gaultier).
2005 Verhulst, P. L., à Amersfoort, 1741 mai 17 (Amf. 17).
2006 Viaixnes, 1728 juin 28, avec annexe.

Pierre Antoine Cuzzoni (Petitmont, Cleinberg) († 1 avril 1762 à Utrecht)
N.B. Cf. Jaarboekje Oud-Utrecht, 1929, 81.
2007–2008 Quittances, 1751–1761 (Amf. O), et bail de louage, 1761 avril 3.

Lettres reçues de:
2009 Desessarts (Poncet), J. B., 1750–1751. 22 lettres (Amf. W).
2010 Duguet, Mad. et Mlle, à Auteuil, 1750–1757. 8 lettres (Amf. V, Z).
2011 Dupac, Gabriel, 1756–1762. 10 lettres (Amf. 5).

2012   Étemare, d', 1750–1755. 10 lettres (Amf. F, I, N).
2013   Fournel, F. H., avocat à Paris, 1760–1761. 5 lettres (Amf. O).
2014   Lamaison, J., à Amsterdam, (1760) mars 5.
2015   N.N., (1750) août 8–12.
2016   Vanin, notaire à Paris, 1760 janvier 15, avec procuration pour F. H. Fournel.
2017   Willemaers, J., 1758–1762. 2 lettres (Amf. 17).

Destouches
Lettres reçues de:
2018   Bouilland, prêtre à Bouttencourt, 1762–1763. 2 lettres (Amf. Z).
2019   Joubert, 1761 juillet 4 (Amf. 1).

Jacques Ducellier (Tranquille), diacre Capucin externe
2020   Lettre à (Gilbert ou Galart) sur les convulsions, 1735 janvier 5–7, avec copies de lettres, 1733 juillet 21, oct. 18 (Amf. 14).
2021   Mémoire apologétique pour tous ceux qui sont privés des sacrements etc. au sujet de la bulle Unigenitus. Seconde partie.

Gabriel Dupac de Bellegarde, ancien comte de Lyon († Utrecht 13 déc. 1789)
Actes
2022   Papiers sur l'héritage de P. A. Cuzzoni (Petitmont), 1762–1765 (Amf. O).
        N.B. Ci-jointe correspondance de Mlle Duguet, Heydendaal et La Rivière.
2023   Papiers sur l'héritage de d'Étemare, 1767–1774. Originaux et copies (Amf. P, U).
2024   Papiers sur l'héritage de Jallon, 1783–1785 (Amf. O).
2025   Quittances, 1762–1763 (Amf. O).
2026   Passeports pour Dupac, Deschamps et Le Vasseur de Versailles à Utrecht, 1787 sept. 29, oct. 9. Originaux avec comptes d'auberges, de diligences etc., avril 16-oct. 15 (Amf. 5).
        N.B. Les passeports de son voyage à Rome 1774 se trouvent dans son journal, cote 2619.
2027   Diplome de membre du "Provinciaal Utrechtsch Genootschap van Kunsten en Wetenschappen" à Utrecht, 1789 mai 15 (original avec minute) (Amf. 5).
2028   Acte d'appel au nom de P. Mielles, curé de Ferques, contre Mgr. de Boulogne à l'archevêque de Reims, 1767 oct. 1, nov. 21.
2028*   Testaments et codicille de l'abbé Gabriel Dupac de Bellegarde, avec des brouillons et notes antérieurs, 1773–1787.
2028**   Notes concernant la succession de membres de la famille Dupac comme héritiers de l'abbé Gabriel Dupac de Bellegarde, avec quelques rétro-actes, 1748–1787.

Lettres reçues de:
2029   Abaucour, D', à Douai et Nancy, 1786–1788. 2 lettres d'informations sur Monier à La Haye (Amf. e).
2030   Ahuys, Adelbertus, curé à Amsterdam, 1768–1769. 7 lettres (Amf. 12).
        N.B. 1769 janvier 24, avril 2 avec minutes.
2031   Albert, 1775 juillet 1 (Amf. e).
2032   Alpruni, Francesco, à Pavie, 1789 mai 18, sous l'adresse de l'abbé Clément (Amf. 4).
2033   Anglade, D', Père de l'Oratoire à Paris, 1781 avril 6 (sur P. Léty).
2034   Anquetil Duperron, 1762 mai 5 et s.d. (Amf. Z).

2035 Arancey, D', à Vitry, 1773. 2 lettres, avec une à Clément (du Tremblai) sur une place pour Chambarat.
2036 Arman, P. de l'Oratoire, (1765) (Amf. C).
2037 Arnay, Sigismond d', à Lausanne, 1760–1774. 13 lettres (Amf. V, Z).
2038 Astorri, comte Girolamo, directeur de la poste impériale de Milan, à Rome, 1788–1790. 64 lettres (Amf. 7).
   N.B. 1788 oct. 25 avec copie d'une ordonnance du roi de Naples.
        1789 mai 13 avec copie de la lettre du roi d'Espagne au pape sur J. Palafox.
        1789 juin 27 avec copie de Fulger, secrétaire du grand-duc de Toscane, à Astorri.
        1789 juillet 1 avec copie de la protestation du roi de Naples et réponse du pape.
        1789 août 22 avec copies de Rome.
2039 Aubry, avocat à Paris, (1762 sept. 27) (Amf. V).
   N.B. Voir Lalane, cote 2318.
2040 Andigné d'Eaubonne, Mad. d', à Paris, 1786 nov. 2.
2041 Averhoult, Mlle d', à Utrecht (Sterrenberg), 1771–1773. 3 lettres, avec minute (Amf. 13).
2042 B., H.D.L., à Loudun, 1769. 3 lettres.
2043 Baillou, à Loudun, 1768 févr. 24.
2044 Baldovinetti, Antonino, prévôt et grand vicaire capitulaire à Livorno, 1778–1789 24 lettres (Amf. 7).
   N.B. Cf. Girolamo Cazzaniga, Un giansenista toscano etc., 1939, p. 13–16.
2045 Ballore, à Ballore en Charolois, 1771–1774. 2 lettres.
2046 Barbeau, J. L., à Montmartre, sur ses papiers chez C. Kribber, (1780 déc. 20).
2047 Barbiano di Belgioioso, Luigi comte de, à Bruxelles, 1785 sept. 18 (Amf. 6).
2048 Bardon, B., à Culemborg, sur l'abbesse de Prouille, 1769 nov. 28.
2049 Barville, J. C. A. Clément de, (1770).
2050 Baudeligne, Père de l'Oratoire, à Juilly et Amersfoort, 1789. 6 lettres, avec minute (Amf. 1).
2051 Baumann, lieutenant impérial à La Haye, 1787 mars 27.
2052 Bauvin Marchant de Beaumon, Mad., 1779 sept. 2, avec postscriptum de (Larrière) sur Saintin.
2053 Baux, sœur Françoise, pour Mad. l'ancienne prieure de Prouille (Dupac de Bellegarde), 1789 oct. 16 (Amf. 8).
2054 Bayane, A. de, auditeur de Rote à Rome, 1775 mars 22.
2055 Bayard, à Paris, 1778 nov. 15, sur l'élection de C. Steenoven.
2056 Bayle, à Paris, 1757 juillet 7.
2057 Bazile, 1758–1777. 6 lettres (Amf. V, Z, g).
   N.B. Voir inv. no. 2418.
2058 Bazin de Bezons, Armand, évêque de Carcassonne, 1767–1776. 4 lettres, avec minutes sur Prouille et l'évêque d'Alais (Amf. 5, Z, g).
2059 Beaumont, De, (Pougnet), à Gif, 1762 déc. 27 (sur Rijnwijk) (Amf. V).
2060 Beauvais, à Rotterdam, 1764 avril 25, avec postscriptum de Gosselin (Amf. 13).
2061 Beauvau, sœur de Ste. Adelaide de, assistente du Calvaire à Tours, 1770 avril 24.
2062 Becherand de Lamotte, à Lierville, 1760–1781. 13 lettres, la première avec minute (Amf. G, V, Z, 8) et une lettre pour d'Étemare.
2063 Bel, prieur du noviciat des Dominicains à Paris, 1769 août 17, sur Prouille (Amf. 7).
2064 Bellon, autrefois de St. Quentin, J., à Paris, 1763–1765. 4 lettres, la dernière avec adresse: Heer van der Rivier (Amf. C, Z).
2065 Belza, Francisco, O.S.A., à Madrid, 1775–1779. 6 lettres, avec minutes (Amf. 4).

2066 Bentivoglio, Giacomo Michele, abbé à Turin et à Tours, 1767–1773. 10 lettres (Amf. 4).

> N.B. 1767 déc. avec deux lettres de Paolo Caissotti, évêque d'Asti, du 31e oct. et nov. à lui-même avec annexes (Amf. C).
>
> 1770 août 30 avec extrait de sa lettre à M. Du Coudray du 3e mai 1769, deux lettres de (Bottari) à Bentivoglio du 15e et 18e avril 1769 et une lettre de Caissotti au pape Clément XIV du 9e mai 1770.
>
> Les lettres de l'abbé Bentivoglio à Dupac et à Bottari ont été éditées par le Dr. Pietro Stella S.D.B., Il Giansenismo in Italia, I/1, Piemonte, nos. 359–371, 373 et 374.

2067 Berenger, à La Haye, 1777 nov. 25 (Amf. 14).

2068 Berta, Francesco Ludovico, abbé, bibliothécaire à Turin, 1775–1787. 7 lettres.

> N.B. 1782 août 6 avec copie de l'abrégé des questions à Vienne dans les conférences avec le pape, avril 21 et 23.

2069 Bertrand, Jean, de Lisbonne, à Liège, 1782 juillet 19, avec minute.

2070 Besplas, chevalier de, à Paris, 1786 oct. 29.

2071 Besson, 1768–1789. 227 lettres (Amf. 2).

> N.B. 1776 oct. 12 avec postscriptum de Clément du Tremblay.
>
> 1779 févr. 12 avec deux annexes.
>
> 1779 mars 11, oct. 31, 1789 mars 20, sept. 3 avec minutes.
>
> 1779 avril 28 avec annexe du Tremblai.
>
> S.d. (lettres de N.N. et M. de la Croix à Besson pour Dupac).
>
> 1780 janvier 1, août 27 avec postscriptum de Deforis.
>
> 1780 avril 1 avec postscriptum de M. Le Paige.
>
> 1781 févr. (19) avec postscriptum de M. Le Roy l'aîné.
>
> 1785 janvier 5 avec postscriptum de M. . . .
>
> 1789 août 6 avec annexe pour M. (J. G. Steman, seigneur de Maarsbergen) et annotations de Dupac.
>
> Ci-jointes lettres de Destieux (maître des postes), à Périgueux et de (W.) Montaigne, à Limoges, 1787 févr. 4 et 6, à M. Montaigne, contrôleur des postes à Limoges, adresse : M. Besson à Paris (Amf. S).

2072 Bethmann, frères, à Francfort, 1776–1785. 25 lettres (Amf. 5, 14).

2073 Betoland, à Mayence, 1777 nov. 30 (Amf. e).

2074 Bettini, Dominicus, conseiller du prince-évêque de Passau, 1768–1789. 117 lettres (Amf. 15, C).

> N.B. 1769 févr. 5 avec minute.
>
> 1770 oct. 6 avec lettre originale de Mgr. Spaur à Bettini du 24e sept.
>
> 1778 janvier 4 avec copie-réponse du prince-évêque de Seccau.
>
> 1784 déc. 27 avec déclaration du P. Coelestius Schirmann, vicaire du monastère de Kremsmünster en Autriche.

2075 Bezançon, à Paris, 1764 mai 13 (Amf. Z).

2076 Blarer, Melchior, supérieur du séminaire à Brünn en Moravie, plus tard habitant à Amersfoort, 1772–1788. 23 lettres (Amf. 15).

> N.B. 1782 (juillet) avec Apologie et instruction pour le séminaire de Vienne, présentées au cardinal Migazzi, et extrait de la lettre de l'abbé Ostermayer du 16e juin.
>
> 1783 avec mémoire sur les différends ecclésiastiques en Moravie et requête à 2 évêques sur la bulle Unigenitus.
>
> 1785 déc. 10 avec lettre pour M. Leininger du 30e juillet.
>
> 1786 sept. 19 avec annexe du 19e mai.
>
> 1786 déc. 13 avec lettre de Hauke à Blarer du 25e sept.
>
> 1786 déc. 18 avec postscriptum (de Deschamps) du 22e.
>
> 1787 janvier 11 avec postscriptum pour Hauke.
>
> 1787 (oct.) avec annotations de Dupac sur l'éducation dans le collège d'Amersfoort.
>
> 1788 sept. 21 avec minutes du 25e et 28e sept. à Blarer et Hauke.

2077 Blondel, à Utrecht, 1759–1764. 6 lettres, sur Schonauwen (Amf. 13, a).

2078 Bloyet, L. P., à Londres, 1772 avril 4 (Amf. e).

2079 Bluemigen, H. Graf von, M. J. Graf von Auersperg et J. W. von Krisch, à Vienne, 1781 mai 4.

2080 Boehm, Petrus, à Fulda, 1783–1785. 5 lettres (Amf. 14, 15).
N.B. 1784 mai 7 avec annexe: Réunion des sectes chrétiennes.
2081 Boenike, à Salzburg, 1788 févr. 17.
2082 Boissy, Clément de, Desprez de Boissy, à Paris, 1768–1789. 18 lettres (Amf. 5, 13, Z, e).
N.B. 1769 août 19 avec extrait d'une lettre de Dupac à L. van Zeller du 14e mai.
1773 avril 30 avec annexe.
2083 Bollioud de St. Jullien, à Paris, receveur général du clergé, 1782 juin 17.
2084 Bolongaro Crevenna, Pietro Antonio, à Amsterdam, 1789 juin 19 (Amf. 14).
2085 Bonnecompagne, prêtre à Loudun, 1767. 2 lettres (Amf. Z).
2086 Borel de Lironcourt, Mad., à Diependaal (Maarssen), 1786 nov. 9.
2087 Bosch, Dr. H. S., à Utrecht, 1763–1772. 2 lettres (Amf. 5, 12).
N.B. 1772 juin 8 avec lettre de Mad. Le Mercier Bournisier, à Rouen, du 15e avril à M. Bosch et annexes sur baron Loménie.
2088 Bosmelet, Th. de, à Paris, 1789. 2 lettres.
2089 Bottari, Giovanni, 1758 août. Plan d'étude de Rijnwijk.
N.B. Voir inv. no. 2066.
2090 Bouillé, Mlle, 1759 déc. 23 (Amf. 4).
2091 Boullette, 1766 oct. 25. Affaires financières par rapport à Lequeux (Amf. V).
2092 Boutin, président au parlement de Paris, (1764 avril 5).
2093 Boxadors, S. T. de, général des Frères Prêcheurs, cardinal, 1775–1776. 2 lettres, avec minute de Dupac du 15e févr. 1776 (Amf. 4).
2094 Brachet, E., à Amsterdam, 1763 mai 4 et 10, avec minute sur les Francs-maçons et décision de six docteurs de Sorbonne, dressée par M. Besogne, 1748 (Amf. 5, 13).
N.B. 1764 févr. 29 avec annexe sur (A.) Ahuys et (P.) Borger.
2095 Braud, prieur, (1760).
2096 Brentano Grianta, Cesare, à Pavie, 1788 juillet 31 (Amf. 7).
2097 Breteuil, baron de, à La Haye, 1769 avril 22, avec minute (Amf. C, G).
2098 Broekman, A. J., 1768–1789. 18 lettres (Amf. 12, A).
N.B. 1778 oct. 20, 1779 févr. 24 et 25 avec minute.
1786 déc. 14 avec minute et lettre pour T. van Middelwaart, curé de Harlem.
1787 janvier 30 avec lettre de Middelwaart à Mgr. Broekman.
2099 Brunati, à Rome, 1783 juillet 26 (Amf. 15).
2100 Buffard, à Paris, 1757 avril 8.
2101 Buisson de Beauteville, J. L. de, évêque d'Alais, 1767–1770. 8 lettres (Amf. E).
N.B. 1766 août 26 lettre du comte de St. Florentin à Mgr. d'Alais (copie par Dupac).
1767 nov. 26 avec postscriptum de chevalier De Court, réponse et annexes.
1769 janvier 27 avec postscriptum de Montpellier. Ci-joint mémoire de Dupac sur la conversion des Juifs.
2102 Bijeveld, B. J., 1757–1773. 23 lettres (Amf. 12, 13, A), avec minute du 1er mars 1778.
N.B. 1758 oct. 29 avec minute, concept du mandement et annexes.
2103 C., 1782 août 6.
2104 C., G., 1765 mars 17 (Amf. V).
2105 Caffe, Jean-Antoine, O. P., chapelain d'Arthé, à Chambéry, 1772–1780. 12 lettres.
2106 Caissotti, Paolo, évêque d'Asti, 1773–1775. 3 lettres (Amf. 7).
N.B. 1773 copie d'une lettre à l'évêque de . . .
1774 nov. 9 avec copie de lettre au pape du 1er juin (Amf. C).
2107 Canta Laure, à Toulouse, 1765 janvier 20 (Amf. Z).
2108 Caraffa, Diomede, à Rome, 1775 févr. 8 (Amf. 7).

2109 Carl, G., garde de la bibliothèque de l'université à Vienne, 1778–1790. 31 lettres (Amf. 14).
N.B. 1788 juin 11 avec décret impérial sur le séminaire de Graz, 1787 sept. 26.
2110 Casaux, J., à Amersfoort et Krommenie, 1761–1789. 38 lettres (Amf. 1).
N.B. 1778 déc. 7, 1781 sept. 4 avec annotation de Dupac.
1786 août 26 avec annexe sur la maison des orphelins à Haarlem.
2111 Castel San Pietro, comte, chanoine de Gand, 1778 avril.
2112 Castera, à Bayonne, 1776–1788. 12 lettres, sur le prieuré de Sabot et les abbés Sicard et Pémartin, avec copie de sa lettre à Lalane, 1784 (Amf. e).
2113 Castellan, A. de, 1779 avril 6. Secours à l'Église de Hollande.
2114 Celis, Emmanuel Rubin de, évêque de Carthagène, à Murcie, 1776 janvier 24, sous l'adresse de Vaneste (Amf. 4).
2115 Célisse, De, à Paris, 1779 juin 21. Sur une vacature à Amersfoort.
2116 Chapet, de l'Oratoire, professeur à Tournon, 1778 janvier 15, avec postscriptum de Guibaud sur Wittert.
2117 Charlier, J., à Paris, 1762–1769. 6 lettres (Amf. 4, Z).
2118 Chastenay Lanty, comtesse de, chanoinesse à Neuville, 1778–1788. 7 lettres (Amf. 8, e).
N.B. 1781 déc. 4 avec lettres de Mlle C. Dupac et de Caroline Dupac.
1788 févr. 12 avec lettre à Marie Dupac.
2119 Chauvelin Necouffontein, Mad., à Toulouse, 1769 sept. 5.
2120 Chauvreau, chanoine de Tours, 1770 janvier 12.
2121 Chiozza, Giuseppe, à Milan, 1774–1775. 3 lettres.
2122 Cinck, M. O., enseigne du régiment Orange-Gueldre à Tilburg, 1763–1792. 18 lettres (Amf. 3, 6).
2123 Claire, prieure d'Ébarry, 1780 déc. 31.
2124 Clefay, J. de, à Utrecht, 1769–1773. 3 lettres (Amf. 5, 12, 13).
2125 Clémencet, Dom, (1768), avec postscriptum de . . .
2126 Clément, fr., aux Blancs-Manteaux, 1769 nov. 22.
2127 Cleymans, P. A., à Paris, s.a. avril 16, sous l'adresse de l'abbé Doien.
2128 Climent, Joseph, évêque de Barcelone, 1769–1774. 5 lettres (Amf. 4, C).
N.B. 1769 déc. 16 avec annexes.
1770 août 21 avec postscriptum de M. (Le Court) du 3e sept. et copies ou traductions de lettres à Clément du Tremblai et Boudet à Paris, 1768 janvier 28, à Dupac du 14e août, 21e oct. 1769 et autres pièces.
1771 mai 31 avec copie certifiée par A. A. de Liaño et J. M. Lescœur du 2e sept 1801.
1774 avril 1 avec lettre de M. (Le Court) du 15e.
2129 Codde, Jerôme, à Mantoue, 1789 nov. 24, avec lettre au comte Picot de la Meintaye à Utrecht du 4e janvier (Amf. 13).
2130 Collignon, abbé, à Rottembourg, 1774–1777. 3 lettres (Amf. 15).
2131 Constantin, prince de Hesse, à Rottembourg, 1774–1776. 3 lettres.
2132 Conti, Prospero, à Montevarchi (Arezzo), 1789 juin 25 (Amf. 7).
2133 Costa, D. L. da, consul de Portugal à Amsterdam, 1761–1770. 7 lettres (Amf. K, V, 4).
N.B. 1761 mai 12 copie d'une lettre de L. da Cunha, secrétaire d'État de Portugal, à Da Costa.
1769 (oct. 6) avec Gazette d'Amsterdam sur les ouvrages de Pereira.
1771 juin 15 avec extrait d'une lettre de Portugal de nov. 1769, et traduction de l'édit du roi touchant l'Inquisition du 20e mai 1769.
2134 Coudrette, prêtre de Paris, 1758–1773. 20 lettres (Amf. 1, 13).
2135 Cramer de Clauspruch, P. Jos., chanoine et référendaire de l'Électeur de Cologne, à Bonn, 1785–1789. 9 lettres (Amf. 14).

2136 Cruyce, E. P. van den, censor regius à Bruxelles, 1767–1783. 23 lettres (Amf. 3).
N.B. 1767 nov. 10 avec extrait d'un avis sur "Causa Espeniana".
1768 juin 29 avec "Approbatio censoris".
1768 juillet 7, 1769 nov. 6 avec annexe.

2137 Cunha, comte da, ministre de Portugal à La Haye, 1769–1775. 4 lettres (Amf. 4).
N.B. 1769 oct. 2 avec mémoires de Dupac pour le bibliothécaire du ministre du 27e avril et minute du 19e oct.
1775 oct. 28 avec lettre de M. J. Gildemeester à Amsterdam du 4e nov.

2138 Cursay, De, à Paris, 1770–1772. 5 lettres (Amf. 1).

2139 Cuzzoni, P. A., (Petitmont, Kleinberg), (1759) mars 13 (Amf. V).

2140 Cyprien, P., 1768 mars (Amf. Z).

2141 D.F., à Paris, 1756 janvier 18.

2142 D.M.R.S., à Toulouse, 1769 juin 21.

2143 Danet, F. G., à La Haye, 1764 sept. 11 (Amf. 13).

2144 Darboulin, 1757 août 31.

2145 Dat, Jean, ancien échevin de Batavia, 1785 juillet 31, avec mémoire sur l'héritage de R. Roumingas (Amf. S).

2146 De Blande, (1767), sous l'adresse de Mad. de Montagny.

2147 Dechamp, mayeur à Hutin, 1787–1788, avec minute du 4e août 1788. 2 lettres (Amf. 6).

2148 Decocq, J., portier chez Mad. Camusat de Bernières, (1770). 3 lettres, la dernière à Mad. (de Montagny) (Amf. 12, e).

2149 Decourt, chevalier, à Paris et Pézenas, 1762–1774. 56 lettres, deux sous l'adresse de Mad. de Montagny (Amf. C, G).
N.B. 1764 sept. 9 avec extrait d'une lettre de l'évêque d'Alais.

2150 Decourton, chanoine régulier de Ste. Geneviève, 1769 janvier 16.

2151 Deforis, J. P., à Paris, 1769–1780. 7 lettres, sur Bossuet, Neercassel, Antoine Arnauld (Amf. 5, e).

2152 Degros Deloche, Mad., à Tain, 1786 août 20 (Amf. e).

2153 Del Mare, Paolo Marcello, baptistin, ci-devant général de la Congrégation italienne pour les missions, à Gênes, 1778–1787. 4 lettres (Amf. 4, 7).

2154 Demontaut, Fr., prieure de Prouille, 1773–1780. 3 lettres (Amf. 8).

2155 Derouxpuivert, à Toulouse, 1767–1777. 5 lettres, sur Prouille (Amf. Z, e).

2156 Desaint, veuve, à Paris, 1771–1789. 3 lettres.

2157 (Des Angles) Patris, 1764–1772. 10 lettres (Amf. 3).

2158 Desaulieux, à Paris, 1771 sept. 14, avec minute (Amf. P).

2159 Deschamps, à Amersfoort, 1767–1789. 15 lettres (Amf. 1).

2160 Desessarts, à Utrecht, 1783 mars 14 (Amf. 14).

2161 Desjobert fils, grand-maître des eaux et forêts, à Paris, 1778 nov. 4.

2162 Des Noyers, abbé, 1771 juillet 26.

2163 Desprez, à Paris, 1763–1764. 2 lettres.

2164 Desrichards, prêtre à Letrée, 1771 mars 1.

2165 Destournelles, 1772 oct. 13, adressée à Mlle . . .

2166 Dolgorouki, princesse A., à Moscou, 1774 févr. 24 (13), avec lettre de Roullé et minute.

2167 Dolmières, à Lastouseilles, 1769 mars 6, avec lettre d'adhésion de 22 chanoines etc. de St. Papoul de déc. 1768.

2168 Donaudi, Gaetano, à Turin, 1787–1788. 2 lettres, la première avec minute du 12e juin et avec Éloge de l'abbé Berta (Amf. 4).

2169 Doringer, secrétaire de la légation impériale à La Haye, 1780 juin 19, avec annexes sur Febronius.

2170 Dorpmans, J. B., 1761–1763. 2 lettres (Amf. 13).

2171 Dosne, R. A., à Paris, 1769–1780. 11 lettres.
  N.B. Cf. Nouvelles Ecclésiastiques, 1792, p. 121.

2172 Doyen, abbé, 1763–1769. 3 lettres.

2173 Dubois, Mad., 1773 juillet 28.

2174 Dubruelh de Ste. Colombe, Mad., 1768–1773. 6 lettres, avec postscriptum de Derouxpuivert sur Prouille (Amf. Z, e).

2175 Ducellier, Jacques, religieux de l'ordre de St. François, à Utrecht, 1763 févr. 15 et 23.

2176 Du Coudray, Marolde, conseiller au Châtelet à Paris, 1764–1779. 7 lettres (Amf. 1, 4).
  N.B. 1779 nov. 16 avec extrait d'une lettre du comte de Gros du 21e oct.

2177 Dufossé, Thomas, au Bosmelet, 1772–1786. 11 lettres, avec postscriptum de Th. de B(osmelet) et minute.

2178 Duhamel (Bel Hamel), à Seignelay, 1769 mars 16, avec postscriptum de Clément du Tremblay et minute du 27e mars (Amf. 1).

2179 Duménil, à Leyde, 1771 déc. 29.

2180 Dumont, à Paris, 1759–1765. 87 lettres, avec 17 annexes de Mlle (Bouillé) (Amf. 4).

2181 Dupac de Bellegarde, baron G. M., enseigne de vaisseau, 1782–1789. 12 lettres.
  N.B. 1786 août 19 avec lettre de sa sœur Caroline.
    1786 déc. 30 avec lettres de J. P. Dupac de B., Madeleine de Bellegarde et Louise Dupac.
    1787 (déc.) avec lettres de M. l'abbé, comte de Bellegarde, J. P. Dupac de B., G. M. Dupac de B., Mad. de Pradier d'Aigrain et Caroline Dupac.
    1789 août 10 avec lettres de J. P. Dupac de B., Mlle J. F. et Louise Dupac.
    1789 sept. 15 avec lettre de sa sœur Louise.

2182 Acte de donation de Demoiselles Catherine, Hélène et Françoise Dupac en faveur de G. M. Dupac, capitaine, ou de son frère G. M., enseigne de vaisseau, 1785 juillet 18. Brouillon avec notice de Gabriel Dupac (Amf. 8).

2183 Dupac de Bellegarde, Mad. (Françoise), à Toulouse, 1764–1789. 18 lettres.
  N.B. 1780 janvier 1 avec lettres de De l'Estaing de Bellegarde et Catein de Bellegarde.

2184 Dupac de Bellegarde, Mlle J. F., à Prouille, 1781–1789. 10 lettres.
  N.B. 1781 oct. 12, 1786 août 19, 1787 déc. 21 avec lettre de Du Maraing (de Bellegarde).
    1786 déc. 23 avec lettre de Mad. Dupac de B., ancienne prieure de Prouille.

2185 (Dupac de) Bellegarde, J. P., frère de M. Dupac, à Bellegarde, 1759–1789. 20 lettres.
  N.B. 1771 mars 18 avec une lettre de l'abbé, comte de Bellegarde.
    1771 nov. 4 avec lettres de De l'Estaing et Catein de Bellegarde.
    1773 mai 7 avec lettre de Mad. de Bellegarde-Gros.
    1773 nov. 9, 1775 juillet 28, sept. 11 avec lettres de Mad. Dupac de B. de Prouille.
    1776 sept. 19 avec lettres de Mad. Catein de B. et Mad. (Françoise) Dupac de B.
    1776 déc. 10 et 21 avec lettres à son fils G. M. Dupac de B.
    1776 déc. 21 avec lettres de Catein de B. et De l'Estaing.
    1784 mai 17 avec lettre de Caroline Dupac.
    1788 déc. 26 avec lettres de Caroline et Madeleine Dupac.
    1789 juin 17 avec lettre de Louise Dupac.

2186 (Dupac de) Bellegarde, Madeleine, à Neuville, nièce de Gabriel Dupac, 1777–1789. 17 lettres.
  N.B. 1782 avril 9 avec lettre de G(abriel) M(arie) Dupac.
    1782 avril 9, 1787 mai 28 avec lettres de Bellegarde.
    1782 oct. 21, 1784 mai 30, juillet 8, 1786 juillet 10, août 17, déc. 9, 1787 déc. 28, 1788 janvier 28, avril 22, mai 17, juillet 23 avec lettres de Louise Dupac.

1786 déc. 9 avec lettre de (Guillaume Marie) baron de Bellegarde.
1789 mars 9 avec lettres de J. P. Dupac de B. et de Mad. de Pradier-Rigoley.

2187 Estaing de Bellegarde, (Hélène) de l', à Toulouse, sœur de Gabriel Dupac, 1764–1788. 14 lettres.

2188 Du Maraing de Bellegarde, Dorothée, religieuse de Prouille, sœur de Gabriel Dupac, 1765–1789. 21 lettres (Amf. 7, 8).
N.B. 1777 janvier 21 écrite par M. Duval.
1786 mai 11 avec quelques lignes de M. de Bellegarde.
1787 juillet 12 avec mémoire adressé par la Noblesse de Languedoc.
1788 mars 11 avec brouillon d'une lettre à M. Lambert, contrôleur-général, du 4e mars.
1788 juin 25 avec copie d'un certificat de mars 1788 sur l'affaire du monastère de Prouille.
1789 févr. 5 avec lettre de Mlle J. F. Dupac de B.
1789 mai 11, nov. 4 avec annexe.

2189 Bellegarde, abbé Guillaume de, comte de Lyon, frère de Gabriel Dupac, 1760–1789. 38 lettres.
N.B. 1775 oct. 1, 1780 oct. 6, 1788 mars 24 avec lettre de (J. P. Dupac de) Bellegarde.
1777 nov. 6 avec lettre de Mlle C. Dupac.
1784 juin 20 avec lettre de M. Verset.
1787 sept. 14 et 27 avec lettre de J. P. Dupac de B. et Caroline Dupac.
1787 sept. 27, nov. 19 avec lettre de Marie Dupac.
1787 nov. 19 avec mémoire au contrôleur-général sur une donation en faveur de G. M. Dupac.

2190 (Dupac) de Bellegarde, prieure du monastère de Prouille, sœur de Gabriel Dupac, 1760–1789. 75 lettres et pièces sur le changement du monastère de l'ordre de St. Dominique en un chapitre ou en une communauté régulière. Originales avec annexes et minutes de Gabriel Dupac à sa sœur (Amf. 7, 8).
N.B. 1760 août 29 avec lettre de M. La Garde, Dominicain.
1764 sept. 29 avec copie de Mad. d'Alens du jugement du P. Garralon, Provincial.
1769 avril 22, juin 3 écrites par fr. Duval et Mad. de Montaut.
1769 mai 24, août 2, sept. 13, 14 en partie écrites par fr. Duval, 1770 avril 11.
1769 mai 24 avec copies de sa lettre au comte de St. Florentin, d'un mémoire du secrétaire d'Ambassade au P. Général et réponse de Gabriel Dupac.
1769 juin 3 et 14 écrites par Mad. de Montaut.
1769 juillet 1 avec copies de ses lettres à M. de St. Florentin et à l'archevêque de Toulouse.
1769 juillet 13 avec copie de sa lettre aux évêques.
1769 juillet 18 avec copies de ses lettres à Mgr. de St. Papoul et Mad. la comtesse de Lordat.
1769 juillet 25 avec sa lettre au P. Duval et réponse.
1769 déc. 18 avec copies de ses lettres au P. Roques et l'archevêque de Toulouse.
1770 févr. 3 avec annexe.
1770 mars 20 avec insertions.
1771 mars 19 avec copie de la lettre de M. de la Touche, à Paris, à Mad. la prieure du 11e févr.
1771 avril 26 avec copies sur l'affaire du monastère de Prouille, mars 12 et avril 24.
1771 juin 2 avec copie de la lettre de Mgr. de Toulouse à la prieure du 23e mai.
1771 sept. 10, oct. 3, nov. 12 avec copie sur l'affaire de Prouille.
1777 déc. 2 avec lettre aux Mesd. de Bellegarde à Toulouse du 12e déc.
1788 juin 5 avec lettre de Marie Dupac du 20e juin.

2191 Bellegarde, Mad. de, née Gros, à Bellegarde, belle-sœur de Gabriel Dupac, 1774 mai 26, avec postscriptum de son mari, J. P. de Bellegarde (Amf. 8).

2192 Bellegarde, Catein de, à Toulouse, sœur de Gabriel Dupac, 1760–1788. 26 lettres.
N.B. 1764 oct. 20 avec une lettre de son frère (J. P. Dupac de) Bellegarde.
1777 août 3 avec lettres de Bellegarde, De l'Estaing et l'abbé Dupac à leur frère.
1777 nov. 9 avec lettres de Bellegarde et De l'Estaing à leur frère.

2193 Dupac, Caroline, à Neuville, nièce de Gabriel Dupac, 1782–1789. 17 lettres.

N.B. 1786 sept. 20 avec quelques lignes de sa sœur Marie Dupac, 1789 août 27.
1787 mai 31 avec lettre de Marie Dupac.
1788 nov. 21 avec deux lettres de sa sœur Louise et deux lignes de Madeleine.

2194 Dupac, Mlle Fr., à Prouille, nièce de Gabriel Dupac, 1773 févr. 10, avec lettre de sœur de Bellegarde, "Prieure encore", et extrait d'une lettre du P. Dustou O.P.

2195 Dupac, Marie, à Neuville, nièce de G. Dupac, 1776–1789. 33 lettres (Amf. 8).
N.B. 1776 août 18 avec lettre de sa sœur M(adeleine) de Bellegarde.
1786 oct. 8, nov. 12 avec lettres de sa sœur Caroline.
1787 mai 2 avec lettre de G(abriel) M(arie) Dupac de Bellegarde.
1788 févr. 18 avec ses lettres à Mad. de Lanty.
1789 août 8 avec postscriptum de Caroline.
1789 oct. 9 avec réponse de Gabriel Dupac.

2196 Dupac, Louise, à Bellegarde, nièce, 1782–1789. 16 lettres.
N.B. 1782 juin 24, 1786 nov. 12, 1787 mars 18–29, août 1, sept. 27, nov. 15 et 28 avec lettres de Madeleine Dupac de B.
1783 juillet 22, 1789 mai 7 avec lettres de Mlle J. F. Dupac de B. (Pouponne).
1786 nov. 12, 1787 août 1, 1788 août 14 avec lettres de M. J. P. Dupac de B.
1788 août 14 avec lettre de Mad. de Pradier d'Aigrain-Rigoley.

2197 Dupac– de Pradier d'Aigrain, Mad. Ph. Cl., nièce de Gabriel Dupac, femme de G(abriel) M(arie) Dupac de Bellegarde, 1787–1788. 2 lettres.
N.B. 1787 sept. 10, ci-joint: Avis d'un oncle et contrat de mariage, 1787 mai 15 et 17.

2198 Pradier-Rigoley, Mad. de, marquise d'Aigrain, belle-mère du comte G(abriel) M(arie) Dupac de Bellegarde, 1787–1789, 9 lettres.

2199 Bellegarde, (Louise?), à St. Cyr, nièce de Gabriel Dupac, 1788–1789. 2 lettres.

2200 Dupac-Duvivier, Mad., à St. Paul, cousine de Gabriel Dupac, 1765–1782. 4 lettres.

2201 Dupac de Bellegarde, G(abriel) M(arie), neveu de Gabriel Dupac, 1771–1789. 42 lettres.
N.B. Deux lettres (1771 et 1782) sont de son frère, le chevalier Dupac de Bellegarde.
1772 sept. 3 avec liste des officiers de son régiment.
1784 avril 8 avec lettres de (J. P. Dupac de) Bellegarde, Louise et Madeleine Dupac.
1787 oct. 5 avec lettre de sa femme Mad. Dupac-de Pradier d'Aigrain, copie de lettre de M. Chérin et mémoire pour M. de St. André.
1787 oct. 22, 1788 févr. 7 avec lettres de sa femme.
1789 janvier 28 avec lettre de l'abbé de Bellegarde, comte de Lyon.
1789 nov. 2 avec lettre de sa sœur Madeleine.

2202 Duperron (Dilhe?), s.d., sur lettres de Leibniz.

2203 Du Pré de St. Maur, 1769–1789. 2 lettres (Amf. Z).

2204 Durand, F., et fils, à Montpellier, 1785 janvier 14 (Amf. e).

2205 Dutens, Louis, à Londres, 1772 mars 12, avec annexe sur Leibniz.

2206 Du Tour, O. P., à Toulouse, 1763 mars 9.

2207 Du Tremblai, Clément, 1754–1789. 507 lettres (Amf. 2, 5, 7, 15, e, A, C, G, V).
N.B. 1757 déc. 3 avec projet du président d'Amersfoort.
1758 janvier 26 avec traduction de lettres de Bottari, 1757 nov. 9, 15 et 1758 janvier 18.
1758 nov. 18 avec postscriptum de Grandchamp.
1758 déc. 11, 1759 janvier 17 et 23 avec extraits de lettres de Bottari du 22e nov., 20e et 27e déc. et minute du 4e févr.
1759 avril 1 avec lettres de Bottari du 21e févr. et 13e mars.
1763 janvier 9 avec lettre de l'abbé Doyen à Clément.
1763 juillet 2 avec copie de lettres de Rome, juin 28 et 29.
1763 déc. 21, 1770 juillet 12 et 14, août 25, sept. 1, 1771 août s.j., oct. 14 et 27, nov. 9, 1772 janvier 19, mars 27, 1773 mars 14, 1775 déc. 29, 1779 août 18, nov. 24, 1782 févr. 21 avec annexes.
1764 févr. 6 avec lettre de Marefoschi du 17e janvier.
(1766) juin 27 avec lettre de A. Capobianco, archevêque de Reggio, O.P., au comte de Gros, 1765 mai 15.
(1767) Ci-jointe minute du 26e sept. 1768 en réponse à Du Tremblai du 27e août, avec mémoire envoyé à Madrid sur l'intérêt d'improuver le schisme.

1769 juin 27 avec copies de lettres d'Aranjuez du 25e mai et de Mgr. Bottari, à Rome, du 7e juin, avec minute-réponse à Bottari.
1769 sept. 13 avec copies de lettres de Rome et Naples en juillet et août.
1769 sept. 23 avec minute-réponse du 2e oct.
1769 oct. 20 et 28, déc. 4 avec lettres à Mad. de Montagny d'oct. et nov.
1769 déc. 27 avec minute-réponse du 16e janvier 1770.
1770 janvier 10, févr. 16 et 17 avec minutes du 5e févr. et 12e mars.
1770 févr. 21 avec minute du 12e mars et du 19e mars pour M. de St. Étienne.
1770 mars 14 avec copie d'une lettre de Rome à l'archevêque d'Utrecht et minute-réponse.
1770 avril 4 avec mémoire de Delmare et copie. Minute du 30e avril.
1770 avril 11 et 25, mai 16, juillet 7 avec lettres à Mad. de Montagny.
1770 avril 25 avec lettre de Vienne à Gazzaniga.
1770 mai 9 avec traduction d'une lettre de Bottari du 28e avril.
1770 août 11 avec copie et traduction d'une lettre de Foggini du 24e juillet.
1771 juillet 28 avec copie et traduction d'une lettre du P. Micheli, déc. s.j. avec copies sur Palafox.
1773 janvier 27 avec lettre de M. d'Arancey.
1775 août 19 avec extrait par (M. Charlas) de lettres de Rome.
1778 mars 1 avec lettre de J. P. Deforis à Clément.
1779 avril 25 avec lettre de Chauchet, curé d'Auxerre, à Tingaut.
1779 oct. 7 avec copie de (Pidou?) d'une lettre de Massa.
1780 juillet 20 avec lettre du 9e août.
1781 mars 24 avec lettre de M. Blonde.
1784 févr. 23 avec lettre de A. Capobianco au comte De Gros, 1783 oct. 31.
1786 juin 1 avec billet du même au même, 1785 juillet 8.
1789 avril 19 avec lettre de Pasumot à Clément et réponse.

2208 Duval O. P., à Prouille, 1768–1779. 7 lettres (Amf. 7).
N.B. 1768 nov. 28 avec postscriptum de sœur (Dupac) de Bellegarde et minute-réponse du 29e déc.
1769 janvier 18 avec Décision dans l'affaire de Prouille.
1769 oct. 23 avec lettre du P. Théas (?).
1779 déc. 29 Décision canonique à N. Dupac de Bellegarde, chanoinesse, comtesse de Neuville, en retraite à Prouille avec permission de son père. Avec annotation de M. Dupac (Amf. 8).

2209 Du Vivier, B., 1762 mars 14 (Amf. Z).

2210 Duvivier Lansac, comte de Lyon, à Paris, 1771 août 6.

2211 Effertz, Marin, lecteur des Carmes Chaussés à Cologne, 1776–1777. 2 lettres (Amf. e).

2212 Egisti, Giovanni Antonio, à Vienne, 1783 avril 16, avec copies de lettres du 14e avril 1783, de N.N., à Rome, à Egisti, du 17e août 1782 et de la réponse du 5e oct. 1782, du 25e déc. 1782 et du 25e juin (1781) à Romualdo Onesti, neveu du pape.

2213 Eschausses, curé de Bazanne, à Paris, 1772–1781. 2 lettres.

2214 Espert, Fr., O.S.A., à Perpignan, 1781 déc. 9, sur la mort de Mgr. Climent, évêque de Barcelone.

2215 Étemare, d', 1743–1769. 189 lettres (Amf. G, H, I, N).
N.B. 1756 mai 16 et 30, juin 6 adresse: M. de Curzai à Paris.
1757 sept. s.j., pour être communiqué à M. Genet.
(1766 janvier) avec postscriptum de Pageot et Mouton.
1766 avril 12–13 avec postscriptum de B.
1766 avril 13, 1767 févr. 16, août 20, sept. 6 avec postscriptum de Mouton.
1766 sept. 12 et 15 avec copie de sa réponse à Gaullier.
1767 nov. 22 avec postscriptum de Bercher (Le Roy de St. Charles).

2216 Étienne, fr., M. B., s.d. (Amf. 15).

2217 Fabricy, Gabriel, O.P., à Rome, 1775–1785, 31 lettres (Amf. 4, 8, 15).

N.B. 1775 oct. 3, 1778 oct. 13, déc. 14, 1779 mars 31, juin 23, août 31, 1780 janvier 24, 1784 janvier 19, avril 10, mai 11 et 24, juin 21 et 29, déc. 8, 1785 févr. 8, mai 10, juillet 19 avec postscriptum de Massa.
1779 déc. 7 avec postscriptum de Massa du 7e déc. 1780 (sic).
1785 mai 10 avec minute-réponse du 16e juin.
Ci-joint mémoire sur l'affaire d'un visiteur de Prouille, 1785, avec note de Dupac: Fait usage de ce mémoire dans ma lettre à Fabricy, 1785 août 15.

2218 Falla, Grégoire, religieux et boursier du Val St. Lambert, à Liège, 1775–1789. 120 lettres, sur les Nouvelles Ecclésiastiques. (Amf. 2, 5).
N.B. 1775 sept. 13 et 23, nov. 2; 1776 janvier 21; 1782 mars 18 adressées à Schelling à Utrecht, libraire.
1775 sept. 13 avec minute-réponse de Dupac.
1775 sept. 23; 1776 janvier 21 avec minute de Vaneste.
1782 déc. 30; 1788 avril 28 avec annexes.
1788 juillet 9 avec lettre de M. Fock à Liège du 6e mai.

2219 Ferdinandi, abbé L. A., à Rome, 1779–1785. 3 lettres (Amf. 15, A).

2220 Fichet, J., à Amsterdam, 1768 août 15 (Amf. 13).

2221 Filippucci, commendatore di Macerata, 1781–1784. 2 lettres, la première adressée au P. M. Fabricy.
N.B. Voir inv. no. 2465.

2222 Foggini, Pier Francesco, garde de la bibliothèque du Vatican, 1771–1782. 10 lettres (Amf. 4, 15).
N.B. 1776 août 13; (1780 janvier 5); 1781 sept. 18; 1782 juillet 23 avec postscriptum de l'abbé Massa.

2223 Follini, Bartolomeo, secrétaire de Mgr. Scipion de Ricci, à Florence, 1780–1789. 56 lettres (Amf. 4, 7).
N.B. 1783 août 3 avec annotation de Mouton.
1789 sept. 11 avec minute-réponse.

2224 Fontana, P. Grégorio, professeur et bibliothécaire de l'université de Pavie, 1774 nov. 24 (Amf. 7).

2225 Foucher, censeur royal à Tours, 1764–1771. 2 lettres (Amf. G).

2226 Foulon, N., O.S.B. de St. Maur, à Paris, 1787 août 7 (Amf. C).

2227 Fourquevaux (de Valbon), 1755–1767. 7 lettres. Adresse: Mad. de Montagny à Paris et une avec postscriptum pour la même (Amf. V, W).

2228 Fourquevaux (de Valbon), Mlle de, 1767–1785. 5 lettres (Amf. Z, e).

2229 Franciscus, Praepositus Monachii, 1783 janvier 20.

2230 Gagnon, prêtre de Grenoble, à Paris, 1758. 2 lettres (Amf. 13, V).

2231 Gardouch, Mad. Jul(l)iard de, à Toulouse, 1778–1784. 2 lettres (Am). e, 8).

2232 Gasse, curé de St. Rémy, à Bordeaux, 1767 déc. 12 (Amf. C).

2233 Gauthier Pasquier, Mad., à Paris, 1769 nov. 25 (Amf. e).

2234 Gazzaniga, Pietro Maria, O.P., professeur en théologie à l'université de Vienne, 1767–1777. 26 lettres (Amf. 15).
N.B. 1767 nov. 11 choix des livres pour étudier la religion chrétienne (Amf. K).
1768 juin 13; 1770 juin 13 avec minute-réponse.
1769 mars 11 avec annotation de Dupac.
1771 oct. 24 avec postscriptum de M. de Haen.

2235 Gelders, J., directeur-général des postes à Maseyck, 1782–1789. 28 lettres (Amf. 3, 5).
N.B. 1782 juillet 2; 1783 août 12, oct. 18; 1785 août 10; 1787 janvier 13 adressées à J. Schelling à Utrecht.
1782 juillet 2; 1783 oct. 18 avec notice de Dupac.
1789 août 19 avec copie d'un arrêt du conseil de Liège.

2236 Geneviève, à Paris, 1770 janvier 4.

2237 Georgi, Agostino Antonio, procureur-général de l'ordre de St. Augustin, à Rome, 1775–1779. 3 lettres, avec minutes du 15e févr. et 21e juin 1779 (Amf. 4).

2238 Gerbier, à Paris, 1739 juillet 1 (Amf. Z).

2239 Get (La Pallu), 1762 oct. 19.

2240 Gildemeester, Jean, fils de Jean, consul-général de Portugal à Amsterdam, 1777–1778. 3 lettres (Amf. 14).

2241 Giustiniani, Niccolò Antonio, évêque de Padoue, 1774 déc. 16 (Amf. 7).

2242 Godin, 1763–1764. 2 lettres, avec copie d'une lettre de Dubarail.

2243 Gosselin, à Paris, (1760), avec postscriptum pour Mère Agnès (Amf. V).

2244 Goujet, à Paris, 1760–1764. 12 lettres.

2245 Gourlin, 1761–1772. 12 lettres (Amf. 1, 13, A, B, G, V, b).
N.B. 1761 janvier 15 avec Remarques sur le projet des Œuvres d'Arnauld, avec notes de (Bellon de St. Quentin).
1764 janvier 7 avec minute et brouillon pour Gourlin d'une lettre à Mgr. de Soissons.
1765 mars 6 avec minute-réponse.
(1767 oct.) avec lettre de N.N.

2246 Graeffe, R., à Vienne, 1787 déc. 24.

2247 Grandchamp, De, à Rome et Créteil, 1758–1776. 5 lettres (Amf. 15, A).
N.B. 1758 août 30: annexe de Bottari manque.

2248 Gravier, oncle et neveu, à Aix, 1764–1787. 4 lettres, sur M. de la Pierre et la croix pectorale de Mgr. de Senez (Amf. Z, e).

2249 Grisoni, abbé Antonio, à Naples, 1789. 4 lettres, la première avec minute (Amf. 4).

2250 Groot, J. C. de, curé à Leiden, 1783 janvier 2 (Amf. O).

2251 Gros, comte Carlo di, à Naples, 1775–1789. 90 lettres (Amf. 4).
N.B. 1776 févr. 10 avec postscriptum de Massa.
1776 juillet 19 sous l'adresse de M. du Coudray à Paris.
1779 s.j. sous l'adresse de l'abbé Clément à Paris.
1782 sept. 6 avec billet de G. J. Lecand Centomairie (?).
1789 oct. 15 avec postscriptum de l'abbé Grisoni.

2252 Gros de Besplas, à Versailles, 1771. 2 lettres (Amf. 8).

2253 Guaita et Comp., à Amsterdam, 1789. 3 lettres.

2254 Guerrieri, Giuseppe, chanoine à Crema, 1768.

2255 Guérin (E. Debonnaire), à Rome et Amersfoort, 1774–1776. 4 lettres (Amf. 4, 15, e).

2256 Guertler, abbé, (Rosalino), à Vienne, confesseur de S.M., 1766–1768. 7 lettres (Amf. 15).
N.B. Les lettres du chanoine et confesseur de la cour impériale de Vienne, l'abbé Anton Bernard Guertler, sont de la main de son remplaçant et secrétaire Rosalino qui en a soussigné quelques-unes lui-même. (Information bienveillante de M. Peter Hersche, lic. phil., à Zollikofen, Suisse).

2257 Guibaud, D. L. C., P. de l'Oratoire à Lyon, 1781–1789. 12 lettres (Amf. 4, e).
N.B. 1787 avril 20 sous l'adresse de Besson à Paris avec lettre de G. Donaudi à Turin du 11e avril à Guibaud.

2258 Guicherit, Marie, femme Aubry, à Arigny, 1768. 2 lettres (Amf. Z).

2259 Guiet, prêtre, 1766 sept. 24 (Amf. V).

2260 Guiot, 1764 août 9 (Amf. Z).

2261 Guirard, sœur de, à Prouille, 1785 mai 24, avec minute (Amf. e).

2262 Guyenne, De, avocat au parlement de Paris, 1764–1765. 2 lettres.

2263 Guyot, Mad., 1773 août 13.

2264 H.P., 1781 déc. 31.

2265 Haen, professeur A. de, à Vienne, 1768–1769. 2 lettres, avec minute.

2266 Haen, E. de, à La Haye, 1770–1779. 6 lettres (Amf. 14).

2267 Haghen, J. J., abbé de Rolduc, 1769. Avec poème commémoratif sur le centé-naire de la restauration de la vie canonique dans l'abbaye en 1680, 1780. 2 let-tres et une pièce.

2268 Hauke, Chr., à Amersfoort et au Helder, 1787–1789. 4 lettres, les deux premières avec postscriptum de Blarer.

2269 Heldewier, Mlle E. W., 1786 nov. 12.

2270 Hélos, à Paris, 1764–1765. 2 lettres, avec copie d'une lettre de Blotin à Mlle La-bit.

2271 Hénard, P. de l'Oratoire à Tournon, 1789 avril 8.

2272 Henckell, Ignace Antoine, à Porto, oncle de M. van Zeller à Rotterdam, 1781–1788. 32 lettres (Amf. 12).
N.B. 1785 mars 1 avec lettre de Mouton du 9e mai.
1785 avril 16 avec extrait d'une lettre du P. Joachim de Ste. Claire et une de Mouton.

2273 Hérissant, J. et Théodore, à Paris, 1759–1764. 2 lettres, la première avec post-scriptum de Bazile (Amf. V, Z).

2274 Heurck, J. C. van, à Bruxelles, 1759–1761. 4 lettres (Amf. 6).

2275 Heydendaal, J., à Utrecht et Rijnsoever, 1762–1773. 21 lettres (Amf. 5, 12, 13).
N.B. 1763 oct. 22 avec copie de Dupac d'une lettre de Heydendaal à P. Leclerc.
1769 oct. 13 avec copie de sa lettre à M. de Mei du 15e mai 1765.
1769 oct. 31 avec mémoires de son procès avec Kribber.
(1771) avec pièces sur la maison de Clarenburg.

2276 Heyne, professeur, bibliothécaire de l'université de Göttingen, 1784–1785. 5 lettres (Amf. 14).

2277 Heystermann, J., à Amsterdam, 1789 févr. 3, avec généalogie Codde.

2278 Hignou et Co., à Lausanne, 1784 sept. 23, sous l'adresse F. van Schönfeld à Vienne.

2279 Horix, J., à Mayence, 1788. 5 lettres (Amf. 14, 15).

2280 Hulet, A., secrétaire du comte de Nény, à Bruxelles, 1781 sept. 3 (Amf. 6).

2281 Hurel, M., extrait d'un sermon d'un Capucin à Reims, avec lettre de N.N. à N.N. (Amf. 10).

2282 Hijnberg, G., curé à Leeuwarden, 1782–1783. 9 lettres (Amf. O).
N.B. 1783 janvier 11, févr. 18, oct. 18 avec annexes.
1783 avril 29 avec avis sur le testament de M. Jallon.

2283 Innocent, O. F. M. Cap., à Vienne, 1783. 2 lettres (Amf. 14).
N.B. Le nom de famille du père Innocent, capucin, était Ignaz Aurel Fessler. Il existe sur lui une monographie par Peter F. Barton, Ignazius Aurelius Fessler, Vom Barockkatho-lizismus zur Erweckungsbewegung, Wien–Köln–Graz 1969. (Information bienveillante comme ci-dessus: cote 2256).

2284 Insfeldt, Charles, à Amersfoort, 1769. 2 lettres, avec copie d'une lettre sans date (Amf. 12, 14).

2285 Insfeldt, J. C., Med. dr., à Amsterdam, 1777–1781. 4 lettres (Amf. 12).
N.B. 1777 oct. 7 avec liste des ouvrages de F. Meganck.

2286 Jabinau, 1768–1771. 4 lettres, la première avec copie du 10e févr. (Amf. B, Z).

2287 Jahan, à Richelieu, 1766 août 11 (Amf. V).

2288 Jahn, Martin J., O. Praem., à Brück et Znaim, 1780–1786. 21 lettres (Amf. 15).
N.B. 1785 nov. 26 avec lettre à Bettini du 30e.

2289 Jallon, André, prêtre, 1764–1781. 10 lettres (Amf. 1).

2290 Jansenet, à Amersfoort, 1757 févr. 18 (Amf. 13).

2291 Jaquesson, J. J., (Levasseur), 1766–1785. 47 lettres (Amf. 5, G, Z).
N.B. 1769 mai 29 avec extrait d'une lettre de Jacquin à Paris.

1769 s.j. avec postscriptum de M. . . .
1770 nov. 30 avec lettre à M. de St. Marc du 7e déc.
1774 avril 26–27 avec Propositio deputatorum Westergoo contra religiosos.
1774 mai 31 avec copie de la lettre de Nicodème (M. Cramer) à Mgr. de Haarlem du
28e et des administrateurs du "Jongensweeshuis" (à Amsterdam) au pape du 13e mai.
1775 juin 17 et 19 avec copie de la lettre de Mgr. J. Stiphout à Levasseur.

2292 Joachim de Ste. Claire, à Coimbre, 1782–1788. 8 lettres (Amf. 4).
2293 Vacat.
2294 Joubert, prêtre de Montpellier, 1758 févr. 6 (Amf. 13).
2295 Joubert, à Paris, 1779–1786. 3 lettres.
2296 Jourdain, C. L., (Vaneste), 1768–1777. 11 lettres (Amf. 2).
2297 Jourdain de Montbois, 1780 oct. 13.
2298 Jourdain de Muizon, 1780–1789. 2 lettres, avec postscriptum de Jourdain du Mois.
2299 (Juigné, A. L.L. Le Clerc de), évêque de Châlons-sur-Marne, depuis archevêque de Paris, 1764–1788. 2 lettres, avec minute (Amf. 7).
2299* Juigné, Thezan de, sœur de, à Prouille, 1789 juillet 22 (Amf. 8).
2300 Julius Caesar, A., à Friedberg, 1788. 2 lettres (Amf. C).
2301 Kenens, G. W., 1767 avril 3.
2302 Knuym, D. H., receveur des postes à Doesburg, 1770–1781. 13 lettres (Amf. 5, 14).
   N.B. 1770 juin 2 avec minute-réponse par Mouton.
   1781 févr. 14 avec billets de convoi.
2303 Koeune, Jean-Henri, à Vienne, 1782–1789. 27 lettres (Amf. 14).
   N.B. 1783 févr. 17 avec copie d'un bref de Pie VI à la république de Venise, 1782 déc. 7.
   1783 mai 1, juillet 28 avec quelques lignes de l'abbé de Terme.
   1783 juillet 13 avec lettre de M. Ignace, à Born, du 4e juin au cardinal C. Migazzi, archevêque de Vienne.
2304 Koopman, W., à Utrecht, 1768. 4 lettres (Amf. 14).
2305 L., (1786 janvier), avec acte d'appel de Pierre Brémi Boucton O.F.M.
2306 Labbat, P. D., O.S.B. de St. Maur, prieur de Montolieu, 1765–1781. 3 lettres.
2307 La Berthonye, F., O.P., à Madrid et Paris, 1764. 2 lettres (Amf. 13, Z).
2308 La Blotterie, Havard de, à Loudun, 1767–1772. 8 lettres (sur Aubry) (Amf. Z, e).
2309 Laborie, bailli à Amiens, 1778 mai 6.
2310 La Broue, De, diacre de Cahors, 1758 févr. 4 (Amf. 13).
2311 La Croix, De, 1779 févr. 24.
2312 La Gacherie, Mlle de, à Nantes, 1769 oct. 6 (Amf. Z).
2313 La Garde, De, conseiller au parlement de Toulouse, 1769 déc. 11 (Amf. 7).
2314 La Garde, sœur Irène de, 1768 sept. 12.
2315 La Garenne, L. de, à La Haye, 1769 avril 21. (Amf. C).
2316 La Haye, De, (1755) juillet 16.
2317 Lalande, De, (Pelvert), 1764–1769. 5 lettres (Amf. l, B).
2318 Lalane, De, avocat au parlement de Paris, 1768–1784. 14 lettres (Amf. Z, 13, e).
   N.B. 1768 sept. 4 avec consultations des docteurs Aubry, Camus, Duplessis, Lepaige, Maultrot, Mey, Pinault, Vancquetin et Viard.
2319 Lalource, à Fontenay, et Mad. Lalource Dorigny, à Paris, 1764–1768. 2 lettres.
2320 Lamaison, Laurent, à Amsterdam, 1777 mars 24 (Amf. 6).
2321 La Mare, De, à Paris, 1774 mai 29.
2322 Lambert, contrôleur-général, 1787. 2 lettres, avec minute.
2323 Lambert, Bernard, O.P., théologien de Mgr. de Lyon, 1775–1788. 2 lettres.

2324 Lamotte, abbé de, 1760–1769. 4 lettres, la première avec mémoire pour d'Étemare (Amf. V, Z).

2325 Lamoureux de St. Jean, prêtre à Nantes, 1766–1767. 2 lettres (Amf. 4).

2326 Langlard, L. E., 1762 mars 21, avec annexe (Amf. 5).

2327 Lanot, 1769 juin 22 (Amf. Z).

2328 La Plaue O.P., à Lyon, 1775 juin 10 (Amf. e).

2329 Larrière (Dubois), 1764–1789. 155 lettres (Amf. 5, 10).
   N.B. 1764 févr. 26 minute au Bon Homme sur J. Febronius (J. N. von Hontheim).
   1764 juillet 23 avec lettre pour M. Wittert.
   1779 oct. 14 avec lettre pour Mouton.
   1780 juillet 25 avec lettre de M. (J. P. Dupac de) Bellegarde.
   1781 mai 19 avec lettre de (Mad. de Beaumont).
   1784 nov. 21 avec réponse du 5e déc. sur la "Juridiction ordinaire" de Maultrot.

2330 Laspales, J., O.P., à Prouille, 1784–1787. 5 lettres, avec annexes sur l'héritage de R. Roumingas et minute (Amf. 7, S).

2331 Lasseray, J. B., 1774–1788. 5 lettres.

2332 La Vauguyon, duc de, à La Haye, 1779 janvier 5 (Amf. C).

2333 Lebault, Bénigne de Ste. Anne, abbesse de N.D. de Tard à Dijon, 1768–1773. 9 lettres. (Amf. Z, e).

2334 Le Beuf de Chambarat, à Auxerre et Paris, 1772–1788. 4 lettres.

2335 Lebrun, J. A., fils, à Lille, 1768–1780. 7 lettres (Amf. 6, e).

2336 Le Ch., (président de Trèves), 1763–1780, sur Febronius.

2336* Leclerc, Mad., 1772–1773. 2 lettres, avec postscripta de Mad. Michel.

2337 Le Comte, directeur des postes à Richelieu, 1775 sept. 5.

2338 Le Court, trésorier à Montpellier, 1767. 2 lettres (Amf. C, Z).

2339 Leininger, Anne, à Munsterbilsen, 1784 sept. 21 (Amf. l).

2340 Leininger, Ferdinand, exilé de Vienne, 1784–1789. 3 lettres.

2341 Le Mairat, président à Paris, 1768–1769. 2 lettres (Amf. Z).

2342 Le More, (1763) juillet 22.

2343 Le Paige, bailli du Temple, 1772–1785. 7 lettres (Amf. l).
   N.B. 1785 sept. 5 avec copies de lettres de d'Étemare à François Joubert († 1757) sur la manière d'étudier l'histoire et la géographie, communiquées par la princesse d'Auvergne à M. (Barbau). Voir aussi inv. no. 2318.

2344 Leplat, J., avocat à Louvain, 1759–1789. 249 lettres (Amf. 3, 5).
   N.B. 1760 mai 25 avec annotation de Dupac pour (L) van Zeller.
   1761 août 30, 1764 mai 25, 1768 févr. 21, juin 26, 1772 déc. 29, 1780 juin 24, 1782 oct. 16, nov. 17, 1783 janvier 11, févr. 2, mars 30, mai 18, juin 19, oct. 12, nov. 30, 1784 déc. 26, 1785 févr. 6 et 27, nov. 8, 1786 juillet 9, déc. 10, 20 et 24, 1787 juillet 9 et 25, sept. 5, oct. 29, 1788 févr. 17, avril 6 et 20, mai 18, juin 8 et 11, 1789 mars 23 avec annexes.
   1768 oct. 23 avec décret contre le supplément de Van Espen.
   1769 juin 24 avec copie d'une lettre de Ph. Cordier, à Trèves, du 7e mai, de la réponse de A. F. Roemers etc.
   1774 mars 16 avec lettre pour Mr. de Sweerts à Bruxelles.
   1782 nov. 17, déc. 1, 1788 févr. 24, déc. 8 avec minutes.
   1783 févr. 16 cum copia epistolae Alberti Pighii, Romae 12 Julii 1525 ad Universitatem Lovaniensem de Erasmo.
   1786 févr. 19 avec lettre originale de Dupac à Leplat du 13e févr.
   1786 août 20 avec annexes sur l'assomption corporelle de la Ste. Vierge.
   1787 sept. 5, nov. 30, déc. 14 avec postscriptum de A. F. Roemers, curé à Maastricht.
   1788 mars 30 avec plans de sa requête à l'Empereur.
   1789 mai 18 avec copie d'une lettre de P. J. Marant du 1er mai.
   1789 oct. 19 avec copie de l'ordonnance impériale du 13e.
   1789 nov. 2 avec copie d'une lettre interceptée du cardinal (Frankenberg), archevêque de Malines, à l'abbé de H. et au comte de Trautmansdorff.
   1789 déc. 19 répondue par Mouton le 29e déc.

2345 Lepoivre, abbé à Soignies, 1772–1776. 3 lettres, la première avec minute (Amf. 6, Z).

2346 Lepronnière, curé à Paris, 1768 mai 20 (Amf. Z).

2347 Lequeux, chapelain de St. Yves, à Paris, 1759–1768. 11 lettres (Amf. 4, 15, V).

2348 Leroy, L. G., chanoine d'Auxerre, 1769–1773. 3 lettres (Amf. Z, e).

2349 Le Roy de Bongenoux, à Paris, 1790. (Amf. e).

2350 Le Roy de St. Charles (Bercher), 1772–1778. 9 lettres (Amf. 4).

2351 Le Roy l'aîné, 1773–1786. 8 lettres (Amf. 3).
 N.B. 1786 janvier 22 avec lettre à Besson du 11e oct. 1785 et deux annexes sur l'envoi des livres en Allemagne.

2352 Lesage, à Paris, 1764–1773. 2 lettres (Amf. Z, e).

2353 Lesourd, à Loches, 1783–1785. 7 lettres, avec 3 minutes (Amf. O).

2354 Liautaud, 1788.

2355 Lipinski, Aug., à Paris, 1781. 3 lettres.

2356 Lironcourt, chevalier de, à Amsterdam, 1779–1787. 11 lettres (Amf. 13, 14).

2357 Lobera, Dominique de, aumônier du vicomte de la Herreria, ministre de S.M.C. à La Haye, 1773 sept. 29 (Amf. 4).

2358 Lopez, Michael, à Saragosse, 1767–1788. 24 lettres.
 N.B. 1768 janvier 2 avec copie de sa lettre à Mgr. d'Alais et mémoire sur les exemptions des religieux.
 1769 avril 8 avec minute-réponse du 18e janvier 1770.
 1770 déc. 17 avec postscriptum de M. (Le Court), une lettre au même du 5e mars 1771 et postscriptum du même.
 1783 oct. 4 avec extrait du décret du tribunal inquisitoire du 18e janvier.

2359 Louburg, H., curé à Amsterdam, 1776–1779. 4 lettres, avec 3 minutes (Amf. 12).

2360 Luzac, Étienne, à Leyde, 1788 août 23 (Amf. 14).

2361 Luzac, J., à Leyde, 1787–1789. 2 lettres (Amf. 13, 14).

2362 M., Mad. de, 1768–1774. 2 lettres, avec annexes.

2363 Maillebois, sœur Irénée de, à Tours, 1787–1788. 3 lettres (Amf. e).

2364 Maisy, Mad. de, 1768–1781. 5 lettres (Amf. 10, Z, e).
 N.B. 1768 févr. 25–28 avec lettre de Maillard.

2365 Majainville, abbé de, à Paris, 1752–1764. 2 lettres (Amf. Z).
 N.B. 1752 févr. 28 avec annexes sur la mort du duc d'Orléans.

2366 Malesherbe, à Amsterdam, 1776–1777. 2 lettres (Amf. 14).

2367 Malvin de Montazet, A. de, archevêque de Lyon, 1777 sept. 1 (Amf. g).

2368 Marchant, à Paris, 1771.

2369 Marchant de Beaumont, 1773–1782. 10 lettres.

2370 Marefoschi, Mario, cardinal, 1775–1776. 5 lettres, avec 2 minutes (Amf. 5, 7).

2371 Martel, Père et Mad., à Paris, 1762–1768. 4 lettres.

2372 Martin, professeur de droit à Paris, 1772 mai 26.

2373 Martini, 1780. 3 lettres (Amf. 15).

2374 Masquelier, 1770–1785. 5 lettres.

2375 Massa, Giacomo, abbé, à Rome, 1772–1784. 53 lettres (Amf. 4).
 N.B. 1775 (août 29) avec extrait de sa lettre du 11e juin.
 1776 mai 22 avec lettre du procureur-général des Mineurs Réformés et traduction.
 1776 juillet s.j., 1781 janvier 17, juin 13, 1784 févr. 18 et 25 avec lettres de Niccola Foggini.
 1779 (juillet 17) copie du bref de Pie VI.
 1782 nov. 6 avec lettre de G. Fabricy à Massa du 4e nov.

2376 Massillon, Joseph, P. de l'Oratoire, à Paris, 1764–1773. 11 lettres (Amf. 14, e).

2377 Maultrot, avocat à Paris, 1786–1788. 2 lettres.
N.B. Voir Lalane, inv. no. 2318.
2378 Mayr, Georgius, curatus ad S. Stephanum Viennae, 1787 oct. 3 (Amf. 14).
2379 Meganck, F., curé à Leyde, 1760–1770. 9 lettres (Amf. 12, 14).
2380 Meindaerts, P. J., archevêque d'Utrecht, 1757–1759. 6 lettres (Amf. A).
2381 Melior, Alexander, 1765. 2 lettres, avec 5 minutes, 1765–1768 (Amf. 15).
2382 Ménilles, Mlle de, 1768–1774. 4 lettres, avec minute et lettre s.d. à Demoiselle
. . . (Amf. P).
2383 Méquignon, Mad., à Paris, 1776–1784. 7 lettres, dont une de M. Méquignon jr.
(1784), avec lettre de M. Margaillan à Milan du 18e juin 1784 et postscriptum de
G. Zola (Amf. 4).
2384 Mercadier (Marchand), à Vianen, 1757–1766. 4 lettres (Amf. 14).
2385 Mey, canoniste de la faculté de Paris, 1781 déc. 22.
N.B. Voir Lalane, Texier, inv. nos 2318, 2545.
2386 M(ichaut) M(onbilin), Marie D.B., à Paris, 1768 juillet 13 (Amf. Z).
2387 Michel, Mad., à Paris, 1768–1788. 4 lettres (Amf. Z, e).
N.B. 1773 avril 8 avec postscriptum de Mad. Leclerc.
1788 avril 12 avec postscriptum de M. Philibert.
2388 Michel, à Amersfoort, 1789 juin 4. (Amf. 1).
2389 Micheli, Andrea, P. de l'Oratoire, à Rome, 1775–1776. 3 lettres (Amf. 4).
2390 Middelwaart, T. van, curé à Haarlem, 1786–1787. 2 lettres (Amf. 12).
2391 Millo, Filippo Amedeo, prêtre de Turin, à Soperga, 1775–1787. 11 lettres (Amf.
4, 15).
2392 Mineray, De, secrétaire de l'archevêque de Cologne, 1776–1784. 26 lettres (Amf.
14, 15).
2393 Molinelli, G. B., à Rome, 1775–1784. 9 lettres (Amf. 4).
N.B. 1775 juin 29, 1776 sept. 19 avec lettre (de Massa).
2394 Molla, Joseph, provicaire O.S.A. d'Aragon, à Valence, 1775–1778. 6 lettres.
2395 Mongason, Mad. de, à Lierville, sœur de Dupac, 1764–1779. 7 lettres (Amf.Z, e).
2396 Montagny, Mad. de, à Paris, 1757–1773. 104 lettres, dont plusieurs sont écrites,
en partie ou totalement, par M. de St. Marc et autres (Louisons, Dubois) (Amf.
8, N).
N.B. 1757 oct. 10 avec minute.
1758 déc. 20 avec extrait du testament politique du maréchal duc de Belle-Isle.
1762 janvier 22–24 avec extrait d'une lettre de Fourquevaux à Mlle de Célez.
2397 Mont-Berty, De, 1769–1770. 5 lettres, la première avec annexe (Amf. 13).
2398 Morandi, Benedetto, à Prato, 1787. 5 lettres. (Amf. 4).
N.B. 1787 (sept.) avec copies de lettres de S. de Ricci et G. J. Manucci du 28e mai.
2399 Moras, Mad. de, 1779 sept. 8.
2400 Moreau, à Valenciennes, 1768 avril 4 (Amf. 6).
2401 Morel, 1765–1768. 2 lettres (Amf. G, Z).
2402 Motamane, 1770 avril 4 (Amf. e).
2403 Moutier, à Paris, 1779–1781. 4 lettres.
2404 Mouton, J. B., (Du Vergier), 1760–1789. 170 lettres (Amf. 1, 7, 12, S).
N.B. 1767 mars 23 avec lettre du chevalier Philippucci à Macerate du 21e févr.
1776 juillet 1 avec lettre (de l'archevêque d'Utrecht).
1776 oct. 22 avec annexe.
1776 nov. 19 avec annexe pour l'abbé Clément.
1777 avril 15 avec copie d'une lettre du cardinal Visconti.
1784 juin 21 avec annexes sur l'héritage de R. Roumingas.
1785 juillet 4 avec lettre pour M. le Ferret.

2405 Murphy, Giovanni Patrizi, à Dublin, 1776–1778. 4 lettres (Amf. 4).
2406 Myert Revol, Mad. D., s.a. janvier 21.
2407 N.N., 1731. Liste des pièces concernant l'affaire des avocats de Paris (Amf. S).
2408 N.N., (1761 août), avec copie d'une rente à Rijnwijk (Amf. V).
2409 N.N., 1756–1789 (dossier) (Amf. 7, V, W).
2410 N.N., à Amiens, 1786 avril 28.
2411 N.N., à Beauvais, 1788–1789. 3 lettres.
2412 N.N., à Caen, 1766 nov. 9–10 (Amf. V).
2413 N.N., Mad., à Condom, 1781.
2414 N.N., à La Réole, 1765 nov. 29.
2415 N.N., à Liège, 1777–1778. 2 lettres.
2416 N.N., à Lille, 1774.
2417 N.N., à Lisbonne, 1777 oct. 11, avec lettre d'un ami de la vérité sur Pombal (Amf. 4).
2418 N.N., à Lyon, 1767–1787 (Bazile).
   N.B. Voir inv. no. 2057.
2418* N.N., à Meaux, 1773 janvier 8.
2419 N.N., à Montpellier, 1768–1789.
2420 N.N., à Paris, 1742 mai 24 (Amf. W).
2421 N.N., à Paris, 1751–1752.
2422 N.N., à Paris, 1757–1764. 2 lettres.
2423 N.N., à Paris, 1771–1789.
2424 N.N., à Paris, 1773–1776.
2425 N.N., à Paris, 1773–1774.
2426 N.N., à Rome, 1756–1787.
2427 N.N., à St. Victor (Veit), 1779–1788.
2428 N.N., Mad., à Toulouse, 1758 mars 27.
2429 N.N., (à Utrecht), 1766–1767. 2 lettres, la première à l'adresse de Mad. de Montagny.
2429* N.N., à Vernon, 1768 avril 27.
2430 N.N., à Vianen, 1757 déc. 31.
2431 N.N., à Vienne, 1778.
2432 N.N., à Vieuvillers, 1788.
2432* Nassau, H. comte de, à Utrecht, 1773 avril 2 (Amf. 14).
2433 Natali, Martino, à Pavie, 1775–1787. 20 lettres (Amf. 4).
   N.B. 1775 juin 26. Copie d'une autre main française.
      1780 mai 27 avec copie de thèses de Laon, 1775.
      1781 déc. 28 avec avis touchant les écoles de Pavie.
      1782 déc. 19 Le date latin XIV Cal. Jan. futuri anni 1782 désigne 1781. Dupac écrit 1782 et répond 1783.
      1786 févr. 20 avec minute-réponse sur la médaille 1705 sur l'interdit de Pierre Codde.
2434 Navier, médecin, 1777–1778. 7 lettres (Amf. e).
2435 Nelleman, N., évêque de Deventer, à Delft, 1778–1786. 2 lettres (Amf. 12, A).
2436 Neller, G. C., professeur à Trèves, 1765 dec. 1, avec minute (Amf. C, G).
2437 Nény, comte de, président du conseil privé à Bruxelles, 1766–1783. 149 lettres, presque toutes de la main du secrétaire Hulet (Amf. 6).
   N.B. 1768 sept. 19 avec minute-réponse.
      1768 oct. 24 avec copie de l'arrêt contre les œuvres de Van Espen.
      1773 janvier (18) avec copie d'une lettre de Febronius (Hontheim) à un ami du 12e janvier.
      1779 févr. 15 avec une page sur la rétractation de Febronius.

2438 Neuhausen, P. P. B., chanoine à Salzburg, 1768 oct. 20, adressée à G. van der Weyden, libraire à Utrecht, avec minute (Amf. 12, C).

2439 Nieuwenhuysen, G. M. van, archevêque d'Utrecht, 1768–1776. 69 lettres (Amf. 12, 14).
N.B. 1768 déc. 22 avec extrait de Dupac de la lettre de Gourlin à l'archevêque du 17e nov.
1769 juin 5 avec lettre de L. van Zeller et réponse de Dupac.
1772 mai 18 avec copie de la lettre de Mgr. Stiphout à Dupac du 8e avril.
1775 juillet 14 minute de Dupac.

2440 Noailles, marquis de, à La Haye, 1772–1775. 3 lettres, la première avec minute du 31e déc. 1772 (ou 1771).

2441 Noé, M. A. de, évêque de Lescar, 1767–1768. 2 lettres (Amf. C, Z).

2442 Noguier, abbé, à Chatillon sous Bagneux, (1786) juillet 20 (Amf. A).

2443 Oberhauser, Benedict, O.S.B., à Lambach, 1763–1769. 19 lettres (Amf. 15).
N.B. 1764 nov. 21 avec minute de Dupac.
1765 mars 12 avec minute du 31e déc. 1765 et au P. Melior, 1766 janvier 2.
1767 avril 2 avec minute du 19e juin.

2444 Ohm, Isfridus, Abbas Saynae, 1770–1775. 6 lettres, la dernière écrite par f. Jac. Hesselbach, professor theologiae et pastor. (Amf. 15).
N.B. Ci-jointe minute du 18e mars 1765.

2445 Olbertz, Andreas, O.S.B. St. Pantaleonis Coloniae, 1765–1766. 3 lettres.

2446 Om, F., à Pressbourg, 1788 déc. 7.

2447 Orsini, Domenico cardinal, 1775–1782. 5 lettres, avec 2 minutes du 13e févr. et 16e oct. 1775 (Amf. 4, 5, 7).

2448 Ostermayer, Franc., 1783–1784. 5 lettres (Amf. 14).

2449 Ots, P., à Bruxelles, 1764. 2 lettres (Amf. 6, V).

2450 Pageot, 1769 juin 25 (Amf. G).

2451 Palmieri, Vincenzo, P. de l'Oratoire, à Gênes, 1785–1786. 2 lettres (Amf. 4).

2452 Panter, Gio., à Vienne, 1769 juin 21 (Amf. 14).

2453 Paraza, Mad. d'Assezat de, à Toulouse, 1767–1769. 3 lettres (Amf. Z).

2454 Parquoy, 1782 mars 3 (Amf. e).

2455 Pasquier, Mad. G., à Paris, (1780) mai 18.

2456 Patris (Des Angles), 1760 déc. 31 (Amf. V).

2457 Pechmarty, J. J., curé de Villemartin, 1787 janvier 7, avec acte d'appel.

2458 Pégase, Fr. de St. Prosper, 1768–1772. 5 lettres (Amf. Z).

2459 Pehem, professeur Jos., à Vienne, 1787 nov. 21 (Amf. 14).
N.B. Ci-jointe minute du 19e oct. et procuration pour W. Schanza du 8e juin.

2460 Pereira de Figueredo, Antonio, P. de l'Oratoire, à Lisbonne, 1769–1788. 9 lettres (Amf. 4, 5).
N.B. 1769 août 15 avec minutes (d'août et) nov. 15.
1773 oct. 15 avec minutes du 2e nov. 1773 et 19e mars 1774.
1775 juillet 12, 1783 janvier 11 avec annotations de Dupac.
1781 févr. 12 avec annexe.
1788 avril 9 avec minute du 2e juin et copies de lettres de Nascimento et Du Tremblai à Pereira, et de M. de Tremblai à Dupac du 25e mai.

2461 Périer, à Paris, 1764 mai 29 (Amf. Z).

2462 Pestel, à Leyde, 1774–1789. 4 lettres (Amf. 13, 14).

2463 Pesters, W. N. de, à Utrecht, 1770–1774. 3 lettres.

2464 Philibert, 1770–1781. 2 lettres (Amf. e).

2465 Philippucci, chevalier, à Macerate, 1767. 2 lettres, la seconde adressée à G. van der Weyde, libraire à Utrecht, et répondue par Dupac (Amf. 15).
N.B. Voir inv. no. 2221.

2466 Piaggio, Carlo Francesco, à Gênes, 1778 oct. 10.

2467 Pichard (Philochar), abbé d'Orléans, 1767 déc. 25 (Amf. Z).
2468 Pichot, C., ancien curé d'Auxon, s.d. Avec lettre de Bertin, à Provins, 1767 sept. 2.
2469 Picpus, Mad. de, à Vigny près Loudun, 1773 mai 11 (Amf. e).
2470 Pidou, 1779–1781. 9 lettres.
2471 Pinault, avocat à Paris, 1764–1776. 3 lettres, la première avec minute, sur P. Leclerc (Amf. V, Z, e).
     N.B. Cf. Lalane, inv. no. 2318.
2472 Pitorres, curé de Sales, 1780 août 9.
2473 Plowden, 1778 oct. 20.
2474 Potgieter, C., à Amsterdam, 1781–1783. 3 lettres, la première avec postscriptum de Mouton (Amf. 14).
2475 Pottin, à Paris, 1780 janvier 8.
2476 Pressigny, De, 1768–1789. 70 lettres (Amf. 7, 17).
     N.B. 1772 déc. 27 avec copie de sa lettre à M. Le Sage du 6e déc.
          1776 oct. 23 avec annexe du 21e oct.
          1780 juin 24 avec lettre de Mouton du 3e juillet.
          1782 mars 20 avec copie de l'édit de Joseph II du 15e déc. 1781.
          1789 avril 13 avec copie d'une lettre de Mgr. de Juigné, archevêque de Paris, à l'abbé
          Havelange du 22e févr.
2477 Provost, à Avranches, 1776 avril 27.
2478 Pujati, Giuseppe M., à Padoue, 1786–1789. 18 lettres, la première avec une lettre de M. A. Occhi à Venise du 20e déc. 1786 (Amf. 7).
2479 Rançon, J., pour veuve Desaint, à Paris, 1786–1789. 6 lettres, avec mémoire pour Deschamps (Amf. 14, e).
2480 Raymond, J., à Middelburg, 1785–1787. 4 lettres, sur l'héritage de R. Roumingas (Amf. S).
2481 Remaele, M. Z., 1750 juin 5 (Amf. Z).
2482 Renard, à Aix, 1785 janvier 24, avec postscriptum de Montpellier (Amf. e).
2483 Rey, 1779 sept. 10 (Amf. 15).
2484 Reynaud, M., curé de Vaux et Champs, 1763–1784. 10 lettres (Amf. Z, e).
     N.B. Ci-jointe copie de la lettre de M. Dupac à M. Reynaud du 22e nov. 1764.
2485 Rhijn, J. J. van, à Rotterdam, 1776 sept. 2 (Amf. 12).
2486 Riballier, à Paris, 1767 sept. 14.
2487 Ricci, Bettino de, commandeur à Florence, frère de Mgr. Scipion († 7 sept. 1789), 1787–1789. 34 lettres, la dernière écrite par son secrétaire Charles Sagrestani (Amf. 4, 7, 15).
     N.B. 1788 juillet 15 avec copie de la lettre pastorale de son frère.
          1789 avril 11 avec annexe.
2488 Ricci, chevalier Giovanni Battista de, à Florence, 1789. 3 lettres, écrites par Charles Sagrestani (Amf. 7).
2489 Ricci, Scipione de, chanoine et grand vicaire de Florence, évêque de Pistoie et Prato, 1775–1789. 88 lettres (Amf. 4, 7, 15).
     N.B. 1775 avril 5 avec postscriptum de C. du Tremblai et annexe (de Martini).
          1776 nov. 1–2 avec lettre de Martini s.d.
          1781 (juin s.j.) avec copie et traduction de sa lettre au pape du 25e juin et copie de la
          lettre de F. Seratti, secrétaire de conseil d'État de Toscane.
          1781 déc. 23 avec copie du règlement du séminaire de Prato.
          1782 avril 13 avec copie de son mandement du 2e avril.
          1783 juillet 3 avec postscriptum de Follini et annexe.
          1784 févr. 28 avec postscriptum de B. Follini du 27e mars.
          1784 déc. 6 avec copie d'un décret de Rome du 15e mars.

1786 avril 3 avec minute du 16e mai et annexes.
1787 juin 3 copie d'une lettre au grand-duc de Toscane du 28e mai et réponse.
1787 nov. 2 avec extrait du discours du président de l'Assemblée des États à La Haye du 25e sept. Cf. Bijdragen bisdom Haarlem t. 49, p. 227.
1789 févr. 3 avec minute.

2490 Rigny, Mlle de, à l'abbaye de Lestrées, 1767–1773. 5 lettres (Amf. Z, e).

2491 Rindsmaul, Johannes Otto Comes, Canonicus Passaviensis, 1768–1777. 5 lettres (Amf. 15).

2492 Robol, M., (1763).

2493 Roemers, A. F., curé à Maastricht, 1788–1789. 15 lettres (Amf. 3).

2493* Rollosini, abbé, (1788 oct.). Adresse: Muntendam et Schelling à Utrecht, pour les rédacteurs de la Gazette Ecclésiastique (Amf. 6).

2494 Romaggerii, abbé, à Vienne, 1774 juillet.

2495 Roncé, Mad. de, à Paris, 1763 avril 25.

2496 Rouzeau Montaut, à Paris, 1779 oct. 15.

2497 S., Mad. L., 1773 janvier 29.

2498 Sabbathier, à Châlons-sur-Marne, 1769–1770. 2 lettres, la première avec lettre à Rougelot (Amf. Z, e).

2499 Sablé, marquis de, (1778).

2500 Sagrestani, Carlo, secrétaire de Bettino de Ricci, à Florence, 1789 août 3.

2501 Saint-Aubin, Dc, (1784–1789). 5 lettres (Amf. 5).

2502 Saint-Cajetan, J. B. de, procureur-général O.S.B., à Lisbonne, 1770–1772. 2 lettres, la première avec copie de la lettre de Dupac du 31e oct. 1769 et minute-réponse du 8e août 1770. La seconde avec minutes-réponses du 19e et 22e déc. 1772 (Amf. 4).
N.B. Ci-jointes copies de la lettre de Cajetan à L. van Zeller, 1770 févr. 28, et de Mgr. Honorati, évêque de Theano, à Mgr. G. M. van Nieuwenhuysen, 1770 juin 1.

2503 Sainte-Croix, Louis-Claude de, secrétaire d'ambassade de France à Turin, 1775 avril 26 (Amf. 7).

2504 Saint-Estienne, à Lafère, 1772 janvier 31 (Amf. e).

2505 Saintin, élève de Rijnwijk, 1770–1778. 16 lettres (Amf. 4).

2506 Saint-Jean, Joseph de, de Saintenai, prêtre de la Doctrine Chrétienne près d'Aix-en-Provence, 1764–1769. 8 lettres, la première avec postscriptum de Bracy Duclos du 12e déc. 1764 (Amf. C).

2507 Saint-Louis, sœur de, sousprieure du Calvaire à Loudun, 1768 janvier 7 (Amf. Z).

2508 Saint-Marc, De, (Marc Claude Guénin), 1757–1789. 489 lettres (Amf. 1, 8, 9, g).
N.B. 1765 août 3 avec avis de Gourlin (de la Boute) sur le projet de lettre au pape.
1768 août 20 sur les papiers de Nicole.
1770 mars 31 avec lettre de Jacques de Cocq du 2e avril.
1770 (sept.) copie de N.N., à Gien, à l'évêque d'Auxerre et réponse.
1778 nov. 28 avec lettre à Casaux.
1781 janvier 14 avec lettre de (Larrière).
1781 juillet 1 avec annexe.

2509 Saint-Martin, De, 1757 avril 30 (Amf. Z).

2510 Saint-Simon, J. de, à Paris, 1768 févr. 18.

2511 Saint-Vincent, Robert de, à Paris, 1776–1787. 53 lettres (Amf. 5, e).
N.B. 1776 nov. 5 avec quelques lignes de Clément du Tremblai.
1781 juin 18 avec postscriptum du même du 29e.
1781 déc. 9 avec lettre pour le même du 30e nov.

2512 Salvy, prêtre de Carcassonne, à Toulouse, 1765 juillet 2.

2513 Sarsfield, 1777. 7 lettres (Amf. e).

2514 Sartre, abbé, 1757–1770. 7 lettres (Amf. 1).
> N.B. 1757 mars 6 avec copie d'une lettre à M. de M(ontpellier) du 26e nov. 1756 et extrait d'une conversation de févr. 1757.
> 1758 mars 1 avec copie d'une lettre sur le cardinal de la Rochefoucauld du 22e mai 1757 et des lettres à Mad. (Colbert), abbesse de (Maubuisson), 1757 sept. 10 et 20.
> 1758 mars 20 sur le cardinal de Tencin, archevêque de Lyon.

2515 Schaaff, Sebastien, O.S.B., à Fulde, 1764–1780. 84 lettres (Amf. 17).
> N.B. 1768 janvier 29 avec mémoire sur l'âme des bêtes.

2516 Schanza, W., professeur à Brünn, 1781–1887. 25 lettres (Amf. 14).

2517 Scheen-de Haen, J. A., à La Haye, 1780 févr. 7.

2518 Scheidel, F., professeur à Mayence, 1789. 9 lettres, la dernière répondue le 24e déc. par Mouton.

2519 Schoenfeld, librairie de M. le Noble de, 1785 janvier 10.

2520 Schraut, à La Haye, 1789 juin 20.

2521 Schreuder, J., à Amsterdam, 1768 juin 7.

2522 Schrieck, P. S. van der, pour P. van Ishoven à Bergen op Zoom, 1787 août 18.

2523 Schrijver, P. M. de, curé d'Harlebeke, 1789 nov. 4, adresse Schelling, sur les Nouvelles Ecclésiastiques (Amf. e).

2524 Schwarzl (Melanius), Charles, professeur en théologie et bibliothécaire impérial, à Innsbruck et Fribourg, 1779–1789. 62 lettres (Amf. 14, 15).
> N.B. 1781 août 15 avec traduction du décret de l'empereur du 4e mai.
> 1782 juin 15 avec la même du 31e mai.
> 1782 juillet 27 avec décret du gouvernement d'Innsbruck du 21e juin.
> 1782 oct. 19 avec mandement de Mgr. J. Spaur, évêque de Brixen, du 12e août.
> 1784 janvier 30 avec annotation de Dupac, 1786 avril 6.
> 1785 janvier 7 avec quelques thèses soutenues à Fribourg.

2525 Séguret, chanoine honoraire d'Alais, à Paris, 1786 nov. 12.

2526 Seixas, De, secrétaire du ministre de Portugal à La Haye, 1771 avril 18 (Amf. 4).

2527 Sergent, veuve, à Paris, 1773 oct. 18, avec lettre de Dupac et De la Motte (Amf. e).

2528 Simon, imprimeur du parlement, 1770 (Amf. 5).

2529 Simonelli, Tommaso, s.a. juillet 19, avec postscriptum du cardinal Orsini (Amf. 4).

2530 Sisti, Domenico Maria, à Rome, 1775–1789. 11 lettres (Amf. 4, 7, 15).
> N.B. 1776 juin 19 avec postscriptum (de Massa).
> 1778 janvier 20, juillet 28 avec lettre de Massa.
> 1778 juillet 7 lettre à Clément du Tremblai.
> 1789 avril 15 avec postscriptum de P. Dinelli.

2531 Smitmer, J. T., à Vienne, 1777 janvier 6 (Amf. 14).

2532 Stadion, Frédéric comte de, à Erfurt, 1784 oct. 16.

2533 Staniek, J., Decanus Tropplovicensis, (1781).

2534 Stegelmann, C., à Utrecht, 1788 mai 2.

2535 Steger, W., curé à La Haye, 1768. 5 lettres (Amf. 12).
> N.B. 1768 juillet 2 avec décrets de la Propagande et résolutions de Hollande sur les chapelains des ambassadeurs.
> 1768 nov. 25 avec notice sur le secrétaire de M. de Raischak.

2536 Steman de Maarsbergen, J. G., à La Haye, 1779 mai (Amf. 14).

2537 Stiphout, J., évêque de Haarlem, à Amsterdam, 1758–1772. 34 lettres (Amf. 5, 12, 14, A).
> N.B. 1760 févr. 6 avec minute sur les convulsions, Augustins etc.
> 1760 mars 9, 1769 janvier 4, 1770 févr. 18 avec minute-réponse.
> 1761 janvier 13 avec minute du 17e déc. 1760 et extrait d'un sermon sur le mariage.
> 1769 nov. 7 aussi par Mgr. Bijeveld, sur une lettre originale de Dupac au nom de l'archevêque à ces Mgrs.

1772 avril 27: ci-jointes minutes du 15e janvier et 10e avril sur A. Ahuys, minute de déc.
1773 aussi à Bijeveld et au Chapitre, et supplique au pape.

2538 Vacat.

2539 Sullivan, Ét., à Toulouse, 1767–1789. 83 lettres (Amf. 3).
N.B. 1768 oct. 12, 1769 (janvier) 4, 1773 juin 3, juillet 28, nov. 24 avec postscriptum de (Besson).
1769 nov. 12 avec 2 projets d'épitaphe.
1771 déc. 17, 1772 janvier 28, mars 10, 1774 févr. 14–22 avec postscriptum de . . .
1772 juin 3 avec copie d'un mandement du vicaire général d'Alais.
1773 juillet 28 avec lettre pour M. Le Chevalier.
1774 mars 16 avec minute-réponse de Dupac.
1781 juin 28 avec lettre pour Besson.
1785 juin 25 avec lettre de Mad. Paris.

2540 Swert, L. J. J. de, à Bruxelles, 1768 mars 17 (Amf. 6).

2541 Swieten, F. J. de, à Cologne, 1780 juin 16 (Amf. 5).

2542 T.T.Q.N. (= I.H.V.), 1787–1788. 7 lettres.

2543 Tamburini, 1774. (= Copie d'une lettre de Hugo Haes à Th. Gonzales, 1699 nov. 16).

2544 Terme, J. B. de, chanoine à Vienne, 1776–1786. 59 lettres (Amf. 14, 15).
N.B. 1783 janvier 19 avec lettre du P. Eugenianus Schachner, Capucin à Vienne, à J. B. de Terme du 12e.

2545 Texier, avocat à Paris, 1757–1770. 8 lettres (Amf. 4, 13, A).
N.B. 1757 mars 31 avec avis sur le troisième évêque, rédigé par M. Mey.

2546 Tingault, J., 1778–1779. 5 lettres, sur M. de la Croix (Amf. e).

2547 Tourness, Frères de, à Genève, 1771 mars 8 (Amf. Z).

2548 Trautmansdorf, Thaddée comte de, chanoine à Olmütz, 1783–1786. 4 lettres (Amf. 15).

2549 Trie, comte de, à Bruxelles, 1773 févr. 15 (Amf. 6).

2550 Troisi, Vincenzo, à Naples, 1789 oct. 15 (Amf. 4).

2551 Truchon de la Maison Neuve, à Paris, 1768–1770. 2 lettres, sur Rijnwijk (Amf. Z, e).

2552 Turmeni, 1768–1770. 13 lettres (Amf. 15).

2553 Tusort, 1781 janvier 11, avec minute (Amf. Z).

2554 Valentin, curé de St. Hilaire de Roullié près Lusignan, 1767 déc. 29.

2555 Valsecchi, Antonino, à Padoue, 1774–1776. 4 lettres (Amf. 4).

2556 Vasquez, Fr. Xavier, général O.S. Aug., à Rome, 1774–1780. 10 lettres (Amf. 4, 7, g).
N.B. 1774 nov. 30 avec lettre à C. du Tremblai du 18e oct. 1769 et à Massa du 19e avril 1774 et Osservazioni sopra il decreto del concilio Romano concernenti la nuova publicazione della bolla Unigenitus dell'abbate Constantino Ruggieri, (sept. 1774).
1780 mai 3. Ci-jointe minute du 20e mars avec lettre imprimée de Vasquez du 23e déc. 1779.

2557 De Vecchi, Fabio, à Rome et Sienne, 1774–1789. 21 lettres (Amf. 7).
N.B. 1789 févr. 7 avec lettre de M. Alessandro Nardi.

2558 Venier, Bonaventura, à S. Giorgio Maggiore Venezia, 1788–1789. 16 lettres (Amf. 4).
N.B. 1788 sept. 24, 1789 juin 24 avec annexe.

2559 Verwye-Mertens, R., à Cadillac, 1782 avril 3 (Amf. 8).

2560 Vienne, directeur d'un séminaire à, 1774 août (Amf. 17).
N.B. Probablement l'auteur de cette lettre a été Georg Mayr, qui était directeur du séminaire à Vienne jusqu'en 1775. Voir aussi la cote 2378.

2561 Vieuxchâtel, (1768). 2 lettres (Amf. 12).

2562 Ville, à Amersfoort, 1788 nov. 5 (Amf. 1).

2563 Villiers, 1755–1764. 15 lettres (Amf. 17, Z).
2564 Vivere, G. C. J. van de, à Gand, 1783. 2 lettres (Amf. 6).
2565 Voisin, abbé de, à Paris, 1763–1771. 3 lettres (Amf. 8, Z).
2566 Voorda, B., professeur à Leyde, 1788 sept. 19 (Amf. 12).
2567 Waldenfels, J. Ch. J. B. de, à Bonn, 1788 avril 5 (Amf. 17).
2568 Watier de Pisieux, à St. Quentin, 1777. 2 lettres (Amf. e).
2569 Weimer, J., à Cologne, 1787 févr. 23.
2570 Werckhoven, C., et fils, à Rotterdam, 1768–1769. 3 lettres (Amf. 17).
2571 Weyde, W. van der, à Utrecht, 1768. 2 lettres (Amf. 13).
2572 Wiest, S., professeur à Ingolstadt, 1789 mars 8.
2573 Willemaers, J., à Amersfoort, 1753–1762. 11 lettres (Amf. 17, O, I).
2574 Willemer, J. L., à Francfort, 1786. 2 lettres.
2575 Wilzeck, comte de, à Milan, 1779. 2 lettres.
2576 Wittert, Adrien, 1765–1773. 7 lettres (Amf. 12).
2577 Wittert, Corneille, à Amsterdam, 1769 avril 12 et 20.
2578 Wittert, Corneille Jean, à La Haye, 1763–1776. 46 lettres (Amf. 12, 17).
   N.B. 1770 mars 1 avec minute-réponse de Dupac.
       1774 mars 30 avec lettre de J. Visser à La Haye du 10e mars à Wittert.
2579 Wittert, E. J., à La Haye, 1787–1788. 2 lettres.
2580 Wittert d'Hoogland, Everard baron, à Amsterdam et Bruxelles, 1770–1786. 3
   lettres.
   N.B. 1770 janvier 25 avec modèles d'un contrat de rente en faveur des évêques de Haarlem.
2581 Wittert-Van Duynkercken, Mad. E. M., à Bruxelles, 1785 sept. 19.
2582 Wittert-Schade, veuve Theodora, à Utrecht, 1765–1774. 5 lettres.
2583 Wittola, M. A., curé de Schörfling, conseiller du prince-évêque de Passau, 1767–
   1787. 58 lettres.
   N.B. Ces lettres ont été publiées en extrait et partiellement toutes entières par le professeur
       F. Kenninck (Amersfoort) dans la Revue Internationale de Théologie (Berne), 1898,
       p. 308–335 et 573–601.
2584 Wlokka, M., doyen et commissaire de l'archevêque d'Olmütz, 1785–1789. 12
   lettres.
2585 Würdtwein, S. A., official de Mayence, décan, 1774–1783. 7 lettres.
2586 Zaguri, Pietro, à Venise et Padoue, 1776–1787. 2 lettres (Amf. 7).
2587 Zeller, H. J. van, à Utrecht, 1767–1771. 3 lettres (Amf. 5, 12, 17, D).
   N.B. 1767 févr. 3 avec copie d'une lettre à Mgr. (Stiphout) et considérations du même sur le
       motif pour remplir un plus grand nombre de sièges épiscopaux (cf. inv. no. 2608).
       1771 janvier 18 avec minute du 28e nov. 1772.
2588 Zeller, Theodore van, le jeune, à Rotterdam, 1773–1789. 23 lettres.
   N.B. 1773 mars 31 adressée à son oncle, H. J. van Zeller.
2589 Zeller, J. van, à Paris, 1779. 2 lettres.
2590 Zeller, L. van, curé à Utrecht, 1757–1771. 115 lettres (Amf. 12, 17, D, E).
   N.B. 1768 nov. 26 avec un exemplaire du "Haerlemsche courant".
       1768 déc. 20 avec annotation de Dupac pour C. du Tremblai.
       1769 mai 27 avec lettre de B. J. Bijeveld à Dupac.
       1769 juin 21 avec minute-réponse.
2591 Zeller, Th. van, à Rotterdam, 1789. 1 lettre.
2592 Zola, Giuseppe, à Pavie, 1783–1789. 35 lettres (Amf. 4).
   N.B. 1784 avril 19; 1787 déc. 17; 1788 avril 27 avec annexe.
2592* Lettres de Paris, Rome et Lisbonne de divers correspondants, copiées par Dupac
   ou son secrétaire, communiquées à Mgr. de Deventer et autres chanoines et
   depuis retournées à Dupac pour les Nouvelles Ecclésiastiques, 1759–1772.

Minutes

2593 Mémoires historiques touchant l'université de Louvain et les églises des Pays-Bas, 1680–1713, etc. pour servir de supplément à la Vie de Van Espen et d'introduction ou de complément aux mémoires historiques pour l'affaire de la bulle Unigenitus, publiés en 1755, (1786). (Amf. 8).

2594 Recueil de pièces pour les mémoires touchant les troubles dans l'université de Louvain, 1660–1729 (Amf. XIII).

2594* Index de 85 recueils de pièces in 4° sur le Jansénisme, la bulle Unigenitus, la Fourberie de Douai et l'Église d'Utrecht, et de livres achetés à la vente de la bibliothèque de P. Le Clerc (M. de la Pierre), avril 1787.

2595 Sommaires des lettres de P. Quesnel à Duvaucel, Vuillart, Dubreuil, Nicole, Mad. de Fontpertuis, Mlle de Joncoux, Mgr. E. Le Camus de Grenoble e.a., avec table des matières, et notice du contenu des cartons de manuscrits sur Quesnel, 1668–1719 (Amf. T, Y).

2595* Sommaires et extraits des lettres de Petitpied pour servir à l'histoire de Quesnel, 1706–1716 (Amf. Z).

2596 Notes sur Nicole et ses ouvrages.

2597 Vie de d'Étemare, 1682–1770, avec listes de manuscrits, lettres et ouvrages, 1704–1744 (Amf. P, U).

2598 Biographie de Jean-Baptiste de Beccarie de Pavie de Fourquevaux, 1693–1767 (Amf. W).

2599 Abrégé chronologique des évêques et missionaires français des Indes Orientales, 1658–1722.

2600 Manuscrits légués à l'abbaye de St. Germain par Mlle de Joncoux (Amf. XXII).

2601 Notes sur la lettre du marquis Antonio Nicolini au cardinal Valenti Gonzaga d'août 1748 avec traduction de cette lettre (Amf. B).

2602 Mémoire sur le schisme des Grecs, (1758).

2603 Acte d'adhésion de l'évêque d'Arcadie de l'écrit de P. Leclerc: Précis d'un acte etc., 1758. Avec idée succincte de cet écrit et propositions extraites.

2604 Notice sur l'Histoire des Congrégations de Auxiliis par le P. Livinus de Meyer sous le nom d'Eleuterius contre celle du P. Serri sous le nom de Le Blanc.

2605 Payements faits à Mad. Duguet e.a. après la mort de M. Petitmont, 1762 juin 7–juillet 17 (Amf. 5).

2606 Relation de ce qui s'est passé à Rijnwijk pendant le séjour de C. du Tremblai par rapport à la direction de M. de St. Quentin, 1762 sept. 27–nov. 25.

2607 Mémoires sur le concile d'Utrecht, 1763 (Amf. B).

2608 Nouveaux motifs pour remplir un plus grand nombre de sièges, (après 12 oct. 1763) (Amf. D).
N.B. Voir inv. no. 2587.

2609 Pièces administratives sur les Nouvelles Ecclésiastiques, 1763–1789 (Amf. 5).

2610 Mémoires en faveur de l'ancien clergé des Provinces-Unies, 1765 janvier (Amf. 13).

2611 Mémoire sur les Jésuites dans la chapelle de France à La Haye, (1765).

2612 Mémoire sur l'Église de Hollande, envoyé à Lisbonne, Madrid, Naples et Turin, 1769 oct. (Amf. A).

2613 Acte de décharge pour M. B. Aubry sur une dotation de Samuel Pichard pour Hilversum et Amersfoort, 1769 nov. 16 (Amf. 5).

2614 Mémoire à consulter touchant l'Église Métropolitaine d'Utrecht (envoyé à Paris vers la fin de 1769, imprimé 1786).

2615 Mémoires sur le procès de P. Leclerc, 1769 (Amf. B).

2616 Statistique de l'Église R. C. de Hollande, mémoire dressé aux instances de Ferdinandi, 1772 (Amf. A).

2617 Réponse au mémoire de Foggini du 3e déc. 1769, 1770 janvier 2.

2618 Mémoire sur les rentes à remettre à la Caisse des Orphelins, 1773. Avec 14 quittances, 1763–1786 (Amf. 5).

2619 Journal du voyage de Dupac d'Utrecht à Rome et de son séjour à cette ville, 1774 juin 19–oct. 2. Avec lettres de recommandation, passeports etc.

2620 Mémoire sur l'Église de Hollande, présenté au cardinal A. E. Visconti, nonce à Vienne, 1774 août 2. En partie écrit par Mouton.

2621 Témoins sur la mort du pape Clément XIV, 1774 sept. 22–oct. 2.

2622 Mémoire secret touchant les dispositions des esprits à Rome etc. sur l'Église de Hollande, 1774 août 22–1775 mars 1 (par M. Stromaier).

2623 Relation abrégée de l'état de la religion catholique en Angleterre, 1774 (Amf. 5).

2624 Observations sur le Formulaire, proposé dans la lettre du 12e déc. 1778, 1779 févr. (Amf. A).

2624* Index des Annales Ecclésiastiques de Florence, 1784.

2625 Mémoire sur les lettres à écrire en Toscane, (1787) (Amf. G).

2626 Liste des ouvrages sur les Réguliers et Rome, fournis à la princesse de Brésil, 1788 mai–oct. (Amf. 5).

2627 Listes des livres de la bibliothèque de Rijnwijk. 3 pièces.

2628 Mémoire sur l'Index librorum prohibitorum aux Pays-Bas Autrichiens, 1735–1739 (Amf. XX).

2629 Pièces sur un troisième évêque, 1754–1758 (Amf. D).

2630 Pièces sur l'accommodement avec Rome, 1758–1775 (Amf. A, C, 13).

2631 Mémoires (5) touchant les négociations avec Rome, 1769–1773, et résultat de la conférence de Vienne du 27e déc. 1767 avec les réponses (en double) (Amf. 14).

2631* Observations et mémoires sur les négociations avec Rome, 1766–1787.

2631** Notes pour l'histoire de l'Église d'Utrecht, avec feuilles d'épreuve (Amf. e).

2631***Essais sur l'étude de la théologie.

Minutes de lettres

2632 Barthel, à Würzburg, 1765 janvier 22, avec traduction latine (Amf. 5).

2633 Campomanes, Don Pedro Rodriguez de, procureur-général du conseil du roi d'Espagne, 1768 août 4.

2634 Chapitre d'Utrecht, 1769–1773. 2 lettres (Amf. G).

2635 Charlas, 1785 oct. 10, sur le Traité des cas réservés de Maultrot avec copie de la réponse de Charlas.

2636 Conseil ecclésiastique de Fulde, 1765 déc. 15 (Amf. 15).

2637 Frankenberg, J. H., archevêque de Malines, 1760–1768. 3 lettres.

2638 Gaulier, secrétaire du roi, à Paris, 1766 sept. 5.

2639 Genet, 1764 nov. 5.

2640 Ghilini, Tommaso Maria, archevêque de Rhodes, nonce à Bruxllees, 1770 juillet (Amf. A).

2641 Kech, à l'abbaye de Rommersdorf près Coblenz, 1765 janvier 18.

2642 (La Haye, De), (1773), 1774 mai 31. Brouillons de lettres à la princesse et au prince Dolgorouky, avec lettre de (Roullé?) (Amf. Z).

2643 Lalande, 1768 déc. 30, en réponse du 15e nov. qui manque (Amf. B).
2644 Lasserai l'aîné, 1778 avril 26.
2645 Lorieri, 1769 nov.
2645* Maccarti, Ferenzi, à Livourne, 1774 mai 18.
2646 N.N., 1755–1772. 5 lettres (Amf. 15, N).
    N.B. 1755 déc. 14 sur un tremblement de terre à Utrecht.
       1760 mai 2 sur M. de la Pierre.
       (1772) sur la théologie du P. Gazzaniga.
2647 Oeyras, comte de, 1769.
2648 Ray de Sienne, écuyer à Lyon, 1774 févr. 20 (Amf. 12).
2649 Roda, Don Manuel de, ministre d'Espagne à la Haye (1768 août).,
2650 Saint-Priest, F. E. Guignard comte de, ambassadeur de France à La Haye, 1788 juin 30.
2651 Salerna, comte de, envoyé de Portugal à la Haye, 1762 oct. 30.
2652 Vacat.
2653 Vendengeuse, Mad. la, 1773. 2 lettres.
2654 Wolf, Nicolaus de, 1773 juillet 2.

Copies
2654* Correspondance de Pontchasteau, Mgr. de Castorie et Arnauld, 1664–1686.
2655 Lettres de Duvaucel à Mgr. de Castorie, 1682–1686, et à Codde jusqu'à 1700. (Amf. 9).
2656 Lettres du même à H. F. van Heussen, B. Pesser, Codde, Ernest Ruth d'Ans et De Cock, 1683–1693 (Amf. 9). Il y a des copies dont les lettres originales manquent.
2657 Lettres du même à Mgr. Codde et Van Heussen, 1694–1700.
    N.B. Il se trouve aussi une lettre de Th. de Cock au recteur du collège de la Propaganda et à Waloni (Duvaucel), 1694 sept. 30.
2658 Lettres du même à Mgr. Codde, 1696 janvier 7–oct. 20. Double.
2658* Lettres de Quesnel à Duvaucel, 1690–1693, de la main de J. L. Barbeau(x) Dupuis.
2659 Extraits des journaux de Codde, 1700 déc. 20–1703 avril 4, et d'Hennebel, 1702 avril 29–1703 mars 11 (Amf. 13).
2660 Pièces omises dans le supplément des Œuvres de Van Espen comme de moindre intérêt (Amf. V).
2661 Pièces sur l'histoire ecclésiastique de la France, 1644–1788, entre lesquelles aussi copies de d'Étemare à Fourquevaux et Mad. de Montagny (Amf. passim).
2662 Pièces sur l'histoire ecclésiastique de la Hollande, 1614–1789.
2663 Pièces sur les Jésuites en Allemagne, Espagne, Portugal et la Russie, 1755–1786. Avec catalogue des écrits publiés contre les Jésuites depuis la naissance de la société (Amf. IX, m).
2664 Pièces sur la réconciliation du St. Siège avec les cours de Parme, Naples et Madrid, 1773–1774 (Amf. 4).
2665 Mirabeau, marquis de, "Le bon sens". Ouvrage posthume (1789) (Amf. a).
2666 Réflexions de d'Étemare sur l'Écriture Sainte, extrait de la préface du Cantique, expliqué par Hamon etc.
2666* Catalogue des écrits sur la grâce et autres matières, fait par M. Fouillou jusqu'en 1669 et continué par M. Petitpied jusqu'en 1716. Avec des annotations et des additions par Dupac. 1 vol. (ex Bibliotheca Seminarii Amisfurtensis).

2667 Mémoires sur la vie d'Antoine Arnauld, relations de ses voyages etc., 1644–1748, de diverses mains, e.a. de M. Dilhe (?), d'Étemare et Dupac.

2668 Lettres de et à Arnauld, e.a. de Leibniz, qui ont servi pour l'édition de Dupac, 1637–1694. Il y a quelques lettres non-imprimées. Diverses mains de Quesnel, De Joncoux et Dupac.

2669 Catalogue des ouvrages d'Arnauld par Clémencet et Dupac, celui du dernier aussi imprimé.

2670 Annotations pour l'édition des œuvres d'Arnauld par Dupac, Théméricourt, Fourquevaux e.a. (Amf. 5).

2671 Quelques écrits d'Arnauld, qu'on a imprimés ou supprimés.

2672 Metodo dei studi del seminario Romano.
Manuscrit de Venise sur des matières de loix touchant les biens ecclésiastiques et religieux, 1768–1774. En italien.

2673 Négociations entre les Cours de France et de Rome par le ministère de l'ambassadeur de France, cardinal de Polignac, sur la bulle Unigenitus, 1724 avril–1726 juin. Pag. 1–730, 16 quaternes. Avec attestation de Dupac, qu'il a reçu ces documents en avril 1764 de l'abbé Doyen à Paris, provenus du cabinet du comte de Merville, ministre des Affaires Étrangères.
Ci-joints actes d'appel des quatre évêques avec acte ci-dessous de l'université de Paris, 1717 mars 5, et de P. Quesnel, juillet 1717, avec acte déposé au greffe de l'officialité de Paris.
Projet d'instruction pastorale du cardinal de Noailles, archevêque de Paris, pour les nouveaux réunis, 1718–1719. Pag. 1–40.
Extraits de Dupac de manuscrits dans la bibliothèque de M. d'Aguesseau, chancelier de France, sur la bulle Unigenitus, 1727–1747.

2674 Imprimés. Lettres, mandements et mémoires, 1713–1789.

Jean-Baptiste le Sesne de Ménilles d'Étemare († 29 mars 1770) (Chevalier de Préaux, Rigobert, Senneville, De la Rivière)

Actes

2675 Licentiae excipiendi confessiones, Paris 1715 oct. 5, 1728 sept. 13 (Amf. P).
Octroi ad testandum, 1766 mars 25. Original parchemin scellé (Amf. U).
Acte notariel comme légataire universel avec M. Wil(le)maers l'ainé de la succession de Mgr. Varlet, 1742 mai 29 (Amf. P).

Lettres reçues de:

2676 Albert, à Paris, 1742 févr. 7, avec essai sur les convulsions et minute-réponse (Amf. U).

2677 Anquetil Duperron, à Paris, 1766 nov. 14 (Amf. V).

2678 Asfeld, D', 1723 févr. 16, sans adresse (Amf. R).

2679 Aubré, comte d', à Paris, 1769 juillet 10, avec minute (Amf. G).

2680 Augustin, P., à Rome, 1725 juillet 11. Adresse: Mlle Falconis à Paris (Amf. R).

2681 Auvergne, Marie-Anne princesse d', duchesse d'Aremberg et Aerschot, (Mad. de Maisy), 1734–1735. 2 lettres, sans adresse (Amf. Z).

2682 Avril, à Loudun, 1766 janvier 17 (Amf. V).

2683 B., 1730–1737. 4 lettres (Amf. S).

2683* B.A., sœur, 1744 avril 28.

2684 Bagnols, De, à Paris et à Lamotte, 1736–1742. 6 lettres, sans adresse (Amf. T, V, W).
  N.B. 1742 juillet 23 avec 2 annexes.
    1742 déc. 6 avec postscriptum de N.N.

2685 Barchman Wuytiers, C. J., 1725 oct. 18 (Amf. 14).

2685* Baron, F., M.B., s.d. (Amf. g).

2686 Baudichon, André, O.S.B., 1740–1743. 2 lettres (Amf. U, Z).

2687 Baudouin, à Troyes, 1732. 3 lettres (Amf. S).
  N.B. 1732 mars 24. Adresse: Du Tronchet (c'est M. de la Brosse, autrement Du Ménil).
    1732 avril 14. Adresse: Mlle Des Rochers chez Mlle de Théméricourt à Paris, avec postscriptum de …

2687* Beaujeu, H. Quiqueran de, évêque de Castres, 1727 déc. 1.

2688 Beauvau, De, 1731. 2 lettres.

2688* Beauvau, sœur de Ste. Adelaide de, assistante du Calvaire de Tours, 1740–1765, avec 2 mémoires (Amf. 1).

2689 Beauvau d'Avernes, Mad. de, s.a. juillet 19.

2690 Beauvau d'Avréménil, M. et Mad. de, s.a. 2 lettres (Amf. 10, S).

2690* Beauvau de Rivau, R. F. de, archevêque de Narbonne, 1724 mars 1.

2691 Becherand, De, (Dubreuil, c'est lc nom que je porte à présent), 1735–1766. 5 lettres, dont trois sans adresse (Amf. T, V).

2692 Bégon, sœur de Ste. Claire, O.S.B., à Tours, 1767 oct. 31, sans adresse.

2693 Bellisle, De, 1711 déc. 12.

2694 Bellon de St. Quentin, J., 1759–1767. 8 lettres (Amf. 4, V).

2694* Berger de Charancy, G., évêque de St. Papoul, 1738 mai 24, avec minute.

2695 Beringhen de Vieuxpont, Mad., à La Roncière, 1737–1743. 2 lettres, la seconde avec minute (Amf. N, T).

2695* Berlize, Mad. de, 1717 janvier 29.

2696 Bezançon, à Paris, 1764–1766. 2 lettres (Amf. V, Z).

2697 D., frère, 1734 mars 20 (Amf. T).

2698 Bidal, abbé, à Paris, 1716 août 24.
  N.B. Voir inv. no. 2678.

2698* Boileau, J. J., 1708–1716. 2 lettres, sans adresse.
  N.B. 1708 juillet 12, copie de la lettre de M. de Vendôme au roi.

2699 Boisdavid, Mad. de St. Cyprien, du Calvaire à Orléans, 1764–1768. 5 lettres.

2700 Bl.(ondel), P. de l'Oratoire, (1760 juin), avec note de d'Étemare: De M. Richard, rép. le 22 juin.

2701 Bonneau, à Paris, 1763 juin 6.

2701* Bonnecaze, F., O.S.B., 1728 juillet 3. Adresse: Dom E. Verdelle.
  N.B. Voir inv. no. 7149.

2702 Bonnecompagne, aumônier du comte de Ménilles, à Bourneuf, 1764–1765. 7 lettres.

2703 Bonval, De, à Utrecht et Schonauwen, fils de Mad. la princesse d'Auvergne, élève de M. Legros, 1736–1742. 28 lettres (Amf. 13, 14, D, U, Z).
  N.B. 1739 févr. 16 avec extrait d'une lettre de P(etitpied) à Villiers du 9e.
    1739 avril 20 avec billet pour M. de St. André, ancien curé de Gien.

2703* Bosch, d'Auxerre, M., 1769 août 17.

2704 Bossière, 1764–1767. 2 lettres.

2705 Boucy, prêtre à St. Cassien, 1762–1763. 2 lettres.

2706 Bouillé, Mlle, 1759–1760. 2 lettres.

2707 Boulanger, J., à Paris, 1767 déc. 7.

2707* Boullard, Louis, 1717–1721. 2 lettres, aussi signées par L. C. Gaultier de Bois-gourmon, prieur de Chalais, J. B. Herbault et P. Tessonnière.

2708 Bourlon, à la Chaise-Dieu, 1739 juin 27.

2709 Boursier, 1727–1740. 17 lettres.

2710 Boutin, président au parlement de Paris, 1754–1758. 2 lettres (Amf. C, P).

2711 Boyer, P. de l'Oratoire, (1734–1738). 8 lettres, avec réponse.

2712 Boylesve de la Maurouzière, (1740).

2712* Brigode Dubois, A. J. de, à Amsterdam, 1715–1721. 6 lettres.

2713 Brunet, vicaire général de Tours, 1717–1735. 3 lettres, dont deux sans adresse (Amf. S, T, V).

2714 B(urdel), à Tumbrel, 1724 nov. 4 (Amf. R).

2715 Bijeveld, B. J., à Rotterdam, 1766 janvier 2 (Amf. 13).

2715* Caffé(?), à Nantes, 1739 sept. 10.

2716 Caraccioli, marquis, (Negroni), 1758–1760. 7 lettres (Amf. A).

2716* Caraccioli, L. A. de, confrère de l'Oratoire, 1743–1744. 2 lettres (Amf. g).

2717 Caron, S., à Paris, 1717 févr. 21, sans adresse (Amf. V).

2718 Carter, 1735–1758. 2 lettres (Amf. T, V).

2719 Caylus, Ch. de, évêque d'Auxerre, 1732–1753. 87 lettres (Amf. E).
  N.B. 1739 janvier 28 adresse: Mlle de Théméricourt à Paris.
     1745 nov. 3 et plusieurs autres lettres, adresse: Mlle Du Rocher à Paris.

2720 Cerati, Gaspare, recteur de l'université de Pise, 1740–1769. 9 lettres (Amf. 15).
  N.B. 1741 oct. 16 adresse: M. de Varennes pour M. Du Château

2721 Charmont, De, 1734 juillet 24.

2722 Châteauvieux, (1760) sept. 23.

2723 Chauvreau, à Poillé, 1768 févr. 26 (Amf. Z).

2724 Chrétien, Henri, M. B., à Lyre, 1739 mars 21.

2724* Clémencet, Dom (Philaleti, † 4 avril 1778), 1761 janvier 25, avec les Provinci-ales italiennes, d' Eusèbe Eraniste (sur l'histoire du probabilisme).

2725 Colbert, C. J., évêque de Montpellier, 1717–1725. 4 lettres.

2725* (Colbert, doyen d'Orléans), à Amsterdam, 1756 janvier 20.

2725** Combattes, F., O.P., à Clermont, 1738 août 11. Adresse: Dom de Crespat O.S.B. (Amf. b).

2726 Cormaille, (1758–1759). 2 lettres (Amf. 4, V).

2727 Coudrette, prêtre de Paris, 1741–1767. 23 lettres (Amf. 1).
  N.B. (1759) nov. 9, 1761 nov. 19, 1762 mars 1, juillet 2, 1765 déc. 12, 1767 (janvier 8) avec
     postscriptum pour Dupac.
     1760 mai 14 avec annexe.
     1762 janvier 8, 1763 déc. 31 avec postscriptum de Texier.
     1762 sept. 7 avec postscriptum de (Bellon) de St. Quentin.

2728 Courcelles, De, à Paris, 1735–1737. 9 lettres (Amf. S, T).

2729 Cugot, J., 1741–1742. 4 lettres (Amf. U).

2730 Curzay, De, à Paris et Luzignan, 1758–1769. 16 lettres, avec 15 lettres de Bellon de St. Quentin, Dupac, d'Étemare et Mad. de Montagny à Curzay, 1751–1761 (Amf. 1, 4, 8, F, N, V, Z).
  N.B. 1758 janvier 3 avec copie de sa lettre à Mgr. de Poitiers et réponse.
     1766 déc. 13 sous l'adresse de M. Dupac.

2730* Cyprien, sœur de Saint-, à Orléans, 1737–1767. 10 lettres, avec 2 annexes (Amf. 1).

2731 D., 1743–1747. 3 lettres.

2732 D., Mad. C., 1761 oct. 4.

2733 D., M., 1734 août 7 et 25.

2734 Daguesseau, à Paris, 1757–1758. 2 lettres (Amf. V, Z).

2734* Dandigné, Mad., 1741 mars 15.

2735 Danjan, Mlle Victoire, et Danjan fils, à Paris, 1758–1766. 2 lettres.
N.B. 1758 déc. 28 avec postscriptum de C. du Tremblai.

2736 Danycan de la Bedoyère, Mad., (1737 mars) (Amf. T).

2737 Dauger, 1743 mars 10.

2737* Decourt, chevalier de St. Louis à Paris, Major de Bellegarde, 1760–1768. 16 lettres, avec 11 lettres de d'Étemare à Decourt, 1751–1754 (Amf. N).

2738 Decourtoux, procureur de Ste. Geneviève, 1766 avril 4.

2739 Deloleth, à Rome, 1725 oct. 10.

2739* Demont, s.d.

2740 Denattes, prêtre à Auxerre, 1740 févr. 18.

2741 (Des Angles) Patris, 1762–1764. 2 lettres (Amf. 3).

2742 Desbois, Élisabeth, 1742. 2 lettres.

2743 Descarsin, Robert, (de Noviom), prêtre d'Auxerre, (1755).

2744 Deschamps, à Paris, 1741. 2 lettres (Amf. U).

2745 Desessarts, Alexandre, 1734–1760. 17 lettres, avec deux à Alex., 1743 (Amf. 4, S, T, V), et minute de 1740.
N.B. 1734 août 16 adresse: Du Gué de Bagnols, maître des requêtes à Artenay, avec lettre de N.N.
1738 sept. 21 adresse: Mlle de Théméricourt.

2746 Desessarts (Bénédictin?), 1743. 2 lettres (Amf. E).

2747 Desessarts, J. B., (Poncet), 1712–1738. 22 lettres, avec une minute, 1712 (Amf. F, V, W).
N.B. 1724 nov. 1 en partie écrite par Sanson.
1736 juillet 18 avec copie de sa lettre à Petitpied.
1736 sept. 6, 1738 mai 18, adresse: Mlle de Théméricourt.
1736 s.j. Mémoires.
1737 mai 27, copie de sa lettre à Petitpied avec réponse.

2748 Desnoyers, 1755 mai 25 (Amf. Z).

2749 Destouches, 1735 oct. 18 (Amf. T).

2750 Dilhe Desormes, à Paris, 1725–1742. 49 lettres (Amf. R, U).

2751 Doyen, abbé, 1739–1763. 2 lettres (Amf. V).

2752 Ducellier (Tranquille), à Rijnwijk, 1741–1763. 3 lettres, la première avec annotations de d'Étemare (Amf. 13).

2753 Du Chantrel, (1714) janvier 18.

2754 Dufort, Mad., 1737 mars 6.

2755 Du Tour, prêtre à Paris, 1733 juillet 1 (Amf. S).

2756 Dufresne (Coignard?), (1741).

2757 Dugué de Tillières, Mad., (1742 mai) 20, avec annotations sur la famille Dugué, 1731 mars 15 (Amf. S, g).

2758 Duguet, J. J., à Paris, 1697–1729. 10 lettres (Amf. C).
N.B. 1697 nov. 8 avec postscriptum de M. Le Mectayer.
1705 avril 18 avec profession de foi.

2759 Duguet-Mol, Mad., nièce de M. Duguet, 1716–1731. 8 lettres (Amf. C, V).
N.B. 1716 nov. 18 acte de la signature du Formulaire de Claude de la Croix, clerc de Beauvais.
1727 mai 26 signée: De Bart.
1731 nov. 1 adresse: Mlle de Théméricourt.

Duguet, Mad. H., à Paris, 1760 juin 20.

Duguet, Mlle, à Paris, 1764–1769. 3 lettres (Amf. V, Z).

2760 Du Hamel, (1757–1763). 6 lettres (Amf. 2, E, V).

2761 Du Laurier, à Rome, 1726–1731. 19 lettres.

2762 Duménil, à Paris, 1737 mai 10, avec minute (Amf. M).

2763 Dumonceaux, à Utrecht, 1765 déc. 17.

2764 Dupac de Bellegarde, Gabriel, 1742–1769. 154 lettres (Amf. 2, 5).

N.B. 1756 févr. 15 avec copies de lettres de Rome de déc. 1755 et de la lettre circulaire du clergé de France du 31e oct.
1756 mai 2 avec copie d'une lettre de Rome.
1756 mai 31 avec copie d'un arrêté de Rouen.
1759 juin 3 avec mandement de l'évêque de Miranda, copie d'une lettre de Madrid et du P. Cavallery.
1759 (août) avec copie de la sentence du présidial de Nantes.
1761 juin 14, 1767 avril 10, 1769 juin 4 avec extraits de lettres.
1761 juin 28 avec copie du décret contre l'Exposition de la doctrine chrétienne.
1763 oct. 7 avec billet original de M. du Tremblai.
1766 févr. 9 avec lettre originale de M. Dien, curé de Lémeré.
1766 oct. 12 avec modèle de procuration.
1767 mars 8 avec billet de M. du Tremblai et lettre pour Bercher.
1767 mai 21 avec lettre originale de Mad. de Montagny.
1767 sept. 25, oct. 3 adresse: Mad. de Montagny à Paris.
1769 mai 4, juillet 7 adresse: M. van der Weyde à Utrecht.
1769 juillet 14 avec copie d'un arrêt du roi de Portugal.
1769 août 13 avec postscriptum pour Levasseur.

2765 Duplessis, (1740). 2 lettres (Amf. V).

2766 Du Pont, Étienne, (1725) nov. 21 (Amf. R).

2767 Du Tremblai, Clément, 1757–1772. 56 lettres (Amf. 2, A).

N.B. 1758 mars 18–19 avec extrait d'une lettre de Bottari.
1758 avril 2 avec traduction d'une lettre de Bottari.
1759 nov. 20 adresse: Veuve Guillon à Utrecht, et avec lettre à Dupac.
1760 avril 15 avec lettre de M. (Duhamel).
1760 août 28 avec lettre de M. Blondel de l'Oratoire.
1764 mai 4 adresse: M. de St. Marc à Paris.
1766 janvier 26, 1767 août 2 adresse: M. van der Weyde à Utrecht.
1770 juillet 28 adresse: Mlle Desrochers à Paris.
1772 janvier 16 adresse: Duparc à Rijnwijk.

2768 E., sœur Sainte-, 1740 nov. 11 (Amf. Z).

2769 Espinose, D', 1762 août 30.

2770 Étemare, M. et Mad. d', et Mad. de Théméricourt, (1698) (Amf. U).

2771 F., D., à Paris, 1758–1760. 4 lettres, la première avec bulletins (Amf. V, Z).

N.B. 1760 janv. lettre de Silviki, missionaire, à l'abbé Guion, sur les Juifs de Pologne.

2772 Fabin, J. B., prêtre à Rigny-la Salle, 1726 avril 17, avec relation.

2773 Fernanville, Simon de, à Paris, 1737–1739. 2 lettres, la première sous l'adresse: fr. Breb.

2773* Feu, curé de St. Gervais, s.d.

2774 Fontaine, J. B., 1736 déc. 3 et 4 (Amf. T).

2775 Foucher, abbé, à Paris, 1760–1764. 6 lettres (Amf. 4, 13).

2776 Fouillou, 1713–1734. 17 lettres (Amf. O, V).

N.B. 1716 déc. 23 adresse: Mlle de Brière à Paris.

2777 Fouquet, 1727 déc. 31, avec lettre de N.N., à Montpellier, au P. Fouquet (Amf. S).

2778 Fourquevaux, 1742–1767. 76 lettres (Amf. W).

N.B. 1750 août 5 et 10 adresse: abbé Chauverau, chanoine de Tours.
1750 sept. 14 et 19, oct. 1 et 26, 1752 mars 13 adresse: Mgr. d'Auxerre.

1752 janvier 17–20 adresse: M. de Curzai à Paris.
1753 sept. 12 avec extrait d'une lettre du marquis de B(auteville).
1754 (oct. 10), 1763 janvier 29, 1765 janvier 4 adresse: Mad. de Montagny à Paris et avec postscriptum pour Madame.
1756 juillet 15, 1757 oct. 18, 1759 juillet 3, sept. 3, 1762 oct. 18, 1764 mai 10, 1765 janvier 22, adresse: Mad. de Montagny.
1758 déc. 11 avec des remarques sur: Principes discutés.
1759 mars 16, 1760 oct. 28, 1762 mai 21, 1763 déc. 31 avec postscriptum pour Mad. de Montagny.
1759 nov. 5, 1764 juillet 17 adresse: Mad. de Montagny et avec postscripta pour M. du P(arc) et Mad. de Montagny.
1760 févr. 19 avec postscriptum pour M. Duparc.
1760 août 4 avec postscriptum pour Dubois et Vie de M. Ciron.
1761 mai 18, 1762 janvier 14 avec postscriptum pour le secrétaire.
1765 août 6 avec postscripta pour Du P(arc) et Mad. (de Montagny).

2779 Fourquevaux, Mlle de, nièce de l'abbé, 1767–1769. 2 lettres.

2779* Foy, sœur de Sainte-, 1742–1745. 5 lettres (Amf. l).

2780 Francière, L. de, 1737. 2 lettres.

2781 G., D., 1766 oct. 18, sous l'adresse de M. van der Weyde à Utrecht.

2782 Gasse, curé de St. Rémy, à Bordeaux, 1766 oct. 10.

2783 Gaultier de Boisgourmon, L. C., prieur de Chalais, 1758–1767. 9 lettres.

2784 Geneviève, 1769 oct. 4.

2785 Geoffret (Van der Cozen), de l'Oratoire, 1736–1744. 8 lettres, avec minute de 1739 (Amf. F, S, V, g).

2786 Get (la Pallu), De bono et vero, 1761 (Amf. W).

2786* Gervais, sœur de St., 1734–1741. 2 lettres (Amf. l).

2787 Gilbert (Galart), diacre, à Utrecht, 1739–1740. 2 lettres, la première avec copies de ses lettres à M. Latrie et Mgr. Varlet du 31e août et 10e sept. L'adresse manque (Amf. 12, H).

2788 Gilbon, doyen de la faculté de théologie de Poitiers, 1718 avril 19 (Amf. V).

2789 Gillot, chanoine de Reims, 1732 avril 15 (Amf. S).

2790 Girard, de l'Oratoire, à Rome et Marseille, (nom de plume: Portineau), 1727–1741. 56 lettres (Amf. S, M).
N.B. 1741 juillet 4 avec minute.

2791 Goulard, J., vicaire général de Paris, 1723 nov. 28 (Amf. P).

2792 Gourlin, à Serran, 1764–1769. 8 lettres (Amf. 1, V).
N.B. 1766 nov. 19 avec attestation sur M. de la Gacherie.
1768 juillet 17 aussi pour Timothée (Dupac).

2793 Gr., F.L., à Soissons, 1757 avril 10, sans adresse.

2794 Gravier, oncle et neveu, à Aix, 1766–1768. 2 lettres (Amf. V, Z).

2795 Guidi, payeur des rentes à Paris, 1760 mars 29 (Amf. Z).

2796 Guillard, à Paris, 1744 août 13 et 21.

2797 Guyon, aux Vertus, 1767. 3 lettres.

2798 H(ecquet), N, (173.)–1751. 2 lettres.

2798* Hervault, M. I. d', archevêque de Tours, 1715 févr. 12 (Amf. g).

2799 Heydendaal, J., à Utrecht, 1756 déc. 12, avec lettre de J. J. V. Roy à La Haye du 9e nov. sur l'affaire de Rozendaal (près Breda).

2799* Hilaire, sœur de Saint-, 1745 janvier 15.

2799** Irène, sœur de Sainte- 1740–1742. 5 lettres.

2800 Jacby(?), D. L., à Paris, (1766) juin 18.

2801 Jallon, à Utrecht, 1766 oct. 27 (Amf. 1).

2802 (Joncoux), Mlle de, (1769) janvier 29 (Amf. U).

2803　Jonzac, Mad. Seignelay de, (1742) août 31, avec extrait d'une autre lettre.

2804　Joubert, à Paris, 1734–1762. 29 lettres (Amf. 1, S, T, V).
N.B. 1734 janvier 6 adresse: Mlle Des Rochers chez Mlle de Théméricourt.
1736 nov. 30 sur une lettre de Mad. Mol (Cf. Nouvelles Ecclésiastiques 1737, p. 7).
1741 nov. 9 adresse: J.B.
1760 sept. 5 avec annexe sur le véritable auteur de "De indulgentiis".

2804*　Jubé (de la Cour), 1728–1743. 4 lettres.

2805　L. de St. Césaire, sœur, 1737 avril 1.

2806　La Berthonye, O. P., à Paris, 1755 août 21.

2807　La Borde, Negre de, à Tillières, 1763–1765. 2 lettres.

2807*　La Consy, De, s.a. févr. 25.

2808　La Coste, Louis, M. B. en l'abbaye de Lyre, 1736–1739. 5 lettres, la dernière sous l'adresse de Bagnols (Amf. S, U, Z).

2808*　La Croix, M. de, (de Verteuil), à Neufville, 1725 oct. 4.

2809　La Jailles, Mad. de, à La Tour St. Gelin, 1766 janvier 17.

2810　La Loge, De, à Vincelles, 1764–1766. 4 lettres.

2811　Lalource, à Fontenay, 1764. 2 lettres.

2812　La Maurouzière, De, à La Plissonnière, 1740. 2 lettres.

2813　(Lamoureux) de St. Jean, prêtre à Nantes, 1735–1766. 11 lettres (Amf. 4, T, V, Z).
N.B. 1764 juin 18 avec postscriptum de ...
1766 juillet 17 avec postscriptum de (Dupac) du 23e.

2814　Langle, Pierre de, 1718–1724. 14 lettres (Amf. G).

2815　La Pierre, De, à Paris, 1716 févr. 2.

2816　La Plene, De, 1741 mars 22, avec postscriptum de (Rigault).

2817　La Poèze, De, à Bourgneuf, (1736) sept. 19 (Amf. T).

2818　Lasalle, De, à Campagne en Béarn, et à Florence, Gênes et Pau, 1741. 13 lettres (Amf. S, V, Z).
N.B. 1741 sept. 12 avec postscriptum de M. Lombart.
1741 oct. 19 adresse: Mlle de Théméricourt à Paris.

2819　Lasnier Le B(lanc), 1740–1742. 5 lettres.

2820　Lasseray, fils aîné, à Paris, 1766 mai 12 (Amf. V).

2820*　Laumon, F., à Lodève, 1750 févr. 20 (Amf. g).

2821　La Vrillière, à Versailles, 1722 juillet 8 (Amf. R).

2822　Le Bault, abbesse de N.D. de Tard, à Dijon, 1767–1768. 2 lettres (Amf. U, Z).

2823　Le Boucher, à Paris, 1720 août 4, sous l'adresse de M. de Silly, prêtre.

2824　Le Bourdieu, 1721 mars 24, sous l'adresse de M. de St. Jean à Paris.

2825　Le Comte, F., à Amsterdam, 1766 juin 6 (Amf. 14).

2826　Le Couteulx Desaubois, dit le fr. Étienne, 1733. 2 lettres (Amf. S, g).

2827　Lefebvre, P., prêtre à Loudun, 1737. 2 lettres (Amf. T).

2828　Le Grand, relieur à l'abbaye de La Trappe, 1740 déc. 28. Adresse: Mad. de Montagny à Paris (Amf. U).

2829　Legros, Nicolas, 1716–1747. 65 lettres (Amf. 13, I, W).
N.B. 1716 juillet 2 adresse: Veuve Thibaut à Sedan.
1725 déc. 6, 1726 janvier 16 adresse: M. Pallu à Paris.
1725 déc. 19 avec copie d'une lettre de Mgr. N.N. au cardinal Paulucci.
1726 janvier 23 avec copie du bref du 6e déc. 1725.
1726 mai 23 adresse: M. Samson.
1726 juin 2 adresse: M. Briez.
1736 s.j. avec annotation de Poncet.
1737 juin 25: Rapport d'un entretien avec M. Verhulst sur l'accusation de Quiétisme contre M. Poncet par quelques écrivains.

1739 juin 20 avec postscriptum de Latrie et Le Couteulx dit Delaunay.
1740 déc. 29 avec postscriptum de Latrie.
1743 juin 30 avec postscriptum de Bonval.

2830 Le Mectayer, prêtre, à Évreux, 1695–1696. 2 lettres.

2830* Le Merle, Paul, 1721. 2 lettres.

2831 Le Moine, à Paris, 1731–1735. 8 lettres, avec annexes sur la confiance.
N.B. 1732 nov. 25, 1733 févr. 21 adresse: Mlle de Théméricourt.

2832 Le Nain, Mad., (1737) mars 26.
N.B. Ci-jointes copie de sa lettre de Mlle de T(hémericourt) du 7e mai et lettre à M. ...,
avril 1737 (Amf. M).

2833 Lénard (alias Clément), précepteur chez M. Poulain à Paris, 1740 juillet 1, avec
copies de lettres de et à Poulain de Vaujoye.

2834 Lenfant, à Rouen, 1716 nov. 5 (Amf. 19).

2835 Lequeux, chapelain de St. Yves à Paris, 1758–1760. 3 lettres, la première avec
mémoire sur les œuvres de Bossuet (Amf. 4, V).

2836 Le Riche, 1741. 4 lettres (Amf. J).
N.B. Voir inv. no. 3036.

2837 Lerines, De, 1735–1739. 14 lettres (Amf. D, T, U).
N.B. 1737 sept. 16 adresse: Mlle de Théméricourt à Paris.

2838 Le Roy de St. Charles (Bercher), 1768–1769. 2 lettres (Amf. 4).

2838* Le Tellier, chanoine de Sens, (1760) sept. 5, avec copie de 1751.

2839 Le Vacher, 1739 avril 16 (Amf. F).

2840 Lier, J. van, à Amsterdam, 1769 janvier 4. Adresse: Messieurs de Rijnwijk
(Amf. 14).

2841 Lisle, De, (1763 avril).

2841* M., 1768 nov. 21.

2842 M., 1737 avril 6, avec relation du miracle de Marianne Laudon (Amf. O).

2842* M., Mad., 1742 sept. 30.

2843 M(aillard), 1758. 2 lettres.

2844 Margon, abbé de, à Versailles, 1716 juin 20, avec projet du P. Le Tellier.

2844* Masquelier, s.a. juillet 6, avec lettre de d'Étemare à l'abbé de Villeron, 1736 sept.
23.

2845 Mattes, F. D., 1734 janvier 26.

2845* Mauger, Simon, à Rennes, à Dom Denis de Ste. Marthe, avec réponse, 1725.

2845** Mayou, à Angoulême, 1724, avec annexes.

2846 Meindaerts, P. J., archevêque d'Utrecht, 1763 oct. 29.

2847 Ménilles, (cousin de d'Étemare), à Ménilles, 1737 et s.d. 2 lettres.

2848 Ménilles, Mlle de, (cousine), à Évreux, 1758 nov. 1.

2849 Mérault de Ménilles, Mad., (sœur), s.d., avec billet pour Mlle de la Chambo-
dière.

2850 Michelet, 1741–1743. 2 lettres, la première avec postscriptum de M. Lefebure,
curé de St. Marcel à Metz. (Amf. U, V).

2851 Moly, prêtre de la Doctrine Chrétienne à Toulouse, 1766 avril 22 (Amf. V).

2852 Monnier, vicaire général de Boulogne, 1716–1726. 4 lettres (Amf. R, V).

2853 Montagny, Mad. de, à Paris, 1739–1770. 355 lettres, en partie ou en tout écrites
par Dubois, De St. Marc, Mouton, Mad. d'Armaille- de Montaignie, Louisons,
De la Grave, De la Lane, Bernard l'Hermite et Bercher (Amf. 8, G, W).
N.B. 1760 mai 8, 1765 oct. 31 avec extrait d'une lettre de Valbon (Fourquevaux).
1761 oct. 11, déc. 6 et 13; 1762 sept. 25, déc. 12 et 24; 1763 févr. 12, mars 5, août 14,
déc. 10; 1764 oct. 14; 1768 août 28; 1769 déc. 24; 1770 mars 11 aussi pour Dupac.

1761 oct. 18 avec extrait d'une lettre sur Rijnwijk.
1761 nov. 22 avec postscriptum de Dubois.
1761 nov. 29 avec lettre de Manchot.
1762 janvier 9, 10, 28–31, mai 2, nov. 21; 1764 janvier 7 et 8 avec postscriptum de Saint-Marc.
1762 sept. 5 avec postscriptum de Mouton.
1763 mars 13, avril 17, mai 14 avec postscriptum de Mad. d'Armaille-de Montaignie.
1763 oct. 1 avec copie d'un arrêt du conseil.
1764 juin 17 avec extrait d'une lettre pastorale de Mgr. de Châlons.
1765 févr. 17 avec compliment du P. Élizé au roi.
1765 mars 10 avec minute-réponse de d'Étemare à Gourlin.
1765 avril 21. La date 22 avril Dimanche le Bon Pasteur est probablement fautive en rapport avec la lettre du 5e avril (ou mieux mai).
1765 mai 5, la date Dimanche 5 avril 1765 ne peut être juste. Vendredi Saint tomba dans cette année le 5e avril.
1765 juin 2 et 9, 1769 juillet 16 avec postscriptum de Dupac.
1765 oct. s.j. avec extrait d'une lettre de Mgr. de Lyon au roi.
1766 juillet 13, 1767 déc. 26–27 en partie ou en tout écrites par M. de St. Marc et Louisons.
1767 août 16, 1768 janvier 16–17, juin 11–12, 1769 févr. 4–5, mai 14, juillet 1 et 9, oct. 1, avec lettre de St. Marc à Dupac.
1768 avril 9–10 avec extrait d'une lettre de Bayonne du 29e mars.
1769 août 26–27 avec copie de Louisons des lettres patentes du 5e et 12e.
1770 mars 4 avec postscriptum de St. Marc à Dupac.

2854 Montgazon, Mad. de, 1764 janvier 6 (Amf. Z).
2855 Montgeron, De, à Viviers, 1738 mai 13 (Amf. U).
2856 Mouton, J. B., 1768 juin 23. (Amf. 1).
2857 N.N., Mad., à Roncé, Bourneuf et Rivau, 1737–1747. 19 lettres (Amf. S, U).
N.B. Peut-être Dubourdun ou Dubourneuf?
1747 janvier 4, hors de Montgoger, à M. Curzai.
2857* N.N., Mad., à Bourneuf (amie sœur de d'Étemare), (1757–1758). 4 lettres.
N.B. 1757 déc. 27 adresse: Mlle Des Rochers à Paris.
1758 déc. 26 avec postscriptum de sa fille et lettre, s.d.
2858 N.N., Mad., à Loudun (sœur), 1719–1724. 2 lettres, la première avec postscriptum de sa sœur.
2859 N.N., Mad., à Loudun (sœur), (1738). 3 lettres.
2860 N.N., Mad., à Paris (une autre sœur que Mad. Mérault), 1737. 2 lettres.
2861 N.N., Mad., s.a. nov. 28, avec postscriptum de . . .
2862 N.N., 1681 sept. 6, sans adresse (Amf. Y).
2863 N.N., (1712).
2864 N.N., (1714) juillet 7.
2865 N.N., 1715 juin 16.
2866 N.N., 1715 sept. 1 et 2.
2867 N.N., (1715 déc.).
2868 N.N., 1716 janvier 22 et s.d. (Récit de ce qui s'est passé à la faculté de Nantes, 1714–1716).
2869 N.N., (1716 oct.).
2870 N.N., 1717 janvier 11.
2871 N.N., 1717 mars 7 (Amf. V).
2872 N.N., 1725 juin 17, avec extrait d'une lettre de Paris (Amf. R).
2873 N.N., 1726 mai 12.
2874 N.N., 1726–1733. 3 lettres (Amf. R, S).
2875 N.N., 1726–1729. 3 lettres, la première avec adresse: M. Samson à Paris, la seconde: De Gennes, la troisième sur l'appel de Mgr. P. de Langle (Amf. G, I, S).

2876 N.N., 1727–1729. 13 lettres, de Paris et Rome.
2877 N.N., 1727 mars 3.
2878 N.N., 1727 nov.–déc. 5 lettres, les 3 dernières de Paris.
2879 N.N., 1727 nov. 23 et 28.
2880 N.N., 1727–1728. 2 lettres.
2881 N.N., 1727–1737. 4 lettres, la troisième avec lettre de l'abbé de la Poèze (Amf. S, T).
2882 N.N., 1728–1730. 14 lettres.
2883 N.N., (cousin de d'Étemare), 1728 juillet 5 (Amf. U).
2884 N.N., 1728 déc. 9.
2885 N.N., 1729 août 13 et 24.
2886 N.N., 172. (déc. 28).
2887 N.N., 1731 avril 12 (lettre de Rome sur Palafox).
2887* N.N., 1734 août 9, 13 et 17, la dernière avec adresse: M. de St. André chez M. Laurencin à Orléans, les 2 premières à Lebrun (chez M. Dugué de Bagnols) dans le château de la Mothe à St. Lié, pour M. de Senneville. L'écriture est la même qu'à Lamotte.
2888 N.N., (1734).
2889 N.N., (1735) févr. 7, avec postscriptum (de la même écriture que no. 2897).
2890 N.N., 1735 mars 18, juillet 20, avec extrait d'une lettre de l'abbé L.
2891 N.N., 1736 nov. 11 (Amf. T).
2892 N.N., 1737 mars 11.
2893 N.N., 1737 mars 29, signé D.B.
2894 N.N., 1737 avril 29.
2895 N.N., 1737 avril 29, mai 4.
2896 N.N., 1738. 4 lettres.
2897 N.N., 1738 juin 16 (la même écriture que le postscriptum de no. 2889). Adresse: Mlle de Théméricourt.
2898 N.N., 1738 août 2.
2899 N.N., 1738 oct. 7 (Amf. F).
2900 N.N., 1739 janvier 23, avec annexe de M.D.
2901 N.N., 1739 mai 4 et s.d.
2902 N.N., 1739 sept. 19. Adresse: Jean B.
2903 N.N., (173.) juillet 20.
2904 N.N., 1740 févr. 21, avec note de d'Étemare.
2905 N.N., 1741 févr. 15.
2906 N.N., (1741) févr. 19.
2907 N.N., 1741. 2 lettres, la première à l'adresse de Mlle de Théméricourt.
2908 N.N., 1741 mars 14, avec extrait d'une lettre de Mgr. d'Auxerre (Amf. E, U).
2909 N.N., (1741) juin 20.
2910 N.N., 1741 juillet 2.
2911 N.N., (1742) août 10.
2912 N.N., (1746) janvier 31.
2913 N.N., 1758 févr. 5.
2914 N.N., 1758 juin 26, avec postscriptum de (Mlle ...).
2915 N.N., 1759 avril 9, sans adresse.
2916 N.N., 1759–1766. 3 lettres.

2917 N.N., (1759) nov. 8, avec copie de la lettre du P. La Berthonie, O.P., (1758 août. 15), sur la conversion de Bouguer et réponse de M. St.J.
2918 N.N., 1762. 2 lettres.
2918* N.N., (1763), avec annexe de Mad. Rossignol Deschiens.
2919 N.N., 1763 août 30.
2920 N.N., 1765 janvier 2 (Amf. S).
2921 N.N., 1765 sept. 5, avec postscriptum de (Mad. de Montagny).
2922 N.N., (1766) janvier 5, 12 et 19, sous l'adresse de G. van der Weyde à Utrecht (Amf. V).
2923 N.N., 1766. 2 lettres, sans adresse.
2924 N.N., (cousin de d'Étemare), 1766 oct. 13, avec postscriptum de Dupac.
2925 N.N., 1766 oct. 15, avec postscriptum de ...
2926 N.N., 1767 juin 3 (Amf. Z).
2927 N.N., 1767 juillet 24, apportée par Van Zeller.
2928 N.N., (1767) août 6.
2929 N.N., 1767 août 28.
2930 N.N., 1768 août 5 (Amf. G).
2931 N.N., s.d. (Amf. U).
2932 N.N., à Curzai, 1764 sept. 22, avec note de d'Étemare pour Mad. ...
2933 N.N., à Joinville, 1702 mars 3, sans adresse.
2933* N.N., à Loudun (probablement une sœur de d'Étemare), 1719. 4 lettres (Amf. a).
2934 N.N., à Louvain, (1759) mai 13, sans adresse.
2935 N.N., à Marseille, 1741 sept. 11.
2936 N.N., à Montpellier, 1735 avril 4.
2937 N.N., à Nantes, 1716 juin 13, avec copie de la lettre de M. Bedoyère, procureur général de Rennes, à la faculté de Nantes. L'adresse manque.
2938 N.N., à Orléans, 1721 janvier 27 (Amf. R).
2939 N.N., à Paris, 1714–1759. 5 lettres, les 4 premières sans adresse (Amf. R, V).
2940 N.N., à Paris, 1716 mars 10.
2941 N.N., à Paris, 1716 oct. 9.
2942 N.N., à Paris, (1718) oct. 3 et 5, sans adresse.
2943 N.N., à Paris, 1724–1741. 35 lettres (Amf. I, R, S, T, U).
    N.B. 1735 juillet 12, 1736 nov. 27 adresse: M. de Bagnols (de la Mothe) à Artenay. 1735 août 23 adresse: Mlle de Théméricourt à Paris.
2944 N.N., (à Paris), 1726 nov. 16.
2945 N.N., à Paris, 1727 nov. 20 et 30, avec postscripta de ...
2946 N.N., à Paris, (1734) nov. 1.
2947 N.N., à Paris, 1759 févr. 13.
2948 N.N., à Régennes, 1738–1741. 6 lettres.
    N.B. 1738 juillet 14 adresse: Mlle de Théméricourt. 1740 sept. 8 adresse: Mad. de Montagny.
2949 N.N., à Rome, 1726. 4 lettres.
2950 N.N., à St. Cyr, 1738 juin 21.
2951 N.N., à Toulouse, (1721) août 17.
2952 Nivelle de St. Jean (Du Ménillet), à Paris, 1716–1736. 23 lettres (Amf. R, S, V).
    N.B. 1716 s.j. (mai-déc.): Mémoire sur la négociation de Chevalier et Laborde à Rome. 1720 oct. 6, 1726 oct. 27 avec postscriptum de Duquesnoy, mais une autre signature que chez Legros.
2953 Palaiseau, curé de, 1743 juillet 19. Avec des anecdotes sur la bulle Unigenitus.

2953* Palerne, Nicolas, M. B., 1727 nov. 15 (Amf. g).
2954 Périer, Marguerite, à Clermont, 1725–1730. 2 lettres (Amf. 19).
2955 Pessen, prieur de Chambon, 1723 août 6 (Amf. e).
2956 Petit, à Orléans, 1729–1733. 2 lettres, la dernière avec adresse: Mlle de Théméricourt.
2957 Petitmont, De, (Van Kleinberg, Cuzzoni), (1760). 3 lettres (Amf. 13).
2958 Petitpied, N., (F. Gallois), 1712–1737. 20 lettres (Amf. Y).
    N.B. 1716 janvier 23 aussi pour Poncet.
2959 Philbert, Mad., à Bourneuf, 1767 oct. 16.
2960 Philippe, à Paris, 1735–1742. 7 lettres (Amf. S, T, V, Z).
2961 Pichaud, à Paris, 1734. 4 lettres.
2962 Pinault, à Paris, 1764–1768. 5 lettres (Amf. V, Z).
2963 Pinpresel (Danicourt), à Miramont, 1758 déc. 30, pour M. le procureur de Rijnwijk.
2964 Plainesevette, De, 1741 janvier 6.
2965 Pluche, Ant., (173.).
2966 Poitiers, curé de Ste. Oportune à, 1719 mai 3 (Amf. V).
2967 Poligni, St. Marc, Richard, La Pallu, Des Angles, Mouton, Casaux, Dubois, à Rijnwijk, 1757 juillet 25 (Amf. O).
2968 Pouget, F. A., à Paris, 1705–1716. 11 lettres (Amf. O, V, d).
    N.B. 1705 mai 23, juin 13, juillet 15 avec postscriptum de d'Étemare à Mlle (de Théméricourt).
2969 Pougnet (De Beaumont, J. J. Bérard), 1735–1764. 13 lettres (Amf. S, V, Z).
2970 Poulain de Vaujoye, à Paris, 1740 juin 30, avec copie des plaintes de M. Lénard (alias Clément) et réponses (Amf. U).
2971 Pressin, à Paris, 1742 sept. 22 (Amf. W).
2972 Quatremère, à Paris, 1737 févr. 28 (Amf. T).
2973 Quesnel, P. (Dupuis), 1714–1719. 22 lettres (Amf. boîte Quesnel).
    N.B. 1715 nov. 4; 1716 févr. 3 et 24, mars 19, mai 8, déc. 11; 1717 janvier 13, févr. 18; 1718 mars 31, avec adresse: Mlle de Brière à N.D. de Liesse à Paris.
2974 R., Mlle D., (1736 sept.) (Amf. S).
2975 Racine, Bonaventure, chanoine d'Auxerre, 1735–1741. 6 lettres (Amf. 3).
    N.B. 1736 juillet 30 avec copies de ses lettres à Petitpied et d'Étemare du 15e juillet et 20e août 1735.
2975* Radegonde, sœur de Ste., religieuse Bénédictine du Calvaire de Loudun, 1739–1746. 10 lettres, avec lettre de Louis Philippeaux à Mlle de Théméricourt, 1745 août 9.
    N.B. 1740 mai 13, 1741 avril 28, juin 6 avec postscripta de sœur de Ste. Perpétue.
2975** Rastignac, L. J. de Chapt de, archevêque de Tours, 1730–1750. 11 lettres, avec une à L. de Charancy, 1725 oct. 1 (Amf. g).
2976 Réméon, De, P. de l'Oratoire, à Bourges, 1737–1741. 3 lettres (Amf. U. T).
2977 Ressye, 1765 mars 6, avec postscriptum de . . . (Amf. Z).
2978 Reynaud, M. A., curé de Vaux et Champs, 1764–1770. 4 lettres, avec observations sur les œuvres d'Arnauld (Amf. J, Z).
    N.B. 1764 sept. avec sa correspondance avec Gourlin sur le Traité de la confiance. Voir inv. no. 3035. Avec lettre de Cl. du Tremblai à M. de St. Marc, 1764 déc. 14.
2979 Rochechouart, Mad. la duchesse de, à Paris, 1737 nov. 27.
2980 Roncé, Mad. B. de, 1737–1766. 5 lettres (Amf. T, U, V).
2981 Roncée, Mère de Saumery (?) de Johanne, 1769 juillet 5.
2982 Roncy, abbé de, à Loudun, 1763–1764. 3 lettres (Amf. U).

2983 Rougemont, à Paris, 1740–1741. 2 lettres.
2984 Rouillé Desfilletières, à Paris, 1738 juin 7.
2984* Rousseau de la Parisière, J. C., évêque de Nîmes, 1710, avec annexe.
2985 Roussel, à Troyes, 1732–1739. 26 lettres (Amf. S, V).
    N.B. 1732 mars 14, 18 et 22; 1735 mars 19; 1738 (juillet); 1739 févr. 20, oct. 16, adresse: Mlle de Théméricourt à Paris.
    1738 mars 10, sept. 2 avec postscriptum pour Mlle (de Théméricourt).
    1738 déc. 1 avec copie d'une lettre de J. Terrillon, curé de Monthiéramey.
    1739 déc. 10 avec copie d'une lettre de Mgr. de Sens à l'abbé Doé.
2986 Rully, De, abbesse de Tard, à Dijon (cousine de d'Étemare), 1763–1765. 2 lettres, avec une à sa cousine (Mad. de Montagny).
2987 Saint-Hilaire, à la Plissonière près Mortagne, 1747 mai 5.
2988 Saint-Louis, sœur de, sousprieure du Calvaire de Loudun, 1765 déc. 27.
2989 Saint-Marc, De, 1760–1767. 11 lettres (Amf. 9, A).
    N.B. 1760 mars 22 avec postscriptum de C. du Tremblai.
    1760 (mai, juin et juillet) avec copies de lettres de Rome.
    1766 juillet 6 avec postscriptum de la part de Mad. de Montagny.
    1766 août 31 avec postscriptum de Mad. de Montagny.
2990 Saint-Vincent, Robert de, à Paris, 1761–1764. 2 lettres (Amf. 5).
2991 Salerna, (Pédro da Costa de Almeida) de, ministre de Portugal à La Haye, 1762–1765. 2 lettres (Amf. 13).
2992 Sartre, Pierre, ancien grand vicaire de Mgr. Colbert, évêque de Montpellier, 1754–1769. 30 lettres (Amf. 1, 14, C).
    N.B. 1758 févr. 13 avec lettre du 15e juillet 1757 sur Mgr. Colbert.
    1762 août 20 réponse à l'abbesse de Maubuisson.
    1763 juin 25 avec copie d'une lettre à l'abbesse de Maubuisson.
    1763 (oct.) avec copie d'une lettre à Mad. de Montagny, et de M. Philippe à M. Génet.
    1764 mars 25. Deux exemplaires avec annexes.
    1768 sept. 14 avec copie.
2993 Saville(?), (1759) janvier 18, avec quelques lignes de M. De Court (Amf. E).
2994 Schepper, Dr. J. B. B. de, 1737 juillet 25 (Amf. T).
2995 Silly, De, 1737–1745. 2 lettres (Amf. U).
2996 Soanen, J., évêque de Senez, 1725–1739. 11 lettres.
    N.B. 1737 janvier 7 copie de sa lettre à Pp (Petitpied).
    1739 févr. 18 avec copie de sa lettre à M. de L., qui était enveloppée dans celle-ci.
2996* Souillac, J. G., de, évêque de Lodève, 1748–1749. 2 lettres (Amf. g).
2997 Stiphout, J., évêque de Haarlem, 1765 déc. 18 (Amf. 14).
2998 Stuart, prêtre, 1744–1745. 5 lettres (Amf. V).
2999 Surry, De, de la Doctrine Chrétienne, 1737 août 8.
3000 Texier, avocat à Paris, 1745–1769. 24 lettres (Amf. 4, A).
    N.B. 1745 déc. 29 avec lettre à Mlle Du Rocher du 29e nov.
    1758 oct. 2 avec postscriptum de M. le Prieur (Coudrette).
    1758 déc. 13 avec consultation de Mey e.a.
    1762 avril 28 avec postscriptum de M. . . . du 1er mai.
3001 Théméricourt, Mlle de, 1705–1738. 24 lettres (Amf. O, P).
    N.B. 1705 juin 1, 4, et 7; juillet 2 avec postscriptum de Mad. . . .
    1733 juillet 1 avec certificat du chirurgien Arnauld.
    1733 juillet 20 avec extrait d'une lettre à Mad. . . . du 9e juin.
3001* Idem, 1732–1745. 1 paquet, avec lettre de Duguet à Théméricourt, 1745 avril 3.
3002 Thibauld, à Paris, 1731–1740. 8 lettres (Amf. S, U).
    N.B. 1735 févr 10 adresse: Mlle de la Chambaudière au château de Rivau.
3003 Tour, Mlle de la Barge de, 1736–1740. 11 lettres (Amf. T, U).
3003* Tourouvre, J. A. de, évêque de Rodez, 1724–1727. 3 lettres.

3004 Touvenot Duvivier (de Jonval), à Utrecht et Paris, 1737–1757. 4 lettres, la dernière sous l'adresse: Mlle Du Rochet à Paris (Amf. Q, T, V, Z).

3005 Truchon, (1760).

3006 Truilhier, P. de l'Oratoire, 1741 juillet 5.

3007 Vallier, Mad., 1737 mars 4, avec postscriptum de Gagnin.

3008 Vallois, De, à Utrecht et Rijnwijk, 1741–1745. 3 lettres (Amf. 17).

3009 Varlet, D. M., (Dupré), à Schonauwen, 1739–1740. 2 lettres, avec minute (Amf. 13, D, Z).

3010 Vermeulen, J., à Leyde, 1770 mai 10.

3010* Verthamont, J. B. de, évêque de Pamiers, 1727. 2 lettres.

3010** Vidal, à Régennes, 1752 août 9 (Amf. XXI).

3011 Villefroy, abbé de Blasimont, professeur à Paris, 1762–1764. 3 lettres (Amf. V, Z).

3012 Villiers, 1742–1743. 2 lettres (Amf. Z, i).
N.B. 1742 sept. 25 sur la succession de Mgr. Varlet.

3013 Diverses personnes, 1699–1768.

3013* Actes et relations des miracles, opérés par l'intercession de Fr. de Pâris et de Mgr. Soanen, 1725–1750. Originaux, copies et imprimés (Amf. N, O).

Minutes

3014 Lettres à diverses personnes et mémoires, 1716–1769.

3015 Remarques sur les 101 propositions (Amf. Q).

3016 Remarques sur la conversion des Juifs.

3017 Annotations sur divers sujets, 1726–1730.

3018 Extraits de lettres, 1725–1726.

3019 Extraits de différents écrits, 1716–1723.

3020 Réflexions sur l'histoire (Amf. T).

3021 Notes chronologiques sur l'histoire, 1762–1768.

3022 Extraits de St. Augustin etc., annotations sur divers sujets et conversations, 1712–1767.

3022* Paraphrases sur les œuvres de St. Augustin. 1 t.

3022** Principes pour l'intelligence de l'Écriture Sainte. 1 t.

3022*** Conférences sur 3 livres des Rois. 1 t.

3022**** Conférences sur 4 livres des Rois et Isaïe, réflexions sur l'ouvrage de Duguet contre Nicole etc. 1 t.

3022***** Explication d'Ézéchiel. 1 t.

3023 Explication de l'histoire de Joseph etc. (Amf. P).

3024 Réflexions sur la doctrine de St. Paul.

3025 Recueil de passages sur les convulsions, 1734–1754 (Amf. R).

3026 Recueil de passages sur les états surnaturels (Amf. R).

3027 Recueil de passages sur la crainte et la confiance, 1716–1742.

3028 Généalogie de la maison Le Sesne de Ménilles d'Étemare (Amf. P).

Copies

3029 Histoire de la religion, représentée dans l'Écriture sous divers symboles (3–6 et 8, non imprimée) par (L.L.?), 176 pag. 1 t. fol. (Amf. Y).

3030 Deuxième exemplaire 4°, pag. 1–201 (date 12 févr. 1725).
Troisième exemplaire 4°, pag. 1–80 (incomplet).

3031   Introduction à l'intelligence des prophéties (1729 décembre).
3032   Discours et réflexions sur les figures de l'Écriture Sainte.
3033   Plan d'étude pour le chevalier de . . ., (1748) (Amf. O).
3034   Conférences sur le premier livre des Rois, tenues en 1723 (Amf. O).
       Suite du parallèle de l'histoire de l'Église avec celle de la synagogue.
       Histoire des Macchabées. Imprimée en 1760 avec des changements par Joubert,
       avec parallèle de l'histoire des Macchabées avec Port-Royal.
       Idée générale de la conduite de Dieu sur son Église.
3035   Reynaud, curé de Vaux et Champs. Traité sur la confiance, (1764) (Amf. J).
       N.B. Voir inv. no. 2978.
3036   Le Riche, Précis de mes lettres à envoyer, 1741–1742.
       N.B. Voir inv. no. 2836.
3037   Mésy, Mlle de, Discours sur les convulsions, 1732–1733. Avec discours du che-
       valier de Blaru (frère Hilaire), Du Viviers, sœur Catherine, frères Pierre et Noël.
3038   Tractatus de libero arbitrio, 1680–1681. 170 pag.
3039   Réflexions sur le livre de Job etc., sur la concorde des Évangiles et explications
       de l'Apocalypse et Malachie.
3040   Pièces sur l'Église de France, Port-Royal, les Filles de l'Enfance, le Formulaire
       et la bulle Unigenitus, 1604–1719, de diverses mains e.a. Mlle de Théméricourt
       (Amf. passim).
       Janseniana. Lettre de Mgr. de Comminges à Mad. de St. Loup sur la sainte
       Épine.
3041   Idem sur la bulle Unigenitus, les miracles, convulsions et l'Église d'Utrecht,
       1720–1731.
3042   Idem, 1732–1769.
3042* Préjugés légitimes contre la bulle Unigenitus.
3043   Lettres de Robert Arnauld d'Andilly, 1641–1672, à Agnès, 1653, Antoine, 1641,
       et Henri Arnauld, (1661), à Arnauld de Pomponne, 1643, Angélique de St. Jean
       1672, et Anne-Marie de Ste. Marguerite Arnauld d'Andilly, 1658, à la reine de
       Pologne, 1661, et à N.N. sur la mort de son neveu Le Maistre, (1658) 1664.
       Sentiments et derniers paroles de Robert Arnauld par Arnauld de Luzancy.
       Mémoire, 1664 (Amf. 20).
3044   Lettres à Chertemps de François M. de Ste. Julie Baudrand, cellerière et prieure
       de Port-Royal, 1682–1692 (53 lettres), de Marie Angélique de Ste. Thérèse Ar-
       nauld d'Andilly, 1687–1692. (7 lettres), et d'Agnès de Ste. Thècle Racine,
       1682–1690. (5 lettres).
3045   Lettres de Dugué de Bagnols à la Mère Angélique Arnauld, et à sa fille, élevée à
       Port-Royal des Champs, 1651–1657, et à Angélique de St. Jean Arnauld d'An-
       dilly, s.d.
3046   Lettres (26) de M. Du Charmel à Mad. de Fontpertuis, 1699–1712.
3047   Lettres (25) de Claude-Louise de Ste. Anastasie Dumesnil, prieure de Port-
       Royal des Champs, 1704–1708.
3048   Lettres de Lancelot, religieux de St. Benoît de l'abbaye de St. Cyran, à Antoine
       Arnauld, 1664–1665 (42 lettres), à Catherine-Agnès de St. Paul Arnauld, 1668–
       1669 (2 lettres) et à Varet de Fontenay, 1683 juin 1.
       Écrit de Port-Royal au cardinal de Retz, 1665 mars 17.
       Relation du passé entre le vicaire de St. Médard et sœur Louise de St. Fare,
       1665 avril 29.

Lettres de Hamon à Lancelot, 1665 févr. 4, de Mad. de Poligny à N.N., 1664 oct. 21, de Pomponne à Luzancy, 1665 avril, et de Rousse à Lancelot, 1664 (6 lettres).

3049 Lettres d'Antoine Le Maistre, 1634–1658, à la Mère Agnès, 1653 (3 lettres) et à la Mère Angélique Arnauld, 1640–1653 (8 lettres), à R. Arnauld d'Andilly, 1638–1652 (2 lettres), et à la Mère Angélique de St. Jean Arnauld d'Andilly, s.d. (4 lettres), à Mgr. le Chancelier, 1637 déc. 15, à J. F. P. de Gondi, cardinal de Retz, archevêque de Paris, 1638–1655 (2 lettres), à la mère d'Antoine Le Maistre, 1638, à sœur Marie-Claire, 1658 janvier 2, et au marquis de Portes, 1638 avril 23.
Mémoires sur Port-Royal, 1644–1652, (1655 mai).
Interrogatoire de la Mère Angélique, (1656 mars 3).
Relation de la seconde visite du lieutenant civil.
Mémoire pour cardinal Mazarin, (1656) avril 21.
Arnauld de Luzancy, s.d.
Lettre de Julien, prieur de St. Lazare, à Mlle Le Maistre à Port-Royal et à la Mère Angélique, 1638 août 9.

3050 Lettres du P. Nicolas Le Tourneux à Mad. de Fontpertuis, 1679–1686, Mlle. Le Vayer, 1683, Mlle de Vertus, 1682–1686, Mlle Cailloux, 1684, M. de Santeuil e.a. (double exempl.).
Réflexions sur la grâce.

3051 Lettres du duc de Luynes à la Mère Angélique Arnauld, 1652–1654 (2 lettres), et à Marie des Anges Suireau, 1656 (2 lettres).
Christine de Suède au cardinal Azzolini, s.d. (Amf. 20).
N. Pavillon à Le Maistre de Sacy, 1668–1676 (8 lettres), et à Antoine Arnauld, 1668 juillet 16.
Le Maistre de Sacy au duc de Montausier, 1671–1673 (2 lettres), à Singlin, (1661) juin 3, à Hamon, (1657) déc. 18, et Arnauld d'Andilly, s.d.
Idem à la Mère Angélique de St. Jean sous le nom de Mad. de Genlis, Dugué de Bagnols, E. Le Féron, Mlle de la Ferté, Thaumas, 1642–1668.
Duc de Montausier à Le Maistre de Sacy, 1671–1683. (4 lettres).
J. F. Montgaillard, évêque de St. Pons, 1679 nov. 20, et Claude de Chastillon, 1683 avril 22, à Le Maistre de Sacy.
Lettre sur les dispositions de l'évêque d'Alet, 1665 déc. 9.
Relation des conférences de Vincent Ragot, promoteur d'Alet, 1666 août 22–26.
Lettres de Feuillet, 1670 juin 29 et s.d.
Eustache, abbé de Septfons, à N.N., 1702 mai 14.

3052 Ambroise Pacory, principal du collège de Ceaucé et alors supérieur du petit séminaire d'Orléans. Conférences à Coivrel, 1674–1677.
Recueil concernant l'empoisonnement de Pacory, 1684–1700.
Récit de F. M. de Joncoux de l'emprisonnement de M. la Treille, 1708 janvier 18.
Lettres de Paccory à Du Chatelier, 1700–1701, Mad. de Fontpertuis, 1698, Mlle F. M. de Joncoux, 1699–1704, Louail, 1698–1700, Massuau, 1702–1704, avec réponse, N.N., 1698–1700, et Mlle de Quilleboeuf, 1699 déc. 8.
Du Saussay, chanoine d'Orléans, à Joncoux, 1699–1702, Du Vaucel (ou Féret), 1697–1703, à Joncoux.

3053 Lettres de Mlle de Vertus à Chertemps, 1684–1689, et Varet de Fontenay, avec lettre de Mad. de Longueville à l'abbé G. Leroy, 1666, et de Mad. d'Épernon (Anne-Marie de Jésus, Carm.) à Chertemps.

3054 Épitaphes et autres pièces sur Port-Royal.

Épitaphes de la Mère Agnès Arnauld, Robert Arnauld d'Andilly, F. Jenkins et Antoine Le Maistre, 1658–1690.

Lettre de Doamlup, de Driloses, à Paris, à Le Maistre, 1638, de Girard à Louise de Ste. Eugénie (Girard), 1661, d'Antoine Godeau, évêque de Vence, au roi, 1661, de Marguerite-Rosalie à Arnauld, 1661, de N.N., à Rome, 1653–1694, et de M. de Rebours à Mad. N.N., 1653, à la prieure de Port-Royal des Champs, 1654, à Mad. Ritard, 1652, et à M. de Sacy, 1661.

3055 Lettre d'Ariste à la Mère Angélique Arnauld, s.a. juillet 19.

Lettres à la Mère Angélique de St. Jean Arnauld d'Andilly de R. Arnauld d'Andilly, 1668, de Boileau, archidiacre de Paris, (1684), de Bourgeois, abbé de la Mercidière, 1684, Lancelot, 1684, Le Maistre de Sacy, 1681, et de Quesnel, 1684.

Lettres à Marie-Angélique de Ste. Thérèse Arnauld d'Andilly de M. Boileau, 1684, d'Eustace, (1684), Girard, 1684, Le Maistre de Sacy, 1680–1683, N.N., 1684, et de Nicole, (1684).

Lettres de la Mère Angélique de St. Jean, de Boileau et Bourgeois à Arnauld de Luzancy, 1684.

Le Maistre de Sacy à Bosroger, s.d.

Antoine Arnauld et Feydeau à la Mère Du Fargis.

N.N. à N.N., 1684.

N.N. et Tillemont à Mlle de Vertus, 1684.

Lettres à la Mère Angélique de St. Jean, 1662–1679.

3056 Lettres à Louail de Mad. de Fontpertuis, 1690–1703, avec lettre à M. Anjubaut, à Mayenne, s.a. juillet 2, et de Mlle de Véniez Ménilles, 1697–1702.

3057 Lettres de consolation de différents amis de Port-Royal à Angélique de St. Jean sur la mort de Sacy, 1684 (Cf. Vies édif. et intéress. IV):

Marquise d'Alègre, Ariste, abbé et H. Arnauld, Arnauld de Pomponne, Mlle de Bagnols, De Beaupuis, Boileau, chanoine de St. Honoré, à Mlle de Vertus, princesse de Bournonville, J. Burlugay, De Buzanval, Mlle de Cambray, Diane Chateigner, Chertemps, Mad. de Cheveray, ancienne abbesse de Gif, Mlle de Courcelles, Mlle Crépin, Th. du Fossé à Arnauld de Luzancy, Mad. d'Épernon, De Framery, Grenet, Hermant, Maréchale d'Humières, Issaly, Mad. de la Tour, Lebrun, Le Moine à Arnauld de Luzancy, Le Nain, maître des requêtes, abbé Guillaume Leroy, Mad. de Lesdiguières, N. Le Tourneux, Mlle Le Tourneux, Mlle Le Vayer, duc et duchesse de Luynes, Marcel, curé de St. Jacques du Haut Pas, Mad. Mare, Mercier à Arnauld de Luzancy, De Montglat, abbesse de Gif, N.N., Mad. de St. Loup, (D. Chateigner), Le Nain de Tillemont aussi à Arnauld de Luzancy, et de l'abbesse du Val de Grâce.

3057* Pièces sur Saint-Cyran. Vie de H. Ch. Duhamel par Treuvé, 1690. Roman séditieux du Nestorianisme. Relation de Guelphe à Messr. de Notre Dame. Lettres de Pierre Thomas du Fossé.

3058 De Moissy, P. de l'Oratoire, à M. Varet, 1655–1672, avec lettre de Mgr. Gondrin à l'abbé G. Leroy, 1671 avril 10.

Vie de Varet et lettres de diverses personnes sur Varet, 1676–1681 (Amf. d).

3059 Varia sur le Jansénisme, 1653–1713.

3060 Journal de M. Deslyons sur le Jansénisme, 1653–1671. Pag. 1–203 (Amf. 11).
Lettres de Deslyons à un ami d'Antoine Arnauld, 1656, à Bagot, supérieur de
St. Louis, 1656, Chamillard, 1655, Féret, 1657, Jeanne de Jésus, prieure des
Carmélites de Pontoise, 1658, et Mgr. N.N., 1692.
Lettres à Deslyons de M. de B., (1668) oct. 11, Baillot, 1656–1661, Blampignon,
1660 (3 lettres), Blanchart, abbé de Ste. Geneviève, 1657, F. Caulet, évêque de
Pamiers, 1657–1661 (3 lettres, avec 5 à Caulet 1656–1668), Chassebras, curé de
Ste. Madeleine à Paris, 1648–1654 (3 lettres), F. de Clermont, évêque de Noyon,
1661, Cocqelin, 1663, Drussier, doyen de la faculté de Paris, 1660, Gentil, à
Paris, 1661, Grandin, 1656–1661 (5 lettres, avec une à Germain, 1656), Her-
mant, 1661, Hersant, 1660 (2 lettres), Le Camus de Bagnols, (1660), G. Leroy de
Haute Fontaine, 1664, Mlle Leschassiers, 1656, duc et duchesse de Liancourt de
Schonberg, 1654–1663 (9 lettres, avec 2 à eux 1655–1656), abbé de Ligny, à Paris
(2 lettres), S. Martineau, évêque de Bazas, 1661, N.N., 1655–1656, N. Pavillon,
1654–1662 (6 lettres), Pélissier, 1664, Pelletier, s.d., Poncet 1655–1661 (42 lettres),
Quéras de Xaintonge, 1656 (2 lettres), L. de Rechigne Voisin de Guron, évêque
de Tulle, (1661), Saint-Amour, 1649, Sainte-Beuve, 1660–1661 (3 lettres, avec
une à lui), Taigner, 1656, Tristan, à Beauvais, 1640 (2 lettres, avec une à lui
1644), F. Vialart, évêque de Châlons, (1647–1673, 9 lettres) et Saint-Vincent de
Paul, 1656–1657 (6 lettres).
Lettre de Debreton Villière, curé de St. Sulpice, au duc de Liancourt, 1654 août
21, avec réponse.
Du Tour, à Soissons, à N.N., 1658 août 28.
Grandin à Jeanne de Jésus, à Pontoise, 1660–1663 (2 lettres).
Guion, curé de Marault, à l'évêque de Comminges, 1663 août 5.
G. Hermant à Mad. de Liancourt, 1655 déc. 7.
Milord Montagu, à Pontoise, à l'évêque d'Amiens et à Jeanne de Jésus, 1653–
1660, N. Pignay à Quéras, 1654 oct. 21.
Rebours à Taigner, 1653 mars 10.
Cardinal de Retz à l'abbé Charrier, s.d.
Saint-Amour à Mad. de Liancourt, 1657 avril 14.
Taigner à Feydeau, à N.N. et à Mlle de Théméricourt, 1653–1660.

3061 Voyage de Pontchasteau en Italie, 1658–1659, et sa vie, avec voyage à La Trappe,
1686.

3062 Pièces sur le Formulaire et la bulle Unigenitus, actes d'appel et rétractations,
1659–1753, avec lettre de Mgr. N.N. à M. Du Tour (Quesnel), 1681 (Amf. d, f).

3063 Idem, 1724–1726. 2 t.

3064 Varia de B. Pascal, (1662). Vie de Jésus Christ.

3065 Louis le Fournier, chapelain de la Ste. Chapelle à Paris († 22 janvier 1676).
N.B. Cf. Nécrologe de Port-Royal, p. 40. Mémoires de M. Fontaine sur Messieurs de Port-
Royal, 11 t. p. 420–426 in 12°.
Mémoires sur la signature du Formulaire, 1664–1672, pag. 1–378, avec table des
noms etc. 1 t. (Amf. 11).

3066 Varia de Port-Royal avec lettres et mémoires de diverses personnes, 1660–1713
(Amf. 18, I, d, g).
Arnauld d'Andilly à Feydeau, 1660 sept. 12, avec lettre de Feydeau du 8e août.
G. Leroy, abbé de Haute Fontaine, à la princesse de Conti, 1656–1662.
N.B. Imprimée: G. Namer, l'Abbé Le Roy et ses Amis (1964) p. 169–185.
La conversion de Mad. Alice Bankes, 1666 août 18.

Relation d'un entretien chez Mgr. de Bayeux sur le P. Eudes, auteur de la vie de Marie des Vallées, s.d.

Lettres à Chertemps de M. Caignart, 1688, Dubois, 1682–1688 (avec lettres de J. G. de Sluze à Nicaise, 1679–1680, lettre à Quesnel, 1680, et lettres de Gilbert à Marignier, 1702–1703), Mad. Mare, 1686, G. P. Muguet, 1686–1687, N.N., 1686, A. R. Pourra, Thiboust, 1675–1686 (avec lettres de Chertemps, Constant, De la Brosse et Claude de Ste. Marthe sur Thiboust, 1678–1688) et Vuillart, 1685–1686.

Ecius, Salmon e.a. à Arnauld, s.d.

N.N. à J. F. de Gondy, s.d., et à Vuillart, 1678.

Mercier et N.N. à N.N., 1681–1701.

Relation de l'interrogatoire de Gautier par Mgr. de Poitiers, 1683 nov. 7.

Bonnet, à Paris, à Rév. Mère, 1694 févr. 28.

Mad. Drouet à Mlle de Joncoux, avec lettres de Marie Le Couturier, Madeleine de Flécelles, F. le Juge e.a., 1710–1713.

N.N. à N.N., avec éloge de Nicole, 1695–1698.

3067 Lettres des vicaires apostoliques en Siam, Tonquin, Pondichéry etc. aux Directeurs des Missions Étrangères à Paris, 1673–1734 (Amf. g).

3068 Lettres de A. J. Bouthelier de Rancé, abbé de La Trappe, à Mgr. N., 1672 mars 7, à abbé Nicaise, 1690–1694, Nicole, 1687–1689, au maréchal de Bellefond, 1678–1690 (voir inv. no. 3202), et au roi d'Angleterre, 1690.

N.N., Quesnel e.a. à Rancé, (1690–1695).

Jacques, abbé de La Trappe, à Mad., 1701.

3069 Diverses pièces, fournies par Pierre le Nain, religieux de La Trappe, 1672–1704 (Amf. 16).

3070 Nouvelles Ecclésiastiques, 1675–1676 et 1688 (Amf. 10).

3071 Mémoires, servant à l'histoire de ce temps, 1678–1701.

3072 Histoire abrégée de la paix de l'Église, 1668 oct. 23, par (A. L.) de Ste. Marthe, 1680.

3073 Varia sur l'Église d'Utrecht, 1688–1741.

3073* Vie de Jean Lenoir, chanoine théologal de Séez (†1692).

3074 A.D.P.C.E., à Paris, au P. de Ste. Marthe de St. Maur et prieur de St. Julien à Tours, sur l'abbé de la Trappe, 1693 janvier 19.

3075 Varia d'Antoine Arnauld, 1694.

3076 Varia de Mlle de Joncoux et Roset, 1699–1702.

3077 Varia, 1702–1750.

3078 Cas de conscience sur le mariage, par M. de Sainte-Beuve († 15 déc. 1677) (Amf. I).

3079 Lettres de Mgr. de Langle à Dupuis et Louail, 1714.

3080 Instruction secrète du cardinal de Noailles, 1725.

3081 Lettre de Tillemont à Ernest (Ruth d'Ans) 1693, à Poulié, 1693 janvier 4, et lettre à Marigner, (1692 juin 16).

3082 V. Loger à Pichart, curé d'Angers, 1694 mars 12 (Amf. 18).

3083 Lettres diverses, 1673–1715.

3084 Jesuitica, 1623–1728.

3085 Pièces sur Port-Royal, Arnauld, Quesnel et l'Église d'Utrecht, 1652–1748. Recueil de pièces, 1711–1735. 96 pag. 1 t. contenant:

Ordonnance du cardinal de Noailles contre les mandements des évêques de Luçon, de La Rochelle et de Gap, 1711 avril 28.

Extraits de plusieurs lettres sur le même sujet.

Histoire de l'abbé Bochart de Saron, 1711.

Lettres de Mgr. P. de Langle, 1723.

Bref de Benoît XIII aux Dominicains, 1724.

Ordinatio capituli generalis Cartusiensis.

Lettres de plusieurs évêques au sujet du jugement d'Embrun contre Mgr. de Senez, 1727–1728.

État, où se trouve l'abbé Becherand (de la Motte), 1732 (par J. B. Mesnard), relation de sa captivité et lettre à d'Asfeld avec lettre originale d'Asfeld, 1733.

Lettres sur la démission de Mgr. de St. Papoul, 1735 (Amf. 10).

Essai contre les Déistes par Simonnet, confessio Unitariorum, tractatus de vera religione.

3085* Imprimés. 1714–1740.

N.B. Voir invent. O.B.C. 1250. Notice sur les ouvrages de d'Étemare.

Famille de l'abbé d'Étemare

Mad. Du Bourdun de Ménilles à Bourgneuf et Loudun, mère de M. d'Étemare

3086 Acte et état de la bibliothèque de Bourgneuf, 1651.

Lettres reçues de:

3087 Concho, 1720 avril 19, sans adresse.

3088 Dubreuille, 1723, sans adresse (Amf. P, e). 2 lettres.

N.B. Avec lettre de Benoist, prêtre à Chambon, à M. Bertault, chanoine d'Oisron, nov. 1.

3089 Étemare, d', 1705–1719. 179 lettres (Amf. L).

N.B. 1715 oct. 17, 1717 juillet 22 avec extrait d'une lettre de Quesnel.
1715 déc. 12 avec postscriptum de Pouget.
1717 juillet 28 avec lettre de M. d'Andigné.
1718 mars 20 avec annexe.

3090 Monnier, 1715 sept. 6 et 8, avec lettre de d'Étemare à Monnier.

3091 N.N., 1681–1703. 3 lettres.

3092 N.N., 1708 mars 8 (Amf. V).

3093 N.N., à Évreux, 1692 avril 8 (Amf. U).

3094 Obisiou, Catherine, à Loudun, 1656 oct. 19.

3095 Périer, Marguerite, s.a. mai 5, avec postscriptum de ... (Amf. 19).

3096 Pouget, F. A., P. de l'Oratoire, à Paris, 1694–1716. 116 lettres (Amf. O, S, V, Z, d).

N.B. 1700 mars 1 avec postscriptum pour Mlle de Véniez Ménilles à Paris.
(1705) août 22 avec copies de lettres de Saumur et Loudun sur la famille Du Bourdun.
1709 nov. 10 avec lettre de M. de Bourgneuf Ménilles à Pouget.
1710 mars 23 avec lettre de l'abbé de Préfontaine à Pouget.
1710 mai 29 avec copie de la lettre du cardinal de Bouillon au roi.
1710 nov. 19; 1713 juillet 2, déc. 3; 1715 juin 9, nov. 24; 1716 mars 22 avec postscriptum de d'Étemare.
1711 juillet 12 avec lettre de E. Beauvau.
1711 août 1 avec copie de la lettre de l'abbé Bochart de Saron au P. Le Tellier.
1711 août 8 avec lettre du prieur de St. Germain.
1711 déc. 17 avec lettre de M. Dumond.
1716 janvier 19 avec lettre de N.N.

3097 Soanen, J., 1717 août 7, sans adresse (Amf. E).
3098 Vertrieu, J. C. de la Poype de, évêque de Poitiers, 1711 févr. 8 (Amf. Z).

Mlle Mariette à Ménilles
3099 Lettres (18) de d'Étemare, 1705 (Amf. L).

Comte de Ménilles à Bourgneuf (Loudun)
Lettres reçues de:
3100 Cottereau, curé de Lémeré, 1752 mars 14 (Amf. V).
3101 Étemare, d', 1719–1752. 42 lettres (Amf. L, N).
3102 Gaillard, à Richelieu, 1752. 2 lettres.
3103 Galloche, à Poitiers, 1752 mars 8.
3104 Jahan, à Richelieu, 1752 mars 29.
3105 N.N., (1752 avril 1 et 5).
3106 N.N., 1752. 2 lettres.
3107 Roncée, à Roncée, 1749–1752. 2 lettres.

Comtesse de Ménilles à Bourgneuf (Loudun)
Lettres reçues de:
3108 Étemare, d', 1724–1725. 9 lettres, dont 5 sans adresse.
3109 Le Poivre, Mlle, 1753 févr. 14.
3110 Vertrieu, J. C. de la Poype de, 1714 juin 23.

M. de T(hémericourt)
3110* Lettre de Mad. Miron, s.a. avril 6.

Mad. de Thémericourt de Ménilles à Bourgneuf (Loudun)
Lettres reçues de:
3110** Baudrand, F. M. de Ste. Julie, 1687 févr. 10, sans adresse (Amf. 19).
Duguet, J. J., à Paris, s.a. sept. 13, nov. 25, avec postscriptum de . . . (Amf. C).
N.N., (1695) nov. 16.
Racine, Agnès de Ste. Thècle, (1694) sept. 23, sans adresse.
(Vertus, Mlle de), X. de Bretaigne, (1681–1684). 4 lettres.

Mad. de Ménilles de Thémericourt († déc. 1713)
Lettres reçues de:
3111 Le Maistre de Sacy, I. L., 1671–1683. 77 lettres.
(Vertus, Mlle de), X. de Bretaigne, 1679 mai 27, sept. 20.

Mad. de Ménilles chez Mlle de Beauvau à Paris
3112 Lettre de N.N. et Mlle de Thémericourt, 1713 déc. 16, sur la mort de Mad. de Thémericourt.

Mesdemoiselles de Ménilles à Évreux
3113 Lettre de David, curé de St. Thomas, 1734 janvier 15 (Amf. U).

Mlle de Véniez Ménilles à Paris à la Congrégation des filles N.D.
3114 Lettres (14) de F. A. Pouget, à Montpellier, 1697–1708 (Amf. d).

Marie Scolastique le Sesne de Théméricourt de Ménilles († octobre 1745)
Lettres reçues de:
3115 Albert, P., curé de Poitiers, 1716–1740, 3 lettres (Amf. R, U, V).
3116 Angélique, sœur, à Montpellier, 1710 juillet 29, sur la mort de M. du Bourdun (Amf. e).
3117 Anger Le Roy, Mad., (1738) oct. 6, avec note (Amf. U).
3118 Auvergne, Mad. la princesse d', 1733. 2 lettres (Amf. Z).
   N.B. 1733 nov. 12 avec postscriptum de M. . . .
3119 Bagnols, De, à La Motte et Montgogé, 1734–1742. 14 lettres (Amf. J., T, U, W).
   N.B. 1742 janvier 1, oct. 29 avec postscriptum de M. . . .
3120 Barbeaux, à Utrecht, (1741) avril 8 (Amf. I).
3121 Baudouin, C. 1732–1742. 5 lettres (Amf. S, g).
3122 Baudrand, F. M. de Ste. Julie, 1687–1706. 8 lettres (Amf. 19).
3123 Beauvau d'Épinay, Mad. de, (1731) nov. 16 (Amf. S).
3124 Becherand, 1735 janvier 14 (Amf. T).
3125 Berger de Charancy, G. L., évêque de St. Papoul, nommé évêque de Montpellier, 1738 mai 30 (Amf. g).
3126 Berger de Ressye, à Paris, 1738 déc. 13.
3127 Bonval, De, 1731–1741. 3 lettres, avec extrait du bref de Benoît XIV du 24e janvier 1741 (Amf. 13, S).
3128 Brunier, Léonard, O.S.B., 1729 août 4.
3129 C., D., 1745 août 18 (Amf. O).
3130 Caylus, Ch. de, 1721–1745. 16 lettres (Amf. E).
   N.B. 1736 août 20 adresse: M. L. de B.
       1738 déc. 7 avec note de d'Étemare touchant Mad. Mol.
3131 Charancy, De, à Meaux, 1727 oct. 4 (Amf. P).
3132 Chauvereau, chanoine de Tours, 1738 janvier 18.
3133 Courcelles, De, 1739 mars 8, sans adresse (Amf. V).
3134 Cugot, J., s.a. juin 28, sans adresse.
3135 Dally, Mad., 1739–1741. 4 lettres (Amf. U, Z).
3136 Desessarts, de l'abbaye de la Lucerne au diocèse d'Avranches, 1734–1743. 15 lettres.
3137 Dufort, Mad., s.d. 2 lettres.
3138 Duguet, J. J., à Paris, 1721 avril 9 (Amf. C).
3139 Duguet-Mol, Mad., 1740. 2 lettres.
3140 D., A., à Tours et Bayonne, 1736–1738. 2 lettres.
3141 Dupuy, Mad., 1736 nov. 24, sans adresse.
3142 Duvaucel, (à Maestricht), 1715 avril 25, sans adresse.
3143 Étemare, d', 1705–1737. 339 lettres (Amf. F, I, L, M, N, O, R).
   N.B. 1714 mars 13; 1732 sept. 24, nov. 7; 1736 nov. 24 avec postscriptum de . . .
       1721 mars 16 avec copie d'une lettre de Mgr. Colbert à l'abbesse de Maubuisson.
       1726 janvier 20 avec extrait d'une lettre du 10e.
       1733 sept. 11 avec copies de lettres à Boneval et Lérines.
       1737 mai 27 avec extrait de la lettre de Maupas (Le Gros) à B(oucher).
3144 Étemare, d', 1738–1740. 311 lettres.
   N.B. 1738 juin 19 avec minutes à M. Roussel.
       1738 juillet 16 avec minute à Madame.
       1738 juillet 23 avec certificat de Dom J. Verninac O.S.B. au sujet de Dom La Taste.
       1738 août 12 avec réponse de Mlle de Théméricourt.
       1738 août 21 et 29; 1739 août 5 avec minute à Monsieur . . ., 1739 févr. 23.
       1738 sept. (15) avec minutes à Legros.

1738 sept. 27, oct. 29, nov. s.j., avec minutes à Alexandre Desessarts.
1739 avril 5 avec lettre de Mlle de Théméricourt et réponse.
1739 juillet 27 avec lettre pour Jean Baptiste.
1740 sept. 7 extrait de sa lettre à M. . . .
1740 oct. 12–13 avec minute à M.L.
1740 nov. 30 avec minutes à Madame et copie d'une lettre de Lérines à d'Étemare.

3145 Étemare, d', 1741–1743. 340 lettres.
> N.B. 1741 juin s.j. avec copie de la lettre de Maupas (Le Gros) à Baudouin du 2e juin.
> 1742 juin 24 avec postscriptum de Mad. (de Ménilles), nièce, à sa tante.

3146 Étemare, d', 1744–1745. 176 lettres (Amf. H).
> N.B. 1744 janvier 19 avec copic de sa lettre au P. Géoffret.
> 1744 mars 22 avec copie de sa lettre à M. . . .
> 1744 avril 26 avec copie de sa lettre à M. Le Riche.
> 1744 juillet 22 avec lettre de Mad. de Rully.
> 1744 août 21 avec copie de sa lettre à M.H.
> 1744 oct. 13–14 avec copie de sa lettre à M. Stuart, prêtre.
> 1744 oct. 31 avec copie de sa lettre à Radegonde, supérieure du Calvaire à Loudun.
> 1745 mars 26 avec lettre à Mlle Des Rochers.
> 1745 août 10 avec copie de sa lettre à N.N.

3147 Eustace, confesseur de Port-Royal, 1689–1692. 3 lettres (Amf. 18).

3147* Félicité, sœur, s.d.

3148 Fernanville, (1729) sept. 12. Adresse: Mlle de la Houssaye à Champigny (Amf. S).

3149 Fourquevaux, abbé de, (Bonneval), à Limoges et Toulouse, 1736–1740. 13 lettres (Amf. W).
> N.B. 1738 janvier 28 avec postscriptum de Delphine.

3150 Gaillard, 1725 déc. 7 (Amf. R).

3151 Galart, diacre, à Rijnwijk, 1739. 2 lettres (Amf. H).

3152 Garreau, J. C., 1731 déc. 23.

3153 Géoffret (Van der Cozen, Lacoze), P. de l'Oratoire, à Tours et Bordeaux, 1737–1740. 13 lettres (Amf. S, V, g).
> N.B. 1738 déc. 2 avec mémoire pour d'Étemare.

3154 G(illot), 1731 oct. 24.

3155 Guillard, à Paris, 1744 août 13 (Amf. V).

3156 H(enri) Chrétien, O. S. B., à Lyre, 1739 mars 21 (Amf. Z).

3156* Jubé (de la Cour), à Schonauwen, 1739 mai 3.

3157 Lasalle, De, 1741 juin 17.

3158 Latrie, 1741 févr. 3 (Amf. 13).

3159 Le Féron Courtin, Mad., (173.) juillet 18 et 30.

3160 Legros, Nicolas (Maupas, Dubois), à Amersfoort et Rijnwijk, 1725–1744. 10 lettres (Amf. I, J).
> N.B. 1725 mars 4. Liste de ses papiers déposés chez elle.
> 1727 févr. 24 signée Du B(ois) et avec note de d'Étemare.
> 1741 avril 6 avec postscriptum de Latrie.

3161 Le Maistre Du Fossé, Mad., 1707 mars 25 (Amf. 19).

3162 Le Mectayer, prêtre à Évreux, 1684 janvier 22 (Amf. U).

3163 Lérines, De, à Utrecht, 1735–1737. 5 lettres (Amf. D, T).

3164 Lucinge, abbé de, à Poitiers, 1714 mars 18.

3165 Marans de Mondion, Mad. de, à Artigny, 1737 oct. 15 (Amf. T).

3166 Marie de Jésus Immolé, 1716 avril 9 et 30.

3167 Massuau, fils aîné, 1741 févr. 2.

3168 Maubourg, Mlle de, 1731 mai 10.

3169 Mérault de Ménilles, Mad., à Curzai, (1742) août 14, avec postscriptum de . . .
3170 Montagny, Mad. de, (1744). 3 lettres (Amf. 8).
3171 N.N., 1736 févr. 14.
3172 N.N., (1736) mars 6.
3173 N.N., (1737–1741). 2 lettres (Amf. T, U).
3174 N.N., (1737) mai 7.
3175 N.N., 1732–1735. 6 lettres.
    N.B. 173. nov. 26 avec copie d'une lettre de Golefert à l'abbé Pascal.
    1735 juillet 11 avec lettre de N.N.
3176 N.N., à Condom, 1732 janvier 6, avec postscriptum de . . .
3177 N.N., à Montpellier, 1731. 2 lettres.
3178 N.N., à Rome, 1727 mars 6.
3179 N.N., à Vierzon, 1736 juillet 18.
3180 Diverses personnes, 1707–1743.
3181 Ollim, Mlle, 1739 avril 18 (Amf. D).
3182 Périer, Marguerite, 1731–1732. 3 lettres (sur les miracles de F. de Pâris).
3183 Petitpied, N., 1721 janvier 13 (Amf. Y).
3184 Philippe, 1737 janvier 9.
3185 Pionneau, Mad., à Saumur, 1699 sept. 26.
3186 Pouget, à Montpellier et Loudun, 1695–1715. 19 lettres (Amf. O, V, d).
    N.B. 1705 mai 10 adresse: d'Étemare à Paris.
3187 Pougnet, J. J., (Beaumont, Bérard), 1736–1742, sans adresse.
3188 Quiqueran de Beaujeu, H. de, évêque de Castres, 1728 avril 5 (Amf. g).
3189 Racine, Bonaventure, chanoine d'Auxerre, (1744) (Amf. 3).
3190 Rastignac, L. J. de Chapt de, archevêque de Tours, 1737 oct. 26 (Amf. T).
3191 Rochechouart, Mad. la duchesse de, (Élisabeth Des Bois), (1742). 2 lettres, sans adresse.
3192 Rosalie, sœur, à Ste. Agathe, 1728 juin 15 (Amf. S).
3193 Roussel, à Troyes, 1731–1739. 51 lettres (Amf. S, V).
    N.B. 1738 nov. 8 avec note de d'Étemare.
3194 Ruth d'Ans, Ernest, 1714 août 22, sans adresse, avec postscriptum de . . .
3195 Silly, abbé de, 1698 févr. 15. Copie de la lettre de Duguet à Silly (Amf. C).
3196 Soanen, J., 1732–1736. 2 lettres (Amf. E).
3197 Stanislas, F., 1736 mai 2.
3198 Tarfanne, (1740–1744). 3 lettres (Amf. I, M, U).
3199 Tour, Mlle de, 1736–1738. 3 lettres, avec réponses (Amf. T, U).
3200 Vertrieu, J. C. de la Poype de, évêque de Poitiers, 1713–1715. 5 lettres (Amf. Z).

Minutes
3200* Appel et testament spirituel, 1720–1729 (Amf. 4).
    Généalogie de Ménilles Vernon et de De la Tour, 1678–1737 (Amf. U, 10).
    Lettres à Jonval, Mlle de la Tour, N.N. et Perouillac (Amf. M, S, T, U).

Copies
3201 Esprit de l'abbé de la Trappe, A. J. B. de Rancé, avec portrait.
    Sentences de la Trappe. In fine: à Mlle de Théméricourt, 1693.
    Traité de la virginité. 1 t. (Amf. 16).
3202 Réponses aux lettres d'un ecclésiastique touchant la déclaration de l'abbé de la Trappe, contenue dans ses lettres au maréchal de Bellefond, 1679.
    N.B. Voir inv. no. 3068.

3203 Recueil de lettres de d'Étemare, t. I, 1704–1728, avec liste de la main de Mlle Gillet.

3204 Correspondance de d'Étemare, 1719–1741 (Amf. F).

> **N.B.** Contient lettres de Mgr. de Caylus, 1736, J. J. Duguet et neveu, 1724, Fouillou, 1734, Petitpied, 1735–1736, Soanen, 1736, et Mlle de Tour, 1736.
>
> Lettres à L. de Becherand, 1732, Mgr. de Caylus, 1735–1736, Mgr. C. J. Colbert, 1735, Dilhe (Desormes), 1719–1736, J. J. Duguet, 1724, Fouillou, 1735, Fouquet, 1729, Fourquevaux, 1727–1735, Géoffret, 1738–1740, Joubert, 1727, Jubé (de la Cour), 1727, Legros, 1736, Mad. de Maisy, princesse d'Auvergne, 1733–1734, N.N., 1726–1741, Nivelle, 1736, Petitpied, 1737, M. de Pleines, 1741, R., 1727, Rollin, 1736, J. B. Roussel, 1730–1736, Sartre (Génet), 1727–1734, J. Soanen, 1733–1736 avec mémoire sur les convulsions, 1733 nov. 20 et à Mlle de Tour, 1736.
>
> Lettre de Fernanville à Boucher, 1729, et de Nivelle et de Mlle de Tour à Mlle de Théméricourt, 1736.

3205 Traités et lettres de d'Étemare, 1719–1759 (Amf. f).

3206 Vie de St. Cyran par Dom Claude Lancelot. Deuxième partie. 1 t.

3207 Lettres de St. Cyran, Arnauld e.a. Relations et mémoires sur les affaires de l'Église, 1653–1663, quelques-unes non imprimées selon les notes de Fouillou et Dupac. 1 t.

3208 Extraits de quelques lettres des Mères Agnès et Angélique Arnauld, de Ligny, Du Fargis, Jacqueline de Ste. Euphémie Pascal, des évêques de France, I. I. Blondel, B. Arias Montanus et Antoine Arnauld, 1661–1694. 1 t.

3209 Lettres de la Mère Agnès Arnauld (Amf. 18, 19).

> **N.B.** Cf. Édition P. Faugère, Paris 1858.
>
> Contient lettres à Mad. d'Arkel, (1669), Anne Eugénie de l'Incarnation Arnauld, (1652), Antoine Arnauld, 1666, Catherine de St. Jean Arnauld, 1651, H. Arnauld, 1662–1669, R. Arnauld d'Andilly, 1634–1669 (suivi d'une lettre de Sacy à la Mère Angélique de St. Jean, imprimée dans Vies édif. de Port-Royal, 1752, IV 512), Angélique de St. Jean, s.d., Marie-Angélique de Ste. Thérèse Arnauld d'Andilly, 1655, Ch. H. Arnauld de Luzancy, s.d., Arnauld de Pomponne, (1669), M. de Barcos, 1642, J. B. Bossuet, 1669, P. Bouchard, 1671, Madeleine de Ste. Christine Briquet, 1654–1659, Denise de Ste. Anne Cossart de Flon, 1653, Mad. d'Elbène, religieuse de Fontevrault, 1665, Anne de Ste. Christine Graillet, s.d., Elisabeth de Ste. Agnès Le Féron, 1655, Sacy, 1634, Mad. de Longueville, 1669, Madeleine de Jésus, religieuse Bernardine, 1670, Marie de St. Joseph Midorge, 1654, Mad. N.N., 1651, sœurs N.N., 1668, Catherine de Ste. Flavie Passart, 1670, avec réponse, (Mgr. de Péréfixe, archevêque de Paris), 1670, sœur Perpétue, 1668, Pontchasteau, 1667, avec lettre de Mlle de Théméricourt sur le miracle de la vraie croix, Mad. de Rothelin, 1670, marquise de Sablé, 1670, M. de Sévigné, 1660–1664, abbesse de N. D. de Tard, 1669, et Madeleine de Ste. Mathilde Thomas, 1669.

3210–3211 Lettres de la Mère Angélique Arnauld. 2 t. 4°.

3212 idem, 1646–1653. 1 t.

3213 idem, 1653–1660. 1 t.

3214 idem, 1653–1661, avec instructions. 1 t.

3215 Lettres non imprimées de la Mère Angélique Arnauld, tirées des deux tomes 4°.

3216 Lettres de la Mère Angélique de St. Jean Arnauld d'Andilly, 1657–1684 (Amf. XXII).

3217 Lettres d'Antoine Arnauld, Nicole, Mad. de Longueville, Colbert, Mad. de Fontpertuis, Louail, Le Tourneux, Quesnel, cardinal de Tournon, Favoriti et traités sur la grâce 1679–1717. 1 t. 8°.

3217* Conférences que l'on attribue à Antoine Arnauld. 1 t. 8°.

3218 Traité pour les malades, avec 2 lettres de M. Le Tourneux. 1 t. 8°.

3218* et ** Traités de piété de Guillaume Leroy, de St. Bernard, Girard, de Ste. Marthe, Arnauld, Taconet, Hamon, Nicole e.a. 2 t. 8°.

3219 Divers traités de piété par M.M. de Port-Royal, jusqu'à 1704. 1 t. 8°.

3220–3221 Pièces et lettres du et au P. Quesnel et autres personnes, 1667–1700 (1717) et 1701–1719. 2 vols. 4° (Amf. S, T, Y).

N.B. Pas exactement en ordre chronologique. Quelques cahiers sont inséparables et contiennent des lettres postérieures.

Contenant:

Sur les Jésuites confesseurs des rois, (1674).

Mémoire pour Rome sur la grâce, 1677.

Mémoire sur la régale, 1682.

Réponse à un cas sur les péchés véniels, 1682.

Tradition de l'Église romaine sur la prédestination, 1687.

Apologie historique de 2 censures de Louvain et de Douai sur la grâce, 1688.

Écrit sur les lettres du prince de Conti, 1689.

Annotations sur l'écrit latin: Coram, 1689.

Annotations sur: Remontrance justificative des prêtres de l'Oratoire, 1690.

Annotations sur: Réponse à l'avertissement etc. de Bouhours, 1690.

Sur le mariage proposé pour le marquis de Pomponne avec sa cousine germaine Hébert, 1693 oct.

Réflexions sur le projet d'établir un séminaire dans l'Orient, 1694.

Remontrance à Mgr. de Précipiano sur son décret du 15e janvier 1695.

Défense des 2 brefs d'Innocent XII, contre Steyaert, 1697.

Histoire de la vie et des ouvrages d'Antoine Arnauld, 1697.

Avertissement sur 2 lettres d'Arnauld, 1700.

Annotations sur La foi et l'innocence du clergé de Hollande et mémoire sur une expression, 1700 janvier.

Critique de la Préface générale de la nouvelle édition de St. Augustin, 1700.

Relation du voyage du P. Quesnel de Paris à Bruxelles, 1700.

Annotations sur la paix de Clément IX, 1700.

N.B. Voir inv. no. 3072.

Oraison funèbre et épitaphe de G. Huygens, 1702 oct. 27.

Apologie d'Ernest Ruth d'Ans, (1702).

Actes de récusation pour Quesnel signifiés à l'archevêque de Malines (H. de Précipiano), 1703 juillet 6–1704 nov. 10.

Mémoire sur les faits débités sous le nom de l'abbé de la Trappe contre Mess. de Port-Royal, 1703.

Épitaphe de G. M. Claes, 1704 juillet 30.

Analyse du livre: Souveraineté des rois défendue, 1704.

Analyse de la lettre de Quesnel au P. de la Chaise, 1704.

Avis sincères aux catholiques des Provinces-Unies, 1704.

Annotations sur: Quaestio theologica du P. Reginald, 1706.

Relation sur la paix de l'Église sous Clément IX, 1706.

N.B. Voir inv. no. 3072.

Abus et nullités du décret de Rome du 4e oct. 1707.

Analyse de la Justification des réflexions sur le N.T., 1710.

L'intrigue découverte ou réflexions sur la lettre de l'abbé Bochart de Saron, 1711.

Explication apologétique des sentiments de Quesnel dans ses Réflexions morales, avec avertissement, 1712 janvier 8.

Déclaration sur le mémoire du Dauphin, 1712 mai 8.

Analyse du mémoire justificatif du recours du P. Quesnel au roi d'Espagne

contre l'archevêque de Malines, 1712.
Analyse des Vains efforts des Jésuites, 1713.
Anecdotes touchant Quesnel, 1713–1715.
Des sacrements, règlement de conduite et mémoire sur les esprits.

Lettres du P. Quesnel à Ange Gardien (Germain Vuillart), 1701, la Mère Angélique de St. Jean Arnauld d'Andilly, 1681–1684, Basnage de Beauval, 1690, De Beaubrun, 1695–1717, Mlle de Beaubrun, 1698–1716, Beaudouin, 1695–1699, Bellanger, 1719, Bernard l'aîné, 1695, Bertin (de Verteuil), 1714–1717, Dom. Thomas Blampin, 1678, Blondel, 1719, De Boche, 1699, Boileau Despréaux, 1698–1701, De Brienne, à St. Magloire, 1667, Mad. de Brigode, 1703, Chancelier, 1703, Charles, 1699, Chertemps, 1687–1694, Coffin, 1719, avec réponse, C. J. Colbert, 1717, D.M., 1681 nov. 3–5 (imprimée chez A. Leroy I, 29), M. Dam . . ., 1692, Dr. Dodart, père, 1691–1693, Guy Drapier, curé à Beauvais, 1715, Dubreuil, 1686–1701, Dupin, 1694, Anne Marie de Jésus d'Épernon, 1695, Mad. de Fontpertuis, 1683–1705, Fouillou, sur l'auteur des remarques sur l'ordonnance du cardinal de Noailles de 1696, Frizon, 1706, Geneviève du St. Enfant Jésus, 1706, Géniez, 1704, abbé Golefert, 1696, Isalis, 1700, Mlle de Joncoux, 1700–1706, Joubert 1717–1719, M. de la C. . . ., 1695, Claude Lancelot, 1678–1694, De la Noue Carmel, 1706, De la Querre, 1700–1706, Mad. Lebrun, 1717, E. Le Camus, évêque de Grenoble, 1676–1677, E. Lefèvre, P. de l'Oratoire, 1719, Sophie Lefèvre, 1719, Lenfant, 1717–1719, Lenoir (Le Bruleur), 1701–1703, Mlle Le Tourneur, 1703, P. Étienne Le Vassor, 1694, Louis XIV, 1703, Louvard, 1717–1719, Dom Marin, 1681, Martelly, théologal d'Agde, 1718–1719, Millanges, 1706, De M(ontempuis), 1718, comte de Montfort, 1695, Mad. de Montglat, (1713), Morice, 1699, Moriez, 1719, Mad. N.N., 1694, Mad. N.N., nièce de Joncoux, 1706, N.N., religieuse en Provence, 1716, N.N., 1668–1716, N.N., archevêque, 1704, N.N., P. de l'Oratoire, 1679, N.N., P. de l'Oratoire, à Aix, 1716, N.N., à Beauvais, 1716, Naveus, 1705, abbé Nicaise, 1695, Nicole, 1690–1695, cardinal de Noailles, 1695, Petitpied, 1705, Petitpied de Vaubreuil, 1705, Pontchasteau, 1684, P. Porrade d'Orléans, 1694–1695, abbesse de Port-Royal, 1694–1703, sœurs de Port-Royal, 1708–1709, professeur Pourchot, 1719, avec réponse, le troisième frère de Quesnel, 1668, sœur Quesnel, 1710–1715, De Riberolles, général de la Congrégation de Ste. Geneviève, 1717, Rollin (Drappier), 1702–1719, Ruffin (Denis, Rémy), 1692–1719, avec vie de Claude Seguenot, 23 juin 1713, P. Delwarde, 31 août 1714, et P. Dubois, 25 juillet 1715, Ruth d'Ans, 1703, Messieurs de St. Magloire, 1714, Dr. J. Ph. I. Save, 1692–1700, A. van der Schuur, 1698–1718, Short, 1706–1711, J. Soanen, 1714, sœur M. H. Vaes, à Liège, 1716, sœur Dorothée Maurel de Valbonette, 1719, M.M. de Ste. Gertrude de Valois, 1717, De Vaux, 1687, Mlle de Vertus, 1686, Vialart, évêque de Châlons, 1678, Germain Vuillart, 1693–1715, et à Benoît de Wale, 1709.

Lettres au P. Quesnel de la marquise d'Allègre, (1683), De Boche, sacristain d'Arles, 1679, Boileau, chanoine de St. Honoré, 1671–1683, N.N., à Bruxelles (sur Quesnel), 1703 mai 30–oct. 18, N.N., à Sens, 1680, N. van de Poort, à Delft, 1694, et de Rancé, 1679.

Autres lettres.
Arnauld à Dubreuil, 1693, Boileau à N.N. et au cardinal de Noailles, 1684–17. .,

Duguet à Boileau, Duvaucel à Ruffin, 1711–1713, Eustace à Chertemps, 1687, Fouillou à Legros, 1716, avec lettre de Quesnel, Mlle de Joncoux à Vuillart, 1701, Petitpied à Joncoux, 1706, J. G. Slusius, à Rome, à Nicaise, chanoine de Dijon, 1680, Brigode Dubois et T. Doncker, 1719, et Fouillou, avec relation de la mort de Quesnel etc.

3222 Lettres de Quesnel à Marie Angélique de Ste. Thérèse Arnauld, 1695–1707, Mad de Fontpertuis, 1684–1712, et à Mad. de la Fontaine, 1707 (Amf. Y).

3222* Quesnelliana, lettres et généalogie; Correspondance entre Jubé (de la Cour) et la famille Dolgorouky; Pièces sur Mgr. Soanen e.a.

3222** Lettres de Quesnel à Dubreuil, 1686–1696; de Brié, chanoine de St. Urbain, à Raimond sur l'usure, 1690; de Quesnel à Vuillart, Joncoux, Dr. Save, Dodart, M. de Porrade, M. et Mlle de Beaubrun, M. et Mlle Byou et Charles de St. Henri, 1690–1717, Quesnel à Vuillart, Dr. J. P. I. Save, Boileau Despréaux e.a., Arnauld à Vuillart, 1692–1702; Quesnel et Petitpied à Joncoux e.a., 1692–1707; Quesnel, Joncoux, Fontpertuis, Ruth d'Ans, 1697–1706; Quesnel et Ruth d'Ans à Joncoux, 1699–1706; Quesnel à la prison, 1703–1704; sur Ruffin, curé de Manneville, 1703–1709; pièces tirées du portefeuille de Mgr. de la Broue, 1714–1720; d'Étemare et Duguet, 1721–1733; Fourquevaux 1731–1738; Fouillou à Petitpied sur les convulsions, 1731–1735; J. B. Desessarts, 1735–1741; Roussel, 1738; Galart à Soancn, 1739.

3222*** Lettres de Soanen.

3223 Lettres de Petitpied à son frère Petitpied de Vaubreuil, 1705, à F. M. Joncoux, 1705, (A. van der Schuur), 1709–1710, et à N.N., 1718.

3224 Recueil qui regarde Th. de Viaixnes et Quesnel.

3225 Manuscrits sur la bulle Unigenitus, 1684–1723. 1 t. 8°.

3226 Diverses pièces sur la même, 1710–1722. 1 t. 8°.

3227 Affaires de la bulle Unigenitus, 1726–1745 (Amf. h).
La constitution, règle de foi et jugement de l'Église universelle.
De l'autorité du plus grand nombre.
Mémoire sur le vrai point de vue etc., 1726 juin 1.
Défense des 101 propositions, 1745 t. 11 et 13.

3228 Recueil de pièces.
N.B. Contient des lettres de Portineau (Girard) de Rome, 1727–1732, du cardinal de Noailles, de M. Lombart, de Van Espen à P. de Langle, 1722 mars 16, de Boidot à M. Chatelain, 1728, de l'archevêque d'Utrecht aux Orvalistes à Rijnwijk avec réponse et réflexions, 1729, et de Viaixnes à l'archevêque sur l'usure.

3229 Receuil sur l'Écriture Sainte (Genèse, Josué, Galates, Apocalypse) et analyse d'ouvrages de St. Augustin.

3230 Varia moralia (Amf. I, J).
N.B. Contient: Conférences de Coivrel, 1674; Principes de la pénitence, 1735; Réflexions sur le mystère de la croix; Maximes chrétiennes, politiques et morales pour la conduite d'un grand seigneur, et sur les péchés véniels.

Jacques van Heeck à Rijnwijk
3231 Lettres (6) de Marcotte, à St. Omer, (1762–1764) (Amf. Z).

Michel Jacqmin
3231* Lettre d'ordination à la prêtrise, 1705 mars 8.

André Jallon († Leeuwarden, 16 déc. 1782)
3232 Lettres d'ordination, 1726–1761, et actes, 1738–1759 (Amf. O).

Lettres reçues de:
3233 Boulanger, (1750). Avec projet de testament, liste des livres laissés chez Mad. Mertens et instruction pour Victor Rosier de Jallon.
3234 Bourgogne, D. C., à Loches, 1781 juillet 7 (Amf. 1).
3235 Chebron, 1770–1778. 4 lettres.
3236 Deschamps, 1776–1777. 2 lettres, avec une de Duparc du 6e janvier 1777.
3237 Duparc, 1773–1781. 3 lettres, les 2 premières à l'adresse de M. de Groot, curé dans le Spelemanstraat à Leeuwarden.
3238 Galloche, curé de St. Pierre, 1770 mai 4, avec postscriptum de Lesourd.
3239 Groot, J. C. de, curé à Leiden, 1777–1778. 3 lettres (Amf. 12).
3240 Guérin, Louis, 1750–1776. 8 lettres, la dernière avec postscripta de Lesourd e.a.
3241 Hamelin, maire de Loches, et Gobreau, chanoine, 1772 août 31.
3242 Lesourd, à Loches, 1755–1782. 12 lettres (Amf. e, o).
    N.B. 1778 mai 21 avec copie du testament de Jallon.
        1780 févr. 13 adresse: Curé Coppes de Groot à Leeuwarden.
3243 Meau, P., au château de Paulney, à Ligueil, 1745 févr. 6.
3244 Moreau, Mad. V. P., 1766–1778. 10 lettres.
3245 Pillault, maire à Loches, 1781 juillet 12.
3246 Saint-Léon de Maillebois, sœur de, de la Congrégation du Calvaire à Tours, 1776–1779. 3 lettres (Amf. e).
    N.B. 1779 juin 22 adresse: M. Dupac à Utrecht.
3247 Verwye, veuve Mertens, R., à Bordeaux, 1772–1782. 2 lettres (Amf. 1, 8).

Copies
3248 Bref de Benoît XIV, 1756 oct. 16.
    Acte en faveur de L. C. Bezançon dit Poligny, chapelain de Rijnwijk, par Darboulin, à Paris, 1756 déc. 9. Copié par Jallon, secrétaire de Mgr. d'Utrecht, à Rijnwijk, 1757 juin 9 (Amf. Z).

Charles-Louis Jourdain (Vaneste) († mars 1779 à Utrecht)
Lettres reçues de:
3249 Falla, Grégoire, abbé du Val St. Lambert, à Liège, 1776–1778. 22 lettres, dont 8 avec minute-réponse (Amf. 2, 5).
3250 Gelders, J., à Maseyck, 1779 févr. 2 (Amf. 5).
3251 Haen, E. de, à La Haye, 1779 févr. 26.
3252 Massin, H. W., curé de St. Michel à Liège, 1779 janvier 19.
3253 Philippucci, commandeur à Macerate, 1778 mars 6, avec réponse.
3254 Staatman, Frederic, à La Haye, 1778–1779. 2 lettres, avec réponses.
3255 Tutot, à Liège, 1778. 3 lettres, avec réponses.

3256 Quittances, 1766–1779 (Nouvelles Ecclésiastiques).
3257 Certificat de vie, 1767 janvier 19 (minute).

Jacques Jubé (dit De la Cour), ancien curé d'Asnières
N.B. Voir plus loin: nos. 4141–4152.

M. de Lanoix (Péret), chez M. Savoye (Chatelain) à Rijnwijk et dans le Goort-steeg (i.e. Haverstraat) à Utrecht
Lettres reçues de:
3258 N.N., 1738–1741. 7 lettres (Amf. U).
3259 N.N., 1741. 4 lettres.
3260 Olivier l'aîné, procureur au Châtelet à Paris, beau-frère de Mgr. Varlet, 1742 mai 20.
3261 Roquette, abbé de, à Paris, 1742 juillet 23 (Amf. Z).
3262 Villiers. Extraits de lettres de Mgr. d'Auxerre à Petitpied et de Petitpied, 1739 juillet 14 et 24, sur l'Église d'Utrecht (Amf. E).

M. de la Pallu à Rijnwijk
3263 Lettre de M. Du Lys, à Paris, (1760) janvier 14 (Amf. V).

M. de Latrie, chez M. Savoye à Utrecht (et chez M. Bonval)
Lettres reçues de:
3264 (Courcelles, De), à Paris, 1737–1741, sur les convulsions (Amf. T, U).
3265 Verhulst, P. L., à Amersfoort, 1738. 3 lettres (Amf. 17).
3266 Villiers, à Voortwijck, 1739 (juin 10).

Nicolas Legros (Maupas, Dupont)
Lettres reçues de:
3267 B., 1743 mars 16. Adresse: M. Chatelain pour Dupont à Utrecht (Amf. Z).
3268 Barchman Wuytiers, C. J., archevêque d'Utrecht, 1729–1730. 4 lettres (Amf. Q).
3269 (Boileau, J. J.), 1716 août 10. Adresse: Mlle Clouet chez M. Jobart, chanoine de Reims (Amf. V).
3270 Bonval, 1742–1743. 2 lettres (Amf. 13).
3271 Cabrisseau, chanoine de Reims, 1736 sept. 2.
3272 Caylus, Ch. de, évêque d'Auxerre, 1735–1740. 2 lettres (Amf. E).
3273 Cleymans, (Ph.), à Schonauwen, 1741 janvier 31 (Amf. a).
3274 Constant, (1743) févr. 8.
3275 Courcelles, De, à Paris et à La Motte, 1735–1746. 237 lettres, souvent écrites par d'autres mains et quelques-unes sous les adresses: Mad. Duval, M. Bonval, chez Kribber, libraire à Utrecht, Savoye, Chatelain, Pierre St. Martin et De Vallois (Amf. S, T, U, W).
N.B. 1736 juillet 23–27 avec copies de lettres de Petitpied et de d'Étemare.
    1736 août 3 avec postscriptum de . . .
    1736 sept. 18 avec relation de plusieurs conversions.
    1736 déc. 3 avec copies de lettres de Bech(erand de la Motte), de Soanen à Colbert et de d'Étemare.
    1736 déc. 31 avec copie de la lettre de Mgr. de Caylus à d'Étemare.
    1737 janvier 19 avec extraits de lettres de Fouillou, 1731–1733.
    1737 févr. 4, mars 4 et 15, avril 4, 8 et 22, juillet 19 adresse: Savoye, libraire à Utrecht.
    1737 févr. 15 avec relation de Renton (d'Étemare) des conférences de 1732–1733.
    1737 mars 22 avec extrait d'une lettre de Mérault à Jonval.
    1737 mars 29 avec lettre de N.N. et extraits de lettres.
    1737 mai 20 et 31 avec lettre de Jean Savoye.
    1737 juillet 26 adresse: Dupont chez Jean Pierre St. Martin à Amsterdam.

1737 juillet 29 adresse: Chatelain à Utrecht.
1737 oct. 21, nov. 4 adresse: Pierre St. Martin pour Dupont.
1737 nov. 11 avec lettres de Montgéron et de Servolle.
1737 déc. 30 avec copie d'une lettre de Montgéron.
1738 févr. 14–15 avec copie d'une lettre de C. J. Colbert.
1738 mars 29 avec copie d'une lettre de J. Soanen et extraits de lettres.
1738 juillet 31 avec lettre à Grillot.
1738 oct. 27 avec extraits de lettres de M. Du Ménillet et Le Comte.
1738 déc. 5 avec lettre de Boutin de la Boissière à Lagneau.
1740 juin 13 adresse: (Jubé) de la Cour.
1740 juillet 4 avec lettre à M. de Latrie.
1742 nov. 19 avec lettre à M. de Bonval.

3276 Curiot, à Reims, 1741 déc. 9 (Amf. U).

3277 Dengivre, 1738–1739. 2 lettres. Adresse: Dupont chez Chatelain (Amf. V, Z).

3278 Desessarts, Alexandre, 1738–1743. 3 lettres (Amf. U, V, i).

3279 Desessarts, J. B. (d'Aubared, Poncet), 1728–1750. 25 lettres (Amf. 17, V, W).
N.B. 1738 juillet 17 avec postscriptum d'Alexandre Desessarts.
      1749 avril 5 avec postscriptum de d'Étemare.

3280 N.N., (172.), avec lettre de Marc Desessarts à celui-ci.

3281 Desnoyer (Nicolas le Doux), à Schonauwen, 1744 janvier 12 (Amf. 13).

3282 Du Cellier, à Utrecht et Rijnwijk, 1733–1744. 5 lettres, la dernière aussi à M. Verhulst (Amf. P, S).

3283 Duguet-Mol, Mad., s.d. (Amf. C).

3284 Dumonceaux (Aspais Chesneau), 1749 juin 30, avec minute (Amf. I).

3285 Duquenoy (Du Ménillet, Nivelle), (1717) févr. 10.

3286 Duval (B. Houasse), à Schonauwen, 1741. 2 lettres (Amf. a).

3287 Étemare, D', 1726–1743. 41 lettres (Amf. F, L, M, N).
N.B. 1741 nov. 28 avec extrait d'une lettre de Mgr. Cerati provisor universitatis Pisae.

3288 Galart dit Gilbert, à Utrecht, 1731–1734. 2 lettres, la seconde avec minute-réponse et copie de la lettre de Galart à Mgr. Van der Croon.

3289 Girard (Portineau), à Rome, 1726–1745. 4 lettres (Amf. R, S, T).

3290 Goujet, chanoine de St. Jacques l'Hôpital, 1736–1740. 4 lettres (Amf. S, U, V).

3291 Grillot, J. J., à Schonauwen, 1742 déc. 1.

3291* Inarre, J. B. B. d', chanoine d'Ax, 1747. 4 lettres, sur la prétendue acceptabilité de la constitution Unigenitus. Adresse: M. de Villiers, Marieplaets, Utrecht pour Maupas (Amf. g).

3292 Jonval, T. D. de, 1740–1743. 2 lettres (Amf. 13, P).

3293 Jubé (de la Cour), 1728–1741. 5 lettres, la dernière avec extrait d'une lettre de l'abbé de Roquette (Amf. 13, 14, U).

3294 La Chassaigne, De, 1737 mars 1 (Amf. T).

3295 Lanoix, De, à Rijnwijk, 1741 janvier 10.

3296 La Rivière, De, à Utrecht, 1744 juin 18.

3297 Le Bossy, fr. Gérard, procureur de Rijnwijk, 1742 juillet 6, aussi à Willemaers et Villiers (Amf. Z).

3297* Lérines, 1734 déc. 13.

3298 Le Sesne (de Théméricourt), Marie Scolastique, 1741 mars 2 (Amf. 10).

3299 Louvard (de Saint-Gervais), à Schonauwen, 1738 juillet 25 (Amf. Z).

3300 Meindaerts, P. J., archevêque d'Utrecht, 1740. 2 lettres (Amf. 14).

3301 Morin, du prieuré de St. Étienne du Plessis, 1743 déc. 29.

3302 Mossaron, Mlle M.M., 1737 avril 15, avec minute-réponse (Amf. I).

3303 N.N., (173.) mars 28, avec postscriptum de ... (Amf. S).

3304 N.N., 1736 janvier 14.
3305 N.N., 1737 avril 26 (Amf. Q).
3306 N.N., (1745) déc. 20, sur la mort de Jubé (Amf. 1).
3307 N.N., (175.) févr. 19 (Amf. P).
3308 N.N., à Régennes, 1736 janvier 27, sans adresse.
3309 Olivier l'aîné, à Paris, 1742. 2 lettres, la dernière avec copie de l'obligation de
     Mgr. Varlet pour H. J. Tremblai et procuration d'Antoine Olivier, Marie-Anne
     Varlet, son épouse, et Pierre Varlet, leur neveu, pour Legros (Amf. Z).
3310 Petitpied, Nicolas, 1734–1740. 8 lettres (Amf. 14, Y).
3311 Rollin, C., à Paris, 1740 mars 8.
3312 Roquette, De, à Paris, 1742 août 13 et 27.
3313 Silly, C. de, s.d. (Amf. N).
3314 Soanen, J., 1740 juin 8 et 29 (Amf. E).
3315 Stiphout, J. van, 1745 oct. 18.
3316 Théméricourt, Mlle de, 1739 sept. 7.
3317 Varlet, D. M., 1736–1739. 16 lettres (Amf. 13, 17).
3318 Verhulst, P. L., 1731–1745. 10 lettres.
3319 Villiers, 1726–1749. 13 lettres, la dernière avec minute-réponse et mémoire sur
     le projet d'accommodement entre Utrecht et Rome (Amf. 17, B).

Minutes
N.B. L'Apocalypse de N. Legros se trouve en copie chez Mgr. Meindaerts, Invent. O.B.C.,
     no. 1406.
Les copies de ses lettres à Mgr. Soanen 1735–1736 chez Mlle Gillet, Invent. O.B.C., no. 1274.
3320 Journal de son voyage à Rome, 1725–1726. 1 t. 12° (Amf. J).
3321 Historiae a Christo nato compendium metrice descriptum 1–3 saeculi (Amf. I).
3322 De Chronologia (usque ad Christum natum).
3323 Observations sur les langues grecque et latine.
3324 Recueil de passages de morale. Écrits sur l'Église. 20 p.
3325 Lettre (1e) d'un théologien sur les mensonges de Judith.
3326 Annotations sur l'affaire des convulsions.
3326* Projet de mandement contre l'écrit, intitulé: Lettre sur le sujet de l'usure écrit
     par feu le Sr. Jean de Launoy, docteur de la maison de Navarre, qui mourut à
     Paris le 10e mars 1678 (imprimé 1731). Avec des notices de M. Fouillou, (1732).
3327 Projets d'articles sur la crainte et la confiance, envoyés à Petitpied, 1734 déc. 2,
     1735 janvier 1 (Amf. S).
3328 Plainte à Petitpied au sujet de sa consultation sur les convulsions, 1735 avril 22.
3329 Mémoire sur le terme d'œuvre des convulsions.
3330 Prières (5) composées par lui.
3331 Réflexions qui justifient l'ordonnance de visite de Mgr. Barchman à Rijnwijk,
     1729 mars 10, contre la lettre de 4 religieux du 19e avril.
3332 Mémoires sur le projet de donner un évêque à l'Église d'Hollande et sur la no-
     mination d'un évêque de Haarlem, (1737) (Amf. 13, D).
     Mémoire sur la demande d'un évêque de Haarlem, (1741) oct. 1.
3333 Mémoire sur Mgr. Varlet.
     N.B. Voir Nouvelles Ecclésiastiques de 1742 juillet 8.
3334 Annotations sur l'affaire de Rijnwijk et les Orvalistes, (1746).
3335 Annotations sur les convulsions et les miracles.
3336 Annotations sur la bulle Unigenitus.
3337 Réflexions sur l'alternative dans l'affaire de l'usure.

Observationes in scriptum: Certa in materia usurarum principia, 1740 Maii 8, 23, communicatae cum D. Broedersen scripti autore per Archiepiscopum, 1740 Julii 1.

Extraits de divers auteurs sur l'usure (Amf. H).

3338   Lettres à diverses personnes, varia, et testament avec codicil en faveur de J. B. Desessarts, 1734–1751 (Amf. 12, 13, I, J, Q).

Copies

3339   Diverses lettres sur l'Église d'Utrecht, 1704–1742 (Amf. 13, 14, 17, P).
3340   Excerpta. 1 t.
3341   Scripturistica. 1 t.
3342   Miscellanea. 1 t.
3343   Méditations sur l'épître de St. Jacques. 1 t.
3344   Varia theologica. 1 t.
3345   Tractatus de ecclesia. 1 t.
3346   Idem, Paris 1745. 1 t.
3347–3348   Tractatus de Verbi incarnatione et spe christiana. 2 t. fol.
3349   Annotationes in librum Job. 1 t. 4°.
3350   Annotationes in Genesim.
3351   In librum Josuae.
3352   Judicum.
3353   Ruth.
3354   Esther.
3355   Job.
3356   Esdras.
3357   Tobiae.
3358   Judith.
3359   Historica t. II.

Mad. de Montagny à Paris, correspondante de M. d'Étemare, (née 16 déc. 1694, † 15 sept. 1773)

3360   Mémoire pour Mad. de Montagny, demanderesse, contre M. et Mad. du Rieux, défendeurs, 1737 (imprimée).

Lettres reçues de:

3361   Bezançon, à Orléans, 1762 juin 26 (Amf. Z).
3362   Bonval, 1742 janvier 1 (Amf. 13).
3363   Curzay, De, 1767 févr. 24. (Amf. 1).
3364   Duguet, Mlle, (1770 mars) 21, avec lettre de (Mad. de) Mongason (Amf. 8).
3365   Dupac, G., 1753–1767. 86 lettres (Amf. 5, F, G, N).
   N.B. 1757 sept.; 1761 janvier 26; 1762 juin 20 adresse: De Curzay à Paris.
      1757 oct. 25 avec postscriptum de d'Étemare.
      1758 avril 10 avec postscriptum pour l'abbé G.
      1758 juin 5, 11, 19, 22 et 25, juillet 2–3, 10, 16 et 31, août 7, 13, 20–21 et 27–28; 1763 oct. 26 adresse: De Curzay, et en partie écrites par d'Étemare.
      1767 oct. 12 avec lettre pour "le Nord".
      Les lettres pour "le Nord" sont inséparables de celles à Mad. de Montagny. Ces dernières allaient donc évidemment aussi à Rijnwijk.
3366   Étemare, D', 1716–1769. 688 lettres (Amf. F, G, H, I, L, M, N, P, g).
   N.B. 1747 sept. 7 avec extrait d'une lettre de Naples de M. du Tour du 9e mai.

1749 févr. 1 avec copie d'une lettre de M. de St. Pons.
1749 juillet 7 avec copie d'une lettre à Mgr. Souillac de Lodève.
1750 juin 30 avec lettres pour L. du L. et T.
1756 déc. 23; 1757 mars 7, oct. 29, nov. 15–20 et 27–30, déc. 4–5, 9–12, 17, 21 et 26;
1758 janvier 8 et 15, févr. 5 et 19, mars 12 etc. jusqu'à 6 mai 1764 avec adresse: M. de
Curzay à Paris (et en partie écrites par Dupac).
1758 janvier 22 avec lettre de St. Quentin à Rigobert (d'Étemare).
1758 nov. 13 pour l'abbé Gagnon.
1759 févr. 9–13, avril 1, mai 22; 1760 mai 15–18, août 3–7, nov. 2–3; 1761 févr. 15;
1763 juin 19 avec copie d'une lettre à l'abbé de Fourquevaux.
1759 févr. 19, mars 5, avril 28–29, mai 14–15; 1760 juin 29–30, août 10, 17 et 24, oct.
19 et 25; 1764 juillet 15–16, août 11–13 et 27 pour M. de Curzay.
1759 déc. 22; 1760 mars 30 avec copie d'une lettre à Joubert.
1759 déc. 30 avec copie d'une lettre à Mgr. Bottari.
1760 févr. 11, déc. 8 avec copie d'une lettre à l'abbé Foucher.
1760 mars 20 avec lettre de M. Guidi à d'Étemare.
1760 avril 20 avec postscriptum pour M. Genet.
1760 juin 1 avec copie d'une lettre à F. Meganck.
1760 juin 10–15, sept. 14 avec copie d'une lettre à M. de Court.
1760 sept. 1 avec postscriptum pour M. Poligny.
1760 déc. 14 avec sa lettre de 1712 au grand vicaire du cardinal de Noailles.
1761 nov. 22 avec lettre de N.N.
1762 mars 13–14, mai 2, 4–10 et 23, sept. 5, oct. 4; 1763 juillet 13–18, déc. 11; 1764
sept. 24; 1765 févr. 8–11 avec lettre pour Génet (adresse: Sartres).
1762 avril 25 avec lettre pour Bourneuf.
1762 sept. 20 avec extrait du 19e.
1762 déc. 5 avec lettre à Darboulin, non remise.
1763 avril 3 avec copie d'une lettre à Texier.
1763 août 14, sept. 14–15; 1764 juillet 2, sept. 3; 1765 janvier 11–14 avec lettre à l'abbé
Sartres.
1763 sept. 18; 1764 sept. 3 avec lettre de Dupac.
1763 sept. 23 avec relation du 2e concile d'Utrecht.
1763 oct. 2 avec extrait de la lettre de St. Marc à Dupac.
1764 janvier 29 avec lettre à Gourlin et copie à Boucher.
1764 mars 5 avec copie à Gourlin.
1764 mai 28 avec copie à Bossière (d'Hervieu).
1764 juillet 2, sept. 3; 1765 janvier 14 avec lettre à Sartres.
1764 juillet 9 avec quelques lignes pour le B(on) H(omme) (St. Marc).
1764 juillet 23 avec lettre à De St. Jean et pour Dupac.
1764 août 5,8 et 13 avec lettre pour Dupac.
1764 sept. 3 et 17, oct. 22; 1765 févr. 1 avec postscriptum de Dupac.
1764 sept. 15–17 avec copie à Pinault.
1764 sept. 23 avec lettre à St. Marc.
1764 oct. 21–22 avec extrait du discours de Mgr. de Haarlem à la fête de Mgr. Meindaerts et copie de la lettre de Sartres à Meindaerts.
1765 févr. 17 avec lettre à Fourquevaux.
1765 mars 9–11 avec lettre à Dilhe.
1765 oct. 6 écrite par Dupac.
1766 juillet 7–13, 20, 28 et 29; 1769 mai 29, juillet 9, août 4–6 aussi pour Dupac.

3367 Folard, chevalier de, à Paris, 1738 déc. 9 (Amf. U).
3368 Fourquevaux, abbé de, 1738–1767. 85 lettres (Amf. W).
       N.B. 1749 juin 30; 1750 févr. 28; 1751 août 12, sept. 1 et 17, nov. 9, déc. 5; 1752 févr. 14–20
       adresse: Mlle de la Giraudière à Paris.
       1761 oct. 12; 1764 mars 4; 1766 sept. 27, nov. 23 aussi pour De Préaux (d'Étemare).
       1762 nov. 25 avec postscriptum de (Mlle de Fourquevaux).
       1763 nov. 30 avec note de d'Étemare.
       1766 sept. 3–5 aussi pour De Préaux et Dubois.

3369 Fourquevaux, Mlle de, nièce de l'abbé, 1767 déc. 29, avec mémoire sur la vie de
       l'abbé.

3370 Hecquet, N., à Abbeville, 1742–1751. 2 lettres (Amf. V, Z).
3371 La Berthonye, O. P., à Madrid, 1762 janvier 1 (Amf. 4).
3372 Lalanne, à Paris, 1768 sept. 7 et 26. (Amf. Z).
3373 Mouton, J. B., à Pouilly, 1768 nov. 18 (Amf. 1).
3374 N.N., Madame, 1738 mai 17 (Amf. R).
3375 N.N., (1728–1750). 2 lettres, la seconde est la copie d'une lettre venue de Bretagne (Amf. O, S).
3376 N.N., (Delorme?). Relation d'un voyage de Paris à Rome, (1753) (Amf. i).
3377 N.N., 1757 nov. 6.
3378 N.N., 1758 janvier 16 (Amf. N).
3379 N.N., s.d.
3380 N.N., à Montpellier, 1769–1770. 2 lettres.
3381 Pougnet, J. J., (Beaumont, Bérard), 1739 déc. 30 (Amf. V).
3382 Saint-Marc, De, 1758 août 18 (Amf. 9).
3382* Théméricourt, Mlle de, 1736–1741. 8 lettres.

M. de Montagny, conseiller de grande chambre à Paris
3383 Lettres (5) de d'Étemare, 1739 (Amf. F).

Abbé de Mérault (adresse: Mad. de Montagny à Paris)
Lettres reçues de:
3384 Étemare, d', (1739). 8 lettres (Amf. F).
Fourquevaux, 1739 févr. 1 (Amf. W).
N.B. Ci-jointe lettre de Jean Soanen à Mlle Mérault, pensionnaire à la Ste. Agathe à Paris, 1738 sept. 30 (Amf. E).
Théméricourt, Mlle de, 1740 juin 9.
3384* Remarques sur la dissertation de (Besoigne) sur la crainte et la confiance, et autres écrits sur la crainte et la confiance. Écrits sur l'Église.

J. B. Mouton
Actes et quittances
3385 Acte d'administration de la tonsure par Ch. de Caylus, évêque d'Auxerre, 1753 sept. 21.
3385* Acte de donation d'une rente par M. A. Darboulin, 1771 (Amf. 1).
3386 Cédulles (2) de vente de meubles par T. D. Pauw, 1784 nov. 9.
3387 Bails (2) de louage d'une chambre de A. Schravelaar pour Dupac et Mouton, avec quittances, 1785–1793 (Amf. 1, 5).
3388 Passeport pour voyager d'Orléans à La Charité, 1789 août 17.
3389 Lettres (10) de convocation et 4 quittances du "Provinciaal Utrechtsch Genootschap van Konsten en Wetenschappen" à Utrecht, 1789–1801.
3390 Legs fait par M. Le Roy à Mouton, Étienne Gérard et J. B. Hamon, (1790).
3391 Liste des livres prêtés à M. de St. Aubin, 1791 mai 30, avec annotations.
3392 Quittances de M. Verbeek et C. Beertens pour la petite maison, 1774–1777.
Compte d'un médiateur à Rome, 1776–1777. Voir inv. no. 3432.
Quittances (4) de M. A. van Schendel pour la Caisse des orphelins, 1784–1792, avec copies de lettres de reconnaissance des administrateurs à Lasseray à Paris, 1790–1793.
Quittances (2) de T. de Jongh pour le collège d'Amersfoort, 1790–1793, avec notes sur les bourses (Amf. 1, D).

Quittances du notaire J. de Clefay, concernant la succession de Dupac, 1790–1798.

Quittances (3) de M. Wild & Altheer et E. Luzac, 1791–1795.

Quittance de Mgr. G. M. van Nieuwenhuysen, 1792 août 12.

Quittance d'Étienne Brachet, 1797 janvier 26.

Lettres reçues de:

3393 Alpruni, Francesco, à Pavie, 1791–1795. 9 lettres (Amf. 4).

3394 Astorri, comte Girolamo, directeur de la poste impériale de Milan, à Rome, 1790–1797. 205 lettres (Amf. 7).

> N.B. 1790 janvier 6 avec lettre de Mgr. Scipion de Ricci à Astorri du 14e déc. 1789.
> 1790 janvier 16 avec copie de la lettre du pape aux évêques de Belgique.
> 1790 oct. 2 avec lettre de Mgr. Scipion de Ricci à Astorri du 28e sept. 1790 et question sur l'adoption des actions du concile de Pistoie (Amf. 4, P).
> 1790 déc. 25 avec copie de la lettre de l'archevêque de Cologne au pape du 3e déc.
> 1791 mars 16 avec copie de la lettre du cardinal Loménie au pape et de la réponse, janvier 31 et févr. 23.
> 1791 avril 13 avec copie de la sentence papale contre Cagliostro.
> 1791 juillet 13 avec copie de la lettre du pape au roi de France et une liste des évêques nommés par le roi de Naples.
> 1793 juin 15 avec lettre du comte Carlo di Gros, à Naples, à Astorri, 1793, juin 9.

3395 Augéard, M. d', à Munich, 1798 oct. 20, avec 4 lettres de Corbel et Von Dranac et une de Tanner et Co., à Hambourg, à Augéard (Amf. 14, 15).

3396 Aupé, à Paris, 1792 déc. 13, sur la mort de Jacquesson (Amf. e).

3397 Baldovinetti, Antonino, à Florence, 1790–1803. 57 lettres.

3398 Bammann, N., instituteur à Petersburg, 1801 avril 12 (Amf. Z).

3399 Baroni, Lorenzo, à Florence, 1790–1801. 22 lettres.

3400 Barville, J. C. A. Clément de, à Leuze, Wandsbeck et Düsseldorf, 1791–1798. 20 lettres (Amf. 1, e).

3401 Beckers Proto, Adam, à Amsterdam, 1793 sept. 16, adressée à Schelling.

3402 Bercher, Le Roy de, 1790–1802. 6 lettres, une avec annexe pour Degola.

3403 Besson, 1783–1803. 119 lettres (Amf. 1, 2).

3404 Bettini, D., à Passau, 1790–1797. 4 lettres.

3405 Beijerman Gzn., C., à Rotterdam, 1799. 2 lettres.

3406 Blarer, Melchior, à Helder, 1789–1793. 10 lettres.

> N.B. 1793 janvier 25 avec copie d'une lettre de Ch. Kurzweil de Jägersdorff à Blarer du 24e déc. 1792.

3407 Blekman-Günther, Th. A., (1788) juin 16 (Amf. 5).

3408 Boucher, souspréfet au séminaire d'Amersfoort, 1792. 2 lettres.

3409 Boulanger, H. L., à Liège, 1792–1793. 2 lettres, adressées à J. Schelling (Amf. 6).

3410 Bouvier, cousin et cousines de Mouton, à Clamecy, 1795–1803. 8 lettres.

3411 Broekman, A. J., évêque de Haarlem, 1784–1797. 13 lettres (Amf. 12).

> N.B. 1792 sept. 21 avec mémoire sur la famille de Sauvagniac.

3412 Brugière, curé de St. Paul à Paris, 1800. 3 lettres.

3413 Buul, J. van, à Dordrecht et Leiden, 1792–1802. 10 lettres (Amf. 12).

> N.B. 1792 mars 3, avril 1 aussi à M. Levasseur.
> (1792) avec nécrologe de Chr. Hauke.
> 1802 juin 4 avec lettre à J. J. Thijssens.

3414 Cadas, P. de l'Oratoire, 1791. 2 lettres, sur M. Chaisne (Amf. e).

3415 Camici, Giovanni Giuseppe, à Florence, 1791–1800. 19 lettres (Amf. 7).

3416 Cantecort, N., à Paris, 1803 janvier 30, sur la mort de Larrière.
3417 Carl, G., à Vienne, 1792–1794. 5 lettres (Amf. 14).
3418 Carpentier-Mouton, Mad., à La Charité et St. Léger, sœur de Mouton, 1779–1799. 4 lettres.
3419 Casaux, à Amersfoort et Krommenie, 1770–1802. 38 lettres (Amf. 1).
3420 Cazaubon, directeur de l'Imprimerie-librairie Chrétienne à Paris, 1799–1802. 4 lettres (Amf. 5, e).
3421 Chambarat, De, à Paris, 1790–1792. 3 lettres.
3422 Charlier, J., prêtre, à Rijnwijk et Paris, 1762–1765. 2 lettres (Amf. Z).
3423 Codde, Jerôme, à Mantoue, 1790. 2 lettres, avec généalogie et procuration (Amf. 13).
3424 Coenen, D., à Rotterdam, 1790 janvier 19.
3425 Copper, W., curé à Dordrecht, 1797 juillet 1.
3426 Cramer de Clauspruch, P. Joseph, chanoine à Bonn, 1792. 2 lettres, adressées à J. Schelling à Utrecht, avec 4 réponses de Mouton, 1792–1793 (Amf. 1, 14).
3427 Crasto, Isaac de Salomon de, à Amsterdam, 1790 nov. 22 et 29, avec lettre à M. le comte Picot de la Meintaye.
3428 Degola, Eustachio, prêtre à Gênes, 1796–1803. 20 lettres.
     N.B. 1796 janvier 9 avec copie des motifs de l'opposition de l'évêque de Noli contre la bulle "Auctorem".
3429 Delage, D., à Paris, 1795 mars 3.
3430 Delouit, Marc, 1798–1801. 24 lettres.
     N.B. 1801 avril 14 avec postscriptum de M. Deschamps.
3431 Derfelden, G. F. de, à Utrecht et Snellenberg, 1799–1802. 3 lettres.
3432 Deschamps, 1770–1803. 322 lettres.
     N.B. 1770 juin 8 et 10, sept. 7 et 19, nov. 8, déc. 3 adresse: W. van der Weyde, à Utrecht. 1776 oct. 31; 1777 janvier 5 pour les voyageurs Romains (Duvergier = Mouton et Castra = Dubois). Voir inv. no. 3392, Compte d'un médiateur à Rome.
3433 Dorpmans, J. B., curé à Amersfoort, 1789 déc. 16.
3434 Dubois (Larrière), à Paris et Aillas, 1789–1802, avec 4 minutes, |1789–1791. 125 lettres (Amf. 10).
     N.B. 1791 mai 1, juillet 10 avec lettre de Clément du Tremblai.
     1792 sept. 1, 1798 mars 21, avril 23, mai 22 avec lettre de St. Marc.
     1798 févr. 19 avec lettre de Partarrieu, à Bordeaux, à Larrière.
     1799 févr. 28 avec procuration de J. B. Castera Larrière pour Mouton et lettre de M. Larrière aîné, son neveu à Paris, à Mouton.
     1800 mai 4 avec lettre de Partarrieu à Mouton.
3435 Dupac de Bellegarde, Gabriel, 1770–1789. 98 lettres (Amf. 5, XXI).
     N.B. 1770 juillet 9 avec postscriptum pour Levasseur.
     1770 août 3 avec extrait des régistres du parlement de Toulouse pour M. Fontaine.
     1770 août 5; 1780 juin 26 aussi pour Dubois (Larrière).
     1770 août 19 avec lettre pour Deschamps, copie d'un arrêt du parlement de Rennes etc.
     1770 sept. 2 avec extrait d'une lettre de Rome.
     1770 sept. 7 avec extrait d'une lettre de Naples.
     1770 déc. 20; 1776 avril 3–7, 1779 janvier 17 avec annexe.
     (1774) nov. 4 avec note sur le mémoire du cardinal Castelli au pape pour l'Église d'Hollande en février 1770.
     1776 juin 8 avec postscriptum de M. ...
     1776 oct. 14 avec lettre du neveu de Dupac à Dubois.
     1777 mars 15 avec lettre du neveu de Dupac et copie du mémoire de M. York à La Haye aux États Généraux du 21e févr.
     1780 août 27 avec lettre pour Larrière.
     1785 avril 19 adresse: Clément du Tremblai.

3436 Dupac de Bellegarde, comte Gabriel-Marie, 1790 janvier 8 et 27 (Amf. 8, e).
3437 Dupac de Bellegarde, Marie, chanoinesse, nièce 1790–1791. 3 lettres.
3438 Dupac de Bellegarde, ci-devant prévôt de Lyon, 1791 juillet 1. Adressée à et avec postscriptum pour Larrière à Paris.
3439 Du Perron, à Liège, Leeuwarden et Petersburg, 1794–1797. 10 lettres (Amf. Z).
3440 Dupré de St. Maur, 1791. 2 lettres. (Amf. e).
3441 Du Tremblai, Clément, évêque constitutionnel de Versailles, 1785–1803. 182 lettres, en partie adressées à Larrière et St. Marc à Paris (Amf. 1, 2).
　　N.B. 1790 juillet 11 avec lettre à l'abbé Larrière.
　　　　1793 déc. 12 avec postscriptum à (Deschamps).
　　　　1796 nov. 8 avec mémoire, aussi pour Larrière, sur les fonds de d'Étemare.
　　　　1800 juillet 8 avec annexe à Mgr. Grégoire.
3442 Enschedé, J., en Zoonen, à Haarlem, 1793 déc. 3. Adresse: J. Schelling (Amf. 1).
3443 Falla, Grégoire, abbé du Val St. Lambert à Liège, 1790–1799. 52 lettres (Amf. 2).
　　N.B. 1791 févr. (7) avec annexe imprimée.
　　　　1793 sept. 24 avec extrait des œuvres de Louis de St. Simon.
3444 Farolfi, Ercole, à Pistoie, 1792 oct. 15. Adresse: J. Schelling (Amf. 7).
3445 Feistemantel et Co., à Amsterdam, 1801 mars 30 (Amf. 14).
3446 vacat.
3447 Follini, Bartolomeo, à Florence, 1790 mai 3.
3448 Fontaine, à Utrecht, 1770–1771, 4 lettres (Amf. 13).
3449 Foulon, N., O.S.B., à Dijon, 1787 juin 29. Adresse: Besson à Paris (Amf. C).
3450 Fourneau, G. G., à Liège, 1794 mars 4. Adresse: J. Schelling (Amf. 6).
3451 Galassini, Maria E., s.d. (Amf. 15).
3452 Garrigoux, C., à Soissons, 1795–1796. 2 lettres.
3453 Gelders, J., directeur des postes à Maeseyck († 30 août 1794), et son fils J. J. Gelders, 1789–1794. 246 lettres (Amf. 3, 6, 14).
　　N.B. 1790 déc. 29 avec lettre de Scheidel, professeur à Mayence.
　　　　1792 févr. 4 avec annexe.
　　　　1792 juin 6 avec 2 lettres de M. de Grinden, à Venlo, à Gelders et à Mouton.
　　　　1792 juin 23 avec lettre de Jean Rigelé, secrétaire du bureau des postes à Maeseyck, et une de B. Wild-J. Altheer.
　　　　1792 août 15 avec extrait d'une lettre de Bruxelles.
　　　　1792 sept. 19 avec lettre de M. de Hess au secrétaire des postes.
3454 Giuseppe (Pannilini), évêque de Chiusi et Pienza, à Florence, 1791 mai 3.
3455 Godet, inspecteur des postes à Bruxelles, 1799–1803. 21 lettres, avec deux lettres de Gonse, directeur des postes à Bruxelles, 1797–1800 (Amf. 6, e).
　　N.B. 1802 avril 12 avec lettres de Marant, à Courtrai, à Godet.
3456 Gortmans et fils, J. F., à Rotterdam, 1792–1799. 4 lettres.
　　N.B. 1798 sept. 4 adressée à B. J. Schelling, répondue par Mouton.
3457 Gouneau, curé à Séry, 1789 nov. 28.
3458 Grégoire, H., évêque constitutionnel de Blois, 1795–1802. 16 lettres.
　　N.B. 1799 févr. 18 avec lettre de M. Rang à Mlle de Casembroot.
3459 Gros, comte Carlo di, à Naples, 1790–1794. 3 lettres (Amf. 4).
3460 Guaita et Co., à Amsterdam, 1792 oct. 12.
3461 Guénin, Marc Claude, (de Saint-Marc), 1767–1802. 226 lettres (Amf. 9).
　　N.B. 1790 avril 24–30 avec lettre pour M. Trusson.
　　　　1793 sept. 1 avec annexe.
　　　　1798 févr. 19 avec postscriptum de Besson.
　　　　1800 avril 28, avec postscriptum de Larrière , neveu aîné, du 5e mai.
3462 Hardy, J. P., à Leyde, 1800 mai 26.
3463 Hauke, Chr., à Helder, Coblenz et Jägersdorff, 1792. 4 lettres.

3464 Henckell, I. A., à Porto, oncle de Theodore van Zeller, 1792–1794. 3 lettres (Amf. 12).

3465 Hengst, P. van, 1790 sept. 25. Adresse: Wild et Altheer à Utrecht.

3466 Hennert, J. F., 1792 févr. 27.

3467 Jallon, 1769–1770. 3 lettres, la première avec note de Mouton sur Dilhe et copie du testament spirituel du dernier, 1769 mars 4 (Amf. 1, 5).

3468 Javain, X., O.P., 1791 déc. 31.

3469 Joachim de Ste. Claire, à Lisbonne, 1792 sept. 3.

3470 Jogues, Mad., à Mortagne, 1794–1801. 3 lettres.

3471 Jongh, T. de, curé à Utrecht, 1798 févr. 13.

3472 Jourdain, Ch. L., (Vaneste), 1769–1772. 12 lettres, et compte fait des ouvriers à Clarenburg.

3473 Jourdain, à Montpellier, 1780–1791. 2 lettres.

3474 Jourdain, à Paris, 1792–1793. 2 lettres.

3475 Jourdain l'aîné, à Muizon, 1795 août 15.

3476 Jourdain de Muizon, à Maestricht, Halle, Hamm et Reims, 1791–1803. 21 lettres.

3477 Jourdain de Muizon, C. A., à Paris, 1790–1792. 5 lettres (Amf. e).

3478 Kabout, A., à La Haye, 1799–1802. 5 lettres (Amf. 12).

3479 Kalken, P. van, curé à Culemborg, et P. van Kalken junior, à Leyde, 1792–1802. 3 lettres.

3480 Ketel, B. van, et A. L. Wassenbergh, à Amsterdam, 1791–1802. 18 lettres (Amf. 14).

3481 Koopman, W. et W. G., à Utrecht, 1800–1802. 4 lettres.

3482 Kreter, Van, et sa femme R., à Hambourg et Munster, 1775–1800. 18 lettres.

3483 Kuyter, B., à Amsterdam, 1770 mai 2.

3484 Ladron, J. B. C., à Louvain, 1791. 2 lettres. Adresse: J. Schelling (Amf. 6).

3485 La Grange, F. de, à Lausanne, 1792 mai 12.

3486 La Haye, De, 1770. 2 lettres, sur Clarenburg (Amf. 13, e).

3487 Lalanne, à Paris, 1790–1791. 2 lettres.

3488 Lamaison, Laurens, à Amsterdam, 1785–1802. 15 lettres, avec 3 annexes (Amf. 12, 13, 14).

3489 Larrière, neveu aîné, à Paris, 1799–1803. 12 lettres.
Larrière, neveu, à Paris, 1789 juillet 5.
Larrière, jeune, à Paris, 1792 mai 27.
Castera Larrière, à Paris, 1802–1803. 5 lettres.
Castera Lanauze, à Aillas, 1803 mars 4.

3490 Lasseray, à Paris, 1791–1803. 24 lettres.

3491 Le Chanteur, 1798–1801. 3 lettres.

3492 Leclerc, à Paris, 1789–1798. 21 lettres (Amf. 5, e).

3493 Lefrancq, 1792 déc. 19.

3494 Lemembre, J. S., religieux Prémontré, à Amersfoort, 1793–1794. 15 lettres (Amf. 1).
N.B. 1793 févr. 9 avec postscriptum de Deschamps.
1793 août 14 avec annexes.
1794 oct. 6 avec testament spirituel.

3495 Leplat, A. J., à Bruxelles, 1800 juillet 17.

3496 Leplat, J., 1780–1803. 184 lettres (Amf. 3).
N.B. 1790 avril 3 avec annexe.
1791 juin 30 avec copie d'une lettre pastorale d'Ypres.
1792 juin 11 avec copie du mandement de l'archevêque de Malines du 8e mai.
1792 déc. 13 avec lettre à M. (J. Gelders).
1793 sept. 22 avec lettre à M. le curé (Roemers) à Maestricht.
1798 janvier 14 avec postscriptum de (St. Marc).
1801 mars 23; 1802 févr. 10 avec postscriptum de Godet.

3497 Liautaud, 1790–1795. 3 lettres.

3498 Lilien, baron de, à Essen, 1799 févr. 22. Adresse: Schelling (Amf. 14).

3499 Lironcourt, à Paris, 1790 janvier 8, avec postscriptum de Mad. Borel de Lironcourt.

3500 Loneux et fils, J. P., à Bois-le-Duc, 1790–1793. 5 lettres (Amf. 12, 14).

3501 Luzac, J., à Leyde, 1790 juin 3.

3502 Maggi, Luigi, à Livourne, 1792–1794. 2 lettres (Amf. 7).

3503 Marant, à Courtrai, 1802. 4 lettres (Amf. 6, e).

3504 Margaillan, Mathieu, libraire à Milan, 1790–1792. 4 lettres, dont 3 sous l'adresse de M. Schelling.

3505 Marrel, D., à La Haye, chez l'envoyé Bütemeister, 1792. 2 lettres. Adresse: Schelling.

3506 Martin, (1800 janvier).

3507 Massa, abbé, à Rome, 1777 avril 23, à Duverger (Mouton) et Larrière (Dubois) (Amf. 4).

3508 Massin, H. W., curé de St. Michel à Liège, 1792. 2 lettres. Adresse: J. Schelling (Amf. 5).

3509 Massan, à Paris, 1796 oct. 1.

3510 Mattheij, A., (1788) déc. 19.

3511 Maultrot, 1790–1802. 5 lettres.
N.B. 1802 s.j. invitation pour l'enterrement de Jean-Antoine Gassaigne, dit Philibert, et Nicolas Thyrse Pellicier Daubrespin, aussi signé par Lasseray.

3512 Meganck, F., 1770 août 16.

3513 Middelwaart, Th. van, curé à Haarlem, 1792–1797. 14 lettres.
N.B. 1797 mai 27 avec annexes sur Stafford et Bossi.

3513* Milan Visconti, à Utrecht, 1776 déc. 24.

3514 Minoprio, L., à Francfort, 1801 mars 25.

3515 Montagny, Mad. de, 1770 mai 13, écrite par St. Marc (Amf. 8).

3516 Mouton, à Orléans, frère de l'abbé, 1778 juin 10.

3517 Mouton, à Orléans, neveu de l'abbé, 1802 oct. 1.

3518 Mouton, Mad., belle-sœur de l'abbé, 1789–1795. 3 lettres (Amf. 1, e).

3519 vacat.

3520 Gertat-Mouton, Mad., sœur de l'abbé, à La Charité, 1779–1801. 6 lettres (Amf. 1).

3521 vacat.

3522 Mundelaers, J., curé de Finisterre, à Bruxelles, 1802 janvier 24 (Amf. 6).

3523 Muntendam, P., à De Bilt, 1794 mars 18 (Amf. 14).

3524 N.N., 1771–1781. 2 lettres.

3525 N.N., avec lettre de Benedetto Cervone, nommé évêque d'Aquila, à Naples du 19e oct. 1776 (Amf. Z).

3526 N.N., 1792 janvier 20.

3527 N.N., à Brescia, 1799 juillet 27.

3528 N.N., à Bruxelles, 1792 juin 11.

3529 Nauta, Th., curé à Zaandam, 1801 juillet (Amf. 12).
3530 Nelleman, N., à Delft, 1789–1802. 4 lettres.
3531 Nieuwenhuys, J., curé à Amsterdam, évêque de Haarlem, 1770–1801. 3 lettres.
   N.B. 1801 nov. 3 avec copie de Mouton de l'instrument de consécration de cet évêque du 28e
   oct. et de sa lettre au pape du 19e nov.
3532 Nieuwenhuysen, G. M. van, 1770–1772. 4 lettres.
3533 Noguier, abbé, à Paris, 1791 mars 21.
3534 Oldenneel d'Oldenzeel, J. C. H. baron d', et L. M. van Zeller, douairière Wittert, à Leiden, 1794 juillet 4.
3535 Olivier, Guy, à Orléans, 1792 déc. 16.
3536 Os, W. van, à Amersfoort, 1789 déc. 15.
3537 Pagni, Niccolo, à Florence, 1803 mai 24 (Amf. 7).
3538 Partarrieu, à Bordeaux, 1802 juillet 24.
3539 Petit, (1793).
3540 Picot de la Meintaye, 1787–1792. 2 lettres.
3541 Pier Antonio (Zorzi), évêque de Ceneda, depuis archevêque d'Udine, 1790–1793. 4 lettres.
3542 Pinheiro (Ferreira), nommé ambassadeur de Portugal chez le roi de Prusse, à Bosbeck et La Haye, 1798–1802. 9 lettres, avec deux minutes de Mouton sur la maladie de Dupac et le livre d'Antonio Pereira sur la profession de foi de Pie IV, 1789–1802 (Amf. 1, 4).
   N.B. Voir inv. nr. 3446.
3543 Potgieter, C., à Amsterdam, 1789–1802. 73 lettres (Amf. 14).
   N.B. 1792 févr. 16, juin 8, oct. 27; 1793 juillet 4; 1794 avril 26, déc. 2; 1797 juin 21, oct. 18;
   1799 mai 15 avec annexe.
   1794 oct. 28 avec quittance de M. Del Fontaine et Van Dooren à Amsterdam au compte de M. van Kreten.
3544 Pressigny, De., 1791–1794. 9 lettres.
3545 Pressigny, Mad. de, à Liège, 1798–1803. 8 lettres.
3546 Pujati, Giuseppe M., à Padoue, 1791–1798. 3 lettres.
3547 Rançon, J., à Paris, 1789–1792. 4 lettres (Amf. 5, 14, e).
3548 Rang, à Utrecht, 1792–1799. 3 lettres (Amf. 14, e).
3549 Raymond, Jaques, à Middelburg, 1787. 3 lettres, avec annexes sur la succession de Romingas (Amf. S).
3550 Reboual, à Paris, 1798 sept. 7.
3551 Rey, J., à Amsterdam, 1768–1770. 2 lettres.
3552 Rhijn, J. J. van, à Rotterdam, 1770 août 31.
3553 Ricci, Scipione de, 1791–1801. 13 lettres (Amf. 4).
   N.B. 1797 mars 31 avec lettre à M. Leplat.
3554 Robert de Prie, J. A. C., 1800–1803. 7 lettres.
3555 Robol, J., à Utrecht, 1800 oct. 22.
3556 Roemers, A. F., curé de St. Jacques à Maestricht, 1791–1802. 26 lettres (Amf. 3).
3557 Romondt, Van, 1787. 3 lettres, avec brouillon d'une requête au prince d'Orange pour M. de St. Aubin (Amf. 5).
3558 Ruelens, Jean-Louis, à Amersfoort et Delfshaven, 1798–1803. 4 lettres.
3559 Saint-Aubin, De, 1787–1799. 120 lettres.
   N.B. 1788 nov. 26 avec postscriptum en crayon de M. Mattheij, (directeur de L'Église Wallonne).
   1789 nov. 7 avec liste des livres empruntés de la bibliothèque des théologiens français à Utrecht (Clarenburg).
   1791 mars 7, juin 11 avec lettre pour M. Altheer.
   1799 févr. 4 soussignée: L'Adt. Gén. Quatremère Ditionvas.

3560 Saintin, à Paris, 1789–1791. 2 lettres.
3561 Saint-Simon, marquis de, à Amelisweert, 1781 févr. 4.
3562 Saint-Simon, Joan de, à Paris, 1791 sept. 21.
3563 Saint-Vincent, Robert de, à Leuze, Maestricht et Wandsbeck, 1791–1798. 19 lettres (Amf. 5, A, e).
   N.B. 1792 déc. 28 avec minute du 8e avril 1794.
3564 Sauvagniac, Guillaume, à Amsterdam, 1797 juin 6 (Amf. 14).
3565 Saxe, C., (1802 sept.–1803).
3566 Schaaff, S., 1766–1767. 2 lettres, répondues par Dupac (Amf. 17).
3567 Schade, Cornelis, à Amsterdam, 1792–1802. 12 lettres (Amf. 12).
3568 Schallmaier, professeur de théologie à Bonn, 1789 déc. 18.
3569 Scheidel, à Mayence, 1792–1802. 19 lettres.
3570 Schelling, J., à Utrecht, 1792 août 9.
3571 Schreuder, veuve, à Amsterdam et Delft, 1798–1800. 2 lettres.
3572 Schwarzl (Melanius), Charles, à Fribourg, 1791–1803. 46 lettres (Amf. 15).
3573 Serry, De, à Rotterdam, (1800 janvier 27).
3574 Smal, I. J., curé au Helder, 1798 juin 23.
3575 Souza Coutinho, Rodrigo de, à Lisbonne, 1802 nov. 15 (Amf. 4).
3576 Staatman, Fréderic, Guillaume et A. M. Staatman-Magnet, à La Haye, 1780–1782. 4 lettres. Adresse: J. Schelling (Amf. 5, 14).
3577 Steman van Maarsbergen, J. G., à Bruxelles, 1799. 2 lettres.
3578 Stiphout, J. van, 1770. 2 lettres, avec lettre de Mouton à Stiphout, 1760 mars 4.
3579 Tournaire, P. de l'Oratoire, (1789) juin 22 (Amf. Z).
3580 Trattnern, chevalier de, à Vienne, 1785–1789. 3 lettres. Adresse: J. Schelling.
3581 Troisi, Vincenzo, à Naples, 1790–1793. 2 lettres.
3582 Tuylen, H., à Haarlem, 1789 nov. 29.
3583 Varrentrapp et Werner, à Francfort, 1792 avril 22.
3584 De Vecchi, Fabio, à Sienne, 1790–1791. 2 lettres (Amf. 7).
3585 Venier, Bonaventura, à Venise (S. Giorgio Maggiore), 1790–1802. 33 lettres.
   N.B. 1791 févr. 11 avec une autre lettre du 31e janvier.
       1792 août 10; 1793 févr. 22 avec annexe.
3586 Vercour et Co., M. J., à Liège, 1794. 2 lettres (Amf. 6).
3587 Veron Fourmondière, Mad., à Laval, 1800 nov. 30. Adresse: Schelling.
3588 Verschuyl, née Gelders, Mad., directrice des postes à Dusseldorf, Werll, Essen et Maseyck, fille de J. Gelders, 1794–1803. 36 lettres (Amf. 3, 6).
   N.B. 1795 déc. 30 avec annexe.
3589 Ville (Wille), à Amersfoort, 1792–1795. 5 lettres (Amf. 1).
3590 Voorda, J. H., à Franeker, 1797–1802. 4 lettres.
3591 Weismann, Mad., à Hambourg, 1798–1801. 12 lettres.
3592 Weyde, W. van der, à Utrecht, 1770. 2 lettres.
3593 Wielsma, M., à Amsterdam, 1790–1792. 2 lettres.
3594 Wirion, contrôleur des postes à Maseyck, et femme 1797–1798. 4 lettres. Adresse: J. Schelling (Amf. 6, 17).
3595 Wittert, A. C., et H. van den Burgh, 1803 mai 16 (Amf. 17).
3596 Wittert, C. J. baron de, et J. J. Wantenaer, à Bruges, 1789 déc. 27 (Amf. 12).
3597 Wittert, G. M., à Utrecht, 1800 juin 25.
3598 Wittert-Van Duynkercken, douairière E. M., à Bruxelles, 1800 oct. 4 (Amf. 6).
3599 Wittert d'Hoogland, E. B. baron, à Bruxelles, 1789–1793, 3 lettres.
3600 Wittert-Schade, Theodora, à Utrecht, 1770 août 4.

3601 Zeller, L. van, curé à Utrecht, 1768–1770. 19 lettres (Amf. 12).
N.B. 1770 nov. 14 avec annotation sur le "Febronius" et la bulle "In coena Domini".
3602 Zeller, Th. van, à Rotterdam, 1792–1803. 35 lettres (Amf. 17).
3603 Zola, Giuseppe, à Pavie, 1790–1794. 12 lettres (Amf. 4).
3604 Diverses personnes. 35 lettres.

Minutes

3605 Récit d'un entretien avec d'Étemare au sujet d'un trait important de sa vie, Rijnwijk, 1765 juillet 26, aussi signé par G. Dupac et J. B. Castera de Larrière, avec la vie de d'Étemare (Amf. Y).
3606 Liste de livres à lire en différents genres, 1769 févr. 17 (Amf. K).
3607 Exposé du schisme parmi les Catholiques de Hollande et des écrits publiés sur ce sujet, (1786) (Amf. c).
3608 Vie et épitaphe de G. Dupac († 13 déc. 1789) (Amf. 5).
3609 Déclaration sur une rente de Languedoc pour J. B. Castera de Larrière, 1792 mai 26 (Amf. 1).
3610 Journal et annotations financières sur l'envoi des livres etc., aussi au collège d'Amersfoort, 1785–1803 (Amf. 1, 5).
3611 Journal de dépenses et récettes pour les Nouvelles Ecclésiastiques, 1790–1803.
N.B. Intéressant pour la connaissance des abonnés.
3612 Lettres à diverses personnes, 1769–1801 (Amf. 1, 12).

Copies

3613 Requête des Catholiques de Wijk bij Duurstede aux États d'Utrecht et avis du comte de Rechteren, grand-bailli, 1764 juillet 4 et s.d. (Amf. 12).
3614 Acte de d'Étemare sur son appel, 1768 avril 15 (Amf. P).
3615 Mémoire pour les légataires et exécuteurs de d'Étemare, avec diverses notes de Dupac sur la destination des fonds, laissés par ces deux, et sur celle de la maison soi-disant Clarembourg, à Utrecht, 1767–1787.
Déclaration pardevant notaire Jean de C(lefay) de M. M. Bertrand Pémartin, Ch. Petit, J. J. Jacqueson, J. B. Mouton, J. B. Castera (de Larrière), Pierre Saintin et Bernard touchant un codicille de d'Étemare, 1770 mars 31 (Amf. 1, U).
3616 Lettre de Mgr. A. J. Broekman à M. Beckers, chapelain à Berlicum, 1784 nov. 19 (Amf. A).
3617 Lettres de Mgr. Scipione de Ricci au comte Astorri, 1789 déc. 14, et de Mgr. P. A. Zorzi, évêque de Ceneda, au professeur Pujati, 1790 févr. 1 (Amf. C).
3618 Analyse de la profession de foi de Pie IV par Antonio Pereira de Fiqueredo, 1791, traduite par Mouton, pag. 1–86 avec corrections.
3619 Varia, 1761–1803 (Amf. e).

Pageot à Rijnwijk et Utrecht
Lettres reçues de:
3620 (Bercher) Le Roy de St. Charles, à Lille, (1768 avril) 24 (Amf. 4).
3621 Dubois, (1763), avec lettres pour Mouton, Dupac et Saintin (Amf. 10).
3622 Lalain, Dr. L. de, B. Gillet, P. Jossin et R. Desmonts, O.S.B. de St. Vannes, 1766 janvier 23.
3623 N.N., 1762 nov. 10 (Amf. V).

Pasumot
3623* Lettre d'Auxerre, 17 mai 1803, par Mouton sur le séjour de Mgr. de la Tour (Amf. 1).

Bertrand Pémartin à Rijnwijk
3624 Lettre de J. de Clefay, notaire à Utrecht, 1770 janvier 22. L'annexe manque (Amf. 13).

Pierre Savoye (Chatelain), libraire à Utrecht
N.B. Voir les cotes 1998–2006.

M. de Vallois à Rijnwijk. (Adresses: M. Kribber, libraire à Utrecht, et J. Lamaison à Amsterdam)
Lettres reçues de:
3625 (Bonval, M. de), Le Breton, à St. Malo (fils de la princesse d'Auvergne), 1750 juin 2 et 13 (Amf. a).
Courcelles, 1742 juin 11 (Amf. W).
N.N., 1746 mai 9 (Amf. V).

Dominique-Marie Varlet, évêque de Babylone
(Dumont, Dupont à Pozzo, Dupré, Gerson)
Actes
3626 Bref de Clément XI à D. M. Varlet, élu d'Ascalon, nommé coadjuteur de l'évêque de Babylone, 1718 sept. 17. Original parchemin.
N.B. Ci-jointe copie authentique du précédent bref, de la lettre d'ordination, 1719 févr. 19, de la lettre de recommandation pour l'empereur de Perse, 1719 avril 6, et du passeport, 1721 mars 4, et extrait de la résolution de la "Aalmoezenierskamer" à Utrecht, 1761 nov. 12.
3627 Acte de suspense par F. Barnabas, Episcopus Aspahanensis, 1719 déc. 17 (Amf. E). Avec extraits de lettres de Caraffa, secrétaire de la Propagande, 1719, et de M. Bacon à Bairon, s.d.
3628 Cas proposés aux docteurs de Sorbonne, 1723 janvier 24, 1724 févr. 28. Original.
3629 Octroi ad testandum avec testament, 1734 mars 5 et 11 (Amf. Z).
3630 Procès-verbal du chapitre d'Utrecht, 1734 août 3. Copie authentique.
3631 Testament spirituel, 1741 févr. 2. 2 Originaux.

Lettres reçues de:
3632 Auvergne de Maisy, M. A. d', à Utrecht, La Haye et Bruxelles, 1734 et s.d. 5 lettres, sur Joly, Legros et (Irène Petrovna) princesse Dolgorouky (Amf. Z).
3633 B.B., (1724 févr.) (Amf. R).
3634 Baesrode, J. van, prêtre à La Haye, 1739 sept. 17, sur le sacre de Meindaerts (Amf. 13).
3635 Barchman Wuytiers, C. J., 1723–1732. 62 lettres, sur le sacre des évêques, l'usure etc. (Amf. 13, 14, D).
N.B. 1724 janvier 31 avec minute-réponse.
1726 oct. 2 avec projet d'une lettre au chapitre de Haarlem.
3635* Beaulieu, De, à Paris, 1736 sept. 30 (Amf. S).
3636 Beek, J. van, curé à Rotterdam, 1727 janvier 7.
3637 Begon, intendant de Canada, à Quebec, 1720 nov. 10 (Amf. i).
3637* Bère, Mlle de, à Moscou, 1733 déc. 2 (Amf. S).
3638 Bervelingh, J., à Amsterdam, 1733 juin 4, sur l'élection d'un évêque de Haarlem (Amf. D).

3639 Bock, H. de, 1734–1735. 2 lettres, sur l'ordination de M. Flory et l'Église de Haarlem.

3639* Boucher, Ph., diacre, à Paris, 1736 sept. 10 (Amf. T).

3640 Boulenois (Champinot, De St. Martin), diacre de Paris, 1722–1739. 11 lettres (Amf. 13, 14).

3641 Bourges, Bernard de, Capucin, à Tauris, 1720 févr. s.j.

3642 Bourses, De, curé de Conflans, 1723 sept. 1 (Amf. R).

3642* Brigode Dubois, A. J. de, à Amsterdam, 1721–1737. 17 lettres, sur l'envoi de paquets pour le Siam et le Tonquin, l'élection d'un évêque de Haarlem et l'usure, les convulsions et le sacre de Mgr. Van der Croon (Amf. 13, 14, R, d).
      N.B. 1721 févr. 8 avec lettre de J. Krijs.

3643 Brisacier, De, supérieur du séminaire des Missions Étrangères, à Paris, 1719–1722. 14 lettres, avec 6 lettres à M. ... (Amf. i, l).

3644 Broedersen, N., 1724 juin, sur le sacre de Steenoven (Amf. 12).

3645 Bull, Godefridus, curé à Hilversum, 1739 sept. 19, aussi signée par M. Jooretz dit De la Chapelle, ancien curé de Malines, et J. Mars, chapelain de Hilversum.

3646 C. C. de la Visitation, sœur, à Montreal, 1719 avril 23.

3647 Camet, curé de Montgeron, 1721–1735. 23 lettres, sur les affaires de l'Église en France et les ordinations anglaises. Adresses: Adrienne Jaupin à Bruxelles et Brigode Dubois à Amsterdam (Amf. R, L).
      N.B. 1724 sur une lettre de cette année il se trouve une minute au P. de Graveson.

3648 Caulet, Le P. de, 1695 sept. 13, à Dupré à Rome.

3649 Caylus, Ch. de, 1719–1739. 42 lettres, sur les affaires de l'Église de France et d'Utrecht (Amf. E).
      N.B. (1730) janvier 20 adresse: Chastelain chez Lefebure, libraire, Mariaplaats Utrecht D.P.
         1739 févr. 15 adresse: M. Dumont, et note de la main de Savoye: Mgr. de Babylon.

3650 Chapitre d'Utrecht, 1724–1739. 8 lettres (Amf. 12, 13).
      N.B. 1733 août 26 avec minute-réponse du 29e sept.
         1734 janvier 26 en double.
         1734 mai 12 avec minute-réponse du 30e juin au doyen Dalennoort.

3651 Colbert, C. J., 1725–1737. 4 lettres, sur les droits de l'Église d'Utrecht, les miracles et le sacre d'un évêque pour Haarlem (Amf. Z, i).

3652 Collette, régent du Faucon, à Louvain, 1725 févr. 6.

3652* Coninck, Fr. de, à Amsterdam, 1738 oct. 16 (Amf. d).

3653 Cordier, F., P. M. A., au Tonkin, 1724–1734. 3 lettres, une aussi signée par M. de St. Gervais (Amf. l).

3654 Croon, T. van der, 1733–1739. 19 lettres, sur son sacre, le miracle de Polsbroek, l'usure et G. Akkoy (Amf. 12, 13, 14, D).
      N.B. 1734 août 4 avec minute-réponse du 14e.
         1734 août 19 avec copie.
         1735 nov. 25 avec projet d'une lettre aux évêques français.

3655 Cunha, D. Luis da, ministre du roi de Lusitanie à La Haye, 1733. 5 lettres (Amf. 14).

3656 Dalennoort, 1725–1733. 5 lettres, sur le secours à l'Église d'Utrecht (Amf. 12, 13, 14).
      N.B. 1733 juin 1 avec extrait des résolutions du chapitre d'Utrecht du 19e mai.

3657 Daret, Jean, O. S. B., au Mont St. Quentin lez Péronne, 1721 déc. 6 (Amf. R).

3658 Dattigni, à Paris, 1726 mai 6.

3659 Davion, à N.-Orléans, 1723 sept. 14 (Amf. i).

3660 Debonnaire, Antoine, frère de Guérin (E. Debonnaire), 1730–1738. 4 lettres, sur la division entre les Chartreux en Hollande; la première lettre avec minute (Amf. a).

3661 Delft, P. van der, à Diest, 1722 oct. 27, sur l'établissement des séminaire s(Amf. 13).

3662 Della Rocca, Domenico, à Constantinople, 1722 avril 28.

3663 Demonthéros, à Chalon, 1721 août 10.

3663* Desessarts, Alexandre, 172(2)–1729. 10 lettres. Adresses: F. Florent Pauli à Anvers, et M. Dupré.

3664 Dilhe (Desormes), L., prêtre de Montpellier et agent à Paris, 1724–1725. 3 lettres, sur le sacre d'un archevêque d'Utrecht et les Orvalistes en Hollande.

3665 Doncker, Th., 1724–1728. 3 lettres, sur le sacre des archevêques d'Utrecht et l'usure (Amf. 12, 13, 14).
N.B. 1724 juillet 10 avec signatures de 8 autres curés d'Amsterdam et de Haarlem.
1725 août 20 avec signatures de 14 autres curés du diocèse de Haarlem.

3666 Ducellier, à Rijnwijk, s.a. déc. 3 (Amf. 13).

3666* Duforest, à Lille, 1731 juillet 22 (Amf. S).

3667 Duguet, à Amersfoort, (1730) sept. 14, avec lettre de sa nièce Mad. Duguet-de Bart (Amf. C).

3668 Duhamel (Goguet), 1726–1734. 8 lettres (Amf. R, S).

3669 Dupuis, 1726 janvier 22 (Amf. R).

3670 Dupuy, J. L. B., à Schonauwen, s.a. févr. 7. (Amf. 13).

3671 Duverdon, à Schoonhoven, 1725 nov. 23.

3672 Erckel, J. C. van, à Delft et Leyde, 1720–1733. 21 lettres (Amf. 12, 13, 14, e).
N.B. 1720 déc. 12 avec postscripta de J. Krijs et J. de Brigode Dubois sur F. Barnabas, évêque d'Ispahan, le secours à l'Église d'Utrecht, les Chartreux, Backhusius et l'usure.
1730 déc. 18 avec minute-réponse du 16e févr. 1731.
1733 juillet 22 avec minute-réponse du 25e et copie.
1733 déc. 9 avec minute-réponse du 8e janvier 1734.

3672* Ernsthuys, A. C. van, à Paris, 1728 avril 16 (Amf. S).

3673 Espen, Z. B. van, à Louvain, 1723–1727. 3 lettres, sur "Vindiciae resolutionis doctorum Lovaniensium 1717", publiées dans: Supplementum ad Van Espen, 1768, epistolae 116, 139, 141 (Amf. 13).

3674 Étemarc, d', 1738–1740. 4 lettres (Amf. F).

3675 Fouillou, 1723–1727. 5 lettres, sur le sacre de Steenoven (Amf. 13, O).

3676 Gardane, A., à Hispahan, 1720 janvier 16, avec copie de la supplique de Joseph Rebuffat à Mgr. F. Barnabas (Amf. e).

3677 Germeau, A., à Paris, 1736 déc. 3, sur la mort de M. Gibert, canoniste.

3677* Gilbert, 1733 déc. 30.

3678 Glandelet, supérieur du séminaire à Quebec, 1719–1724. 6 lettres, avec annexe sur la mission en Canada (Amf. i, l).

3679 Gobert (de Fonteni), P., à Paris, 1734–1738. 3 lettres (Amf. T, U).

3680 Gualtieri, Filippo Antonio, cardinal, à Rome, 1717 oct. 2, sur M. Rebuffat (Amf. 1).

3681 Guigue, A., M.A., à Paris, 1732–1733. 2 lettres.

3682 Haarlem, curés du diocèse de, 1731 oct. 23, déc. 18.

3683 Haen, J. H. de, à La Haye, 1725–1726. 3 lettres (Amf. 14).

3684 Hoffreumont, S., s.d.

3685 Imbert, Mesd. M. et T., 1723–1724. 2 lettres.

3685* Jallabert, G., à Fronestein, 1727 juin 23.

3686 Jean (Baptiste de la Croix de Saint Vallier), évêque de Quebec, 1719 juillet 20 (Amf. i).

3687 Joannes, 1721–1723. 2 lettres, sur le séjour en Arménie (Amf. d, e).
3688 Jobard, C. R., (de St. André), curé d'Évry, supérieur du séminaire des Missions Étrangères à Paris, 1721–1738. 71 lettres, avec testament spirituel et temporel et postcripta de M. de St. Thomas. Adresses: Leclerc, chanoine d'Auxerre, Adrienne Jaupin, Brigode Dubois et Chastelain (Amf. j, l, R).
N.B. Ci-joints mémoire et lettres à nos Mess. de Siam, du Tonquin et de Cochinchine 1725–1732. Trois lettres en 1722 avec postscripta de Montigny.
3689 Jonval, De, (Touvenot Duvivier), à Utrecht, 1734 mai 24, sur les réflexions de M. van Sonsbeek (Amf. 12).
3690 Jubé (de la Cour), à La Haye, 1725–1739. 7 lettres (Amf. 13, d).
N.B. 1739 avril 9: Récit de sa présentation de l'acte d'opposition de Mgr. Varlet contre l'élection de G. Akkoy, avec deux mémoires.
1739 (août 1) mémoire sur la lettre de Mgr. Meindaerts du 30e juillet.
3691 Kemp, W., 1733–1739. 3 lettres (Amf. 12, 13).
N.B. 1733 oct. 1 aussi signé par G. Akkoy et avec minute-réponse du 6e oct.
1739 juillet 3 avec acte d'élection de Mgr. P. J. Meindaerts.
3692 Krijs, J., à Amsterdam, 1719–1722. 13 lettres, 3 lettres avec postscriptum de A. J. de Brigode Dubois et 2 nouvelles sur Quesnel (Amf. R, T, L).
3693 L'D.G. (l'abbé d'Aguesseau), à Paris, 1721. 2 lettres.
3694 La Chassaigne, A. de, procureur du séminaire des Missions Étrangères à Paris, 1719–1738. 74 lettres, sur les missions, l'affaire de Mgr. Varlet et son voyage en Perse, et le secours à l'Église de Hollande. Adresses: M. Le Clerc, chanoine d'Auxerre, Ruth d'Ans, Adrienne Jaupin, E. Burgert, Wittert, De Brigode Dubois, Elisabeth Budding, Chastelain et Savoye. (Amf. S, l).
3695 Lacolombière, J., à Quebec, 1719 nov. 8.
3696 Laigneau, 1722–1735. 56 lettres (Amf. O).
N.B. 1723 sept. 11 avec lettre de Roussel.
3697 La Roche, De, 1730 juillet 3.
3698 Latrie, à Utrecht, 1733–1735. 9 lettres.
3699 Lefebvre, Gertrude, à Utrecht, 1730–1737. 7 lettres.
3700 Legros, N., 1729–1741. 9 lettres (Amf. 12, 13, I).
N.B. 1729–1734 sur l'état de l'Église en Angleterre, sur l'usure et M. Akkoy.
1740 janvier 2 avec postscriptum de Savoye et annotations de d'Étemare et Dupac.
3701 Le Maire, F., P.M.A., à Siam, 1723–1735. 9 lettres, avec 2 copies de lettres de Roost, 1724 et 1726.
3702 Le Moine, 1692 sept. 3.
3702* Le Prieur, à Paris, 1737. 3 lettres (Amf. T).
3703 Lerines, De, à Schonauwen, 1739 janvier 24 (Amf. 14).
3704 Le Ro, sœur J., à Châlons, 1724 févr. 26 (Amf. R).
3705 Le Vage, P., à Rome, 1722 mai 26, avec requête de Varlet à la Propagande et un compte (Amf. 14, l).
3706 vacat.
3707 Meindaerts, P. J., 1738–1739. 4 lettres, sur l'usure et le droit de nommer un évêque pour Leeuwarden, la première lettre avec minute (Amf. 13, D).
3708 Mercier, J. P., P.M.A., 1720–1723. 3 lettres (Amf. i).
3708* Montgeron, De, à Paris, 1736. 2 lettres (Amf. T).
3709 Montigny, M. de, procureur-général des Missions Étrangères, à Rome et Paris, 1719–1725. 16 lettres, une avec postscriptum de Jobard.
3710 N.N., (1725). 2 lettres, sur la Cour de Rome et son affaire. Adresse: Brigode Dubois.

3710* N.N., 1729 avril 5, sur l'envoi d'un papier à Mess. Néez, De St. Gervais et Cordier au Tonquin. Adresse: Brigode Dubois. D.P.

3711 Diverses personnes, 1726–1739. 12 lettres (Amf. S, T, d, g, i).

3712 Nassau Zeyst, comte de, à La Haye, 1739 avril 28.

3713 Néez, L., P.M.A., au Tonquin, 1721–1734. 12 lettres, dont quelques-unes ont été aussi signées par P. Hebert de St. Gervais, F. Cordier et J. P. Faucher, avec une lettre à M. Tremblay, procureur des Missions Étrangères à Paris.

3713* Olivier l'aîné, à Paris, 1742. 2 lettres (Amf. Z).

3714 Ots, J., à Nordstrand, 1733 juillet 6.

3715 Padery, chevalier, (1724), avec minute.

3716 Pennaert, C. J., à Egmond, 1738–1739. 2 lettres, sur M. de la Croix et l'usure (Amf. 13, 14).

3717 Petitpied, N., (Gallois), 1724–1738. 38 lettres, sur le sacre des évêques d'Utrecht et l'usure (Amf. 12, 14, Y).
> N.B. 1724 nov. 7; 1735 mars 4 avec minute-réponse.
> 1734 janvier 11 avec copie d'une lettre de Bossuet à Neercassel, s.d. (1684).
> 1734 avril 27–29, juin 6 et 26, juillet 4, 20 et 24 adresses: Dumont.

3718 Philopald, supérieur du séminaire de St. Lazare, ancien procureur-général, à Rome, 1724 nov. 9, sur le sacre de l'archevêque d'Utrecht.

3719 Pocquet, à Paris, 1722–1725. 4 lettres.
> N.B. 1722 avril 23 avec postscriptum de Montigny.

3720 Poringo, H. D., à Aalsmeer, 1737. 2 lettres (Amf. 14, Q).

3721 Roquette, abbé de, 1736–1739. 3 lettres, sur Mgr. Soanen (Amf. Z).

3722 Rebuffat, Joseph, prêtre à Ispahan, 1721 mai 6, avec lettre à M. . . . et quittance (Amf. S, T, Z).

3723 Rolland, docteur de Sorbonne, 1722–1723, sur l'Église d'Utrecht. 2 lettres (Amf. 14, R).

3724 Roussel, à Ennery, 1723 nov. 10, sur Joannes Arménien.

3725 Ruth d'Ans, Ernest, 1724 mai 29, sur le sacre d'un archevêque d'Utrecht. (Amf. 18).

3726 D., J., sœur, supérieure de l'hotel-Dieu de Saint-Joseph à Villemaire, 1719 sept. 5 (Amf. i).

3727 Saint-Thomas, De, 1727–1738. 43 lettres, avec postscripta de M. de St. André (Amf. T, S, 13).

3728 Savoye, à Utrecht, 1734–1739. 6 lettres.

3729 Servule, à Syrap (= Paris), 1726. 2 lettres.

3730 Soanen, J., 1735–1739. 3 lettres, sur le secours à l'Église d'Utrecht.

3731 Soenens, J., à Gand, 1723–1724. 2 lettres.

3732 Sonsbeeck, W. B. van, à Polsbroek, 1733 déc. 31, avec copie d'une lettre à W. Kemp sur un miracle.

3733 Souslaidbeau, De, en Siam, 1727 nov. 15.

3734 Steenoven, C., 1723. 2 lettres, sur le secours à l'Église d'Utrecht (Amf. 12).

3735 Surville-Mariteau, veuve, à Paris et au Port Louis, 1722–1723, une avec adresse: Mad. Munier de Trocheon à Paris.

3736 Tessier, Jean de Quérelay, évêque de Rosalie, en Siam, 1729–1735. 3 lettres, sur la mission en Chine, Siam etc.

3737 Thaumur, D., prêtre aux Kaokias, 1720–1724. 3 lettres, sur la mission en Quebec etc.

3738 Thiboult, à Quebec, 1722–1723. 2 lettres, sur la mission en Canada.

3739 Thomas, Capucin, M. A., à Madras, 1719–1724. 5 lettres, sur la mission en Chine.
3740 Toobi, D., à Paris, (1724–1728). 16 lettres, sur les Chartreux en Hollande. Adresses: Joseph. Brigode Dubois à Amsterdam et Isabeau à Rijnwich.
3741 Trees, J. W., au mandat de l'archevêque d'Utrecht, 1725 mars 24.
3742 Tremblay, H. J., procureur des Missions Étrangères à Paris, 1720–1735. 46 lettres, e.a. sur Joannes Arménien (Amf. 13, R, Z, l, T), avec postscripta de Jobard, Lagneau et A. J. Brigode Dubois.
    N.B. 1735 mai 23 avec annexes; 1724 nov. 7 avec réponse.
3742* Treteau, Marie Anne, s.d.
3743 V., à Neuville, 1723 nov. 23.
3744 Varennes, De, (1719).
3745 Varlet, famille de Mgr., 1725–1738. 35 lettres (Amf. i).
    N.B. On y trouve des lettres de sa mère, d'Antoine Olivier et sa femme, Marie-Anne Varlet, de Mad. Desplantes, Nanette, M. A. Olivier, sa nièce, etc.
3746 Verheul, G., curé à Helder, 1739 sept. 30 (Amf. 13).
3747 Viaixnes, Th. de, 1721–1728. 41 lettres, sur l'Église de Hollande, le sacre des évêques et le séminaire (Amf. 17, g).
    N.B. 1721 déc. 20 avec annexe.
        1723 févr. 10 avec copie.
        1727 mai 29 avec postscriptum de A. J. Brigode Dubois.
3748 Villiers, à Utrecht, 1728–1734. 11 lettres, sur un miracle et les convulsions, l'usure et Rijnwijk. Adresse: Dumont. Titre: Monsieur (Amf. 12, 17, d).
3749 Vivant, doyen de St. Germain à Paris, 1725 août 21, avec minute sur le sacre d'un archevêque d'Utrecht (Amf. l).

Minutes de pièces
3750 Lettres d'ordinations, 1723–1725. 8 pièces.
3751 Actes d'appel, 1723–1725. 3 pièces (Amf. b).
3752 Réfutation des dialogues de M. de Cambrai (Fénelon), observations sur l'instruction de Bissi et extrait de la réponse des 6 évêques, (1715) (Amf. e).
3753 Journal du voyage vers Babylone, 1719 mars 18–1720 sept. 21, avec minutes de lettres à différentes personnes, 1719–1722.
3754 Annotations sur le mandement du cardinal de Noailles du 2e août 1720 sur la bulle Unigenitus (Amf. c).
3755 État de ce que Dubois a reçu pour M. Dupré, 1721–1724.
3756 Réfutation de la lettre de R.D.N. à un étudiant de Cologne contre la réputation de Mgr. Varlet, (1722).
3757 Expostulatio de calumnioso libello sparso 8 Aprilis 1724 et appendix appellationis interpositae, 1723 févr. 15.
3758 Plainte à l'Église catholique, 1724 juin 6.
3759 Annotations sur les 8 mémoires du refus des bulles, (1726) (Amf. K).
3760 Remarques sur le traité contre l'usure, (1728).
3761 Remarques sur un écrit concernant les prétentions du chapitre d'Utrecht (1732) (Amf. D).
3762 Mémoire sur la manière d'écrire aux évêques, 1735 déc.
3763 Mémoire sur l'établissement d'un évêque de Haarlem, 1735–1736. (Amf. D).
3764 Observations sur l'écrit: Discussio brevis, an ecclesiae Harlemensi praeficiendus sit episcopus, 1736.
3765 Réponse à un écrit qui a pour objet de prouver etc. dans l'affaire de Haarlem, 1736.

3766 Acte de protestation contre l'élection de G. Akkoy, avec copie de la lettre de Legros à Van der Croon, 1739 avril 5–7.

3767 Remarques sur l'histoire de C. de Lenfant: Schisme des Protestants.

3768 Collections sur l'épître aux Romains, sur Isaie, Justin, Tertullien et St. Augustin (Amf. g).

3768* Plan d'une méthode pour étudier la theologie et l'histoire de l'Église.

Minutes de lettres à:

3769 Akkoy, G., 1739 janvier 10 (Amf. D).

3770 Barchman Wuytiers, C. J., 1725–1727. 2 lettres (Amf. 13, 17).
N.B. 1725 août 10, la lettre originelle est toutefois datée 11 août.
Cf. invent. O.B.C. no. 371 (1392).

3771 Benoît XIII, 1725. 3 lettres (Amf. b).

3772 Boulenois, (1725 juin).

3773 Broedersen, 1731 août 16, en réponse du 8e août.

3773* Chapitre d'Utrecht, 1734 févr. 18 (Amf. 12).

3774 Clément XI, (1719).

3775 Clément XII, 1730 août 11–oct. 1 (Amf. e).

3776 Colbert, C. J., 1725–1737. 2 lettres, sur le miracles de M. de Pâris.

3777 Croon, Th. van der, 1733–1735. 4 lettres.
N.B. 1733 août 19 écrite par Jubé.
1734 janvier 8 aussi écrite par Petitpied et avec copie.

3778 Cunha, Da, (1733) oct. 16, nov. 6 (Amf. 17).

3779 Dalennoort, W. F. van, 1733 juin 7. (en double) (Amf. 12).

3780 Dilhe (Desormes), 1739 mars 2, avec mémoire à consulter (Amf. D).

3781 Erckel, J. C. van, 1724 janvier 22. (en double) (Amf. 17).

3782 Fénelon, 1733 nov. 28.

3783 Haarlem, curés du diocèse de, 1731 nov. 21.

3784 (Innocentius XIII), (1723 janvier 1) (Amf. b).

3785 Jacanho, 1733 nov. 28.

3786 Kemp, W., 1733 oct. 19, 1734 janvier 8 (à M. . . .), 1739 juin 27, avec lettre aux M.M. du Chapitre.

3787 Meganck, F., 1741 mars 17, mai 12, la première écrite par Villiers.

3788 Meindaerts, P. J., 1741 mars 26, écrite par Villiers.

3789 N.N., (qui avait accepté la bulle en 1731), 1733 oct. 25, en réponse à celle du 4e janvier (en double).

3790 N.N., (1739 février) (Amf. 13).

3791 Petitpied, N., 1733–1734. 5 lettres (Amf. 12, Z).

3792 Propaganda, (1722) mars 19, avec mémoire de l'agent P. Levage.

3793 Soanen, J., 1735–1739. 5 lettres (Amf. 17, D, b, i).

3794 Viaixnes, (1728) juillet 14.

3795 Liste des lettres expédiées et reçues, 1728–1730.

3796 Annotations et extraits sur les affaires de l'Église (Amf. i).

3797 Divers écrits sur les langues arabe, éthiopienne et hébraïque (Amf. L).

3798–3799 Annotations sur divers sujets historiques, théologiques et morals dans l'ordre alphabétique A–H et I–Z (Amf. K).

3800 Annotations de l'Écriture Sainte. 1 t. 8°.

3801 vacat.

3802 Journaux du Tonquin, 1717–1739, et autres pièces sur les missions étrangères (Amf. N, d).

3803 Pièces sur les affaires de l'Église de Hollande, 1725–1739.

Dom Thierry de Viaixnes O.S.B. (de la Congrégation de St. Vannes)

N.B. Secrétaire de Mgr. Varlet, né à Châlons-sur-Marne 18 mars 1656, mort à Rijnwijk 31 octobre 1735. Il a demeuré mars 1722–21 oct. 1727 chez De Brigode Dubois à Amsterdam et depuis à Rijnwijk chez les Orvalistes. Nom de plume: Benoist.
Dom Thierry a déposé ses collections de lettres et papiers entre les mains du doyen du chapitre d'Utrecht, le curé François Meganck à Leyde, par acte du 29e août 1730. Celui-ci les a transmis à l'archevêque G. M. van Nieuwenhuysen le 12e octobre 1773 (cette lettre avec l'acte de 1730 se trouvent dans le fonds O.B.C. cote 1409).

Lettres reçues de:

3804 Ablainville, Étienne d', (Fontaine), sous-prieur de Beaupré, 1727 nov. 7.
3805 Achery, Noël d', O.S.B., à Paris, 1726 juin 1, sur l'Église d'Utrecht.
3806 Ahuys, L., à Amsterdam, 1728 févr. 13, avec duplicata d'une lettre à Desormes (Dilhe) du 19e févr.
3807 Auvergne, princesse d', duchesse d'Aremberg de Maisy, à Bruxelles et La Haye, 1725–1727. 6 lettres.
3808 Bagnols, De, 1725 juin 18, avec pièces sur L. D. Miron, apostat d'Orléans.
3809 Baillot, Mère, O.S.B. de Ste. Scolastique de Troyes, 1722–1729. 8 lettres, une sous l'adresse d'Adrienne Jaupain.
3810 Barchman Wuytiers, C. J., 1723–1728. 38 lettres.
3811 Barneville, Servule de, à Paris, 1726 août 2.
3812 Baudouin, C., prêtre de Reims, 1720–1725. 66 lettres et annexes, avec une lettre d'Élisabeth Clouet et de Humbert Belhomme, 1721; deux lettres sous l'adresse de Dom Joseph Le Wif, 1721, et plusieurs sous l'adresse de Ruth d'Ans, 1722–1725.
3813 Bénard, J. B., (De la Houssière), à Rijnwijk, 1725–1728. 2 lettres, avec annexes.
Bénard, sœur de Ste. Eugénie, sœur du précédent, 1728 févr. 16.
3814 Bertonnet, Père, 1721 févr. 4.
3815 Beudet, Père, 1722. 4 lettres, une sous l'adresse de J. B. Dubois.
3816 Boede, P. J., à Rotterdam, 1724 mai 2, sous l'adresse de J. C. van Erckel.
3817 Boidot, à Paris, 1723–1728. 6 lettres, avec copie d'une lettre de Mathieu Petit-didier etc.
3818 Boncicant, Gervais, à St. Denis, 1721 janvier 10.
3819 Borré, Jean, à Paris, 1725 mai 8.
3820 Boucher (Lamy), 1728 nov. 15.
3821 Boulenois (De St. Martin), 1722–1725. 4 lettres.
3822 Bouwey, à Paris, 1721 août 1. Adresse: D. Joseph Le Wif.
3823 Brigode Dubois, A. J. de, 1723–1732. 9 lettres.
3824 Idem, Nouvelles de Paris, 1727–1732. Avec annexes.
3825 Broedersen, N., 1722–1730. 22 lettres, 2 sous l'adresse de J. Brigode Dubois.
3826 Caro, O.S.B., à Vertou, 1726 août 15.
3827 Carré, Jean, (M. de St. Florent) et Antoine Rivet, 1723 sept. 20.
3828 Chatelain (Savoye), à Utrecht, 1728–1729. 6 lettres. Avec annexes.
3829 Chaumond, François, à Beauvais, 1722 mai 2.
3830 Chesneau, Aspais, (Dumonceaux), à Fronestein, 1725–1727. 3 lettres.
3831 Chupé, Basile, (De Bleigny), à Fronestein, 1728 mars 3.
3832 Claudele, à Verdun, 1721. 2 lettres.
3833 Procuration du monastère de St. Pierre de Châlons en Champagne, avec 2 lettres de Placide Clouet à Rémy Cadet, 1721.

3834 Cretot, Charles, secrétaire de la Diète dans l'abbaye de St. Clément de Metz, 1721 janvier 14.
3835 Dalennoort, W. F. van, 1722–1725. 30 lettres, avec lettre de J. H. de H(aen) à son frère, 1724 juillet 8.
3836 Daret, Jean, en l'abbaye du Bec, 1724 avril 21, avec postscriptum de N.N.
3837 Denisart, Michel, (De la Forest), à Schonauwen, 1728. 3 lettres.
3838 Derbaix, Jean, prieur de l'abbaye de St. Ghislain, 1721, avec annexes.
3839 Desessarts, J. B., (Poncet), à Paris, 1724 oct. 28.
3840 Deu, doyen de la cathédrale de Châlons, 1721. 2 lettres.
3841 Dilhe (Desormes), 1723–1727. 4 lettres.
3842 Doigt, Salomon, à St. Michel, 1726 janvier 15.
3843 Doncker, T., 1726–1729. 4 lettres, avec annexes.
3844 Du Boulay, à Beaulieu, 1721. 3 lettres.
3845 Du Liepvres, Gillis, à St. Gildas des Bois, 1727 oct. 28, avec lettre de Léon Le Chevalier à G. Du Lièvre.
3846 Dumesnil, 1726–1727. 4 lettres pour Benoît et Aimar, une à l'adresse: Van den Duycker (Guillaume Jallabert: Emart).
3847 N.N., à Bayeux, 1727–1729. 18 lettres. Adresses: Duplessis, De Belloy, Garnier, P. Polycarpe.
3848 Du Ruel, curé de Sarcelles, 1723 août 21, avec annexes. Adresse: Jean Poncet, O.S.B., de St. Vincent au Mans.
3849 Erckel, J. C. van, 1722–1730. 98 lettres, avec annexes, savoir une de J. Trees, 1726, et de L. Knotter à Backhusius, 1725.
3850 Estienne, abbé d'Orval, 1726. 2 lettres. Adresse: D. Jean Baptiste (Le Moine).
3851 Étemare, d', à Boulogne, 1723 juillet 26.
3852 Fagnier de Vinets, Marie-Joseph, Mère O.S.B., à Châlons, 1721–1726. 7 lettres.
3853 Freschot, Casimir, à Luxeuil, 1719. 2 lettres, avec minute.
3854 Gayot, Gérard, prieur des Feuillants, 1721 avril 28.
3855 Gouraud, Marie, 1726 mars 5.
3856 Graillet, C. A., dit d'Hauteville, à Rijnwijk, 1730 sept. 1, avec annexes.
3857 Grossart, chanoine régulier de St. Estienne à Troyes, 1721–1728. 49 lettres, avec la visitation de Mgr. de La Rochelle et interrogatoire de l'abbé d'Asfeld. Quelques-unes sous l'adresse de Joseph Le Wif et Adrienne Jaupin, et avec annexes: lettre du neveu F. Delvinne, 1727, et de M. de Vieux Dampierre à Grossart, 1723.
3858 Hoffreumont, J. J., à Torenvliet, 1726 avril 27, avec 2 copies de lettres de son frère Servatius.
3859 Houasse, Benoît, (Duval), au Ham, 1725–1727. 7 lettres.
3860 Jallabert, Guillaume, (Emart, Van den Duycker), à Fronestein, 1725–1727. 15 lettres. Avec lettre d'un autre Jallabert, à Reims, 1725 avril 16.
3861 Joly, à Clermont, 1721 févr. 19.
3862 Jubé (de la Cour), à Utrecht, 1725–1726. 2 lettres. Avec annexes.
3863 Labroulière, à Amsterdam, 1730. 5 lettres.
3864 Lacodre, Gabriel de, prieur O.S.B., à Auxerre, 1720–1727. 4 lettres, avec une à Modeste Soufflot.
3865 Lagache, curé à Boulogne, 1734 mai 20.
3866 Laigneau, Placide, proviseur du séminaire des Missions Étrangères, 1723–1725. 6 lettres.
3867 Langle, Pierre de, 1721 nov. 8.
3868 Laporte, Jacques de, prieur O.S.B. d'Orléans, 1721 mars 14.

3869 Petitpied, 1726 déc. 23, avec 2 lettres de G. de Launay, prieur de St. Germer, pour De Saumery et Th. de Viaixnes, déc. 18.
3870 Le Bel, François, O.S.B., à St. Éloy de Noyon, 1721 sept. 15. Adresse: Joseph le Wif.
3871 Le Chevalier, Léon, prieur de St. Gildas des Bois, 1725–1727. 8 lettres.
3872 Le Dieu, Charles, en l'abbaye de St. Urbain, 1721 juillet 5. Adresse: Dom Joseph.
3873 Le Doux, Nicolas, (Desnoyers), à Fronestein, 1726–1729. 2 lettres.
3874 Lespagnol, Mlle, 1721 févr. 15.
3875 Lobs, P., 1722–1726. 7 lettres, avec annexes.
3876 Longueville, De, à Maestricht, 1730. 2 lettres.
3877 Lousleste(?), (1721).
3878 Madeleine de St. Augustin, Carmélite, à Troyes, 1727 oct. 8.
3879 Maillefer, à Reims, 1721. 2 lettres.
3880 Marion, F., prieur de St. Jagu proche St. Malo, 1725 févr. 4.
3881 Meganck, F., 1727–(1733). 2 lettres, avec copie d'une letttre à Mgr. de Montpellier, 1726 (Amf. 12).
3882 Merlin, Dom Léon, à Hautvillers, 1731 mars 13.
3883 Metzers, M. B., (Isabeau, Sterdieu), à Rijnwijk, 1727–1730. 8 lettres.
3884 Mandonnet, Mlle, 1726 mai 24.
3885 Mont St. Père, M. de, 1721 avril 7.
3886 Morel, V., à Châtillon-sur-Seine, 1721 mai 20.
3887 N.N., 1725 août 21.
3888 vacat.
3889 N.N., s.d.
3890 N.N., (cousin), à Châlons, 1727 déc. 26. Adresse: Brigode.
3891 N.N., maîtresse des novices à Chelles, 1715–1721. 11 lettres.
3892 N.N., chanoine de Laon, 1724 févr. 3.
3893 Boulouffe, J. F. à Liège, 1725 oct. 2.
3894 N.N., à Lille, 1726 juillet 12. Adresse: Villiers ou Poncet.
3895 N.N., à Paris, 1725–1730. 4 lettres.
3896 Oosterling, M., 1726 févr. 1.
3897 Palleot, Joseph, président de St. Vannes, 1726 janvier 23. Avec annexe.
3898 Paradanus, Petrus, Abbas Vlierbacensis, (1721)–1722. 2 lettres. Avec annexe.
3899 Pérault, Dom Edme, en Champagne, 1720 oct. 25.
3900 Perrin, P. A., 1725. 2 lettres.
3901 Petitdidier, M., 1717. 2 lettres (Amf. S).
3902 Poncet, Maurice, 1720–1727. 34 lettres, quelques-unes avec adresse: Bernard Nahé et deux à J. Verninac. Une lettre aussi de J. Verninac et L. Le Chevalier.
3903 Poulet, George F., (Dufossé), O.S.B., 1722–1723. 12 lettres, quelquefois avec adresse: Adrienne Jaupain.
3904 Prieur d'Orléans, 1721 févr. 10. Adresse: Dom Paul Susleau à Paris.
3905 Quesnel, 1709 oct. 16.
3906 Raffelin, Jean, 1721 mars 5.
3907 Reede van Renswoude, baron van, à La Haye, 1724. 2 lettres, avec annexes.
3908 Rivet, Antoine, 1720–1721. 5 lettres, quelquefois à l'adresse: Joseph Le Wif.
3909 Romecourt, M. de, O.S.B., à Troyes, 1722 juin 22.
3910 Roos, H., à Rotterdam, 1722–1725. 2 lettres.

3911 Ruth d'Ans, Ernest, 1721–1727. 413 lettres, avec annexes. Une lettre de A. Cinck, 1721. Avec relation de la mort de Mgr. de Boulogne par Baudouin, 1724, une lettre de C. J. Barchman Wuytiers et une de Dalennoort à Ernest, 1725 avril 23 et 1726 oct. 11.
3912 Sotelet, De, à Bruxelles, 1728 févr. 26, sur la mort d'Ernest Ruth d'Ans.
3913 Soufflot, Modeste, (Garnier), 1727 janvier 25.
3914 Steenoven, C., 1723 août 25.
3915 Tallevanne, De, de St. Mihiel en Lorraine, 1725 avril 14.
3916 Théméricourt, Mlle de, à Rivau, 1721 août 19. Adresse: Joseph Le Wif.
3917 Thibaut, François, (Desfarges), à Rijnwijk, 1728 août 18.
3918 Thiriar, Barthélemy, (De la Roche), à Rijnwijk, 1730. 11 lettres.
3919 Thomé, Benoît, (Monpied), à Fronestein, 1726 juillet 26.
3920 Tilens, J. J., (Noiron), au Helder, 1728. 2 lettres.
3921 Trabouillard, F., à Corbie, 1723. 3 lettres. Adresse: Ernest (Ruth d'Ans).
3922 Vaillant, (Dom Jean Lebrun), conseiller, à Verdun, 1721. 3 lettres.
3923 Varlet, D. M., (Dupré), 1721–1728. 53 lettres, avec annexes.
3924 Vaux, Jacques de, O.S.B. de Vaucler, et Bernard, abbé, 1719–1721. 2 lettres.
3925 Verhulst, P. L., 1722–1727. 4 lettres.
3926 Vernesson, sœur Christine, O.S.B. de St. Maur, 1721 avril 17.
3927 Verninac, J., O.S.B., à Paris, 1720–1725. 50 lettres, avec annexes, quelquefois à l'adresse: Joseph Le Wif.
3928 Vienne, De, à Paris et au Breuil, 1724–1728. 11 lettres, avec une de son fils, abbé de Vienne, 1724 et une de D. Pierre Evrard, à St. Ghislain, 1721.
3929 Villiers, à La Haye et Utrecht, 1726–1730. 6 lettres.
3930 Willemaers, J., 1721 déc. 31, avec annexe et notes de Verhulst.

Minutes et copies
3931 Minutes et copies de lettres expédiées 1703–1732, avec histoire de sa prison et de son exil et catalogue de ses papiers (Amf. 17, H, S, f, g). Ci-joint un extrait de cette histoire par Louis Paris Vaquier de Villiers.
Copie du mémoire, donné à M. de Saint-Sauveur par Dom Thierry de Viaixnes dans sa prison de Vincennes, 1715 avril 7.
3932 Réflexions morales sur la Genèse, l'Exode, le Lévitique, le livre des Nombres et le Deutéronome (selon note de Dupac).
3933 Copies de lettres, 1623–1725 (Amf. 10, 13, 14).
3934 Idem, 1726–1732 (Amf. 13, 14, E, H, O, S).
N.B. Intéressant parce qu'on y trouve souvent des lettres, dont les orginaux sont perdus. Au surplus elles contiennent toute sorte de nouvelles.

L. Paris Vaquier de Villiers, administrateur de Rijnwijk et Schonauwen
Lettres reçues de:
3935 Alexandre, 1751 avril 5 (Amf. a).
3936 Amstel, B. van, à Rotterdam, 1740. 2 lettres.
3937 Aubry, à Rijnwijk, 1751 sept. 26, avec arbitrage de Villiers, Heydendaal et Sainte-Croix dans l'affaire entre J. B. Batbedat dit Latrie et feu P. Savoye et autres annexes (Amf. O).
3938 Barchman Wuytiers, C. J., 1727–1729. 2 lettres (Amf. 14).
3939 Batbedat, père de Latrie, 1744 mars 17.
3940 Bénard (fr. J. L. d'Hurbal), s.a. mars 12, sans adresse.

3941 Bl(ondel), Laurent, 1728 mars 1, sur l'office de St. Willibrord (Amf. S).
3942 Blondel, à Utrecht, 1744–1750. 4 lettres.
3943 Boes, C., à Amsterdam, 1755 mai 15, avec minute du 27e mars 1756 (Amf. 13, 17).
3944 Boon, P., 1761 janvier 1 (Amf. Z).
3945 Boulenois, s.a. sept. 27.
3946 Boulouffe, J. F., à Schonauwen et à Paris (De Langle, Paterculus), 1731–1745, 11 lettres (amf. O, a).
   N.B. 1731 janvier 9: l'incluse de Hoffreumont d'Amersfoort sur feu J. B. Bourguignon manque.
   1731 févr. 23 copie de la rétractation de Bourguignon manque.
   1733 janvier 17 avec relation de sa guérison miraculeuse.
3947 Boursier, 1734–1739, 7 lettres (Amf. 12, 13, 14).
3948 Boutin, à Paris, 1743–1752, 27 lettres, sur les Chartreux en Hollande, avec 3 réponses, extrait d'une lettre d'Arb(oulin) et quittance des derniers habitants de Schonauwen, De l'Estang et Rabon.
3949 Brigode Dubois, A. J. de, à Amsterdam, 1726–1741, 39 lettres, sur les Chartreux à Schonauwen et l'usure, avec une lettre de M. de Bleigny au Hoef, 1737 oct. 7 et une minute (Amf. 13, H, O, a).
3950 Brigode, P. de, à Lille, 1741 mai 3.
3951 Buisson, Jacques, à Eu, 1760 juin 12.
3952 Casaumajour, à Paris, 1751–1752. 8 lettres, sur les Chartreux en Hollande.
3953 Caylus, Ch. de, 1742 juin 4, sur la mort de Mgr. Varlet, avec minute (Amf. E, Z).
3954 Cordier, banquier à Paris, 1743–1744. 16 lettres, sur des affaires financières des Chartreux en Hollande.
   N.B. 1743 août 19 avec lettres de Poncet et Latrie.
   1744 mars 2 avec compte de M. de la Mare.
   1744 juillet 24 avec quittance de Savoye.
3955 Cornier, Louis, à Marseille, 1760–1761. 4 lettres, sur les papiers de feu son frère Honoré (de Ste. Croix).
3956 Cozen, Van der, à Bordeaux, 1751. 2 lettres.
3957 Croon, T. van der, 1739 janvier 28 et 31, févr. 7, avec minutes du 26e et 28e janvier et 3–4e et 6e févr.
3958 Dampierre, à Rijnwijk, 1738–1739. 2 lettres (Amf. U, a).
3959 Delhaye, Patrice, chanoine régulier d'Oignies, 1729 mars 4 (duplicat de sa lettre à son prieur).
3960 Desessarts (Poncet), J. B., à Paris, 1741–1751, 21 lettres, sur les Chartreux, Schonauwen et Rijnwijk (Amf. O, a).
   N.B. Ci-jointe: Acte de procuration de J. B. Desessarts Poncet à M. Petitpied et Paris Villiers pour retirer 2000 florins des héritiers de Mgr. Barchman Wuytiers, 1734 juin 7.
   1741 mars 24 pour Dupont.
   1741 avril 17 avec lettre de N. à Maupas.
3961 Desnoyers (Nicolas le Doux, chartreux), 1738 oct. 30.
3962 Dufey, H., à Paris, 1752–1753. 3 lettres.
3963 Duforest, chanoine de St. Pierre à Lille, 1737–1740. 5 lettres, sur le ciboire de Pinel (Aubry) et sur B. Assau (Amf. S, a).
3964 Duguet, à Paris, 1739–1743. 2 lettres (Amf. 13, a).
3965 Dupac de Bellegarde, G., 1759–1761. 2 lettres, avec note de Gourlin (Amf. 5, Q).
3966 Dutour, 1731 avril 13, avec réponse (Amf. d).
3967 Emart (Guillaume Jallabert, chartreux), 1726. 2 lettres.

3968 Étemare, d', 1739–1757. 10 lettres (Amf. 13, F, M, N, Z).
   N.B. 1742 juin 1 avec minute.
   1757 juillet 27 avec mémoire sur le troisième évêque.
3969 Fauvel (Coursillon), à Aix-la-Chapelle et Maestricht, 1738–1741. 15 lettres (Amf. a).
3970 Fourquevaux, 1759–1760. 2 lettres, la première avec postscripta de Dupac et Gourlin et copie d'une lettre de Fourquevaux à d'Étemare du 26e juillet 1759 (Amf. Q).
3971 Fraissinet, V., et fils, à Amsterdam, 1749 janvier 21 (Amf. d).
3972 Galart (Gilbert), diacre à Amsterdam et Utrecht, 1740–1751. 2 lettres, la dernière sur son différend avec Savoye (Amf. H, a).
3973 Garnier, à Hilversum, 1738 juillet 2, sur Bleigny.
3974 Gautier (De Lérines), prieur de Chalais en Poitou, 1751–1758. 4 lettres, sur la mort de Savoye et Rijnwijk (Amf. V, Z, a).
   N.B. 1758 janvier 15 aussi à Dumonceaux (= Aspais Cheneau, chartreux).
3975 Gérard, fr., à Lille, 1740 juillet 19.
   Gérard, Jeanne, à Sedan, 1726 oct. 5.
3976 Godfriaux, N.J., 1740 nov. 1.
3977 Guy, J., à Paris, 1740 août (6).
3978 Henrart, Ch. L. d', (d'Osival), à Orval et Torenvliet, (1726–1730). 3 lettres (Amf. D).
   N.B. (1730) mars 28 avec copie d'une lettre de Mgr. Varlet à J. C. van Erckel du 16e févr.
3979 Hertefelt, J. van, à Amsterdam, 1741 sept. 20, avec minute (Amf. 13, d).
3980 Hoffreumont, S., (Du Buisson), sur Ameland, 1725 oct. 11, sans adresse (Amf. R).
3981 Hondt, J. de, P. de l'Oratoire, à Rotterdam, 1743–1744. 2 lettres, sur Bertram, chartreux de Schonauwen (Amf. 13, a).
3982 Houtard, Philippe, (d'Aletion), à Liège, 1725–1726. 24 lettres, avec annexes.
3983 Jubé (de la Cour), à Paris, 1745 nov. 14 et 18 (Amf. Z).
3984 La Barrière, Th. de, (Rémi), chanoine régulier de Retel, 1738–1741. 4 lettres.
3985 Labroulière, à Nantes, 1760 juillet 15 (Amf. O).
3986 Laby, femme de De, à La Haye, 1743 avril 2.
3987 La Caze, Jacques, à Amsterdam, 1757 juin 24.
3988 La Chassaigne, De, dit de la Chapelle, 1739–1752. 2 lettres (Amf. 13, a).
3989 La Cotelle, De, à Utrecht, 1751 juillet 1, sur les meubles de Galart chez Savoye, duquel M. Villiers et Potgieter sont les exécuteurs testamentaires (Amf. R).
3990 La Croix, De, chartreux au Hoef, Leyde, Rijswijk et Paris, 1733–1752. 21 lettres (Amf. S, a).
3991 La Frenaye, De, (De la Vallée, Brunet), au Hoef, 1733–1741. 8 lettres.
   N.B. 1741 mai 13 avec lettre de M. de Laroche.
3992 Lamaison, Jean, à Amsterdam, 1744–1753. 43 lettres (Amf. 14).
3993 La Mare, De, au Hoef, 1738 janvier 23 et 30, sur Guérin.
3994 La Pierre, De, à Amsterdam, 1751–1755. 2 lettres (Amf. 13, a).
3995 Latrie, De, (Deschamps, De la Haye, J. B. Batbedat) P. Batbedat (frère de Latrie), à Paris et Bayonne, 1741–1751, 42 lettres (Amf. O, a).
   N.B. 1743 sept. 23 avec copie de sa lettre à Heydendael.
   1743 nov. 10 avec projets de conciliation entre Latrie et Heydendael par Villiers et copie d'une lettre de Heydendael.
   1744 févr. 6 avec accord entre Latrie et Heydendael.
   1744 mars 11 avec accord de Dupuis et Latrie sur l'édition des lettres de la Mère Angélique Arnauld.

1744 avril 18 avec compte pour Latrie.

1746 août 20, 1747 mars 11 et 28 avec copie de sa lettre à Pierre Savoye sur les œuvres de Mgr. Colbert.

1747 mai 13 avec copie d'une lettre de J. B. Batbedat à Savoye et mémoire du dernier.

3996 Lefèvre, Jean, à Bruxelles et Louvain, 1739–1741. 5 lettres.

3997 Legrand, Mlle, à Reims, 1751–1752, 3 lettres.

3998 Legros, N., 1735–1748. 4 lettres (Amf. B, I).

3999 Maroles, De, 1750–1753. 3 lettres, sur la succession de Guillon.

4000 Meganck, F., à Leyde, 1737–1739. 2 lettres (Amf. 14, 17, a).

N.B. 1737 mai 26 avec lettre de F. Duchateau, au Hoef, à Meganck.

1739 févr. 13 avec minute du 18e.

4001 Meindaerts, P. J., 1739–1741. 5 lettres, avec 2 minutes (Amf. 13, 14).

4002 Meslay et Mlle Charmoys, à Paris, 1743 mai 20 (Amf. a).

4003 Metzers, Michel Bernard, (Isabeau), à Torenvliet, 1726. 2 lettres.

4004 N.N., 1747 févr. 11, sur Schonauwen.

4005 N.N., 1761 août 16 (Amf. m).

4006 Olivier l'aîné, à Paris, 1742. 2 lettres, avec minutes et mémoire à consulter sur la prétention de M. Olivier, 1742–1755.

4007 Passionei, Domenico, cardinal, à Rome, 1754 janvier 19, écrits par son secrétaire M. Testaud (Amf. 4).

4008 Petitpied, Nicolas, 1734–1745. 115 lettres (Amf. 13, Y).

N.B. 1735 janvier 10, 1738 févr. 28 avec minute-réponse.

1739 févr. 9 avec copie de sa lettre à Ducellier.

1739 avril 13 et 20 avec extrait de sa lettre sur Akkoy.

1741 avril 28 avec extraits de ses lettres à Legros et De la Cour.

1741 juillet 24–29 avec copie de son billet à De la Frenaye.

1741 oct. 28 avec comptes de feu M. (A. J. de Brigode) Dubois.

1744 août 30 avec copie de sa lettre à M. Stiphout sur une bourse à Amersfoort.

4009 Pinel (Duclos), P. de l'Oratoire à Paris, 1738–1739. 2 lettres.

4010 Piron, C., valet de chambre de M. le baron de Schell, chanoine tréfoncier de Liège, 1740–1752. 5 lettres, sur Rijnwijk (Amf. 6, e).

4011 Potgieter, N., à Amsterdam, 1743 avril 13.

4012 Pourtalès, E., à Hambourg, 1739 sept. 22, adressée à M. de St. Gervais (Louvard).

4013 Pressigny, De, à Liège, 1751–1763, 119 lettres (Amf. 7, a).

N.B. 1751 déc. 30, 1762 déc. 3 avec annexe.

4014 Roquette, abbé de, (Rémond), à Paris, 1742–1756. 4 lettres, sur M. de la Croix, la première avec adresse: M. Chatelain à Utrecht (Amf. Z, a).

4015 Rose de Courmont, Michel, 1725–1726. 5 lettres.

N.B. 1725 sept. avec lettre de Hilarion Tricot du 25e sept.

1726 févr. 7 au Sr. de St. Yves.

4016 Saint-Martin, De, 1741. 4 lettres, sur Rijnwijk et Voortwijk.

4017 Saint-Martin, J. P., à Amsterdam, 1743–1747. 7 lettres, sur Latrie (Amf. O, a).

4018 Saint-Maur, J. D. de, à La Haye, 1740–1741. 3 lettres.

4019 Saint-Yves, M. de, et Tombeur, 1726–1729, 13 lettres.

N.B. 1728 août avec lettre de Hilarion Tricot et Michel Rose.

4020 Savoye, P., à Utrecht, 1747 août 29, avec mémoires sur son différend avec Latrie concernant l'impression des œuvres de Mgr. Colbert (Amf. O).

4021 Savoye, neveu, à Reims, 1757–1762. 2 lettres (Amf. V, Z).

4022 Schoonhoven, Th. Pz. van, à Rotterdam, 1739 avril 21. Adresse: Mlle Lefebvre pour M. de St. Gervais (Dom Louvard). Ci-joint inventaire des effets de feu M. de Gervais etc.

4023 Seroskerque de St. Paul de Blau, Mad., à Boulogne-sur-Mer, 1737 sept.13 (Amf. S).

4024 Silly, De, à Lille et Paris, 1741–1743. 3 lettres.

4025 Texier e.a., avocats de Paris, 1739 juillet 23 et s.d. Consultations sur l'alternative (usure) (Amf. H).

4026 Touvenot Du Vivier (De Jonval), à Paris, 1743–1752. 3 lettres.

4027 Trees, J., à Haarlem, 1738 mai 14, nov. 17 et 19, avec lettre de Jean le frère (Lefèvre) à Trees.

4028 Troisville, Philippe L. de, à Nantes, 1760–1761. 2 lettres, la première avec lettre de M. de La Noue, liste des livres, compte et testament de M. H. Cornier (De Ste. Croix) (Amf. O, Z).

4029 Vallois, De, (De Launaye), à Namur, 1745–1752. 6 lettres (Amf. J, a).

4030 Varlet, D. M., 1728–1739. 8 lettres (Amf. 12, 17, Z).
     N.B. 1734 févr. 3 (adressée à Petitpied) et remise à Villiers.

4031 Varlet, Marie-Anne, sœur, et Pierre, neveu, Marguerite Miget, belle-sœur, et (Antoine) Olivier l'aîné, beau-frère de Mgr. Varlet, 1742 mai 28, avec minute.

4032 Varlet, neveu, huissier à Paris, 1755–1757. 4 lettres.
     N.B. 1755 sept. 30 avec annexe et aussi signée par (Antoine) Olivier.
     1757 avril 22 avec minutes, liste des effets et liquidation et postscriptum d'Antoine Olivier.

4033 Varoux, Antoine, à Malines, 1740 août 17.

4034 Verhulst, Ph. L., 1739. 4 lettres (Amf. 13).

4035 Viaixnes, 1719–1726. 4 lettres (Amf. 17).

4036 Voisin, (L. de ?), (1745).

4037 Villerme, Nicolas de, domestique de Schonauwen, à Londres et au Mans, 1738–1739. 2 lettres.

4038 Willecour, De, 1741 mai 12.

4039 Willemaers, J., à Amersfoort, 1741–1753. 2 lettres (Amf. 17, a).

4040 Wit, de Lubeley et, à Amsterdam, 1753 mars 16 (Amf. d).

4041 Wittert, Adrien, à La Haye, 1741. 6 lettres.

4042 Wors, C., à Amsterdam, 1760 juillet 29 (Amf. 17).

4043 Wijtmans, W., à La Haye, 1743 mars 14.

4044 Papiers de l'héritage de Mgr. Varlet avec catalogue de la vente de ses livres, 1742–1744 (amf. Z), et liste des effets vendus.

4045 Quittances sur l'achat de Rijnwijk et autres quittances (Amf. a).

Minutes

4046 Mémoires sur la constitution Unigenitus, (1713–1725).

4047 Mémoire sur la résolution du chapitre d'Utrecht du 6e juillet 1728 touchant le collège d'Amersfoort.

4048 De vita et scriptis Espenii commentariolus.

4049 Remarques sur les remarques de Benoist (Th. de Viaixnes) touchant le fameux mémoire, (1728) (Amf. 17).

4050 État des personnes qui sont dans les maisons de Rijnwijk et Schonauwen, 1730 juin 1.

4051 Responsio ad scriptum: Episcopum teneri pastoratus deferre de consensu capituli, (1730) (amf. D).

4052 Observationes in scriptum: Episcopum nihil sine consensu cleri seu capituli peragere debere, (1730).

4053 Remarques sur la lettre de Mgr. Varlet à J. C. van Erckel du 16e févr. 1730.
N.B. Trois exemplaires. Voir inv. no. 3978.
4054 Mémoire au P. Fabre contre la continuation de l'histoire ecclésiastique de Fleury sur l'Église de Hollande, 1735 déc. 1 (Amf. c).
4055 Mémoire à consulter sur l'affaire d'un coadjuteur et sur la nomination que l'archevêque d'Utrecht a faite de M. Akkoi avec réponse, 1739 janvier 5, févr. 12 (Amf. 13, D).
4056 Mémoire succinct sur un coadjuteur d'Utrecht. Avec 7 questions, observations du chanoine Wijnants, lettre de Legros à Mgr. Van der Croon et copie d'une consultation de Paris, 1739 mars 10, s.d., avril 5 et s.d. (Amf. 13).
4057 Mémoire sur l'affaire d'un coadjuteur, 1739 mai 23 (Amf. D).
4058 Parallèle entre W. B. van Sonsbeek et P. J. Meindaerts, 1739 juillet 6.
4059 Mémoire pour Mgr. Meindaerts au sujet d'un second évêque. Avec mémoire de Mr. M. sur les ordinations, (1740 mars 1), avril 18 (Amf. 17).
4060 Liste des papiers, que m'a laissés M. Desgrilles, 1743 août 29, avec notes de 1748 et 1753 (Amf. S).
4061 Vie abrégée de N. Legros et liste de ses ouvrages (Amf. J).
4062 De la succession de M. Rollin donnée au president d'Amersfoort, 1751–1765.
4063 État des dons à l'archevêque et l'évêque de Deventer, 1757–1764.
4064 Chronologia historiae ecclesiae Ultraiectinae.
4065 Pièces exégétiques (Amf. J, n).
4066 Lettres à G. Akkoy, 1743 févr. 13; P. van der Delft, 1740 déc. 2; N.N., (1739) juin 16; et à sœur Thérèse Rufan, 1733 sept. 9 (Amf. 17, I, d).

Copies
4067 Pièces touchant la cause de Codde, 1699–1711 (Amf. 14, 17, n).
4068 Écrit à trois colonnes rapporté par cardinal de Bissy à la suite de son instruction pastorale, avec liste de diverses adresses curieuses (Amf. f).
4069 Permissa a Clemente XI circa ritus Sinicos puncta, 1721 (en double) (Amf. R).
4070 Relation de ce qui s'est passé dans le diocèse de Lectoure au sujet de la bulle Unigenitus depuis 19 nov. 1722. Avec copies de la main de Villiers e.a. (Amf. 17, f, g).
4071 Mémoire touchant le collège Alticollense, 1723 sept. 9–oct. 27 (Amf. 14).
4072 Écrit en faveur de la bulle Unigenitus pour M. de Beaupré.
N.B. On l'attribue à l'abbé de Vence.
4073 Lettre de Rohan, archevêque de Reims, à Mgr. de Boulogne, 1723 avril 29, avec réponse et le bref du pape (Amf. R, g).
4074 Déclaration de la Chartreuse de Paris sur la bulle Unigenitus, 1723 sept. 21.
4075 Lettre circulaire de Mgr. C. J. Colbert, 1725 mai 2 (Amf. Z).
4076 Decretum concilii Romani, 1725, avec extraits de lettres de Paris, juin 11 et 29.
4076* Mémoire sur le miracle à Amsterdam, 1727 janvier 6.
4077 Pièces touchant feu M. François-Charles Ducellier, 1727 mars 13–14 (Amf. d).
4077* Mandement du cardinal de Noailles contre P. le Courayer, docteur de théologie, à Oxford, sur la validité des ordination anglaises, 1727 août 18 (Amf. g).
4078 Decreta episcopi Leodiensis contra Quesnellum, 1729 août 20, 1732 août 1 (Amf. O, S).
4079 Formula electo Archiepiscopo Ultraiectensi proposita circa usuram, 1733 sept. 5 (Amf. H).

4080 Petitpied, Appendix ad considerationes de praesenti statu controversiae (circa usuram), 1734 maii 29. Avec annexes.

4081 Confutatio scriptionis Brabantinae circa usuram, (1734).

4082 Considerationes generales in 12 articulos (Cinck), 1734 (Amf. H, N).

4083 Recueil de pièces sur l'élection d'un deuxième évêque, 1734–1739 (Amf. 13, H).

4084 Discussio brevis an ecclesiae Harlemensi praeficiendus sit episcopus, 1735.

4085 Règlement de vie des solitaires de Stenisweert, 1739 déc. 5.

4086 Projet d'accommodement avec Rome avec des remarques (1745), breves observationes, lettre du clergé à l'archevêque d'Utrecht, 1745 août 25, avec observations et réponse à la question, s'il convient d'écrire une autre lettre au pape, et lettre du chapitre d'Utrecht au cardinal . . ., 1745 oct. 5 (Amf. B).

4087 Consultation d'un cas sur l'usure, 1747 mai 12.

4088 Propositions de l'instruction pastorale de Tours, 1749 oct. 29 (Amf. I).

4089 Consultation sur un testament, 1749 nov. 3, déc. 6.

4090 Varia scripta circa tertium episcopum, 1753–1758.

4091 Plan de négotiation du côté de la cour de Rome, (1758) (Amf. A).

4092 Lettres sur les affaires de l'Église, 1725–1759 (Amf. 13, 14, B, C, D, H, I, N, O, Y, a, c).

4092* Biographies d'Antoine Pierrot d'Orval et de J. J. Hoffreumont, lettre d'Étienne d'Ablainville (Fontaine) e.a. sur Rijnwijk, 1728–1754 (Amf. g, S, V).

Imprimés

4093 Question curieuse sur la remontrance des Jésuites à Mgr. d'Auxerre.
In obitum D. M. Varlet, 1742.
Carmen oblatum archiepiscopo Theodoro van der Croon a convictu Amisfurtensi, 1734.
Lettre d'un prêtre françois, retiré en Hollande, à un de ses amis de Paris, au sujet de l'état et des droits de l'Église catholique d'Utrecht. Avec quelques pièces importantes concernant cette même Église (par M. L. Paris Vaquier, chanoine). Imprimé, Utrecht 1754.

Les Chartreux à Schonauwen et ailleurs

Léon Brunet Serraire (Blondel, Chartreux) à Utrecht "achter Clarenburg".
(Nom de guerre: Korstadt) († 1767)
Lettres reçues de:

4094 Bère, Mlle de, à Paris (Signatures: L'Ours, Ribelle, Présentine), 1751–1766. 36 lettres (Amf. R, Z).
N.B. 1751 août 20 avec mémoire et annexes.
1755 juillet 7 avec annotation de M.

4095 Bouwez, Jean-François, à Livourne, 1755–1763. 3 lettres (Amf. 7, 14).

4096 Bullet, à Rouen et Tours, 1751–1753 et s.a. 14 lettres (Amf. Z).

4097 Cerati, Gaspare, comte, à Pise et Florence, 1747–1761. 32 lettres (Amf. 7, 15).
N.B. 1749 janvier 12 avec une autre lettre sous l'adresse de Mlle Des Rochers.
1756 oct. 21 avec lettre à M. de Renton (d'Étemare).

4098 Chavanne, à Texel, 1761 juillet 22 (Amf. 13).

4099 Dolgorouky, prince, à La Haye, 1760 avril 2.

4100 Dolgorouky, A. prince, à Paris, 1757–1760. 3 lettres.
N.B. 1758 févr. 17 avec postscripta de N. prince Dolgorouky et de Wolodimer prince Dolgorouky.

4101 Dolgorouky, Wolodimer prince, 1757–1767. 15 lettres.
N.B. 1763 avril 9 avec mémoire.

4102 Dolgorouky, princesse Anne Serghevna, 1756–1766. 19 lettres.
N.B. 1756 avril 25 avec copie de sa lettre à Blondel du 21e nov. 1754.
1760 nov. 9/20 avec lettre pour Mlle de Bère.
1763 mars 6/17 avec copie d'une lettre de Hovy et Lups à Amsterdam.
1764 juillet 20/31 avec minute.

4103 Dufour, Frères, à Livorne, 1758 mars 13 (Amf. 7).

4104 Gerdes, Daniel, à Groningue, 1755–1760. 3 lettres, la première avec copie d'une lettre du 27e oct. 1755. (Amf. 13, 14). Ci-jointe copie d'une lettre du même au cardinal Passionei du 12e sept. 1758 (Amf. 13, 14).

4105 Lamaison, Laurens, à Amsterdam, 1760 nov. 1 et 4.

4106 Le Beau, Mlle, à Moscou, 1751–1753. 8 lettres.
N.B. 1751 oct. 28/nov. 8, dec. 9/20, 1752 avril 9, août 24, 1753 janvier 14, avec minute-réponse.

4107 Moetjens, Adrien, libraire, à La Haye 1755–1757. 3 lettres.

4108 vacat.

4109 Passionei, D. cardinal, à Rome († 5 juillet 1761), 1754–1761. 68 lettres (Amf. 4).
N.B. 1756 juillet 10 avec extrait d'une lettre de M. Rendorp du 9e juin et copies de lettres du libraire Moetjens à La Haye.
1760 nov. 8 avec postscriptum de l'abbé Provost.
Les lettres du cardinal Passionei sont écrites par son secrétaire et bibliothécaire abbé Testaud (retourné en France, mai 1759), depuis par l'abbé Provost.

4110 Piron, Christian, à Liège, 1746–1751. 10 lettres (Amf. 6, Z).
N.B. 1750 août 1 avec extraits de lettres sur l'école de Rijnwijk.
1750 oct. 31 avec minute-réponse du 3e nov.
1751 mars 23 avec minute-réponse du 30e mars et copie du compte envoyé le 29e déc. 1750.

4111 Potel, à Auxerre, 1758 juillet 5. Adresse: M. Palu à Rijnwijk (Amf. 13).

4112 Provost, abbé, secrétaire du cardinal Passionei, à Rome, 1760–1763. 12 lettres. (Amf. 4).

4113 Rey, à Amsterdam, 1755–1759. 3 lettres (Amf. 14).

4114 Testaud, bibliothécaire du cardinal Passionei, à Rome, 1755–1760. 15 lettres.
N.B. 1760 févr. 19 avec copie d'un "Dies irae" aux Jésuites.

Minutes
4115 Remarques de Dumonceau et Blondel à Voortwijck sur l'Essai de controverse avec les Juifs, de M. Gerbais, 1738 février (Amf. o).

4116 Mémoire à M. Wittert d'Hoogland sur la vente de Schonauwen, (1758).

4117 Compte du cardinal D. Passionei, 1755 janvier–1761 juillet (Amf. 4).
N.B. Liste des livres envoyés et des frais de débours avec extraits de lettres envoyées à Son Éminence.

Copie
4118 Relation de l'élection et du sacre de Mgr. Meindaerts, 1739 (Amf. 14).

J. F. Boulouffe, notaire à Liège, externe de Schonauwen
4119 Les devoirs d'un pasteur, Conférences de M. G(erson) (Amf. W).
Epitaphium D. Francisci Pâris, miraculis clari.

Aspais Chesneau (Dumonceaux), achter Clarenburg à Utrecht
Lettres reçues de:
4120 Bère, Mlle de, à Paris, 1771 janvier 18 (Amf. Z).

4121 Dolgorouky, A. princesse, 1770 déc. 23/1771 janvier 3.
4122 Dolgorouky, W. prince, 1767–1771. 7 lettres.

Honoré Cornier dit De Sainte-Croix à Schonauwen
Actes et lettres, minutes et copies.
4123 Passeport de Culembourg à Aix-la-Chapelle, 1748 avril 20.
> N.B. Il était alors huit années en Hollande et quelques mois à Culemborg. Il demeure le 10e juin 1754 dans le collège à Amersfoort.
4124 Testament, à Utrecht, 1760 févr. 27 (Villiers nommé exécuteur).
4125 Lettre de J. B. Desessarts (Poncet), 1750 juillet 25 (Amf. W).
4126 Schade, Ernest, à Utrecht, 1754 juin 10.
4127 Quittances, 1750–1755 (Amf. O).
4128 Journal des événements en Canada, 1756–1757 (Amf. i).
4129 Réponse du P. de G. sur les convulsions, 1745 déc. 29 (Amf. d).
4130 Journal et copies de lettres françaises, 1735 févr. 15–1754 mai 2. Pages 1–14, 1–151, 1–708, (avec minutes, 1738–1749 et 1759), 1–183 et sans pages.

De Lérines (Gaultier) à Schonauwen et Utrecht
> N.B. Il souscrit: L.C.G.P.P.C. de N.D. de Ch.D. de P. à Sc. (L.C. Gaultier, Prêtre, Prieur-Curé de Notre-Dame de Chalais, Diocèse de Poitiers, à Schonauwen).

Lettres reçues de:
4131 Desormes (Dilhe), (173.) mars 17 (Amf. S).
4132 Étemare, D', 1737 avril 3 et s.d. (Amf. M).
4133 Galart (ou Gilbert), 1731 oct. 21.
4133* N.N., 1738 oct. 20 (copie d'une lettre de M. Jonval à Paris et extrait d'une lettre d'Utrecht du 9e oct.) (Amf. U).
4134 Petitpied, N., à Utrecht, 1734 mai 7.
4135 Théméricourt, Mlle M. S. Le Sesne de Ménilles de, 1730–1736. 46 lettres.

Copies
4136 Lettres de G. Akkoy à Varlet, 1738–1739; de Mgr. Van der Croon à Lérines, Launay et Barbeau Dupuis, 1739 juin 5; à Varlet, 1738–1739, et à Villiers, 1739 janvier 28 et 31.
Lettres de Lérines à Mgr. Van der Croon, 1739 mai 26; de Petitpied à Legros, 1737 nov. 23, avec extrait par d'Étemare d'une lettre de Legros, 1739 mars 26.
Lettres de Mgr. Varlet à G. Akkoy, De Caylus et Van der Croon, 1738–1739.
Lettres de Villiers à Mgr. Van der Croon, 1739 (Amf. 13, H).

Benoît Houasse (Van Schuym, Duval)
chez M. (Brigode) Dubois, depuis prieur des Chartreux à Schonauwen
4137 Lettres de P. Braier, grand vicaire de Metz, 1725–1726. 2 lettres.
Lettre à N.N. sur l'extrait d'une lettre de Petitpied, que M. de la Cour envoie à M. de Babilone sur le retour à Schonauwen de nos deux confrères, qui sont demeurés au Hoef, 1738 août 8, à Schonauwen (Amf. 14).

Emart (Guillaume Jallabert ou Van der Duycker), à Schonauwen
4138 Lettre de S. Du M(esnil), 1727 janvier 4.

4139 N.N., à Paris, (1731) mai 10–1739 oct. 6–12 (Amf. O, Q, R, S).
Nouvelles des miracles de F. de Pâris, quelques-unes adressées à Lérines et Villiers.

4140 Relation de la mort de Mgr. Barchman, élection d'un successeur et supérieur pour Rijnwijk, 1735 juin 9 (Amf. 14).

Jubé dit de la Cour à Schonauwen (né 1674, mort 20 déc. 1745)

N.B. Jacques Jubé dit de la Cour, curé d'Asnières, était prêtre séculier du diocèse de Paris et non pas Chartreux, quoiqu'il ait demeuré à Schonauwen. C'est lui qui avait fait passer les Chartreux et les Orvalistes à Utrecht en 1725, avec le diacre Boulenois. Plus tard il a demeuré à Rijnwijk en compagnie de Mgr. Varlet. Probablement M. Bruggeman l'a confondu avec fr. Jacques Jubié, prêtre-profès de la Chartreuse de Beaune, habitant de Schonauwen lui-aussi. Les archives, décrites dans cet inventaire, étant triées et cotées, il n'était plus possible de donner aux papiers du curé Jacques Jubé leur place convenable entre les cotes 3257 et 3258 plus haut. Cf. sur Jubé M. Arveiller, Jacques Jubé, curé d'Asnières, Paris 1958 (dactylographié), à la bibliothèque des archives de l'O.B.C. au Rijksarchief Utrecht.

4141 Passeport de Varsovie, 1732 avril 26.
Lettres reçues de:

4141* Auvergne, Marie-Anne, duchesse d'Aremberg et Aerschot, princesse d', (Madame de Maisy), (1734) août 17. Adresse: Ekmars, facteur à Zwolle (Amf. Z).

4142 Claire-Marie de Jésus et Marie-Catherine de l'Incarnation, Carmélites (de St. Denis), 1738 juillet 1 et s.d. Adresse: Touvenot Duvivier (Amf. 17).

4143 Legros, Nicolas, (Maupas), 1734–1742. 7 lettres.
N.B. 1741 mai 5 avec lettre originelle de Jubé à Maupas.

4144 R(oquette), De, à Paris, 1740 oct. 20. Adresse: Chatelain à Utrecht (Amf. U).

4145 Tissart, Maurice, à Paris, 1736. 2 lettres, la première à l'adresse de Mlle Gertrude Lefèvre à Utrecht.

4146 Varlet, D. M., (Dumont), 1735 août 20.

4147 Verhulst, P. L., à Amersfoort, 1739–1740. 6 lettres, les trois dernières sans adresse.

Minutes

4148 Lettre à M. de Beaubrun pour l'inviter à l'enterrement de M. Du Saussay (de Marolle), chanoine d'Orléans, 1718 juillet 30 avec annexe (Amf. XXI).
Lettre à Mlle de Bère, à son neveu, 1729 déc. 18, à Mlle N.N., 1732 août 1, et à M. de Tournay, 1736 janvier (Amf. T).
Épitaphe de la princesse d'Auvergne et liste de sa boiserie, cuivre, étain, porcelaine etc., 1736 (Amf. S).

4149 Mémoire sur l'Église Russe (Amf. K).
Mémoire pour Varlet contre Akkoy coadjuteur, 1738.

4149* Relation de son voyage à Rome au sujet des affaires de la constitution Unigenitus, 1725 févr. 16–avril 12.
N.B. Cette relation qui se termine perdant son séjour à Rome, probablement est incomplète.

Copies

4150 Extraits de différentes règles monastiques sur l'autorité du général, 1635.

4150* Pièces touchant le miracle de Polsbroek, 1733–1735. Originaux et copies, quelques-unes de Jubé (Amf. 17).

4151 Lettre de M. Duguet, neveu, à Paris, à M., 1734 juin 6.
Lettre de Mgr. Th. van der Croon à Varlet, avec réponse, 1739 mai 14 et 21.

4151* Testament spirituel de Jubé, 1738 juillet 14.

4152 Relation du voyage en Russie avec la famille Dolgorouky, 1728 oct., et des démarches pour réconcilier l'Église grecque.

> N.B. Ci-jointes: Consultation de la Sorbonne, 1729 juillet 24; décision de Petitpied, 1730 avril 5; consultation de Paraura, projet du voyage, 1726–1727; de concilianda ecclesia Russiae, 1717 juillet 9; mémoire de la Sorbonne; lettre des évêques de Russie à la Sorbonne, 1718 juin 15; lettre de Mgr. Barchman à Jubé, 1727 mars 28; lettre de Boursier et de la Sorbonne, 1728 juin 24 et 27; profession de foi de Irène Petrovna princesse Dolgorouky, née Gallitzin; patentes et pouvoirs de Mgr. Barchman pour la Russie, 1728 oct. 20 etc. (Amf. Z). Publiées en substance dans Histoire et analyse du livre de l'action de Dieu. Copie (de Boursier) d'après l'original de Jubé, et avec notes de M. Legros.

De la Haye (Lanniez), procureur de Schonauwen

4153 Lettre de la princesse A. Dolgorouky, 1773 août 12/23, avec postscriptum de W. prince Dolgorouky du 18e sept. (Amf. Z).
Lettres de Dolgorouky, W. prince, 1773 juillet 31, 1774 mars 26.
Lettre de Mlle de Maisy, à Paris, 1774 mai 2.

Le Blond (D. François de Sales Dupuis), chartreux retiré en Hollande et retourné à Paris en 1763

4154 Vie de Mgr. F. E. Caulet, évêque de Pamiers, avec notes de Villiers, 1755. 1 t.

Dom François Louvard O.S.B. (M. de Saint-Gervais), en l'abbaye de St. Gildas-des-Bois, à Schonauwen et Utrecht († 22 avril 1739)
N.B. Cf. Nouvelles Ecclésiastiques, 13 févr. 1740.
Lettres reçues de:

4155 Akkoy, G., 1739 mars 20.

4156 Beringhen de Vieuxpont, Mad. de, 1738 févr. 16 (Amf. T).

4157 Du Fourny, religieuse à Chelles, 1720. 2 lettres, avec minutes.

4158 La Coste, Louis, prieur de St. Michel-en-l'Herm, 1727 juillet 23 et s.d.

4159 Le Chevalier, Léon, à St. Maur, 1727 sept. 27.

4160 N.N., 1739, avril 26.

4161 Quesnel, P., à Amsterdam, 1717–1718. 3 lettres.

4162 Sainte-Marthe, D. de, 1720. 3 lettres (Amf. W).

Minutes

4163 Lettre au cardinal de Noailles sur l'affaire de Chelles, 1718 août 18, avec mémoire (Amf. W).

4164 Réponse à un écrit envoyé de Genève (composé à la prière de M. Reynold, lieutenant général, par le R. P. (Louvard) en 1718, d'après une note de Dupac).

4165 Principes pour servir à un examen sérieux de sa conduite. Avec copie d'une lettre de sœur F. Anjubaut, de St. Calais, 1722 août 27 (Amf. I).

4166 Lettre à N.N., 1724 avril 2 (Amf. 17).

4167 Arrêt du roi contre Louvard, acte de protestation et récit de son évasion, 1728–1734.

4168 Lettre à Hérault, lieutenant-général de police à Paris, 1730 oct. 3, avec note de Louvard à La Bastille: Cette lettre m'est revenue. Avec lettre de Louvard à N.N., 1729 mars 26 (incomplète).

Copies

4169 Mémoires sur la vie de la princesse d'Orléans, abbesse de Chelles, 1698–1722. (Amf. R, W).

4170 Lettres de Louvard à Quesnel et Dubois, 1717–1719; de Quesnel à Louvard, 1717–1719, et de Petitpied à Mad. d'Orléans, 1717 (Amf. W).
4171 Ordonnance et instruction pastorale de l'archevêque de Paris sur la bulle Unigenitus, 1729. Imprimée avec notes de Louvard à La Bastille.
4172 Lettres de Petitpied à Mgr. Colbert, et de D. Trab. à M. Savoye, 1735–1736 (Amf. T).
4173 Lettres à Mlle ..., 1736, avec quelques autres à M.
4174 Lettre sur la chasteté, la douceur de la confession et la préparation au mariage. Ci-jointe: Consulte sur la chasteté par Duguet. (Amf. I, J, S).

Philadelphe Soufflot (Perrin), à Schonauwen
4175 Lettre (au prieur général des Chartreux?) sur la bulle Unigenitus, 1724, mai 29. Lettre à Monsieur (N.N.), (1726) nov. 23. Projet de règlement pour les Chartreux. Bref apostolique du pape Benoît XIII au général de l'ordre des Chartreux, 1724 sept. 4.

ADEPTES DE PORT-ROYAL AU 19e SIÈCLE
AMIS DE LA VÉRITÉ, PETITE ÉGLISE

4176–4243

Agier, président de la Cour Impériale d'appel à Paris
4176 Lettres (15) de Timothé de Jongh, curé du Coin, Place Ste. Marie à Utrecht, 1805–1813. (Amf. 23).
N.B. 1808 juin 1 avec brouillon d'un acte d'achat de Clarenburg.
1810 oct. 27 avec copie d'un acte de possession.
1811 janvier 21 avec compte et balance de la succession de J. B. S. Mouton.
1811 juin 4 avec acte sur la maison de Clarenburg entre les héritiers de Mouton du 27e avril.

M. Grégoire et Hureau, deputés des Amis de la Vérité, et abbé Rondeau à Paris
4177 Diverses questions, proposées (par les Amis de la Vérité) au clergé de Hollande en 1836, et notes sur cette église de 1689 à 1825, avec les avis de P. Buys et C. Karsten, mai 1837; copie de la sentence du Conseil de Brabant contre l'archevêque de Malines à l'égard de son insinuation à Guillaume van de Nesse, 1708 févr. 24, et copie d'une lettre sur l'usure par Opstraet, 1710 sept. 21 (Amf. 23).

Gilquin, maître de l'École Chrétienne, a Venise
Lettre reçue de:
4178 Bricogne, A., maire de Paris, 1816 avril 23 (Amf. XXI).

Louis-Ambroise Guélon
Lettres reçues de:
4179 Buisson, Petrus, directeur de l'Institution des sourds-muets à St. Étienne (Loire), 1850 août 1, 1857 août 19.
4180 Emmanuel, Jean, prêtre, à Pavie et à Milan, 1854–1858. 14 lettres (Amf. 23).
N.B. 1854 juillet 13, 1855 mai 14 avec lettre de M. G. Brugnatelli.
1855 janvier 2 avec copie d'une autre lettre.

4181 Guélon–Guibout, Mad. M. J. F. 1829 févr. 3.
Guélon, Mad. Marie-Adelaide Dupuis-, s.d.
Guélon, Louise, 1835 août 26.
Guélon, Félicité-, s.a. avril 9.
Généalogie de la famille, 1758–1831.
Liste des personnes, abonnées à la Revue Catholique.
Protestation du directeur et des professeurs de l'Institution des sourds-muets à
St. Étienne (Loire), 1844 mars 13.

4182 Hoeven, J. T. van der, à Amersfoort, 1845–1848. 4 lettres.
N.B. 1845 sept. (1) avec copies de lettres de Mad. Périer et d'autres personnes, 1652–1732.
1845 sept. 25 avec copies de lettres de Mad. Périer, à la prieure des Carmélites à Riom,
et d'Étienne Périer, à Clermont, à Guillaume Le Roy, avec réponse, 1677.

4183 Irénée, sœur à l'Hôpital St. Antoine, 1845 sept. 16.

4184 Karsten, Chr., à Amersfoort, 1844–1865. 83 lettres.
N.B. 1845 août 22 avec postscriptum de Mgr. Van Santen du 28e août.
1845 oct. 29 avec analyse de la lettre pastorale des évêques de Hollande du 4e sept. et
extrait d'une lettre de Liagno à Neuwied du 1er oct.
1850 févr. 14 avec copie d'une lettre de J. A. Sabatin à Mgr. Vet du 17e janvier.
1850 mai 18 avec insertion d'une lettre du même au même du 9e mai.
1852 févr. 16 avec extrait de la lettre de Guélon à Karsten.

4185 Kipp, A. J., à Paris, 1856 avril 6.

4186 Kipp, P. J., à Delft, 1856 mars 31.

4187 Loos, H., à Utrecht, 1858. 2 lettres, la première avec annexe sur la réunion des
Amis de la Vérité.

4188 Mulder, C. J., curé de Ste. Gertrude à Utrecht, 1858–1859. 2 lettres, la seconde à
M. l'éditeur de L'Observateur Catholique.

4189 Santen, J. van, archevêque d'Utrecht, 1840–1858. 140 lettres.
N.B. 1843 avril 18, copie de sa lettre au pape.
1846 juillet 21, copie de la lettre des trois évêques au pape.
1850 sept. 28 avec lettre de consolation aux fidèles d'Argenteuil.
1856 août 19 avec copie de la lettre pastorale contre l'Immaculé Conception.

Minutes
4190 Notes sur l'histoire de l'Église d'Utrecht, 1826–1860.
Emploi du temps passé par M. G(uélon) avec M. C. K(arsten), 1850.

Copies
4191 Prophétie du solitaire d'Orval en 1544.

4192 Recueil de visions de la sœur Marie sur Napoléon, Pie VII et le concordat, 1791–
1809.

4193 Déclaration de plusieurs évêques de France au sujet des entreprises de la Cour
de Rome et des libertés de l'Église Gallicane, 1801 sept. 30.

4194 Déclaration de plusieurs évêques de France sur l'écriture de Mgr. Debertier,
évêque de Rodez, 1801 oct. 14.

4195 Précis du mémoire des évêques réfugiés en Angleterre à Pie VII, (1804). Copie
sur l'autographe de Mgr. Debertier par Mlle Gillet.

4196 Quelques mémoires recueillis par Mgr. Debertier, 1804–1805. Copie sur l'écriture de Mgr. Debertier par Guélon.

4197 Remontrances des diocésains à l'évêque de Troyes, 1806.

4198 Cause importante à juger ou la cause du clergé constitutionnel, 1806. Copie par
Mlle Gillet.

4199 Divers écrits concernant P. F. J. Baillet, ancien curé de St. Séverin, 1820–1831. Transmis à M. Karsten, 1850 (Amf. T).
4200 Ouvrages de M. Silvy, 1815–1828.
4201 Lettre de Nicoud, curé de Magny, à Silvy, 1836 juillet 2 (Amf. 23).
4202 Lettre de Billette, curé à Janville, à M. d'Inville d'Orléans, 1844 mai 23.
4203 N.N. à N.N., membre de la chambre des députés, 1846, mars 23.
4204 Luigi Lodigiani et G. B. Vertua à Mgr. d'Utrecht, 1846 juillet 6 et 15.
4205 G. B. Vertua à Videcocq, 1847 mars 10.

P. A. V. Morillon, ancien maire de Villiers-le-Bel
Lettres reçues de:
4206 Agier, à Paris, 1807–1818. 5 lettres (Amf. 23, B).
N.B. 1814 sept. 17, 1818 sept. 10 avec minutes.
4207 Assarotti, Octave-Jean-Baptiste, directeur de l'Institut des sourds-muets à Gênes, 1826–1827. 3 lettres, avec minutes.
4208 Buul, H. J. van, à Amsterdam, 1829–1843. 3 lettres.
N.B. 1829 mai 16, 1830 avril 7 avec minutes.
1843 mai 19: copie de la lettre au pape.
4209 Buys, P., à Amersfoort, 1822–1825. 2 lettres, avec minutes.
4210 Degola, Eustachio, à Gênes († 17 janvier 1826), 1804–1825. 7 lettres, avec minutes.
4211 Degola, Ignazio, à Gênes, 1826–1827. 2 lettres, avec minutes.
4212 Delouit, Marc, professeur à Amersfoort, 1814–1822. 11 lettres, avec minutes.
N.B. 1822 juin 18 avec liste des évêques d'Utrecht.
4213 Du Tremblai, Clément, ancien évêque constitutionnel de Versailles, 1804 mars 13, avec minute.
4214 Franquet, ancien curé de Vitry-le-Brulé, 1831–1836. 5 lettres, avec 4 minutes.
4215 Grégoire, H., ancien évêque constitutionnel de Blois, 1825–1827. 2 lettres.
N.B. 1825 août 10 avec minute.
1827 (après août 14) copie de la lettre de Mgr. Van Santen à Mgrs. Grégoire et Debertier de Rodez, avec minutes de Morillon à Grégoire et autres.
4216 Jacquemont, prêtre à St. Médard, 1825–1835. 21 lettres, avec minutes.
4217 Jong, C. de, curé de Clarenburg, à Utrecht, 1813–1826. 18 lettres, avec minutes.
4218 Jongh, T. de, curé du Coin, place Ste. Marie à Utrecht, 1814–1818. 10 lettres, avec minutes.
4219 Os, W. van, archevêque d'Utrecht, 1814–1824. 20 lettres, avec minutes.
4220 Rondeau, 1817–1828. 4 lettres.
N.B. (1817 juillet) notes sur M. Silvy.
4221 Rotteveel, A., secrétaire du chapitre d'Utrecht, 1825–1837. 42 lettres, avec 32 minutes.
N.B. 1827 juin 20 avec copie des lettres des évêques d'Hollande à Mgr. Nazalli du 24e et 25e nov. 1823, des réponses du 24e et 26e nov., et récit de l'audience.
Procès-verbal de l'élection de Mgr. Guillaume Vet et lettres au pape, 1824 oct. 7 et nov. 27, 1825 juin 15, avec traduction par l'abbé Rondeau.
Procès-verbal de l'élection et de la consécration de Mgr. J. van Santen et lettres au pape, 1825 juin 14, sept. 13, nov. 10 et 13 avec traduction par l'abbé Rondeau.
4222 Santen, J. van, archevêque d'Utrecht, 1825–1838. 35 lettres, avec minutes.
N.B. 1830 avril 19 avec copie de la lettre au pape du 14e mai 1829.
4223 Silvy, 1823 et s.a. 2 lettres, avec minute.
4224 Thiollière Duchossi, Canton de St. Galmier, 1835 août 28, avec minutes.

Minutes

4225 Hoffmann, vicaire de St. Louis à Versailles, 1831 juillet 6, sept. 2 (Amf. B).
Karsten, C., curé à Amersfoort, 1833 juillet 11.

Copies

4226 Supplique des évêques de Hollande au pape, 1773 déc. 15, envoyée 31.

4227 Discours prononcé 29 oct. 1809 sur les ruines de Port-Royal par M. Degola, prêtre de Gênes (Amf. T).

4228 Lettre d'Agier à Timothé de Jongh, 1816 avril 26.

4229 Veylouva, chanoine d'Asti, à Agier, 1823 sept. 23.
Abbé Barry à Mgr. Grégoire, 1823 nov. 28.

4230 Lettre de E. Degola à P. Buys, 1825 août 15.

4231 Bulle d'excommunication de Mgr. W. Vet, 1825 août 19.

4232 Lettres de Jacquemont, 1826–1830. 4 lettres, la dernière avec note: Écrite à Morillon qui en a transmis l'original à Mgr. d'Utrecht.

4233 Mgr. Grégoire à Mgr. Van Santen, 1827 oct. 4, avec lettre d'adhésion de Mgr. Giuseppe Capecelatro, ancien évêque de Tarante, 1827 sept.
Idem ad eundem, 1830 juin 10, avec mémoire de Grégoire et Debertier.

4234 Tabaraud à Rondeau, (1827–1828), avec réponses au cas proposé par Mgr. d'Utrecht.
Idem à Morillon pour Mgr. d'Utrecht, 1830 juillet 19.

4235 Rondeau, ancien P. de l'Oratoire, à Mgr. d'Utrecht, 1827–1830. 4 lettres.

4236 Mgr. Grégoire à Morillon, avec postscriptum de Rondeau et avis de Grégoire et Debertier pour Mgr. d'Utrecht, 1827 déc. 29 et (1828).

4237 Extraits de journaux etc. concernant l'Église de Hollande, 1721–1853.

4238 Mémoire et procession en action de grâces du miracle opéré sur Mad. de Lafosse 1725. Éditions de 1779 et 1836.

Rédacteurs de la Revue Ecclésiastique (1839)
(Gilquin, Ravisé, Guélon, Videcocq, Jérôme Vendrin, libraire)

4239 Lettres (9) de P. Buys, 1841 que l'on trouve imprimées dans la Revue (Amf. 23).

4240 Karsten, C., 1841–1844. 5 lettres.

4241 Lettre aux évêques de Hollande, (1839).

Vendrin, libraire à Paris

4242 Lettre de Guillaume Vet, 1833 oct. 2.

P. A. Videcocq, Dr. med. à Paris

4243 Lettres (3) de C. Karsten, 1844–1846, les deux dernières avec analyse de G. Philipps: Manuel du droit canonique.

ÉVÊQUES ET PRÊTRES CONSTITUTIONNELS

4244–4248

Clément Du Tremblai, évêque de Versailles
N.B. Voir inv. nos. 1708–1730.

C. Grégoire, ancien curé de Montliard
Lettres reçues de:
4244 Karsten, Chr., 1837–1839. 4 lettres.
4245 Santen, J. van, 1837–1840. 13 lettres.

Henri Grégoire, évêque de Blois († 28 avril 1831)
N.B. Voir inv. nos. 3441, 3458, 4215, 4229, 4233 et 4236.

J. C. Leblanc de Beaulieu, évêque de Rouen
4246 Lettre à Mad. Méquignon Jr., 1801 janvier 27 (Amf. XXI).

M. Noël, abbé à Caen
4247 Lettre de Louis Belmas, évêque de Cambrai, 1808 sept. 15.
4248 Lettres (5) de Charles Brault, évêque de Bayeux, 1810–1813, avec une lettre de M. Bellenger, vicaire général de Bayeux, 1815 juillet 28.

Royer, métropolitain de Paris
N.B. Voir inv. no. 1731.

> Dei gratia feliciter peractum ipso festo
> sancti Andreae apostoli anno Domini nostri
> M.C.M.X.L.IIII, cum anniversarium meum
> septuagesimum quintum gratus perfecissem,
> in belli quidem terrore, frigore et tenebris,
> fretus tamen ortu solis iustitiae, redemptionis
> patriae et humanae pacis.

J. Bruggeman

DEUXIÈME SECTION

Antoine Arnauld
4249 Thèse de Sorbonne, 1639 nov. 21 (imprimé).
4250 Lettre de J. J. Duguet, (1688) samedi avril 10.
> N.B. Adresse: M. Davy. – Cette lettre fait mention de la mort édifiante de "Mr. de Mortmar". Louis de Rochechouart, duc de Mortemart, mourut le 3e avril 1688.

4251 Mémoire pour le rétablissement des docteurs dans la faculté de théologie, (1669?).

Henri Arnauld, évêque d'Angers
4252 Procès-verbal de M. l'évêque d'Angers pour la signature du Formulaire par les Pères de l'Oratoire à Saumur, 1668 sept. 14 (copie).

Cerle, vicaire général s.v. de Pamiers
4253 Lettre aux curés et prêtres du diocèse de Pamiers sur les persécutions qu'ils ont à souffrir, 1682 (copie du 18e siècle).

Mademoiselle Issaly
4254 Lettre de sœur Marie de Ste. Catherine Issaly, religieuse de Port-Royal des Champs à sa tante Mlle Issaly, (1701?) mars 22.
> N.B. Cette lettre fut écrite après le dimanche des Rameaux.

Pièces concernant la condamnation du livre de Jansénius, et les cinq propositions
4255 Mémoire sur la bulle d'Alexandre VII: *Nihil ad Curiam*, 1655.
Mémoire pour servir d'éclaircissement touchant les cinq propositions attribuées à Jansénius, c. 1655.
Mémoire pour faire voir qu'il est de la gloire du roi de terminer les disputes sur le fait de Jansénius, (1663?).
Exemples des Chambres assemblées pour la vérification des bulles concernant la police de l'Eglise, 1532–1580.

Université de Louvain
Copies
4256 Acte de procuration, donnée par la Faculté de théologie de l'université de Louvain et d'autres ecclésiastiques à J.-L. Hennebel pour ses négotiations à Rome, 1692 sept. 2 (copie certifiée).
4257 Commentariolus de origine et progressu Formularii Alexandrini in Belgio.
4258 Acte de la soumission de la Faculté de Louvain au Bref du pape Alexandre VII du 1e août 1660, par lequel il l'exhorte de suivre la doctrine de St. Augustin et de St. Thomas, 1660 nov. 6.

4259 Avis de la faculté de théologie et de l'université de Louvain au roi sur la signature du Formulaire par les gradués en théologie, 1710.

4260 Extrait d'une lettre de Louvain du 12e (janvier) de l'an 1718 concernant une consultation du professeur Van Espen sur la juridiction d'un évêque et d'un chapitre.

Pierre Nicole

4261 Déclaration du Père Denis, prêtre de l'Oratoire, certifiant que M. Nicole lui a raconté qu'il n'avait pas voulu aller en Hollande pour y être ordonné prêtre par l'évêque de Castorie Jean de Neercassel, parce qu'il aurait été obligé alors de tolérer l'usure, 1734 août 14.

N.N.

4262 Lettre à N.N. sur l'ordonnance de l'archevêque de Reims Charles-Maurice Le Tellier contre le Molinisme, 1697 déc. 3.
N.B. Cf. Gazier, I, p. 224.

Nicolas Pavillon, évêque d'Alet
Acte

4263 Acte de rétractation par fr. Charles de Loron, profès de la Chartreuse de Paris, de sa signature du Formulaire, 1662 oct. 12.
N.B. À cause d'une notice dorsale cet acte semble avoir été envoyé à l'évêque d'Alet.

Lettres reçues de:

4264 Bonzi, Pierre cardinal de, archevêque de Narbonne, 1673–1674. 4 lettres.
4265 Bosquet, François, évêque de Lodève, 1652 juin 21.
4266 Buzenval, Nicolas de Choart de, évêque de Beauvais, 1663 oct. s.j.
4267 Caulet, François-Étienne, évêque de Pamiers, 1669 mai 1.
4268 Choiseul, Gilbert de, évêque de Cominges, 1663 juin 23.
4269 Fenouillet, Pierre, évêque de Montpellier, 1641 juillet 5.
4270 Grimaldi, Jérôme cardinal, archevêque d'Aix-en-Provence, 1663 nov. 13.
4271 Le Camus, Estienne cardinal, évêque de Grenoble, 1676 sept. 8.
4272 Mauduit, M., prêtre de l'Oratoire, à Caen, 1665 oct. s.j.
N.B. À: Monseigneur. – Rétractation de sa signature du Formulaire.
4273 Pas-Feuquières, Philibert-Charles de, abbé commendataire, 1673 mai 12.
N.B. Copie de 1718, quand l'auteur de cette lettre était déjà évêque d'Agde.
4274 Persin de Montgaillard, Pierre-Jean-François de, évêque de Saint-Pons, 1674 sept. 22.
4275 Vialart, Félix, évêque de Châlons-sur-Marne, 1662 nov. 15.

Minutes de lettres

4276 À un curé de Paris, 1655 juillet 6.
Au roi, 1677 oct. 21.

Copies

4277 Lettre de Henri de Barillon à N.N. (Monsieur) sur les accusations contre Mgr. Pavillon, 1663 mai 26.
N.B. L'auteur de cette lettre était évêque de Luçon 1672–1699.
Remarques sur un arrêt du Conseil du roi touchant les mandements des évêques

d'Alet Nicolas Pavillon, d'Angers Henri Arnauld, de Beauvais Nicolas Choart de Buzanval et de Noyons François de Clermont-Tonnerre, 1665.

Vincent Ragot, chanoine d'Alet
4278 Acte d'exeat à cause de maladie, lui donné par l'évêque d'Alet Nicolas Pavillon, 1670 mai 12 (parchemin).

Armand-Jean de Rancé, abbé de la Trappe
Minute et copies de lettres à:
4279 Madame N.N., s.d.
N.B. Écriture de l'auteur.
4280 Duc de Brancal, 1676 août 14.
4281 Mgr. Nicolas Pavillon, évêque d'Alet, 1661–1664.

Louis Gorin de Saint-Amour
4282 Lettre de l'évêque d'Angers Henri Arnauld, 1651 avril 22 (à Monsieur).
N.B. L'auteur envoya au Député des évêques français à Rome sa lettre au pape Innocent X sur la question des cinq Propositions. Cf.: Gazier, I, p. 84–85; M. de Saint-Amour, Journal de ce qui s'est fait à Rome dans l'affaire des Cinq Propositions (Paris 1662), p. 83–84.

Mademoiselle des Vertus à Port-Royal des Champs
4283 Lettre de J. J. Duguet, (1685?) juillet 23.
N.B. Datée: Le Lundy 23e de juillet.

Copies
4284 Lettres de Mlle des Vertus à Mr. d'Hazart, s.d.
N.B. Petite collection incomplète.

Copies de relations et d'autres écrits concernant des sympathisants de l'abbaye de Port-Royal
4285 Volume de manuscrits, contenant:
a. Retraite de Mad. de Longueville (Exercices de dévotion pratiqués par Mad. de Longueville dans sa retraite, avec des lettres spirituelles de M. le prince de Conti et de Mad. la princesse de Conti), 1661.
b. Retraite d'une religieuse de la Visitation, et divers actes qu'elle portoit sur elle.
c. Copie de quelques papiers et lettres de Mad. la princesse de Conti.
d. Extraits de diverses lettres de Mad. la princesse de Conti à l'abbé de la Vergne.
e. Extraits de quelques lettres de M. le prince de Conti et de Mad. la princesse de Conti à l'abbé de Cyron, leur directeur, et à d'autres personnes, 1657–1668.
f. Fautes, motifs de sa retraite et résolutions de promesses à Dieu de s'acquitter de ses devoirs, de la princesse de Conti.
g. Vie de Mad. Mathon († 1649).
N.B. Avec notice: Par feu M. Feydeau ou peut-être par le P. Pouget.
h. Abrégé de la vie de Mad. la duchesse de Liancourt († 14 juin 1674).
i. 1. Mémoire des dispositions chrétiennes dans lesquelles est morte Mad. la duchesse de Liancourt.
2. La mort de M. le duc de Liancourt († 1 août 1674).

4286 Cahier, intitulé: *Caractère de Madame de Longueville*, contenant copies de ses lettres à diverses personnes, 1650–1675 et s.d.; continué avec des copies de lettres concernant les familles Périer et Pascal et quelques autres sympathisants de Port-Royal, 1651–1686.
4287 Copies de deux lettres de M. Pascal, 1651 et s.d., et d'un écrit de sa main.
4288 Extraits de quelques lettres de M. Pascal, principalement à Mlle de Roannez, et de membres de la famille Périer, s.d.
4289 Remarques sur les mémoires de M. de Tillemont, 18e siècle.
4290 Extrait d'une lettre de M. Mouton au confrère de l'Oratoire Blonde sur le différend de M. Arnauld et du Père Malebranche et la conciliation des idées de ces deux, 1762 juin 6.

LA RÉSISTANCE CONTRE LA BULLE UNIGENITUS

4291-7082

LES APPELLANTS, ACTES D'APPEL

4291-4578

N.B. Actes d'appel et de réappel de la Constitution Unigenitus, actes d'appel du concile d'Embrun, actes de réserve touchant l'attribution des cinq propositions au livre de Jansénius ou de rétractation de la signature du Formulaire, testaments spirituels etc.
Probablement ces actes ont été en dépôt chez les évêques de Montpellier et de Senez, Messeigneurs Colbert de Croissy et Soanen. Il n'était plus possible de les distinguer et de les partager selon ces dépôts et c'est pourquoi on a laissé la collection dans son intégralité. Le triage selon topographie ecclésiastique, c.-à-d. selon diocèses, est moderne. On a appliqué ce procédé afin que les historiens puissent contrôler, où se sont trouvés les foyers de l'opposition à la Bulle et au Formulaire. Les archevêchés ont été indiqués, les autres sont des évêchés. Quelquefois un acte a été rédigé en double, peut-être afin de déposer un exemplaire chez chacun des deux évêques. Il y a aussi des actes qui ont été signés par des ecclésiastiques de diocèses différents. Ces actes ont été placés sous le diocèse du premier nommé. Un acte de 1748, provenant du diocèse de Sens, qui avait été déposé entre les mains de Mgr. de Caylus, évêque d'Auxerre, se trouve aussi dans cette collection.

Clergé séculier
N.B. Pour les Congrégations du clergé séculier voir plus tard.

4291 Agde, 1721–1734. 4 actes.
4292 Aix-en-Provence (archevêché), 1724–1738. 5 actes.
4293 Alais, 1736, 1 acte (en double).
4294 Albi (archevêché), 1750. 1 acte.
4295 Alet, 1731–1737. 2 actes.
4296 Amiens, 1726–1729. 3 actes.
4297 Angers, 1728–1735. 2 actes.
4298 Angoulême, 1731. 1 acte.
4299 Arras, 1724, 1727. 4 actes.
4300 Autun, 1720. 1 acte.
4301 Auxerre, 1723–1739. 9 actes.
4302 Avranches, 1729. 1 acte.
4303 Bâle, 1724. 1 acte.

4304 Bayeux, 1717–1737. 7 actes.
N.B. 1717 août 6 en double.

4305 Bayonne, 1731. 3 actes.
N.B. 1731 avril 23 en double.

4306 Beauvais, 1717–1734. 9 actes.

4307 Béziers, 1739. 1 acte.

4308 Blois, 1737–1739. 10 actes.

4309 Bordeaux (archevêché), 1734, 1739. 3 actes.
N.B. 1734 nov. 28 en double.

4310 Boulogne, 1721–1733. 3 actes.
N.B. L'acte de 1721 commence par une déclaration de l'évêque Pierre de Langle, signée par lui-même et destinée à expliquer la signification de la signature du Formulaire.

4311 Cahors, 1724. 1 acte.

4312 Cambrai (archevêché), 1733. 1 acte.
N.B. Imprimé et signé.

4313 Châlons-sur-Marne, 1731–1752. 3 actes.

4314 Chartres, 1717–1742. 3 actes.

4315 Clermont, 1736. 1 acte.

4316 Condom, 1721–1727. 2 actes.

4317 Conserans, 1722–1731. 2 actes.

4318 Dax, 1735–1737. 2 actes.

4319 Digne, 1736. 1 acte.

4320 Dijon, 1733. 1 acte.

4321 Évreux, 1717–1735. 7 actes.
N.B. 1717 mars 18 en double.

4322 Gap, 1742. 1 acte.

4323 Genève, 1740. 1 acte.

4324 Grenoble, 1725, 1734. 2 actes.

4325 Langres, 1717–1724. 5 actes.
N.B. 1723 nov. 8 avec acte de plein-pouvoir.

4326 Laon, 1723–1739. 7 actes.

4327 Lectoure, 1718–1735. 5 actes.

4328 Le Mans, 1717–1743. 8 actes.
N.B. 1717 août 3 en double.

4329 Liège, 1718, 1719. 2 actes.

4330 Lisieux, 1723–1739. 3 actes.

4331 Lodève, 1732. 1 acte.

4332 Luçon, 1723–1740. 3 actes.

4333 Lyon (archevêché), 1717. 1 acte.

4334 Mâcon, 1727–1728. 2 actes.

4335 Marseille, 1732. 1 acte.

4336 Meaux, 1732. 1 acte.

4337 Mende, 1728. 1 acte.

4338 Metz, 1717. 1 acte.

4339 Mirepoix, 1732. 1 acte.

4340 Montpellier, 1717–1740. 30 actes.
N.B. 1717 mars s.j. en 8 exemplaires, signés par les mêmes ecclésiastiques.
1728 avril 23 en double.
1733 mai 4: testament spirituel de Jean-Henry Estève, prieur-curé de St. Vincent de Barbeyrargues et archiprêtre d'Assas, avec copie de sa lettre du 30e mai 1733 à Mgr. Colbert.

1740 août 28: acte de M. Gras, curé de Leyrargues, avec adresse de Mad. Le Massif, lieutenante générale du Pont de l'Arche à Louviers.

4341 Nantes, 1717–1739. 13 actes.
N.B. 1729 juin 3 en double.

4342 Narbonne (archevêché), 1733, 1737. 2 actes.

4343 Nîmes, 1733. 1 acte.

4344 Noyon, 1727, 1730. 2 actes.

4345 Orléans, 1717–1740. 8 actes.
N.B. 1725 sept. 1 avec acte de confirmation du même.

4346 Paris (archevêché), 1717–1796. 110 actes.
N.B. 1717 mars 6 avec acte de dépôt.
1720 nov. 9 contient la signature du sousdiacre François de Pâris.

4347 Poitiers, 1718, 1719. 2 actes.

4348 Le Puy-en-Velay, 1735. 1 acte.

4349 Reims (archevêché), 1716–1740. 8 actes.
N.B. 1726 sept. 30 avec attestation de 1727 août 20 sur la mort de l'appelant en question.

4350 Rennes, 1733. 1 acte.

4351 Rodez, 1728, 1738. 2 actes.

4352 Rouen (archevêché), 1727–1738. 13 actes.

4353 Saint-Brieuc, 1737. 1 acte.

4354 Saintes, 1722, 1737. 3 actes.
N.B. 1722 août 14 en double dont un contenant en outre une certification notariale.

4355 Saint-Malo, 1733–1738. 3 actes.

4356 Sens (archevêché), 1723–1748. 13 actes.

4357 Soissons, 1758. 1 acte.

4358 Toul, 1724. 1 acte.

4359 Toulouse (archevêché), 1721–1738. 6 actes.
N.B. 1727 juillet 11 en double.

4360 Tournai, 1724, 1727. 2 actes.

4361 Tours (archevêché), 1722–1737. 10 actes.
N.B. 1725 avril 24: acte d'appel avec acte de rétractation de la signature du Formulaire.
1729 juin 4 en triple.
1730 déc. 20 imprimé.

4362 Troyes, 1724–1794. 6 actes.

4363 Vannes, 1724–1734. 3 actes.

4364 Verdun, 1719. 1 acte.

4365 Vienne (archevêché), 1745. 1 acte.

Clergé régulier

N.B. Le triage selon diocèses (voir la note explicative p. 180) a été fait à l'aide du Répertoire topo-bibliographique des abbayes et prieurés de Cottineau.
Parmi les actes d'appel des religieux des différents ordres et congrégations ont été placés en outre ceux des religieuses des mêmes.
On y a ajouté aussi les actes des congrégations du clergé séculier.

Chanoines réguliers de Saint-Augustin de la Congrégation de Sainte-Geneviève ou de France

4366 Angers, 1740. 1 acte.

4367 Angoulême, 1733–1738. 3 actes.

4368 Autun, 1727. 1 acte.

4369 Bayeux, 1736. 1 acte.

4370 Beauvais, 1721–1739. 13 actes.
N.B. 1723 oct. 26 en double.
4371 Blois, 1728–1734. 2 actes.
4372 Châlons-sur-Marne, 1726. 1 acte.
4373 Langres, 1737–1739. 2 actes.
4374 La Rochelle, 1736. 2 actes.
N.B. 1736 févr. 7 en double.
4375 Le Mans, 1731–1734. 3 actes.
N.B. 1731 août 8 en double.
4376 Limoges, 1731. 1 acte.
4377 Lisieux, 1740. 1 acte.
4378 Nantes, 1732. 1 acte.
4379 Nevers, 1729. 1 acte.
4380 Pamiers, 1728. 1 acte.
4381 Paris (archevêché), 1720–1745. 7 actes.
N.B. Ajouté: Testament spirituel du chanoine de Saint-Victor Le Tonnellier, 1744 juillet 13.
4382 Poitiers, 1738. 1 acte.
4383 Rennes, 1733. 1 acte.
4384 Rouen, 1717–1729. 2 actes.
4385 Senlis, 1724–1736. 19 actes.
N.B. 1736 janv. 31 en double.
4386 Sens (archevêché), 1727. 3 actes.
4387 Soissons, 1725. 1 acte.
4388 Troyes, 1717. 1 acte.
4389 Sans lieu, 1727–1738. 3 actes.

Congrégation des Barnabites
4390 Viviers, 1731. 1 acte.

Ordre de Saint-Benoît (Religieux Bénédictins)
N.B. Provenant de l'année 1733 il y a plusieurs actes de protestation contre ce qui s'est passé au Chapitre Général de la Congrégation de St. Maur, tenu en l'abbaye de Marmoutiers lez Tours.
4391 En général, 1721–1734. 9 actes.
N.B. 1721 mars 10 en double.
4392 Agde, 1733. 2 actes.
4393 Aire, 1729–1733. 7 actes.
N.B. L'acte du 9e décembre 1729 contient un rapport sur l'ordination de quatre prêtres de l'abbaye de St. Sever-Cap par l'évêque d'Aire et le refus de six autres religieux de signer le Formulaire et de se soumettre à la bulle Unigenitus.
4394 Amiens, 1725–1737. 11 actes.
N.B. 1736 août 8 en double; un d'eux avec déclaration de dépôt autographe de Mgr. Soanen.
4395 Angers, 1724–1735. 17 actes.
N.B. L'acte du 29e août 1733 contient un extrait des registres capitulaires du monastère de St. Jouin-sur-Marne.
4396 Angoulême, 1727–1737. 5 actes.
4397 Arles (archevêché), 1733. 1 acte.
4398 Autun, 1734. 1 acte.
4399 Auxerre, 1723–1731. 3 actes.
4400 Avranches, 1724–1734. 6 actes.
N.B. 1729 avril 24 (en minute).

4401 Bayeux, 1727–1737. 4 actes.
    N.B. 1735 juillet 31 avec des annexes.
4402 Bazas, 1733–1734. 2 actes.
4403 Béziers, 1733. 1 acte.
4404 Blois, 1727–1733. 3 actes.
4405 Bordeaux (archevêché), 1727. 1 acte.
4406 Boulogne, 1721–1735. 4 actes.
4407 Bourges (archevêché), 1723–1735. 4 actes.
4408 Carcassonne, 1734–1736. 2 actes.
4409 Châlons-sur-Marne, 1720–1734. 4 actes.
    N.B. 1734 juillet 23: Mémoire de ce qui s'est passé à l'abbaye de Chesy lors de la visite de ce date.
4410 Chalon-sur-Saône, 1734. 2 actes.
4411 Chartres, 1718–1733. 10 actes.
    N.B. Extraits des actes capitulaires des abbayes de S. Père en Vallée de Chartres, 1718 oct. 23, 1733 juin 5 et août 16; de Coulombs, 1733 juin 6.
4412 Clermont, 1728–1739. 16 actes.
    N.B. Quelques actes, provenus de l'abbaye de la Chaise Dieu, contiennent une notice autographe par l'évêque de Senez Jean Soanen d'inscription à sa greffe épiscopale.
4413 Coutances, 1735. 1 acte.
4414 Dol, 1728. 2 actes.
4415 Évreux, 1722 et s.d. 2 actes.
4416 Grenoble, 1734. 1 acte.
4417 Langres, 1722–1736. 4 actes.
4418 Laon, 1728. 1 acte.
4419 Le Mans, 1721–1739. 10 actes.
4420 Limoges, 1719–1735. 3 actes.
4421 Lisieux, 1728. 2 actes.
4422 Lodève, 1733–1734. 2 actes.
4423 Luçon, 1727–1739. 7 actes.
4424 Lyon (archevêché), 1729–1739. 5 actes.
4425 Meaux, 1725–1734. 2 actes.
4426 Metz, 1732. 1 acte.
4427 Montpellier, 1724–1736. 6 actes.
4428 Nantes, 1728–1735. 12 actes.
4429 Narbonne (archevêché), 1733. 2 actes.
4430 Noyon, 1724–1731. 3 actes.
    N.B. 1729 sept. 11: procès-verbal de la défense d'assister au Te Deum, célébré par l'évêque de Noyon (Charles-François de Châteauneuf de Rochebonne), faite au prieur et au couvent de l'abbaye de St. Eloy à Noyon.
4431 Orléans, 1721–1737. 4 actes.
4432 Paris (archevêché), 1710–1734. 16 actes.
4433 Poitiers, 1724–1739. 15 actes.
    N.B. 1724 févr. 18 et 1739 nov. 2 en double.
    1728 sept. 21 avec copie de la lettre du 12e octobre 1728, écrite à l'évêque de Montpellier par le sousprieur de l'abbaye de Noailles et Dom Salomon Jouy.
4434 Quimper, 1734–1735. 4 actes.
4435 Reims (archevêché), 1728–1740. 6 actes.
4436 Rennes, 1727–1739. 4 actes.
4437 Rouen (archevêché), 1719–1735. 12 actes.
4438 Saintes, 1727–1736. 8 actes.

4439 Saint-Malo, 1728. 1 acte.
4440 Saint-Pol-de-Léon, 1718–1735. 4 actes.
4441 Saint-Pons, 1733–1738. 2 actes.
4442 Senlis, 1731–1737. 8 actes.
N.B. 1731 juillet 20 en double.
4443 Sens (archevêché), 1727–1735. 5 actes.
4444 Soissons, 1732–1740. 2 actes.
4445 Tarbes, 1736. 1 acte.
4446 Toulouse (archevêché), 1732. 1 acte.
4447 Tours (archevêché), 1721–1735. 11 actes.
4448 Troyes, 1726–1734. 7 actes.
4449 Vannes, 1727–1736. 8 actes.
N.B. 1736 avril 5 en double.
4450 Verdun, 1732–1734. 2 actes.
4451 Sans lieu, 1725–1734. 20 actes.
N.B. Acte de Dominique Neiron, prêtre de la Congrégation de St. Joseph: sans lieu ni date.

Religieuses Bénédictines
4452 Châlons-sur-Marne, 1733. 1 acte.
4453 Lyon (archevêché), 1733–1735. 3 actes.
N.B. 1733 juillet 30: lettre de Mad. de Becherand, religieuse de Villefranche, à l'archevêque de Lyon, Charles-François de Châteauneuf de Rochebonne.
4454 Paris (archevêché), 1732. 1 acte.
4455 Sens (archevêché), 1727–1737. 2 actes.
4456 Sans lieu, 1724. 1 acte.

Congrégation du Calvaire
4457 Paris (archevêché), 1741. 2 actes.

Ordre des Camaldules
4458 Le Mans. Lettre des Camaldules du Bas-Vendômois sur la conduite du P. Jérome Grandjean, prieur des Camaldules de Bessé (dioc. du Mans) au sujet du Formulaire et de la bulle Unigenitus, 1732.
4459 Paris (archevêché), 1727. 1 acte.

Ordre des Capucins
4460 Bayeux, 1725. 1 acte et 1 lettre.
4461 Beauvais, 1717–1721. 3 actes.
N.B. 1721 juin 1 en double, dont un exemplaire avec une notice de dépôt au secrétariat de l'évêché de Montpellier.
4462 Paris (archevêché), 1724 avril 27 (copie d'une lettre à l'archevêque).
4463 Rouen (archevêché), 1725. 1 acte.
4464 Sans lieu, 1726. 1 acte et 1 lettre (copie).

Ordre des Carmes Déchaussés
4465 Langres, 1733–1734. 3 actes.
4466 Paris (archevêché), 1740. 1 acte.

Religieuses Carmélites
4467 Lectoure, 1730. 1 acte.
4468 Paris (archevêché), 1747. 1 acte.
4469 Troyes, 1744. 1 acte.

Ordre des Célestins
4470 Orléans, 1720. 1 acte.

Ordre des Chartreux
En France
4471 Lettre d'un Chartreux à un conseiller de ses amis au sujet de la Constitution, (c. 1725) (copie).
4472 Autun, 1724. 2 actes.
4473 Auxerre, 1723. 3 actes.
4474 Évreux, 1719–1725. 4 actes.
4475 Langres, 1724. 1 acte.
4476 Paris (archevêché), 1719–1724. 3 actes.
4477 Rouen (archevêché), 1723. 1 acte.
4478 Soissons, 1724. 4 actes.
4479 Troyes, 1723–1724. 3 actes.

Chartreux réfugiés aux Pays-Bas, demeurant aux maisons du Ham, de Schonauwen et de Vronesteyn près d'Utrecht
4480 Acte de rétractation de sa signature des règlements, faits par l'archevêque d'Utrecht Corneille-Jean Barchman Wuytiers, par Benoît Thomé, profès et ancien prieur de la Chartreuse de Beaune, 1726 févr. 25.
4481 Acte d'adhésion des Chartreux du Ham et de Vronesteyn à l'appel de l'archevêque d'Utrecht, Corneille-Jean Barchman Wuytiers, et du Chapitre Métropolitain d'Utrecht, 1726 août 21.
4482 Amiens, 1728. 2 actes.
   N.B. Avec minute d'une lettre à "Mon Révérend Père", probablement le prieur de la Chartreuse de Saint-Honoré d'Abbeville, 1728 déc. 9.
4483 Autun, 1725–1726. 9 actes.
   N.B. 1725 févr. 2 avec copie.
        1726 févr. 3 en double.
4484 Évreux, 1725. 4 actes.
4485 Langres, 1725. 4 actes.
4486 Noyon, 1725. 1 acte.
4487 Paris (archevêché), 1727. 1 acte.
4488 Rouen (archevêché), 1725. 1 acte.
4489 Sens (archevêché), 1725. 2 actes (en double).
4490 Soissons, 1725. 1 acte.

Ordre de Cîteaux
4491 Orléans, 1736. 1 acte.
4492 Paris (archevêché), 1727. 1 acte.
4493 Toul, 1727. 1 acte.
   N.B. Ci-jointe: Seconde lettre d'Anselme, abbé de Beaupré (dioc. de Toul), au pape Benoît XIII, 1727 févr. 28.

Religieuses de Cîteaux

4494 Orléans. Carte de visite de l'abbaye de Voisins de l'ordre de Cîteaux (dioc. d'Orléans), faite par François Marivin, commissaire du général pour obtenir information, si les religieuses avaient accepté la bulle Unigenitus, 1730 août 23. Avec acte de plein-pouvoir, signé par l'abbesse et les religieuses afin d'en appeller, 1730 août 29, et procès-verbal du même date de la conduite de Dom Bidant, aumônier, pendant la Messe et le fait qu'il leur a refusé la Sainte Communion.

4495 Paris (archevêché), 1710–1717. Religieuses de l'ancien monastère de Port-Royal des Champs: Déclarations et rétractations de sa signature de sœur Marie de Ste. Anne Cousturier, 1717 (en trois exemplaires qui ne sont pas tout à fait conformes). 3 actes.
Déclaration et rétractation de sa signature, 1710, renouvellées 1711–1727, de sœur Françoise de Ste. Agathe le Juge (en quatre exemplaires, pas tout à fait conformes). 5 actes.
N.B. Ci-jointe lettre de sa main à "Monsieur", 1717 sept. 3.

4496 Senlis, 1736. 1 acte.

Religieuse Cordelière

4497 Amiens, 1724. 2 actes.
N.B. Avec certificat de réception, par M. Croz, secrétaire de l'évêque de Montpellier, 1724 mai 17.

Congrégation de la Doctrine Chrétienne

4498 Aix-en-Provence (archevêché), 1731. 1 acte.
4499 Condom, 1727–1732. 3 actes.
4500 Lavaur, 1727. 2 actes.
4501 Limoges, 1728–1744. 2 actes.
4502 Lombez, 1733. 2 actes.
4503 Rodez, 1725–1728. 3 actes.
4504 Saint-Papoul, 1735. 1 acte.
4505 Toulouse (archevêché), 1727–1733. 6 actes.
4506 Troyes, 1731. 2 actes.
4507 Sans lieu, 1728. 1 acte.

Ordre des Dominicains (Frères Prêcheurs)

4508 Auxerre, 1724. 1 acte.
4509 Clermont, 1738. 1 acte.
4510 Luçon, 1728. 1 acte.

Congrégation des Pères Feuillants

4511 Bourges (archevêché), 1723–1727. 5 actes.
N.B. 1723 sept. 18 avec certificat d'insertion dans les minutes du secrétariat de l'évêque de Montpellier, donné par le secrétaire Croz, 1724 mai 17.

4512 Langres, 1725–1737. 7 actes.
4513 La Rochelle, 1727. 1 acte.
4514 Marseille, 1728. 1 acte.
4515 Orléans, 1727. 1 acte.
4516 Paris (archevêché), 1717–1741. 12 actes.
4517 Poitiers, 1723–1725. 3 actes.
N.B. 1723 juillet 20, avec des certificats de réception par le secrétaire de l'évêque de Montpellier, 1724 mai 5, et de celui du Chapitre des Feuillants, 1725 mai 25.

4518 Rouen (archevêché), 1728–1739. 5 actes.
N B. 1739 janv. 17 en triple.
4519 Soissons, 1723–1758. 3 actes.
4520 Tours (archevêché), 1724–1725. 6 actes.
N.B. 1725 juin 2, avec acte de plein-pouvoir et copie d'une lettre du même date.

Ordre de Grandmont
4521 Chartres, 1734. 1 acte.
4522 Paris (archevêché), 1739. 1 acte.

Religieuses Hospitalières de St. Augustin
4523 Amiens, 1725. 2 actes.
N.B. 1725 mai 20, avec copie.
4524 Clermont, 1737. 1 acte.
N.B. Avec notice autographe de dépôt chez l'évêque de Senez, Mgr. Soanen, s.d.
4525 Rouen (archevêché), 1732–1744. 2 actes.

Ordre de St. Jean de Jérusalem
4526 Sans lieu, 1724. 1 acte.

Congrégation de la Mission de St. Lazare
4527 Paris (archevêché), 1725. 1 acte.
4528 Sens (archevêché), 1724 (en double). 2 actes.
4529 Tours (archevêché), 1724. 2 actes.
N.B. 1724 déc. 5 en copie.
4530 Tréguier, 1724. 1 acte.

Congrégation de Notre Dame de la Merci
4531 Paris (archevêché), 1738–1739. 2 actes.

Congrégation de Notre Dame de Nemours
4532 Sens (archevêché), 1735. 1 acte.

Congrégation de l'Oratoire
4533 Agde, 1720–1733. 2 actes.
4534 Aix-en-Provence (archevêché), 1724–1732. 2 actes.
4535 Angers, 1727–1733. 6 actes.
4536 Boulogne, 1721. 1 acte.
4537 Bourges (archevêché), 1739. 1 acte.
4538 Chartres, 1739. 1 acte.
4539 Clermont, 1727–1760. 10 actes.
N.B. 1735 juillet 27 (P. Colin) en double.
1760 avril 17 copie collationnée.
4540 Condom, 1720 (en double). 2 actes.
4541 Lyon (archevêché), 1721–1727. 3 actes.
4542 Le Mans, 1735. 1 acte.
4543 Montpellier, 1734. 2 actes.
4544 Nevers, 1735. 1 acte.
4545 Paris (archevêché), 1720–1739. 6 actes.
4546 Poitiers, 1736. 1 acte.

4547 Rouen (archevêché), 1727–1735. 2 actes.
4548 Soissons, 1724–1727. 3 actes.
N.B. (c. 1725) copie.
4549 Toulon, 1735. 1 acte.
4550 Toulouse (archevêché), 1721. 1 acte.
4551 Sans lieu, 1727. 2 actes.

Ordre de Prémontré
4552 Séez, 1737. 1 acte.
4553 Paris (archevêché), 1738–1740. 6 actes.
N.B. 1738 janv. 25 et mars 4 en double.
4554 Reims (archevêché), 1738. 1 acte.
4555 Rouen (archevêché), 1739. 1 acte.
4556 Toul, 1738. 1 acte.

Religieux de la Trappe
4557 Séez, 1731–1736 (chaque année en double). 4 actes.
N.B. 1736 févr. 3 en double, le second exemplaire contenant aussi une copie de la lettre de l'appellant du 3e octobre 1736 à "Monseigneur" (Colbert ou Soanen?).

Ordre de la Sainte Trinité
4558 Montpellier, 1739. 1 acte.

Ordre des religieuses Ursulines
4559 Aix-en-Provence (archevêché), 1719 (copies en double). 2 actes.
4560 Angers, 1739. 1 acte.

Ordre des religieuses de la Visitation
4561 Clermont, 1735. 2 actes.
4562 Montpellier, 1739. 1 acte.
4563 Nevers, 1729–1739. 2 actes.

Laïcs (hommes et femmes)
4564 Beauvais, 1737. 1 acte.
4565 Bordeaux (archevêché), 1735. 1 acte.
4566 Lyon (archevêché), 1739. 1 acte.
4567 Marseille, 1720. 1 acte.
4568 Montauban, 1731. 1 acte.
4569 Montpellier, 1746. 1 acte.
4570 Orléans, 1717–1742. 3 actes.
N.B. 1742 sept. 5 avec une notice sur la vie de l'appellante Mlle Charlotte Poissonnet.
4571 Paris (archevêché), 1729–1755. 7 actes.
4572 Poitiers, 1724. 1 acte.
4573 Reims (archevêché), 1728–1731. 2 actes.
4574 Rodez, 1735. 2 actes.
4575 Rouen (archevêché), 1734–1740. 3 actes.
N.B. 1740 mai 8 imprimé.
4576 Sens (archevêché), 1743. 1 acte.

4577 Vienne (archevêché), 1716. 1 acte.

> N.B. Copie d'un acte d'appel contre un mandement de l'archevêque de Vienne François des Balbes de Berton de Crillon, portant approbation de la constitution Unigenitus, 1716 avril 19.

4578 Sans lieu, 1739. 1 acte.

COLLECTIONS PERSONNELLES

4579–7082

Afforty, curé à Écouan

4579 Lettre de Mgr. Jean Soanen, évêque de Senez, 1738 mars 22.

D'Albert, conseiller au parlement d'Aix, à Aix (Alphand Bourgeois)

> N.B. Les adresses de beaucoup des lettres ont été biffées et ainsi la plupart en a été faite illisible. Néanmoins il est probable que le destinataire fût M. d'Albert fils, conseiller au parlement à Aix, quoique les lettres de M. Honoré Audibert Chauvin fussent adressées à M. Alphand Bourgeois à Aix (adresse empruntée ou pseudonyme?) après le 3e novembre 1727.

Lettres reçues de:

4580 Audibert, Jean-André, curé à Aix, 1727. 3 lettres.

4581 Audibert Chauvin, Honoré, prêtre à Castellane, (le Nouvelliste), 1727–1730. 52 lettres.

4582 Caylus, Charles de, évêque d'Auxerre, 1737 janv. 24.

4583 N.N., 1727 nov. 27.

4584 N.N., 1727 déc. 20.

4585 Pougnet, Jean-Joseph, prêtre secondaire à Castellane, 1727–1728. 33 lettres. Avec quelques annexes.

4586 Roux, A., 1727 déc. 16.

Copies de lettres à:

4587 M. de la Porte, grand vicaire du diocèse de Senez, 1728. 2 lettres.

4588 Le chanoine Barbaroux, 1728 avril 22.

D'Albert au Cloître du Val de Grâce à Paris

4589 Lettres de Mgr. Jean Soanen, évêque de Senez, 1739 et s.d. 3 lettres.

Père Alissan, docteur de Sorbonne à Paris

4590 Lettre du P. de la Forge, Carme Déchaussé, à Paris, 1733 sept. 3.

Ambroise à Aix

4591 Lettres de Mgr. Jean Soanen, évêque de Senez, 1731–1732. 10 lettres.

Aucler, curé de Palaiseau

4592 Lettre de l'abbé Bertin, prieur de Palaiseau, grand vicaire de Périgueux, 1748 mai 27 (avec copie).

Jean-André Audibert, curé de Saint-Sauveur à Aix († 5 avril 1745)
Actes
4593 Acte d'intimation de l'ordonnance des vicaires généraux de Charles-Gaspard-Guillaume de Vintimille, archevêque d'Aix, portant révocation des pouvoirs, accordés à André Audibert, vicaire perpétuel de l'église métropolitaine de Saint-Sauveur à Aix, 1717 avril 20.
4594 Mandement de Jean Soanen, évêque de Senez, pour charger Jean-André Audibert, curé de Saint-Sauveur à Aix, de prêcher dans la cathédrale de Senez pendant le Quadragésime, 1726 mars 4.
4595 Lettres de cachet, dernièrement pour reléguer le curé Audibert à la Maison des Pères de l'Oratoire de N.D. de Graces (dioc. de Fréjus), 1721–1740.

Lettres reçues de:
4596 Audibert Chauvin, Honoré, 1744 août 15.
4597 Blanc, prêtre, 1720 nov. 26.
4598 Bliort, à Aix, 1717 juin 10.
4599 Garsin, prêtre à Paris, 1717 avril 16.
4600 Gendron, 1734 mai 1.
4601 Lord, De, abbé, 1717. 2 lettres.
4602 N.N., à Castellane, 1736 nov. 27.
4603 N.N., 1730 févr. 14.
4604 Sauteron, chanoine théologal de Senez, 1718 nov. 25.
4605 Soanen, Jean, évêque de Senez, 1702–1729. 19 lettres.

Minutes de lettres etc.
4606 Mémoire, envoyé à l'évêque de Senez, 1714.
Lord, De, abbé, 1717 mai 31.
Soanen, Jean, évêque de Senez, 1717.
Vintimille, Ch. G. G. de, archevêque d'Aix, 1717.
N.N., 1721(?).
N.N., s.d.

Copies
4607 Acte de rétractation de Jean-Ignace Barbaroux, chanoine de Senez, 1728 sept. 6.
Vie de Jean-André Audibert (écriture d'Audibert Chauvin, son neveu).
Épitaphe du même (écriture comme ci-dessus).

Honoré Audibert Chauvin, prêtre à Castellane, chapelain de Saint-Sauveur à Aix (le Nouvelliste, l'Horlogeur)
Actes
4608 Commissions, données par l'évêque de Senez Jean Soanen, pour prêcher pendant le Quadragésime dans les paroisses de Vergons et d'Angles, 1721, et de Thorame-Haute, 1727.
Extrait des registres de la paroisse de St. Victor de Castellane concernant le baptême de Gaspard Muraine, fils d'Antoine Roch, Me. cordonnier, et d'Honorade Audibert, son épouse, 4 juin 1752, 1769.

Lettres reçues de:
4609 Albert, d', à Aix, 1754 févr. 11.

4610 Audibert, Jean-André, curé de Saint-Sauveur à Aix, 1743–1745. 4 lettres.

4611 Audibert (neveu), à Paris, 1772 avril 24.

4612 Blacas, sœur Claire-Élisabeth de, religieuse de la Visitation à Castellane, 1731–1732 et s.d. 29 lettres.

> N.B. L'attribution du destinataire n'est pas sûre, car pour la plupart les adresses ont été biffées. Quelques lettres ont encore l'adresse de M. La Rivière, marchand à Aix, ce qui probablement a été celle des autres aussi.

4613 Bonnet, prêtre de l'Oratoire à Notre Dame de Graces, 1745–1749. 6 lettres.

4614 Bourgeois (Alphand, à Aix?), 1728. 9 lettres.

4615 B.P., 1746 mai 31.

4616 Caffe, chapelain d'Arthé près Auxerre, 1778 déc. 28.

4617 Carnaud, curé de Saint-Sauveur à Aix, 1745 mai 6 (avec minute de la réponse).

4618 Caylus, Charles de, évêque d'Auxerre, 1746 févr. 9.

4619 Colbert de Croissy, Charles-Joachim, évêque de Montpellier, 1727–1733. 2 lettres.

4620 Colbert de Croissy, Charlotte, abbesse de Maubuisson, 1752–1755. 4 lettres.

4621 Gendron, 1737–1740. 2 lettres.

4622 Gravier, de Thorame-Haute, 1728 janv. 28.

4623 Lefranc, 1772 janv. 9.

4624 Martigny, à Grasse, 1782 juillet 3.

4625 Miollis, prêtre de l'Oratoire à Notre-Dame de Graces, 1744–1745. 2 lettres.

4626 N.N., 1749–1750. 3 lettres.

4627 N.N., 1736–1740. 3 lettres.

4628 N.N., 1764 juin 16 (adresse: chez M. le curé de Chilly).

4629 N.N., s.a. (c. 1764) janv. 5 (adresse: Chilly comme ci-dessus).

4630 N.N., à Paris, 1770 nov. 2.

4631 Nivelle (Dumenillet), l'abbé, s.a. févr. 9.

4632 Orcel, prêtre à Aix, 1744 août 31.

4633 Perpétue, sœur, religieuse (abbesse?) de l'abbaye de Gif, 1757–1778. 23 lettres.

4634 Pontus, L., 1777 juin 15.

4635 Pougnet, J. J., 1736–1740. 3 lettres.

4636 Saint-Jean, le Père de, 1745. 2 lettres.

4637 Ségur, Jean-Charles de, ancien évêque de Saint-Papoul, 1742–1747. 2 lettres.

> N.B. Avec des copies par Mlle Rachel Gillet.

4638 Simon (le laïque), à Castellane, 1727–1729. 106 lettres.

> N.B. Quelques lettres avec des annexes.

4639 Soanen, Jean, évêque de Senez, 1721–1740. 23 lettres.

> N.B. 1721 mai 15: lettre d'Audibert avec réponse de l'évêque.
> 1721 mai 20 avec réponse.
> 1721 mai 21 comme 1721 mai 15.
> 1733 mai 7 avec postscriptum de J. J. Pougnet.

4640 Tardif le Brest, Mlle, à Paris, 1754 août 19.

Minutes de lettres

4641 Bel (?), 1770 juillet 7.

Castellane, écolières de, s.d.

Caylus, Charles de, évêque d'Auxerre, 1746 janv. 5.

> N.B. L'attribution n'est pas certaine.

Gravier, c. 1770.

Nieuwenhuysen, Gautier-Michel van, archevêque d'Utrecht, 1770 août 1.

> N.B. Pour lui faire présent d'une mitre qui avait appartenu à Mgr. Soanen.

Manuscrits
4642 Préface de La Vie et les lettres de Messire Jean Soanen, évêque de Senez.
N.B. Brouillon.
4643 Circonstances de la vie de M. de Senez.
4644 Apologie de Mgr. Soanen. Justification contre les calomnies du Supplémenteur, relative aux événements survenus dans son diocèse depuis son exil, 1747 déc. 12.
4645 Deuxième lettre à un évêque pour le désabuser de l'opinion favorable qu'il avait des Jésuites.
4646 Correspondance et mémoires concernant une donation de Mgr. Soanen à l'hôpital de Castellane et la distribution d'aumônes selon son testament après sa mort.
Mémoire de M. Honoré Audibert Chauvin sur les intentions de Mgr. Soanen concernant la distribution des aumônes après sa mort selon son testament, c. 1770.
Mémoire d'Audibert Chauvin sur la donation de Mgr. Soanen à l'hôpital de Castellane, c. 1770.
Réponse aux objections contre le mémoire en faveur de l'hôpital de Castellane, c. 1770.

Projet de lettres à:
4647 Henry, c. 1770–1772. 2 lettres.
N.B. Le brouillon de déc. 1770 a été écrit sur une lettre de Mgr. Soanen au Père de Saint-Jean, prêtre de la Doctrine Chrétienne à Nîmes, 1727 oct. 30.
Lefranc, à Auxerre, c. 1772.
Lettre de Henry à M. de Roquette, c. 1770.

Copies
4648 Lettre circulaire de l'évêque de Montpellier à tous les évêques du Royaume, 1725 mai 2.
4649 Acte de pleins pouvoirs, donné par Mgr. Soanen à M. Audibert Chauvin pour demander les lettres Apostolos, 1727, etc.
4650 Lettre de Mgr. Soanen à M. de Filtiere.
4651 Réponse de l'archevêque d'Utrecht Pierre-Jean Meindaerts, 1764 nov. 20.
4652 Lettres des évêques d'Auxerre et d'Angoulême à M. de Maurepas.
4653 Lettre de M. de Fourgon à Dujardin.
4654 Lettre de sœur L. A. d'Orléans.
4655 Extrait d'une lettre d'un docteur du Collège Romain de la Sapience à un docteur de Sorbonne sur la constitution de Clément XII du 28e août 1733 en faveur de la doctrine de St. Thomas et de l'école des Frères Prêcheurs.
4656 "Préjugés contre le Formulaire". 1 tome.
N.B. Manuscrit incomplet qui commence à la page 409 avec le troisième chapitre et est continué jusqu'à la page 1220. Les pages 1–408 devaient contenir les deux premiers chapitres.
Chap. III: Préjugés tirés du Formulaire même.
Chap. IV: Preuves de la paix de Clément IX.
L'auteur promet à la fin (p. 1220) encore un 5e chapitre qui traiterait des préjugés tirés des infractions faites à la paix de Clément IX.
Ce manuscrit a appartenu à l'abbé Audibert Chauvin et puis à son neveu M. Audibert qui avait l'ordre de la remettre à la Bibliothèque des Amis de la Vérité.
4657 Mémoire pour servir à la Vie de Mgr. Soanen, évêque de Senez, par un inconnu.
N.B. Il n'y a que les deux parties, 1647–1695 et 1695–1713, ainsi que les années 1713–1725 de la troisième partie. Les années 1726–1732 manquent.

4658 Mémoires pour la Vie de l'évêque de Senez (texte différent du précédent).

4659 Testament spirituel du P. Bernard, chanoine Régulier, prieur, curé de Nanterre.
N.B. Copie de la main d'Audibert Chauvin.

4660 Lettre à une Carmélite exilée à qui on répond sur les difficultés qu'on peut avoir touchant les affaires de la Bulle.

Madame Marie-Anne princesse d'Auvergne, Madame de Maisy (de Bonval), duchesse d'Aremberg et d'Aerschot († 24 avril 1736)
Lettres reçues de:

4660* M. de Courcelles, à Paris, 1734 avril 22.

H. Damen, doyen de St. Pierre à Louvain, 1723 août 12.

N. Legros, 1727 (?, mercredi 22 janvier) – 1735. 2 lettres.

Inventaire
Inventaire des papiers qui appartiennent à la succession de Madame de Maisy, fait par M. des Baronnies Belin, 1740 août 12.

François Avoine, curé de Saint-Ouen du château de Bayeux et puis d'Orangis († 1 octobre 1731)

4661 Ordonnance de Mgr. François-Armand de Lorraine, évêque de Bayeux, pour relever François Avoine, prêtre, curé de la paroisse de Saint-Ouen du château de Bayeux, d'un interdit, porté contre lui par Mgr. François de Nesmond, évêque de Bayeux en 1710 et confirmé en appel en 1712 par l'archevêque de Rouen, 1720, et deux déclarations dudit évêque en faveur du curé et concernant sa signature du Formulaire, 1720. Avec des pièces retroactives, 1710–1716.

Balin, chanoine et archiprêtre d'Auxerre

4662 Lettres de Ch. de Caylus, évêque d'Auxerre, 1739–1744. 2 lettres.
N.B. Avec des copies par Mlle Rachel Gillet.

Ballin, prêtre de la paroisse de Saint-Roch à Paris
Lettres reçues de:

4663 Bidal d'Asfeld, abbé, 1722–1727. 9 lettres.

4664 Dany, 1737 oct. 4, avec minute de la réponse.

Matthieu de Barneville, prêtre, chantre de la cathédrale de Dublin en Irlande, prisonnier à la Conciergerie à Paris

4665 Acte et profession de foi, 1736 déc. 19.

4666 Lettre de Mgr. Théodore van der Croon, archevêque d'Utrecht, 1737 août 22.
N.B. Le destinataire de cette lettre doit avoir été M. de Barneville. Cf. la lettre de l'archevêque à Mgr. Soanen du 29e octobre 1737 (Inv. no. 6514).

Claude Baudouin, chanoine de Reims

4667 Lettre de M. Baudouin, son frère, chanoine et grand vicaire de Metz, 1724 sept. 3.

Le chevalier de Beaumont
Lettres reçues de:

4668 Beaumont, de, son frère, 1745 sept. 18/20.

4669 Caylus, Charles de, évêque d'Auxerre, 1745 mai 23.

Copies
4670 Copies de deux lettres de Mgr. Soanen, évêque de Senez, à sa sœur Mad. Frenaye, 1715–1731.
N.B. Ces copies portent l'adresse de M. de Beaumont à Paris.

Abbé de Becherand de la Motte
Lettres reçues de:
4671 Colbert de Croissy, Charles-Joachim, évêque de Montpellier, 1732–1738. 4 lettres.
4672 Soanen, Jean, évêque de Senez, 1736 oct. 29.
4673 La Vergne de Tressan, Louis de, archevêque de Rouen, 1725 nov. 11, avec réponse (copies).

Citoyenne Agnès Beziers, à Montmorency
4674 Lettre de N.N., 1793 mai 29 (lettre de piété).

Jacques-Vincent Bidal d'Asfeld (l'abbé des Tuiles)
Lettres reçues de:
4675 Soanen, Jean, évêque de Senez, 1715. 5 lettres.
4676 Becherand, abbé de, 1733, avec réponse (imprimées).

Étienne Bidal d'Asfeld, abbé de l'Échelle-Dieu
4677 Lettre au roi, 1714 mai 8.

Bobié, doyen de Saint-André à Chartres
Lettres reçues de:
4678 François Augustin, abbé de la Trappe, 1727–1728. 2 lettres.
4679 Isidore, abbé de la Trappe, 1720–1723. 2 lettres.
4680 Lemeur, J., à Paris, 1722 févr. 1.
4681 Monstiers de Mérinville, Charles-François des, évêque de Chartres, 1709–1714. 7 lettres.

Minute
4682 Lettre à sa mère, 1727 févr. 4.

François Bocaud, évêque d'Alet
4683 Pièces concernant François Bocaud, évêque d'Alet, et ses relations avec Cristine Levêque St. Amand, 1733–1736.
N.B. Il n'est pas certain à qui ce dossier ait appartenu. C'est pourquoi on l'a placé ici. Les adresses de quelques lettres ont été biffées et faites illisibles.

Jacques-Bénigne Bossuet, évêque de Troyes
4684 Certificat d'émission au cardinal de Fleury d'un paquet de plusieurs exemplaires d'une lettre de quelques évêques au roi, 1728 mars 15 (minute).
4685 Lettre au roi, s.d. (1728?) (copie).

Curés du diocèse de Boulogne
4686 Lettre à l'évêque de Boulogne, Pierre de Langle, 1717 (minute).

Madame du Bourdun à Loudun
4687 Lettre du Père Le Porcq, prêtre à Saumur, 1713 août 15.

Laurent-François Boursier, docteur et bibliothécaire de Sorbonne,
(Germain, Rochefort) (24 janvier 1679–17 février 1749)
4688 Abrégé de la vie de Monsieur Boursier, docteur de Sorbonne, 1679–1749.
N.B. Avec des sommaires en marge et une table, faite par Mlle Sophie Gillet (1867).

Acte
4689 Déclaration de M. Boursier sur des papiers qu'on pourrait trouver après sa mort, et qui n'exprimaient point ses sentiments, 1726 février 6.

Lettres reçues de:
4690 Bidal d'Asfeld, abbé, 1734 juin 26.
4691 Caylus, Charles de, évêque d'Auxerre, 1734–1744. 10 lettres.
N.B. Avec des copies par Mlle Rachel Gillet.
4692 Colbert de Croissy, Charles-Joachim, évêque de Montpellier, 1717–1720. 24 lettres.
N.B. Des lettres de 1717 mars 26 et de 1717 mars s.j. une partie a été arrachée. Selon la notice de Mlle R. Gillet il y a deux lettres qui paraissent écrites à M. Louail.
4693 Colbert de Torcy, 1718 mai 4, avec une liste de 9 questions sur le refus du pape de donner des bulles aux évêques, nommés par le roi, et la minute des réponses de Boursier à ces questions.
4694 Couet, à Rouen, s.a. (entre 1700 et 1706) févr. 15.
N.B. Selon l'adresse M. Boursier n'était alors que bachelier en théologie (1700).
4695 Creusot, (1734) juillet 27.
N.B. L'auteur fait mention de la mort de M. Duguet qui mourut le 25e octobre 1733.
4696 Delan, F. H., à Paris, 1740 juillet 30.
4697 Duguet, Jacques-Joseph, 1704–1723. 5 lettres.
4698 Étemare, Jean-Baptiste Le Sesne de Ménilles d', c. 1720–1739. 9 lettres.
N.B. À quelques-unes de ces lettres ont été ajoutées des notices de la main de Mlle Rachel Gillet.
4699 Fourquevaux (Bonneval), 1739–1740. 3 lettres.
4700 Jubé, Jacques, 1733 nov. 23.
N.B. Adressée à: Monsieur.
4701 La Broue, Pierre de, évêque de Mirepoix, 1717–1720. 21 lettres.
N.B. 1719 mars 24, avec des remarques sur les articles qui regardent la charité. Les deux premières lettres, probablement de 1717, n'ont été datées que: "ce mardy matin" et "le mercredi au soir". Celle-ci est une copie de la main de Mlle Rachel Gillet.
4702 Langle, Pierre de, évêque de Boulogne, 1717–1720. 16 lettres.
N.B. De 1717 mars 9 l'adresse a été arrachée.
4703 Le Berche, 1740. 4 lettres.
4704 Nivelle (Dumenillet), abbé, s.d. 2 lettres.
4705 N.N., (1698) mars 28 (Vendredi Saint).
4706 N.N., (1732?) nov. 1.
4707 N.N., s.d. (1740?).
4708 N.N., 1746 mars 15, avec notice sur le livre du P. Berruyer.
4709 Petitpied, Nicolas, 1738–1741. 2 lettres.
N.B. La lettre de 1741 févr. 4 manque.
4710 Pichard, chanoine à Orléans, 1733 nov. 21.
N.B. L'attribution à M. Boursier comme destinataire n'est pas certaine.

4711 Quesnel, Pasquier, 1716–1719. 6 lettres.
N.B. 1716 déc. 21 et 1719 janv. 16 endommagées; la première avec notice de Fouillou.

4712 Sartre, 1734 août 5.

4713 Soanen, Jean, évêque de Senez, 1717–1727. 3 lettres.
N.B. Une lettre sans année, mais datée 5 mars, traite du Corps de Doctrine et donc probablement a été écrite en 1720.

4714 Touvenot (de Jonval), 1736 avril 9.

Minutes et copies de lettres

4715 Caylus, Charles de, évêque d'Auxerre, 1741 déc. 28.
La Broue, Pierre de, évêque de Mirepoix, 1717–1720. 8 lettres (copies).
Le Berche (?), 1739–1740. 2 lettres.

Copies de diverses pièces

4716 Lettres (copies) (adresse: Rochefort):
du P. Guerrier à Pougnet (Bérard), 1737 mai 25.
du même à Mgr. Soanen, 1737 mai 25.
de Boidot à Mgr. Soanen, 1737 mai 24.
de Mgr. Soanen à Boidot, 1737 juin 1.
Deux écrits de M. Boursier sur les 12 articles demandés au Saint Siège, 1724/25.
Lettre de M. Boursier au sujet de ce qui est dit contre lui dans la XIXe lettre théologique de Dom La Taste, 1738 févr. 23 (imprimé).
Textes de Dom La Taste sur les miracles de guérison opérés par Jésus Christ notre Seigneur.
Mémoire sur le Formulaire (fragment).
Mémoire sur les miracles (copie par L. Dilhe).
Extrait du testament de Mgr. Pierre de la Broue, évêque de Mirepoix, écrit par Boursier.

Abbé de Bragelogne, docteur de Sorbonne, chanoine de Paris
Minutes de lettres

4717 Cahier, contenant des lettres à:
Colbert de Croissy, Charles-Joachim, évêque de Montpellier, 1720 mars 18.
Lorraine d'Armagnac, François-Armand de, évêque de Bayeux, 1720 avril 16.
Noailles, Gaston-J. B. L. de, évêque de Châlons-sur-Marne, 1720 avril 13.
Noailles, Louis-Antoine cardinal de, archevêque de Paris, 1720. 3 lettres.

Abbé Jean-Baptiste Cadry
Minutes

4718 Déclaration concernant un livre sur l'amour (de Dieu?), écrit par (Boursier?), s.d.
Projet d'une lettre pastorale de l'évêque de Mâcon Michel de Cassagnet de Tilladet, 1728, par l'abbé Cadry.
N.B. Avec notice de la main de M. Dilhe: "qui n'a pas eu lieu".
Projet de mandement et instruction pastorale de l'évêque de Saint-Papoul Jean-Charles de Ségur, 1735, par l'abbé Cadry.
N.B. Avec notice comme ci-dessus.

Mémoire ou réponse au mandement de Mgr. (Pierre de Guérin) de Tencin, archevêque d'Embrun, contre le mémoire des 40 (sic; 50?) avocats touchant le concile d'Embrun, (projet; 1729?).
N.B. Écriture de l'abbé Cadry.

François-Honoré de Casaubon de Maniban, archevêque de Bordeaux
4719 Lettres de Henri cardinal Thiard de Bissy, évêque de Meaux, 1734–1736. 11 lettres.
N.B. 1734 oct. 10 avec projet de mandement pour confirmer sa doctrine sur l'obéissance due aux décisions de l'Église et en particulier à la constitution Unigenitus.
1735 mars 16 avec trois feuilles de son catéchisme imprimé.
1736 févr. 12 avec addition à la préface de son mandement sur la juridiction spirituelle de l'Église.

Cassard, recteur de St. Laurent à Nantes
4720 Lettre des prêtres René Boucher Dulesneuff, G. Boucher Dulaincourt et Paul Boucher Brunly, à La Roche-Bernard (dioc. de Nantes), 1727 oct. 17.
N.B. Quatre autres noms ont été biffés.

Monastère de la Visitation à Castellane
Actes
4721 Acte de protestation renouvelée contre la nomination de l'abbé Saléon comme vicaire général de l'évêché de Senez, 1728 mars 6.
Extrait des registres du Greffe criminel de Castellane sur un homme inconnu qui avait essayé de grimper sur le mur du monastère, 1729 avril 1 (en double).
Synode général du diocèse de Senez, convoqué par Jean d'Yse de Saléon, vicaire général, 1729 avril 27 (copie).
Acte de protestation des religieuses contre le refus des derniers Sacrements à la sœur Emanuelle-Élisabeth Dagai par le curé de Castellane à cause de l'interdit, 1729 mai 5.
Acte de nomination de Louis-François-Gabriel de la Motte comme vicaire général du diocèse de Senez par le chapitre, 1729 juin 28 (copie).
Relation de l'arrivée des sœurs de la Bastide de Merigon à Castellane en septembre 1729.

Lettres reçues
4722 Lettre de la supérieure de la Visitation d'Annecy sur la mort de Jean d'Arenthon d'Alex, évêque de Genève, décédé le 3e juillet 1695.
N.B. Probablement cette lettre qui fut pourvue d'une notice de la main de Mgr. Soanen, a été destinée pour la supérieure des Visitandines à Castellane.
4723 Lettre de la sœur Marie-Gabrielle de la Bastide à la sœur Marie-Séraphique du Marc, (1728).
4724 Lettre de Simon (le laïque) à la Mère sœur Marie-Magdeleine de Richelmy, (1729?).
4725 Trois lettres de sœurs exilées (de la Bastide?) à Mad. de Richelmy, 1729.

Lettres de Jean Soanen, évêque de Senez, à:
4726 Sœurs du Conseil du monastère, 1728–1730. 4 lettres.
4727 Bastide, sœur de la, économe, 1728 avril 14.
4728 Blacas, sœur Claire-Élisabeth de, 1728–1730. 17 lettres.

4729 Blacas de Vérignon, sœur Marie-Élisabeth, 1728–1729. 4 lettres.
4730 Lemore, sœur Anne-Thérèse, 1728–1730. 4 lettres.
4731 Richelmy, sœur Marie-Madeleine de, vice-supérieure, 1729–1730. 7 lettres.
   N.B. De la lettre de 1730 mars 8 dix règles ont été biffées.

Minutes de lettres
4732 Lettre circulaire de la supérieure du monastère de la Visitation à Castellane, avec relation des vertus des religieuses, y décédées 1718–1724, (1725 janvier).
   Lettre de la supérieure de la Visitation (à Castellane?), 1725 juin 20 (copie).
   Lettre des religieuses de la Visitation à Castellane au roi, 1728 avril 11, signée par toutes les sœurs.
   Lettre de deux sœurs à N.N., 1729 nov. 2 et 1730 mars 16.
   N.B. 1729 nov. 2: écriture de l'abbé Jean-André Audibert.

Copies
4733 Lettre de Jean d'Yse de Saléon, prêtre, vicaire général et official du diocèse de Senez, à la supérieure et aux religieuses du monastère de la Visitation à Castellane. Avec acte que les religieuses lui ont fait signifier pour déclarer qu'elles ne peuvent le reconnaître comme vicaire général avant qu'il leur aura montré une commission, donné par Mgr. Soanen, 1727 nov. 23.
   Lettre de l'archevêque d'Embrun, Pierre de Guérin de Tencin, aux religieuses de Castellane, 1729 mars 31.
   N.B. Écriture de l'abbé Jean-André Audibert.
4734 Relation concernant le monastère des Visitandines de Castellane du 19e janvier jusqu'au 24e octobre 1730.
   N.B. Écriture de l'abbé Jean-André Audibert.

Caussel, directeur de l'Hôpital général de Montpellier († 1729)
   N.B. Cf. Nouvelles Ecclésiastiques, 4 avril 1729 (art. de Montpellier).
4735 Méditations sur la vie cachée de Jésus Christ, pour une retraite de dix jours, 1684.
   N.B. Y ajouté: Mystère de l'Ascension.

Charles-Daniel-Gabriel de Thubières de Caylus, évêque d'Auxerre
   N.B. Voir aussi les cotes 1265–1271 de l'inventaire.
Lettres reçues de:
4736 Auxerre, plusieurs curés et ecclésiastiques du diocèse d', 1727–1728. 6 lettres.
4737 Bidal d'Asfeld, abbé Jacques-Vincent, 1735 sept. 10.
4738 Brunet, chanoine et archidiacre de Tours, 1728 avril 8.
4739 Caillebot de la Salle, François de, ancien évêque de Tournai, 1723–1728. 4 lettres.
   N.B. 1727 nov. 1 copie.
4740 Chappotin, chanoine d'Auxerre, 1728 avril 6.
4741 Chauvelin, abbé, conseiller à Versailles, 1727 mars 16.
4742 Colbert de Croissy, Charles-Joachim, évêque de Montpellier, 1723 janv. 18.
4743 Dilhe, Léonard, 1735 sept. 1.
4744 Estève, prieur-curé de St. Vincent à Montpellier, 1743 déc. 2.
4745 Foynat, chapelain de Courgy (dioc. d'Auxerre), 1728 avril 9.
4746 La Garde, de, vicaire de Varzy (dioc. d'Auxerre), 1728 avril 10.
4747 Lamotte, à Charanlenai, 1728 avril 9.

4748 Lefèvre de Caumartin, Jean-François-Paul, évêque de Blois, 1729 nov. 2 (copie).
4749 Lemaigre, Pierre, curé de Craon (dioc. d'Auxerre), 1728.
4750 Mol, Mad. Duguet–, 1732 juillet 2.
4751 Moufle, grand vicaire et official de Sens, 1730 déc. 12.
4752 Nallet, curé d'Étréchy, 1731.
   N.B. Endommagée et en partie détruite par d'humidité.
4753 Néé, chanoine d'Auxerre, 1728 avril 2.
4754 N.N., à Chalon-sur-Saône, 1735 juin 1–22. 4 lettres (copies).
4755 Oury, chantre, curé de Clamecy, Guaidon, chanoine de Clamecy, et Gouré, vicaire de Pouilly, 1728 avril 8.
4756 Petitpied, Nicolas, 1736. 2 lettres (copies).
4757 Potel, chanoine d'Auxerre, 1728 avril 6.
4758 Rathier, prêtre à Mailly-le-Château, 1728 avril 12.
4759 Rezay, Cyprien-Gabriel de, évêque d'Angoulême, 1719–1733. 43 lettres.
   N.B. 1728 févr. 13 avec échantillon d'un mémoire sur la constitution Unigenitus.
   1728 août 12 avec mémoire sur le concile d'Embrun.
   Une lettre de 1729 (sans mois ni jour) est incomplète.
4760 Roi Louis XV, 1731 mars 10 (copie).
4761 Saint-Florentin, comte de, 1738 mai 4 (copie).
4762 Soanen, Jean, évêque de Senez, 1718–1740. 18 lettres.
4763 Tilladet, Michel de Cassagnet de, évêque de Mâcon, 1729 mars 31 et avril 27 (copies).

Minutes et copies de lettres à:
4764 Desfort, contrôleur-général, 1729 déc. 18.
4765 Étemare (de Senneville), d', 1736–1753. 2 lettres.
   N.B. 1753 sept. 29 à Messieurs (sc. de Rhijnwijck?).
4766 Le Fèvre de Caumartin, Jean-François-Paul, évêque de Blois, 1729 déc. 26.
4767 Maurepas, de, 1728.
4768 Méganck, François (Franciscus), (?), (1732?).
   N.B. Écriture de l'abbé Cadry.
4769 Meindaerts, Pierre-Jean, archevêque d'Utrecht, 1740 mai 8.
   N.B. Avec copie d'une lettre de Mgr. Soanen, évêque de Senez, au même, 1740 mai 4.
4770 Paris, curés de, 1735 mai 11.
4771 Petitpied, 1735 juillet (avec des lettres à l'abbé d'Asfeld, Fouillou et Besoigne).
4772 Procureur-général, 1729 juillet 11.
4773 Saint-Florentin, comte de, 1737 sept. 3.
4774 Varlet, Dominique-Marie, évêque de Babylone, 1739. 2 lettres.
4775 Verthamon, Jean-Baptiste de, évêque de Pamiers, 1728 janv. 26.
4776 Lettre des évêques d'Auxerre Charles de Caylus, de Troyes Jacques-Bénigne Bossuet, et de Bayeux François-Armand de Lorraine, au roi sur le concile d'Embrun et la condamnation de l'évêque de Senez, 1728 (signée par eux-mêmes).

Ordonnances, mandements etc.
4777 Ordonnance pour supprimer les congrégations, tenues par les Jésuites, 1728 sept. 18 (copie).
4778 Procurations pour les députés des évêques d'Auxerre et de Troyes à l'Assemblée provinciale de Sens, 1730 mai 3 (copies).

4779 Procès-verbal de l'évêque d'Auxerre sur la guérison miraculeuse d'Edmée Desvignes à Seignelay (dioc. d'Auxerre) par l'intercession du diacre François de Pâris, 1733 (minute).

4780 Mandement de l'évêque d'Auxerre, portant permission de manger des œufs pendant le Carême de 1737 (minute).

4781 Mandement de l'évêque d'Auxerre pour la convocation de son synode diocésain, 1737 (minute).

4782 Observation sur l'Ordonnance et Instruction pastorale de Mgr. l'évêque d'Auxerre, portant condamnation de plusieurs propositions, extraites des cahiers, dictés au Collège d'Auxerre par le fr. Le Moine S.J., envoyées à M. d'Auxerre par Mgr. le Duc qui les avait reçues de M. le cardinal de Rohan, 1726.

4783 Lettre de M. de Caylus aux Dames du Calvaire du Marais à Paris et autres pièces concernant le différend entre cette congrégation et l'archevêque de Paris Charles-Gaspard-Guillaume de Vintimille du Luc en sa qualité de commissaire délégué du Saint Siège, 1738 (copies).

Religieuses Ursulines à Châlons-sur-Marne
Acte
4784 Relation de la visite de Mgr. Nicolas de Saulx de Tavannes, évêque de Châlons-sur-Marne, aux religieuses Ursulines de la dite ville, 1724 avril 28 (copie).

Abbé Charpentier, curé de Saint-Leu à Paris
Lettres reçues de:
4785 Caylus, Charles-Daniel-Gabriel de, évêque d'Auxerre, 1743–1748. 2 lettres.

Chartreux réfugiés en Hollande
Acte
4786 Règlement des R.R.P.P. Chartreux, résidant aux maisons du Ham et de Vroonesteyn, confirmé par l'archevêque d'Utrecht, Corneille-Jean Barchman Wuytiers, 1726 janvier 10.
N.B. Copie par Jacques Jubé.

Minutes de lettres
4787 Lettre (en latin) de plusieurs Chartreux, demeurant à la maison de Schonauwe, au pape Benoît XIII, contenant leurs signatures originales, 1725 avril 10.
N.B. Avec brouillon en français et un autre projet, partiellement en français et en latin, ce dernier de la main du fr. Aspasius Chasnau de la maison de Paris.

4788 Lettre du fr. Benoît Houasse, Chartreux au Val St. George (dioc. d'Autun) à "Mon Très Révérend Père" (au Prieur Général de l'ordre?), 1725 févr. 3.

4789 Lettre de reconnaissance de plusieurs Chartreux à Schonauwe et à Vronesteyn à "Messieurs" (au Chapitre Métropolitain d'Utrecht?), 1725.
N.B. Avec les signatures originales.

4790 Lettres des frères Modeste et Philadelphe Soufflot, Chartreux, à leur mère, 1725.

4791 Lettre de Guillaume Rabon, chartreux à Basseville (dioc. d'Auxerre), au prieur général de l'ordre, 1724 déc. 30–1725 févr. 2.

4792 Lettre des Chartreux du Ham et de Vroonestein au prochain chapitre général de leur ordre, avec acte d'appel de la constitution Unigenitus et du décret du chapitre général Quo zelo, 1726 avril 13 (copie).

Imprimés
4793 Apologie pour les Chartreux que la persécution excitée contre eux au sujet de la bulle Unigenitus a obligez de sortir de leurs monastères, 1725.
4794 Défense des Chartreux fugitifs, 1726 mars 15.

Chauvelin, ministre
4795 Discours fait aux Chambres assemblées, par M. Chauvelin le 5 décembre 1755 au sujet de la lettre circulaire du clergé à tous les évêques de France.
N.B. Ce manuscrit peut-être a appartenu à M. Gaultier selon une note de l'abbé Rondeau sur la couverture. Celle-ci est une communication imprimée touchant l'enterrement de Jacques Hornet en l'église de Saint-Jacques de la Boucherie à Paris 26 mai 1763.

Cochin, avocat au Parlement de Paris
4796 Lettre de Jean Soanen, évêque de Senez, 1731 juillet 23.

Charles-Joachim Colbert de Croissy, évêque de Montpellier
N.B. Voir aussi les cotes 1273–1275 de l'inventaire.
Actes
4797 Interrogatoire de Maître François Ricard, nommé et présenté à la cure de Celle-neuve (dioc. de Montpellier), fait par François Decelets et Antoine de Banis, vicaires généraux de Mgr. Colbert, 1727 mai 19.
4798 Déclaration de L. A. cardinal de Noailles concernant son intention de se soumettre aux décisions du Saint-Siège, 1728 août 22, et certificat des curés de Paris, certifiés véritables par l'évêque de Montpellier, 1729 avril 12.
4799 Procuration de Mgr. Colbert pour déclarer à l'Assemblée des Prélats à Paris qu'il ne les reconnaît point pour juges de sa doctrine inséparable de sa personne, 1730 mai 15.
4800 Acte d'opposition et de protestation, signifié à l'Assemblée générale du clergé de France à Paris au nom de l'évêque de Montpellier qu'il ne les reconnaît point pour juges de sa doctrine ou de sa personne, 1730 sept. 5.
Différend entre Mgr. Colbert et l'archevêque de Narbonne René-François de Beauvau sur le fait que celui-ci eût donné la bénédiction pontificale dans la cathédrale de Montpellier pendant l'absence du premier en janvier 1734.
4801 Lettre circulaire de Mgr. Colbert aux évêques, 1734 sept. 30.
4802 Mémoire pour Mgr. Colbert au sujet de ce différend, 1735 (en double). Ajouté: Supplément du mémoire à consulter sur son conflit avec l'Assemblée de Narbonne et sur sa doctrine.
N.B. Le mémoire a été dressé par J.-B. Gaultier.

Congrégation du Calvaire
4803 Acte de nomination de Charles-Joachim Colbert de Croissy, évêque de Montpellier, comme supérieur de la Congrégation du Calvaire, par César cardinal d'Estrées, évêque d'Albano, et Louis-Antoine cardinal de Noailles, archevêque de Paris, après la mort d'Armand-Louis Bonnin de Chalucet, évêque de Toulon, 1712 août 9.
4804 Acte de nomination de Jacques-Bénigne Bossuet, évêque de Troyes, comme supérieur de la Congrégation des Bénédictines du Calvaire, après la mort de L.A. cardinal de Noailles, par les supérieurs C. J. Colbert de Croissy, évêque de Montpellier, et J. A. de la Voue de Tourouvre, évêque de Rodez, 1730 oct. 16 (minute).

4805 Mémoire pour la Congrégation du Calvaire afin d'obtenir une décision qu'est ce qu'on doive faire au cas d'une réorganisation prescrite par Rome, c. 1730.

4806 Procès-verbal de l'élection de l'abbé Dandigné, chanoine de Tours, comme visiteur de la Congrégation du Calvaire, 1732 août 16.

4807 Acte de confirmation par Mgr. Colbert de l'élection de l'abbé Dandigné comme visiteur à la place de l'abbé Mallet qui a donné sa démission à cause de sa santé, s.d. Avec acte de confirmation de la continuation de cette élection, (1732). Minutes.

4808 Procuration de l'évêque de Montpellier en sa qualité de supérieur de la Congrégation du Calvaire pour interjeter appel des mesures du pape contre les droits de lui-même et contre ceux des évêques de Troyes et d'Auxerre comme supérieurs de la dite congrégation, 1737 sept. 29.

Minute d'acte

4809 État des affaires de Mgr. Colbert, dressé par lui-même, 1731 avril 28.

Lettres reçues de:

4810 Abbadie d'Arbocave, Bernard, évêque de Dax, 1720 avril 4 (avec copie), 3 lettres.
N.B. Ci-joint: Mémoire sur les doutes au sujet des communications de l'abbé Pastel.

4811 Albert, P., second vicaire de la paroisse de St. André de Paris, 1726 déc. 15.

4812 Albizzi, F. d', à Paris, 1720 juin 9. 1 lettre.

4813 Alet, chanoines de l'église d', 1733 juillet 3.

4814 Alexandre, J., prêtre de la paroisse de St. Nicolas à Nantes, 1728 oct. 5.

4815 Allon, Louis, receveur des tailles à Beauvais, 1736–1737. 3 lettres.
N.B. 1736 août 29 avec acte d'appel.

4816 Amblard, acolyte de la Doctrine Chrétienne à Villefranche de Rouergue, 1735 avril 19.

4817 Ameline, Marc Thomas, prêtre du diocèse de Vannes à Quimperlé, 1727 août 16.

4818 Amy, F., prêtre à Moulins, 1732 juin 12.

4819 Ancezune, Mad. d', à Maubuisson, 1726 nov. 6.

4820 Angeville, d', grand prieur de St. Claude, à Paris, 1729 sept. 20.

4821 Antoine de Ste. Catherine, religieux Feuillant à Paris, 1724 oct. 16.

4822 Antrages, d', conseiller au Parlement d'Aix, à Digne, 1724 nov. 30.

4823 Arman, Jean-Baptiste, clerc de la Doctrine Chrétienne, à Gimont (dioc. de Lombez), 1735 oct. 31.

4824 Arnaud, ecclésiastique de Condom, 1725 juillet 17.

4825 Arnaud, théologal de Forcalquier, 1726 oct. 17.

4826 Arnaud, d', 1734. 2 lettres.

4827 Arnou, curé de Fontenay (dioc. de Paris), 1725 août 24.

4828 Arrazat, prêtre de l'Oratoire, à Agde, 1733 déc. 18.

4829 Asfeld, Jacques-Vincent Bidal d', à Villeneuve-le-Roi, 1726 sept. 18.

4830 Astanières et Reynaud, de l'Oratoire, clercs des diocèses d'Agde et d'Aix, à Pézenas, 1727 févr. 21.

4830* Aubenton, Jean-Ambroise d', O.S.B., à Toulouse, à Montmajour et à Poitiers, 1729–1738. 3 lettres.

4831 Aubert, prêtre à Lançon (dioc. d'Aix), 1735 sept. 30.

4832 Aubry, ancien curé de St. Ay-sur-Loire, à Orléans, 1727 oct. 20.

4833 Aubry, à Paris, 1731–1733. 2 lettres.

4834 Auffroy, prieur-curé à Theil (dioc. de Sens), 1724 nov. 25.

4835   Authay, sœur M. F. d', du St. Sacrement, supérieure des Ursulines de Valençay en Berry, 1727 sept. 8 (avec copie).
4836   Autun, religieux Bénédictins de l'abbaye de St. Martin à, 1728 févr. 28.
4837   Auvergne, sœur Marie-Anne d', O. Carm. à Paris, 1724–1728. 3 lettres.
4838   Auxerre, Religieux Bénédictins de St. Germain à, 1727–1728. 3 lettres.
       Auxerre, chanoines réguliers du diocèse d', voir: Sens, inv. no. 5585.
4839   Balanqué, deux prêtres à Capbreton (dioc. de Dax), 1737 févr. 2.
4840   Barchman Wuytiers, Corneille-Jean, archevêque d'Utrecht, 1725–1732. 9 lettres.
       N.B. 1726 févr. 11 avec bref apostolique du 6e déc. 1725.
       1727 juillet 10 avec procès-verbal touchant la guérison miraculeuse d'Agatha Leenderts Stouthandel à Amsterdam, 1727 janv. 6. Ci-jointes copie de cet acte et lettre du docteur Hecquet qui l'avait traduit, à Monsieur.
       1729 mars 20 et avril 8 lettres de l'archevêque à Dom Michel Bernard, Dom Jean-Joseph, Frère Balthazar et Frère Jean Benoît, religieux d'Orval, demeurant à Rhijnwijk proche Utrecht (copies).
       1730 avril 10: mandement de l'archevêque qui ordonne des prières publiques et particulières pour le repos de l'âme de Benoît XIII et pour obtenir un bon pape (imprimé; latin et français).
4841   Bardon de Lairodière, Jean-Charles, clerc du diocèse de Poitiers, et Vienne, Jacques-Joachim de, clerc du diocèse de Boulogne, 1724.
4842   Barescut, Jacques, O.S.B., à Montaulieu près de Carcassonne, 1733–1734. 2 lettres.
4843   Barneville, de, prêtre à Paris, 1735 juin 26.
4844   Baron, François, O.S.B., 1729–1737. 2 lettres.
4845   Barrin, Armand-Christophe, archidiacre de Tréguier, 1733 févr. 4.
4846   Baudouin, vicaire de la paroisse de St. Leu et St. Gilles à Paris, 1724 août 28.
4847   Baudry, prêtre habitué de St. Pantaléon à Troyes, 1724–1726. 2 lettres.
4848   Bazin, supérieur de la communauté de St. Hilaire à Paris, 1724 oct. 11.
4849   Beaune, Chartreux de, 1725 avril 8.
4850   Beauteville, J. P., de l'abbaye de la Grasse, 1733 sept. 29.
4851   Beauvais, chanoines réguliers de l'abbaye de St. Quentin lez, 1724 août 12.
4852   Beauvais, chanoines et curés du diocèse de, 1724 août 10.
4853   Beauvau, René-François de, archevêque de Narbonne, 1734 janv. 26.
4854   Beauvillain, Jean-Claude de, O. Cist., à l'abbaye des Vaux de Cernay, 1739 juillet 24.
4855   Bec, religieux Bénédictins de l'abbaye du, 1724 nov. 9.
4856   Becherand de Lamotte, à Paris, 1724 sept. 9.
4857   Becquey de la Neuville, au Collège d'Huban à Paris, 1735 juillet 10.
4858   Bedonich, Jean, O.S.B., à St. Sever, 1730 sept. 8.
4859   Belin, curé de Blainville (dioc. de Bayeux), 1736 juillet 17.
4860   Bellaunay, archidiacre de Séez, 1728 janv. 14.
4861   Belloc, prêtre et directeur de l'hôpital général de Limoux (dioc. de Narbonne), 1735 janv. 21.
4862   Bellot, Paul Amont, docteur de Sorbonne, 1724 août 1.
4863   Bencini, abbé, agent de Mgr. Colbert à Rome, 1734 nov. 11.
4864   Bercher, E., prêtre du diocèse de Paris, 1724.
4865   Beringhen, sœur Olympe de, abbesse de Farmoutier, 1733 déc. 27, avec acte d'appel d'elle-même et des sœurs M. J. Pinondel et Marie-Louise-Nicole de Beringhen, 1733 nov. 13.
4866   Beringhen de Vieuxpont, marquise de, 1734 janv. 12.

4867 Berthier, prêtre de Paris, 1724 oct. 11.

4868 Berthod, Denis de St. Bernard, prêtre, religieux Feuillant à Poitiers, 1724 octobre 25.

4869 Besoigne, docteur de Sorbonne, à Paris, 1724 août 6.

4870 Besse, Pierre, et Mareschal, Dominique, O.S.B., de l'abbaye de St. Jean d'Angely, 1727 mai 15.

4871 Besse, P., O.S.B., à Souillac, 1736–1737. 2 lettres.
   N.B. La lettre du 1er novembre 1736 a été adressée à "Monsieur", mais probablement remise à l'évêque de Montpellier.

4872 Bercegol, prêtre du diocèse d'Agen, c. 1737.

4873 Betbeder, ancien archiprêtre de Lanescq (dioc. de Dax), 1727 déc. 21.

4874 Béthune, Hippolythe de, évêque de Verdun, 1718–1720. 6 lettres.
   N.B. 1718 févr. 10: copie.

4875 Bezon, recteur du collège des prêtres de la Doctrine Chrétienne à Noyers, 1728 avril 13.

4876 Bibolé, Joseph, O.S.B., de l'abbaye royale de St. Médard à Soissons, 1727 sept. 8.

4877 Bigot, curé de Limay (dioc. de Rouen), 1724 nov. 15.

4878 Bizot, docteur de Sorbonne, à Paris, 1733 déc. 2.

4879 Blanchard, docteur de Sorbonne, à Paris, 1724 août 4.

4880 Blanchet, Guillaume, prêtre d'Orléans, 1728 mars 18.

4881 Blandé, de, sousdiacre de l'Oratoire à Troyes, 1725 janv. 9.

4882 Boiscervoise, à Paris, 1737 sept. 27.

4883 Boizon de la Courance, Guillaume, prêtre à Paris, 1736 sept. 27.

4884 Bollioud, sœur de St. Palemon, religieuse à Lyon, 1724 déc. 3.

4885 Bonamour, prêtre de l'Oratoire, à Paris, 1725 juin 6.

4886 Bonnery, curé à Béziers, 1736 mai 26.

4887 Borré, André, O.S.B., de l'abbaye de Jumièges (dioc. de Rouen), 1724. 2 lettres.
   N.B. 1724 déc. 6 avec signature de Vincent Mallet O.S.B.

4888 Borré, Jean, O.S.B., à l'abbaye de Jumièges (dioc. de Rouen) et à celle de St. Gildas-des-Bois (dioc. de Nantes), 1724–1734. 2 lettres.

4889 Bossuet, Jacques-Bénigne, évêque de Troyes, 1728–1738. 7 lettres.
   N.B. 1734 août 8 avec 3 annexes.
   1736 juin 6 avec lettre de l'archevêque d'Embrun 1736 avril 26 (copie).
   1738 févr. 21 en double.

4890 Boucher, docteur de Sorbonne, à Montgeron près de Paris, 1724 sept. 8.

4891 Boucher, Philippe, diacre de Paris, 1733 oct. 12.

4892 Bouilland, prêtre du diocèse de Rouen, à Montgeron près de Pontoise, 1735 déc. 21.

4893 Boullault, François-Raphaël, O.S.B., à Varades, 1734 oct. 23.

4894 Boulogne, curés du diocèse de, 1724 oct. 2.

4895 Bourlet, licencié de Sorbonne, à Paris, 1724 oct. 6.

4896 Boursier, Laurent-François, 1717–1735. 13 lettres.
   N.B. 1735 déc. 4: copie.

4897 Bourzès, de, curé de Conflans lez Paris, pénitencier de l'église d'Auxerre, 1724–1737. 3 lettres.
   N.B. 1724 oct. 29 en double.

4898 Bousquet, curé de Flamarens (dioc. de Lectoure), 1733 mars 10.

4899 Boutier, L., ord. Cist., sousprieur de l'abbaye de Champagne dans la Maine, 1726 mars 26.

4900 Bouville, sœur de, religieuse à Paris, 1732 juillet 7.

4901   Boyer, Jean-François, Théatin, nommé évêque de Mirepoix, (1730) févr. 6.
4902   Boyer, prêtre de l'Oratoire, à Paris, 1734–1735. 3 lettres.
4903   Boylesve de la Mauroussière, Marin, à la Plissonnière près de Mortagne (Bas-Poitou), 1733 nov. 27. Avec son testament spirituel, 1732 oct. 28.
4904   Boytet, curé de Terminiers (dioc. d'Orléans), 1728 avril 24.
4905   Breard, Nicolas, O.S.B., du Mont St. Michel, 1731 août 21.
4906   Bretenet, Guillaume, O.S.B., ci-devant prieur de St. Jean de Laon, 1724 nov. 9.
4907   Brianne, curé de la cathédrale de Rodez, 1724–1733. 2 lettres.
4908   Brianne et autres curés de Rodez, 1736 mai 31.
4909   Brillont, chanoine et chancelier de Chartres, 1736 mars 20.
4910   Briosne, prêtre, et Desaigles, diacre, à Paris, 1724 oct. 1.
4911   Brochot, prêtre à Senlis, 1736 mai 21.
4912   Brossard, Louis, O.S.B. (Cluny), s.d.
4913   Broye, Nicolas, O.S.B., 1725 mars 2.
4914   Brucelle, Joseph, O.S.B., à Compiègne, 1724 sept. 20.
4915   Bruiy, Nicolas, vicaire de Joigny (dioc. de Sens), 1728 sept. 20.
4916   Brunet, chanoine de Tours, 1724 sept. 4.
4917   Bucquet, ancien chanoine de Beauvais, 1727 août 20.
4918   Buisson, Étienne, O.S.B., à Marmoutiers et ailleurs, 1730–1734 et s.d. 5 lettres.
4919   Buyet, Cordelier à Lyon, 1734 avril 10.
4920   Cabanes, prêtre à Paris, 1729 mai 17.
4921   Cabanon, prêtre de Pézenas, vicaire à Agde, 1734 juillet 20.
4922   Cabissol, prêtre de la Doctrine Chrétienne à Castelnaudary, 1735 avril 25.
4923   Cabrisseau, chanoine-théologal de Reims, 1724 sept. 14.
4924   Cabueil, prêtre de l'Oratoire aux Vertus, 1726 févr. 20.
4925   Cadillac, curé de Baillargues, 1725–1736, 2 lettres.
4926   Caillard, sœur Marie-Anne de Ste. Cécile, à Orléans, 1728 avril 5.
4927   Caillebot de la Salle, François de, ancien évêque de Tournai, 1722–1727. 7 lettres.
       N.B. 1 lettre sans année. La lettre du 7e juin 1722 a probablement été écrite par cet évêque (cf. Lettres de l'évêque de Montpellier, I, p. 66–67).
4928   Cambout de Coislin, Henri-Charles du, évêque de Metz, 1722 mai 26.
4929   Camet, curé de Montgeron, 1724 sept. 29.
4930   Camion, prêtre, et Verzeau Dusolon, Antoine, diacre, à Paris, 1724.
4931   Caranove, Henri, O.S.B. à Saint-Sever-Cap et ailleurs, 1730–1733. 2 lettres.
4932   Cariot, curé d'Arthel (dioc. de Nevers), 1729 avril 29.
4933   Caron, prêtre et chapelain de Paris, 1724 oct. 29.
4934   Carpentier, Pierre, O.S.B., à Reims, 1727 nov. 19.
4935   Carré de Montgeron, Louis-Baptiste, à Paris et ailleurs, 1733–1738. 10 lettres.
4936   Casaux, Jacques, O.S.B., de l'abbaye de la Grasse et ailleurs, 1729–1733. 3 lettres.
4937   Cassel, Eustache, O.S.B., de l'abbaye de Bonneval en Beauce, 1734 mai 14.
4938   Castelas, H., prêtre suisse, à Paris, 1724 sept. 7.
4939   Castellane, religieuses de la Visitation à, 1727–1729. 17 lettres.
       N.B. 1728 déc. 5 avec procès-verbal de nov. 22.
           1729 mai 7 avec procès-verbal de mai 5, d'avril 10 et copie d'une lettre de l'évêque de Marseille du 11e avril.
4940   Castries, Armand-Pierre de La Croix de, archevêque d'Albi, 1725 nov. 7.
4941   Catellan, Mlles de, religieuses, 1728–1729. 2 lettres.
       N.B. 1728 signée aussi par Mlles de Celes.

4942 Caubere, O.S.B. (Cluny), 1730–1737. 12 lettres.
N.B. 1730 mai 16 avec copie.
1734 juin 20 signée aussi par Hameau et Joseph Simon O.S.B.
4943 Caulet, de, chanoine à Toulouse, 1724 sept. 20 (en double).
4944 Caussel, Pierre, prêtre à Montpellier, 1723–1728. 2 lettres.
4945 Cavissol, prêtre à Pézenas, 1733 mai 27.
4946 Caylus, Charles-Daniel-Gabriel de Thubières de, évêque d'Auxerre, 1721–1737. 45 lettres.
N.B. 1723 mars 23 en copie.
1723 avril 13 avec copie.
4947 Ceboy, curé de Milesse (dioc. du Mans), 1725 nov. 1.
4948 Celoron, prêtre de l'Oratoire, 1728 déc. 19.
4949 Cesar, prêtre de la Doctrine Chrétienne à Cadillac et ailleurs, 1730–1734. 2 lettres.
N.B. 1730 mai 7, destinée à Monsieur, avec adresse biffée.
4950 Chardon, à Paris, 1737 janv. 12.
4951 Charpentier, prêtre à Chartres, 1720 mai 11.
4952 Charron, Magdeleine, femme de Paul Piercour, vitrier d'Orléans, 1731 oct. 19.
4953 Chartres, prêtres du diocèse de, 1724 sept. 29.
4954 Chastillon, Olympe de, abbesse de St. Loup lez Orléans, 1726–1728. 4 lettres.
N.B. 1726 oct. 30 avec entretien de M. Vallin avec sœur Flavie la veille de l'Assomption, et conversation de l'abbesse avec l'évêque d'Orléans, 1726 oct. 28.
1727 janv. 28 avec conversation de l'abbesse avec le coadjuteur, 18 et 22 janvier, et procès-verbal de l'assemblée des religieuses du 21e janvier.
1728 févr. 19 avec conversation des Commissaires du roi avec l'abbesse, 1727 juin 9.
4955 Chaulin, François, à Paris, 1732 mars 30.
N.B. Endommagée par d'humidité.
4956 Chauvereau, conseiller au Présidial de Tours, 1735 avril 19.
4957 Chavigny, Louis de St. Pierre de, religieux Feuillant, à Châtillon-sur-Seine, 1725 janv. 16.
4958 Chazal, François, prieur de l'abbaye de Pontlevoy, 1726 déc. 9.
4959 Chazette, curé de l'Isle Adam (dioc. de Beauvais), 1724 nov. 8.
4960 Chevallier, Eustache, et Michel Chrétien, clercs du diocèse d'Évreux, 1724 oct. 21.
4961 Cillart et Gachet, prêtres à Paris, 1724 oct. 13.
4962 Circour, de, prêtre de Lorraine, 1724 août 28.
4963 Claudieu, Jacob-René, O.S.B., à Laon, 1732 déc. 18.
4964 Clavière, curé de Baillargues, 1725 nov. 28.
4965 Clemence, Pierre-Denys, O.S.B., 1727 oct. 24.
4966 Clément, conseiller au Parlement de Paris, 1720–1733. 7 lettres.
N.B. 1721 août 10 avec postscripta de diverses personnes.
1730 avril 28 avec compte-rendu des démarches du Parlement touchant la déclaration du roi sur l'exécution des bulles du pape contre le Jansénisme et sur celle de la constitution Unigenitus.
4967 Clément, curé du diocèse de Boulogne, 1725 juillet 20.
4968 Clerjault, chanoine de St. Quentin (dioc. de Noyon) et ancien aumônier de la maison du roi, 1733 juillet 14.
4969 Cochet, François, O.S.B., de l'abbaye de la Couture (dioc. du Mans), 1734 mai 9.
4970 Couëtquen, sœur Marguerite-Françoise de St. Augustin de, supérieure générale de la Congrégation du Calvaire, 1731–1738. 34 lettres.
N.B. La plupart de ces lettres n'a pas été pourvue d'année, mais celle-ci l'on a ajoutée à l'aide des lettres imprimées de Mgr. Colbert.

1734 janv. 4 avec extrait de la lettre de Boulanger du 1er déc. 1733.
1734 juillet 2 avec forme de la commission, donnée par un supérieur majeur pour l'ouverture des lettres d'élection.
1734 juillet 30 avec extrait du chapitre 18 des constitutions et copies des lettres du roi du 26e juillet et de Hérault du 29e.
1738 févr. 17 avec copie de la réponse à la prieure de Quimper.
1738 févr. 21 avec copie de la lettre du roi du 20e.

4971 Coffin, principal du collège de Beauvais, à Paris, 1736 mai 24.

4972 Coigniasse, Louis, O.P., du couvent de Troyes, 1725 févr. 19.

4973 Colbert de Croissy, sœur Charlotte, (plus tard abbesse de Maubuisson), 1719.

4974 Colbert de Croissy, Louis-François-Henri, ambassadeur en Suède, à Hambourg, 1716 févr. 13.

4975 Colbert de Torcy, 1720 avril 23.

4976 Colinet, prêtre de l'Oratoire, à Troyes, 1725 janv. 6.

4977 Collet de Cantelou, curé de St. Barthélemy près de Montivilliers (Normandie), 1730–1737. 2 lettres.

4978 Collibert, Michel, prêtre du diocèse de Bayeux, à Paris, 1733 mai 24.

4979 Colomb, Jean, OSB, à Compiègne, 1724 déc. 10.

4980 Conflans, Godefroy-Maurice de, évêque du Puy-en-Velay, 1723 juin 5.

4981 Constant, prieur de Savignières de Montbrison, 1734 mars 12.

4982 Cornisset, Simon, curé de Villeneuve-le-Roi (dioc. de Sens), 1725 sept. 29.

4983 Cosme de la Croix, Carme déchaussé à Troyes et à Langres, 1733–1734. 2 lettres.

4984 Coste, André-Louis-Joseph, O.S.B., de l'abbaye de St. George près Rouen, 1724–1736. 3 lettres.

4985 Cottet, Jacques-Louis, curé de St. Hilaire de Sens, 1724 déc. 1.

4986 Cottin, prêtre, 1730.

4987 Coudrette, Christophe, prêtre du diocèse de Paris, 1724–1734. 2 lettres.

4988 Couet, curé de Darvoi (dioc. d'Orléans), 1726 juin 5 (avec copie).

4989 Couet, abbé, à Paris, 1717 août 25.

4990 Coulin, curé d'Eaux (dioc. de Condom), 1726 mars 20.

4991 Couppé, Jean, prieur à Lonlay proche Domfront (Basse Normandie), 1733–1735. 2 lettres.

4992 Courtier, Pierre, OSB, ancien professeur de théologie de la Congrégation de St. Maur, 1725 févr. 2.

4993 Coutances, prêtres du diocèse de, 1731 sept. 29.

4994 Coybo, J. de, curé de Cherbonnières (dioc. de Saintes), 1724 nov. 3.

4995 Crassous, prêtre de l'Oratoire, 1726.

4996 Crépy (dioc. de Senlis), ecclésiastiques de, 1724 nov. 11.

4997 Crèz, prêtre du diocèse de Bayeux, et Dehors, prieur de l'Hôtel Dieu du Pont-Audemer, 1724.

4998 Croon, Théodore (Theodorus) van der, archevêque d'Utrecht, 1734–1737. 2 lettres.
N.B. La lettre de 1737 a été signée aussi par l'évêque de Babylone D. M. Varlet.

4999 Curés et ecclésiastiques de divers diocèses, 1724. 6 lettres.

5000 Curin, J., curé de St. Pierre de Pontoise, 1728 avril 1.

5001 Dailenc, diacre à Montpellier, 1729 avril 29.

5002 Damoreau, vicaire de Ste. Marguerite à Paris, 1724 août 9.

5003 Daret, Jean, OSB, et autres religieux de la Congrégation de St. Maur en l'abbaye du Bec et ailleurs, 1724–1730. 4 lettres.

5004 Daux Dubos, Madame, à Beauvais, 1737 mars 18.

5005 Davia, Giovanni Antonio, cardinal, 1734–1736. 9 lettres.
N.B. Les Nouvelles Ecclésiastiques du 4e février 1742 supposent que ces lettres sont fausses.
5006 Davollé, Hercules-Meriadec, diacre à Paris, 1724 juillet 27.
5007 Davoynes, M., ci-devant principal du collège de Mayenne (dioc. du Mans), 1726 mai 11.
5008 Deaubonne, chanoine de Paris, 1724 août 4.
5009 D'Eaubonne, F. curé d'Epiais (dioc. de Paris), 1724 sept. 26.
5010 Debaugé, Pierre-Jacques, OSB, à Auxerre, 1731 nov. 7.
5011 Deblanc, Louis et Bernard, prêtres à Rodez, 1733 sept. 12.
5012 Debonnaire, chanoine de St. Urbain à Troyes, 1725 févr. 10.
5013 Debonnaire, Étienne, prêtre de la Chartreuse de Bourbon lez Gaillon (dioc. d'Évreux), 1724 nov. 28.
5014 Debonnaire, à Paris, 1735 août 29 (copie en triple).
5015 Decez, prêtre et chanoine du St. Esprit à Agimont, 1733 févr. 8.
5016 Desfilletières, Rouillé, à Paris, 1734 juin 29.
5017 Delaulnes, Simon-Jean, prêtre du diocèse de Paris, 1726 avril 4.
5018 Delespine, Philippe-Antoine-Alexandre, OSB, à Villemagne, 1734 mars 22.
5019 Delisle, Joseph, curé de Donzy (dioc. d'Auxerre), 1725 mai 15.
5020 Domprot, Nicolas Demertous, prêtre du diocèse de Troyes, 1724 nov. 8.
5021 Denisart, curé de Coucy-le-Château (dioc. de Laon), 1725 août 1.
5022 Deon, sœur Nicole de St. André, religieuse de l'abbaye de Notre-Dame de Sens, 1732 déc. 10.
5023 Dereims, Claude, chanoine régulier à Troyes, 1724 oct. 24.
5024 Deseraucourt, D., archidiacre de Reims, 1728 août 27.
5025 Descroisettes de Granville, chanoine régulier, 1728 nov. 24.
5026 Desmarets, Vincent-François, évêque de Saint-Malo, 1717. 3 lettres.
5027 Desolières, Pierre, OSB, à Bordeaux et ailleurs, 1730–1734. 4 lettres.
N.B. 1734 août 7 avec copie de sa lettre à l'archevêque de Bordeaux, ainsi que sa lettre origi-nale que Mgr. Colbert n'a pas fait expédier.
5028 Desroches, J. Collet, prêtre à Paris, 1724 nov. 12.
5029 Devivié, Arnauld, avocat au parlement de Guyenne, à Bayonne, 1727 août 19.
5030 Devin, prêtre à Paris, 1737 mars 4.
5031 Deydé, Jean-Balthazar, chevalier, 1733. 9 lettres.
N.B. 1733 août 18 avec 2 lettres de la sœur Masson de Ste. Pélagie à Pontoise.
1733 sept. 14 avec 3 lettres de la même.
1733 oct. 1 avec lettre de la même et une attestation sur sa maladie.
1733 oct. 23 avec lettre de la même.
1733 nov. 27 avec une attestation sur sa guérison miraculeuse.
1733 déc. 30 avec lettre de la même.
5032 Digard, curé de Chambon (dioc. de Sens), 1736 nov. 27.
5033 Dijon, religieux Bénédictins de l'abbaye de St. Bénigne de, 1728 juin 4.
5034 Dilhe, Léonard, à Paris, 1724–1727. 3 lettres.
N.B. 1724 sept. 12 en double.
5035 Dirigoin, Amable, OSB, de l'abbaye de Souillac, 1737 août 12.
5036 Donnant, chanoine de Dreux (dioc. de Chartres), 1734–1735. 2 lettres.
5037 Dory, Romain, diacre du diocèse de Paris, 1727 févr. 1.
5038 Doublot, sœur de Sainte-Élisabeth, religieuse de Montmartre, 1736 sept. 20.
5039 Douvrier, George, OSB, à Bordeaux, 1732–1734 et s.d. 8 lettres.
5040 Douvrier, à Toulouse, 1733. 2 lettres.
Dragauri, voir: Portineau, inv. no. 5493.

5041 Drouard de Lavrillère, curé de St. Nicolas de la ville du Mans, 1728 févr. 24.
5042 Drouhet, prieur des Augustins d'Angers, 1733–1737. 6 lettres.
5043 Drouillet, curé et doyen de Mouzon (dioc. de Reims), 1724 nov. 3.
5044 Drouin, Pierre, OSB, à Soissons, 1727 sept. 19.
5045 Drouin, René, OP, ci-devant professeur royal de théologie dans l'université de Caen, à Troyes, 1725 janv. 25.
5046 Druillet, André, évêque de Bayonne, 1719–1727. 3 lettres.
5047 Dubedat, Jean, doyen d'Uzeste (dioc. de Bazas), 1737 nov. 27.
5048 Dubois, chanoine de St. Honoré à Paris, 1732 févr. 27.
   N.B. Endommagée par d'humidité.
5049 Dubois, Julien, OSB, à Tuffé près Le Mans, 1736 mars 7.
5050 Ducloux, chanoine d'Orléans, 1726 mars 13 (en double).
5051 Ducros fils, à Moissac, 1733 mars 13.
5052 Dufour, acolyte du diocèse de Rieux, 1724 nov. 16.
5053 Dufresneai, OSB, sousdiacre au monastère de St. Benoît-sur-Loire, 1727 oct. 13.
5054 Dufresne, Luc-François, OSB, à Fécamp, 1727 oct. 26.
5055 Duguet, C. J., prêtre du diocèse de Lyon (le neveu), 1724.
5056 Duguet, Jacques-Joseph, 1719–1724. 3 lettres.
   N.B. 1724 juillet 25 en double (en écrit et aussi imprimée).
5057 Duhamel, René, OSB, 1724.
5058 Duhamel, prêtre de Bayeux, 1724 août 31.
5059 Duhousset, Jean-Louis, et Leveret, Antoinette-Françoise, sa femme, à Paris, 1736 févr. 8. Avec relation de la maladie et de la guérison miraculeuse de la dernière.
5060 Dulivier, P. L., à Bayonne, 1734 juin 15.
5061 Dumoulin, Madeleine-Thérèse, à Paris, 1735. 2 lettres.
5062 Dumoulin, prêtre à Paris, 1735 mai 21.
5063 Du Parquet, prêtre à Paris, 1727 sept. 25.
5064 Duperoux Desgranges, prêtre et ex-curé du diocèse de Bourges, 1724–1725. 2 lettres.
5065 Du Pont, Charles, OSB, ancien professeur de théologie, à Blois, 1724 nov. 11.
5066 Duportail, Claude-Johanne, prêtre de l'Oratoire, à Saumur, 1724 oct. 25.
5067 Duportal, Pierre, prêtre de la Doctrine Chrétienne, 1725.
5068 Dupuy, chanoine de Condom, 1721–1726. 2 lettres.
5069 Durand, prêtre de Doué en Anjou, Gaultier, L. C., prieur-curé de N. D. de Chalais en Poitou, Bodoux, J., prêtre, 1724 oct. 19.
5070 Duret, Edmond-Jean-Baptiste, OSB, à Corbie 1724–1736. 3 lettres.
   N.B. 1736 mai 19 ensemble avec Lefricque, Charles, OSB, et Cabrillon, Jean-François, OSB.
5071 Duretal, de, prêtre de l'Oratoire, à Lyon, 1721 mars 3.
5072 Duroussin, Philibert, OSB, à Pontlevoy, 1725 févr. 10.
5073 Du Rozier, prêtre de l'Oratoire, à Saumur, 1733 août 15.
5074 Du Saussoy, curé de Haucourt (dioc. de Rouen), 1724–1725. 3 lettres.
5075 Dutreul, S., prêtre de l'Oratoire, à Paris, 1724 sept. 1.
5076 Duval, Laurent, Ord. Praem., curé-prieur de Boisemont (dioc. de Rouen), 1727 oct. 11 (adressée à "Monsieur", mais destinée à Mgr. Colbert).
5077 Du Vallon, curé de Champoulet (dioc. d'Auxerre), 1733 déc. 30.
5078 Épinay, d', 1727 déc. 29.

5079 Erckel (Erckelius), Jean-Chrétien (Johannes Christianus) van, curé à Delft et doyen du chapitre métropolitain d'Utrecht, 1719–1731. 3 lettres.

N.B. L'acte d'appel du chapitre qui a été joint à la lettre de 1719 sept. 13, manque.

5080 Espen, Z. B. van, professeur de l'université de Louvain, 1726 août 22.

5081 Espinose, d', archidiacre à Nantes, et Musset, prêtre, 1727 juillet 19.

5082 Espoy, le chevalier d', à l'abbaye de St. Polycarpe près Limoux, 1735 janv. 9.

5083 Esquieu, abbé, à Paris, 1733–1734. 6 lettres.

5084 Estève, prêtre de Montpellier, à Paris, 1724 oct. 24.

5085 Étampes, religieuses de la Congrégation de Notre-Dame à, 1735 nov. 25.

N.B. Avec actes d'appel, 1734 déc. 21 et 1735 nov. 20; protestations, 1735; copies des lettres au cardinal Fleury et au roi, 1735; et extrait des régistres du Conseil d'État, 1735 oct. 26.

Boudon, sœur Louise-Barbe de St. Bernard, 1734–1735. 2 lettres.

Savoye, sœur Marie-Anne de, de la Nativité, 1734 nov. 15.

5086 Étemare, Jean-Baptiste Le Sesne de Ménilles d', 1724–1735. 8 lettres.

5087 Eudes, administrateur des sacrements dans la paroisse de Ste. Marguerite à Paris, 1724 août 14.

5088 Évreux, prêtres du diocèse d', 1724. 2 lettres.

5089 Eymar St. Jean, prêtre de Forcalquier (dioc. de Sisteron), 1734 oct. 25.

5090 Eyssautier, prêtre de Riez, 1727–1733. 2 lettres.

5091 Fabarel, grand chantre de l'église de St. Etienne à Dijon, 1717 juin 15.

5092 Failly, ecclésiastique de Paris, 1724.

5093 Fauvel, curé de St. Sauveur à Caen, 1733. 2 lettres.

5094 Fécamp, religieux Bénédictins de l'abbaye de la très Sainte Trinité à, 1724 nov. 12.

5095 Fernanville, Simon de, prêtre du diocèse de Besançon, 1724–1735. 4 lettres.

N.B. 1724 août 5 aussi signée par L. Dilhe.

1734 janv. 12 avec relation des convulsions, survenues à quelques religieuses de la Congrégation du Calvaire à Paris.

5096 Ferriere, Amable, OSB, de l'abbaye de Souillac en Quercy, 1737 août 1.

5097 Ferrière, religieux Bénédictins du monastère de, dans le Gatinois, 1727 juin 30.

5098 Ferrou de Mondion, ancien curé de Lardy, desservant la cure de Guibeuille (dioc. de Paris), 1724 déc. 6.

5099 Feu, curé de St. Gervais à Paris, s.d. 2 lettres.

5100 Fizes, J. J., OSB, à Caunes, 1733 nov. 7.

5101 Fleury, André-Hercule (Card.) de, évêque de Fréjus, 1709 janv. 1.

5102 Fleury, Yve, prêtre de diocèse de Beauvais, à Paris, 1724 nov. 14.

5103 Fontaine, curé de Mantelan (dioc. de Tours), 1725.

5104 Fontbonne, Jean-Baptiste, OSB, à St. Benoît, 1727 oct. 24.

N.B. Adressée à "Mon Révérend Père" et destinée à Mgr. Colbert.

5105 Forestier, chanoine de l'église de St. Lazare d'Avallon (dioc. d'Autun), 1717 juin 12.

N.B. Y jointe: Lettre du chapitre d'Avallon à l'évêque d'Autun Charles-François d'Hallen-court de Dromesnil, 1717 juin 24 (copie).

5106 Fort, prêtre de l'Oratoire, à Marseille, 1727. 2 lettres.

5107 Foucquet, prêtre de l'Oratoire, 1720–1729. 4 lettres.

N.B. 1724 août 21 avec copie de sa lettre au Père Pouget du 7e déc. 1722.

5108 Fouillou, Jacques, 1725.

5109 Fouré, doyen de la faculté de théologie et chanoine de Nantes, 1725–1727. 2 lettres.

N.B. Le décret de la faculté qui a été joint à la lettre du 16e janvier 1725, manque.

5110 Fourgon, prêtre de Lyon, à Paris, 1724 août 22.

5111 Fournerat, François, sousdiacre du diocèse de Langres, 1725 août 23.
5112 Fournier, Pierre, OSB, 1732 mars 1.
5113 Fourquevaux, J. B. R. de Pavie de, acolyte du diocèse de Toulouse, 1724 nov. 1.
5114 Francière, L. de, 1724 juillet 25.
5115 François, curé de St. Pantaléon de Troyes, 1725 janv. 12 (en double).
5116 François de St. Joseph, religieux Feuillant à Paris, 1724 oct. 21.
5117 Fraycinhes, prêtre du diocèse de Rodez, 1724 nov. 15.
5118 Fredin, curé de Fremenville (dioc. de Rouen), 1727 août 25.
5119 Frehel, curé de N.D. du Port, à Clermont, 1720 avril 12.
5120 Fressant, P., à Paris, 1725 juin 26.
5121 Fronteau, ancien Bénédictin, à l'abbaye de St. Florent-le-Vieil. 1728 avril 27.
  N.B. Voir aussi: Leauté, inv. no. 5282. Selon la lettre de François Louvard à Mgr. Colbert
        du 26e juin 1728 Fronteau et Leauté seraient la même personne.
5122 Fulgence, OFMCap., de Paris, 1724. 2 lettres.
5123 Gaffarel, prêtre de l'Oratoire, à Nevers, 1724 nov. 24.
5124 Galart, chanoine de l'église du St. Esprit près Bayonne, 1724 août 28.
5125 Gallais, Laurent, OSB, de l'abbaye de St. Pierre de la Couture (dioc. du Mans),
     1734 avril 4.
5126 Galliot, chanoine-théologal d'Angoulême, 1724 nov. 29.
5127 Galliot, J., syndic de la faculté de théologie de Nantes, 1720 nov. 20.
5128 Ganderatz, théologal et chanoine de Tarbes, 1737 oct. 9.
5129 Garreau, Jacques-Christofle, solitaire à Marmoutier, 1727 sept. 27.
5130 Garrigue Rodat, de la, curé à Rodez, 1724 déc. 6 (en double).
5131 Garsin, prêtre à Castellane, 1725 juillet 31.
5132 Gasq, prêtre de Lieuran de Ribeaute (dioc. de Béziers), 1737 déc. 11.
5133 Gaultier, Jacque, OSB, à Vendôme, 1721 avril 27.
5134 Gaultier, J.-B., prêtre d'Évreux, grand vicaire de Boulogne, 1724 sept. 19.
5135 Gaultier, F. L. A., chanoine régulier à Châtillon-sur-Seine, 1737 févr. 26.
5136 Gauthier, prieur du Sauveur Agonisant à Toulon, 1734 août 29.
5137 Gautier, Joseph, OSB, à Montolieu, 1735 juin 10.
5138 Gautier, curé de Poitiers, s.d.
  N.B. Avec une lettre de Jean-Claude de la Poype de Vertrieu, évêque de Poitiers, à la prieure
        du Calvaire de Poitiers, 1708 janv. 5.
5139 Gautier, père, à Pézenas, 1735–1737. 2 lettres.
5140 Garenc, Pierre, prêtre de l'Oratoire, à Montpellier, 1725 et s.d. 2 lettres.
5141 Gayot, prêtre Feuillant, 1725 août 2.
5142 Gazan, prêtre du diocèse de Chartres, 1727 sept. 27.
5143 Gendron, docteur en médecine de la faculté de Montpellier, à Auteuil, 1736 juin
     29.
5144 Gennes, Gilles de, OSB, à Angers, 1735 août 25.
5145 Geoffroy, chanoine et curé de St. Symphorien de Reims, 1724 sept. 10.
5146 Gerard, curé de Berthecourt, 1726 sept. 6.
5147 Germain, Louis, prêtre du diocèse de Paris, 1727 oct. 11.
5148 Gillet, Jean, OSB, à Tours, 1725 août 5.
5149 Gillet, prêtre de Paris, 1724 juillet 30.
5150 Gillot, chanoine de Reims, 1724–1727. 2 lettres.
  N.B. 1724 oct. 28 signée aussi par Mayou, chantre de l'église d'Angoulême.
5151 Girard, Hyacinthe, OSB, à St. Benoît-sur-Loire, 1727 oct. 2.
     Girard, voir aussi: Portineau, inv. no. 5493.

5152 Girardot, J. B., OSB, à Dijon, 1728 nov. 20.
5153 Girardot, prêtre de Dijon, 1733 nov. 7.
5154 Giroust, Louis, marchand à Paris, et sa sœur Marguerite, 1732–1735. 3 lettres.
5155 Gobbé de St. Étienne à Troyes, 1731 déc. 1.
      N.B. Endommagée par d'humidité.
5156 Godineau, prêtre de l'Oratoire, à Paris, 1731 et s.d. 2 lettres.
5157 Gondard, prêtre de l'Oratoire, à Dijon, 1725 juin 29.
5158 Gontier, curé et chanoine de Pézenas (dioc. d'Agde), 1733–1737. 5 lettres.
5159 Goron, Louis, prêtre de Sablé (dioc. du Mans), 1728 juin 13.
5160 Gotty, Jean-Baptiste, OSB, à l'abbaye de la Grasse, 1730 juillet 6.
5161 Gouge, curé au bourg de Laon, 1725 févr. 22.
5162 Goujet, Charles-Marin, OSB, à Préaux, 1727 nov. 16.
5163 Goupil, Louis, OSB, à Séez, 1725 janv. 1.
5164 Gourlin, Étienne, vicaire de St. Benoît à Paris, 1724–1729. 2 lettres.
5165 Gourmaud, curé à Gien (dioc. d'Auxerre), 1724 sept. 1 (en double).
5166 Goy, Jean-Baptiste, curé de Ste. Marguerite à Paris, 1724–1726. 3 lettres.
5167 Grandmont, divers religieux de l'ordre de, 1733–1736. 8 lettres.
      N.B. Avec quelques actes d'appel comme annexes.
5168 Grandsaigne, François de, et Crespat, Jacques de, OSB, à St. Jean-d'Angely, 1724 nov. 8.
5169 Grignan de Simiane, la marquise de, 1734. 2 lettres.
5170 Grigny, de, prieur-curé de Lugny, 1735 sept. 23.
5171 Grognard, J. C., et Jean-Louis Sossy, ecclésiastiques du diocèse de Digne, et Jacques Belon, sousdiacre du diocèse de Lyon, 1735 sept. 23.
5172 Grozelier, prêtre de l'Oratoire et professeur de théologie au collège de Troyes, 1728 avril 29.
5173 Guaidon, Rémy, prêtre du diocèse de Reims, 1725 nov. 30.
5174 Gualtieri, Philippo Antonio, vice-légat d'Avignon et plus tard cardinal, 1699. 5 lettres.
5175 Gudvert, chanoine de St. Quentin (dioc. de Noyon), 1727 juillet 26.
5176 Guerin, prêtre de l'Oratoire, à Troyes, 1725 janv. 6.
5177 Guerrier, prêtre de l'Oratoire, professeur de philosophie au collège de la ville du Mans, 1724 déc. 7. Avec déclaration d'adhésion à l'appel de lui-même, de Ch. Maygné, ancien curé de Ver (dioc. de Chartres) et de Jacques Tardif, prêtre de la maison du Mans, 1724 déc. 4.
5178 Guichon, chanoine de Paris, 1724 sept. 1.
5179 Guilleminet, chanoine de Carcassonne, 1723 juin 24.
5180 Guilleux, prêtre à Paris, 1724 oct. 3.
5181 Guilliot, prêtre du diocèse de Senlis, 1724 août 15.
5182 Guy, prêtre du diocèse de Paris, 1725.
5183 Hablenville, Étienne, Ord. Cist., à Beaupré en Lorraine, 1725 janv. 9.
5184 Hameau, P., OSB, à St. Nicolas d'Acy lez Senlis, 1734 févr. 19.
5185 Hannin, Lucien, curé à Beauvais, 1724 août 11.
5186 Hardouin, Louise, à Paris, 1731 sept. 8. Avec déclaration sur sa guérison miraculeuse par l'intercession du diacre François de Pâris, 1731 août 27.
5187 Haussonville de Vaubécourt, François, d', évêque de Montauban, 1725–1727. 2 lettres.
      N.B. 1725 oct. 15 avec copie d'une lettre du même date, écrite de Paris à l'évêque de Montauban.

5188 Hautemps, Jacques, et Couroye, Jean, OSB, à Pontoise, 1727 août 13.
5189 Hautemps, Louis, OSB, 1725 août 11.
5190 Heau, Marin-Denis, prêtre du diocèse d'Orléans, 1727 août 16.
5191 Hébert, François, OSB, et Fournier, chanoine régulier, 1725 juin 30.
5192 Hébert, François, évêque d'Agen, 1717 juillet 15.
5193 Hecquet, curé d'Allery (dioc. d'Amiens), 1725 janv. 24.
5194 Hecquet, médecin de Paris, 1724 sept. 3.
5195 Hennequin, chanoine honoraire de Paris, 1726 janv. 29.
5196 Henrion, vicaire de Rumilly-lès-Vaudes (dioc. de Troyes), 1735 juin 4.
5197 Henry, François, prieur à Melun, 1717 avril 22.
5198 Herby, frère. Robert, religieux de la Trappe exilé, 1736 oct. 8.
   N.B. Avec acte d'appel 1736 févr. 18.
5199 Héraud, Antoine et François, prêtres de Brignolle en Provence, 1728 janv. 19.
5200 Hérault, lieutenant de police, 1727 juin 4 (avec copie par l'abbé Sartre).
5201 Herbault, J. B., prêtre du diocèse de Poitiers, 1724 déc. 2.
5202 Herisson, Charles, sousdiacre de St. Malo, 1725 mars 25.
5203 Hersant, prêtre de l'Oratoire, à Angers, 1717 juillet 18.
5204 Heuvelink, N., curé du diocèse de Rouen à Longeville, 1731 oct. 12.
   N.B. Endommagée par d'humidité.
5205 Heuvrard, Jean, chanoine de Tonnerre (dioc. de Langres), et Witié, Nicolas,
   curé de Couronne (dioc. d'Auxerre), 1724.
5206 Hibon, Hyacinthe, religieux Célestin à Esclimont, 1733 juillet 28. Avec acte de
   rétractation de sa signature.
5207 Hillet, chanoine de Châlons-sur-Marne, 1724 nov. 8.
5208 Hipolite de Dieppe, OFMCap., 1725 févr. 1.
   N.B. Avec notice: Il a apostasié depuis et est retiré en Angleterre.
5209 Hollande, Chartreux français en, (maisons du Ham et Vronestein), 1726 févr. 19
   (avec copie).
5210 Honnoré, prêtre du diocèse de Riez, 1727 avril 19.
5211 L'Hoste, Mlle, à Paris, 1734 oct. 23.
5212 Houasse, Benoît, Chartreux au Val St. George près Corbigny, 1724 déc. 9.
5213 Hubert A., docteur de Sorbonne à Paris, 1725 juin 21.
5214 Hubert, à Versailles, 1737 avril 12.
5215 Huchet de la Bedoyere, François-Bon, sousprieur de St. Julien de Tours, 1721
   févr. 24.
5216 Hugat, René, acolyte du diocèse de Paris, 1724 sept. 5.
5217 Hullot, docteur de Sorbonne, à Paris, 1724 oct. 14.
5218 Isidore de St. Antoine, Carme déchaussé à Langres, 1733 avril 13.
5219 Jahan, prêtre de Tours, 1733 juillet 14.
5220 Janson Forbin, Tussanus cardinal de, évêque de Beauvais, 1701–1705. 3 lettres.
   N.B. Ci-joint extrait d'une lettre du cardinal au roi du 7e mai 1705, destiné à l'évêque de
   Montpellier.
5221 Janssens, Adamus, curé de Wustwesel (dioc. d'Anvers), à Utrecht, 1737 mars 31
   N.B. Avec acte d'appel imprimé, 1737 mars 29.
5222 Jarton, Jean, OSB, à Soissons, 1728 mai 28.
5223 Jehac, chanoine de Narbonne, 1731–1733. 3 lettres.
   N.B. 1731 août 12 et 1732 nov. 9 endommagées par d'humidité.
5224 Jomard, Bernard, OSB, de l'abbaye de Moutiers-Saint-Jean proche Montbard
   en Bourgogne, 1736 mars 1.

5225 Jomart, Norbert, OSB, à Noyon, 1724 déc. 3.
5226 Joubert, grand vicaire de Mgr. Colbert, 1717 mai 7, avec acte d'adhésion à l'appel, 1717 mai 7, et copie de cet acte.
5227 Joubert, abbé, à Paris, 1724–1737. 3 lettres.
 N.B. 1729 avril 8 en copie, avec une table et des notes par Mlle Rachel Gillet.
5228 Jouéry, prieur-curé de Testet (dioc. de Rodez), 1724–1731. 3 lettres.
 N.B. 1731 déc. 31 avec attestation sur la guérison miraculeuse de Marianne de Joucry, sa sœur, 1731 déc. 31.
5229 Jouet, prêtre de l'Oratoire, à Avignon, s.a. (c. 1700) oct. 8.
5230 Jouin, à Paris, 1737 janv. 15.
5231 Jourdin, curé de Courcelles (dioc. d'Auxerre), 1725 déc. 5. Avec des copies de lettres de lui et de deux autres curés du diocèse d'Auxerre à leur évêque Charles de Caylus, 1720–1721 (copies).
5232 Jubé, curé d'Asnières, et De Cuperly, curé de Genevilliers (dioc. de Paris), 1724.
5233 Jucqueau, prêtre de Paris, 1727 août 1.
5234 Julien, sacristain à Pontoise (dioc. de Rouen), 1736 févr. 27.
5235 Kermorvan le Borgne, chanoine de Beaune, 1726 déc. 20.
5236 Knowles, Gilbertus, à Londres, 1724 oct. 9/20.
5237 Labat, prêtre de la Doctrine Chrétienne, à Brive, 1738 janv. 1.
5238 La Broue, Blaise de, prêtre du diocèse de Cahors et ancien archidiacre de Mirepoix, 1724–1730. 2 lettres.
 N.B. Il était un neveu de l'évêque de Mirepoix, Pierre de la Broue.
5239 La Broue, J. de, religieux à Noyon, 1724 nov. 23.
5240 La Broue, Pierre de, évêque de Mirepoix, 1705–1720. 16 lettres.
 N.B. 1720 avril 5 avec comme annexe une lettre du même date, mais non réexpédiée à la marquise d'Alègre.
5241 La Chastre, Claude-Louis de, évêque d'Agde, 1728–1734. 3 lettres.
5242 Lachaux, De, curé de Lisses (dioc. de Paris), 1725 janv. 24.
5243 Lachemia, Jean-Jacques, Barnabite à Dax, 1727 juillet 23.
5244 Lacombe, prêtre à Moissac (dioc. de Cahors), 1731 juillet 6.
5245 Lacoste, Louis, et Train, Louis, OSB, à Saint-Michel-en-l'Herm, 1727 mars 15.
5246 Lacroix de Sayve à Grenoble, 1737 juin 27.
5247 Lacroze, prêtre de Toulouse, 1728 janv. 6.
5248 Ladoeuille, de, curé de Coucy (dioc. de Laon), 1725 août 21.
5249 Lafosse, Madame, à Paris, 1726 janv. 28. Avec extrait d'une lettre de Paris du même date.
5250 Lagarde, à Montpellier, 1733 juillet 15.
 N.B. Avec relation d'une guérison miraculeuse, survenue à Pierre Gautier de Pézenas et des réflexions de l'auteur de la lettre sur un mémoire concernant cette guérison.
5251 Laguibaut, Ignace, Barnabite, ci-devant directeur au séminaire d'Orléron, 1727 sept. 19.
5252 Laignel, curé de Torfou (dioc. de Paris), 1727 juillet 23.
5253 Lamosson, laïc à Montpellier, 1736 févr. 6 (copie).
5254 Lamothe, Pierre, OSB, à Bourges, 1721 mars 15.
5255 La Mottiere, de, prêtre du diocèse de Senez, à Castellane, 1727 sept. 8.
5256 Lamoureux, J., prêtre du diocèse de Nantes, 1724 août 24 (en double).
5257 Lamyrault, chanoine de Gien, et Isidore de St. Antoine, Carme déchaussé, à Nevers, 1725 janv. 7.

5258 Langle, Pierre de, évêque de Boulogne, 1720–1723. 4 lettres.
N.B. Quelques pièces qui ont été jointes à deux lettres de 1723 (copies d'une correspondance avec l'archevêque de Reims), manquent.

5259 Laniez, Louis, prêtre du diocèse de Tournai, 1724 août 17.

5260 Lanoirie, de, prêtre à Lyon, 1737 mai 14.

5261 Laon, chanoines et curés du diocèse de, 1724–1725. 2 lettres.

5262 Laparre, Guillaume, OSB, de l'abbaye de Montmajour lez Arles, 1718–1733. 2 lettres.

5263 Laporte, G. de, doyen du Parlement de Paris, à Pontoise, 1720 sept. 2.

5264 Laporte, E. de, grand vicaire de Senez, 1725–1727. 2 lettres.

5265 Laporte, Jacques Cessateur de, prieur du monastère de Bonne Nouvelle à Orléans, 1721 mars 26.

5266 Lariviere, E. de, curé de Troussey-sur-Meuse (dioc. de Toul), 1724 sept. 30.

5267 Larbaletrie, J. L., prêtre à Paris, 1724 sept. 2.

5268 Lasalle, Jean-B.-Louis, OSB, de l'abbaye de Nogent sous Conay par Soissons, 1734 févr. 19.

5269 La Serre de Fondousse, de, prêtre et chanoine à Pézenas, 1733 juillet 6.

5270 Lastic de Saint Jal, François de, évêque d'Uzès, 1734 oct. 18.

5271 Lastre, de, curé de Bainctun (dioc. de Boulogne), 1733 nov. 14.

5272 Laurencin, chanoine de Tours, 1726 août 9.

5273 Laurent de Paris, OFM Cap., 1725.
N.B. Avec notice: Mort à Constantinople.

5274 Lauverjat, chanoine et archiprêtre d'Auxerre, 1717 juillet 24.

5275 Lavalette, prêtre de l'Oratoire, à Paris, 1734 nov. 5.

5276 Lavastre, J. Laurent, OSB, à Bordeaux et à Verdun, 1728–1732. 2 lettres.

5277 Lavergne, Louis, OSB, 1725.

5278 Lavernier, chanoine d'Abbeville (dioc. d'Amiens), 1728 mars 7.

5279 Lavoissé, chanoine régulier au Plessis-Grimoult (Basse Normandie), 1736 déc. 3.

5280 La Vou de Tourouvre, Jean-Armand de, évêque de Rodez, 1723–1729. 26 lettres.

5281 La Vrillière, le marquis de, Secrétaire d'État, 1714–1720. 4 lettres.
N.B. 1714 mars 1 en copie.

5282 Leauté, Claude, OSB, à Melun, 1724 nov. 15.
N.B. Voir aussi Fronteau et la notice là-bas, inv. no. 5121.

5283 Lebegue, Alexis, chanoine régulier à Soissons, 1724 oct. 23.

5284 Le Bel, Jean-Urbain, OSB, de l'abbaye de St. Florent-le-Jeune près Saumur, 1724 nov. 25.

5285 Le Berche, prieur-curé de Montdoubleau (dioc. de Blois), 1734 déc. 4.
N.B. Avec notice: Voir la lettre du P. Le Berche du 7e septembre 1739 à Mgr. de Senez.

5286 Le Berthon, Alexandre-François, prêtre de l'Oratoire, au monastère de St. Polycarpe en Languedoc, 1737 oct. 7.

5287 Le Bigre, N., diacre du diocèse de Paris, 1724 nov. 22.

5288 Le Blanc, Denis-Alexandre, évêque de Sarlat, 1734 nov. 20.

5289 Le Blanc, Louis, curé de Meuilley (dioc. d'Autun), 1728. 2 lettres.

5290 Le Blond, théologal d'Orléans, 1724. 2 lettres.
N.B. 1724 nov. 3 adressée à "Mon Révérend Père", mais destinée à Mgr. Colbert.

5291 Le Blond, Madame, à Paris, 1731 févr. 20.

5292 Le Breton, Augustin, OSB, à St. Gildas-des-Bois, 1734 juillet 28.

5293 Le Breton, Patrice-François, OSB, à Angers, 1731 oct. 10.

5294 Le Chevallier, T. A., prêtre de l'Oratoire, aux Vertus, 1724 sept. 19.

5295 Lecoq, chanoine et prévôt de St. Agnan d'Orléans, 1726 sept. 14 (avec copie).
5296 Lecreulx, prêtre de l'Oratoire, à Saumur, 1724. 2 lettres.
5297 Lectoure, religieuses Carmélites de, 1730–1734. 9 lettres.
5298 Le Favre, Hélène-Charles, OSB, au Mont St. Michel, 1724.
5299 Le Febvre, docteur de Sorbonne, à Tréguier, 1724 sept. 24.
5300 Le Febvre, curé de Beaurieux (dioc. de Laon), 1725 août 9.
5301 Le Febvre, curé de Versigny (dioc. de Senlis), 1725 sept. 28.
5302 Lefebvre, François, OSB, de l'abbaye du Bec en Normandie, 1724 nov. 21.
5303 Lefevre, prêtre du diocèse de Noyon, 1724 nov. 18.
5304 Lefevre, curé de St. Jean de Troyes, 1731 nov. 6.
5305 Le Fevre de Caumartin, Jean-François-Paul, évêque de Blois, 1730–1733. 2 lettres.
5306 Lefranc, Guillaume-François, OSB, à Marmoutiers lez Tours et à Angers, 1732–1738. 2 lettres.
5307 Le Franc, chanoine de Gien (dioc. d'Auxerre), 1725 mars 10.
5308 Legaigneulx, prieur de l'abbaye de St. Martin de Troyes, 1724 déc. 15.
5309 Legofvry, Antoine, OSB, au Mont St. Michel, 1724 nov. 10.
5310 Le Goux, Noël-Marie, OSB, au Mont St. Michel et à Rennes, 1724 1725. 2 lettres.
5311 Le Gros, N., chanoine de Reims, 1725 févr. 2.
5312 Le Guay, prêtre à Paris, 1725 au mois de mars.
5313 Le Harivel, Ord. Praem., à Falaise (Basse-Normandie), 1737 nov. 2.
5314 Le Heurteur, curé des Mureaux (dioc. de Chartres), 1727 août 18.
5315 Le Jeune, Antonius, chanoine régulier à Laval, 1726 au mois de juillet.
5316 Le Jeune, Eustache-Claude, vicaire à Cesy (dioc. de Sens), 1728 nov. 29.
5317 L'Eleu, chanoine de Laon, 1725 et s.d. (vers 1730). 2 lettres.
5318 Le Lievre, curé de Haucourt (dioc. de Rouen), 1737 oct. 1.
5319 Lemaistre, Henry, OSB, à l'abbaye du Bec, 1724 nov. 22.
5320 Le Monier, Thomas, prêtre du diocèse de Bayeux, 1724 août 28 (en double).
5321 Le Moyne, Jean, chanoine régulier à Évaux en Combrailles, 1732 avril 4.
5322 Le Moyne, sœur Marie-Anne, religieuse de Hautebruyère, 1737 juin 5.
5323 Lenet, J. B., à Beauvais, 1720. 2 lettres.
5324 Lenet, conseiller au Parlement de Dijon, 1729–1737. 7 lettres.
5325 Lenfant, Charles-L., curé de St. André à Rouen, 1737 avril 11.
5326 Leotard, Jean-Baptiste, cellerier de l'abbaye de la Seauve, 1733 juillet 21.
5327 Lepot, Paul, chanoine régulier à Fontaine près Chauny, 1737 oct. 4.
5328 Le Prêtre, à Paris, 1733 juin 11.
5329 Leprevost, chanoine d'Abbeville, 1727 nov. 12.
5330 Lequeux, Claude, acolyte du diocèse de Paris, Pierre et Anne-Nicolas, avocats au Parlement de Paris, 1727 sept. 24.
5331 Leroy, prêtre de l'Oratoire, à Paris et aux Vertus, 1734–1737. 5 lettres.
      N.B. 1734 août 28, nov. 23 et déc. 21 avec copies.
5332 Le Soudier, curé de Chaillot lez Paris, 1737 févr. 25.
5333 Le Tellier, François, OSB, ancien professeur de théologie, 1731–1733, 7 lettres.
5334 Le Tonnelier, chanoine régulier à Paris, 1724 sept. 1.
5335 Le Turquier, Jean-François, OSB, ci-devant prieur de St. Père de Chartres. 1727 oct. 25.
5336 Limozin, curé à Lectoure, 1726–1727. 2 lettres.

5337 Long, Louis, OSB, à Saint-Pé et ailleurs, 1730–1737. 3 lettres.
5338 Longer, Sal., prêtre à Paris, 1728 avril 24.
   N.B. Avec adresse de l'abbé de Sartre à Montpellier.
5339 Lonlay (dioc. du Mans), religieux Bénédictins de l'abbaye de, 1725 oct. 10.
5340 Lorraine d'Armagnac, François-Armand de, évêque de Bayeux, 1724–1725. 3 lettres.
5341 Loudun, prieure et religieuses du Calvaire de, 1737–1738. 3 lettres.
   N.B. 1737 sept. 20 avec extrait d'une mémoire, présentée à l'intendant de Poitiers et une lettre à la Congrégation du Calvaire.
5342 Loulié, chanoine de Palaiseau (dioc. de Paris), 1725 mai 21.
5343 Louvard, François, OSB, à St. Denis et ailleurs, 1717–1728. 3 lettres.
5344 Louviers, religieuses Hospitalières de, 1733 déc. 9.
5345 Lugat, conseiller au Châtelet de Paris, 1733–1737. 3 lettres.
5346 Lyon, religieuses de St. Benoît de, 1733–1734. 3 lettres.
5347 Macadre, Charles, OSB, 1724.
5347* Macheco de Premeaux, Jean-François, évêque de Conserans, 1728 févr. 13.
5348 Mâcon, chanoines et curés de, 1724. 2 lettres.
5349 Magnier, Edme, OSB, à Chalon-sur-Saône, 1734 mars 21.
5350 Maigrot, Charles, évêque de Conon (Comana i.p.i.), à Rome, 1710–1715. 2 lettres.
5351 Maillard, prêtre de Paris, à Redon, 1724. 2 lettres.
5352 Maillard, prêtre de la Doctrine Chrétienne, à Nérac, 1725 avril 5.
5353 Maille, à Rome, s.d. (c. 1720).
5354 Maillet, Simon-Joseph, Valée, Alexis, et Cagnieu, Jean-François, prêtres à Paris, 1725.
5355 Maisy, Marie-Anne, née princesse d'Auvergne, à Utrecht, et Touvenot (ou: de Jonval), 1733 nov. 7.
5356 Mans, religieux Bénédictins de l'abbaye de St. Vincent du, 1724 oct. 10.
5357 Marcha, sœur de St. Irenée, religieuse de St. Benoît à Lyon, 1733–1735. 4 lettres.
5358 Marganne, curé de Renay, 1736.
5359 Mariey, Charles le, prêtre de Paris, 1724 oct. 29.
5360 Marion, Bapt., OSB, à Vendôme, 1727 avril 19.
5361 Marnyhat, Pierre, OSB, à Bourges, 1735 janv. 23.
5362 Marsan, chanoine régulier à Nevers, s.d. (vers 1731).
5363 Marseille, fidèles de, persécutés pour la Constitution, 1727 mars 24.
5364 Marseille, chanoines et bénéficier des Accoules à, 1720 juillet 9.
5365 Martelly, théologal d'Agde, 1724 août 28.
5366 Martin, J., curé de Murlin (dioc. d'Auxerre), 1721–1734. 3 lettres.
5367 Martin, Louis, chanoine-théologal de Séez, 1724 nov. 1.
5368 Massé, chanoine de la Rochefoucauld (dioc. d'Angoulême), 1728 janv. 18.
5369 Massillon, Jean-Baptiste, évêque de Clermont, 1734 oct. 30.
5370 Masson, sœur Marguerite-Geneviève de Ste. Pélagie, religieuse de l'Hôtel-Dieu de Pontoise, 1734. Avec 4 attestations sur sa guérison miraculeuse.
5371 Maudoux, A., curé de Linières (dioc. du Mans), 1726 mai 24.
5372 Maulnory, François, prêtre du diocèse de Paris, 1724 nov. 9.
5373 Mayou, chantre d'Angoulême, 1724 oct. 19.
5374 Mazière, docteur de Sorbonne, à Rodez, 1729 nov. 20.
5375 Meganck, François, curé à Schoonhoven (dioc. d'Utrecht), 1726 nov. 25 (avec second original de sa lettre à l'archevêque de Narbonne du 14e nov. 1726).
5376 Menard, sœur de St. Victor de, religieuse à Hauterive, 1733 oct. 4.

5377 Menardeau, Pierre, OSB, au Mont St. Michel, 1724 nov. 8.
5378 Merault, prêtre de Paris, 1724 août 26.
5379 Mercier, curé de St. Aunez, à Montpellier, 1734 oct. 5.
5380 Meric, François, prêtre du diocèse d'Agen, 1733.
5381 Merigon, B., OSB, à Villemaigne, 1733 oct. 4.
5382 Mesange, François, OSB, de l'abbaye de Cérisy (dioc. de Bayeux), 1728 mars 17.
5383 Mestier, Honoré, OSB, 1727.
5384 Michault, curé de Grigneuseville et doyen de Cailly, 1733 févr. 15.
5385 Mignot, Jacques, OSB, à Marmoutiers lez Tours, 1733 déc. 25.
5386 Milhau, prêtre à Pézenas, 1733 mai 28.
5387 Milhet, prêtre à Paris, 1724 oct. 30.
5388 Millot, Théodose-Emmanuel, prêtre du diocèse de Langres, curé de Blesneau (dioc. d'Auxerre), 1725 sept. 3.
5389 Moisant, Artur-Yves, sousdiacre du diocèse de Tréguier, 1735 mai 21.
5390 Molôme, religieux Bénédictins de l'abbaye de (près Tonnerre), 1736 avril 30.
5391 Montgeffond, Antoine de, général des Chartreux, 1701 janv. 1.
5392 Monicaud, C., curé de Marquise (dioc. de Boulogne), 1725 sept. 8.
5393 Monneville, Robert de, conseiller au Parlement de Paris, 1736.
5394 Monnier, docteur de Sorbonne, à Paris, 1723–1724. 2 lettres.
5395 Mont Saint-Michel, religieux Bénédictins du, 1733 août 25.
5396 Montet, chapelain de l'église cathédrale d'Angers, 1727 sept. 19.
5397 Montpellier, ecclésiastiques et prêtres de l'Oratoire du diocèse de, 1724. 2 lettres.
5398 Montpellier, curés du diocèse de, 1717 mars 1.
5399 Montpellier, curé et vicaires de Ste. Anne à, 1717.
5400 Montpellier, curé et vicaires de St. Pierre à, 1717 mars 2.
5401 Montpellier, décret de l'université de, touchant l'obligeance de la signature du Formulaire du pape Alexandre VII, 1724 juillet 22.
5402 Montpié, Joseph, OSB, s.d.
5403 Morants, prêtre de l'Oratoire, à Soissons, 1724 nov. 21.
5404 Morin, prieur-curé de Neuvy-Sautour (dioc. de Sens), 1724. 3 lettres.
       N.B. 1724 sept. 24 en double.
5405 Morlet, N. J. B., prêtre à Paris, 1724 sept. 16.
5406 Morne, L., docteur de Sorbonne, à Paris, 1726 févr. 15.
5407 Mossaron, Mlle M.M., 1737 avril 14.
5408 Mouhy, Oudette de, la cadette, dame d'Ancey, à Dijon, 1727–1731. 2 lettres.
5409 Moulin, curé et chanoine à Rouen, et Brunet, Guillaume, curé de Sassetot (dioc. de Rouen), 1727 oct. 26.
5410 Moulton de St. Rémy, sœur, religieuse Ursuline à Montpellier, 1739. 2 lettres.
5411 Mullot, François-Joseph, OSB, à Chartres, 1724 oct. 3.
       N.B. Adressée à "Mon Révérend Père", mais destinée à Mgr. Colbert.
5412 Nabés, Mathias, OSB, à St. Sever Cap et ailleurs, 1730–1733. 3 lettres.
5413 Nantes, Ecclésiastiques de, 1728 juin 15.
5414 Naudin, prêtre au château de Roncée en Touraine, 1737 mai 29.
5415 Navault, Paul-Augustin, OSB, 1727.
5416 Neufville, Florent-Louis de, prêtre du diocèse de Boulogne, trésorier d'Auxerre, 1726 mai 16.
5417 Neufville de Montador, le chevalier de, à Paris, 1733 août 14.
5418 Nemours, religieuses de la Congrégation de Notre-Dame de, 1735–1736. 2 lettres.

5419 Nevers, chanoines réguliers de l'abbaye de St. Martin à, 1731 nov. 24.
5420 Nicolas de St. Joseph, Carme déchaussé à Montpellier, 1732 sept. 17.
5421 Niquet, président à Narbonne, 1733–1735. 2 lettres.
5422 N.N., s.d. (vers 1738?).
   N.B. Cette lettre fait mention de Mgr. Languet, archevêque de Sens (1731–1753). Ci-jointe lettre, écrite par C. Rollin à Paris à N.N., 1738 janv. 22.
5423 N.N., c. 1725.
   N.B. Lettre contenant 76 propositions, extraites du livre, intitulé: Trutina theologica thesium Quesnellianarum authore P. Vina S.J., Napoli 1716.
5424 N.N., à Marseille, 1730 juillet 5.
   N.B. Ci-jointes: Réflexions sur la première lettre de l'évêque de Marseille à l'évêque de Montpellier du 15e janvier 1730.
5425 N.N., à Paris, 1724 oct. 30.
5426 N.N., à Versailles, 1725 févr. 17.
5427 N.N., 1727.
5428 N.N., Madame, 1729 juin 12.
   N.B. La réponse à cette lettre a été imprimée dans: Lettres de Mgr. Colbert, no CCCLXXIII.
5429 N.N., 1729 (la fin manque).
5430 Noailles, Gaston-Jean-Baptiste de, évêque de Châlons-sur-Marne, 1702–1718. 4 lettres.
5431 Noailles, Louis-Antoine cardinal de, archevêque de Paris, 1711 déc. 14.
5432 Node, Paul, OSB, à St. Denis, 1734 mars 25.
5433 Oratoire, prêtres de l', à diverses places, 1724–1727. 14 lettres.
5434 Orillard, J. J., curé de Seignelay près d'Auxerre, 1724 déc. 14.
5435 Orléans, Louise-Adelaide d', OSB, abbesse de Chelles, s.d. (entre 1719 et 1734).
   N.B. Ci-jointe copie de sa lettre à "Madame" sur le bruit qu'elle ait accepté la constitution, 1723 janv. 28.
5436 Orléans, Philippe duc d', régent, 1718 oct. 25.
   N.B. La copie d'une lettre du régent aux premiers présidents et aux procureurs généraux des Parlements manque.
5437 Orléans, prieure et religieuses du Calvaire d', 1729–1731. 2 lettres.
5438 Orléans, religieuses Hospitalières d', 1728 mars 31.
5439 Orléans, religieuses Ursulines d', 1727 mars 27 (avec copie).
5440 Orval, religieux de l'abbaye d', à Torenvliet près Leyde (Hol.), 1726 mars 25.
5441 Orville, d', à Paris, 1728 juin 12.
   Osmont, voir: Tranquille, inv. no. 5632.
5442 Paccory, Ambroise, diacre, 1724 nov. 10.
5443 Pages, prêtre de la Doctrine Chrétienne, à Toulouse, 1725 avril 22.
5444 Pagnierre, curé de St. Eloy, 1737 févr. 26.
5445 Paris, curé de St. Gervais à, 1733 nov. 16.
5446 Paris, prêtres et religieux Bénédictins de la Congrégation de St. Maur à, 1720 oct. 1.
5447 Paris, Chartreux de, et d'ailleurs, 1723–1725. 2 lettres.
5448 Paris, prêtres de l'Oratoire à, 1735 août 24.
   N.B. Avec des attestations sur la guérison miraculeuse de M. Perret, prêtre de St. Josse.
5449 Paris, curés et ecclésiastiques du diocèse de, 1724–1725. 3 lettres.
   N.B. 1724 août 24 en double.
5450 Paris, prieure et religieuses du Calvaire du Luxembourg de, 1728–1733 et s.d. 7 lettres.
5451 Paris, religieuses du Calvaire du Marais de, 1728–1732 et s.d. 5 lettres.
   N.B. 1732 mai 20 avec copie.

5452 Paris, religieuses du Calvaire du faubourg St. Germain à, 1732 mai 22 (copie).
5453 Paris, religieuses du monastère de N.D. de Liesse à, 1732 mai 23 (avec copie).
5454 Paris, religieux Prémontrés de, 1738 janv. 25.
5455 Pâris, de, conseiller au Parlement de Paris, 1733–1736. 3 lettres.
5456 Paris, Altin, OSB, à Pontlevoy, 1726 juillet 2.
5457 Paul, J. B., prêtre de l'Oratoire, 1724 nov. 1.
5458 Peaucelier, Nicolas, ord. Praem., à Paris, 1738 mars 4.
5459 Pemartin, prieur du Saubret (dioc. de Bayonne), 1730 sept. 25.
5460 Penlan, de, abbé titulaire du Montet aux Moines, à Limoges, 1722 nov. 10.
5461 Persin de Montgaillard, Pierre-Joseph-François de, évêque de Saint-Pons, 1705–1708. 4 lettres.
    N.B. 1708 sept. 27 avec annexe (copie de sa lettre au cardinal de Noailles).
5462 Perly, prêtre à Nantes, 1735 déc. 1.
5463 Perrin, Léopold, Ord. Praem., à Mureau en Champagne, 1736 déc. 24.
5464 Petitot, Jean, OSB, à Séez, 1725 sept. 8.
5465 Petitpied, Nicolas, 1724–1737. 8 lettres.
    N.B. 1724 sept. 8 avec extrait de la même lettre.
    1735 oct. 21 avec Réponse au mémoire envoyé à Montpellier par l'auteur de l'État de la Dispute.
5466 Peynet, Pierre, OSB, à St. Michel en l'Herm, 1727 oct. 20.
5467 Peyré, licencié ès lois à Limoux, 1728 janv. 10 (avec profession de foi).
5468 Peyron, 1733 janv. 29.
5469 Pézenas, prêtres et chanoines de, 1727 oct. 7.
    Phélippeaux, voir aussi: La Vrillière, inv. no. 5281.
5470 Phélippeaux d'Herbault, Louis-Balthazar, évêque de Rodez, 1724–1727. 2 lettres.
    N.B. 1727 déc. 5 avec copie.
5471 Philopald, prêtre de la Mission dite de St. Lazare, à Paris, 1724 août 27.
5472 Pierre de St. Hilarion, religieux Feuillant, à Paris, 1724 sept. 13.
5473 Pichaud, doyen de Montaigu (dioc. de Luçon), 1727 mai 10.
    N.B. Ci-jointes: Réflexions sur la constitution Unigenitus ou moiens de justifications pour les Apelants (!) de la Constitution.
5474 Pignans en Provence (dioc. de Fréjus), chanoines de, 1728. 2 lettres.
5475 Pihan de la Forest, François, curé de la Villetertre (dioc. de Rouen), 1724 nov. 3.
5476 Pihan de la Forest, Louis, du vicariat de Pontoise (dioc. de Rouen), à Paris, 1727 avril 25.
5477 Pinault, prêtre de Paris, 1724 oct. 31 (copie).
    N.B. Avec notice: L'original qui est signée, a été remis à M. des O(rmes).
5478 Pingré, chanoine régulier à La Couronne proche Angoulême, 1735 avril 18.
5479 Pluyette, N., acolyte du diocèse de Meaux, à Paris, 1732 févr. 17.
    N.B. Endommagée par d'humidité.
5480 Poisson, Bern., OSB, à Montolieu près de Carcassonne, 1734 mai 3.
5481 Poitiers, religieuses du Calvaire de, 1727–1735. 2 lettres.
5482 Poleins, Antoine de, prêtre de l'Oratoire du diocèse de Lyon, 1730 oct. 4.
5483 Polier, prêtre à Marne, 1724–1729. 2 lettres.
5484 Polier, curé de Notre-Dame de Montpellier, 1714 janv. 24.
    N.B. Ci-jointe: lettre du même à "mon fils", 1713.
5485 Pollart, André, curé de Lorris (dioc. de Sens), 1729 août 25.
5486 Pollin, Jacques, curé de Vanécro (dioc. de Lisieux), 1729 mai 6.
5487 Polonceau, Nicolas-François, chanoine régulier à Blois, 1729 mars 6.
5488 Pomus, de, et Bachen, chanoines à Saintes, 1724 nov. 20.

5489 Pontleroy, à Beaulieu, 1733 déc. 29.
5490 Pontlevoy (dioc. de Blois), religieux Bénédictins à, 1725–1726. 2 lettres.
5491 Popian, clerc tonsuré à Béziers, 1727 juin 28.
5492 Porte, sœur de Ste. Mélanie de, OSB, à Lyon, 1733 août 28.
5493 Portineau (Pietro Dragauri, P. Girard), à Rome, 1727–1735. 14 lettres.
   N.B. 1727 déc. 31 avec divers extraits, annexes d'une lettre de décembre 1728.
      1734 janv. 14 avec: 1. lettres d'une veuve de qualité sur la morale des Jésuites touchant
      le péché d'impureté; 2. lettres du comte du Zele au cardinal Dataire sur la pratique des
      Jésuites par rapport au sacrement du mariage.
      1734 avril 14 avec Excerpta ex conclusionibus theologicis publice propugnatis Romae
      in Collegio Romano Societatis Jesu, 1718.
      1734 sept. 2 avec copie des brefs de Clément XII du 2e oct. 1733 et 19e juin 1734 et une
      Resolutio Romana Theologorum super nullitate et invaliditate juramenti tempore
      Comitiorum convocationis praestiti.
      1735 janv. 27 avec lettre du 18e nov. 1734 (copie).
      1735 juin 16 avec bref de Clément XII contre le Mandement de Mgr. Colbert sur la
      condamnation du Testament de Mgr. Soanen, 1735 mai 23 (imprimé).
5494 Potard, curé de Bouttencourt (dioc. de Rouen), 1735 oct. 8.
5495 Pouchard, Alexandre, diacre de Paris, 1724. 2 lettres.
5496 Pouget, Père, 1711–1715. 3 lettres.
   N.B. 1711 oct. 7 en copie.
      1714 déc. 3 adressée au Sieur Chamousset, maître d'hôtel de l'évêque de Montpellier.
      1715 mars 8 adressée à l'abbé de Villelongue, prieur de Monfroid proche Montpellier.
5497 Pougnet (Bérard), abbé, secrétaire de Mgr. Soanen, 1733 déc. 26.
   N.B. Avec une lettre de Dubrosseau, à Paris, (1733).
5498 Poulouzat, prêtre de l'Oratoire, aux Vertus, 1737 juillet 13.
5499 Pouru, Romuald, OSB, à Metz, 1732 déc. 20.
5500 Prax, chanoine d'Alet, 1737 mai 8.
5501 Preval, Françoise, pensionnaire de la Congrégation de N.D., à Etampes, 1734
   déc. 21. Avec déclaration sur la bulle Unigenitus, 1733 juillet 2 (en double).
5502 Preignan, François, ancien curé de Larroque (dioc. de Lectoure), 1735 mars 28.
   N.B. Avec lettre de Boubée, vicaire général de Lectoure, 1730 mai 31.
5503 Prevost, curé de Lierville, grand vicaire de Pontoise (dioc. de Rouen), 1734
   mars 15.
5504 Provins (dioc. de Sens), prêtres de, 1734 août 1.
5505 Pucelle, abbé, à Saint-Maur, 1737 sept. 20.
5506 Pujo, ecclésiastique à Dax, 1727 juillet 26.
5507 Purquet, Louis, OSB, à Lagny, 1728 avril 9.
5508 Querville, Olivier Jégou de, évêque de Tréguier, 1724 juillet 23.
5509 Quesnel, Pasquier, prêtre de l'Oratoire, 1716–1717. 2 lettres.
5510 Quillebeuf, Nicolas-Pierre, curé de Vetheuil (dioc. de Rouen), 1730 août 1.
5511 Quintin, procureur du roi à Pézenas, 1733–1737. 2 lettres.
   N.B. 1737 déc. 31 avec acte d'appel du même date.
5512 Quiqueran de Beaujeu, Honoré de, évêque de Castres, 1721–1730. 36 lettres.
   N.B. 1721 oct. 4 avec lettre au marquis de La Vrillère, 1721 févr. 15 (copie).
      1727 oct. 8 avec lettre à l'évêque d'Alais, 1727 oct. 9 (copie).
      1727 déc. 3 avec lettre du comte de St. Florentin à l'évêque, 1727 nov. 18 (copie).
      1727 déc. 24 avec lettre au cardinal de Fleury, 1727 déc. 8 (copie).
      1728 janv. 6 avec lettre au roi, 1727 déc. 8 (copie).
      1735 mars 30 avec lettre du comte de St. Florentin à l'évêque, 1735 mars 16, et copie
      d'une déclaration de l'archevêque de Narbonne touchant la bénédiction solennelle
      1735 janv. 7.
5513 Rabon, Guillaume, Chartreux de Basseville, 1724 déc. 3.
5514 Racine, F., prêtre de Meulan (dioc. de Rouen), 1727 août 17.

5515 Racine, ecclésiastique d'Albi, 1730 juillet 31.
5516 Raffelin, Jean, et Turpin, Jacques-François, OSB, à Chelles, 1728 avril 10.
5517 Raffin, de l'Oratoire, à Pézenas, 1724 oct. 3.
5518 Rancour, chanoine de Gien (dioc. d'Auxerre), 1725 juillet 4.
5519 Rascas, prêtre Doctrinaire, à Lavaur, 1728 janv. 1.
5520 Reims, religieux Bénédictins de l'abbaye de St. Thierry lez, 1725 janv. 13.
5521 Reims, curés du diocèse de, 1725 au mois de juillet.
5522 Religieux de la Congrégation de St. Maur, 1725–1733. 6 lettres.
5523 Religieux Feuillants, 1724.
5524 Remeon, prêtre de l'Oratoire, à Angers, 1733–1735. 3 lettres.
        N.B. 1734 déc. 22 avec 3 déclarations sur la guérison miraculeuse de Jean Elvard de mutité.
        1735 janv. 30 avec certificat médical sur cette guérison et lettre de Gourdon, curé de
        Combrée (dioc. d'Angers), 1735 janv. 25, de laquelle le commencement a été biffé.
5525 Renaudot, abbé, à Rome, 1701, 3 lettres.
        N.B. 1701 janv. 4 avec extrait d'une lettre, écrite à Paris le 27e avril s.a. par un Jésuite.
5526 Reneaume, médecin de Paris, 1732 déc. 15.
5527 Rennes, prêtres et religieux Bénédictins et de l'Oratoire à, 1724 oct. 6 (en double).
5528 Renou, trésorier, curé d'Apoigny (dioc. d'Auxerre), 1724.
5529 Reuse, J., prêtre de Paris, 1724.
5530 Reynaldy, François, OSB, à l'abbaye de St. Calais près Montoire, 1733 nov. 15.
5531 Richer, Alexis, OSB, à Paris, 1730 févr. 10.
5532 Richer, Nicolas-Henri, diacre de Sens, professeur en l'université de Paris, 1727 oct. 12.
5533 Richer, prieur-curé du Tremblay (dioc. de Chartres), 1732 nov. 11.
5534 Ricquement, diacre du diocèse de Paris, 1727 févr. 2.
5535 Riollet, prêtre de l'Église de Chartres, 1731 mai 13.
        N.B. Endommagée par d'humidité.
5536 Riom, religieuses Hospitalières à, 1727 oct. 5.
5537 Rippert, curé à Aix, 1733 nov. 15.
5538 Rivet, Antoine, OSB, au Mans, 1726 juin 5.
5539 Rivet, Roger, 1734 août 6, avec lettre d'attachement s.d.
5540 Rivette, professeur au collège de Beauvais à Paris, 1731 nov. 17.
        N.B. Endommagée par d'humidité.
5541 Rivière, à La Vérune, 1733 nov. 15, avec certificat médical du même sur Madame Donat de La Vérune.
5542 Roard, Vincent-Guillaume, chanoine de Tonnerre (dioc. de Langres), 1729 janv. 27.
5543 Robart, François, OSB, de l'abbaye de St. Riquier, 1725 juin 17.
5544 Robin, Jean, OSB, à Tonnerre, 1727 août 12.
5545 Rocamp, Bernard, OSB, à Bonneval, 1725 mars 26.
5546 Roccas, François-Paulin, de l'Oratoire et du diocèse de Glandèves, à Pézenas, 1727 sept. 4.
5547 Rochebouet, De, curé de St. Germain-le-Vieux à Paris, 1735–1737. 2 lettres.
5548 Rohan de Porhoët (Rohan-Chabot), sœur M. L. de, religieuse à Soissons, prieure de Ste. Scolastique à Troyes, 1732–1738. 28 lettres.
        N.B. 1732 juillet 4 adressée à M. Neyron à St. Étienne.
        1732 sept. 24 avec acte de rétractation de sœur Henriette-Armande Dehangest du même date.

1734 mars 5 avec acte d'appel de sœur Anne Dubois de la Pose, 1734 janv. 12.
1734 juin 6 avec copie d'une lettre de cachet, 1734 mai 10.

5549 Rollin, C., 1728–1732. 2 lettres.
N.B. 1732 déc. 1 endommagée par l'humidité.

5550 Romanson, François, OSB, de l'abbaye de St. Germain d'Auxerre, et Léauté, Antoine, OSB, 1727 avril 17.

5551 Roquette, de, prieur de St. Hymer en Auge (dioc. de Lisieux), 1724 oct. 28.

5552 Roslin, docteur de Sorbonne, exilé à l'abbaye du Bec, 1728 nov. 1.

5553 Rosset, de, acolyte de Paris, 1733. 2 lettres.

5554 Rouen, prêtres de la ville de, 1724.

5555 Rouen, curés du diocèse de (vicariat de Pontoise), 1721 nov. s.j.

5556 Roullin DesRentes, J., curé du Bourg-la-Reine (dioc. de Paris), 1724 août 12.

5557 Roumer, J.-Bap., OP, à Rodez, 1736 août 19.

5558 Rousseau, Louis, OSB, à Paris, 1721 mai 6.

5559 Rousselot, Abraham-Louis, à Paris, 1724 sept. 14.

5560 Roux, prêtre de l'Oratoire, à Notre-Dame de Graces, 1727 nov. 10.

5561 Sabatier, de l'Oratoire, à Paris et à Troyes, 1728–1736. 3 lettres.

5562 Saichot, Jean, OSB, au Mont St. Michel, 1725 janv. 29.

5563 Saintaman, prêtre de l'Oratoire, à Troyes, 1724 sept. 3.

5564 Saint-Hilaire, Doctrinaire, 1734.

5565 Saint-Jean de la Cortelle, abbé de, à Lorrance, 1727 oct. 17.

5566 Saint-Jean, Joseph de, prêtre de la Doctrine Chrétienne, 1725–1736. 4 lettres.
N.B. 1725 nov. 30 aussi signée par Jean-Joseph Pougnet, prêtre.

5567 Saint-Loup lez Orléans, prieure et communauté de l'abbaye de Bénédictines de, 1731 mai 15.

5568 Saint-Polycarpe (dioc. de Narbonne), abbé, prieur et moines de l'abbaye de, 1728–1734 et s.d. 5 lettres.
N.B. 1728 nov. 5 avec lettre du prieur de la même date et mémoire.
1729 nov. 23 avec 2 déclarations.
Ci-joints un avis de M. M. Petitpied, Fouillou et Boursier et quelques extraits ou copies de lettres touchant la Bulle et l'appel de l'abbaye.

5569 Saint-Quentin lez Beauvais, chanoines réguliers de l'abbaye de, 1724 août 12 (copie).

5570 Saint-Robert, Louis de, religieux Feuillant, 1735–1738. 2 lettres.
N.B. 1738 janv. 25 avec confirmation du même date de la lettre de 1735 févr. 15.

5571 Sales, religieux Minime, à Toulouse, 1731 mars 25.

5572 Sallais, Martin, OSB, de l'abbaye de St. Martin lez Pontoise, 1721 mars 17.

5573 Sallé, Louis, OSB, de la Chaise Dieu, 1717 oct. 17.

5574 Sansone, Augustin, acolyte de Rouen, 1724 nov. 14.

5575 Saphoux, Marie, religieuse de St. Benoît à Lyon, 1733. 2 lettres.

5576 Susleaue, Paul, OSB, de l'abbaye de St. Riquier, 1725 mars 17.

5577 Saurin, prêtre de l'Oratoire, à Toulouse, 1729 oct. 14.

5578 Sauturon, prêtre de la Doctrine Chrétienne, à Villefranche de Rouergue, 1726 avril 20.

5579 Sauvage, J. M., prêtre du diocèse de Boulogne, à Argenteuil, 1725 nov. 27.

5580 Schâbol, Roger, diacre du diocèse de Paris, 1724 oct. 24.

5581 Segond, prêtre de la Doctrine Chrétienne, à Saint-Girons en Consérans, 1733 janv. 7.

5582 Ségur, Jean-Charles de, évêque et ancien évêque de Saint-Papoul, 1735–1737. 4 lettres.
N.B. Avec des copies de la main de Mlle Rachel Gillet.
5583 Sellier, Jean-Louis, prêtre à Paris, 1725 janv. 29.
5584 Senlis, chanoines réguliers à, 1728–1736. 2 lettres.
5585 Sens et Auxerre, chanoines réguliers des diocèses de, 1725 oct. 4.
5586 Seraucourt, D. de, archidiacre de Reims, 1727–1728. 2 lettres.
5587 Seron, J., chanoine de Metz, 1717 mai 8.
5588 Serre, Jean-Félix, prêtre de la Doctrine Chrétienne, à Gimon (dioc. de Lombez), 1733. 2 lettres.
5589 Serres, prêtre de la Doctrine Chrétienne, à Villefranche, 1726 juillet 2.
5590 Serte, sœur St. Charles, religieuse à Lyon, 1730–1735. 2 lettres.
5591 Seuilhac, curé à Sauve (Cevennes), 1732 août s.j.
5592 Silly, de, curé de Doudeauville (dioc. de Boulogne), 1725.
5593 Silly de Louvigny, Fr. de, doyen de l'église d'Abbeville (dioc. d'Amiens), 1726 juin 27.
5594 Silvain, 1730.
5595 Simon, François-Denis, acolyte de Beauvais, 1726 sept. 2.
5596 Soanen, Jean, évêque de Senez, 1715–1737. 113 lettres.
N.B. 1720 avril 7 avec acte d'adhésion de la même date à la lettre des évêques de Montpellier et Boulogne au cardinal de Noailles du 20e mars 1720.
1727 août 27: original de la lettre circulaire aux évêques.
1729 juin 29 avec des notes concernant un traité "sur la Peste" par un "médecin" inconnu. Ces notes montrent qu'il s'agit d'un traité sur la bulle Unigenitus.
1735 juillet 14 avec postscriptum du même.
5597 Socquard, docteur de Sorbonne, à Paris, 1725 mars 20.
5598 Souillac, Jean-George de, évêque de Lodève, 1737 janv. 5.
5599 Soldevilla, le chevalier de, à Marmoutiers près Tours, 1733 oct. 5.
N.B. Avec postscriptum de l'auteur en espagnol et un autre de De Lastre, curé de Bainetun.
5600 Solier, Simon-César, prêtre Doctrinaire, à Villefranche de Rouergue, 1725–1733. 3 lettres.
5601 Sonnes, L., prêtre, 1727 nov. 29.
5602 Souchay, chanoine régulier de l'abbaye de la Reau, par Civray en Poitou, 1738 févr. 18.
5603 Soufflot, Modeste, chartreux de Bourgfontaine, 1724 nov. 12.
5604 Soufflot, Philadelphe, chartreux de Bourgfontaine, à Rouen, 1724 oct. 11.
5605 Spada, Fabritius cardinal, à Rome, 1691 oct. 16.
5606 Stapart, notaire royal à Épernay, 1728. 2 lettres.
N.B. 1728 juin 12 avec certificat sur la guérison miraculeuse de sa femme Marie-Jeanne Gaulard par l'intercession de feu Gérard Rousse, prêtre et chanoine de l'abbaye royale d'Avenay.
5607 Steenoven, Corneille (Cornelius), archevêque d'Utrecht, à Leyde, 1724–1725. 2 lettres.
N.B. 1725 févr. 16 imprimée avec souscription de l'auteur.
5608 Stornat, Jean-Baptiste, OSB, de l'abbaye de St.-Germain-des-Prés à Paris, 1728. 2 lettres.
N.B. 1728 juin 19 avec copie de sa lettre du 30e avril 1728 à Dom Pierre Thibault, supérieur général de la congrégation de St. Maur.
5609 Taffoureau, Charles-Nicolas, évêque d'Alet, 1705 mars 24.
5610 Tailhié, prêtre de la Mission de St. Lazare, à Paris, 1730–1736. 2 lettres.
5611 Taillart, Guillaume-Hervé, OSB, à Angers, 1736 mai 8.

5612 Tassin, curé de St. Jacques de Troyes, 1733 mars 9.

5613 Teissier, Gilles-Pierre, OSB, à La Seauve par Bordeaux et ailleurs, 1733. 3 lettres.

5614 Texandier, Jeremie, prieur des Feuillants à Lyon, 1734 avril 5.

5615 Thérèse de la Conception, sœur, O. Carm., à Montpellier, 1735 juillet 25.

5616 Thibaud, chanoine régulier de l'abbaye de la Celle à Poitiers, 1735 mars 10.

5617 Thibault, prêtre et conseiller, clerc du Présidial de Sedan, 1725 juillet 23.

5618 Thibaut, Claude-Philippe, curé de Ste. Croix, secrétaire des conférences ecclésiastiques de Joigny (dioc. de Sens), 1727 oct. 11.

5619 Thomassin, Louis de, évêque de Sisteron, 1714 janv. 18.

5620 Tilladet, Michel Cassagnet de, évêque de Mâcon, 1723–1724. 3 lettres.

5621 Tiphaigne, Joseph, Ord. Praem., de la province de Normandie, à Paris, 1737 janv. 6.

5622 Titon, 1735 mars 26.

Torcy, de, voir: Colbert de Torcy, inv. no. 4975.

5623 Toulouse, chanoinesses de St. Sernin à, 1729 août 6.

5624 Toulouse, religieuses Carmélites de, 1729–1730. 2 lettres.

5625 Toulouse, ecclésiastiques du diocèse de, 1727 déc. 26.

5626 Tournus, ancien curé de Vias (dioc. d'Agde), 1724. 2 lettres.

5627 Tours, religieuses du Calvaire de, s.d.

5628 Touvenot, docteur de Sorbonne, à Paris, 1724 juillet 26.

5629 Touvenot du Vivier, Louis-Joseph, 1724–1733. 2 lettres.
N.B. Pseudonyme en Hollande: de Jonval.

5630 Trabouillard, OSB, 1726–1734. 3 lettres.
N.B. 1734 sept. 30 adressée à "Monsieur".

5631 Train, Paul-Henry, OSB, à Poitiers, 1724 déc. 4.

5632 Tranquille, de Bayeux, diacre Capucin, de la province de Normandie, à Paris, 1724–1725. 2 lettres.
N.B. 1724 sept. 18 signée: Osmont.

5633 Trappe, religieux de la, 1737. 2 lettres.

5634 Trepigny, Charles-Antoine-François, prêtre du diocèse de Boulogne, 1724 sept. 10.

5635 Tristan de Verdrel, Jérosme, clerc tonsuré de Beauvais, 1733 juin 15. Avec déclaration de rétractation de sa signature du Formulaire.

5636 Tronchay, chanoine de Laval (dioc. du Mans), 1726 juin 4.

5637 Tronchon, prêtre de l'Oratoire, 1724 nov. 11.

5638 Troyes et Châlons-sur-Marne, curés des diocèses de, 1727 oct. 19–déc. 19.

5639 Tiron, religieux Bénédictins à, 1725 avril 4.

5640 Utrecht, chapitre métropolitain d', 1725.
N.B. Avec copie de la lettre du Duc de Venise aux États-Généraux des Provinces-Unies et de leur réponse, 1725. Une copie des dernières dispositions de feu l'archevêque Steenoven manque.

5641 Utrecht et Haarlem, clergé des diocèses de, 1726 août s.j.
N.B. Avec acte d'appel imprimé, 1726 mars 1.

5642 Vaillant, prêtre de Paris, 1724 juillet 6.

5643 Val St. George, Chartreux du, 1724 oct. 17.

5644 Valbelle de Tourves, François de, évêque de Saint-Omer, 1723 juin 27.

5645 Vallée, Pierre, OSB, au Bec, 1724 nov. 8.

5646 Valletat, Philibert, OSB, 1727 sept 12.

5647 Vandiere, Jacques Levesque de, chanoine de Laon, 1729 mars 25.

5648 Vaquier, Paris, chanoine de Lectoure, 1724 nov. 4.
5649 Varlet, Dominique-Marie, évêque de Babylone, 1725–1736. 4 lettres.
   N.B. 1736 janv. 19: l'acte d'appel de l'archevêque d'Utrecht Théodore van der Croon manque.
5650 Vaslet, curé de Linières (dioc. de Blois), 1736 avril 24.
5651 Vegeat, Vincent-Joseph, prêtre à Paris, 1735 févr. 15.
5652 Vence, prêtre de l'Oratoire, à St. Magloire à Paris, 1724 août 18.
5653 Vendôme, religieux Bénédictins de l'abbaye de la Sainte Trinité de, 1725 janv. 25.
5654 Verfeuil de la Tour de Gouvernet, le baron de, à Uzès, 1733 juillet 12.
5655 Verhulst, P. L., à Louvain, 1726 juillet 29.
5656 Vermeille, J. F., chapelain de la Sainte Chapelle de Vincennes, 1724.
   N.B. Aussi signée par les prêtres F. Cresbonne et C. F. Brunet.
5657 Vernay, Simeon de, OSB, à Jumièges proche Rouen, 1727 nov. 23.
5658 Verne, prêtre de l'Oratoire, à Vendôme, 1726 janv. 20.
5659 Verneulie, prêtre de l'Oratoire, à Saumur, 1728 juin 16.
5660 Verninac, Jean, OSB, de l'abbaye d'Ivry, 1724 oct. 15.
5661 Versia, diacre du diocèse de Toulon, 1728 déc. 1.
5662 Verthamon, Jean-Baptiste de, évêque de Pamiers, 1717–1724. 12 lettres.
5663 Verthamon de Chalucet, Jacques de, évêque de Conserans, 1723–1724. 2 lettres.
5664 Vigier Cambor, OSB, à Saint-Guilhem, 1734 mai 9.
5665 Vigourous, diacre de Lodève, 1728 oct. 30.
5666 Villebrun, curé à Aniane, 1721 mai 28.
5667 Villefranche de Rouergue, prêtres de la Doctrine Chrétienne à, 1725–1727. 2
   lettres.
5668 Vincens, Joseph, curé à Frontignan, 1717 mai 4.
   N.B. Avec procès-verbal sur un tumulte dans son église pendant la publication d'un mandement de l'évêque de Montpellier, 1717 mai 2.
5669 Voisin, curé de Boissy (dioc. de Rouen), 1735 oct. 9.
5670 Voisin, prêtre de l'Oratoire et préfet du collège de Troyes, 1737 mai 2.
   N.B. Avec acte d'appel, 1736 sept. 6.
5671 Voisins, curé de Brugairolles (dioc. de Narbonne), 1737. 2 lettres.
5672 Voisins (dioc. d'Orléans), religieuses de l'abbaye Cistercienne de, 1728 mars 5.
   Avec une copie.
5673 Vreleur (?), de, à Bourbon-l'Archambault, (1715 ou 1716) mai 3.
5674 Wanberkel, prêtre du diocèse de Grenoble, curé de Roissas en Trièves (dioc. de
   Die), c. 1730.
5675 Witié, Nicolas, prêtre du diocèse de Reims, curé de Couronne (dioc. d'Auxerre),
   1724 nov. 28.
5676 Yardin, Benoît, prêtre du diocèse de Châlons-sur-Marne, et Alliaume, Nicolas,
   acolyte du diocèse de Laon, 1724.

   Minutes ou copies de lettres à:
5677 Arsène, Dom, prieur de St. Polycarpe, 1728 nov. 15.
   N.B. Sur la même feuille se trouvent des lettres au prébendié Vigourous, nov. 6, et à M.
   Maria en lui envoyant la lettre au prieur susdit (ces deux lettres-ci ont été biffées) et le
   commencement d'une lettre au cardinal de Fleury du 18e novembre.
5678 Avocats, 1730 août 7 (2 brouillons différents).
5679 Barchman Wuytiers, Corneille-Jean, archevêque d'Utrecht, 1726.
5680 Clément XII, pape, (1736?).
   N.B. Brouillon de la main de L. F. Boursier.

5681 Colbert de Torcy, 1714 mars 11.
5682 Conti, Bernard-Marie cardinal, 1721 août s.j.
5683 Davia, Giovanni Antonio, cardinal, 1734 oct. s.j.
5684 Dubois, Guillaume cardinal, archevêque de Cambrai, 1723 avril 14.
5685 Plusieurs évêques, 1727 sept. 7 (en triple).
5686 Fleury, André-Hercule cardinal de, 1723 oct. 29.
5687 Gesvres, Leo cardinal Potier de, archevêque de Bourges, 1721 sept. 15.
5688 La Broue, Pierre de, évêque de Mirepoix, 1717 nov. 23.
5689 Monnier, docteur de Sorbonne, 1726 mai 27.
5690 N.N., curé, 1733 juillet 13.
5691 N.N., R(évérend) P(ère), 1721 juillet 25.
5692 Noailles, Gaston-Jean-Baptiste-Louis de, évêque de Châlons-sur-Marne, 1716. 3 lettres.
5693 Noailles, Louis-Antoine cardinal de, archevêque de Paris, 1711–1723. 5 lettres.
5694 Orléans, duc d', régent, 1721–1725 et s.d. 6 lettres.
> N.B. 1724 janv. 6 en copie. Sur le même papier un fragment d'une lettre de l'évêque à M. de Bernage.
5695 Pouget, Père, 1714 mai 9.
5696 Quesnel, Pasquier, prêtre de l'Oratoire, 1716–1719. 2 lettres.
5697 Sartre, Pierre, 1729 oct. s.j.

Manuscrits
5698 La clef de plusieurs lettres de Mgr. Colbert, adressées aux personnes dont les noms ont été supprimés par ménagement dans le Recueil imprimé, par Léonard Dilhe.
5699 La clef comme susdite par Mlle Rachel Gillet, 1867.

Lettres pastorales etc.
5700 Lettre circulaire aux curés du diocèse de Montpellier sur le gravage des pauvres après le moisson, 1699, et mandement pour ordonner des prières à l'occasion de la grossesse de la reine, 1727 juin 12 (copies).
5701 Remarques sur l'écrit "à 3. colonnes", de la main de Mgr. Colbert, (1714).
5702 Lettre pastorale à l'occasion du miracle, opéré à Paris sur Madame Lafosse, 1725 oct. 20, avec permission pour le libraire François Babuty à Paris d'imprimer cette lettre, 1725 déc. 2.
> N.B. Ci-jointe: Réponse de M. de Maurel, à Aix, à la lettre du P. de Pontevez de la Doctrine Chrétienne, à présent à Avignon, qui prétend combattre le dernier mandement de M. de Montpellier et soutenir la Constitution, 1726 mai 8 (copie).
5703 Lettre pastorale au sujet des calomnies, répandues contre l'évêque de Montpellier sur un sermon qu'il eût prêché dans sa cathédrale le jour de St. Pierre, 1726 sept. 24.
5704 Lettre contenant des règles de conduite pour deux personnes qui pensent à s'unir ensemble par le lien sacré du mariage, (c. 1710).
5705 Projet d'ordonnance et instruction pastorale de Mgr. Colbert contre le Père Pierre-François Le Courayer sur sa traduction de l'Histoire du concile de Trente par fra Paolo Sarpi, 1738 (ouvrage posthume; imprimé).

Sermons
5706 Sermon pour le jour de la Pentecôte sur Act. II: 1.

5707 Sermon sur les huit béatitudes (Matth. V: 1-12); Évangile de Toussaints.

Le Formulaire et la bulle Unigenitus en général
5708 Explication détaillée de chaque proposition de la constitution Unigenitus du 8e septembre 1713.
N.B. Avec notice de la main de Dilhe: Avec cette méthode on recevra l'Alcoran.
5709 Mémoire, adressé par N.N. à Paris à l'évêque de Montpellier, contre le dessein du cardinal de Noailles de recevoir la Bulle avec des explications auxquelles cette explication serait relative, 1715 oct. 25.
5710 Mémoire adressé à Messeigneurs les Plénipotentiaires du Congrès de Soissons sur le silence que gardent les Églises d'Allemagne et des autres États catholiques dans l'affaire de la constitution Unigenitus, qui fait depuis longtemps un si grand éclat dans l'Église de France, août 1728 (copie).
5711 Lettre de plusieurs évêques au duc d'Orléans touchant la bulle Unigenitus, 1716 (copie).
5712 Mémoire sur l'objet précis des Déclarations du Roi touchant le Formulaire et sur le véritable esprit de la paix de Clément IX. Pour servir à la justification de M. l'évêque de Montpellier, contre les calomnies de ses ennemis et les reproches de quelques amis prévenus, s.d. (1722).
5713 Consultation du prieur de l'abbaye de St. Polycarpe (dioc. de Narbonne) sur le refus de la signature du Formulaire et de l'acceptation de la Bulle, 1728.
N.B. Avec des avis de Petitpied, de Boursier (brouillon) et de Fouillou (orig. et copies) et des extraits ou copies de lettres touchant la Bulle et l'appel de l'abbaye.
5714 Réponse à cette question: Ne peut-on pas recevoir la constitution Unigenitus de la manière que l'Église accepte?, 1733 octobre.
N.B. Actes d'appel et de renouvellement de l'appel de la bulle Unigenitus par les quatre évêques de Boulogne, Mirepoix, Montpellier et Senez et adhésion d'autres, 1717, 1720 et 1727.
5715 Acte d'appel des quatre évêques du 5e mars 1717, suivi de l'acte d'adhésion de Jean-Baptiste de Verthamon, évêque de Pamiers, 1717 avril 12. Avec acte de dépôt, donné par le greffier de l'Officialité de Paris, 1717 juillet 7.
5716 Acte de procuration pour notifier son adhésion à l'appel par Hippolyte de Béthune, évêque de Verdun, 1717 avril 8. Avec actes de dépôt, donnés par les greffiers des Officialités de Verdun, 1717 avril 7, et de Paris, 1717 avril 12 (le second en double).
5717 Acte d'adhésion à l'appel par les prêtres de l'Oratoire, directeurs du séminaire de Montpellier, 1717 avril 7.
5718 Acte de renouvellement de l'appel, signé par Mgr. Colbert, tant pour soi que pour les évêques de Mirepoix et de Senez, 1720 sept. 8, et signé aussi par Mgr. de Langle, évêque de Boulogne, 1720 sept. 12. Avec acte de procuration de Mgr. Colbert pour faire soutenir l'appel au futur concile général, 1720 oct. 15.
5719 Acte des évêques de Senez et de Montpellier pour renouveller leur appel, 1727 juin 15.
N.B. Avec notice que cet acte a été signifié au concile d'Embrun.

Lettres aux quatre évêques, reçues de:
5720 Cambout de Coislin, Henri-Charles du, évêque de Metz, 1717 mars 12 (copie).
5721 Lectoure, chanoines, curés et ecclésiastiques de la ville et du diocèse de, 1721 sept. 3.

5722 Quesnel, Pasquier, prêtre de l'Oratoire, s.d. (1719).
5723 Tours, le chapitre de, le siège vacant, 1720 mars 30 (en double), avec lettre d'envoi du doyen l'abbé de Guitaud, 1720 avril 1.

Minutes de lettres
5724 Lettre des quatre évêques (avec leurs signatures) à plusieurs évêques, 1717 mars 5.
5725 Lettre des quatre évêques (avec leurs signatures) au régent, 1717 mars 5.
5726 Lettre des évêques de Montpellier et de Boulogne (avec leurs signatures) aux évêques appelants, 1720 mars 20.
5727 Lettre des évêques de Senez, de Montpellier et de Boulogne au roi, au sujet de l'arrêt du Conseil d'État du 31e décembre 1720, portant suppression de leur mandement du mois de septembre et de l'appel qui y est joint, 1721 janvier.

Les XII évêques, défendant les causes des évêques de Montpellier et de Senez.
5728 Lettre des professeurs du collège de Noyers en Bourgogne (dioc. de Langres), prêtres de la Doctrine Chrétienne, aux 12 évêques, 1728 avril 13.
5729 Lettre au roi, signée par Charles-Joachim Colbert de Croissy, évêque de Montpellier, et Honoré de Quiqueran de Beaujeu, évêque de Castres, 1728.
N.B. Avec notice que cette lettre fût signée par les 12 évêques.
5730 Lettre des 12 évêques au roi, signée par Michel Cassagnac de Tilladet, évêque de Mâcon, et Charles-Daniel-Gabriel de Thubières de Caylus, évêque d'Auxerre, 1728.
5731 Lettre des 12 évêques au roi, signée par les évêques de Mâcon et d'Auxerre susdits et en outre par François-Armand de Lorraine, évêque de Bayeux, 1728.

Guérisons miraculeuses
N.B. Probablement les évêques de Montpellier et de Senez tous les deux ont-ils collectionné des lettres et des attestations sur les guérisons miraculeuses, spécialement celles qui furent opérées par l'intercession du diacre François de Pâris. Lors du triage au 19e siècle toutes ces pièces avaient été rassemblées dans une seule collection, de sorte qu'il était devenu impossible de les distinguer selon leur provenance. C'est pourquoi on les a placées toutes dans les papiers de Mgr. Colbert qui vraisemblablement en aura collectionné la plus grande partie.
Guérisons miraculeuses, opérées par l'intercession du diacre François de Pâris, aux diocèses de Montpellier et de Lodève.
5732 Le miracle de La Vérune: guérison miraculeuse de Marie Boissonnade, femme de Martial Donat, 1733. Procès-verbal, signé par Mgr. Colbert (avec copie).
N.B. Ci-jointe copie d'une lettre sans adresse et sans signature sur ce miracle, 1733.
5733 Jean Baumés, tisserand à Montpellier, 1734. Procès-verbal signé par Mgr. Colbert.
5734 Susanne Boulet, veuve de Jean Fages, de la paroisse des Matelles (dioc. de Montpellier), 1734 (deux déclarations).
5735 Jacques Estève, à Montpellier, 1734.
N.B. Avec des déclarations d'Antoine Royer, domestique de Mgr. Colbert, et de sa femme Marie la Croix, 1735.
5736 Jean de Langlade, natif de Pignan (dioc. de Montpellier), 1734 (en double).
5737 Vital Recouly, maître maçon à Montpellier, et sa femme Marie Viel, 1734 (en double).
5738 Antoine Royer, surnommé Deroché, cocher de Mgr. Colbert, 1735.

5739 Guérison miraculeuse de Joseph Simon, à St. André (dioc. de Lodève), par l'intercession du diacre François de Pâris et du prêtre Christophe-François Desangins, 1734–1735.

> N.B. Ce dossier qui contient une lettre originale de l'évêque de Lodève Jean-Georges de Souillac au chevalier Deydé, a probablement été envoyé par celui-ci à Mgr. Colbert.

Autres guérisons miraculeuses, opérées par l'intercession du diacre François de Pâris.

5740 Anne-Catherine Monfeutille dite Lefevre, 1729.

5741 Fr. Claude-Josephe Ste. Anne, 1729 (avec deux déclarations de 1733).

5742 Lettre de M. Chaulin, docteur de Sorbonne, au marquis de Florac à Nîmes, sur un miracle au cimetière de St. Médard, 1731 (copie).

5743 Catherine Bigot, sourde-muette à Versailles, 1731.

> N.B. Avec une lettre d'envoi sans adresse ni signature et une relation d'une visite à cette femme, 1731.

5744 Fille de Magdeleine Charon, femme de Paul Piercour, à Orléans, 1731.

> N.B. Cf. no. 4952 de cet inventaire.

5745 Jean-Baptiste Ledoulx, natif de Laon, 1731.

5746 Sœur du P. d'Artigolles, prêtre de l'Oratoire à Condom, 1732 (copie).

5747 Sœur Louise-Marthe Millet à l'abbaye de Maubuisson, 1732 (en double).

> N.B. Avec une attestation du chirurgien Louis Gautrin à Pontoise, 1732.

5748 Claude Louvain, religieux Feuillant, 1732 (copie).

5749 Marie Poupet, femme de François Verie, maçon à Bessé (dioc. du Mans), 1732 (copie).

5750 Mlle Chevoté, 1733.

5751 Dossier concernant la guérison miraculeuse de Pierre Gautier à Pézenas (dioc. d'Agde), 1733.

5752 Marguerite Loisel de Ste. Clotilde, religieuse du Calvaire du Faubourg St. Germain à Paris, 1733.

5753 Mad. Ruel, marchande du Palais à Paris, 1733.

5754 Pierre-Antoine Malouet, confrère de l'Oratoire du diocèse de Clermont, demeurant dans la maison de St. Martin de Miséré près Grenoble, 1734.

> N.B. Avec une lettre de M. de la Richardière à Mlle de Malnoë à Paris, 1734 mars 18.

5755 Bénigne Serrier, commis de la Congrégation de St. Maur en l'abbaye de St. Benoît sur Loire, 1734.

5756 Claude de la Leu à Paris, 1734. 2 actes.

5757 Madeleine-Thérèse Dumoulin à Paris, 1734.

> N.B. Cf. ses lettres et celle de son frère de 1735 à Mgr. Colbert nos. 5061 et 5062.

5758 Un enfant de neuf ans à Auteuil, 1735.

5759 Sœur M. J. Gibert dite de St. Paul, novice Hospitalière à l'Hôtel Dieu de Paris, 1736.

5760 N.N., 1736 (extrait d'une lettre à son frère, 1736 déc. 14).

5761 Mosar le fils, chantre à la paroisse de Ste. Marine à Paris, 1737.

5762 Marie-Marguerite Naudet à Saint-Aignan (dioc. de Bourges), 1738.

> N.B. Avec 2 certificats, une lettre du fr. Louis de St. Robert, religieux Feuillant à l'abbaye de Celles, à Mlle Naudet, 1737 déc. 28, et une de la veuve Mercier à Blois pour le P. Louis, 1738 nov. 4.

5763 Nicolas le Clerc, au Bourg d'Ouville l'Abbaye (dioc. de Rouen), 1739.

5764 Paul-Claude Le Blanc à Paris, 1740.

5765 Jouvancourt, chanoine régulier, s.d.

5766 P. Labat O.P., à Paris, s.d.

5767 Religieux à Arles, s.d. (après 1733).

5768 Jean-Charles Enselme, s.d.

5769 Fille domestique à Meaux, s.d.

5770 N.N., s.d.

Autres guérisons miraculeuses etc.

5771 Sœur Marie-Henriette de Bruc de Montplaisir, religieuse Annonciade, par l'intercession de Jacques II, roi d'Angleterre, 1703.

5772 Religieuse Ursuline à Bourg Argental (dioc. de Vienne) par la confession et la communion, 1691 (copie d'une lettre avec des notices de Vuillart et de Fouillou).

5772* Lettre de M. Morau, prêtre et directeur de la communauté de St. Clément à Nantes, à une de ses cousines au sujet de la mort de M. de la Noë Menard, prêtre et premier directeur de la même communauté, décédé le 15e avril 1717. Avec description de quatre guérisons miraculeuses, arrivées après sa mort. (copies).

5773 Anne Charlier, femme de François de la Fosse, à Paris, au jour de la Fête-Dieu, 1725.

5774 Marguerite Cousin à Paris par des reliques, 1727.

5775 Pierre Cussonet à Lyon, par les prières du P. Celoron, prêtre de l'Oratoire, 1727.

5776 Anne Augier à Avenay (dioc. de Reims), sur le tombeau de M. Rousse, chanoine appellant d'Avenay, 1727.

5777 Marie Boucher à Chemellier (dioc. d'Angers), dans l'église de N.D. des Ardilliers, 1731.

5778 Déclaration de deux chirurgiens à Paris sur la maladie de Marie-Jeanne Fourcroy, 1732.

5779 Henry Pal, à la métairie de Merle près Sauve (Cevennes), 1732.
N.B. Avec 2 lettres et actes notariales.

5780 Lettre de Narcis à Paris à sa tante sur la guérison miraculeuse de celle-ci, 1733.

5781 Fleurie Tamisier à Saint-Galmier par l'intercession de Notre-Dame du Puy, 1736. Avec une lettre, s.d.

5782 Miracles, opérés au Calvaire du rempart d'Arras, 1738.

5783 Relation de la maladie de maître Fargues, s.d.

5784 Relation d'une trouvaille miraculeuse dans la paroisse de Saint-Médard à Paris, s.d.

5785 Relation de ce qui se passe dans un Bénédictin convulsionnaire Dom Monpied, de l'abbaye de Montaulieu près Carcassonne, s.d.

5786 Relation sur des convulsions dans la paroisse St. Claude, hameau de Morée, diocèse de Blois, s.d.

Mémoires et copies de lettres sur les convulsions

5787 Réflexions sur les miracles de M. de Pâris, 1731 sept. 14.

5788 Discours d'une convulsionnaire à l'occasion de ce qu'avoient dit M. M. Duguet et d'Asfeld, 1733 février s.j.
N.B. Avec extraits de lettres imprimés, 1733.

5789 Difficultés sur l'état miraculeux des convulsionnaires, contre les condamnations par M. M. Duguet et d'Asfeld, s.d. (1733?). Avec réponse (?).

5790 Système des convulsionnaires sur l'état présent et avenir de l'Église et sur l'œuvre des convulsions, 1733 février.

5791 Mémoire sur l'œuvre des convulsions, 1733.
5792 Lettres sur les miracles de M. de Pâris, 1734 févr. 15 et 1737 juin 4.
5793 Lettres sur les convulsions (sans adresse, ni date).
5794 Nouvelle idée sur les convulsions, ou Projet de réunion entre les Appellants au sujet de cette œuvre; lettre d'un docteur à un ami (par M. Albert, s.d.).
5795 Conférence de M. Rigaut sur les convulsions, s.d.

Charlotte Colbert de Croissy, religieuse à St. Antoine de Paris, abbesse de Maubuisson (née à Nimègue 26 mai 1678, † à Maubuisson 26 mars 1765)
Lettres reçues de:
5796 Colbert de Croissy, Charles-Joachim, évêque de Montpellier, 1697–1720. 4 lettres.
N.B. De la lettre du 27e octobre 1718 la fin manque.
5797 Lemoyne, sœur Marie-Anne, religieuse à Hautebruyère, 1731 oct. 20 (copie).
5798 Lustrac, abbé de, à Troyes, 1734 oct. 31.
5799 Menguy, abbé, 1720. 2 lettres.
5800 Petitpied, Nicolas, 1734 sept. 24.
N.B. Adressée à: Madame (mon respect pour vous Madame, et pour toute votre sainte communauté).
5801 Platel Renault, Antoine, 1738 mai 11.
5802 Pomponne, abbé de, 1727 déc. 27 (copie).

De Cormis, avocat à Aix
5803 Lettre de Charles-Gaspard-Guillaume de Vintimille du Luc, archevêque de Paris, 1731 mars 29.

Abbé Christophe Coudrette, prêtre du diocèse de Paris, (Le Prieur) (1701–1774)
Actes
5804 Acte d'appel et profession de foi, 1739 oct. 21/1749 juin 19.
5805 Déclaration de l'abbé Coudrette sur son attitude envers les Jésuites pendant sa vie, 1768 janv. 17 (originale et copie).

Lettres reçues de:
5806 Cadry, Jean-Baptiste, 1742–1754. 4 lettres.
N.B. L'attribution des lettres de 1744, 1751 et 1754 n'est pas certaine faute d'adresse.
5807 Le Vacher, (1740?)–1742. 4 lettres.
N.B. 1742 juin 10 avec adresse: M. le Prieur.
5808 N.N., (1738?) samedi 14 juin.
5809 N.N., 1739 mai 22.
N.B. Avec lettre de l'auteur de L'état de la dispute sur la crainte et la confiance, 1739 mai 5 (copie?).
5810 N.N., s.d.
5811 N.N., s.d. (Pour M. Prieur).

Minutes de lettres à:
5812 Bes., 1732 août 14.
Boursier (?), 1740 janv. 25.
Leberche (?), 1740 janv. 20.
N.N., (1740?), 2 lettres.
5813 Notices sur les habitudes et les actes et d'autres pièces incomplètes.

De Courcelles

5814 Lettre de N.N., 1735 oct. 31.

5815 Lettre de N.N., 1739 juin 10.

   N.B. Avec une copie des lettres de D. M. Varlet, évêque de Babylone, à l'archevêque d'Utrecht Th. van der Croon, 1739 mars 12 et 15.

5816 Réflexions de M. Gaultier (?) sur les conséquences de la mort de Mgr. Th. van der Croon, archevêque d'Utrecht, 1739.

5817 Observations sur le sacre d'un nouvel évêque (coadjuteur ou suffragan) dans la province ecclésiastique d'Utrecht, (1739).

5818 Lettres de l'abbé de Courcelles à Nicolas Le Gros (Dupont) concernant le sacre d'un nouvel archevêque après la mort de Mgr. Th. van der Croon et la question des contrats usuraires, 1739 juin 19–septembre 19.

De Court, chevalier de l'ordre royal et militaire de St. Louis, à Paris

5819 Lettres de Jean-Louis du Buisson de Beauteville, évêque d'Alais, 1764. 6 lettres.

Pierre Croz, prêtre, chanoine et sacristain de l'église collégiale de Ste. Anne de Montpellier

Actes

5820 Testament, 1730 avril 25.

   N.B. Ce testament ordonne la distribution après sa mort d'une somme de 14 Louis d'or de la valeur de 24 livres chacun et de 10 écus blancs de la valeur de 6 livres chacun aux ecclésiastiques de Montpellier qui ont été dépouillés de leurs bénéfices à cause de leur appel, et nommément à Mrs. Bonnafous, ancien prieur de St. Sauveur, et Dumois, ancien chanoine du même chapitre.

5821 Acte d'appel du P. Pasquier Quesnel, 1717 juillet 15, enregistré à l'officialité de Montpellier, à la requête de Pierre Croz, prêtre, chanoine-sacristain de Ste. Anne de Montpellier, 1717 juillet 31.

Lettres reçues de:

5822 Aigouyn, curé à Ganges, 1721 mai 18.

5823 Baumelle, curé à St. Clément, 1721. 2 lettres.

5824 Bermond, archiprêtre à Combaillaux, 1721 mai 16.

5825 Brunet, Jean, O.S.B., 1730 mai 1.

5826 Bugnac, prêtre de St. Julien à Montpellier, 1721 mai 14.

5827 Cambon, Colomban, O.S.B., 1724 oct. 21.

5828 Celoron, Claude, prêtre de l'Oratoire, du diocèse de Paris, 1728.

5829 Chaumond, François, O.S.B., 1724 oct. 16.

5830 Cottet, Jacques-Louis, curé de St. Hilaire à Sens, 1722 déc. 5.

   N.B. Avec notice de Dilhe: À un amy.

5831 Fabier, curé à Casillac, 1721 mai 25.

5832 Haguenot, prieur de St. Vincent, 1721 mai 22.

5833 Huez, L., prêtre de l'Oratoire, à Troyes, 1724 nov. 4.

5834 Jaunay, Étienne, prêtre de l'Oratoire, s.d.

5835 La Bedoyere, François Bon Huchet de, sousprieur de St. Julien de Tours, 1721. 2 lettres.

5836 La Borde, Bernard de, et Rocquemont, J. de, prêtres de l'Oratoire, à Saumur, 1728 août 17.

5837 Lhuillier, Samuel, et Prévost, Florentin, O.S.B., à Saint-Georges de Bocherville (dioc. de Rouen), 1727 oct. 24.

5838 Palerne, fr. Jean, à Monbrison, 1736 juin 1.

5839 Tilladet, Michel Cassagnet de, évêque de Mâcon, 1724 mars 31.

Danjan (à Paris?)
5840 Lettre de Gaultier, curé de Savigny-sur-Orge, 1772 janv. 28.

Dom Jean Daret O.S.B., prieur du prieuré de St. Quentin lez Péronne (dioc. de Noyon)
5841 Copie de la correspondance de Dom Jean Daret sur l'appel, la liberté des élections etc., 1721–1724.
5842 Lettre au P. Alaydon, 1730 nov. 24 (incomplète).

Estienne Debonnaire (Guérin), chartreux à Schonauwe
5843 Lettre à N. N., 1726 mai 24 (minute).

Père Deschamps de l'Oratoire à Paris
5844 Lettre de Jean Soanen, évêque de Senez, 1736 oct. 21.

Mlle Despoisses à Écouan
5845 Lettre de l'abbé Coudrette, (1736? 1741?) mardi 21 février.

Léonard Dilhe (Des Ormes, Du Perron, Du Plessis, Dupuy, Ferrand?, Ranchin?, le Solitaire)
Actes etc.
5846 Acte de protestation, faite à l'Assemblée générale du clergé de France à Paris, par Léonard Dilhe, diacre du diocèse de Montpellier, fondé de procuration par C. J. Colbert de Croissy, évêque de Montpellier, contre une délibération sur cet évêque et sur sa doctrine, 1725 oct. 10.
5847 Déclaration de M. Dilhe, dans laquelle il désavoue et rétracte par avance tous les actes qu'on pourrait arracher de lui par surprise ou par violence, signée par lui-même et par son domestique J. B. Warin, 1726 nov. 18.
5848 Attestation de L. Dilhe, donnée à son domestique pendant leur séjour à La Bastille, 1727 janv. 6.
N.B. Avec notice: Ecrit en encre de suie faute d'autre et de papier.
5849 Déclaration de L. Dilhe pour confirmer ses témoignages contre la bulle Unigenitus et au sujet du Formulaire contre les cinq propositions, 1727 mars 1.
5850 Déclaration de L. Dilhe sur sa catholicité et acte d'appel contre la constitution Unigenitus, signé de son sang, 1727 avril 8.
5851 Acte de dépôt (avec expédition) de trois déclarations de L. A. cardinal de Noailles, archevêque de Paris, datées 22 août 1728, 24 septembre 1728 et 26 février 1729, chez les notaires Raymond et De Langlard à Paris, par Mre. Léonard Dilhe, prêtre, agent de l'évêque de Montpellier, 1736 avril 17.
5852 Déclaration de Léonard Dilhe qu'il a mis en dépôt par l'entremise de l'abbé Sartre, dans la bibliothèque des Pères de l'Oratoire à Paris, une caisse de papiers et de manuscrits dont il était le dépositaire, 1764 mai 23 (avec une liste approximative).
5853 Brouillons originaux du journal de la captivité de M. Dilhe, prêtre de Montpellier, prisonnier à La Bastille en 1726 et 1727.
N.B. Les trois premières parties de ces brouillons ont été écrites entre les règles des pièces imprimées suivantes: I. Relation de ce qui s'est passé à la découverte, la descente et la

procession de la chasse de Sainte-Geneviève en 1725 et de ce qui a suivy jusqu'au 14 juillet. – II. Arrest du Conseil d'Estat du Roy, portant suppression d'un Écrit imprimé sous le titre de Requeste à Son Éminence M. le Cardinal de Noailles, du 18. May 1726. – III. Arrest du Conseil d'Estat du Roy, portant suppression d'un réquisitoire du Procureur Général au Parlement de Bretagne, du 4. May 1726.

5854–5856 Journal de la captivité de M. Dilhe, 1726–1727. Copies faites en trois exemplaires par J. B. Warin, son domestique, collationnées et signées par les deux. Le troisième exemplaire est le plus complet parce que M. Dilhe y a ajouté les noms des personnes et indiqué les passages de l'Écriture Sainte. Il y a joint aussi un plan de La Bastille. Quelques lettres et actes qui s'étaient égarés, ont été retrouvés après et on les trouvera plus loin dans cet inventaire.

Lettres reçues de:

5857 Ambroise de Paris O.F.M. Cap., 1725 août 3.

5858 Bagnols, de, 1740 nov. 20.
N.B. Adressée à: Mon cher Solitaire.

5859 Barbaroux, curé de Thorame Basse, 1742 janv. 8.
N.B. Cette lettre contient un précis de la vie de l'évêque de Senez Jean Soanen.

5860 Barchman Wuytiers, Corneille-Jean, (pseud.: Delvaux), archevêque d'Utrecht, 1727–1730. 3 lettres.

5861 Bertrand, solitaire, (= Charles Leroi, prêtre?), 1766.

5862 Bonnafous, prêtre à Montpellier, 1724 juin 25.

5863 Boursier, L. F., 1745 mars 27.

5864 Braux, fr. H., (1741).

5865 Cadillac, à Narbonne, 1724 juin 3.

5866 Caussel, 1717–1720. 2 lettres.

5867 Caylus, Charles de, évêque d'Auxerre, 1723–1744. 49 lettres.
N.B. La fin de la lettre de 1744 juillet 24 a été arrachée.

5868 Cheron, J., curé de Sagy, 1738 juin 13.

5869 Colbert de Croissy, Charles-Joachim, évêque de Montpellier, 1718–1736. 17 lettres.

5870 Colbert de Croissy, Charlotte, abbesse de Maubuisson, 1733–1756. 4 lettres.

5871 Colbert de Torcy, 1739 déc. 21.

5872 Coste, André-Louis, et Fau, Louis-Henry, O.S.B., de l'abbaye de St. Étienne de Caen, 1721 oct. 7.

5873 Coudrette, 1740 janv. 25.

5874 Croz, Pierre, prêtre, 1719 oct. 11.

5875 Dugué Demornay, s.d.

5876 Duguet, J. J., 1724. 3 lettres.
N.B. Ajouté: Mémoire sur Mgr. Colbert et la signature du Formulaire (écrite par Mlle Mol, nièce de M. Duguet).

5877 Estève, E. P., 1730 mars 23.

5878 Étemare, J. B. Le Sesne de Ménille d', 1727–1768. 16 lettres.
N.B. 1739 févr. 18: copie d'une lettre de Mgr. Soanen à d'Étemare, avec notice de celui-ci.

5879 Florian, Declari, prêtre de l'Église Anglicane à Londres, ci-devant curé dans les diocèses de Montpellier et de Nîmes, 1727–1728 et s.d. 3 lettres.

5880 Fouillou, Jacques, 1732–1735. 39 lettres.
N.B. Quelques lettres n'ont pas de date.

5881 François-Marie de Boulogne O.F.M. Cap., à St.-Honoré, 1725 avril 8.

5882 G., à Fontenay, (1725) juin 14.

5883 Goulard, vicaire général de l'archevêché de Paris, 1723–1724. 3 lettres.
5884 Guitaud, l'abbé de, 1736 janv. 20.
5885 Hoffreumont, S., à Amersfoort, 1729 févr. 15.
5886 Houasse, Dom Benoît, prieur des Chartreux retirés en Hollande, et autres, à Den Ham, 1727 mai 7.
5887 Joseph de Paris O.F.M. Cap., 1725. 2 lettres.
5888 Juliard, abbé de, 1737 août 14.
5889 Liarant, F., ancien curé de Mézy, sacristain de St. Pierre de Pontoise, 1738 juin 16.
5890 Martin de Saint-Florentin O.F.M. Cap., 1728 janv. 11.
5891 Massillon, de l'Oratoire, 1741 août 27.
5892 Meindaerts, Pierre-Jean, archevêque d'Utrecht, 1764 déc. 28.
5893 Nivelle, 1719–1738. 3 lettres.
5894 N.N., 1720 févr. 7.
    N.B. Incomplète. Sur une guérison miraculeuse par l'intercession du P. Quesnel.
5895 N.N., à Auxerre, 1725. 2 lettres.
5896 N.N., 1728 déc. 5.
    N.B. Sans adresse. Destinée à M. Dilhe? Sur l'abbé De Bonnaire.
5897 N.N., s.a. (1731?) mars 24–mai 3. 12 lettres.
    N.B. Dans la lettre du 31e mars l'auteur parle du "nouvel évêque de Carcassonne" (peut-être Armand Bazin de Bezons, nommé 18 décembre 1730). La lettre du 24e avril est adressée: M.R. (Monsieur Ranchin?).
5898 Orry, J., curé de Milon, 1735 juin 25.
5899 Orval, religieux d', à Rhijnwijck, 1728–1729. 4 lettres.
    N.B. 1729 mars 12: copie de la carte de visite, donnée et lue par C. J. Barchman Wuytiers, archevêque d'Utrecht.
5900 Perrin, prêtre de l'Oratoire, à St. Just (dioc. de Montpellier), 1719 nov. 14.
5901 Pinondel, prêtre de la Congrégation de la Mission, à Richelieu, 1724 oct. 18.
    N.B. Avec l'adresse de Mlle Le Tourneux à Paris et avec notice: Desormes.
5902 Renou, prêtre de la Congrégation de la Mission, à Sens, 1724 juillet 16.
5903 Sartre, 1738 oct. 4 (relation de son voyage à l'abbaye de St. Polycarpe).
5904 Soanen, Jean, évêque de Senez, 1729–1740. 74 lettres.
5905 Steenoven, Corneille, archevêque d'Utrecht, 1724 déc. 26.
5906 Thibaut, François, (Desfarges), O.F.M. à Rijnwijk (Riswik), 1725 sept. 30.
5907 Varlet, Dominique-Marie, évêque de Babylone, 1724 (après oct. 15).
    N.B. La lettre fait mention de "la cérémonie que nous avons faite", sans doute la consécration de l'archevêque Steenoven.
5908 Verson, Nicolas de, Chartreux à Val Profonde, 1723. 2 lettres.
    N.B. Avec copies de lettres de Nicolas de Verson à M. Dufour, curé de St. Martin-sur-Renelle, à Rouen, 1722 déc. 28 et 1723 mai 10, à M. Frigard, prêtre de Louviers en Normandie, et deux professions de foi, 1723 juin 25.

    Minutes de lettres à:
5909 Lettre circulaire après sa sortie de La Bastille, 1727.
5910 Caylus, Charles de, évêque d'Auxerre, 1744 mars 31.
5911 Colbert de Croissy, Ch. J., évêque de Montpellier, 1727 mai 5.
5912 Fleury, André-Hercule cardinal de, 1726 nov. 18.
5913 Florian, 1727 déc. 6.
5914 Goulard, 1723–1724. 4 lettres.
5915 Meindaerts, Pierre-Jean, archevêque d'Utrecht, 1764 déc. 2.

5916 N.N., 1720 mars 22.
    N.B. Sur la vie et la mort du P. Quesnel.
5917 N.N., 1724 déc. 22.
5918 N.N., 1731 sept. 8 (fragment).
5919 N.N., 1734 juillet 1.
5920 N.N., 1758 juillet 25.
    N.B. Touchant les disgraces qu'éprouvaient les Jésuites.
5921 Mémoire sur un concile national pour la Constitution, s.d.

Copies
    N.B. Quelques-unes de ces copies paraissent avoir été employées pour les Nouvelles Ecclé-
    siastiques, et celles des lettres de Mgr. Soanen, évêque de Senez, pour leur publication.
5922 Pièces concernant le concile d'Embrun, 1727.
    N.B. Consultation des Docteurs, 1727 juillet 20.
    Mandement de Mgr. Soanen, 1727 août 1.
    Actes de protestation de Mgr. Soanen, 1727 août 11 et 18, sept. 7 et 9.
    Consultation des avocats, 1727 sept. 13.
    Actes de protestation de Mgr. Soanen, 1727 sept. 19, 22, 24 et 27.
5923 Copies de lettres, écrites aux évêques de Montpellier et de Senez, et à d'autres
    sur le Formulaire et sur la constitution Unigenitus, 1724–1728. 1 tome (1054
    pages).
    N.B. Pour la plupart les autographes de ces lettres selon une notice de Mlle Rachel Gillet se
    trouvent aussi dans cet inventaire-ci. C'est pourquoi on ne l'a pas cru nécessaire de les
    spécifier ici. La première partie de ces copies est de l'écriture de M. Dilhe, la seconde
    est copiée par son domestique J. B. Warin. À la fin de ce tome plusieurs pages ont été
    endommagées par d'humidité et ainsi devenues illisibles.
5924 Copies de lettres de Mgr. Jean Soanen, 1711–1740 et sans date, rassemblées pour
    la publication (en ordre chronologique).
5925 Écrit sur le pouvoir de l'homme (p. 17–81).
    N.B. Fragment; les pages 1–16 manquent.
    Différence des trois systèmes Thomiste, Molinien et Augustinien par rapport à
    la prédestination gratuite et la grace efficace (p. 81–116).

Copies de lettres diverses.
5926 Lettre de l'ancien procureur général à M. Bailly de Montaram, scholastique et
    chanoine de l'église d'Orléans, 1754.
    Extrait d'une lettre de M. Nivelle à M. Ber(che?), 1739 août 2.
    Lettre circulaire de l'ancien évêque de Mirepoix Jean-François Boyer O. Theat.
    aux évêques, à l'occasion du Jubilé accordé par le pape, 1745 mai 24.
    Lettres du Sr. Gautarel, ministre protestant, à l'évêque de Montpellier George-
    Lazare Berger de Charancy, 1744 oct. 11, et du curé de Ste. Anne à Lyon, M.
    de Villebrun, à l'évêque sur ce sujet, 1744 déc. 30 (en double).
    Lettre de M. Hérault à l'évêque de Montpellier C. J. Colbert de Croissy sur L.
    Dilhe, 1727 juin 4.
    Lettre de Darcy, contenant le récit d'une cérémonie de consécration d'un autel
    à l'abbaye de Pontigny, par Mgr. de Caylus, évêque d'Auxerre, 1749 nov. 20.
    Extraits de lettres de M. Fouillou, 1731–1735.
    Extrait d'une lettre de La Chaise-Dieu, 1739 juin 20.
    Extrait d'une lettre de N.N. sur "les trois volumes de M. Gaultier", 1756 juin 16.
    Lettres de Louis-François-Gabriel d'Orléans de la Motte au roi, 1752. 3 lettres.
    Lettre de l'abbé de Margon à l'abbé de la Pause, son frère, sur sa conversion,
    1742 févr. 10.

Lettre écrite de Pézenas sur les miracles opérés dans l'église de St. André à Agde, 1745 juin 12.

Copies de mémoires, relations etc.

5927 Extraits de la vie de la sœur Marguerite du St. Sacrement, Carmélite à Beaune, imprimée en 1654. (copie par L. Dilhe).

Dernières paroles de M. Louail, 1724 (copie en double par L. Dilhe).

Abrégé des Traitez de piété pour l'instruction et la consolation des Religieuses de Port-Royal par Jean Hamon (1 vol. Amsterdam 1727), p. 255 jusqu'à la fin.

Mémoire de D. Michel Roze, religieux d'Orval, envoyé à ses confrères, réfugiés à Rhijnwijck, 1727 (copie de Th. de Viaixnes).
N.B. Avec notice: Pour M. Desormes.

Profession de foi de D. Antoine Pierot, religieux de l'abbaye d'Orval à Rhijn-wijck, 1728 janv. 5 (copie de Th. de Viaixnes).

Protestation de 51 docteurs de Sorbonne contre l'exclusion des appellants de la constitution Unigenitus, 1729 nov. 4 (copie).

Épitaphe de Mgr. Corneille-Jean Barchman Wuytiers, archevêque d'Utrecht, mort à Rhijnwijck 1733 mai 13.

Relation exacte d'un accident tragique causé par le tonnerre en l'église de Montigné, évêché de La Rochelle, 1740 déc. 11.

Relation fidèle de ce qui s'est passé à Baillargues (dioc. de Montpellier) au sujet d'une fille dont le corps a été trouvé entier, 1743 mars 17.

Relation de la mission faite à Montpellier en 1742 par le Sr. Bridaine, missionnaire, 1743.

Relation de la mission faite à Provins (dioc. de Sens), par les Pères Jésuites ainsi nommés: Duplessis, chef, Catelain, Perrein, Fleuri, en mai 1744.
N.B. Cf. Nouvelles Ecclésiastiques 1744, 183.

Mémoire sur le refus des sacrements et de la sépulture à M. de Masclary de Beauvezet, trésorier de France, vétéran au bureau des finances de Montpellier (au mois de juin 1745).
N.B. Cf. Nouvelles Ecclésiastiques, 1746, 73–79.

Chapitre 2 du 3e volume de l'ouvrage du ministre intitulé: Traité des préjugez (Preuve que le culte des Saints est une idolatrie, tirée du procès qui est entre les Missionnaires de la Chine et les Jésuites), c. 1745.

Mémoire, adressé à l'évêque de Bethléem Louis-Bernard La Taste O.S.B. par les Capucins, 1748 juillet 3.
N.B. Avec un avis de fr. Jean Verninac O.S.B. concernant dom La Taste, 1738 juillet 17.

Mémoire sur la fondation des Dames Carmélites de Troyes, (après 1749).

Mémoire au sujet du remède qu'il faut prendre pour arrêter les inconvénients qui naissent de l'interdiction des confesseurs, c. 1750.

Extrait et traduction d'une feuille anglaise (Le journal de Westminster, 7 avril 1753) qui porte un jugement sur les disputes entre la Cour et le Parlement sur l'esprit du Roy.

Le P. Dossolin, prêtre de l'Oratoire à Bourges, († 28 avril 1754)

5928 Notice sur le conflit entre l'évêque de Riez Louis-Balthazar Phélippeaux d'Herbault et l'abbé Dandon, archidiacre de Grasse, qui s'était déclaré à Riez contre les appels, 1717.

Lettres concernant l'exil du R. P. Dossolin, prêtre de l'Oratoire, 1740–1743.

Prière pour la Congrégation de l'Oratoire au sujet de la constitution Unigenitus et du Formulaire qu'on leur propose.

Apologie des prêtres de l'Oratoire de Marseille au sujet de la constitution Unigenitus, adressée à Mgr. Henri-Xavier de Belsunce, évêque de cette ville, 1737 juillet 31.

Exhortation aux fidèles pour les affermir dans leur opposition à la constitution Unigenitus, malgré le petit nombre d'évêques Appellants qui vivent encore, et la multitude d'évêques acceptants qui les effacent, 1743.

Lettre aux P. P. Bazourdi et Landroville sur l'acceptation de la Constitution, 1742 mars 27.

Lettre à l'évêque d'Angers Jean de Vaugirauld pour lui demander des éclaircissements sur les difficultés qu'on trouve à recevoir la constitution Unigenitus.
N.B. Mgr. de Vaugirauld était en fonction 1730–1759.

Réponse à la lettre d'un Père de l'Oratoire à un de ses confrères sur la soumission aux dernières décisions de l'Église et principalement à la bulle Unigenitus de Clément XI.

Très humbles réprésentations des religieuses persécutées au sujet de la constitution Unigenitus à leurs Seigneurs archevêques et évêques.
N.B. En double; avec supplément.

Lettre sur un refus de sacrements. Examen de cette question: Si l'Église a reçu la Constitution, ou si elle ne l'a point véritablement acceptée.

Cas de conscience et réponse pour une religieuse en but au faux zèle des partisans de la Bulle.

Copie fidèle de l'acte d'acceptation de la bulle Unigenitus, faite par le P. Terrasson le 8e juin 1744. Observations sur l'acte d'acceptation du P. Terrasson.

Épitaphe de Mgr. C. J. Colbert de Croissy, évêque de Montpellier.

Abbé Doyen à Paris
5929 Lettres de J. . . . à Saint-Comes lez Tours, 1746–1751 et s.d. 3 lettres.
Lettre de N.N., s.d. (avant 1731 déc.).

Frère Paul Drouyneau, dépositaire des Ermites du Mont Valérien
Actes
5930 Procès-verbal de la visite du curé de Suresnes et de son chapelain à la communauté du Mont Valérien, 1732 avril 4.
Procès-verbal de la visite du curé de Ste. Opportune, M. Aubin Brillon de Jouy, accompagné de M. Mançais, prêtre et chapelain de St. Germain-l'Auxerrois, à ladite communauté, 1732 avril 30.
Procès-verbal de la visite du curé de Ste. Opportune M. Brillon à ladite communauté, 1732 mai 23.
Acte d'appel du frère Paul Drouyneau de sa déstitution et de l'élection d'un autre dépositaire, 1732 mai 28 (minute).

Lettres reçues de:
5931 Cosnac, abbé de, grand vicaire de Paris, 1730–1732. 7 lettres.
5932 Crépagne, abbé de Châron, curé de Suresnes, 1732 avril 5.

Minute
5933 Lettre à l'abbé de Cosnac, 1732 avril (entre 4 et 11).

Mademoiselle Dubois à Toulouse
5934 Lettre de N.N., à Tours, 1729 avril 9.

Du Coudray
5935 Lettre de l'abbé Coudrette, à Paris, 1760 avril 11.

Jacques-Joseph Duguet
N.B. Voir aussi les cotes 1280–1285.
Lettre reçue de:
5936 M. Vacher, s.d.

Minutes ou copies de lettres à:
5937 Boileau, 1696 déc. 3, sur l'ordonnance dc l'archevêque de Paris du 20e août 1696, avec réfutation de cette lettre du 11e mars 1697.
5938 B(oursier, L. F.?), docteur de Sorbonne, 1724 oct. 28.
N.B. Extrait de la main de Mad. Mol.
5939 Colbert de Croissy, Ch. J., évêque de Montpellier, (Hermant), 1723 août 23 et s.d. 3 lettres.
5940 Comte de Crux, 1723 janv. 13.
5941 N.N., s.d., et au P. de Breuil, 1686.
5942 V(ertus), Mlle de, s.d.

Copies
5943 Exercice de piété pendant la Messe (fragment).
5944 Règlement donné par M. Duguet pour une personne de la Cour qui voulait se convertir, (avant 1704).
N.B. Le manuscrit nomme comme confesseur M. François Hébert, plus tard évêque d'Agen (1704–1728).
5945 Lettre à un inconnu, traitant quatre questions concernant la bulle Unigenitus (minute), c. 1720.
N.B. Écriture de Mad. Mol (?).

Duchey, procureur du roi au Présidial d'Auvergne, à Riom
5946 Lettre de Mgr. Jean Soanen, évêque de Senez, 1736 juillet 31.

Du Mesnil à Paris
N.B. Peut-être le nom Du Mesnil pourrait être un pseudonyme de M. d'Étemarc.
5947 Lettre de fr. Pierre Ermar, à Saumur, 1732 juillet 19.

Jean Dupasquier, prêtre et chanoine de Senez
Acte
5948 Permission du roi pour Jean Dupasquier, prêtre et chanoine de Senez, de retourner à Senez, 1728 (copie notariée).

Duplessis à Chilly
Lettres reçues de:
5949 Fulgence O.F.M. Cap., à Paris, 1762 août 25.
5950 Gaultier, F. L., curé de Savigny-sur-Orge, 1753 sept. 26.

Estève, prêtre, prieur à Saint-Vincent à Montpellier
5951 Lettre de George-Lazare Berger de Charancy, évêque de Montpellier, 1744 oct. 23.
   N.B. Avec minute de la réponse, 1744 oct. 25.
5952 Hymnes pour la fête de la Délivrance de Montpellier.

Jean-Baptiste Lesesne de Ménilles d'Étemare (Depreau, de Ranton, Rigobert, de la Rivière)
Lettres reçues de:
5953 Gennes, le P. de, prêtre de l'Oratoire, 1739 mars 7.
5954 Jubé, Jacques, 1729 janvier-avril. 3 lettres.
5955 Pouget, père, 1704 sept. 2 et s.a. déc. 21.
5956 Soanen, Jean, évêque de Senez, 1726–1733. 2 lettres.
   N.B. 1726 nov. 29 avec adresse: Abbé de Ranton.
5957 Tourouvre, Armand-Jean de la Voue de, évêque de Rodez, 1724 déc. 19.
   N.B. Copie par M. d'Étemare, avec copie d'une lettre de l'évêque au P. Fouquet, 1724 nov. 20.

Minutes, extraits et copies de lettres etc.
5958 Réflexions sur les miracles, 1731 juillet 18.
5959 Lettre à M. de Becherand, 1732 janv. 25.
   Lettre à N.N., 1731 déc. 20 (incomplète).
   Lettre à Mad. N.N., 1732 janv. 1.
5960 Réponse à une consultation sur les convulsions dans laquelle on examine ce qu'il faut penser de cette œuvre et par quelle face on doit l'envisager, 1733 avril 13.
5961 Copie d'une lettre écrite à M. d'Étemare sur le système des Vaillandistes, 1734 oct. 27, avec réponse du 8e nov. 1734.
5962 Réponse à un ami de province sur ce qu'il faut penser de la Consultation et de l'anathème prononcé par cet ouvrage contre toute sorte de convulsions, 1735 mars.

Lettres à:
5963 Pavie de Fourquevaux (de Valbon), 1765 nov. 30.
5964 Grandchamps (Sinesi), 1757 déc. 7.
5965 Joubert, abbé, 1759–1760. 3 lettres.
5966 Philippe, Dom, 1762 févr. 14.
   N.B. Écriture de G. Dupac de Bellegarde.
5967 Texier, 1768 juin 19.
5968 Diverses personnes inconnues, 1741–1763. 6 lettres.

Copies
5969 Notes sur les volumes de Montgeron.
   N.B. Louis-Baptiste Carré de Montgeron, La vérité des miracles opérés par l'intercession de M. de Pâris.
5970 Deux principes phanatiques (concernant la Congrégation du Calvaire).
5971 Notice que le défaut de soumission à la constitution Unigenitus est un péché mortel et un cas réservé dans le diocèse d'Amiens, selon le nouveau bréviaire, donné par l'évêque Pierre Sabatier, s.d. (vers 1720).
   Notice sur le P. Hardouin.

5972 Problème. Extrait de l'écrit de M. d'Étemare: Suite des Réflexions sur la captivité de Babylone.
5973 De l'état de la nature pure.
5974 Conférence préliminaire sur le Prophète Isaye (incomplète).
5975 Explication de plusieurs prophéties touchant la conversion des Juifs.
5976 Parallèle abrégé de l'histoire du peuple d'Israel et de l'histoire de l'Église.
5977 Extrait sur le système de St. Grégoire, le grand pape, sur l'Antéchrist et les maux de l'Église.

François de Fitz-James, évêque de Soissons
5978 Lettre du Père de l'Oratoire, Jannart, à Paris, 1758 févr. 6.

Minutes
5979 Mémoire pour les évêques qui ont condamné le livre du P. Pichon (brouillon), c. 1750.
5980 Considérations sur le bref du pape (qui condamne une instruction pastorale), (1762).
N.B. Cf. A. Gazier, Histoire générale du mouvement janséniste. II, 95-96.

André-Hercule cardinal de Fleury
5981 Extrait du registre de baptêmes de l'église paroissiale de St. Fulcran de Lodève touchant le baptême de Hercules de Fleury, fils de Jean de Fleury, sieur de Die, et de Madame Diane de la Trelhie, né 22 juin, baptisé au 14e juillet 1653, expédié 1677 mai 17.

Fontaine de la Roche, rédacteur des Nouvelles Ecclésiastiques
Lettres reçues de:
5982 N.N., 1728 mai 28. Avec acte de rétractation de la signature du Formulaire et de réappel de la bulle Unigenitus par Dom Jacques Danquin O.S.B. de l'abbaye de N.D. de Breteuil en Picardie.
5983 N.N., s.a. (1761?) mai 26.
N.B. Sur le Nécrologe de Port-Royal.
5984 Portail, C. Johanne du, Père de l'Oratoire, à Saumur, 1731 déc. 24.
N.B. Concernant la guérison miraculeuse de Mad. des Landes, épouse de M. Huard, marchand-épicier à Saumur. Cf. Nouvelles Ecclésiastiques 1731, 134.
5985 Soanen, Jean, évêque de Senez, 1734 mars 6.

Abbaye de Fontfroide Ord. Cist.
5986 Procès-verbal de la pénitence régulière et correctionnelle, imposée à trois religieux de l'abbaye de Fontfroide (dioc. de Narbonne) et à un de celle de Cherlieu (dioc. de Besançon), appellants des ordonnances de l'abbé de Clairvaux, par les commissaires de cet abbé, coupables de désobéissances etc. et pour avoir pris et détourné des deniers et de l'argenterie, servant à l'usage des hôtes, appartenant à l'abbaye de Fontfroide, et en avoir disposé, 1715 oct. 5.

Père Forestier, prêtre de l'Oratoire à Nevers
5987 Lettre de Jean Soanen, évêque de Senez, 1737 sept. 3.

Père Foucquet de l'Oratoire
5988 Lettre de l'abbé Boursier, 1732 nov. 16.
5989 Lettre à C. J. Colbert de Croissy, évêque de Montpellier, 1724 (minute).

Jacques Fouillou (de la Place)
Acte
5990 Thèses de Sorbonne, 1698 juillet 28 (imprimées).
N.B. Endommagées par d'humidité.

Lettres reçues de:
5991 Boileau, 1722 janv. 4.
5992 Boursier, L. F., 1717–1735. 3 lettres.
5993 Desessarts, M. A., 1735 août 28.
N.B. Avec copie d'une lettre du Père de l'Oratoire Longueil et d'autres à Mgr. Colbert, 1735 août 24.
5994 Dilhe, L., 1735 déc. 18.
5995 Ligny, de, chanoine à Douai, s.d.

Minutes
5996 Mémoire sur les thèses, soutenues dans le collège des Jésuites à Grenoble contre l'abbé de Saint-Cyran, 1732.
Observations, envoyées de Rome et traduites de l'italien, sur la bulle Pretiosus.

Copies
5997 Lettre d'Antoine Arnauld, s.d., avec des notices de Fouillou.
Notice sur les dernières paroles de l'évêque (Eustache) de Bellay, écrite 14 mars 1675, avec annotation de Fouillou.
N.B. Concerne probablement Eustache de Bellay qui était évêque de Paris 1551–1564.
Abrégé de la persécution des Pères Seigliers, de Trans et d'Argombat S.J., s.d.
N.B. Avec notice de Fouillou.

Jean-Baptiste de Pavie de Beccarie de Fourquevaux
5998 Lettres de J. B. d'Étemare, 1737, 1757–1767. 11 lettres.
5999 Lettres à l'abbé d'Étemare (minute et copie), 1739–1765. 2 lettres.

Madame Frenaye, sœur de Mgr. Soanen
Lettres reçues de:
6000 Silva, médecin, 1739 août 5.
6001 Soanen, Jean, évêque de Senez, 1720–1730. 2 lettres.

M. Frenaye Descassières, neveu de Mgr. Soanen
6002 Lettres de Jean Soanen, évêque de Senez, 1737–1738. 2 lettres.

Lieutenant Frenaye et Mad. Frenaye, lieutenante, à Gannat, neveu et nièce de Mgr. Soanen
6003 Lettres de Jean Soanen, évêque de Senez, 1716–1732. 2 lettres.

Les sœurs Jeanne-Thérèse et Marie-Agnès Frenaye, religieuses de la Visitation à Riom, nièces de Mgr. Soanen

6004–6006 Lettres de Jean Soanen, évêque de Senez à:

6004 Sœur Jeanne-Thérèse Frenaye, 1703–1707. 9 lettres.

6005 Sœur Marie-Agnès Frenaye, 1703–1707. 6 lettres.

6006 Les deux sœurs ensemble, 1708–1736. 250 lettres.

Gagne, chanoine de St. Étienne de Dijon

6007 Lettre à l'abbé Le Mannier, grand vicaire du diocèse de Langres, 1717 avril 28 (copie).

Le marquis de Gardouch

6008 Lettre de Jean Soanen, évêque de Senez, 1738 oct. 15.

Jean-Baptiste Gaultier, (1684–1755), grand vicaire du diocèse de Boulogne jusqu'en 1724, bibliothécaire de Mgr. Colbert 1724–1738

Acte

6009 Extrait du registre des baptêmes de la paroisse de Notre-Dame à Louviers concernant le baptême de Jean-Baptiste Gaultier, fils de Jean Gaultier et d'Anne Langlois, le 16e novembre 1684, 1702.

Lettres reçues de:

6010 Caylus, Charles-Daniel-Gabriel de, évêque d'Auxerre, 1748 janv. 5.

6011 Colbert de Croissy, Charles-Joachim, évêque de Montpellier, 1724 oct. 11.

6012 Étemare, J. B. d', 1725 déc. 15.
N.B. Sans adresse, probablement à Gaultier.

6013 Langle, Pierre de, évêque de Boulogne, 1717 janv. 14.

6014 Mol, Mad., 1730 janv. 30.

6015 Ségur, Jean-Charles de, ancien évêque de Saint-Papoul, 1742 févr. 1.
N.B. Avec copie par Mlle Rachel Gillet.

Minutes de lettres à:

6016 N.N., 1740 sept. 9.

N.N., s.d.

N.N., Mlle, s.d.

Souillac, Jean-George, évêque de Lodève, (1748).
N.B. Sur sa lettre pastorale contre le P. Pichon du 3é février 1748 voir: Émile Appolis, Le Jansénisme dans le diocèse de Lodève au XVIIIe siècle (Albi 1952), p. 191–198. La minute ne mentionne pas le nom du destinataire qui doit avoir été l'évêque de Lodève.

Brouillons de divers écrits de théologie etc.

6017 Écrit sur la question, si la grâce suffisante est donnée à tous.

6018 Écrit contre la signature pure et simple du Formulaire.

6019 Écrit sur la bulle Unigenitus.

6020 Préjugés legitimes contre la bulle Unigenitus.

6021 Lettre contre la bulle Unigenitus et le refus des sacrements, en réponse à un avis à lui adressé au sujet de ceux qui n'étant point soumis à la Bulle, demandent les sacrements.

6022 "La foi des Appellants justifiée contre les calomnies de M. de Charancy".
N.B. George-Lazare Berger de Charancy était évêque de Montpellier 1738–1748.

6023 Remontrance du Parlement au roi au sujet de l'emprisonnement, ordonné par le Parlement au curé de St. Étienne du Mont à Paris, (1750).

6024 Traité sur l'espérance chrétienne.

6025 Écrit contre les lotteries.

6026 Réponse à la question, si une religieuse est dans une voie d'illusion, quand elle observe sa règle.

6027 Remarques sur les lettres de St. François de Sales concernant la véritable méthode de bien prêcher.

6028 Volume contenant:

Traité sur "le droit du Prince sur les biens du clergé".

Traité "Si les biens du clergé peuvent être soumis à la levée du vingtième".

Commentaire d'un mandement de M. de S(ouillac, évêque de Lodève) qui a paru en 1748 contre la doctrine du P. Pichon.

Observations sur les doctrines des Jésuites.

Observations sur le mandement de M. Maigrot, vicaire apostolique de la province de Fo-kien (Chine), publié en 1693.

Traité sur la religion des Malabares, 1752 (avec copie).

Brouillon d'une lettre pastorale contre une thèse, soutenue en Sorbonne.

N.B. Pour Mgr. Colbert?

Traité contre le livre intitulé: Essai de philosophie morale.

Réfutation du livre intitulé: Les Mœurs, 1749 mars.

N.B. Avec notice à la fin que cet écrit de M. Gaultier, prêt à imprimer, ne l'a pas été dans le temps, faute d'imprimeurs.

Réfutation d'écrits sur la religion naturelle et le philosophisme et le matérialisme du 18e siècle.

6029 Volume contenant:

Lettres (17) à "Monsieur" contre la dissertation du P. Berruyer sur l'Écriture Sainte.

N.B. Le commencement de la première lettre manque.

Examen du précis fait par le P. Berruyer de deux de ses dissertations.

6030 Écrits contre le Père Hardouin.

Pièces concernant les P. P. Hardouin et Berruyer.

Procès-verbal des réponses du P. Berruyer aux interrogations du Commissaire du Parlement, 1756 avril 12/13 (copie).

Addition, ordonnée par arrêt du Parlement pour être jointe à la nouvelle collection des conciles, faite par le P. Jean Hardouin, Jésuite, (en français et en latin), 1722. Avec arrêt du roi 1725. Imprimés.

Avis des censeurs nommés par le Parlement de Paris pour examiner la nouvelle collection des Conciles par le P. Hardouin, 1750 (imprimé).

Déclaration du Père Provincial des Jésuites et des supérieurs de leurs maisons de Paris, touchant un ouvrage intitulé: Histoire du peuple de Dieu ... par le P. Isaac-Joseph Berruyer, 1753 (imprimé). Avec une liste des ouvrages manuscrits du P. Hardouin, gardés à la Bibliothèque du roi.

6031 Pièces concernant George-Lazare Berger de Charancy, évêque de Montpellier 1738–1748.

Mandement de M. de Charancy, évêque de Montpellier, contre M. Gras, curé de Lansargues, appellant au futur concile, 1740 sept. 10.

Défense de la vérité et de l'innocence outragée dans la lettre pastorale de M. de Charancy du 24e septembre 1740 (imprimée, incomplète).

Lettre à M. de Charancy, évêque de Montpellier, en réponse à sa lettre pastorale, au sujet d'un écrit trouvé dans son diocèse, 1740 nov. 15 (imprimée).

Plainte et protestation de Jean Gras, curé de Lansargues, et de Thédorit Mercier, curé de Saint Aunez d'Aurous (dioc. de Montpellier), excommuniés par M. de Charancy, 1740 déc. 17 et 27 (imprimée).

Lettre des prêtres Rigal, Laussel, Coulet et Solas à M. de Charancy, 1741 nov. 8.

Critique sur l'édition du Catéchisme de Montpellier, donné par M. de Charancy.

N.B. Y ajoutée: Liste des changements, faits au 1er abrégé de ce catéchisme, imprimé par ordre de Mgr. Colbert, dans une nouvelle édition de ce même abrégé . . . par ordre de M. de Charancy (entre 1738 et 1748).

6032 Pièces concernant l'usure.

Délibérations des docteurs de Sorbonne sur la question, si les propriétaires de contrats de rente peuvent rejeter les dixième et autres taxes sur ceux qui paient les rentes, 1738.

Liste de divers ouvrages sur l'usure, 1551–1736.

Lettre sur l'usure (copie).

Jugement de M. Gaultier sur le Traité des prêts de commerce, imprimé en Hollande en 1738.

2e mémoire pour Hollande sur les contrats de rente constituée.

Examen de cette notice: Si le dommage naissant et le gain cessant sont des titres légitimes pour stipuler dès le commencement du contrat l'intérêt d'un argent que l'on prète.

N.B. Avec notice: Cet écrit est plein de recherches curieuses, mais l'auteur a poussé la matière trop loin et avance des principes outrés sur certains chefs. On ne doit point en faire usage sans être retouché et corrigé.

Des payemens anticipés dans les contrats de rente et d'achat.

Du contrat d'assurance.

De l'usure maritime (brouillon).

Copies de divers traités et dissertations.

6033 Lettre sur le Spinosisme.

6034 Fontenelle, Élémens de la Géométrie de l'Infini, Préface (copie par Gaultier).

6035 Réponse à une dissertation de M. Arnauld contre un Éclaircissement du traité de la nature et de la grâce, dans laquelle on établit les principes nécessaires à ce même traité (par Gaultier) (copie du 18e siècle).

6036 Passage concernant I. le dogme, II. la morale, et III. la discipline de l'Église et l'histoire ecclésiastique; tirés de divers ouvrages de St. Augustin. 3 cahiers.

6037 Passages tirés de divers Pères de l'Église et auteurs ecclésiastiques. 15 quaternes.

6038 Plan de l'Épître de St. Paul aux Romains (chapitres I–VI). 7 cahiers.

6039 Sur les miracles de M. de Pâris.

6040 Conférences sur les sacrements de l'Ordre et de la Pénitence.

Notices

6041 Notices sur la question: Si les curés sont d'institution divine.

6042 Notices sur l'Église, son indéfectibilité et ce qui constitue ses jugements.

6043 Recueil de passages des Pères contre le fard et le rouge.

6044 Règles sur le mariage (notices de divers auteurs etc.).

6045 Divers fragments et notices, entre autres contre la bulle Unigenitus.

6046 Liste des princes excommuniés par les papes aux 12e et 13e siècles.

6047 Invectives des Payens contre les Chrétiens.
6048 Notices sur les auteurs de divers siècles et matières de doctrine.

Léonard Gefrard, prieur de l'abbaye de Bourgueil
6049 Lettre de fr. Louis Philippe, à Léon, 1733 nov. 12. Avec extrait d'une lettre de Dom Corentin le Barzie, procureur du monastère de Léon à Dom François Barjon, religieux de Marmoutiers, 1733 nov. 27.

Julien-René-Benjamin de Gennes, prêtre de l'Oratoire
6050 Thèse. Quaestio theologica: Quis operatur omnia in omnibus?, 1718 août 29 (imprimée).

Abbé Étienne Gourlin (Garlenius, Gurlaenius, Gurlinius)
Lettres reçues de:
6051 Beauteville, Jean-Louis du Buisson de, évêque d'Alais, 1762–1770. 24 lettres.
    N.B. 1764 nov. 1 avec brouillon d'une réponse à un bref du pape Clément XIII contre l'évê-
    que.
    1765 janv. 18 avec mémoire de ce qui est à craindre de l'Assemblée du Clergé de France
    contre la personne et les écrits de M. d'Alais.
    1765 févr. 14 écrite par Th. Ribes, chanoine et vicaire général, avec postscriptum de
    l'évêque.
6052 Bottari, Giovanni, à Rome, 1763 août 3 (III Nonas Sextilis), avec des copies de deux lettres du "Conjector Transpadanus, 1763 mai 1 (Kalendis Mai; le commencement manque) et août 1 (Kalendis Sextilis).
6053 Caylus, Charles de, évêque d'Auxerre, 1741–1753. 18 lettres.
    N.B. Avec des copies par Mlle Rachel Gillet.
    1748 sept. 6, avec postscriptum de Devez.
6054 Duhamel (Robert), s.a. juillet 2.
    N.B. Faute d'adresse l'attribution n'est pas sûre.
6055 Fitz-James, François de, évêque de Soissons, 1755–1762. 13 lettres.
    N.B. Ci-joint: Nouvelles Ecclésiastiques, 1764 sept. 22, contenant l'acte d'adhésion de cet
    évêque à l'Instruction Pastorale de l'évêque d'Alais, Jean-Louis du Buisson de Beaute-
    ville, 1764 juillet 11 (imprimé).
6056 Georgi, Agostino Antonio, augustin à Rome, s.d. (après 1773).
    N.B. Voir la minute de la lettre du 22e août 1771, ci-après no. 6061.
6057 Montazet, Antoine de Malvin de, archevêque de Lyon, 1765–1766. 2 lettres.
6058 Nannaroni, Michele M., O.P., à Rome, 1771–1772. 3 lettres.
6059 Simioli, Giuseppe, chanoine abbé, directeur du Séminaire de Naples, 1771. 2 lettres.

Minutes de lettres à:
6060 Foggini, Pier Francesco, 1771 sept. 10.
6061 Georgi, 1771–1773 et s.d. 3 lettres.
6062 Nannaroni, Michele Maria, O.P., 1771 juillet 13.
6063 N.N., 1750 juillet 7.
6064 Simioli, Giuseppe, 1771. 2 lettres.

Copies
6065 Écrit de Caen. Contre les catéchismes de Seez, 1734 (brouillon corrigé).
6066 Table des catéchismes, cités ou indiqués dans le *Mémoire de Messieurs les Curés de Sens.*
    N.B. Notice dorsale: Les Appellans justifiés par les Catéchismes, surtout par celui de Trente.

6067   Sixième lettre d'un Théologien (M. Gourlin) à l'Éditeur des œuvres posthumes M. Petitpied (brouillon et original). 2 volumes.

Dom Grangier O.S.B., à Chanteuges
6068   Lettres de Jean Soanen, évêque de Senez, 1730–1731. 2 lettres.

Guénin de Saint-Marc, (le B.H.), rédacteur des Nouvelles Ecclésiastiques
Lettres reçues de:
6069   Dupac de Bellegarde, abbé Gabriel, 1781 nov. 12.
6070   Extrait d'une lettre écrite de Ruremonde sur la manière d'agir d'un Jésuite en rapport avec un héritage, 1761 déc. 7. avec postscriptum de Dupac de Bellegarde. Adresse: Pour Monsieur de S.M.
6071   Mey, abbé, à Lyon, 1781. 2 lettres.
6072   Mouton, J. B., 1768 avril 17.
6073   Torné, abbé, à Paris, 1765 avril 14.

Guerrier, Pierre, prêtre de l'Oratoire
6074   Manuscrits du P. Guérier, contenant:
Écrit trouvé sur M. Pascal après sa mort, avec la note que le P. Guerrier y a jointe.
Extraits de quelques lettres de M. Pascal à Mlle de Roannez.
Pensées de Pascal.
Lettre de M. Pascal au P. Annat, Jésuite, confesseur du roi.
Les points que j'ai à demander à M. l'abbé de St. Cyran.
Pensées de Pascal qui n'ont point été imprimées.
Les Jésuites.
Vers de la sœur Jacqueline de Ste. Euphémie Pascal sur le miracle opéré à Port-Royal, (1656).
N.B. Imprimés: Faugère, Lettres de Jacqueline Pascal, p. 148.

Abbé de Guitaud, à Époisses et à Paris
Lettres reçues de:
6075   Drouhin, prêtre à Vigny, 1717 juin 4.
6076   Le Fèvre de Caumartin, Jean-François-Paul, évêque de Blois, 1728 mars 28.

Abbé Hennequin
6077   Lettre au cardinal de Noailles, archevêque de Paris, 1712 (copie).

Himbert, prêtre de la Congrégation de la Mission
Lettres reçues de:
6078   Blaise, prêtre de la Mission, 1724 oct. 8.
6079   Fiefvet, prêtre de la Mission, 1724 juillet 25.

Jaunard, prêtre de l'Oratoire, bibliothécaire de Saint-Honoré à Paris
6080   Lettre du prince Damigné au Mans, 1776 juillet 10, avec testament spirituel de feu Louis-Julien Langlois, chanoine de St. Pierre du Mans, 1767 juillet 10.

Claude-Romain Jobard, curé d'Évry-sur-Seine, supérieur du séminaire des Missions Étrangères à Paris
Actes
6081 Délibérations à faire sur l'état du séminaire de Paris, établi pour les Missions Étrangères par M. Bigot, curé de Limay, 1725.
6082 Consultation de M. Jobard sur les affaires du séminaire pour les Missions Étrangères, 1725 (copie).

Lettres reçues de:
6083 Lemaire, F., prêtre, missionnaire en Siam, 1723–1725. 2 lettres.
N.B. 1723 nov. 10: destinée aux Directeurs.
1725 nov. 9 avec copie de sa lettre aux mêmes du 3e nov. 1725.
6084 Quérelay Tessier, Jean-Jacques, évêque de Rosalie, à Mahapram, 1725 nov. 16.
N.B. Avec copie de sa lettre du même date à M. M. Brisacier et Tiberge, directeurs du séminaire des Missions Étrangères à Paris.
6085 Roost, André, vicaire général de la Mission de Siam et supérieur du collège de Mahapram, 1725 nov. 16. Avec mémoire sur les accusations, répandues contre lui par Jean de Lollière, ci-devant missionnaire apostolique, 1725 nov. 15, et déclarations en sa faveur, données par des divers ecclésiastiques, 1724–1725.

Copies
6086 Lettres de l'évêque de Sabule (Zabulon), Louis Cicé, vicaire apostolique de Siam, et de l'évêque de Rosalie Jean-Jacques Quérelay Tessier, son coadjuteur, et d'autres au cardinal de Noailles et à M. Jobard, 1726 (copies).
6087 Lettre de l'évêque de Sabule (Zabulon), vicaire apostolique de Siam, et de l'évêque de Rosalie, son coadjuteur, à M. M. de Brisacier et Tiberge, directeurs du séminaire des Missions Étrangères à Paris, 1726 (copie).
6088 Copies de lettres à ou de missionnaires etc., concernant la bulle Unigenitus, 1717–1724 et s.d.

Mademoiselle Françoise-Marguerite de Joncoux
6089 Lettres de Jean Soanen, évêque de Senez, 1714–1715. 6 lettres.
N.B. 1714 nov. 3 de la main de M. Garsin, prêtre de Castellane.
Ces lettres s'adressent à: Monsieur. Cf. Lettres de Soanen, I, p. 16 note a.

Dom Joseph de Saint-Martial, prêtre religieux Feuillant, à Paris, élu général par l'Assemblée des Feuillants
Lettres reçues de:
6090 Les religieux de la Congrégation de Notre-Dame de Feuillants, 1725 mai 26 (copie).
6091 François de St. Laurent et Louis de St. Robert, religieux Feuillants, à Tours, 1725 juin 2.

Joubert, prêtre de Montpellier
Minutes ou copies de lettres, adressées à:
6092 Beaupré, de, son frère, 1756 janv. 14.
B. curé de la D.D.H., dioc. de N., 1758–1761. 2 lettres.
Étemare, abbé d', 1758 janv. 27.
6093 Colbert de Croissy, C. J., évêque de Montpellier, 1724–1736. 2 lettres.

Dom André Jounel (?)
6094 Lettre d'Armand-Jean de Rancé, abbé de la Trappe, 1695 déc. 3.

Mademoiselle Jupine, fille dévote de Bruxelles
6095 Lettre d'Antoine Arnauld, 1682 févr. 28.
N.B. Fragment. La fin manque.

Pierre de la Broue, évêque de Mirepoix
Minutes et copies de lettres, adressées à:
6096 Alègre, la marquise d', 1720 avril 17.
6097 N.N., 1714–1720. 6 lettres.
6098 N.N., son neveu, 1720 juillet 4, 12 et 18. 3 lettres (en double).
6099 Noailles, Louis-Antoine cardinal de, archevêque de Paris, 1711–1716. 5 lettres.
6100 Recueil de copies de lettres et de divers autres documents concernant la bulle Unigenitus, 1714–1720, provenant de l'évêque de Mirepoix Pierre de la Broue. 1 vol.

Madame de la Bruyère
6101 Lettre de Jean Soanen, évêque de Senez, 1736 août 24.

Dom Lacoste O.S.B. de St. Vigor, à Bayeux
6102 Lettre de Jean Soanen, évêque de Senez, 1737 janv. 19.

Copies
6103 Actes de protestation, 1733–1737.
Testament spirituel, 1743.

Abbé Laigneau
6104 Lettre du chapitre d'Utrecht au doge de Venise, 1725 juin 7.
N.B. Copie par Th. de Viaixnes.

Abbé Lambert
6105 Lettre au curé de Palaiseau, 1715 déc. 2 (minute).

Lamoureux de St. Jean, prêtre dans l'hôpital de Bicêtre, à Paris
6106 Lettres de Jean Soanen, évêque de Senez, 1726. 3 lettres.

De Langlard, avocat au Parlement de Paris
Lettres reçues de:
6107 Colbert de Croissy, Charlotte, abbesse de Maubuisson, 1738–1759. 3 lettres.
6108 Martelly, Antoine, théologal d'Agde, 1741 août 21.

Pierre de Langle, évêque de Boulogne
Acte
6109 Extrait des registres de l'Officialité de Boulogne sur l'enregistrement des mandements et de l'acte d'appel de l'évêque de Boulogne de 1720, et sur l'accord des lettres Apostolos, 1721 mars 12.

Lettres reçues de:
6110 Abbadie d'Arbocave, Bernard d', évêque de Dax, 1723 juin 14.
6111 Colbert de Croissy, Charles-Joachim, évêque de Montpellier, 1723 juillet 14.
6112 Fagon, Antoine, évêque de Vannes, 1723 juin 18.
6113 La Voue de Tourouvre, Jean-Armand de, évêque de Rodez, 1723 juin 15.
6114 Lorraine d'Armagnac, François-Armand de, évêque de Bayeux, 1723 juin 3.
   N.B. À la fin se trouve copie de sa lettre aux Agents du Clergé.
6115 Quiqueran de Beaujeu, Honoré de, évêque de Castres, 1723 mai 27.
6116 Rezay, Cyprien-Gabriel-Bernard de, évêque d'Angoulême, 1723 juin 6.
6117 Ruth d'Ans, Ernest, chanoine de Ste. Gudule à Bruxelles, 1721 nov. 13 (la fin manque).
6118 Soanen, Jean, évêque de Senez, 1720–1723, 2 lettres.
   N.B. 1720 avril 21 s'adresse aussi à l'évêque de Montpellier Ch. J. Colbert de Croissy.
6119 Verthamon, Jean-Baptiste de, évêque de Pamiers, 1723 juin 13.

   Minutes de lettres
6120 Lettre des évêques de Montpellier et de Boulogne aux évêques appellants, 1720 mars 20, signée par les deux auteurs.
6121 Lettre circulaire de l'évêque de Boulogne Pierre de Langle, 1720 déc. 26, écrite et signée par l'auteur.
6122–6123 Lettres de l'évêque de Boulogne Pierre de Langle à l'évêque de Soissons Jean-Joseph Languet de Gercy.
   6122 Seconde lettre, 1723 févr. 25 (1ère et 2de partie avec double de 20 pages de la première; brouillon).
   6123 Troisième lettre, (1723). Avec brouillon par J. B. Gaultier.
6124 Noms des religieuses Annonciades de Boulogne, s.d.

   Le grand vicaire de feu l'évêque de Boulogne
6125 Verthamon, Jean-Baptiste de, évêque de Pamiers, 1724 juillet 2.

   Langlois, conseiller, secrétaire et fermier général du roi à Paris
6126 Lettre de son neveu Gaultier à Louviers, 1717 janv. 9.

   P. Hypolite Langlois (du Fresne), capucin apostat (protestant français) à Londres
6127 Lettre de Mlle Chardon à Saint-Vrain lez Paris, 1728 févr. 19.

   De la Porte, grand vicaire de Senez
   Acte
6128 Déclaration sur son départ en exil, 1731 déc. 10.

   Minutes de lettres à:
6129 Genet (Sartre), 1728 févr. 17.
   Villiers, Mlle de, 1728 févr. 17.

   De la Rivière, marchand à Aix
6130 N.N., 1732 et s.a. ou s.d. 5 lettres.
   N.B. Pour M. Audibert?

Marie-Anne La Tour d'Auvergne, religieuse Carmélite à Paris
6131 Extrait du livre mortuaire du couvent des Carmélites de St. Jacques à Paris sur la mort de la sœur Marie-Anne de St. Augustin d'Auvergne, 1753 mars 11 (certifié par sœur Félicité de Jésus).
Lettre de De Bourzès, 1731 nov. 3.
N.B. Endommagée par d'humidité.

Étienne cardinal Le Camus, évêque de Grenoble
Copies
6132 Lettre aux curés de son diocèse touchant les nouveaux convertis, 1687 avril 28, et bref du pape Innocent XI audit évêque sur le même sujet, 1687 oct. 18 (imprimés).
6133 Lettre au P. Bouchard, prêtre de l'Oratoire, sur les austérités corporelles, (avant 1707).

Le Fèvre, docteur de Sorbonne
6134 Lettres et actes concernant Le Fèvre, docteur de Sorbonne, et sa rétractation de sa signature du Formulaire, 1721 et s.d. (copies).

Le Gris, prêtre de l'Oratoire à Paris et à Soissons
6135 Lettres de Charles de Caylus, évêque d'Auxerre, 1739–1751. 26 lettres.

Le Quin, Dominicain
6136 Lettre de Charles de Caylus, évêque d'Auxerre, 1730 févr. 20.

Guillaume Le Roy, abbé de Haute Fontaine
6137 Lettres de Jean de Neercassel, évêque de Castorie, vicaire apostolique des Pays-Bas, 1683–1684. 2 lettres.

Abbé Le Vacher à Paris
Lettres reçues de:
6138 Nivelle, s.a. (1743?) janv. 26.
N.B. L'auteur fait mention du lundi prochain 31 janvier.
6139 Petitpied, N., 1739–1742. 3 lettres.

Minutes de lettres à:
6140 Boursier, L. F., (?), 1741 janv. 25.
Petitpied, N., (?), 1742 juin 26.

François-Armand de Lorraine d'Armagnac, évêque de Bayeux
Acte
6141 Acte de protestation contre la dénonciation de son mandement du 25e janvier 1722 sur des propositions du fr. de Gennes S.J., faite dans l'assemblée du clergé, 1725 oct. 9.
N.B. Les souscriptions de l'évêque ont été biffées.

Lettre reçue de:
6142 Pradines Popian, officier du pays de Caux, 1724 déc. 23.

Copies
6143 Lettre de M. de la Vrillière à l'évêque, 1723 avril 25, avec la réponse de celui-ci.
Lettre de l'évêque à M. de Maurepas, 1728 avril 9.
Lettre de l'évêque à M. le duc (d'Orléans), avec la réponse de celui-ci.

Dom François Louvard, prêtre, O.S.B. de la Congrégation de Saint Maur
Copies
6144 Relation de l'exil de Dom Louvard de St. Denis en 1720.
6145 Relation de la prise de Dom Louvard à St. Gildas des Bois en 1728.

Monastère des religieuses Bénédictines à Lyon
6146 Recueils de lettres concernant ces religieuses, 1733–1735.
6147 Profession de foi de 22 religieuses de ce monastère, dressée par M. Périchon, prévôt des Marchands à Lyon, 1733. Avec des réflexions sur cette profession.
N.B. Ces religieuses avaient signé la constitution Unigenitus.
6148 Lettre à une Dame, relativement à la cause de la Vérité, 1735 mars.

Mane, prêtre de l'Oratoire, à Lyon
6149 Lettre de Jean Soanen, évêque de Senez, 1735 mai 18.

Mariette, confrère de l'Oratoire
6150 Lettre de Jean Soanen, évêque de Senez, 1739 févr. 3.

Antoine Martelly, théologal d'Agde
Actes
6151 Acte d'adhésion à l'appel de la constitution Unigenitus, 1740 mai 25, et déclaration sur la guérison miraculeuse de Du Rocher, cocher de Mgr. Colbert, 1741 mai 1.
6152 Déclaration sur les affaires de l'Église, 1743 déc. 14.

Lettre reçue de:
6153 Anthelmy, Charles-Octavien d', prévôt de Fréjus, 1717–1719. 2 lettres.
N.B. Depuis 1726 M. d'Anthelmy était évêque de Grasse.

Copies
6154 Lettres du P. Pasquier Quesnel à M. Martelly, 1717. 2 lettres.

Mademoiselle Maur à Paris
6155 Lettre de Riollet, 1786 mai 22.

Madame de Montagny à Paris
Lettres reçues de:
6156 Dugué Demornay, s.d.
N.B. "Voilà un petit billet que Madame de Bagnols m'a envoyé de grand matin".
6157 Étemare, Jean-Baptiste d', 1732–1769. 20 lettres.
N.B. Quelques-unes de ces lettres sont en partie ou entièrement de l'écriture de Dupac de Bellegarde.
6158 Fourquevaux, Jean-Baptiste de, (Bonneval), 1732–1744 et s.d. 10 lettres.
6159 (Montagny, conseiller de grande chambre à Paris?), son neveu, (1738) oct. 2.
N.B. "Ma très chère Tante". Cette lettre doit être datée après la mort de Mgr. Colbert et avant celle de Mlle de Théméricourt (1738 et 1745). Cf. cote 3383.

Monastère de la Visitation à Montpellier
Actes
6160 Relation de l'élection de la sœur Marie-Françoise de Sueilles comme supérieure du monastère et la conduite de neuf sœurs opposantes, 1725 janv. 26. Avec extrait du livre du chapitre de la même date.
6161 Mémoire de l'élection de la supérieure (brouillon), avec notice concernant l'intervention de l'archevêque de Narbonne, 1725.

Lettre reçue:
6162 Lettre de sœur Marie-Céleste de la Visitation, à Rome, 1725 oct. 8.
Adressée à: Mes très chères Sœurs.

Minutes de lettres à:
6163 André-Hercule cardinal de Fleury, évêque de Fréjus, 1723–1727. 3 lettres.
6164 Duc d'Orléans, 1726 juin 6.
6165 Comte de Saint-Florentin, 1726 juin 6.
6166 Placet présenté au roi, 1726 juin.
6167 Une Altesse Royale, s.d. (1726).

Copies de lettres
6168 Lettre de Mgr. Colbert, évêque de Montpellier, au cardinal de Fleury, 1726 avril 23.
6169 Lettres de Honoré de Quiqueran de Beaujeu, évêque de Castres, au duc d'Orléans, 1720 avril 15 et 1726 juin 18.
6170 Lettre de sœur de Saint-Roman, religieuse de la Visitation à Montpellier, transférée dans le monastère des Ursulines de St. Charles de la même ville, à sa sœur, 1740 sept. 29.

Mouton, chanoine de Senez
6171 Lettre de Jean Soanen, évêque de Senez, 1736 janv. 14.

Abbé Nivelle
6172 Notes curieuses, probablement concernant l'œuvre de Carré de Montgeron sur les miracles, faits par l'intercession du diacre François de Pâris.

N.N.
6173 Lettre du P. Louis de St. Pierre du monastère des Feuillants de Chatillon-sur-Seine (dioc. de Langres), 1725 mai 18.
N.B. Avec comme annexes extrait des actes capitulaires de l'abbaye, 1725 avril 18, et acte de protestation contre le chapitre général de 1722 et contre les décrets de l'assemblée des supérieurs de 1725, 1725 mai 4.

N.N.
6174 Lettre de N.N. (à Monsieur), 1725 nov. 9.
N.B. Au sujet de l'autorité et infaillibilité du pape.

N.N.
6175 Lettres de M. Limozin, curé du St. Esprit de Lectoure, 1726. 2 lettres.
Adressée à un Ami.

N.N.
6176 Lettre de Jean-Baptiste Guyon O.S.B. à Marmoutiers lez Tours, 1729 mai 20.
N.B. Adressée à: "Mon très cher Monsieur". "Je salue mesdemoiselles vos sœurs".

N.N.
6177 N.N., 1749 août 5.
N.B. Sur le refus des Sacrements.

N.N.
6178 Lettre à N.N., s.d.
N.B. Sur le mariage (brouillon).

Fr. Étienne-Laurent Noailles O.P.
6179 Pièces concernant l'appel et le réappel (concile d'Embrun) du Frère Étienne-Laurent Noailles O.P. (actes et correspondance avec l'abbé Croz), 1722–1728.

Gaston-Jean-Baptiste-Louis de Noailles, évêque de Châlons-sur-Marne
6180 Lettre de Mlle Marguerite de Joncoux, 1715.

Louis-Antoine cardinal de Noailles, archevêque de Paris
Acte
6181 Acte de dépôt (avec expédition) de la commission pour informer des miracles de feu François de Pâris, diacre, donnée par L. A. cardinal de Noailles, archevêque de Paris, à Thomassin, docteur de Sorbonne, vice-gérent de l'officialité de Paris, chez les notaires Marchand et Bricault à Paris par Jean-Claude Péret, chanoine de l'église collégiale et paroissiale de St. Honoré de Paris, 1736 mars 8.

Lettres reçues de:
6182 Alexandre, curé de Gadancourt (dioc. de Rouen), 1728 avril 20.
6183 Avranches, prêtres du diocèse de, 1728.
6184 Baudouin, Claude, chanoine de Reims, et C. Philippe Thibaut, curé de La Roche-sur-Yonne (dioc. de Sens), 1728 mai 26.
6185 Bonnet, curé de St. Nicolas des Champs, à Paris, 1728 mars 31 (copie).
6186 Brulart de Sillery, Fabius, évêque de Soissons, 1702 sept. 24. Avec copies de ses deux lettres au Père de la Chaise, 1702 (copie).
6187 Camet, curé de Montgeron, 1720 juillet 12.
N.B. Avec annexe: requête des curés du doyenné du Vieux Corbeil, 1720 juillet 1 (copie).
6188 Caux, J., chapelain de Briis (dioc. de Paris), 1728.
6189 Chartreux de Paris etc. à Lugny et ailleurs, 1725 avril 10.
6190 Doncker, Theodorus, curé à Amsterdam, 1725.
N.B. Copie par Dom Thierry de Viaixnes.
6191 Évreux, curés du diocèse d', 1727.
6192 Fourgon, Barthélemy, prêtre de Lyon, 1728.
6193 Lorome, de, prêtre à Paris, 1716 févr. 18.
6194 Luçon, ecclésiastiques du diocèse de, 1728 mai 16.
6195 Maillard, prêtre exilé, 1728 mai 6.
N.B. Copie par L. Dilhe.
6196 Nantes, prêtres du diocèse de, 1728 avril 27.
6197 Normandie, curés de, 1728.

256

6198 Paris, curés, docteurs, ecclésiastiques etc. de, 1716–1728. 11 lettres.
N.B. 1716 déc. 19 et 1717 févr. s.j.: copies.
6199 Paris, curés et ecclésiastiques du diocèse de, 1717–1729. 7 lettres.
6200 Quiqueran de Beaujeu, Honoré de, évêque de Castres, 1725 (copie).
6201 Vaucocourt, M. Ch. A. de, curé de Magny-Lessart, 1729.

Minute et copie d'actes
6202 Déclaration pour expliquer son désistement qu'il a donné au sujet de son opposition au Bref du 12e octobre 1727 confirmatif du concile d'Embrun, 1728 août 22.
6203 Déclaration qu'il n'a jamais eu l'intention de recevoir la bulle Unigenitus, ni de révoquer son appel, 1729 févr. 26.

Minutes et copies de lettres.
6204 Benoît XIII, pape, 1729. 2 lettres.
6205 La Broue, Pierre de, évêque de Mirepoix, 1714 sept. 5.
6206 Première et seconde lettre du cardinal de Noailles et des évêques au roi au sujet de la constitution Unigenitus, 1714 janv. 14.
6207 Lettre des cardinaux de Rohan, de Bissy et de Fleury au pape, 1728 oct. 26.

Père Norbert O.F.M. Cap.
6208 Correspondance du P. Norbert, Capucin, et autres papiers le regardant, 1740–1745. Lettres originales, minutes et copies.
N.B. Le P. Norbert O.F.M. Cap. de la province de Touraine était missionnaire en l'Inde à Pondichéry. Entre autres il se serait permis des discours contre les Jésuites.

Congrégation de l'Oratoire
6209 Relation de ce qui s'est passé à l'Assemblée générale des Pères de l'Oratoire les 14e et 15e septembre 1746.

Chapitre d'Orléans
6210 Lettre de M. de Saint-Florentin, 1757 oct. 7 (copie).

Couvent des Ursulines de St. Charles à Orléans
6211 Suite du mémoire du couvent des Ursulines de St. Charles à Orléans, 1725 juin 5–1727 mars 22 (le reste manque).

Le Chef du Conseil à Paris
6212 Lettre de M. Fleur, curé de Ronchères, 1757 janv. 1.

Curés de Paris
6213 Requête des curés de Paris au roi, signée par le curé de Ste. Marguerite, Goy, 1728.

François de Pâris, diacre
6214 Extrait d'une lettre de l'abbé de Pâris à un de ses amis de Province, 1723 mars 16. Épitaphe de M. de Pâris, diacre, mort en odeur de sainteté 1 mai 1727, agé de 37 ans, enterré à St. Médard à Paris (imprimé).

De Pâris, conseiller, frère du diacre François de Pâris
6215 Lettre de Jean Soanen, évêque de Senez, 1734 févr. 24.

Dom Julien Pelé O.S.B. à Angers
6216 Lettre de Dom Baptiste Floyrac O.S.B., au Mans, 1735 mars 7, avec copie de la réponse, 1735 mars 18.

Nicolas Petitpied
Lettre reçue de:
6217 J. B. Gaultier, 1740 nov. 14.
N.B. Adressée à: Monsieur.

Minutes et copies de lettres à:
6218 Caylus, Charles de, évêque d'Auxerre, 1735 oct. 14 (extrait).
6219 Croon, Theodorus van der, archevêque élu d'Utrecht, 1734 juillet 12.
6220 Colbert de Croissy, Charles-Joachim, évêque de Montpellier, 1734–1737. 5 lettres.
N.B. 1736 oct. 28 avec copie de la réponse.
6221 (Gaultier, J.-B.?), 1741 avril 2.
6222 N.N., 1729 mai 15.
N.B. Sur des calomnies, répandues par le destinataire de la lettre.
Ci-jointe une copie moderne.
6223 N.N., 1741 févr. 4.
N.N., s.d. (fragment).
N.B. Avis sur l'enseignement de la théologie dans un séminaire.
6224 Soanen, Jean, évêque de Senez, (Éléazar), 1734 juin 6.
6225 Tour, Mlle de, 1737 avril 9.
6226 Mémoire sur le silence que gardent les Églises d'Allemagne et des autres états catholiques dans l'affaire de la constitution Unigenitus, qui fait depuis longtemps un si grand éclat dans l'Église de France, 1726.
N.B. Avec des corrections par Fouillou.

Copies
N.B. L'attribution de ces pièces à M. Petitpied a été faite par Mlle Rachel Gillet, mais on doute, si cela soit correct.
6227 Liste de divers écrits sur la confiance et la crainte, 1728–1740.
6228 Lettre servant de supplément à l'écrit qui a pour titre: Réflexions d'un Théologien etc.

Antoine Philopald, prêtre de la Congrégation de la Mission
Lettres reçues de:
6229 Bonnet, Jean, supérieur de la Congrégation de la Mission, 1724. 2 lettres.
N.B. 1724 juin 30, avec acte de dimission, 1724 juin 27.
6230 Paris, séminaristes des Bons Enfans à, 1724 juillet 5.
N.B. Avec copie de cette lettre par Philopald et minute de sa réponse, 1724 juillet 11 (V Idus Julii).
6231 R., 1724 juillet 16.

Copie
6232 Lettre d'un prêtre de la Congrégation de la Mission à un ami de la même Congrégation, 1724 juillet 21.

Jacques Pichard, prêtre de l'Oratoire à Notre-Dame de Grâce à St. Étienne-en-Forests († 1 février 1740)
Lettres reçues de:
6233 Fontaine des Montées, Charles, évêque de Nevers, s.a. (1723?) juillet 23.
N.B. "On pourra reculer l'assemblée générale jusqu'en 1725".
6234 Orléans, une religieuse à, 1739 janv. 30.

Pichard, secrétaire de l'évêque de Nevers
6235 Lettre de M. Le Brun des Marettes, s.d.
N.B. Avec minute de la réponse (?), 1735 janv. 13 et avril 17 (dimanche de Quasimodo).

Pichard, chanoine de l'église de St. Agnan à Orléans
6236 Lettres de Joubert, 1762–1763. 2 lettres.
6237 Lettres (brouillons) et notices, la plupart sans date, sans adresses et incomplètes.
6238 Principes sur la matière de l'Église (brouillon), 1749.
Explication des Lamentations de Jéremie.

Pichaud, doyen de Montaigu (dioc. de Luçon)
Minutes de lettres à:
6239 H., l'abbé d', 1727 oct. 10.
N.B. Le nom du destinataire a été changé et fait illisible.
6240 Rabutin de Bussy, Michel-Roger, évêque de Luçon, 1728 oct. 15.
N.B. Sur la tradition du diocèse de Luçon.

M. Pierre
6241 Lettre de Léonard Dilhe, (1740 déc.) 7.
N.B. "mercredi matin 7". Cette lettre a été écrite après le 4e décembre (lettre de Mgr. de Caylus à Dilhe) et avant la mort de Mgr. Soanen au 25e décembre 1740). Il n'est pas certain à qui cette lettre ait été destinée.

Dom Pierre de Ste. Susanne, religieux Feuillant à Paris
6242 Lettre du P. Antoine de Ste. Catherine (le Bieux?), religieux Feuillant, 1725 avril 29.

Pinondel, chanoine régulier à Paris
6243 Lettre de M. Pinondel, prêtre de la Mission, son frère, à Richelieu, 1724 déc. 2.

Le comte de Pontchartrain
6244 Lettres de l'abbé Bidal d'Asfeld, 1714, 4 lettres.

J. J. Pougnet (l'abbé de Beaumont, le chevalier de Beaumont, Bérard), neveu et secrétaire de Mgr. Jean Soanen, évêque de Senez
Lettres reçues de:
6245 Bernier, G., prêtre à Guerrande, 1727 oct. 19.
6246 Blacas, sœur de, religieuse de la Visitation à Castellane, 1739 nov. 25.
N.B. Écrite à l'autre côté d'une lettre de Pougnet à elle-même, 1739 sept. 7.
6247 Bonnet, prêtre de l'Oratoire, s.a. juin 3.
6248 Chastre, Claude-Louis de la, évêque d'Agde, 1730 mars 27 (fragment).
6249 Desseult, Mlle G. T. S., 1741 févr. 13.
N.B. L'adresse a été biffée.

6250 Devivié, à Bayonne, 1738 oct. 18.

N.B. Avec annexe: Déclaration de Pierre Reculés du Basmarein à Limoges sur sa guérison miraculeuse par l'intermédiaire d'un cordon ayant appartenu à Mgr. Jean Soanen, évêque de Senez, 1739 juillet 18.

6251 Ducasse, prêtre de la Doctrine Chrétienne, à Toulouse, 1759 sept. 26.

6252 Émilie, la sœur, de la part de Mad. de Mailly, 1735 juin 3.

6253 Gif, une religieuse de l'abbaye de, 1770 janv. 18.

6254 Meindaerts, Pierre-Jean, archevêque d'Utrecht, 1764 nov. 17.

6255 N.N. (P. Louis Dachery, chanoine régulier?), 1730 janv. 31.

6256 N.N., 1733 févr. 24.

6257 N.N., 1742 janv. 28.

6258 N.N., vicaire à M., 1738 janv. 7 (avec postscriptum de Berger).

6259 Renaize, 1741 janv. 17.

6260 Ségur, Jean-Charles de, ancien évêque de Saint-Papoul, 1735–1741. 3 lettres.

N.B. Avec des copies par Mlle Rachel Gillet.

6261 Ségur, Madame de, abbesse de Gif, 1740 janv. 14.

6262 Soanen, Jean, évêque de Senez, 1698–1700, 1737–1738. 11 lettres.

6263 Théodose de St. François, Père, 1725.

Copies de lettres à:

6264 Guerrier, Père, de l'Oratoire, 1737 sept. 22.

6265 N.N., 1739 mai 7.

Autres copies

6266 Projet du P. Tellier, manifesté par l'abbé Margon, 1716.

N.B. Avec notice de Pougnet que cet écrit est fait par M. Rigobert (= l'abbé d'Étemare).

6267 Notes sur la constitution Unigenitus, (après 1731).

6268 Relation de la dernière maladie et de la mort de la Mère Bérard de Ste. Dorothée, alliée de feu le Père Sonain (sic), évêque de Senez, 1742 oct. 4–26.

N.B. La Mère Bérard était religieuse de l'abbaye de Jouare (dioc. de Meaux). Voir: Nouvelles Ecclésiastiques, 1742, 197.

6269 Anecdotes sur la vie de Mgr. Jean Soanen, évêque de Senez, 1704–1727.

N.B. Ci-dedans copie d'une lettre du P. Quesnel à Mgr. Soanen, 1714 janv. 25.

6270 Mémoires extraits des petits cahiers que Mgr. de Senez avait fait et écrit de sa main, sur sa vie épiscopale et domestique, et les principaux événements de sa vie depuis 1700 jusqu'au 18e mai 1735.

N.B. Y ajoutées: Notes sur les lettres de Mgr. Soanen à ses nièces, les sœurs Frenaye à Riom, 1714–1731, par J. J. Pougnet.

6271 Réflexions diverses, 1720:

Sur l'autorité excessive que les Pasteurs du premier ordre s'attribuent;

Sur le silence que les Pasteurs du premier ordre prétendent imposer aux laïques, etc.;

Sur le témoignage verbal des laïques;

Sur la nature du témoignage que rendent les laïques;

Sur la censure de Sorbonne de l'an 1617;

Sur le droit de témoignage qu'ont les laïques en fait de Religion et de discipline ecclésiastique.

Juste Prévot, à La Chartreuse de Gaillon

6272 Lettres à son "cher frère", 1723. 3 lettres (minutes).

Le Père Pasquier Quesnel et la bulle Unigenitus (en général)

6273 Relation concernant prison et délivrance du P. Quesnel, et l'emprisonnement de plusieurs autres personnes. 1 tome.

N.B. Écriture inconnue; le manuscrit contient une notice de la main de Fouillou.
Le tome premier, où s'est trouvé le récit de l'emprisonnement du P. Quesnel, manque.
Les autres personnes, mentionnées dans ce manuscrit, sont comme suit: M. de Brigode;
P. Gerberon; Ernest Ruth d'Ans; M. Vandenesse, curé à Bruxelles; M. Hennebel; M.
Opstraet; Dom Thierry de Viaixnes; Dom Jean Thiroux.

Pièces concernant le Père Pasquier Quesnel

Actes

6274 Acte de dépôt avec expédition de la profession de foi du Père Pasquier Quesnel du 28e novembre 1719, chez les notaires Raymond et Langlard à Paris, par Mre. Léonard Dilhe, prêtre, agent de l'évêque de Montpellier, 1736 avril 17.

6275 Certificat de Léonard Dilhe sur l'inhumation du cœur du Père Quesnel, tiré de son corps par le chirurgien Plateman d'Amsterdam le 4e décembre 1719, dans la nuit du 28e au 29e avril 1722, sous le marchepied du maître-autel de l'église du séminaire de St. Magloire de Paris, 1722 avril 29.

6276 Le même certificat sur parchemin et en latin, signé par Natalis Le Bigre, Gabriel-Nicolas Nivelle, tous deux diacres de Paris, et Léonard Dilhe, sousdiacre de Montpellier, 1722 avril 29.

6277 Dernière déclaration du P. Quesnel, faite au lit de mort, 1719 (copie).

N.B. Ci-jointe: Fragment de sa profession de foi, (1714). La fin manque.

copie de lettre

6278 Lettre de Mgr. C. J. Colbert de Croissy, évêque de Montpellier, au P. Quesnel, 1716.

N.B. Copie par M. Croz.

Lettres à:

6279 La Tour, P. de, supérieur général de l'Oratoire, 1717 sept. 9.

6280 Martelly, 1718 févr. 14 (pour être communiquée à M. de Mairan).

6281 N.N., s.d.

6282 Orléans, duc d', (1717 janvier?).

6283 Soanen, Jean, évêque de Senez, 1714–1719. 5 lettres.

N.B. 1719 déc. 2 s'adresse aux quatre évêques appellants.

Copies

6284 Relation de M. le curé de Von (dioc. de Reims), touchant la conservation des 4 volumes du P. Quesnel dans l'incendie qui arriva à Von le 25e september 1727.

6285 Catalogue des ouvrages du Père Quesnel, 1674–1720, par L. Dilhe.

6286 Le P. Quesnel, justifié par le vrai Pinson, sculpteur de Dieppe, contre les calomnies du faux Pinson, curé de Loiré, 1721.

L'abbé Roard à Paris

6287 Lettre de Potier, prêtre, chanoine d'Époisses, 1717 août 5.

L'abbé H. E. F. de Roquette, prieur de St. Himer

6288 Lettre à l'évêque de Lisieux Henri-Ignace de Brancas, 1731 janv. 1 (copie).

N.B. Endommagée par d'humidité.

François Rouvière O.P.

6289 Lettre apologétique au Père Thomas Ripoll, général de l'ordre des Dominicains, 1728 juin 1.

N.B. Le P. Rouvière qui était exilé au couvent de Draguignan (dioc. de Fréjus), s'en était enfui à la maison de Rhijnwijck aux Pays-Bas.

Pierre Roussel, chanoine de la cathédrale de Châlons-sur-Marne

6290 Pièces concernant le procès de Jeanne Roland, veuve de Claude Roussel à Reims, contre le couvent des religieuses Carmélites du Pont-à-Mousson (dioc. de Toul) sur le séjour de sa fille Adrienne (sœur Magdelaine-Thérèse de St. François Xavier) et la réception de sa fille Henriette (sœur Jeanne de la Croix de St. Joseph) audit couvent, 1689–1698.

N.B. Probablement ce dossier provient de Mre. Pierre Roussel, chanoine de la cathédrale de Châlons-sur-Marne et fils de la veuve Roussel.

Ruelland, docteur en médecine à Paris

6291 Lettres de Samuel-Guillaume de Verthamon de Chavagnac, évêque de Luçon, 1742–1743. 7 lettres.

N.B. 3 lettres (1742 déc. 28, 1743 févr. 21 et mars 20) ont été signées: Maubuisson; 1743 a été signée: S. G. évêque de Luçon; les autres ne portent aucune signature.

Ernest Ruth d'Ans

N.B. Voir aussi les cotes 1506–1669.

6292 Narration succincte des faits et circonstances qui ont précédé et suivi la mort de M. Ernest Ruth d'Ans, prêtre, docteur en théologie etc. et chanoine de Ste. Gudule à Bruxelles, 1728 (copie).

Le comte de Saint-Florentin à Paris

6293 Lettre de Charles de Caylus, évêque d'Auxerre, 1736 déc. 26.

N.B. L'adresse a été biffée et l'attribution n'est pas tout à fait certaine.

De Saint-Hilaire, conseiller au Parlement de Paris

6293* Lettres de M. de Lafosse, chanoine régulier, prieur et curé de Fosses (par Lusarches) sur la vie et la guérison miraculeuse de sa mère Anne-Barbe Charlier, veuve de François de Lafosse, Me. Ébéniste à Paris, 1753–1767. Avec une description de sa vie et d'autres pièces.

N.B. Voir aussi no. 5773. Madame de Lafosse fut guérie miraculeusement à la Procession du Saint-Sacrement de la paroisse de Ste. Marguerite du faubourg St. Antoine à Paris. Elle entra aux Feuillantines et mourut le 3e juin 1760.

Le Père de Saint-Jean, prêtre de la Doctrine Chrétienne à Paris et ailleurs

6294 Lettres de Jean Soanen, évêque de Senez, 1721–1738. 27 lettres.

N.B. Les lettres de 1722 nov. 22 et 29 et déc. 29 dont le catalogue a fait mention, manquent.

Madame Sainte-Bathilde, religieuse du Valdône à Charenton

6295 Lettre de De Monty, à Paris, 1769 avril 3.

L'abbé Sarret, archidiacre de Montpellier

6296 Lettre à sa nièce, 1740 avril 17 (la fin manque).

Abbé Pierre Sartre (Genet), grand vicaire de Mgr. C. J. Colbert de Croissy, évêque de Montpellier

Acte

6297 Déclaration de Louis Augé à Paris sur une lettre en original du Père Senault S.J. à l'abbé de Becherand, chanoine de l'église cathédrale de Montpellier, en date du 31e décembre 1723 dont il avait pris copie pour une personne sûre et digne de foi (Sartre), 1724. Avec copies de quelques autres lettres du Père Senault, 1724.

Lettres reçues de:

N.B. Quelques-unes de ces lettres n'ont pas d'adresse, mais souvent elles font mention de l'évêque de Montpellier.

6298 Auvinet, à Candes, 1729 juin 4 (sans adresse).

6299 Couetquen, sœur Marguerite-Françoise de St. Augustin de, supérieure générale de la Congrégation du Calvaire, (1733?) juin 28.

6300 Dettey, prêtre, et Caillard, ancien chanoine, à Paris, 1727 août 16.
N.B. Sans adresse. Adressée à un ami.

6301 Duvergier, prêtre de la Doctrine Chrétienne, à Moissac, 1727 sept. 24 (sans adresse).

6302 Étemare, J. B. d', 1731–1767. 13 lettres.

6303 Fouillou, Jacques, 1733 oct. 26.

6304 Ledoulx, (de Laon), 1731 juillet 26 (sans adresse).

6305 Martelly, théologal d'Agde, 1733 août 5.

6306 Mézeray, ci-devant curé d'Auberville (dioc. de Lisieux), 1727 nov. 9. (sans adresse. En double).

6307 N.N., 1737 janv. 26.
N.B. Avec lettre d'Isoard, curé de Ste. Marine à Paris, 1735 janv. 29, et lettre de De la Salle à Paris, 1731 nov. 2, sur la guérison miraculeuse du dernier.

6308 Piou, André, à Tours, 1732 août 17 (sans adresse).

6309 Polier, ancien curé de N. D. de Montpellier, 1723 févr. 23.

6310 Potier, 1728 nov. 5. Adressée à un ami.

6311 Racine, à Rabastens, 1730 juin 29, avec déclaration sur la réception de sa signature du Formulaire, donnée par le curé Barreau, 1730 juin 12.
N.B. L'adresse a été biffée et l'attribution n'est pas certaine.

6312 Richard, N., curé de Vermenton (dioc. d'Auxerre), 1727 oct. 8 (sans adresse).

6313 Soanen, Jean, évêque de Senez, 1725–1738. 10 lettres.

Minutes de lettres à:

6314 Audibert, 1733 août 29.

6315 Soanen, Jean, évêque de Senez, 1714–1715. 12 lettres.

6316 Écrit sur le mariage (contrat civil et sacrement).

6317 Correspondance sur l'exil de l'abbé Sartre, 1724–1725 et s.d. (minutes et copies). 4 lettres.

Mlle Scalberge à Paris

6318 Lettre du P. Des Rocques, s.d.
N.B. Une petite partie à la fin de cette lettre, peut-être contenant le date, a été arrachée.

Jean-Charles de Ségur, évêque de Saint-Papoul

6319 Mandement, relatif à sa démission, 1735 févr. 26 (imprimé).
N.B. Avec copie de la lettre de Mad. Louise-Adélaïde princesse d'Orléans, ancienne abbesse de Chelles, sur ce mandement, 1735 mars 28.

Copies de lettres à:
6320 Chauvelin, Garde des Sceaux, 1735 mars 3.
N.B. Avec copie par Mlle Rachel Gillet.
Colbert de Croissy, Charles-Joachim, évêque de Montpellier, 1735 mars 18.
Fleury, André-Hercule cardinal de, 1735 mars 3.
N.B. Avec copie comme ci-dessus.
Soanen, Jean, évêque de Senez, 1735 mars 18.
6321 Paris, le curé de Saint-Séverin à, 1735 mai 25.
N.B. Avec copie comme ci-dessus.

Selafer à Paris
6322 Lettres de Charles de Caylus, évêque d'Auxerre, 1746. 2 lettres.

Officiers municipaux de la ville de Sens
6323 Mémoire pour les officiers municipaux de la ville de Sens sur la fondation de leur collège, l'anéantissement presque total dudit Collège etc., (1731) (copie).
N.B. Probablement ce mémoire était destiné au cardinal de Fleury.

Simon, curé de Soleilhas
6324 Histoire de son arrestation et de son exil, 1728–1732.
N.B. Avec minute d'une lettre à un évêque (Mgr. Soanen?).

Le Révérend Père Honoré Simon
6325 Lettre de J. B. d'Étemare, s.d. (c. 1728?).

Jean Soanen, évêque de Senez
Actes personnels
6326 Testament olographe, contenant les dispositions spirituelles de l'évêque, écrit de sa propre main, 1735 mars 28.
6327 Expédition du testament spirituel de l'évêque de 1735, déposé avec deux actes de confirmation chez le notaire Langlard à Paris, par Jean-Joseph Pougnet, prêtre, aumônier de feu Mgr. Soanen, 1741 mars 15.
6328 Procès-verbal du dépôt du cœur de l'évêque, fait dans l'église paroissiale de St. Josse à Paris, 1741 mai 30.
N.B. Cette église fut démolie en 1791.
6329 Quittance, donnée par les recteurs de l'hôpital de Castellane d'une somme de 500 livres à Mgr. Soanen en échange pour l'éméraude qu'il avait reçu du Parlement en présent pour le Carême qu'il avait prêché, et qu'il avait donné au dit hôpital, 1720 févr. 10.
6330 Actes concernant une rente viagère, donnée par Mgr. Soanen à ses petites-nièces Gilberte, Gabrielle et Marie-Anne Frenaye, religieuses de la Visitation à Riom, 1736–1737.
6331 Pièces concernant des sommes d'argent, dues à Mgr. Soanen, 1738–1740.
Compte de Jean-Baptiste Gras à Castellane, fermier général de l'évêché de Senez, rendu devant le notaire royal de la dite ville, 1738 sept. 27.
Lettres de M. de Bagnols sur des affaires financières de Mgr. Soanen, 1735 et 1739 (copies de la main d'Honoré Audibert Chauvin).
Lettre du P. Garnier à Mgr. Soanen sur son voyage à Castellane pour vérifier les comptes du fermier général Jean-Baptiste Gras, 1740 mars 4 (copie).

6332 Déclaration de Silva, médecin consultant du roi, sur l'état de la santé de Mgr. Soanen, 1739 juillet 3 (copie).

6333 Acte de procuration de la part des héritiers ab intestat de feu Mgr. Soanen pour la liquidation de sa succession, 1743 août 9.

6334 Liste des voyages de Mgr. Soanen, 1696–1724.

6335 Catalogue des ouvrages de Mgr. Soanen, 1714–1735.

Évêché et Seigneurie de Senez
Actes

6336 Extrait d'ordonnances synodales pour le diocèse de Senez, publiées dans le synode général du diocèse, 1698 juillet 22.
N.B. Original avec les signatures de l'évêque et du clergé.

6337 Ordonnances synodales du diocèse de Senez, 1698.
N.B. Copie avec une explication non-complétée.

6338 Mandement de l'évêque portant excommunication tant contre les comédiens et bateleurs de Colmars, que contre les spectateurs aux jours de Dimanches et Fêtes, 1700 août 31. Avec certification de publication par le prieur de la ville de Colmars.

6339 Lettres du gouverneur de Colmars, Laval, à M. de Chamillart et de celui-ci à Le Bret, 1701 (copies).

6340 Attestation concernant la pénitence publique avant la célébration de leur mariage du mauvais exemple qu'ils ont donné, faite à Beauvezer par Jean Roux et Madeleine Arnaud, 1709 avril 8.

6341 Ordonnance de Mgr. Soanen, prescrivante des prières publiques pour le roi, pour la paix et pour la sanctification des habitants de la ville de Castellane, dans l'église paroissiale de cette ville, 1711 janvier 5.
N.B. En double, dont un exemplaire avec certification de publication dans l'église susdite.

6342 Discours de l'évêque de Senez, prononcé dans son synode du 10e mai 1718 contre le décret de l'Inquisition du 16e février dernier, condamnant l'appel des quatre évêques du 1er mars 1717.
N.B. Avec une copie non-complétée de la main d'Honoré Audibert Chauvin.

6343 Acte de protestation de Henry Mouton, doyen de l'église cathédrale de Senez, contre la défense de célébrer la Messe dans le diocèse d'Agde, lui imposée par l'évêque de Grasse (Joseph-Ignace-Jean-Baptiste de Mesgrigny O.F.M. Cap.) à cause de son appel de la bulle Unigenitus, 1718 févr. 19.

6344 Exposé de l'insulte et du violement de la juridiction épiscopale, faits à Mgr. Soanen dans la ville de Castellane par Louis Gassendy, sousdiacre de Riez et chanoine de la cathédrale de Senez, 1722 nov. 8.

6345 Actes de l'assemblée provinciale d'Embrun sur la réjection des procurations des députés de l'évêque de Senez, 1723 avril 6.

6346 Protestation des consuls de Thorame Basse contre les changements, faites par Mgr. Soanen dans leur paroisse, 1725 oct. 27.

6347 Acte de nomination comme "vicarius generalis in spiritualibus et temporalibus" de l'évêque pour Étienne de la Porte, prêtre du diocèse de Nantes, 1727 juillet 20.

6348 Acte de nomination comme "vicarius generalis in spiritualibus et temporalibus et officialis" dans le diocèse de Senez pour Charles-Antoine Touvenot, prêtre du diocèse de Paris, 1727 août 28.

6349 Accord de Joseph Fabre, prieur-curé de Barrême, et Jean Dupasquier, chanoine, procureur de l'évêque de Senez, sur le payement de la rétribution d'un nouveau

secondaire à la paroisse de Barrême, résidant au hameau de Giraudon, 1730
août 19.

6350 Actes concernant des excommunications de certains habitants du diocèse de
Senez à cause de divers péchés, 1697–1725.

6351 Formules du serment, prêté par les diacres du diocèse de Senez avant l'ordination sacerdotale, 1708–1713 (en latin) et 1713–1727 (en français), avec signatures.

6352 Serment des diacres de Senez pour ne point quitter le diocèse sans la permission
par écrit de l'évêque, 1723 sept. 18 (avec quatre signatures).

Minutes d'actes etc.

6353 Mandement pour recommander des prières publiques pour feu M. Pierre Lebret,
1er président à Aix, 1710 mars 4.

6354 Requête faite par Mgr. Soanen au Lieutenant civil et criminel de Castellane
contre le procédé de Jean Aguillon, voulant contraindre l'évêque d'ordonner
diacre et prêtre son frère André Aguillon, sousdiacre, avec copie des informations
etc., 1719.

6355 Avertissements synodaux pour le diocèse de Senez, pour le synode de 1722 et les
suivants, 1722 avril 21.

6356 Lettre de Mgr. Soanen à l'assemblée générale du clergé de France sur le refus de
ses procurations et l'exclusion de ses députés par l'assemblée Provinciale d'Embrun, 1723.

6357 Lettre de Mgr. Soanen au roi pour la défense de M. Dupasquier, son aumônier,
1724 févr. 15.

6358 Mandement abrégé et instruction pastorale de Mgr. Soanen sur le jubilé de
l'année sainte, 1727 juin 4.

6359 Preuves contre le certificat de M. Ragnard, prieur de Castellane, sur la rétractation de sœur Anne-Charlotte d'Emeric, religieuse de la Visitation, de sa résistance au concile d'Embrun, s.d. (après 1727).

6360 Lettres dimissoriales, données à l'acolyte de l'Oratoire Bernard Martiny et au
clerc Ambroise Gravier pour obtenir les ordinations de la part de l'évêque de
Montpellier, 1735 juillet 14, et à Honoré Bonome de la part d'un évêque quel-
conque, 1739 sept. 15.

6361 Lettre de Mgr. Soanen au roi pour demander l'exécution des anciennes ordonnances du royaume contre les profanateurs du dimanche, s.d.

La bulle Unigenitus et le concile d'Embrun
Actes

6362 Consultation des Avocats de Paris sur la question de savoir, comment l'évêque
de Senez devra se conduire en cas que sa personne ou son Instruction pastorale
du 28e août 1726 soient attaquées devant quelque tribunal que ce puisse être,
1727 juillet 1.

6363 Mémoire sur la conduite que doit tenir M. Soanen relativement au concile d'Em
brun annoncé, 1727 juillet 3.

6364 Consultation des Docteurs de Paris sur la conduite canonique de l'évêque de
Senez en cas qu'on veuille procéder contre lui au sujet de son Instruction pastorale du 28e août 1726, 1727 juillet 20.

6365 Consultation des Avocats de Paris sur la conduite que l'évêque de Senez doit
tenir envers le concile d'Embrun, 1727 sept. 13.

6366 Relation du concile d'Embrun, 1727 (deux textes divers), de la main d'Honoré Audibert Chauvin, et quelques lettres, écrites d'Embrun par celui-ci et par Jean-André Audibert, 1727 août-septembre.

N.B. Ci-jointe lettre du P. Arnaud O.P. à Antoine Maurin, greffier de l'officialité d'Embrun, 1727 sept. 2 (copie).

6367 Acte d'appel des évêques de Senez et de Montpellier contre la bulle Unigenitus au concile général, juin-juillet 1727 (signifié au concile d'Embrun).

6368 Sentence rendue dans le concile provincial d'Embrun contre l'évêque de Senez, 1727 sept. 20, avec déclaration que cette sentence lui a été signifiée le 22e septembre.

6369 Protestation de l'évêque de Senez contre les mesures, prises contre lui par le concile d'Embrun, 1727 sept. 19.

N.B. Copie légalisée par lui-même.

6370 Acte de protestation et d'appel de Mgr. Soanen contre sa condemnation par le concile d'Embrun, 1727 sept. 22. Avec déclaration de persistance dans cet appel, 1727 sept. 27.

6371 Consultation des Avocats de Paris sur la question de savoir, si l'évêque de Senez soit en droit de se pourvoir contre le jugement du concile d'Embrun, et si la conduite que ce prélat a tenue jusqu'à présent, soit conforme aux règles, 1727 oct. 30.

6372 Traduction latine de la consultation précédente du 30e octobre 1727 par Rollin.

6373 Acte de protestation, faite par l'évêque de Senez contre le bref de Benoît XIII du 17e décembre 1727 et contre le concile d'Embrun, 1728 févr. 7, et acte de sa protestation contre l'enregistrement par le procureur général à Aix-en-Provence de toutes lettres etc. concernant ce concile, 1728 mars 5.

6374 Déclaration de Louis-Antoine cardinal de Noailles, archevêque de Paris, concernant l'intention de sa soumission aux décisions du Saint Siège, 1728 août 22, certifiée véritable à la requisition de Mgr. Soanen par les curés de Paris, 1729 mars 27.

6375 Lettre de plusieurs curés et prêtres du diocèse de Senez au roi contre le jugement du concile d'Embrun, 1728 avril 22 (copie).

N.B. Avec lettre des Bénédictins de Sens au cardinal de Noailles, 1728 avril 17 (copie).

6376 Consultations du canoniste Gibert, faites sur la demande de l'archevêque d'Embrun sur les droits du chapitre et du métropolitain pendant la suspension d'un évêque, 1729 mars (copie en double).

Minutes d'actes

6377 Mémoire (brouillon) sur le projet concernant la bulle Unigenitus, arrêté par les médiateurs et envoyé à Mgr. Soanen, 1714 oct. 1.

6378 Actes de procuration par Mgr. Soanen concernant son appel contre la constitution Unigenitus et contre sa condemnation par le concile d'Embrun, 1721-1728 et s.d.

6379 Actes de protestation de Mgr. Soanen contre sa condemnation par le concile d'Embrun et contre le bref papal du 17e décembre 1727 etc., 1727-1728 (minutes et copies).

Actes d'appel et de protestation du clergé séculier contre le concile d'Embrun et la condemnation de l'évêque de Senez Jean Soanen, 1727

N.B. Ces actes se trouvaient au milieu des actes d'appel contre la constitution Unigenitus. On les a séparés des autres et placés parmi les archives de l'évêque de Senez. Le triage selon diocèses est moderne. Le nombre des actes a été mentionné seulement, quand il y en a plus qu'un.

6380 Angoulême.
6381 Arras. 3 actes.
6382 Auxerre.
6383 Condom.
6384 Évreux.
6385 Grenoble.
6386 Mâcon.
6387 Montpellier. 2 actes.
6388 Orléans.
6389 Paris (archevêché). 15 actes.
6390 Rodez.
6391 Saintes.
6392 Toulouse (archevêché).
6393 Tournai. 6 actes.

Lettres reçues de:
6394 Abry et Boucher, confrères de l'Oratoire, à St. Martin de Mizere, 1735 août 29.
6395 Afforty, curé d'Ecouan, 1739 et s.d. 2 lettres.
6396 Aix, commissaires du Parlement d', 1708. 2 lettres.
6397 Alexandre, Louis-François, lieutenant de la Maîtrise des eaux et forêts à Montargis (dioc. de Sens), 1734 avril 23 (avec acte d'appel).
6398 Allon, Louis, receveur des tailles à Beauvais, 1736 août 29 (avec acte d'appel).
6399 André, diacre, à Auxerre, 1739 avril 6.
6400 Annette, curé du petit Andely (dioc. de Rouen), 1738 août 1.
6401 Apollinaire, prieur des Carmes déchaussés à Nevers, 1738 avril 16.
6402 Ardenne, fr. Pacome d', religieux de la Trappe, 1737 févr. 19.
6403 Arman, Jean, à Muret, 1739 févr. 2.
6404 Arnaud, chanoine-théologal de Forcalquier, 1737 mars 25.
6405 Arnould, fr. Pierre de St. Jacques, religieux Feuillant à Paris, 1738 mai 5.
6406 Arrault, chanoine d'Orléans, 1738 sept. 26.
6407 Audibert à Aix, 1739 nov. 21.
6408 Auvergne, sœur Marie-Anne de St. Augustin d', Carmélite à Paris, 1733–1740. 6 lettres.
     N.B. 1736 juin 24 avec postscriptum de sœur Madeleine de la Ste. Trinité.
6409 Auvray, Augustin, religieux Camaldule à l'Isle Chauvet, 1736 mai 15.
6410 Auxerre, plusieurs ecclésiastiques et un laïc du diocèse d', 1737 juin 27.
6411 Auxerre, ecclésiastiques et laïcs d'une paroisse du diocèse d', 1733, s.j.
6412 Aveillon, prêtre de l'Oratoire, à Paris, 1699 sept. 25.
6413 Balanqué, prêtres (2) à Capbreton (dioc. de Dax), 1737 févr. 2.
6414 Ballin, prêtre à Paris, 1739. 2 lettres.
6415 Barescut, Joseph, O.S.B., de l'abbaye de St. Chinian, 1738 août 1.
6416 Barrême, consuls de, 1734–1740. 3 lettres.
6417 Batbedat, sousdiacre de la Congrégation de la Doctrine Chrétienne, à Toulouse, 1737 janv. 20.
6418 Battarel, prêtre bénéficier de l'église cathédrale de Toulon, 1735 déc. 4.
6419 Baudin, sœur Anne-Jacqueline de Ste. Félicité, religieuse Hospitalière de l'Hôtel Dieu à Paris, 1735–1736. 2 lettres.
6420 Bayard, Alexis, O.S.B. de l'ordre de Cluny, à Lons-le-Saulnier, 1740 août 28.

6421 Beaulaigre, prêtre du diocèse de Paris, 1739 août 17.

6422 Beauvais, curés du diocèse de, 1728 juin 22.

6423 Beauvais, religieuses du monastère de Ste. Ursule de, 1738 oct. 30.

6424 Becherand, sœur M. C. de St. Pierre, O.S.B., à Lyon, 1733 juin 12.

6425 Bellanger, Guillaume, diacre de Rennes, à Paris, 1738 oct. 30.

6426 Bellet, O.S.B., à l'abbaye de St. Jouin, 1739 nov. 3.

6427 Belsunce, Henri-Xavier, évêque de Marseille, 1712 juin 10.

6428 Benay, prieur de la Chartreuse de Troyes, 1725 août 4.
   N.B. Adressée à : Mon vénérable Père.

6429 Bérard, ecclésiastique du diocèse de Senez, 1736 août 20.

6430 Berger de Malissoles, François, évêque de Gap, 1712–1713. 3 lettres.
   N.B. 1712 oct. 2 avec minute de la replique de Mgr. Soanen, 1713 janv. 12.

6431 Beringhen de Vieuxpont, la marquise de, à la Roncière près Orléans, 1740 août 7.

6432 Berjon, confrère de l'Oratoire, à Niort, 1736 mai 29.

6433 Bernard, F., à Castellane, 1739 mai 24.

6434 Berthod, Denis de St. Bernard, religieux Feuillant à Rouen, 1736–1740. 4 lettres.

6435 Bertou, curé de Trigance, 1729–1733. 3 lettres.
   N.B. "Pour le Bourgeois".

6436 Besson, prêtre de l'Oratoire du diocèse de Clermont, à Riom, 1727 oct. 7.
   N.B. Adressée à : Mon Révérend Père.

6437 Bl., (à Castellane?), 1730 avril s.j.

6438 Blacas, sœur Claire-Élisabeth de, de la Visitation de Ste. Marie, à Castellane, 1729–1741 et s.d.
   N.B. 1729 juin 28 contient une copie d'un acte capitulaire du même date sur la nomination d'un vicaire général de l'évêché de Senez.
   1741 avril 11 : enregistrement de l'acceptation par la sœur de Blacas de la bulle Unigenitus, 1741 mars 13.

6439 Blaru, Hilaire de, chevalier, 1733 nov. 29.

6440 Blau, Madame Seroskerk de St. Paul de, à Boulogne-sur-Mer, 1735. 2 lettres.

6441 Boidot, Ph., à Rueil et à Paris, 1736–1737 (copies). 7 lettres.
   N.B. 1736 nov. 5 avec copie d'une lettre de Boidot à Mgr. Soanen, 1736 sept. 13, et de Mgr. Soanen au P. Guerrier, 1736 nov. 14.
   1737 mai 24 avec réponse de Mgr. Soanen, 1737 juin 1.

6442 Boiron, François-Joseph, religieux de Grandmont, 1736 avril 2.
   N.B. Avec acte d'appel, 1735 avril 17.

6443 Boizon de la Courrance, Guillaume, prêtre de l'église de Tours, 1736 sept. 21.

6444 Bonnaire, De, à Paris, 1733–1736. 6 lettres.
   N.B. 1736 févr. 12 en double.

6445 Bonnin de Chalucet, Armand-Louis, évêque de Toulon, 1708 nov. 6.

6446 Bonome, prêtre de l'Oratoire, à Arles, 1737 janv. 3.

6447 Bordeaux, religieux Feuillants à, 1738 mai 30 (avec copies de leurs lettres au général de leur ordre du 28e avril et du 18e mai). 3 lettres.

6448 Bordeaux, ecclésiastiques, religieux et fidèles de, 1737–1739. 4 lettres.

6449 Boscheron, prêtre, chanoine régulier de l'abbaye de St. Quentin à Beauvais, 1739 juin 13.

6450 Bossuet, Jacques-Bénigne, évêque de Troyes, 1738 juin 1.
   N.B. L'annexe, Instruction Pastorale en réponse à un second mandement de l'archevêque de Sens (Jean-Joseph Languet de Gercy) manque.

6451 Boucher, Philippe, diacre du diocèse de Paris, 1733 déc. 13.

6452 Boullement, Pierre-Romphaix, prêtre du diocèse de Lisieux, à Paris, 1739 févr. 20.

6453 Boullenois, diacre de Paris, 1735 janv. 13.
6454 Boulouffe, Jean-François, ci-devant notaire de Liège, à Schonauwe (Pays Bas), 1733 août 14.
N.B. Avec attestation sur sa guérison miraculeuse, 1733 mars 7, et acte d'appel, 1733 avril 3.
6455 Bourlez, religieux de la Charité à Paris, 1738 sept. 10.
6456 Bournisien, curé de St. Josse, Aucler, curé de Palaiseau, et Isoard, curé de Ste. Marine (dioc. de Paris), 1734 sept. 27.
6457 Boursier, Laurent-François, 1734–1735. 2 lettres.
6458 Bourzès, de, pénitencier d'Auxerre, 1733 août 26.
6459 Boutin de la Boissière, à Paris, 1736 juillet 16.
6460 Braux, Henry, prémontré, à Ressons, 1739 mars 8.
6461 Brenon, Niel, à Castellane, 1733–1739. 5 lettres.
N.B. 1739 avril 16 avec copie et minute de la réponse de Mgr. Soanen du 28e avril.
6462 Brianne, J., curé de la cathédrale de Rodez, et Rodat de la Garrigue, curé de St. Amand de Rodez, 1728 juillet 27 (déclaration contre le concile d'Embrun).
6463 Broussin, Julien, vicaire de Mayet (dioc. du Mans), 1740 janv. 14.
6464 Brulart de Genlis, Charles, archevêque d'Embrun, 1697–1711. 3 lettres.
N.B. 1711 sept. 13, copie de sa lettre à l'évêque de Gap, François Berger de Malissoles.
6465 Bugarel, Geneviève, veuve, 1740 juin 3.
6466 Cadet, Remi, O.S.B., à l'abbaye de Moutier Lacelle lez Troyes, 1738 mai 30.
6467 Cahour, prêtre du diocèse de Coutances, vicaire de Lezanne en Bire (dioc. de Troyes), 1738 nov. 12.
6468 Callanon, marchand à Toulouse, 1737 juillet 21.
6469 Carbonnel, Charles de, chanoine régulier à l'abbaye de St. Vincent des Bois (dioc. de Chartres), 1739 mars 29.
6470 Carion, Estienne, curé de Gancourt (dioc. de Beauvais), et autres, 1727.
6471 Carpentier de Changy, sœur Marie-Monique, supérieure du monastère de la Visitation à Nevers, 1737–1740. 2 lettres.
6472 Carré de Montgeron, Louis-Baptiste, à Paris, à Viviers et à Valence, 1733–1740. 12 lettres.
6473 Cassegan, sœur de, religieuse de Fontevrault (dioc. d'Auch), 1735.
N.B. À l'adresse de Dom Crespat, OSB, à La Chaise-Dieu.
6474 Castellane, recteurs de l'hôpital à, 1737–1740. 3 lettres.
6475 Castellane, religieuses du monastère de la Visitation à, 1728–1729. 4 lettres.
N.B. 1728 nov. 20, 1729 févr. 3 et déc. 19 à l'adresse de: "le Bourgeois".
6476 Castelnaudary, religieuses de, 1735–1736. 2 lettres.
6477 Caubere, Jean-Baptiste, O.S.B., à St. Nicolas d'Aci près Senlis, 1734. 2 lettres.
6478 Caylus, Charles-Daniel-Gabriel de Thubières de, évêque d'Auxerre, 1733–1740. 12 lettres.
N.B. 1737 sept. 28 adressée à: Monsieur Le Conte.
6479 César et Chalvet, prêtres de la Doctrine Chrétienne à Moissac, 1737–1739. 4 lettres.
6480 Chaise-Dieu, religieux Bénédictins de l'abbaye de la, 1738 juin 23.
6481 Chalvin, Joseph, consul de Senez, 1739 déc. 15.
6482 Chambre, dom Philippe de, Barnabite à Dax, 1727 sept. 11.
6483 Champgaillard, Jean-Robert de, prêtre, sacristain de l'hôpital dit la Pitié à Paris, (c. 1734).
6484 Charpentier, fils, à Rennes, 1739 nov. 14.
6485 Chartres, religieux Bénédictins à, 1739 mars 15.

6486 Chartres, curés du diocèse de, 1727 août 15–29.

6487 Chaudon, prêtre de Riez, 1737 mars 30.

6488 Chaugy, André-Denys de, O.S.B., de l'abbaye de St. Waudrille, 1738 sept. 19.

6489 Chazeron, sœur Marie-Elisabeth de, 1726 nov. 26.

6490 Cheverry, Mlle de, à Auxerre, 1737 janv. 1.

6491 Clement de Bizou, J. C., à Paris, 1740 janv. 30.

6492 Clermont-en-Beauvoisis, religieuses Ursulines de, 1739 oct. 28.

6493 Coffin, recteur de l'université de Paris, 1719 janv. 1.

6494 Coincy, religieux Bénédictins de l'abbaye de, 1739. 2 lettres.

6495 Colbert de Croissy, Charles-Joachim, évêque de Montpellier, 1733–1738. 27 lettres.

6496 Colbert de Croissy, Charlotte, abbesse de Maubuisson, 1736–1740. 6 lettres.

6497 Colbert de Croissy, Charles-Joachim, évêque de Montpellier, et Pierre de Langle, évêque de Boulogne, 1720 mars 20.
N.B. L'annexe, copie de leur lettre au cardinal de Noailles, manque.

6498 Colinet, prêtre de l'Oratoire, à Troyes et à Orléans, 1734–1737. 2 lettres.

6499 Colligny, de, chanoine régulier à Orléans, s.a. juin 12.

6500 Combe, De, abbé du chapitre de St. Séverin à Clermont, 1723 juin 4.

6501 Conquerant, sœur de Ste. Scolastique de, supérieure des Ursulines de Sens, 1736 mars 10.

6502 Constant, prêtre du diocèse de Langres, 1737 avril 12.

6503 Conte, De, confrère de l'Oratoire, à Nantes, 1735 janv. 6.

6504 Cormis, De, à Aix, 1697–1726. 17 lettres.

6505 Cornier, H., à Utrecht, 1740 janv. 20.

6506 Cosnac, Daniel de, archevêque d'Aix, 1700 nov. 13.

6507 Cottet, chanoine de Sens, 1732 déc. 30.
N.B. Endommagée par d'humidité et pour la plus grande partie illisible.

6508 Coudrette, prêtre à Paris, 1739 mars 30.

6509 Cougniou, de, chanoine d'Orléans, 1737 avril 14.

6510 Couppé, Jean, O.S.B., de l'abbaye de St. Pierre de Preaux près Pont-Audemer en Normandie, 1735 déc. 12.

6511 Couronneau, Marianne, à Paris, 1732 nov. 27.

6512 Court, de, à Pézenas, 1738 févr. 12.

6513 Croizier, prêtre à Paris. Copie de sa lettre à l'évêque de Clermont, Jean-Baptiste Massillon, 1737 oct. 15, avec déclaration de dépôt chez l'évêque de Senez, 1738 janv. 24.

6514 Croon, Theodorus van der, archevêque d'Utrecht, à Gouda, 1734–1737. 3 lettres.
N.B. Une lettre sans date (1737) porte aussi la signature de Mgr. D. M. Varlet, évêque de Babylone.

6515 Dagay, sœur Françoise-Gabrielle, religieuse de la Visitation à Castellane, 1728 déc. 17.
N.B. Adresse: "Pour le Bourgeois".

6516 Daguilhe, prêtre, à Cette. Copie de sa lettre à St. Paul, archidiacre et vicaire général de Condom, 1740 févr. 15, avec notice de dépôt chez l'évêque de Senez.

6517 Dailenc, avocat à Dax, 1736 avril 24.

6518 Dailhen, prêtre à Dax, 1736 févr. 26.

6519 Dally, Madame, à Londres, 1740 avril 25.

6520 Dancognée, Mlle C., 1733.

6521 Danjan, Marie-Clément, à Paris, 1738 sept. 2.

6522 Dantine, Maur, O.S.B., à Paris, 1739 juillet 24.

6523 Darguibel, Augustin, chanoine et official du St. Esprit près Bayonne, 1736 avril 21.

6524 Dallon, de Bon, à Castellane, 1737 juillet 16.

6525 Desarmuseries, Mlle, 1736 févr. 27.

6526 Desolieres, P., O.S.B., à Verdun-sur-Garonne, 1735 nov. 20.

6527 Desolmes, Pierre, à Paris, 1738 août 2.

6528 Devenet, E., chanoine régulier, prieur-curé de St. Pierre de Cosme (dioc. du Mans), 1734 juin 5.
   N.B. Avec copie de sa rétractation de sa signature du Formulaire de 1718.

6529 Dol, prêtre de Senez, 1738 mai 30.

6530 Dossolin, prêtre de l'Oratoire, à Clermont, 1740 mars 6.

6531 Dubois, Julien, et Noel Eveillard, O.S.B., au monastère de Tuffé (dioc. du Mans) et à Tours, 1728–1736. 2 lettres.

6532 Dubois, secrétaire du régent, 1720 avril 6.

6533 Dubourg de Cézarges, à Ternay, 1740 août 26.

6534 Dubuisson, sœur Agathe, religieuse Ursuline de Nemours, exilée à Melun, 1735 sept. 20.

6535 Duclos Tardif, Anne-Louise, à Paris, 1734 févr. 12.

6536 Dufourny, sœur, prieure perpétuelle des Bénédictines à Villeneuve-le-Roi, 1738 août 25.

6537 Dufourny, Nicolas-Josse, sousdiacre, 1727 sept. 3.

6538 Duliepvre, chanoine régulier au Bourg-des-Comptes, 1740 mars 7.

6539 Dumas de St. Germain, sœur Élisabeth, religieuse de l'Hôtel Dieu à Paris, 1736 mai 3.
   N.B. Avec attestation sur sa guérison miraculeuse, 1736 nov. 10.

6540 Du Moulin Henriet, archidiacre et chanoine de Nantes, s.d.
   N.B. Avec notice que cette lettre a été répondue 1 sept. 1736.

6541 Dupin, diacre et chanoine de la cathédrale d'Alais, 1740 août 20.

6542 Dupuy, André, O.S.B., de l'abbaye de St. Jouin de Marnes (dioc. de Poitiers), 1727 nov. 4.

6543 Duranville, sœur Bellemare, supérieure du monastère de St. François de Bernay en Normandie, 1739–1740. 2 lettres.

6544 Duret, Edmond-Jean-Baptiste, O.S.B., à Corbie, 1737 juin 30.

6545 Duvel, Jean-François, O.S.B., au monastère de N.D. de Lyre par Conches en Normandie, 1739 juillet 16.

6546 Duvergier, curé de Geours (dioc. de Dax), 1739 mai 26.

6547 Eaubonne, D', chanoine de Paris, 1736–1737. 2 lettres.
   N.B. 1737 janv. 23: copie par L. Dilhe.

6548 Engelfred, prêtre fugitif du diocèse de Senez, à Lyon, 1698 nov. 18.

6549 Erckel, J. C. van, (Erckelius), à Delft, 1720 juin 16.
   N.B. Avec mémoire sur l'état de l'Église d'Utrecht.

6550 Ergny, D', à Paris, 1739 mars 29.

6551 Esclimont, le comte d', prévôt de Paris, 1739 juin 17.

6552 Étampes (dioc. de Sens), religieuses de la Congrégation de Notre Dame à, 1735–1736. 2 lettres.
   N.B. 1735 nov. 26 avec récit de la visite de l'archevêque de Sens du 14e sept. 1735.

6553 Étemare, Jean-Baptiste le Sesne de Menilles d', 1733–1738. 5 lettres.

6554 Eustache de St. Michel, Carme déchaussé à Charenton, 1739 mai 13.

6555 Fabre, J., prieur à Barrême, 1737–1738. 2 lettres.

6556 Farges, Des, ancien officier, à Paris, 1739 mars s.j.

6557 Farvacques, P. C., ancien chanoine de Tournay, 1736 juillet 9.

6558 Fautras de St. Paul, Marie-G., religieuse Augustine, 1736 août 25.

6559 Fermal, Charles, O.S.B., à St. Vincent du Mans, 1739 oct. 21.

6560 Filletieres, Rouillé des, à Paris, 1734 mai 1.

6561 Fleur de Rouvroy, curé de Ronchères près St. Fargeau, 1733 août 26.

6562 Fleury, Joseph, et autres religieux Bénédictins, 1737.

6563 Fleury, André-Hercule (cardinal) de, évêque de Fréjus, 1702 nov. 5.

6564 Flocque, de, curé d'Alnay, 1738 juillet 8.

6565 Fontaine, Claude, O.S.B., à Orléans, 1727 août 22.

6566 Fontaine, sœur Jeanne-Alphonsine, religieuse à Melun, 1740 août 2.

6567 Fontgauffier, abbesse de, 1740 sept. 7.
N.B. La signature de son nom est illisible.

6568 Foucquet, prêtre de l'Oratoire, 1733–1734. 4 lettres.
N.B. 1734 juillet 13, avec copie de la lettre de Boursier à Foucquet, 1732 nov. 16.
1734 juillet 24: copie par L. Dilhe.

6569 Fouré, J., chanoine de Nantes, 1727 juillet 17.

6570 France, Jean-Baptiste de, O.S.B., au Mans, 1739 févr. 28.

6571 François de St. Laurent, prêtre Feuillant à Soissons, 1727 sept. 26.

6572 Galbaud, Guillaume, O.S.B., de l'abbaye de Bourgueil en Anjou, 1738 avril 6.

6573 Garcin Taulane, à Castellane, 1737 juillet 25.

6574 Garrus, Jean-François, confrère de l'Oratoire, à Pézenas, 1738 oct. s.j.

6575 Gasse, curé de St. Rémy, à Bordeaux, 1740 févr. 6.

6576 Gaucher, A. J., chanoine de Gergeau (dioc. d'Orléans), 1727 sept. 25.

6577 Gaultier (de Lerines), 1739 mars 5.
N.B. Avec mémoire à consulter sur la consécration d'un second évêque dans l'Église de Hollande et notice dorsale de la main de d'Étemare.

6578 Gendron, docteur en médecine, à Auteuil, 1736 mars 30.

6579 Gennes, De, prêtre de l'Oratoire, à Escrignelles, 1738 mai 13.

6580 Geranton, Louis, O.S.B. Clun., sousprieur de l'abbaye de Coincy (dioc. de Soissons), 1740 août 22.

6581 Gerard, J. B., prêtre de Paris, 1740 mai 2.

6582 Gesvres, Leo cardinal Potier de, archevêque de Bourges, 1721 sept. 1.

6583 Gibert, Baltazar, recteur et syndic de l'université de Paris, 1735–1740. 3 lettres.
N.B. 1739 juin 14 avec copie de son requisitoire.

6584 Gimont, prêtres de la Doctrine Chrétienne de la maison de, 1732.

6585 Gontieri, François-Maurice, archevêque d'Avignon, 1710–1724 et s.d. 4 lettres.

6586 Goubey, Marie-Claire, à Paris, 1739 mai 25.

6587 Goujet, chanoine de St. Jacques l'hôpital à Paris, 1737. 2 lettres.

6588 Goujon, clerc tonsuré du diocèse de Genève, à Clamecy, 1740 mai 13.

6589 Gourdan, prêtre à Paris, 1739. 2 lettres.

6590 Gourlin, prêtre, ci-devant vicaire de la paroisse de St. Benoît à Paris, 1737 sept. 17.

6591 Gourmaud, curé de St. Louis de Gien, 1733 déc. 25.

6592 Grandsaigne, Claude Treille de, et Tassart, Thomas-Antoine, O.S.B., à St. Valéry-sur-mer, 1737. 2 lettres.

6593 Grateloup, Gabriel, marchand à Dax, 1738 nov. 10.

6594 Grimauld, sœur Marie de St. Charles, religieuse Ursuline de Clermont, 1733 août 16.
6595 Grognard, J., prêtre, et Sossy, acolyte, à Auxerre, 1735 oct. 24.
6596 Gromaire, prêtre à Paris, 1739. 2 lettres.
6597 Gros, confrère de l'Oratoire, à Pézenas, 1737 févr. 5.
6598 Grosbois, confrère de l'Oratoire, à Nevers, 1735 juin 11.
6599 Guasco, Jean-Baptiste, prêtre à Paris, 1740 juillet 25.
6600 Guenet Chaunel, Mad., à Montpellier, 1736 juillet 22.
6601 Guerin, Claude, O.S.B., à Ambronay (route de Genève), 1739 août 16.
N.B. Avec copie de son acte d'appel de 1719 mai 22.
6602 Guerrier, prêtre de l'Oratoire, à Clermont-Ferrand, 1734 mars 20.
6603 Guibet, François, avocat au parlement de Paris, 1739 mars 3.
6604 Guichon, chanoine de Paris, 1737–1738. 2 lettres.
6605 Guilbert, prêtre à Paris, 1737 févr. 14.
6606 Guyard des Forterres, sousdiacre, chanoine de Paris, 1739 août 20.
6607 Guyenne, Louis-Étienne de, avocat au Parlement de Paris, 1740 avril 18.
N.B. Avec acte d'appel.
6608 Hameau, P., O.S.B. Clun., à St. Nicolas d'Acy lez Senlis, 1733 juillet 29.
6609 Hannecart, Joseph, clerc tonsuré du diocèse de Liège, à Lille, 1739 sept. 24.
6610 Hautefeuille, chanoine régulier de l'abbaye de N. D. de Beaugency, 1738 nov. 25.
6611 Herbault, sœur, de St. Athanase, religieuse Ursuline à Melun, 1737 juillet 20.
6612 Aillaud, vicaire de St. Jacques, 1737 mars 10.
6613 Homassel, Jacques-Antoine, Ord. Praem., à Paris, 1740 avril 7.
6614 Homassel, Mad., femme de J. Hecquet, à Abbeville, 1736 mai 30.
6615 Hutin, Marguerite, dite Fontaine, 1738 déc. 22.
6616 Isoard, curé de Ste. Marine à Paris, 1739 août 1.
6617 Jeanne-Françoise du St. Sépulchre, chanoinesse de Belle-Chasse, 1739.
6618 Jeson, Dom Jacques-Sulpice, O.S.B., à Lagny-sur-Marne, 1738–1739. 4 lettres.
N.B. 1738 avril 9 avec déclaration sur des prédictions, lui faites par le diacre François de Pâris et suite de cette déclaration, 1737 oct. 27 et nov. 8.
1738 juillet 24 avec postscriptum de la déclaration susdite, 1738 mai 12.
1738 nov. 16 avec copie d'une lettre de Dom Claude Léauté OSB, 1738 nov. 9.
1739 avril 17 avec une nouvelle rédaction de la déclaration, 1738 mai 12.
6619 Jeulin, Jean-Baptiste, curé de Quetteville (dioc. de Lisieux), 1735 sept. 8.
6620 Jollivet, Philibert, O.S.B., à Souillac, 1728 janv. 2.
6621 Joubert de Beaupré, à Montpellier, 1737 avril 2.
6622 Jouy, Salomon, O.S.B., de l'abbaye de Noaillé près Poitiers, 1727 août 6.
6623 Juliac, prêtre à Aix, 1702 nov. 13.
6624 Juliard de Gardouch, la marquise de, à Toulouse, 1737 avril 26.
6625 Julien, prêtre, sacristain de St. Maclou de Pontoise, 1739 août 24.
6626 Kerantré, Gouvello de, à Auray (dioc. de Vannes), 1736 janv. 30.
6627 Labat, prêtre du diocèse de Condom, à Agde, 1740 juin 12.
6628 La Bedoyere, de, procureur général du Parlement de Bretagne, à Rennes, 1735 oct. 7.
6629 La Bedoyere, le comte de, le cadet, 1735 sept. 29.
6630 La Bedoyere, Madame Danycan de, à La Bedoyere, 1735 janv. 10.
6631 La Belle, prêtre de l'Oratoire, 1739 août s.j.
6632 La Borde de Schult, Françoise de, religieuse Cordelière à Paris, 1736 sept. 9.
6633 La Broue, Pierre de, évêque de Mirepoix, 1728 avril 25.
N.B. L'annexe, copie d'une "lettre du confident de notre appel", manque.

6634 La Chaize, Père de, S.J., à Paris, 1700–1703. 3 lettres.
6635 La Chastre, Claude-Louis de, évêque d'Agde, c. 1730.
6636 La Chaulme, Jean-Baptiste de, O.S.B., à La Chaise Dieu, 1738 oct. 16.
6637 La Chaussée, Mlle de, 1737 juin 26.
6638 La Coste, O.S.B., à Bayeux, 1736 oct. 31.
6639 Lacouppelle, Mlle, à Paris, 1736 août 8.
6640 Lacussol, Jeanne de, à Toulouse, 1738 sept. 23.
6641 Lafoye Demalou, Jean-François, O.S.B., à Rouen, 1736 févr. 20.
6642 Lafreté, confrère de l'Oratoire, à Niort, 1736 mai 28.
6643 Lagache, curé de St. Lievin (dioc. de Boulogne), 1735 nov. 19.
6644 L'Agneau, à Rhijnwijck et à Paris, 1739. 2 lettres.
6645 Lahaye, Mlle M. A. de, 1733 juillet 18.
6646 Laisné, sœur, prieure des Bénédictines de St. Fargeau, 1738 nov. 15.
6647 Lalanne, L., à Bayonne, 1739 mai 23.
6648 La Marque, Jean-Baptiste de, conseiller du roi, lieutenant particulier au sénéchal et magistrat présidial de Carcassonne, à Tours, 1735 févr. 17.
N.B. Avec son testament spirituel, 1735 févr. 2.
6649 Lamy, prêtre de la Congrégation de St. Lazare, à Paris, 1719 oct. 28.
6650 La Mulle, de, curé du Fossé (dioc. de Rouen), 1737 avril 30.
6651 Langlois, Jean, chanoine régulier, à Licery près Paris, 1738 juillet 31.
6652 Laporte, Philippe, sousdiacre du diocèse de Tarbes, 1740 janv. 6.
6653 La Pose, sœur de, de St. Paulin, religieuse Bénédictine de Jouarre (dioc. de
Meaux) 1737–1740. 2 lettres.
6654 Larbaletrié, prêtre, chapelain, 1739 oct. 6.
N.B. Avec copies de la réponse de Mgr. Soanen et d'une lettre à N.N., 1739 oct. 21.
6655 Lasalle, de, à Paris, 1732 janv. 8.
6656 Lasoule, à Bayonne, 1739 mai 4.
6657 La Thuillerie, Mlle L. G. de, à Nevers, 1735 avril 8.
6658 Latil, prêtre à Perpignan, 1715 juillet 3.
6659 La Tour, prêtre, général de l'Oratoire, 1702–1709. 3 lettres.
6660 La Tousche, Louis-Julien de, O.S.B., prieur de l'abbaye de St. Julien de Tours,
1727 oct. 5.
6661 La Tremoille, duchesse de, 1738–1739. 2 lettres.
N.B. 1738 janv. 29 avec postscriptum de: M.
6662 Launay, G. de, O.S.B., prieur de La Chaise Dieu, 1736 juillet 4.
6663 Laval, abbé de, chanoine de Nantes, 1737 mai 9.
6664 La Vergée, Marc-René de St. Michel de, religieux Feuillant à Ouville l'abbaye,
1740 avril 25.
6665 La Vie, Charles-Armand de, O.S.B., 1737 nov. 11.
6666 La Voue de Tourouvre, Jean-Armand de, évêque de Rodez, 1729 oct. 5.
N.B. Copiée par Mgr. Soanen.
6667 Le Beaux, Marianne la veuve, à Paris, 1739 août 26.
6668 Le Berche, prieur, curé de Montdoubleau (dioc. de Blois), exilé à Châteaudun,
1739 sept. 7.
6669 Le Blanc, Paul-François, avocat à Paris, 1733 juillet 12.
6670 Lebret, président du Parlement à Aix, 1708–1726. 3 lettres.
6671 Le Brun, Marie-Thérèse, dite Ste. Cécile, religieuse Hospitalière de Reims, 1732
juin 24.
6672 Le Camus, Étienne cardinal, évêque de Grenoble, 1697 oct. 25.

6673 Le Comte, sœur Ste. Élisabeth, l'aînée, à Lyon, 1736 mars 21.
6674 Lecoq, chanoine et prévôt d'Orléans, 1737 avril 15.
6675 Le Couriault, Jean-Maurice, et Lafosse, Jacques, O.S.B., à Quimperlé, 1727 août 15.
6676 Lecourt, C., prêtre à Paris, 1739. 2 lettres.
6677 Le Doux, Nicolas, dit Desnoyers, Chartreux à Schonauwe, 1739 oct. 9.
6678 Le Febvre, chanoine, et Salomon, vicaire de Gien (dioc. d'Auxerre), 1739 août 2.
6679 Le Febvre de St. Hilaire, André-Gérard-Claude, conseiller au Parlement de Paris, 1738. 2 lettres.
   N.B. 1738 juin 9 avec postscriptum de Titon.
6680 Lefricque, Charles, et Cabrillon, Jean-François, O.S.B., s.d.
   N.B. Avec postscriptum de Duret, Edmond-Jean-Baptiste, OSB, à Corbie, 1736 mai 19.
6681 Le Gendre, J. T., clerc tonsuré, et F., frères, au Petit Andely (dioc. de Rouen), 1738 mai 13.
6682 Leget, prêtre, ci-devant supérieur du séminaire d'Aix, 1710 août 1 (déclaration imprimée).
6683 Le Gouteux, Martin, prêtre du diocèse de Rouen, 1736 avril 20.
6684 Legrand de Ste. Colombe, fils, à Châtillon-sur-Seine, 1740 oct. 17.
   N.B. Avec un poème en latin.
6685 Legrand, Jeanne-Marthe, à la Conciergerie de Paris, 1736 oct. 6.
   N.B. Avec une lettre de son père à Paris du même date.
6686 Legros, N., à Amersfoort et à Utrecht, 1735–1740. 3 lettres.
6687 Le Guerchois, à Barcelonnette, 1712 avril 30.
6688 Lejeune de la Vincendière, prêtre à Paris, 1738 janv. s.j.
6689 Le Maître, Henry-Jean, et Rély, Nicolas-Joseph, O.S.B., à Bernay (dioc. de Lisieux), 1736 juin 3.
6690 Le Mazuyer, procureur général à Toulouse, 1718 avril 23.
   N.B. L'annexe, arrêt du Parlement contre le décret de l'Inquisition sur l'appel, manque.
6691 Le Mercier, prêtre de l'Oratoire de Nantes, 1737 mai 7.
6692 Le Moyne, Marie-Anne, de l'ordre de Fontevrauld, à Haute Bruyère, 1733 janv. 26.
6693 Le Paige, 1737 juillet 27 (copie).
6694 L'Épée, Ch. M., prêtre à Paris, 1739 janv. 26.
6695 Le Pelletier, chanoine régulier à Provins, 1727 août 11.
6696 Lequeux, J. B., prêtre de Paris, 1733 juillet 18.
6697 Le Tellier, J., acolyte de Paris, 1737 janv. 4.
6698 Le Tors, lieutenant criminel au bailliage à Avallon, 1736 déc. 6.
6699 L'Héritier, Nicolas, prêtre de l'Oratoire et vicaire d'Effiat, 1727 déc. 4.
6700 Lheta, Mlle, 1738 mars 26.
6701 Lhuillier, François, O.S.B., de Marnes-en-Poitou, 1727 août 1.
6702 Logre, prêtre à Provins (dioc. de Sens), 1738 mars 21.
6703 Lottin, Ph. N., imprimeur-libraire à Paris, 1737 déc. 22.
6704 Loudier, Pierre-François, chanoine régulier à Senlis, 1739 nov. 3.
6705 Loudun, religieuses du Calvaire de, 1739 janv. 31.
6706 Loupot, Romuald, O.S.B. de St. Vanne, à l'abbaye de St. Urbain, 1727 août 13.
6707 Louvart (de Saint-Gervais), 1735. 2 lettres.
6708 Lovat, Victor, à Paris, 1737 juin 14.
6709 Loys, L., prêtre du diocèse de Paris, 1734–1736. 2 lettres.
6710 Ludes de Paris, Mad. de, à Paris, 1737 nov. 6.

6711 Macé, abbé, à Paris, 1738 nov. 19.

6712 Maginau, chapelain de Cormerai (paroisse de Chitenai près Blois), 1738 déc. 1.

6713 Mailliette, sœur Justine, maîtresse d'école à Laon, 1737 déc. 10.

6714 Mailly, la marquise La Rivière de, d'Haucourt, 1735–1738. 4 lettres.

6715 Mailly, Mlle de, à Haucourt, 1735–1737. 2 lettres.

6716 Maisy, Marie-Anne de, née princesse d'Auvergne, 1733.

6717 Mallet, Claude, O.S.B., à Bourges, 1738 déc. 28.

6718 Malnoë Biré, Mlle de, du diocèse de Nantes, 1733 août 17.

6719 Mans, religieux Bénédictins et Oratoriens du diocèse du, 1728 mai 16 (copie).

6720 Marcadier, prêtre de l'Oratoire, à Pézenas, 1739 févr. 14.

6721 Marchay, André, O.S.B., à Lagny-sur-Marne, 1738 sept. 29.

6722 Marcland, V., O.S.B., abbé de Clermont, 1735 déc. 29.
       N.B. Avec extrait d'une lettre de Dom Obelin de Dijon.

6723 Mariau, P. Ch., ecclésiastique à Paris, 1739 mai 8.

6724 Marie-Scholastique, sœur, de l'Annonciade, de Tours, 1739 mars 8.

6725 Mariette, confrère de l'Oratoire à Orléans, 1738–1739. 3 lettres.
       N.B. 1738 oct. 24 et 1739 mars 18 avec copies.

6726 Marrot, prêtre de l'Oratoire, 1719 juin 24.
       N.B. Réponse à la lettre de l'évêque du 7e juin dont la minute y a été jointe.

6727 Mars, Mlle Josèphe de, à Paris, 1737 juillet 19.

6728 Martin, bénéficiaire de Lodève, et Rodat de la Garrigue, curé de Rodez, exilé à Lodève, 1737 déc. 29.

6729 Massol fils, fourbisseur à Toulouse, 1737 juillet 21.

6730 Massuau, Raimond, à Orléans, 1738 sept. 22.
       N.B. Avec acte d'appel, aussi signé par son frère Augustin-Clément Massuau, 1738 sept. 8.

6731 Mauger, Simon, O.S.B., à la Couture du Mans, 1738 avril 9.

6732 Maynier, prêtre du diocèse de Digne, à Aiguines, 1736 juillet 2.

6733 Meindaerts, Pierre-Jean (Petrus Johannes), archevêque d'Utrecht, à Leyde et à Amersfoort, 1739–1740. 2 lettres.
       N.B. 1739 oct. 25 avec copie.

6734 Menard, sœur de St. Victor de, à Hauterive, 1734 mai 24.

6735 Mercier, Jean-Baptiste, O.S.B., 1727 sept. 14.

6736 Michel, Louis, ancien maître expert, écrivain juré à Paris, et Marie Reculard, sa femme, 1735 juillet 14 (parchemin).

6737 Michel, consul de Barrême, 1735 déc. 9.

6738 Moisset, Jean, O.P., à Clermont-Ferrand, 1736 nov. 18.

6739 Monceaux, de, chanoine régulier en l'abbaye de Lesterp (dioc. de Limoges), 1736 juin 12.

6740 Mont, Paul-Pie de, religieux de Grandmont, à Louie près Dourdan en Beausse 1733–1737. 2 lettres.
       N.B. 1737 juin 2 avec acte d'appel de 1737 avril 21.

6741 Montempuys, De, recteur de l'université et chanoine à Paris, 1717–1739. 2 lettres.
       N.B. 1739 sept. 30 avec relation de ce qui s'est passé chez l'université concernant la **bulle** Unigenitus.

       Montgeron, voir: Carré de Montgeron, inv. no. 6472.

6742 Montgon, abbé de (autrefois marquis), à La Souchère, 1737–1739. 2 lettres.
       N.B. 1739 janv. 20 avec minute de la réponse.

6743 Montmorin, Armand de, archevêque de Vienne, 1697 nov. 22.

6744 Montpellier, religieuses Carmélites, exilées à, 1737 avril 2.
6745 Montpellier, religieuses Ursulines à, 1739. 2 lettres.
6746 Montpellier, religieuses de la Visitation de, 1739 oct. 16.
6747 Monts, De, à La Ferté, 1736 janv. 30.
    N.B. Adressée au prieur de l'abbaye de La Chaise Dieu sur une guérison miraculeuse.
6748 Morant, prêtre de l'Oratoire, à Soissons, 1727 mars 4.
6749 Moreau, sœur Euphrasie, de la Charité à Nevers, 1737 nov. 8.
6750 Moreau, Marie-Madeleine, et Chauvau, Marie-Angélique, religieuses à Paris, 1727 oct. 15.
6751 Mossaron, Mlle M. M., 1737 avril 10.
6752 Mouchy de Sachy, Jean-Nicolas, avocat au Parlement de Paris, à Beauvais, 1737 avril 5 (avec acte d'appel).
6753 Mouhy d'Ancey, Oudette de, à Dijon, 1726 sept. 29 et s.d. 2 lettres.
6754 Moulin, curé et chanoine de Rouen, 1734 avril 30.
6755 Mouton, doyen de Senez, 1718–1740. 7 lettres.
    N.B. 1718 mars 12: lettre de l'intendant Lebret, à Aix, à l'évêque de Grasse Joseph-Ignace-Jean-Baptiste de Mesgrigny concernant le chanoine Mouton qui doit se retirer de Grasse et retourner à Senez.
6756 Moynard de Villamblin, Mad., à Lompoix, 1738 avril 3.
6757 Moyré, prêtre de Paris, 1740 mai 10.
6758 Nantes, ecclésiastiques du diocèse de, 1727.
6759 Nantes, religieuses du Calvaire de, 1739 janv. 27.
6760 Nemours, religieuses de la Congrégation de, 1735 sept. 11.
6761 Nevers, religieuses Ursulines de, 1734.
6762 Nicolas, Marie-Thérèse de, à Paris, 1735 avril 1.
    N.B. Avec acte d'adhésion à l'appel.
6763 Niel, François, lieutenant civil et criminel à Castellane, 1731 juillet 27.
6764 Niel, Honoré, prêtre, chanoine de Senez, 1720.
    N.B. Avec permission de l'évêque sur l'usage d'une perruque pendant la messe et autres offices, 1720 juin 28.
6765 Niort, religieuses Bénédictines à, 1740 oct. 11.
6766 Niort, prêtres de l'Oratoire à, 1736. 2 lettres.
6767 N.N. à Toulouse, 1716 juin 21 (copie).
6768 N.N., 1732 janv. 18.
    N.B. Adressée à Dom Jacques de Crespat OSB à La Chaise Dieu concernant une guérison miraculeuse.
6769 Noailles, (Estienne-Laurent), O.P. à Carcassonne, 1735 oct. 15.
6770 Noailles, Louis-Antoine cardinal de, archevêque de Paris, 1698–1720. 3 lettres.
6771 Norante, bailli et conseil de, 1718 janv. 10.
6772 Nourine, sœur de St. Paul, religieuse Hospitalière, 1739.
6773 Olivier, prêtre du diocèse de Blois, à Paris, 1739 août 8.
6774 Ollive, Pierre, de Marseille, exilé à Montpellier, 1737 avril 29.
6775 Orléans, Louise-Adelaide princesse d', abbesse (et ci-devant) de Chelles, 1727 et sans date (1734–1739). 7 lettres.
    N.B. Elle était abbesse 1719–1734. Sur une des lettres non-datées se trouve son cachet en cire rouge.
6776 Orléans, chanoines de l'église et curés du diocèse d', 1727 nov. 19.
6777 Orléans, religieuses du Calvaire d', 1737–1739. 3 lettres.
6778 Orléans, religieuses Hospitalières d', 1736 juin 6.
6779 Orléans, religieuses de la communauté de St. Loup lez, 1738 sept. 20.

6780 Orléans, religieuses Ursulines d', 1735–1740. 2 lettres.
6781 Orléans, religieux Feuillants du monastère de St. Mesmin lez, 1737–1738. 2 lettres.
6782 Oudinot Villain, Mad., à Paris, 1734 oct. 30.
6783 Pagani de la Chaize, sœur Marie-Victoire de, religieuse de la Visitation à Nevers, 1739 avril 6.
6784 Paix de Beauregard, Antoine-Barthélemy, à Paris, 1738 avril 25.
6785 Pâris, de, conseiller au Parlement, à Clermont, à Paris et à Muire près Reims, 1732–1736. 4 lettres.
6786 Paris, prêtres et curés du diocèse de, 1727. 4 lettres.
6787 Paris, ecclésiastiques de la paroisse de Ste. Marguerite à, 1738.
6788 Paris, religieux Feuillants du monastère de St. Bernard à, 1736–1738. 2 lettres.
6789 Paris, religieux Prémontrés à, 1738 janv. 25.
6790 Paris, religieuses du Calvaire du Luxembourg à, 1739. 2 lettres.
6791 Paris, religieuses du Calvaire du Marais à, 1739. 2 lettres.
6792 Paris, religieuses Hospitalières à, 1738–1739. 5 lettres.
6793 Parlongue, Paul, O.S.B., au monastère de La Charité-sur-Loire, 1739 mars 18.
6794 Pelart, chanoine régulier à Beauvais, 1739. 2 lettres.
6795 Pemartin du Saubot, prêtre à Paris, 1740 févr. 13.
6796 Petitpied, Nicolas, à Utrecht et à Paris, 1734–1736. 3 lettres.
6797 Pézenas, prêtres de l'Oratoire de divers diocèses à, 1727. 2 lettres.
6798 Pheboul, prieur à Colmar, 1727 mars 11.
6799 Philippe, à Paris, 1737 août 9.
6800 Philippe dit René, diacre à Paris, 1739 déc. 21.
6801 Pierres, Jean-Augustin, O.S.B. Clun., à Coincy-l'abbaye, 1740 janv. 22.
6802 Plainchesne, chanoine régulier, 1738 août s.j.
6803 Poitiers, religieuses du Calvaire de, 1735–1738. 5 lettres.
6804 Pollin, ancien curé de Vanécro (en Normandie), 1737 mai 6.
6805 Poncet, Maurice, O.S.B., de l'abbaye de Saint-Mathieu (dioc. de Saint-Pol-de-Léon), 1727 août 8.
6806 Pontchartrain, chancelier à Fontainebleau, 1699 sept. s.j.
6807 Pontevez, le chevalier de, au château de St. Jean, 1738 mai 15.
6808 Pontoise, curés et ecclésiastiques du vicariat de (dioc. de Rouen), 1727 sept. 20.
6809 Portier, Charles, curé de Penlatte (dioc. d'Évreux), 1739 févr. 6.
6810 Poulain de Vaujoye, trésorier de France à Tours, 1735 juin 4.
     N.B. Avec ci-joints son acte d'appel, 1734 juin 30, pourvu d'un postscriptum du 5e juin 1735, et en outre avec le testament spirituel de Marin Boylesve de la Maurouzière, 1732 oct. 28.
6811 Preaux, Des, à Paris, 1739 oct. 29.
6812 Préval, Mlle, à Étampes, 1738 mars 15.
6813 Prouille (dioc. de Saint-Papoul), religieuses de, 1739–1740. 2 lettres.
6814 Pucelle, l'abbé, à Paris, 1736–1740. 8 lettres.
6815 Puget, Henri du, évêque de Digne, 1718 mai 24.
6816 Quatremere, marchand-drapier à Paris, 1736 août 17.
6817 Quintin, procureur à Pézenas, 1737–1738. 2 lettres.
     N.B. 1738 janv. 14 avec acte d'appel du même date.
6818 Quiqueran de Beaujeu, Honoré de, évêque de Castres, 1727. 2 lettres.
6819 Rame, médecin à Lyon, 1738–1740. 2 lettres.
6820 Raynard, archidiacre de Senez, 1738 janv. 12.

6821 Regnard, Honoré, chanoine régulier à Beauvais, 1738 déc. 28.
6822 Reims, filles de la communauté du Saint Enfant Jésus à, 1739 avril 21.
6823 Rennes (en Bretagne), religieuses du Calvaire de St. Cyr à, 1739 janv. 18, (avec deux déclarations de foi).
6824 Riquet de St. Césaire, sœur Françoise-Étiennette, religieuse du Val de Grâce, 1740 nov. 19.
   N.B. Avec déclaration sur sa guérison miraculeuse par l'intercession du diacre François de Pâris.
6825 Robert, Hilarion, religieux de Grandmont, 1737 août 22.
6826 Roche, Gabriel de, O.S.B., 1740 août 28.
6827 Rodat de la Garrigue, curé de St. Amand de Rodez, 1735 août 30.
6828 Rohan de Léon, sœur C. E. de, religieuse à Soissons, 1732–1739. 7 lettres.
   N.B. 1732 s.m.ni j. aussi signée par sœur de Rohan de Porhoët.
6829 Rohan de Porhoët, sœur de, prieure de Ste. Scolastique à Troyes, 1739–1740. 3 lettres.
6830 Rollin, C., ancien recteur à Paris, 1740 juillet 22.
6831 Roques, prêtre de la Doctrine Chrétienne et professeur de philosophie à Gimont (dioc. de Lombez) et à Lectoure, 1729–1733. 2 lettres.
6832 Roquette, abbé de, prieur de Saint-Hymer, à Paris, 1734–1738. 3 lettres.
   N.B. 1734 janv. 10 avec profession de foi de Ravechet, syndic de la faculté de théologie de Paris.
6833 Rossignoli, Marco-Aurelio, 1699 oct. 2 (copie).
6834 Rouen, ecclésiastiques et laïcs de la ville de, 1739 avril 30.
6835 Rouen, religieux Bénédictins de l'abbaye de St. Ouen à, 1739 mai 7.
6836 Rouen, religieuse Hospitalière à, 1736 mai 12.
6837 Rouffiac, de, clerc tonsuré du diocèse de Narbonne et chanoine de Moissac (dioc. de Cahors), 1738 sept. 18.
6838 Rousseau, Charles-Henri, prêtre de la paroisse de St. Roch à Paris, 1738 déc. 26.
6839 Roussel, curé d'Ennery (dioc. de Rouen), 1727 août 13.
6840 Sainson, Louis, curé de Semerville (dioc. de Blois), 1738 janv. 2.
6841 Saint-Denis, religieuses Carmélites à, 1730, avec réponse de l'évêque, 1730 mai 2 (copies).
6842 Saint-Germain, de, de l'Oratoire, 1728.
   Saint-Gervais, voir: Louvart, inv. no. 6707.
6843 Saint-Jean, conseiller à Aix, 1722 juin 24.
6844 Saint-Malo, religieuses du Calvaire à, 1739 sept. 17.
6845 Saint-Palais, sœur de, religieuse à Castres, 1735 nov. 21.
6846 Saint-Paul, l'abbé de, 1727.
   N.B. Avec notice: Lettre du P. Valleix de l'Oratoire.
6847 Saint-Pourçain, religieux Bénédictins de l'abbaye de, 1738 sept. 24.
6848 Saint-Riquier, religieux Bénédictins de l'abbaye de, 1736–1738. 2 lettres.
6849 Saint-Robert, Louis de, religieux Feuillant, 1739 avril 30.
6850 Saint-Verguet, J. J. de, chapelain à la cathédrale de Saint-Malo, 1738 mars 17.
6851 Salmon, Pierre-Mathurin, prêtre de l'Oratoire, à Niort, 1735 août 27.
6852 Saphoux, sœur Marie de Ste. Pélagie, religieuse de St. Benoît à Lyon, 1733 août 12.
6853 Sarrebourse, Mlle Charité, à Orléans, 1736 nov. 9.
6854 Saumur, religieux Bénédictins de l'abbaye de Saint-Florent à, 1736 août 19.
6855 Sauvan, curé de Peirolles en Provence, 1734–1739. 2 lettres.

6856 Sauvere, vicaire général de Glandèves, 1712 mars 12.
6857 Schonauwe (Pays-Bas), religieux Chartreux français à, 1736 juillet 9.
6858 Segouin, curé de Bray (dioc. de Bayeux), 1736 déc. 8.
6859 Ségur, Jean-Charles de, évêque et ancien évêque de Saint-Papoul, 1734–1739. 12 lettres.
   N.B. Avec des copies de la main de Mlle Rachel Gillet.
   1735 mars 18 avec son mandement au clergé et aux fidèles de son diocèse sur sa démission de son évêché, 1735 févr. 26.
6860 Senjean, Paulin, Barnabite, à Dax, 1739 mai 30 (avec acte d'appel).
6861 Sens, fidèles de, 1739 déc. 2.
6862 Sens, sœur de Ste. Cécile, religieuse Hospitalière à, 1739.
   Seroskerk, voir: Blau, inv. no. 6440.
6863 Simart, M., à Paris, 1733 juillet 19.
6864 Simon, Joseph, O.S.B., 1738 mars 28.
6865 Simon, bourgeois, à Castellane, 1730–1739. 4 lettres.
6866 Sirmond, archidiacre de Senez, 1727–1736. 5 lettres.
6867 Solignac, prêtre du diocèse de Lectoure, à Bordeaux, 1740 févr. 19.
6868 Sornet, prêtre, à Paris, 1738 déc. 27.
6869 Souchay, Claude-Julien, chanoine régulier, prieur de St. Maurice à Senlis, 1739 janv. 10.
6870 Soudry, J., curé de Tonneville (dioc. de Rouen), 1727.
6871 Steenoven, Corneille (Cornelius), archevêque d'Utrecht, à Leyde, 1725 févr. 16.
   N.B. Imprimée et signée de sa propre main.
6872 Susleaue, Paul, O.S.B., de l'abbaye de St. Basle proche Reims, 1740 févr. 17.
6873 Tenne, J. B., O.S.B., au prieuré de St. Pierre de Mortagne en Bas Poitou, 1735 sept. 29.
6874 Terrasson de la Tour, G., curé de Treigny, 1732–1735. 4 lettres.
6875 Testard, L. P., prêtre à Paris, 1739. 2 lettres.
6876 Thibaut, avocat au Parlement, à Bordeaux, 1739 avril 5.
6877 Thierry, Jean-Louis, trésorier de France, à Paris, 1736.
6878 Thion, Louis-François, O.S.B., à Marmoutiers lez Tours et ailleurs, 1735–1737. 2 lettres.
   N.B. 1735 juillet 31, aussi signée par Antoine Rivet OSB.
6879 Thorame-Basse, consuls de, 1741 janv. 4.
6880 Thouin, chanoine régulier de l'abbaye de St. Jean de Melinais, 1740 avril 10.
6881 Tissard, à Paris, 1738 août 18.
6882 Tissart, diacre à Paris, 1734 janv. 4.
6883 Titon, conseiller au Parlement, 1735 mars 26.
6884 Titon, conseiller au Grand Conseil, 1736 juillet 29.
6885 Toulouse, chanoinesses de St. Sernin à, 1737–1738. 3 lettres.
6886 Toulouse, religieuses de Ste. Claire du Salin à, 1739 avril 30.
6887 Tours, religieuses du Calvaire de, 1739 févr. 13.
6888 Touvenot du Vivier et Jubé, curé d'Asnières, à Utrecht, 1736 avril 26.
6889 Tripperet, Hilaire, O.S.B. Clun., à Souvigny et à St. Leu d'Esserens, 1738–1739. 2 lettres.
6890 Trouvain, Ch., O.S.B., prieur claustral de l'abbaye de Coincy, 1740 sept. 19.
6891 Troyes, religieuses Carmélites de, 1727–1739. 4 lettres.
6892 Troyes, prêtres de l'Oratoire de la maison de, 1739–1740. 3 lettres.
6893 Trudon, prêtre de Paris, 1739.

6894 Truilhier, prêtre de l'Oratoire, 1727–1735. 2 lettres.

6895 Utrecht, chapitre métropolitain d', 1729 (copie).

6896 Vailly(?), de, confrère de l'Oratoire, à Vendôme, 1739 janv. 6.
N.B. Dilhe a lu ce nom de famille comme: Neuilly.

6897 Vairac, vicaire général et official de Fréjus, 1709 juin 27.

Van der Croon, voir: Croon, van der, inv. no. 6514.

Van Erckel, voir: Erckel, van, inv. no. 6549.

6898 Varennes, l'abbé de, à Paris, c. 1735–1740. 2 lettres.
N.B. La première lettre a été datée par Dilhe entre 1735 et 1737.

6899 Varlet, Dominique-Marie, évêque de Babylone, à Utrecht, à Amersfoort et à Schonauwe, 1735–1739. 9 lettres.
N.B. 1735 sept. 25, 1737 avril 3 et 1739 oct. 26 avec copies. La lettre du 23e octobre 1736 a été imprimée.

6900 Vence, prêtre de l'Oratoire, à Vendôme, 1737–1739. 2 lettres.
N.B. 1737 sept. 5 avec copie d'une lettre du nouveau prévôt de Senez à l'évêque.

6901 Vendôme, religieuses Ursulines à, 1738 août 24.

6902 Versailles, fidèles de, 1739 juillet 17.

6903 Vignaud des Vories, sœur Mélanie-Augustine du, religieuse à Blois, 1738 janv. 16.

6904 Villa, François-Joseph de, prêtre de la Doctrine Chrétienne à Gimont, 1739 juin 4.

6905 Villain, Jean, à Paris, 1734 oct. 30.

6906 Villerault, A. J. Solu de, abbé régulier de l'abbaye de St. Vincent des Bois, 1739 mars 17.
N.B. Avec cachet en cire rouge.

6907 Vintimille du Luc, Charles-Gaspard-Guillaume de, évêque de Marseille, 1699 nov. 9.

6908 Voigny, président de la Cour des Aydes à Paris, 1733 mars 15.

6909 Wallon, Marie-Françoise, à Beauvais, 1739 janv. 29.

6910 Yardin, N., prêtre à Paris, 1733 août 27.

Minutes de lettres etc.

6911 Table des lettres, écrites par Mgr. Soanen, 1728–1740.

6912 Recueil de minutes de lettres de l'évêque de Senez pour affaires un peu importantes, 1697–1705.

Adam, 1er commis de M. de Torcy, 1701 janv. 8.

Allons, consuls d', 1702 sept. 22.

Aveillon, Père, assistant du général de l'Oratoire, 1699 oct. 27.
N.B. Avec copie de sa lettre à Mgr. Soanen, 1699 sept. 25.

Castellane, intendant de, 1702 août 25.

Castellane, lieutenant-général de, 1697 déc. 13.
N.B. Avec "copie du certificat scandaleux, donné aux comédiens par le Sr. Garsin", lieutenant-général de Castellane, 1697 nov. 28, et copie d'une déclaration de l'évêque sur cette affaire.

Clermont-Tonnerre, François de, évêque de Noyon, 1697 déc. 3.

Colbert de Torcy, ministre d'État, 1700 janv. 27, oct. 18; 1701 janv. 5, juin 21.

Creux, le comte de, ambassadeur plénipotentiaire à Risvik, 1698 avril 27.

Doctrinaires, général des, 1697 nov. 11.

Grignan, le comte de, 1701 janv. 5.

La Chaize, P. de, 1700 janv. 27, oct. 18.

La Tour, R. P. de, général de l'Oratoire, 1697 avril 30; 1702 sept. 1.

Le Bret, premier président, 1701 juin 21.

Le Camus, Étienne cardinal, évêque de Grenoble, 1697 nov. 12.

L'Hôpital, supérieur général de la Doctrine Chrétienne, à Paris, 1702 juillet 29.

Montmorin, Armand de, archevêque de Vienne, 1697 nov. 12.

Noailles, Louis-Antoine cardinal de, archevêque de Paris, 1700 juillet 10.

Oratoire, Assemblée générale de l', 1699 sept. 9.

Rosignoli, sénateur de Nice, 1700 janv. 15.

Savoye, duc de, 1699 juin 1.

Soleillas, de, 1705 avril 5.

Thorame, de, 1699 nov. 20.

Vachieres, R. P. de, provincial des Augustins, 1704 déc. 9.

6913 Recueil de copies de dimissoires et de lettres, 1716–1740.
N.B. Dans les dimissoires les noms des intéressés ont été biffés et faits illisibles. A la plupart des lettres le nom du destinataire manque.

Castellane, religieuses de la Visitation de, 1727 nov. 7, déc. 10; 1728 mars 13.

Daillaud, prieur d'Allons, 1727 sept. 11; 1728 janv. 11.

Oratoire, un supérieur de l', 1727 déc. 4; 1728 juillet 15; 1729 oct. 19

Pasquier, de, chanoine et aumônier de Mgr. Soanen, 1727 sept. 20.

6914 Lettres dimissoires pour Bernard Martiny, acolyte du diocèse de Senez et confrère de l'Oratoire, et pour Ambroise Gravier, clerc du même diocèse, afin d'être ordonnés par l'évêque de Montpellier Ch. J. Colbert de Croissy, 1735 juillet 14.
N.B. Minutes signées par Mgr. Soanen et son secrétaire J. J. Bérard.

6915 Lettre circulaire aux seigneurs archevêques et évêques sur la désertion de mes prêtres, 1712 août 30.
N.B. Destinée aux archevêques d'Arles, d'Aix et de Vienne et aux évêques de Marseille, de Toulon et de Gap. Avec copie par L. Dilhe.

6916 Afforty, curé d'Écouan, 1737–1738. 2 lettres.
N.B. Copies par L. Dilhe.

6917 Albert, d', 1732–1739. 2 lettres.

6918 Aubret, curé de Chane, 1736 déc. 17 (en double).

6919 Auvergne, sœur Marie-Anne, Carmélite, 1735 déc. 22.

6920 Barchman Wuytiers, Corneille-Jean, archevêque d'Utrecht, 1725–1727. 2 lettres.

6921 Belsunce, Henri-Xavier de, évêque de Marseille, 1725 oct. 8.

6922 Bérard, Père, Récollet, à Nîmes, 1717 juin 8.

6923 Boidot, 1736–1737. 4 lettres.

Botereau, voir: Roques, inv. no. 7006.

6924 Boutin de la Boissière, 1739 févr. 28.

6925 Candide, sœur, 1737 août 28.

6926 Caseneuve, Mad. de, exilée à Pézenas, 1738 févr. 5.

6927 Castellane, deux religieuses de, exilées à Grasse, 1729 mars 1.

6928 Champsaud, R. P., commissaire provincial de la Doctrine Chrétienne, 1715 juillet 12.

6929 Chaudon, le vicomte de, 1726 oct. 1.

6930 Coëtquen, sœur Marguerite-Françoise de, supérieure de la Congrégation du Calvaire, 1738 déc. 29.

6931 Coffin, recteur de l'université de Paris, 1697 janvier s.j.

6932 Colbert de Croissy, Charles-Joachim, évêque de Montpellier, 1720–1737. 5 lettres.
N.B. 1720 avril 21 destinée aussi à l'évêque de Boulogne, Pierre de Langle.
1737 janv. 22 avec deux copies.

6933 Colbert de Torcy, ministre d'État, 1702–1712. 2 lettres.
   N.B. 1702 mars 2 avec mémoire pour le roi.
6934 Cormis, De, doyen des avocats à Aix, 1730 mars 9.
6935 Courayer, religieux de Ste. Geneviève, 1717 août 18.
6936 Croon, Theodorus van der, archevêque d'Utrecht, 1735 févr. 18.
6937 Daguesseau, chancelier, 1717–1720. 2 lettres.
6938 Desmarets, contrôleur général des finances, 1709–1713. 2 lettres.
6939 Dubois, Guillaume, archevêque de Cambrai, ministre et secrétaire d'État, 1720 mai 2.
6940 Du Bourget (neveu de Mgr. Soanen), 1730 nov. 8.
6941 Du Fey, Henri, 1734 déc. 8.
6942 Erckel, Jean-Chrétien van (Johannes Christianus Erckelius), doyen du chapitre d'Utrecht et vicaire général Sede Vacante, 1718–1725. 3 lettres.
6943 Évêque de ... (touchant la signature du Formulaire), 1722 août s.j.
6944 Évêques, lettre circulaire à plusieurs, 1729 sept. s.j.
6945 Filletieres, de, (c. 1730).
6946 Fontaine de la Roche, auteur des Nouvelles Ecclésiastiques, (c. 1731).
6947 France, roi de, 1725.
6948 Frenaye, Madame, (sœur de l'évêque), 1728 août 29.
6949 Frenaye (neveux de l'évêque), 1728 juin 24.
   N.B. Sur le même papier: lettre à la Mère de la Miséricorde, religieuse de l'Hôtel Dieu à Paris, 1737 juin 3.
6950 Gamaches, comtesse de, 1727 févr. 13.
6951 Gastaud, abbé, 1727 juillet 3.
6952 Gennes, R. P. de, 1734 janv. 31.
6953 Gesvres, Léon cardinal Potier de, archevêque de Bourges, 1721 sept. 22 (en double).
6954 Gl., la baronne de, 1714 oct. 9.
6955 Gourdan, prêtre, à Paris, 1739 mai 8.
6956 Hariaque, Mad. d', 1734 oct. 2.
6957 La Broue, Pierre de, évêque de Mirepoix, 1720 avril 3.
6958 La Coste, Dom, O.S.B., 1737 janv. 20.
6959 Langle, Pierre de, évêque de Boulogne, 1723 juin 25.
6960 La Salle, de, (c. 1730).
6961 La Tour du Pin de Montauban, Louis-Pierre de, évêque de Toulon, 1713 oct. 18.
6962 La Tremoille, duchesse de, 1735 août 4.
6963 Laval, commandant (gouverneur) de Colmars (dioc. de Senez), 1700 nov. 28.
   N.B. Avec copie de la réponse de Laval, 1700 nov. 30.
6964 Law, contrôleur général, 1720 mai 18.
6965 Le Blanc, ministre de la Guerre, 1726 juillet 10.
   N.B. Sur le même papier: lettre à M. de St. Florentin, ministre d'État, et à Le Peletier des Forts, contrôleur général des finances, 1726 juillet 10.
   Le Camus, voir: Montmorin, inv. no. 6979.
6966 Le Mazuyer, procureur général de Toulouse, 1718 juin 9.
6967 Le Paige, avocat au parlement, 1737 juin 28.
   Le Peletier des Forts, voir: Le Blanc, inv. no. 6965.
6968 Le Viguier, à Aups, 1734 juillet 4.
6969 L'Isle, de, 1710 nov. 17.
   N.B. Avec notice d'Audibert Chauvin que le sieur de Lisle prétendait avoir le secret de la poudre d'or pour changer tous les métaux en or ou en argent.

6970 Loudun, religieuses du Calvaire de, 1739 févr. 25.
6971 Louvard, R. P., 1736 avril 27.
   N.B. Sur le même papier une lettre aux religieux de l'abbaye de Molôme, 1736.
6972 Maisy, Madame de, née princesse d'Auvergne, 1733 nov. 2.
6973 Martelly, théologal d'Agde, 1727 févr. 27.
6974 Martine, R. P., procureur de l'abbaye de St. Denis, 1734 août 11.
6975 Massillon, Jean-Baptiste, évêque de Clermont, 1719 janv. 10.
   N.B. Avec copie par Audibert Chauvin.
6976 Matignon, Jacques de, ancien évêque de Condom, 1720 janv. 18.
6977 Menillet, Niv. du, 1734 mai 12.
6978 Moissac, madame de, à Aix, épouse du conseiller au Parlement d'Aix, 1724 août 8.
   Molôme, religieux de l'abbaye de, voir: Louvard, inv. no. 6971.
6979 Montmorin, Armand de, archevêque de Vienne, 1697 nov. 12.
   N.B. Sur le même papier lettre à Étienne cardinal Le Camus, évêque de Grenoble, du même
      date.
6980 Mouton, chanoine de Senez, 1736 janv. 14.
6981 Nantes, docteurs de la faculté de théologie de, 1721 juin 22.
6982 Narbonne, lieutenant-général des armées, 1704 nov. 17.
6983 N.N. (Mlle de Joncoux?), 1714. 2 lettres.
6984 N.N., 1731 juin 2.
   N.B. Avec notice: Lettre sur M. de Sirmon.
6985 N.N., religieuses, 1733–1735. 2 lettres.
6986 N.N. (Monsieur et très cher fils), 1736 févr. 18.
6987 N.N., Mlle, 1736–1737. 3 lettres.
   N.B. À la seconde lettre de 1737 suit une à Monsieur N.N., laïc, 1739 mai 7.
6988 N.N., 1738 déc. 24–1739 mai 10.
   N.B. Lettre en trois parties contre un ouvrage, intitulé: Vains efforts.
6989 N.N., fidèles de Sens, 1740 janv. 9.
6990 N.N., abbé (Bidal?), 1714. 3 lettres.
6991 N.N., religieux Bénédictin, 1735–1740. 3 lettres.
   N.B. Sur le même papier de la lettre de 1740 janv. 9 se trouve une lettre de 1736 oct. 10 à un
      monsieur (= Moulin).
6992 N.N., ecclésiastique, 1739 déc. 16.
6993 N.N., curé, 1739–1740. 2 lettres.
6994 N.N., Madame, 1740. 2 lettres.
6995 Noailles, Louis-Antoine cardinal de, archevêque de Paris, 1713–1720. 6 lettres.
6996 Orléans, religieuses du Calvaire d', 1739 juin 1.
6997 Orléans, duc d', régent, 1718–1724. 2 lettres.
6998 Paris, religieuses de Liesse, à, 1733 oct. 26.
   Paris, Mère de la Miséricorde, religieuse de l'Hôtel Dieu à, voir: Frenaye, inv.
   no. 6949.
6999 Perret, 1733 juin 27.
   N.B. Ci-jointe: lettre de Perret au Père Pougnet (?), 1733 mai 29.
7000 Petitpied, Nicolas, 1718–1734. 2 lettres.
7001 Phélypeaux, Louis, comte de Pontchartrain, chancelier, 1714–1715. 3 lettres.
7002 Pucelle, abbé, conseiller au Parlement, 1736 mars 18.
7003 Racine, ecclésiastique à Paris, 1734 juin 27.
7004 Reboul, avocat du roi au siège d'Aix, au Bourquet, 1721 mars 18.
7005 Rohan de Soubise, Armand-Gaston cardinal de, évêque de Strasbourg, 1713
   déc. s.j.

7006 Roques, prêtre de la Doctrine Chrétienne à Lectoure, 1734 févr. 11.
> N.B. Sur le même papier lettres à Botereau OSB à Lyon, et à Texandier, prêtre Feuillant, du même date.

7007 Saint-Auban, abbé de, 1724 nov. 10.

Saint-Florentin, voir: Le Blanc, inv. no. 6965.

7008 Ségur, Jean-Charles de, évêque de Saint-Papoul, 1734 sept. 26.

7009 Ségur, Madame de, coadjutrice et abbesse de Gif, 1733–1734. 2 lettres.

7010 Senez, lettre circulaire au clergé de, 1712 août 12.

7011 Senez, clergé et doyens ruraux du diocèse de, 1715 sept. 13–oct. 8.

7012 Senez, grand vicaire de, 1727 sept. 1.

7013 Sirmond, archidiacre de Senez, 1736 juillet 20.

7014 Soyer, avocat au Parlement de Paris, 1731 juin 9.
> N.B. Au même papier: Protestation de sœur Olympe de Chatillon, abbesse de St. Loup à Orléans, 1728 nov. 2 (copie).

Texandier, voir: Roques, inv. no. 7006.

7015 Tilladet, Michel Cassagnet de, évêque de Mâcon, 1727 mars 5.

7016 Tournay, Mad., 1732 oct. 24.

7017 Tours, religieuses du Calvaire de, 1739 mai 16.

7018 Ursulines de Nevers, 1737 juillet 15.

7019 Utrecht, vicaires généraux de l'Église d', sede vacante, (Van Erckel, Van Heussen et Stakenburg), 1718 déc. 29.

7020 Valbonette, sœur de, 1721 mars 8.
> N.B. Au même papier: Mémoire ou projet pour notre cazarnet de l'an 1721.

Van der Croon, voir: Croon, van der, inv. no. 6936.

Van Erckel, voir: Erckel, van, inv. no. 6942.

7021 Villeneuve, le baron de, 1725 févr. 3.

7022 Deux minutes de lettres sans adresses ni dates, avec beaucoup de râtures et presque illisibles.

7023–7024 Copies de lettres de Mgr. Jean Soanen, évêque de Senez, signées par lui-même, 1732–1740. 2 tomes.
> N.B. L'ordre de ces lettres dont l'écriture est de la main du secrétaire de l'évêque, l'abbé Pougnet (Bérard), n'est pas toujours strictement chronologique. Quelquefois les noms des destinataires n'ont pas été mentionnés et en outre beaucoup de ces noms ont été biffés tellement qu'ils sont devenus illisibles. Un grand nombre de ces lettres a été édité dans: La Vie et les Lettres de Messire Jean Soanen, évêque de Senez, (1750), mais souvent sans nom du destinataire. La lettre du 12e septembre 1740 est la dernière qui a été signée par l'évêque. Après son exil il avait pris l'habitude de signer comme suit: + Jean, évêque de Senez, prisonier de Jesus Christ. Pour les noms supprimés dans le Recueil imprimé en 7 volumes in 12° voir aussi la cote suivante.

7023 Tome I, 1732–1737.

7024 Tome II, 1737–1740, 1736.

Liste alphabétique des destinataires:
Abram, curé, 1740 nov. 2.
Afforty, curé d'Écouan, 1737 janv. 5; 1738 mars 22.
Ailenc, d', 1736 mai 19.
Aillaud, vicaire perpétuel de St. Jacques, 1740 sept. 28.
Aize, R. P. d', 1737 sept. 4.
Albert, d', 1736 févr. s.j., oct. 23, nov. 20; 1737 janv. 9, juillet 23, août 24, nov. 26; 1738 avril 30, mai 28, juin 26, août 9, sept. 24, oct. 18, déc. 26; 1739 mai 12, juin 5, oct. 6, oct. 31, nov. 21, déc. 16, déc. 29; 1740 févr. 12, févr. 23, mars 9, mai 29, sept. 3.

Albine, d', chanoine régulier de Ste. Geneviève, 1737 janv. 21, oct. 25.

Aldigier, chanoine de Riom, à St. Amable, 1737 janv. 21; 1738 janv. 28.

Aliber de Labii, R. P. d', O.P., 1739 févr. 17; 1740 janv. 13.

Allon, receveur des tailles à Beauvais, 1736 nov. 8; 1737 mai 17; 1738 janv. (vers la fin); 1739 mai 2.

Allon, Mad., 1738 janv. (vers la fin).

Allons, D', et Garsin de Taulane, 1737 juin 28.

Allons, Mad. d', 1736 janv. 20, févr. s.j., 1737 janv. 14; 1738 janv. 12; 1740 janv. 16.

Ally, Mad. d', 1740 mars 27.
N.B. Avec notice: C'est une dame de Londres.

Amable de Catellan, Mlle, 1738 juillet 26.

Amy, prêtre de l'Oratoire, chanoine de Marlure à Riom, 1739 févr. 26, nov. 6; 1740 janv. 7, août 23.

Ancognée, Mlle d', 1736 sept. 26.

André, ecclésiastique du diocèse de Senez, 1736 févr. 14, juin 27; 1737 févr. 27; 1738 mars 22 (résidant actuellement dans celui d'Auxerre); 1739 juin 5; 1740 févr. 17.

Angélique de Ste. Claire, sœur, 1737 nov. 21.

Angerville, d', de Rouen, 1737 févr. 27.

Angerville, Mlle Marguerite-Catherine d', 1736 juillet 13 (à la fin du tome II) oct. 10; 1737 févr. 26, juillet 6, nov. 11; 1738 juillet 22.

Ango, Toinette, Charlotte de la Porte, Denize Regné, Marguerite Turpin et Marie Gault, 1737 avril 13.

Ardenne, d', religieux de la Trappe, 1737 mai 30.

Argens, consuls d', 1740 mars 26.

Armand, 1739 mars 1.

Armantieu, Mesdames d', de Palarin, de Vic, de Martiny, de Lordat, religieuses, 1737 oct. 25; 1738 déc. 11.

Arnaud, théologal, 1737 avril 19.

Arnaud, Gravier, Engelfred et Pallafort, fermiers de l'évêché de Senez, 1739 août 8, 1740 janv. 30 (Arnaud).

Arnouville, Mlle d', 1737 févr. 6.

Arpajon, Mad. d', 1737 sept. 17.

Arras, R. P. d', de l'Oratoire, 1738 août 5.

Arrault, chanoine d'Orléans, 1738 déc. 23.

Atr (sic), 1736 avril 13.

Aubenque, prêtre et bénéficier, 1737 févr. 16, juin 1.

Aubret, curé de Chanes, 1736 déc. 17.

Aubry, 1733 août 5.

Audibert, avocat, 1735 juin 22; 1737 juillet 4; 1738 févr. 7; 1739 oct. 19, déc. 18.

Audibert, prêtre, curé de St. Sauveur d'Aix, exilé, 1735 août s.j., déc. 26; 1739 janv. 19, févr. 18; 1740, janv. 16.

Auphant, R. P., supérieur de l'Oratoire à Pézenas, 1735 juin 21; 1737 août 30, sept. 9, déc. 1; 1738 mai 2.

Auvergne, Madame, Carmélite (sous le nom de sœur Marie-Anne de St. Augustin) 1732 nov. 23; 1735 mars 23, avril 13, mai 18, déc. 22; 1736 juillet 17, déc. 29; 1737 juillet 23, déc. 26; 1738 mai 14; 1739 janv. 26; 1740 janv. 26, sept. 14.

Auvergne, la princesse d', 1734 janv. 27; 1735 avril 6.

Auvray, Camaldule, 1736 juin 27.
Avril, R. P., O.S.B., visiteur de la province de France, 1739 août 26; 1740 janv. 3.
B(raux?), R.P., 1739 mai 14.
Babaud du Mail, 1735 sept. 7; 1736 janv. 21, sept. 26; 1738 janv. (25), mars 5, oct. 8; 1739 janv. 20.
Babaud, Mad., 1735 oct. 1.
Babaud, Mad., la jeune, 1737 juillet 13.
Bagnols, de, 1737 juillet 23, oct. 15, nov. 20; 1738 janv. 9, mai 12, juillet 27, sept. 17; 1739 janv. 3, déc. 26; 1740 nov. 16.
Balanqué, Messieurs, prêtres, 1737 mars 5.
Ballin, prêtre de la paroisse de St. Roch à Paris, 1739 juin 13.
Banier, Mad., O.S.B., à Autun, 1737 déc. 4.
Barbin, doyen des avocats de Paris, 1734 oct. 30.
Barescut, R. P. de, l'aîné, 1738 nov. 3.
Barescut, R. P. de, le cadet, 1738 nov. 3.
Baron, R. P., O.S.B., 1737 janv. 15; 1738 janv. 27; 1739 févr. 5; 1740 janv. 11, sept. 7.
Baroneau, voir: du Passage.
Barrême, consuls de, 1734 juillet 17; 1739 févr. 23; 1740 févr. 10, mars 26.
Barrême, le prieur de, 1738 déc. 16.
Basmarein, négociant à Limoges, 1739 juin 16.
Bassablong, Mad., 1738 juin 28.
Batbedat, R. P., Doctrinaire, 1739 janv. 24.
Baudin, sœur Anne-Jacqueline de Ste. Félicité, religieuse de l'Hôtel Dieu de Paris, 1735 févr. 23; 1736 juin 25.
Baudouin, docteur de Sorbonne, chanoine de la cathédrale d'Auxerre, 1735 août 12, nov. 30; 1736 mars 7, juillet 6 (à la fin du tome II), oct. 6; 1737 avril 12, juin 19, juillet 30; 1738 janv. 3, mars 23, sept. 6; 1739 janv. 3, nov. 28.
Bayard, R. P., O.S.B., 1740 sept. 10.
Beaujan, de, 1736 nov. 20.
Beaulaigre, prêtre, 1739 sept. 2.
Beauregard, de, avocat au Parlement, 1738 mai 18, juin 11; 1739 janv. 8,; 1740 janv. 7.
Beauvais, religieuses Ursulines de, 1739 janv. 11.
Becherand, abbé de, 1734 janv. 28; 1736 oct. 29; 1737 févr. 19; 1738 févr. 5; 1739 févr. 3; 1740 janv. 16.
Belichon, avocat, 1736 août 18 (à la fin du tome II).
Bellegarde, de, voir: de Luc.
Belon (?), marchand à Lyon, 1739 févr. 3.
Belon (Bellon), prêtre, desservant de Treigny, 1738 juin 14; 1739 févr. 3; 1740 oct. 10.
Bérard, Mad., veuve à Saumur, 1739 juin 2.
Bérard, sœur de Ste. Dorothée, religieuse, 1738 sept. 29.
Bercher, prêtre, 1738 déc. 12.
Beringhen, François-Charles de, évêque du Puy, 1739 avril 6.
Bernard, avocat à Castellane, 1738 mai 24, juillet 22, 30, août 23, sept. 25, nov. 1, déc. 16; 1739 mars 17, avril 29, juin 10, juillet 7, août 15, oct. 3, 31, déc. 19; 1740 janv. 30.

Bernay en Normandie, religieuses de, 1739 sept. 11.

Berthot, Dom Denis de St. Bernard, religieux Feuillant, 1736 sept. 25; 1738 déc. 24; 1740 juin 4.

Bertou, vicaire et curé de Trigance, 1734 janv. 22; 1736 août 4; 1738 juillet 5.

Bertrand, curé de Fontenai, 1735 déc. s.j.

Béthune d'Orval, Mad. de, abbesse de Gif, 1732 janv. 28.

Bizault, R. P., de l'Oratoire, 1738 juillet 26.

Blacas, sœur de, religieuse de la Visitation, 1739 août 13, 26, oct. 6, nov. 11; 1740 janv. 11.

Blanc, médecin, 1736 sept. 12; 1737 janv. 22; 1738 janv. 25; 1739 janv. 8; 1740 janv. 16, juin 1.

Blanc, Mlle, de Castellane, 1737 juillet 19.

Blaru, le chevalier de, 1733 déc. 20.

Bl(aru?), le chevalier de, dit fr. Hil(aire?), 1734 mars 18.

Blau, la marquise de, 1735 nov. 7.

Blieux, consuls de, 1740 mars 20.

Blois, religieuse de, 1736 avril 3.

Boidot, docteur de Sorbonne, 1736 oct. 16; 1737 janv. 10, juin 1 (réponse à la lettre de mai 24, y insérée), sept. 25.

Boisselly, Mad., 1738 mars 9.

Boisselly Rimbaud, Mad., 1738 juin 28.

Boissien, le comte de, 1738 mars 22.

Boissieres (?), Mlle de, 1737 nov. 20.

Boitin, conseiller du Parlement, 1739 août 21.

Boizon de la Courance, 1738 juillet 23.

Bojan, de, 1737 mai 25, août 14; 1738 mai 3.

Bon, de, lieutenant criminel, 1738 janv. 31; 1739 févr. 22.

Bon, de, et Simon, 1736 déc. 1.

Bonchamps, Mlle de, 1736 sept. 27.

Bonnet, R. P., 1739 févr. 7.

Bordeaux, Fidèles à la Vérité à, 1739 janv. 16; 1740 janv. 16.

Bossuet, Jacques-Bénigne, évêque de Troyes, 1733 juin ou juillet; 1734 janv. 25; 1738 mars 8, juin 24.

Boubee, lieutenant colonel de cavalerie, 1737 déc. 18.

Boucachal, Mad., 1738 juillet 22.

Boucher, diacre de Paris, 1734 mars 27.

Boudot, O.S.B., de Montmartre, 1733 déc. 13.

Bougerel, de l'Oratoire, 1736 févr. 21; 1738 janv. (vers la fin); 1740 sept. 24.

Boullenois, 1736 janv. 9; 1737 sept. 28; 1740 sept. 12.

Boulouffe, notaire de Liège, retiré en Hollande, 1734 mars 18.

Bourdeaux, Mad., 1740 oct. 10.

Bourlez, fr. Stanislas, de la Charité, 1739 févr. 3.

Bournisien, curé de St. Josse, 1740 juillet 6.

Bourrey, abbé, 1737 févr. 18, mai 21; 1738 juin 25; 1740 févr. 3.

Boursier, docteur de Sorbonne, 1735 nov. 2; 1736 oct. 8; 1739 oct. 21.

Boursier, Mlle, 1736 mars 24.

Boutin de la Boissière, 1736 janv. 7, mars 23, juillet 26, déc. 30; 1737 mai 11, oct. 2; 1738 janv. 26, déc. 6; 1739 janv. 10, févr. 28; 1740 janv. 3, avril 20.

Boutin de la Boissière, Mad., 1736 juin 22.

Boyer, supérieur de l'Oratoire à Montpellier, 1735 juillet 12.

Boyetet, lieutenant criminel à Orléans, 1735 juin 22; 1736 mars 31; 1737 janv. 26, nov. 20; 1738 juin 11; 1740 mai 7.

Braier, conseiller au Parlement, 1733 janv. 24.

Bregançon, de, 1738 juin 24.

Brionne, de, 1739 juillet 6.

Brochant, prêtre de l'Oratoire, à Aubervilliers, 1735 juin s.j.; 1737 janv. 29; 1740 févr. 3.

Broussin, vicaire de Mayet, 1740 févr. 6.

Brunet, Mlle, 1735 déc. 13.

Brunier, abbé de St. Alize, 1736 août s.j. (à la fin du tome II); 1738 janv. 26; 1739 janv. 13, mai 29.

Bugarel, Mlles, 1740 juin 18.

Bugarel, Mad. 1735 juin 28; 1740 juin 18.

Buisson, Dom, O.S.B., 1735 juin 19; 1737 janv. 20; 1738 janv. 27; 1739 févr. 5; 1740 sept. 10.

Buisson, Mad. du, religieuse de Nemours, 1736 mai 26.

Bullion, de, comte d'Esclimont, 1739 juin 5.

C., 1736 mai s.j.; 1738 sept. 27.

Cabrillon, O.S.B., 1735 avril 15; 1736 juin 9.

Cadet, Remi, O.S.B., 1738 juillet 7.

Cahour, 1738 déc. 7.

Caillau, procureur, 1737 déc. 10; 1738 oct. 29; 1739 mai 13, nov. 20; 1740 juillet 4.

Cambray, de, trésorier général des finances à Tours, 1735 janv. 19; 1736 août s.j. (à la fin du tome II); 1737 janv. 18; 1739 janv. 15; 1740 janv. 12.

Camion, 1739 janv. 30.

Campan, Mlles, 1738 juin 17.

Canard, R. P., 1738 janv. 3.

Candalle (?), Mlle de, 1738 août 2.

(Candide, sœur), 1737 août 28.

Carbonel, Savinien, trésorier de France à Toulouse, 1735 mars 28, sept. 9; 1736 janv. 7, avril 11, juillet 10 (à la fin du tome II); 1737 janv. 22, juillet 27, sept. 25, nov. 6; 1738 janv. 8, févr, 5, mars 26, mai 17, juillet 29, pct. 15; 1739 janv. 21, juin 3.

Carbonel, R. P. de, chanoine régulier, 1739 juin 13.

Carpentier de Changy, Mad., supérieure, 1737 nov. 8 (voir aussi: Changy).

Cas de conscience, proposé à Mgr. l'évêque de Senez, avec réponse, 1735 nov. 18; 1737 mai 17; 1740 févr. 10.

Caseneuve, de, 1736 janv. 15.

Caseneuve, Mad. de, exilée à Pézenas, 1736 janv. 15, nov. 3; 1737 juin 4, oct. 26; 1738 févr. 3, juin 18, oct. 22, déc. 12; 1739 janv. 21, sept. 15.

Cassainy, Mlle de, 1738 déc. 11.

Cassard, prêtre de l'Oratoire, 1739 janv. 9.

Cassegan, Mad. de, 1737 juillet 27.

Castellan, maçon, 1739 mars 17.

Castellane, directeurs, recteurs de l'hôpital de, 1734 févr. 5; 1735 janv. s.j., nov. 21; 1736 oct. 27; 1739 mars 15; 1740 févr. 10, mars 19, juin 11.

Castelnaudary, religieuses de, 1735 juin 15.

Castres, religieuse de, 1735 oct. 1.

Cat(ellan), Mlle de, 1735 sept. 8, déc. 12.

Caubert (Caubere), religieux de Cluny, 1736 nov. 9; 1737 juillet 30; 1739 déc. 22; 1740 sept. 16.

Caylus, Charles de, évêque d'Auxerre, 1735 juin 6, oct. 6; 1736 janv. 4, mai 26, oct. 6; 1737 janv. 1, juillet 19; 1738 janv. 3, mars 2, avril 22; 1739 janv. 2, avril 8, mai 12, août 6, sept. 5, déc. 16, 26; 1740 févr. 23, mars 23, août 17.

César et Chalvet, RR.PP., de la Doctrine Chrétienne, 1737 mai 25; 1740 févr. 3.

Chaillais, prieur de, 1738 juillet 27.

Chalais, prieur de, 1739 févr. 18.

Chalvet, R. P., de la Doctrine Chrétienne, 1737 sept. 24.

Chamerlat, supérieur, 1739 janv. 7.

Champcourt, de, 1739 mai 22 (voir aussi: Frenaye de Champcourt).

Champgaillart, Robert de, sacristain de l'hôpital de la pitié, 1738 sept. 9.

Changy, Mad. de, supérieure de la Visitation de Nevers, 1736 avril 18; 1738 sept. 13; 1740 nov. 8. (Voir aussi: Carpentier).

Charpentier, le fils, à Rennes, 1739 févr. 22.

Chastueil, de, subdélégué de l'intendant de Provence, 1740 mars 19.

Chaudon, Paul, prêtre du diocèse de Riez, 1737 avril 10, sept. 17.

Chaugy, R. P. de, 1738 oct. 25.

Chaunel, Mad., de Montpellier, 1736 août 13.

Chauv., Messieurs, 1737 déc. 4.

Chauvereau, chanoine à T(ours), 1737 juin 27; 1739 janv. 17.

Chauvin, voir: Audibert, Roncet.

Chauviré, Mad. de, religieuse, 1740 sept. 13.

Chauvou, R. P., 1739 févr. 21.

Chazelle, Mad. de, 1740 oct. 10.

Chevery, Mad. de, 1737 févr. 2.

Chevreuil, 1738 janv. 28, déc. 5.

Chirat, Dom Jean de Saint-Laurent, religieux Feuillant, 1736 sept. 25; 1738 sept. 12.

Cillard, 1735 déc. 7.

Cinelle de Vermoise, de Troyes, 1736 janv. 7, juillet 31, nov. 19; 1737 janv. 8.

Clément, Aug. J. Charles, 1739 juin 12.

Clément, conseiller au Parlement, 1737 déc. 21; 1739 janv. 20, mai 14; 1740 janv. 12, févr. 12, août 3.

Clermont en Beauvoisis, religieuses Ursulines de, 1739 déc. 23.

Coetquen, Mad. de, supérieure générale du Calvaire, 1733 août 8, sept. 22; 1737 nov. 5; 1738 juin 4, déc. 29; 1739 janv. 28.

Coffin, principal du collège de Beauvais, 1736 juin 20; 1739 août 10; 1740 août 2.

Coffin, Mlle, 1735 avril 15.

Coibeau, sœurs, religieuses à Poitiers, 1740 nov. 12.

Colbert de Croissy, Charles-Joachim, évêque de Montpellier, 1733 août 11; 1735 janv. 5, juillet 12, sept. 10, nov. 2; 1736 janv. (7), avril 25, mai 30, sept. 16, oct. 20, nov. 20; 1737 (mars 20), mai 25, sept. 9; 1738 janv. 3.

Colbert de Croissy, sœur Charlotte, abbesse de Maubuisson, 1733 août 26; 1736 avril 13, oct. 12; 1738 févr. 3, avril 19; 1739 janv. 2, avril 8, déc. 29; 1740 avril 6, juillet 9, août 3.

Colinet, R. P., de l'Oratoire, 1737 mai 15; 1738 juillet 18.

Collinou, 1737 sept. 25.

Coqueley, conseiller honoraire au bailliage de Bar-sur-Seine, 1736 janv. 25; 1737 janv. 31; 1738 janv. (25); 1739 janv. 15, août 30; 1740 févr. 27.

Cornier, bourgeois de Marseille, exilé à Viviers et ensuit banni du Royaume pour avoir été voir M. de Montgeron dans son exil, 1735 avril 20; 1740 mars 6.

Cotte, prêtre de l'Oratoire, (1735 juillet).

Coucicault, ancien échevin de Paris, 1739 févr. 11.

Coudrette, prêtre, 1736 août 18.

Coudrette, Mad. 1738 sept. 17.

Couppé, Jean, O.S.B., 1736 janv. 12.

Courgy, paroissiens de, 1739 sept. 24.

Court, De, avocat, 1738 févr. 27.

Croizier, R. P., de l'Oratoire, 1738 janv. 27.

Croon, Théodore van der, archevêque d'Utrecht, 1737 déc. 1.

Dailhen, 1736 mars 23.

Dancogné, Catherine, convulsionnaire à Paris, 1732 déc. 26; 1733 déc. 14.

Danjan, Mad., 1738 oct. 4.

Dantine, Maur, O.S.B. St. Maur, 1739 sept. 14.

David, 1735 déc. 12; 1740 mars 5.

David, Me. (Maître?) de Pension, 1737 juillet 17; 1738 juin 3.

Deffiniteurs, R. Pères, 1736 mai 5.

Delan, abbé, docteur de Sorbonne, (1734).

Denis de St. Robert, religieux Feuillant, 1738 mai 17.

DesBois, abbé, archidiacre de Mâcon, 1736 avril 4; 1738 mai 3.

DesCassieres, 1739 juin 1 (voir aussi: Frenaye des Cassières).

Deschamps, à Clermont en Auvergne, 1739 août 22.

Deschamps, 1736 oct. 24.

N.B. Avec notice: C'est le Père Sabatier.

Descheult, sœur, religieuse Cordelière, 1738 juillet 19.

Des Essarts, Marc, 1739 août 11, nov. 19.

Des Gots, Mad., 1738 juin 18; 1739 janv. 20.

Desolieres, O.S.B., 1736 janv. 7.

Des Preaux, 1739 nov. 6.

Digard, curé de Chambon, 1736 sept. 30.

Dilhe, 1734 mars 18; 1736 janv. 11; 1737 janv. 2, juillet 23, août 13, oct. 19; 1738 mars 12, avril 22, juillet 27, sept. 19, déc. 14; 1739 mars 18, nov. 11; 1740 janv. 5, juillet 28, sept. 26, oct. 12.

Dionis, 1739 mai 7.

Dol, prêtre de Senez, vicaire de Norante, curé dans le diocèse de Montpellier, 1736 juillet 26; 1738 juin 19; 1739 déc. 5.

Dorguibal, 1736 mai 17.

Dory, prêtre, 1739 mai 22.

Dossolin, 1737 juin 29, juillet 30; 1738 juin 28; 1739 mai 7; 1740 janv. 27.

Doyen, prêtre, 1739 avril 17.

Drouhet, prieur des Augustins d'Angers, 1735 sept. 28.

Dub (?), 1738 déc. 10.

Du Bignon, 1737 oct. 9; 1738 mai 13, oct. 29; 1739 janv. 17, avril 29; 1740 févr. 23.

Du Bois, chanoine de St. Honoré à Paris, 1740 nov. 23.

Du Bois, Julien, O.S.B., 1736 juin 9, août 29 (à la fin du tome II).

Du Bourget et de Chaseille (neveu), 1736 nov. 9; 1739 janv. 8.

Du Brosseau, 1733 oct. 2.

N.B. Avec notice: C'est Mr. Bodouin, cy-devant vicaire de St. Leu, nommé à la cure de St. Jaques du Haut Pas.

Du Bunois, de l'Oratoire, 1739 oct. 2.

Duchenay, 1735 févr. 10.

Du Chesne, le chevalier, 1738 oct. 7; 1740 août 4.

Du Chey, procureur du roi à Riom, 1737 août 21; 1738 oct. 18.

Du Courret (Courray), R. P., 1738 janv. 3; 1739 janv. 8; 1740 janv. 27.

Du Courtil, Belon, Mariau, Du Vau, prêtres, Morel, clerc, Spengler, laïc, 1737 juillet 5.

Du Fourni, Mad., prieure des religieuses Bénédictines à Villeneuve-Le-Roy, 1738 sept. 10.

Du Lary, 1736 sept. 1 (à la fin du tome II).

Dulerin, de l'Oratoire, 1740 mars 12.

Duliepvre, chanoine régulier, 1740 mars 23.

Du Moulin, 1736 sept. 1.

Du Moulin, Mad. Robert, 1736 sept. 4.

Du Pin, chanoine d'Al., 1737 avril 30; 1740 sept. 16.

Dupré à Lyon, 1736 janv. 18, déc. 26; 1737 janv. 31; 1738 janv. 14; 1739 juin 2.

Dupuis, Gabriel, religieux Feuillant, 1736 sept. 25.

Dupuis de St. Jean, R.P., 1738 sept. 12.

Du Puy (Puis), prêtre de l'Oratoire, 1736 juin s.j.; 1737 juillet 8; 1738 janv. 12, août 6; 1739 janv. 5, févr. 25; 1740 janv. 7, mai 24.

Durand (?), 1739 mai 30.

Duranville, Mad., supérieure de St. François à Bernay, 1739 nov. 14; 1740 févr. 27.

Duret, Edmon, O.S.B., 1736 juin 9; 1737 déc. 21; 1740 févr. 3.

Du Treul, de l'Oratoire, 1732 juin 28 (ou 29).

Duvel, O.S.B., 1739 août 12.

Du Vivier, 1735 déc. 12; 1736 mars 23, nov. 14; 1737 janv. 28; 1738 mars 27; 1739 mars 15; 1740 févr. 16.

Du Vivier, Mad., 1739 mai 17.

Eaubonne d', (Deaubonne), 1737 janv. 9, févr. 6, oct. 2.

Eleonore, sœur, 1738 déc. 12.

Engelfred dit le Marseillois, bourgeois, 1738 août 16.

Engelfred, fermier de l'évêché, voir: Arnaud.

Espoisses, Mlle d', 1736 mars 24, déc. 12; 1738 sept. 27; 1739 déc. 29 (voir aussi: Guitaud).

Estaing, la marquise d', (Fontaine Martel), 1732 sept. ou oct.

Étampes, chanoinesses de St. Augustin d', exilées à Orléans, 1736 janv. 2, sept. 12.

Étemare, abbé d', 1735 nov. 16; 1736 avril 18, oct. 3; 1737 sept. 25; 1738 mai 21; 1739 févr. 18.

Eugénie, sœur, religieuse de la Visitation à Troyes, 1735 août 27 (voir aussi: Le Maire).

Eveillard, Noel, O.S.B., 1736 juin 9.

Eyssautier, prêtre de Riez, 1735 nov. 17; 1737 janv. 31.

F (?), des, 1735 déc. 30.

Fabre, prieur, curé de Barreme, 1736 janv. 25; 1737 janv. 31, déc. 14; 1738 mars 8.

Farvaques, 1736 août 13.

Fautras, sœur, religieuse Augustine à Paris, 1736 sept. 25.

Félicité, sœur, religieuse de l'Hôtel Dieu, 1737 mai 29.

Fermal, R. P., O.S.B., 1739 nov. 4.

Fernanville, l'abbé de, 1739 févr. 24.

Ferrand, 1740 janv. 20.

Feu, curé de St. Gervais, 1737 sept. 5; 1739 sept. 12.

Fey, Henry du, correcteur des comptes, 1734 dec. 8; 1735 déc. 31; 1737 juin 28, nov. 10; 1738 janv. 12, avril 26, déc. 16; 1739 févr. 11, mars 10, oct. 6, nov. 20; 1740 janv. 11, 30, mars 1.

Feuillants, trois R.P., 1736 mai 2.

Filletieres, de, 1738 mai 12; 1739 janv. 13; 1740 janv. 4.

Filletières, Mad. de, 1737 sept. 21, nov. 11; 1738 janv. 3 (aussi à Monsieur), mai 13, juin 7 (comme janv. 3); 1740 janv. 4, févr. 17.

Fleury, le cardinal de, 1740 févr. 15.

N.B. Avec notice: Cette lettre n'a pas été envoiée.

Fleury, Joseph, Paul Suleaue, Lartesien, Lesure, Cornet, O.S.B., 1736 oct. 19.

Flocque, curé d'Alnay, 1738 sept. 27.

Fontaine, sœur, religieuse de la Visitation à Melun, 1740 août 23.

Fontgauffier, l'abbesse de, 1740 oct. 5.

Forestier, prêtre de l'Oratoire de Nevers, 1735 juin s.j.; 1737 mai 15, nov. 8; 1738 sept. 8; 1739 nov. 8.

Fortin, 1737 août 31.

Fougerolle, Mad. de, religieuse de la Visitation, 1736 févr. 3.

Fourquevaux, abbé de, 1736 juillet 10 (à la fin du tome II); 1739 mars 1.

Fourquevaux, Mad. de, 1738 juillet 26.

Franc (Lefranc), voir: Simon.

Frenaye, Messieurs, 1736 mars 24; 1738 janv. 13.

Frenaye, Joseph, 1739 mai 1.

Frenaye, l'aîné, 1737 juillet 22, déc. 4.

Frenaye, Mlle, nièce de l'évêque, 1737 déc. 14.

Frenaye, Mlles, pensionnaires à Riom, 1737 déc. 24 ("Veil de Noel").

Frenaye, Mad., lieutenante, 1737 nov. 23; 1738 janv. 5, mars 1, avril 12, oct. 15, nov. 27; 1739 janv. 2, févr. 6, mars 10; 1740 janv. 19, mars 16, juillet 5, sept. 10.

Frenaye, Mlles, religieuses de la Visitation, nièces de l'évêque, 1736 nov. 1; 1737 mai 15, juin 15, juillet 8, nov. 23; 1738 janv. 3, mars 8, juillet 29, sept. 3, 12, nov. 27; 1739 avril 21, mai 18, août 1, 24; 1740 janv. 9.

Frenaye des Cassières, neveu de l'évêque, 1738 mars 12, nov. 2; 1739 janv. 19, févr. 7; 1740 janv. 16, juillet 4, août 22 (voir aussi: Des Cassières).

Frenaye de Champcourt, neveu de l'évêque, 1738 mars 12; 1739 mars 28, oct. 6; 1740 juillet 6 (voir aussi: Champcourt).

Fromond (= Fremond), de l'Oratoire, 1736 août 1.

Fuveau, R. P., supérieur de l'Oratoire, 1738 oct. 1.

Gagnon, l'abbé, 1740 janv. 4.

Gallot, 1738 mars 4.

Gardouch, le marquis de, 1738 oct. 15.
Gardouch, la marquise de, 1738 févr. 4, mai 13.
Garin, Mad., 1737 juin 12.
Garnier, avocat, 1739 févr. 3, avril 17, nov. 20; 1740 avril 13.
Garnier, Mlle, 1735 mars 19.
Garru, confrère de l'Oratoire, 1738 déc. 12.
Garsin, voir: d'Allons.
Garsin de Taulane, 1737 août 9; 1740 janv. 4.
Gasse, curé de St. Remy, 1740 janv. 16.
Gau(deffroy), sœur, 1736 juillet 6.
Gault, voir: Ango.
Gautheron (?), à Paris, 1738 déc. 12.
Gautheron, sœurs, religieuses Ursulines, 1739 janv. 14.
Gennes, R. P. de, de l'Oratoire, 1736 janv. 25; 1738 avril 30, mai 24.
Geoffret de la Caze, confrère de l'Oratoire, 1735 déc. 1; 1736 sept. 24; 1737 janv. 22; 1740 janv. 16.
Geranton, O.S.B. Clun., sousprieur à Coincy l'abbaye, 1740 sept. 16.
Gervasi, Mad. de Ste. Pulchérie, religieuse, 1737 sept. 4.
Gibert, syndic de l'université de Paris, 1739 mai 27; 1740 janv. 20.
Gien, chanoine et vicaire de, 1739 sept. 12.
Gin, 1737 mai 18; 1738 janv. 13.
Giraud, négociant, 1737 mai 7.
Giraut, de l'Oratoire, 1737 janv. 15; 1740 juillet 9, août 22.
Giroust, Marguerite, 1732 déc. 2.
Giroust, Mlle, 1737 sept. 4.
Gobbé, prêtre, bénéficier de St. Benoît, 1736 juillet 14 (à la fin du tome II); 1737 janv. 15, nov. 11; 1738 janv. 18, avril 23, août 5; 1739 janv. 17.
Gobé, Mlle, 1739 juillet 6.
Goujet, chanoine de St. Jacques, de l'hôpital, 1735 juillet 6; 1736 févr. 14, juillet 20; 1737 mai 27, oct. 16.
Goujon, clerc du diocèse d'Auxerre, 1740 juin 4.
Goupil, O.S.B., 1738 juin 13.
Gourdan, prêtre de la paroisse de St. Roch à Paris, 1739 mai 8, juin 12.
Gourlin, 1737 oct. 26; 1738 juin 26; 1739 juin 13.
Gourmaut de St. André, curé de Gien, 1736 mai 12, juillet 14; 1737 janv. 15.
Gouy, Mlle de, de Saumur, 1733 déc. 17.
Gramagnac et Mauresane, religieux Feuillants, 1738 juin 28.
Granch, Mad., religieuse, 1737 janv. 21.
Grand Saigne, R. P. de, 1738 janv. 5.
Grangier, avocat, 1738 janv. 29.
Granier, 1739 mai 29.
Gras et Jeard, fermiers de l'évêché de Senez, 1735 déc. s.j.
Gras, fermier de l'évêché de Senez, fermier général, 1737 janv. 15, avril 22, juillet 9, nov. 10, déc. 14; 1738 janv. 17, avril 12, 14, mai 24, juin 2, juillet 22, 30, oct. 14, 31, nov. 29, déc. 30; 1739 janv. 28, avril 14, 18, juin 10, juillet 7, nov. 21 (aux fermiers).
Gras, notaire à Castellane, 1740 août 4.
Grateloup, marchand à Dax, 1739 janv. 30.

Gravier, fermier de l'évêché de Senez, 1740 sept. 28; voir: Arnaud.

Gravier, Étienne, prêtre, 1736 août 14 (à la fin du tome II); 1737 janv. 26; 1738 avril 12; 1740 juin 11.

Grenedan, le comte de, 1737 oct. 12; 1738 janv. 12.

Grillot, chanoine de Chablis, 1733 sept. 18.

Grimauld, prêtre, supérieur de l'Oratoire à Montpellier, 1735 juillet 13; 1737 avril 30; 1738 juin 6.

Grognard et Sossi, 1735 nov. 22.

Gromaire, prêtre de la paroisse de St. Roch à Paris, 1739 juin 13.

Gros, de l'Oratoire, 1737 févr. 19.

Grozelier, de l'Oratoire, 1737 avril 12; 1738 mars 4.

Gua, de, voir: Verthat.

Guerin, O.S.B., 1739 sept. 24, nov. 10; 1740 sept. 9.

Guérin, de l'Oratoire, 1735 juin 22; 1736 mai 30; 1737 sept. 5; 1740 août 23(?),

Guerrier, Pierre, de l'Oratoire, 1735 août 24; 1736 oct. 16; 1737 juin 19, juillet 16, déc. 10; 1738 janv. 5, nov. 29, déc. 28; 1739 févr. 26, août 24; 1740 janv. 4.

Gueydan, Mad. de, 1737 janv. 16.

Gui, Mlle, convulsionnaire à Paris, 1733 juillet 28.

Guichon, l'abbé, chanoine de Paris, 1738 févr. 26; 1739 janv. 19, mai 18.

Guilbert, l'abbé, 1737 mai 15.

Guillet de Blaru, avocat, (1735) août 16.

Guitaud d'Espoisse, Mlle de, 1736 févr. 4; 1737 janv. 9.
N.B. Voir aussi: d'Espoisses.

Guyard des Forterres, chanoine de Paris, 1739 sept. 14.

Guyenne, de, avocat au parlement, 1739 août 22.

Hannecart, ecclésiastique du diocèse de Liège, 1739 nov. 6.

Hariaque, Mad. d', 1735 août 23; 1736 mai s.j.; 1739 mai 17.

Hausi, Mattias Jerome de, 1736 août 7.

Hautcour (dioc. de Rouen), curé de, 1738 juillet 28.

Hautefeuille, R. P., chanoine régulier, 1738 déc. 23.

Hecquet, Mad., religieuse à Abbeville, 1736 juillet 4; 1740 oct. 10.

Henin (?), Mlle, 1738 oct. 27.

Herault, L', 1738 août 6.

Herbault, sœur, de Ste. Athanase, 1737 sept. 5.

Heultz, R. P., de l'Oratoire, 1739 mai 29.

Houbigant, de l'Oratoire, 1736 nov. 16.

Huchereau, curé de St. Liesve à Melun, 1739 févr. 26.

Hutin, Mlle Marguerite, à Paris, 1732 oct. 10; 1737 sept. 4; 1739 janv. 11.

Iliers, Mlle d', 1735 sept. 20.

Isles, l'abbesse des, (dioc. d'Auxerre), 1736 août 28; 1739 mars 5.

Isoard, curé de Ste. Marine, 1739 août 22.

Jahan, 1736 déc. 30.

Jannart, de l'Oratoire, 1735 déc. 21.

Jeard, 1738 oct. 31, déc. 30; 1740 sept. 28.
N.B. Voir aussi: Gras.

Jeson, Dom Sulpice, O.S.B., 1738 déc. 3.

Jesus, sœur de, religieuse à l'Hôtel Dieu de Riom, 1738 janv. 4; 1739 août 22.

Jeulin, curé de Quetteville, dioc. de Lisieux, 1735 sept. 20; 1736 oct. 24.

Jobard, curé d'Évry, 1734 oct. 30.

Jollivet, O.S.B., 1738 mars 5.

Jomard, R. P., 1736 juin 9.

Joubert de Beaupré, abbé, 1735 juillet 13; 1737 mai 1; 1738 juin 16, sept. 30; 1739 nov. 17.

Jourdin, curé de Courcelles, 1737 juillet 5.

Jouy, Salomon, O.S.B., 1738 nov. 29.

Jubé, 1735 août 20, 22.

Juillet, avocat, 1736 mai 30; 1737 juin 27.

Juliard, de, prévôt de l'église cathédrale de Toulouse, 1735 sept. 8.

Julien, prêtre du diocèse de Rouen, 1739 sept. 5.

Labbé, Mlle, sœur du curé de St. André, 1738 déc. 31.

La Bedoyere, de, procureur général de Rennes, 1735 sept. 13; 1739 févr. 21, mai 12.

La Bedoiere, Mad. de, 1735 mars 3.

La Belle, prêtre de l'Oratoire, 1739 oct. 14.

La Broue, l'abbé de, 1738 déc. 3.

La Bruyère (?), Mad. de, 1739 août 24.

La Calabre, docteur en théologie de Nantes, 1735 mars 4.

La Chaize, de, 1738 janv. 19 (en réponse à la lettre des fidèles de Bord).

La Chaize, Mad. de, religieuse de la Visitation à Nevers, 1737 nov. 8; 1738 févr. 1, avril 21.

La Chastre, Claude-Louis de, évêque d'Agde, 1738 juin 18.

La Chaussée, Mlle de, 1737 juillet 10.

La Chaux, de, voir: Montbrun.

La Coste, O.S.B., 1737 janv. 19.

La Coupelle, Mad. 1736 août 28 (à la fin du tome II).

La Croix, de, 1736 août 8.

La Cussol, Mad. de, 1738 déc. 10.

La Fenestre, Mad. de Ste. Gertrude de, O.S.B., à Poitiers, 1736 juillet 19 (à la fin du tome II).

La Frété, de l'Oratoire, 1736 août 1.

La Garrigue, de, curé de St. Amant de Rodez, 1738 janv. 14.

La Hogue, Mad., à Orléans, 1739 nov. 19.

Lair, curé de St. Barthélemy à (?), 1735 juillet 6.

Lalanne, marchand à Troyes, 1739 juin 16.

La Lane, Mlle de, 1738 juillet 25.

L'Albaletrier, 1736 août 8.

La Miséricorde, sœur de, religieuse de l'Hôtel Dieu de Paris, 1737 juin 3 (voir aussi: Louise).

La Montagne, Mlle de, 1737 nov. 20.

La Mottiere, R. P. (Dupuis) de, prêtre de l'Oratoire, 1737 janv. 19, mai 7; 1738 mai 16; 1739 juin 2, nov. 4; 1740 sept. 24.

La Mulle, de, curé du Fossé de Rouen, 1737 mai 29.

La (Neuville?), Marie Thérèse de, religieuse Carmélite, 1738 mars 3.

Langlois, chanoine régulier, 1738 sept. 10.

Lanneau, R. P., vicaire général de la Congrégation de St. Maur, 1737 févr. 2

La Porte, sousdiacre de Tarbes, 1740 févr. 24.

La Porte, de, voir: Ango.

La Pose, Mad. de, religieuse, 1738 mars 16, sept. 29, déc. 5; 1739 mai 20; 1740 févr. 19.

La Roche, de, prêtre, 1736 août 18; 1740 juin 8.

La Roche Armond, Mad. de, supérieure de la Visitation, 1738 janv. 5.

La Soule, 1739 juin 16.

La Tour, de, intendant de Provence, 1739 déc. 19; 1740 janv. 30, mars 19.

La Tremouille, duchesse de, 1734 déc. 15; 1735 mars 23, mai 14; 1736 janv. 28, mai 8, juillet 17 (à la fin du tome II). déc. 19; 1737 févr. 17, déc. 23; 1738 mai 14, sept. 29; 1739 janv. 13; 1740 févr. 16, juin 28.

Lauge, Bénigne de, chartreux, 1736 avril s.j.

Launay, R. P. de, O.S.B., prêtre, prieur de St. Ouen, 1736 juillet 18; 1737 oct. 23; 1738 janv. 12; 1739 janv. 15; 1740 janv. 9.

La V., Mlle de, 1736 oct. 10.

Laval, l'abbé de, 1737 juin 18.

La Vallette de Charly, Mad. de, à Lyon, 1739 déc. 4; 1740 janv. 12, mai 4, juillet 31.

La Vedrine, de, lieutenant et assesseur à Riom, 1736 juillet 26.

La Vicendiere, de, docteur de Nantes, 1738 mars 16.

La Vie, de, O.S.B., 1735 déc. 24.

La Vign., Catherine de, 1737 avril 17.

Léauté, Père, frère du Jeuneur, (1734) mars 18.

Le Beaux, la veuve, 1740 sept. 12.

Le Blanc, avocat à Paris, (1733) juillet 28; 1737 mai 11; 1739 févr. 14; 1740 août 22.

Le Blond, Mad., 1739 déc. 29; 1740 mars 11.

Le Blond, Mlle, 1734 août s.j.; 1735 mars 31, mai 26, août 12, oct. 12, déc. 29; 1737 avril 12.

Le Clerc, 1737 mars 5, août 17, nov. 5; 1738 févr. 5, juin 3, août 9; 1739 août 29, déc. 30.

Le Cocq, chanoine d'Orléans, 1737 avril 28.

Le Couteux, refugié en Hollande, à Utrecht, 1735 sept. 5; 1738 sept. 9.

Le Doux, curé de St. Pierre aux Bœufs, 1738 oct. 1.

Lefebvre de St. Hilaire, conseiller au Parlement, 1738 juillet 24, oct. 7.

Lefranc, voir: Simon.

Lefricque, Dom, et Dom Cabrillon, O.S.B., 1736 juin 9.

Le Gendre, prêtre, supérieur de l'Oratoire à Riom, 1735 nov. 19, déc. 23; 1736 avril 5, juillet 24; 1737 août 21, nov. 30; 1738 janv. 6, avril 12; oct. 3; 1739 janv. 7; 1740 mars 25, juillet 24, sept. 8.

Le Gouteux, 1736 mai 17.

Le Grand, 1737 avril 28.

Le Grand, Mlle, 1737 avril 29; 1740 mars 12.

Le Gris, François, de l'Oratoire, 1735 sept. 30; 1736 nov. 16; 1737 mai 27, juillet 15, août 24, déc. 4; 1738 janv. 6, mars 15, avril 26, août 27, déc. 5; 1739 janv. 3, févr. 18, mars 20, avril 15; 1740 janv. 5, mars 26.

Le Gros, chanoine de Reims, (1734), 1736 févr. 20, 1740 juin 8, 29.

Le Maire, sœur Eugénie, religieuse de la Visitation à Troyes, 1733 juillet 24. (Voir aussi: Eugénie).

Le Maitre, O.S.B., 1736 oct. 19.

Le Mercier, de l'Oratoire, 1736 sept. 1 (à la fin du tome II); 1737 juin 19.

Le Moine, Mad., religieuse de Fontevrault à Haute Bruyère, 1733 août 3.

Le Nain, Mad., carmélite (sœur Marie-Anne de Jésus) au Grand Cou(vent), faubourg St. Jacques, 1732 nov. 23.

Lenfant de Lavalette, Mad., 1738 sept. 25.

Lenoble, religieuse hospitalière de Rouen, 1735 mai 31.

Le Paige, avocat au Parlement, 1736 nov. 16; 1737 juin 28.

L'Epée, prêtre, 1739 févr. 11.

Le Roy, Mad., 1737 mai 15.

Le Roy, Mlle, 1735 mai 14.

Le Roy, Mlles, 1740 juin 11.

Le Vasseur, Mlle, 1736 août 21; 1737 janv. 19; 1738 févr. 7; 1739 mai 14.

Le Vergier, curé de St. Geours, 1739 juin 17.

L'Herault, prêtre, 1739 janv. 5.

Liesse, prieure de, 1735 sept. 20; 1736 janv. 20.

Lionnois, concierge, 1739 mars 17.

L'Isle, Mlle de, 1736 août 5.

Logre, prêtre, 1738 mars 29.

Lottin, imprimeur, libraire, 1735 juillet 6.

Loudier, R. P., 1740 janv. 9.

Loudun, prieure, religieuses du Calvaire de, 1738 févr. 4; 1739 févr. 25.

Louise de la Miséricorde, sœur, religieuse de l'Hôtel Dieu de Paris, 1733 sept. 10

Louvard, O.S.B., 1735 sept. 7; 1736 janv. 20, juin 6.

Lovat, 1737 juillet 13.

Loys, prêtre de Paris, 1733 sept. 5; 1736 oct. 20.

Luc, de, de Rouffiac, de la Bat, Doriac, de Bellegarde, d'Alens, sœurs, religieuses, 1739 sept. 2.

Lucienne, Mad. 1733 sept. 10.

Lugat, conseiller au Présidial de (?), conseiller au Chatelet, 1735 déc. 7; 1736 oct. 18; 1737 janv. 26, juin 1; 1738 janv. 27, juillet 23; 1739 janv. 11, oct. 14; 1740 janv. 16, mars 11, nov. 12.

Lustrac, l'abbé de, prêtre, 1738 juin 23; 1739 mai 26, 28.

Lyon, prieure et monastère de St. Benoît de, 1733 avril 25.

Lyon, religieuse de St. Benoît de, 1735 févr. 27.

Macé, l'abbé, 1738 déc. 17.

Macholles, abbé de, 1737 févr. 22, juillet 30; 1738 mars 15.

Magnan, prêtre du diocèse de Montpellier, 1738 juin 6.

Magnin, O.S.B., 1736 nov. 4.

Magnin, diacre, 1736 déc. 15.

Maigne, de l'Oratoire, supérieur d'Effiat, 1738 nov. 28; 1740 août 6.

Maigremont, Mlle de, 1738 oct. 29.

Maillart, prêtre, 1738 mai 14, sept. 30; 1739 janv. 30; 1740 févr. 14, mars 11.

Maillard, Mad., 1739 mai 18.

Mailly, comtesse, marquise de, Mad. la, 1735 nov. 7; 1737 mai 28; 1738 févr. 18, oct. 24; 1740 mars 1.

Mailly, Mlle de, 1735 nov. 7; 1737 mai 28, nov. 23; 1738 févr. 18, oct. 24; 1739 janv. 30, avril 30, mai 10, 31, oct. 24; 1740 mars 22, avril 23, mai 22, juin 22, juillet 9, août 3, sept. 17, 28, oct. 26.

Maisy, Mad. de, 1735 sept. 12.

Maisy (Maizi), Mlles de, 1735 mai 18; 1736 juillet 7 (à la fin du tome II); 1739 mars 24.

Maisy, Mlle de, l'ainée, 1736 oct. 5; 1737 juillet 19, oct. 19, 30; 1738 mai 20, oct. 28; 1739 avril 17.

Maisy, Mlle, de, la cadette, 1737 oct. 30; 1738 oct. 28.

Malaval, 1738 oct. 15.

Malevergne, R. P., 1737 juillet 13.

Mallet, O.S.B., 1739 janv. 8; 1740 janv. 9.

Mane, R. P., l'ainé, de l'Oratoire, 1735 déc. 26; 1737 juillet 30, déc. 8, 18; 1738 janv. 28, mars 10, mai 21, août 15, oct. 18, déc. 27; 1739 juillet 12; 1740 mai 29, juillet 31.

Mane (Manne), le cadet, de l'Oratoire, 1738 août 15, déc. 27; 1739 déc. 13; 1740 mai 29.

Marcadier, prêtre de l'Oratoire, 1739 mars 19.

Marchant, 1738 févr. 22.

Marcland, abbé de Bourges, 1738 sept. 27.

Maria (Marie), Mad., l'avocate, 1736 févr. 14; 1737 août 31; 1739 août 26, oct. 7, nov. 11; 1740 avril 13.

Mariau, ecclésiastique, 1739 mai 30.

Marie Scolastique, sœur, religieuse Annonciade, 1739 juin 1.

Mariette, confrère de l'Oratoire, 1739 févr. 3.

Marine, de, prêtre de l'Oratoire, 1737 janv. 9; 1738 janv. 9; 1739 janv. 29, févr. 22.

Marion, O.S.B., 1736 août 30.

Martin, bénéficier à Lodève, 1737 juillet 4; 1738 janv. 15.

Martinot, Mlle, 1736 août 16.

Massillon, supérieur de l'Oratoire à Clermont, 1736 févr. 29; 1738 janv. 26, nov. 29; 1739 janv. 3.

Massol, fils, 1737 sept. 25.

Massuau, 1738 déc. 24.

Massuau Fontaine, 1737 mai 15; 1738 déc. 24.

Mauger, O.S.B., 1738 mai 3; 1739 nov. 4.

Maugin (?), 1739 janv. 5.

Mauléon, la marquise de, 1739 mai 17.

Mauresane, voir: Gramagnac.

Maurouziere, de la, 1736 oct. 12; 1737 juin 26.

Mayer, Mad. 1737 nov. 6.

Meindaerts, Pierre-Jean, archevêque d'Utrecht, 1739 déc. 7; 1740 mai 4.

Mellores, de, 1736 janv. 4; 1737 janv. 22.

Melun, supérieure des Ursulines de, 1735 juin 18.

Melun, sœurs exilées chez les dames de Ste. Ursule à, 1735 juin 18.

Merault, abbé, 1736 nov. 20; 1737 sept. 15.

Metro, Mlle, 1737 oct. 30.

Michel, consul de Barrême, 1736 janv. 24; 1737 janv. 29, juin 22; 1738 janv. 28.

Michel, prieur, curé de St. Christophe à Montpellier, 1738 avril 12, déc. 10; 1739 févr. 24; 1740 avril 12.

Milon, curé de, 1735 mai 18, 28.

Miron, Mlle, d'Orléans, 1735 mars 1.
Moiel, Mlle de, 1737 janv. 27; 1738 juin 8.
Moissac, Mad. de, 1737 avril 16; 1740 août 3.
Mon, de, chanoine régulier, 1736 juillet 31.
Monchal, le comte de, 1737 juillet 2.
Mongon, abbé de, 1737 janv. 10.
Monin, Mlle, 1740 juillet 31.
Monnet, de l'Oratoire, 1739 déc. 16.
Mons, Mlle de, 1735 sept. 9, déc. 12; 1738 mai 13, déc. 10; 1739 janv. 17; 1740 janv. 16.
Mont, Paul-Pie de, religieux réformé de Grammont, 1737 juin 18.
Montagny, de, conseiller au Parlement de Paris, 1732 sept. 24.
Montagu, Mad. de, religieuse du Calvaire, 1739 févr. 23.
Montbrun, la marquise de (Mad. de la Chaux), 1738 août 12, nov. 26, déc. 29; 1739 août 8, déc. 19.
Montchal, de, guidon des Gendarmes, maison du roi, 1735 avril 20; 1736 janv. 14; 1738 janv. 12; 1739 juin 3, déc. 28.
Montchal, Mlle de, 1736 janv. 9; 1738 janv. 12; 1739 déc. 29.
Montempuis, de, chanoine de Paris, 1739 oct. 24.
Monteul, prêtre de l'Oratoire, 1733 févr. 28.
Monteuil, de, supérieur de l'Oratoire de St. Honoré, 1739 août 25.
Montgéron, de, conseiller au Parlement de Paris, 1733 août 13; 1735 janv. s.j., déc. 2; 1736 août 21; 1737 avril 10, mai 21, juin 28, déc. 21; 1738 mars 14; 1739 janv. 19; 1740 avril 9.
Montgon, abbé de, 1739 janv. 14, 27.
Montgon Champigny, Mad. de, 1733 avril 9.
Montpellier, professeurs et docteurs en médecine de la faculté de, 1735 juillet 10.
Montpellier, Carmélites exilés à, 1735 juillet 14.
Montpellier, religieuses Ursulines de, 1739 août 12; 1740 janv. 16.
Montpellier, religieuses de la Visitation de, 1739 nov. 17.
Moscovie, Catholiques de, 1735 août 22.
Mossaron, 1737 mai 8.
Mossaron, Mlle, 1737 mai 8.
Mouchy de Souchy, de, avocat de Beauvais, 1737 mai 25.
Moulin, curé de St. Cande le vieil à Rouen, 1735 févr. 26, juin 3; 1736 janv. 7, juillet 14, oct. 10.
Mouton, chanoine de Senez, 1734 juillet 24 (en réponse à la lettre du 16e mai, y insérée); 1736 juin 3; 1737 mai 16; 1738 janv. 28; 1739 févr. 23; 1740 janv. 12, mars 26.
Mucy, R. P. de, 1737 avril 30.
N. (= Nivelle ?), 1735 oct. 8; 1737 août 24, nov. 20; 1738 janv. 2.
Nantiasaux, Mad. de, nouv. catholique, 1736 févr. 20.
Nemours, religieuses de la Congrégation de, 1736 mai 17.
Nevers, prieur des Carmes Déchaussés de, 1738 avril 26.
Nevers, religieuse de, 1736 avril 18.
Nevers, religieuses Ursulines de, 1737 juillet 15.
Nicolas, Mlle de, 1735 avril 14.
Niel de Brenon, 1739 avril 28.

Nivelle, abbé, 1733 juillet 22 (extr.); 1735 févr. 16; 1736 mars 22, déc. 15; 1737 mai 8 (extr.), juin 15, juillet 27, sept. 17, oct. 19, nov. 20; 1738 janv. 13, févr. 7, 26, avril 10, mai 14, 31, juillet 25, sept. 17, oct. 14, nov. 2, déc. 3, 31; 1739 janv. 19, févr. 7, 28, mars 18, avril 18, mai 20, oct. 10, nov. 21, déc. 4, 30; 1740 sept. 3, oct. 5, nov. 16.

N.N., M., (1734); 1735 févr. 26 (sur les Nouvelles Ecclésiastiques), mars 23, sept. 7; 1736 mars 22, juin 27, sept. 28, déc. 19; 1737 mars 5, avril 11, 28, août 12; 1738 janv. 18, avril 23, déc. 5; 1739 mars 1, 23, mai 2, juin 1, déc. 3; 1740 janv. 18, avril 1.

N.N., abbé, 1735 janv. s.j. (p. 100).

N.N., chanoine, 1735 juin 28.

N.N., curé ,1735 janv. s.j. (p. 104).

N.N., curé de M.H., à qui on avait conseillé de quitter sa cure pour vivre dans la pénitence, 1740 avril 30.

N.N., O.S.B., 1735 sept. 20; 1736 janv. 24.

N.N., prêtre, 1740 oct. 6.

N.N., R.P., 1736 avril 28, juillet 6 (à la fin du tome II), août 17, oct. 17; 1737 avril 28 (R.R.P.P.), déc. 19; 1739 mars 23.

N.N., R.P. de la Doctrine Chrétienne, 1738 mars 27.

N.N., Mlle, 1735 févr. 25, mai 31, juillet s.j., déc. s.j.; 1736 avril 12, juillet 4, 14, août 11, sept. 13, oct. 30; 1737 janv. 31 (2), avril 10, 20, juillet 6, oct. 1; 1738 août 2, 27, déc. 20; 1739 mai 13, 16, juillet 12; 1740 mars 6, sept. 12.

N.N., Mlle Marie-Madeleine, 1737 juillet 13.

N.N., Mad., 1736 janv. 24, mai s.j.; 1737 mars 5, juillet 13, oct. 1, nov. 19; 1738 févr. 12, mars 9, déc. 13.

N.N., sœur, religieuse, 1735 mars 18, sept. 5; 1736 juin 4, sept. 27, 28, 29; 1737 janv. 23, févr. 24, 27, avril 12, 17; 1738 oct. 7; 1739 févr. 26; 1740 janv. 25, nov. 16.

N.N., cinq sœurs, 1738 juillet 29.

Noailles, R.P., O.P., 1738 déc. 11.

Nord, l'illustre famille du, 1740 sept. 28.

Ob(elin), religieux de St. M(aur), 1737 avril 16.

Olimpiade, Mlle, de Ste. Félicité, 1737 oct. 16.

Olive, 1737 juin 29; 1738 juin 7.

Olivier, prêtre du diocèse de Blois, 1739 sept. 2.

Ollim, Mlle, 1740 mars 12.

Orgemont, la marquise d', 1737 oct. 2.

Orléans, religieuses de l'Hôtel Dieu d', 1733 janv. 8.

Orléans, prieure et sœurs du Calvaire à, 1737 avril 28; 1738 juin 11; 1739 juin 1.

Orléans, religieuses Ursulines de St. Charles d', 1735 févr. 28, sept. 17; 1740 mai 7.

Orléans, Mad. d', (ci-devant) abbesse de Chelles, 1734 août 3; 1734 s.d.; 1735 mars 5, mai 26, nov. 29; 1739 mai 6.

Orry, curé de Milon, 1737 avril 13.

Pallafort, de Barreme, fermier de l'évêché de Senez, 1738 janv. 25; 1739 déc. 4; 1740 sept. 28. Voir aussi: Arnaud.

Paris, de, conseiller au Parlement, relégué à Clermont, 1732 oct. 18 (avec copie de la réponse, 1732 oct. 25); 1734 févr. 24; 1735 juin 3, sept. 13; 1736 janv. 12, août 20; 1737 janv. 7.

Paris, Mad. de, 1737 août 28.

Paris, prieure du Calvaire du Luxembourg à, 1733 sept. 22; 1739 févr. 4, mars 24.

Paris, religieuses du Calvaire du Marais à, 1738 déc. 29; 1739 janv. 28.

Paris, religieuse novice de l'Hôtel Dieu de, 1736 nov. 14.

Paris, sœur de Saint Anselme, novice de l'Hôtel Dieu de, 1737 juin 3.

Passage, Mlles, du, et Baroneau, 1735 mai 14.

Peiras, 1736 mars 5.

Pelart, chanoine régulier d'Auxerre, 1739 mai 2, nov. 28.

Pemartin du Saubot 1740 févr. 27.

Perret, 1738 janv. 17.

Petitpied, docteur de Sorbonne, 1734 sept. s.j.; 1735 oct. 4; 1737 janv. 7.

Phélypeaux d'Herbault, Louis-Balthasar, évêque de Riez, 1736 nov. 3.

Philippe, dit René, diacre, 1740 janv. 3.

Pigeon, 1735 août 27.

Pinart, Mad., veuve, 1737 sept. 28; 1738 juin 25.

Pinelle, de l'Oratoire, 1738 juillet 26.

Pinnard, Mad. 1737 févr. 18.

Pinot, Mad. 1740 mai 30.

Plain Chesne, chanoine régulier, 1738 sept. 11.

Planterose, sœur, religieuse hospitalière de R., 1736 juillet 12 (à la fin du tome II).

Plassons, la comtesse des, 1737 déc. 4; 1738 avril 29; 1739 févr. 6, mars 24, juillet 12.

Pollin, ancien curé de Vanécro, 1737 juin 1.

Pontevez, abbé de, 1738 mai 26.

Porte, Mad. de, religieuse de Lyon, 1735 mars 20, mai 12.

Portier, curé de Penlatte, 1739 mars 3.

Potherie, prêtre à Paris, 1735 juin 2, août 13; 1737 sept. 28.

Poulain de Vaujoie, 1735 juin 22; 1736 janv. 28.

Pradel, chanoine régulier, 1739 mai 15.

Prémontrés Réformés, R.R.P.P., 1738 févr. 26.

Prévost, prieur de St. Amand, prieur de Jaligni, 1737 oct. 11; 1739 janv. 13.

Prouille, religieuses de, 1740 mai 28.

Pucelle, abbé, conseiller au Parlement, 1733 janv. 5; 1736 mars 18, août 22; 1737 sept. 11; 1738 févr. 12; 1739 janv. 2, 27; 1740 mars 12.

Pulquérie, sœur, à Liesse, 1738 déc. 11; 1740 août 23.

Quatremer, 1736 oct. 8.

Quintin, procureur du roi à Pézenas, 1738 févr. 1; 1739 janv. 20.

Quoix, Mad. de, chanoinesse régulière, 1738 sept. 12.

R., sœur de, 1738 mars 11.

Rame, médecin à Lyon, 1739 janv. 29, mai 3, juillet 12; 1740 avril 9.

Raze, sœur Marie-Angélique de Ste. Claire de, O.S.B., de l'abbaye de la Trinité à Poitiers, 1736 juillet 19.

Regnard, chanoine régulier de l'abbaye de St. Quentin, 1739 févr. 12.

Regné, voir: Ango.

Rely, R.P. Nicolas-Joseph de, 1736 oct. 19.

Réméon, de, prêtre de l'Oratoire, 1735 juillet s.j., déc. 28; 1736 avril 5, juillet 24; 1737 juin 27, nov. 27; 1738 mai 18, déc. 30; 1739 sept. 30; 1740 janv. 19.

Remeon de Thorigny, 1739 nov. 4.

Rennes, prieure du Calvaire de, 1739 févr. 14.

Ribadiere, directeur, 1737 déc. 1.

Riberolle, de, 1735 juillet 12.

Richer, prêtre, 1737 août 17.

Rigault, abbé, chanoine, 1735 sept. 5; 1738 août 23; lettre sans date à la fin du tome II.

Rimbaud, Mad., à Marseille, 1738 déc. 22; 1740 avril 12.

Riollet, 1736 août 18.

Rivet, Dom, 1739 mai 10.

Rocas, curé de Murlin, 1737 juillet 5.

Roche, de, O.S.B., 1740 sept. 10.

Roger, 1738 janv. 26; 1739 mai 22.

Roger de Monthuchet, 1740 mai 14.

Rohan, Mad. de, prieure, supérieure de Ste. Scholastique, 1738 juin 24; 1739 janv. 14, mai 25; 1740 janv. 5, mai 28, nov. 2.

Rohan Chabot, Mad., religieuse à Soissons, 1740 juin 25.

Rohan de Leon, Mad. de, religieuse à Soissons, 1736 juin 9; 1737 févr. 22; 1738 janv. 29, mars 15, juin 3, sept. 23; 1739 mai 15; 1740 janv. 6.

Rollin, ancien recteur de l'université de Paris, 1733 juin 23; 1738 déc. 3; 1739 août 8; 1740 sept. 2.

Roncet (= Poncet), Roullant (= Boullault) et Chauvin, O.S.B., 1736 oct. 17.

Roquette, abbé de, 1734 janv. 23; 1735 oct. 29; 1736 févr. 8, juillet 28, oct. 24, déc. 30; 1737 juillet 10, nov. 7; 1738 janv. 7, févr. 19; 1739 mai 2, nov. 14, déc. 9; 1740 juin 22.

Rosset, Mad. de, religieuse Hospitalière de St. Gervais de Paris, 1736 juillet 5; 1738 janv. 28.

Rouault, curé de Reguigny en Bretagne, 1735 mars 2.

Rouen, fidèles de, 1739 mai 23.

Rouen, maîtresse des novices de l'Hôtel Dieu de, 1736 mai 30.

Rouffiac, de, 1738 déc. 10. Voir aussi: de Luc.

Rouillé des Filletieres, 1735 janv. 4, août s.j.; 1736 mars 5, déc. 15; 1737 janv. 7, sept. 21, oct. 15.

Rousseau, prêtre, 1739 janv. 10.

Rubel, sœur, religieuse Hospitalière, 1738 déc. 12.

Sabbatier, curé, vicaire perpétuel de Saussan (dioc. de Montpellier), 1736 janv. 7; 1738 juin 17; 1739 août 30.

Sabbatier, Mad. religieuse, 1739 mai 12.

Safoux, sœur de Ste. Pélagie, O.S.B., à Lyon, 1733 sept. 3.

Sainson, curé de Semerville, 1738 mars 22.

Saint-André, de, 1736 janv. 2, sept. 13; 1737 janv. 15, avril 11; 1738 janv. 29, juin 23, juillet 24, sept. 9; 1739 janv. 7, mai 18, sept. 11, déc. 23; 1740 août 22.
N.B. 1737 janv. 15 avec notice: C'est M. Gourmaut, curé de Gien.

Saint-Augustin, sœur de, 1735 déc. 31; 1736 août 28 (à la fin du tome II).

Saint-Florentin, le comte de, secrétaire d'État, 1737 déc. 16.
N.B. Avec copie de la réponse du 21e déc.

Saint-Hilaire, R. P. de, 1738 juin 27.

Saint-Jean, de, à Troyes, 1738 févr. 22, août 23; 1739 janv. 24, mai 26, nov. 3; 1740 janv. 27.

Saint-Jean, de, fils, 1737 sept. 17.

Saint-Jean, R. P. de, de la Doctrine Chrétienne, 1735 déc. 3; 1736 janv. 17, mai s.j., sept. 29; 1737 nov. 21; 1738 sept. 6, oct. 22, déc. 19; 1739 janv. 24, oct. 19.

Saint-Josse, curé de, 1739 avril 17, juillet 6.

Saint-Laurent, sœur de, religieuse, 1739 sept. 2.

Saint-Liévin, curé de, 1735 nov. 7.

Saint-Loup, sœurs fidèles de la communauté de, 1738 déc. 23.

Saint-Malo, religieuses du Calvaire de, 1739 oct. 15.

Saint-Maur, sœur, 1737 janv. 26.

Saint-Ouen, R.R.P.P. Bénédictins de, 1739 mai 30.

Saint-Palais, sœur de, 1736 févr. 22.

Saint-Robert, Dom Louis de, Feuillant, 1739 févr. 7, mai 22.

Saint-Sauveur, Mad. la présidente de, 1739 juin 13.

Saint-Verguet, prêtre, 1738 avril 26.

Saint-Vincent, Mad. de, 1739 oct. 10.

Saint-Vincent, Mlle de, l'ainée, 1739 oct. 10.

Saint-Vincent, Mlle de, la cadette, 1739 oct. 10.

Sainte-Agathe, sœur, 1738 déc. 5.

Sainte-Clotilde, Mad. de, religieuse du Calvaire du Luxembourg, 1733 sept. 22.

Sainte-Colombe, de, 1740 nov. 8.

Sainte-Colombe, sœur de, religieuse Ursuline de Beauvais, exilée à Clermont, 1739 déc. 23.

Sainte-Eléonore, sœur, 1739 déc. 9.

Sainte-Eulalie, de, et de Sainte-Sophie, sœurs, religieuses du Calvaire, 1739 mars 7.

Sainte-Euphemie, sœur de, 1738 avril 22.

Sainte-Marguerite, Ecclésiastiques de, 1739 janv. 10.

Sainte-Melanie, sœur de, 1738 déc. 2; 1739 févr. 9.

Sainte-Pulquérie, sœur, 1739 déc. 22.

Sainte-Thais, de, et de Saint-Lucien, sœurs, 1739 mars 9.

Sainte-Thecle, sœur de, 1738 déc. 4.

Sainte-Tulle, la comtesse de, 1740 mai 23.

Sainte-Victoire, sœur de, religieuse à Nevers, 1737 janv. 26; 1738 mai 2; 1739 août 24; 1740 mai 30.

Salomon, O.S.B., 1738 mai 18, août 12, 28.

Sarrebourse, Mlles, d'Orléans, 1732 janv. 28; 1737 avril 28.

Sartre, Mad. supérieure de la Visitation, 1738 juin 6 (2).

Sartres, abbé, 1735 juillet 13; 1736 janv. 9; 1737 mai 1; 1738 mai 8, juin 6.

Sartres, Mesdames, 1739 nov. 19.

Saubinet, sœur, religieuse, 1738 mai 17.

Saurin, prêtre de l'Oratoire, 1738 mai 17.

Sauturon etc., R.R.P.P., prêtres de la Doctrine Chrétienne, 1737 sept. 24.

Sauvan, curé de Peirolles, prisonnier à Entrevaux, 1739 juin 22.

Savoye, sœur Marie-Anne de, de la Nativité, religieuse de la Congrégation de Notre-Dame, chanoinesse de St. Augustin à Étampes, 1733 oct. 4.

Schonauwe, Chartreux de, 1736 sept. 25.

Segouin, consul de Bray, 1736 déc. 29.

Ségur, Jean-Charles de, ancien évêque de Saint-Papoul, 1735 avr. 6, sept. 12 (à la fin du tome II), déc. 31; 1736 juin 4 (lettre de Mgr. de Ségur avec réponse de Mgr. Soanen à la fin du tome II); 1737 janv. 5. juin 26, oct. 15; 1738 janv. 3, mai 12; 1739 janv. 3, déc. 30.

Ségur, Madame de, coadjutrice et abbesse de Gif, 1733 févr. 14; 1735 avril 6, sept. 14, nov. 6; 1736 janv. 4, mai 14, 25, juillet 19 (à la fin du tome II); 1737 janv. 5, juin 26, oct. 14; 1738 mars 26; 1739 janv. 3, févr. 19, avril 30, déc. 30; 1740 oct. 26.

Ségur, Mad. de, religieuse de Jouarre à Gif, 1735 sept. 14; 1736 juillet 18, déc. 15; 1737 févr. 27, avril 13, juin 26, oct. 15; 1738 janv. 13.

Ségur, Mad. la présidente de, 1739 mai 1.

Seignelay, marquise de, 1736 sept. 26; 1737 mai 17, nov. 5; 1738 mai 13; 1739 avril 25.

Semerville, curé de, 1738 janv. 13.

Senez, consuls de, 1740 janv. 12.

Senez, recteurs de l'hôpital de, 1738 janv. 20.

Senjean, Barnabite, 1739 juin 19.

Sens, fidèles de, 1740 janv. 9.

Sens, supérieure des Ursulines de, 1736 mai 20.

Seru, prêtre de l'Oratoire, 1737 mai 17; 1738 juin 11, juillet 18; 1739 oct. 16; 1740 juillet 24.

Servolle, procureur à Riom, 1738 janv. 4, déc. 5; 1740 août 22.

Servolle, abbé, 1739 janv. 20; 1740 févr. 3.

Sevin, Mad. de, 1736 févr. s.j.; 1737 sept. 24; 1738 févr. 4; 1739 mai 8, sept. 30; 1740 janv. 3, mai 24.

Simon (Franc, Lefranc), curé de Soleilhas (dioc. de Senez), 1735 déc. 2; 1737 janv. 22; 1738 févr. 7; 1739 févr. 18; 1740 janv. 16.

Simon, avocat du roi à Castellane, 1735 juin 28; 1736 janv. 18, avril 4; 1738 janv. 31; 1739 févr. 22, avril 18; 1740 oct. 1.

Simon, voir: De Bon.

Sinelle, 1737 févr. 21.

Sirié, Mlle, 1738 mai 8, juin 7.

Sirmond, de, archidiacre de Senez, 1736 juillet 20.

Sirmond, Mad. religieuse Hospitalière, 1737 juin 26.

Sirmond de Prouillac, Mad., 1738 janv. 18.

Soanen, Mad. 1738 déc. 2; 1740 janv. 19.

Solas, de, prêtre de Montpellier, 1740 janv. 16.

Soleis, de, 1738 mars 22, juin 7, juillet 21; 1739 nov. 21.

Solieres, R. P. de, 1736 août 28 (à la fin du tome II).

Solmes, de, neveu du P. Boyer de l'Oratoire, 1738 sept. 13.

Solu de Villereau, abbé, chanoine régulier, 1739 avril 15.

Sornet, prêtre, 1739 janv. 9.

Sossy, 1736 juin 27.

Sossy (Sossi), voir: Grognard.

Souchay, R. P., de Ste. Geneviève, 1739 juin 5.

Soyer, avocat, 1735 juin 6.

Speingler, François, 1739 avril 15.

Spengler, voir: Du Courtil.

Suleaue, voir: Fleury.

Surle, chanoine de Marseille, 1737 nov. 22; 1738 déc. 23.

Suzanne, sœur, 1735 mai 14.

Sylva, 1735 sept. 20.

Tartel, ancien payeur des rentes, 1736 nov. 17; 1739 sept. 13; 1740 janv. 13.

Tartel, receveur des tailles à Brion, 1740 janv. 12.

Tenne, R. P., 1735 nov. 7.

Terrasson, supérieur de l'Oratoire, à Nevers, 1737 juillet 15; 1738 janv. 14.

Terrasson, curé de Trigny, 1740 sept. 23.

Texier, avocat, 1736 août 18.

Théméricourt, Mlle de, 1739 nov. 3.

Théodon, Mad. 1737 nov. 27.

Thibault, avocat, 1739 avril 25.

Thouin, chanoine régulier, 1740 avril 27.

Thouin, Mad. 1740 avril 27.

Tissard, diacre, 1740 janv. 16, mai 14.

Tissart, de l'Oratoire, 1737 janv. 19; 1738 févr. 5, sept. 1; 1739 janv. 24, sept. 15.

Titius, 1740 mars 11.

Titon, conseiller au Parlement de Paris, 1734 mars 27, déc. 19; 1735 avril 13; 1736 août 22; 1738 juin 23, oct. 7, déc. 26; 1739 juin 5; 1740 mai 14, août 6.

Titon de Chamant, 1736 août 22.

Tournay, Mad. 1732 oct. 24; 1735 juin 21; 1737 mai 23, juillet 13.

Tours, religieuses du Calvaire de, 1739 mai 16.

Touvenot de Jonval, 1736 juin 6.

Tresiguidy, Mad. de, 1738 févr. 12; 1739 janv. 17, mai 12, nov. 7, 18; 1740 janv. 13.

Triperet, O.S.B. Clun., 1736 sept. 28; 1738 nov. 30; 1739 nov. 2, déc. 22.

Trouvain, prieur de l'abbaye de Coinsy, ordre de Cluny, 1740 oct. 6.

Troyes, prieure des Carmélites de la ville de, 1739 oct. 13.

Troyes, prieure des Carmélites du Faubourg de, 1739 oct. 13.

Troyes, Pères de l'Oratoire, composant le collège (la maison) de, 1739 sept. 20; 1740 janv. 20, mai 29.

Troyes, Pères de l'Oratoire de la maison du Saint-Esprit de, 1739 sept. 20; 1740 mai 29.

Truilhier, R. P., de l'Oratoire, 1737 août 2; 1738 oct. 1; 1739 oct. 3.

Tuillandier, sœur Jeanne-Marie, 1739 juin 13.

Turmeau, sœur, religieuse de l'Hôtel d'Orléans, 1736 juillet 6.

Turpin, voir: Ango.

Ubraye, d', 1738 mai 16.

Val..., Mlle de, 1738 mai 31.

Valbelle, Mad. la marquise de, de Trigance, 1736 août 24; 1737 juin 18; 1738 mai 18; 1740 août 2.

Vallier, Mad. la présidente, 1738 août 27.

Vallière (?), Mlle de, 1737 oct. 30; 1738 janv. 28.

Vallon de Beaupuis, Mlle, à Beauvais, 1739 févr. 13.

Varennes, abbé de, 1736 janv. 25; 1737 janv. 16; 1738 janv. 10; 1739 janv. 15; 1740 janv. 9.

Varlet, Dominique-Marie, évêque de Babylone, 1735 août (23?); 1736 oct. 22, nov. 20; 1737 mars 4, juillet 8; 1738 sept. 15; 1739 avril 7, sept. 30, déc. 7.

Vaujoie, de, trésorier de France honoraire, 1740 oct. 6.

Vence, de, prêtre de l'Oratoire, 1736 janv. 29; 1737 juillet 17; 1738 janv. 25; 1740 janv. 26, oct. 10.

Vendôme, religieuses Ursulines de, 1739 janv. 7.

Veny, Mad. de, O.S.B., aux Trenelles, 1735 mars 31, nov. 29; 1739 avril 7, mai 5; 1740 août 22.

Vergons, consuls de, 1740 mars 26, juillet 23.

Versailles, Amis de la Vérité qui sont à, 1739 sept. 15.

Verthat (= Verlhac), sœurs de, et de Gua, religieuses de Ste. Claire, 1739 juin 3.

Vic, de, voir: d'Armantieu.

Victoire, sœur, religieuse, 1736 nov. 23; 1738 sept. 8.

Vié, R. P., religieux de Cluny, 1739 déc. 22.

Vieuxpont, Mad. de, 1740 août 17.

Vigny, de, 1735 juin 3.

Villain, Mad. 1737 mai 25.

Villamblin, Mad. de, 1738 mai 16.

Villelongue, Mad. de, abbesse des Voisins, 1732 nov. 14; 1737 mai 14, nov. 10; 1738 juin 11, sept. 9; 1739 juin 2, oct. 22; 1740 mai 30.

Villemont, de 1739 mai 27.

Viot, O.S.B., 1735 avril 15.

Vivié, de, 1738 déc. 6; 1739 janv. 30; 1740 avril 27.

Vizé, de, prêtre de l'Oratoire, 1736 déc. 15; 1738 févr. 22, sept. 26, déc. 24; 1739 mai 14, déc. 9.

Voigny, de, président à la Cour des Aides, 1733 août 29.

Volone, Mad. de, 1738 nov. 26.

Vrion, supérieur de l'Oratoire, 1739 nov. 14; 1740 mai 17.

Vrion, 1738 janv. 30.

7025 La clef de plusieurs lettres de Mgr. Jean Soanen, évêque de Senez, dont les noms des personnes ont été supprimés dans le Recueil imprimé.
N.B. Par Mlle Rachel Gillet à Paris, 1867.

Copies de lettres etc.

7026 Notes sur les lettres de M. Antoine Arnauld, tomes 1 et 2; catalogue des hérésies et de leurs auteurs: Simon le Magicien et ses disciples. Avec notes marginales de Mgr. Soanen.

7027 Lettre des évêques de La Rochelle et de Luçon (Étienne de Champflour et Jean-François de Valderiès de Lescure) au roi, 1711 avril s.j.
N.B. Avec notice de Mgr. Soanen: "Lettre qui a mis le feu dans le Clergé de France".

7028 Relation de ce qui s'est passé au sujet de la prétendue déclaration, faite par l'archevêque d'Embrun, Charles Brulart de Genlis, avant sa mort, sur la doctrine de St. Thomas, 1714.

7029 Lettre d'un évêque à un autre touchant la signature du Formulaire, 1722 août s.j.

7030 Requête des Chartreux de Lugny et ailleurs au roi, avec d'autres lettres et lettre au pape, 1725 juillet s.j.

7031 Lettre de Rome sur la Bulle en faveur des Dominicains, 1727 juillet 23.

7032 Extrait d'une lettre d'un évêque, concernant le concile d'Embrun, 1727 sept. 10.

7033 Lettre de Jean-François-Paul Lefèvre de Caumartin, évêque de Blois, à M. de Maurepas sur les plaintes de Mgr. Soanen, 1728.

7034 Lettre de M. Barentin de Montchal, lieutenant de gendarmerie à La Motte en Auvergne, à sa tante sur son voyage à La Chaise Dieu, 1731 oct. 12 (copie).

7035 Acte de rétractation de la signature du Formulaire et d'opposition à la bulle Unigenitus de sœur Olimpe de Beringhen, abesse de Farmoutier, et deux autres religieuses.
N.B. L'original de cet acte se trouve parmi les papiers de Mgr. Colbert.

7036 Cantique et sonnets en honneur de l'évêque de Senez Jean Soanen, 1735.

7037 Trois lettres d'un théologien à Utrecht, où il réfute celle qu'un Anonyme a écrite en date du 22e septembre 1736 contre l'évêque de Senez Jean Soanen, 1736 oct. 31, déc. 5 et 13 (imprimées).

7038 Lettre de Ch. J. Colbert de Croissy, évêque de Montpellier, à un magistrat au Parlement d'Aix, 1737 janv. 28 (copie). Avec notice dorsale sur des pièces d'archives, ayant appartenu à Mgr. Soanen, entre autres les ordinations des Hollandais.

Manuscrit

7039 Traité de la Doctrine Chrétienne sur l'Espérance, par J. B. Gaultier, signé en marque d'approbation par Mgr. Jean Soanen, évêque de Senez, à La Chaise Dieu, 1739 mars 15.

Maison et Société de Sorbonne
Actes

7040 Liste des docteurs de Sorbonne, appellants de la bulle Unigenitus, 1717–1719, dressée 1721.

7041 Déclaration de M. Sartre, prieur de la Sorbonne, au sujet de la signature du Formulaire, lui ordonnée par le roi, 1722 mai 22.

7042 Requête de cent docteurs de Sorbonne au Parlement de Paris pour renouveler leur appel de diverses décisions, prescrivant l'acceptation de la bulle Unigenitus comme jugement dogmatique de l'Église Universelle, signifiée au syndic de l'université, 1730 mai 22.

Lettres reçues

7043 Lettre de P. Sartre, prieur de Sorbonne, à Montpellier, 1722 août 1.

7044 Supplique des bacheliers de Sorbonne à la faculté (dont une en triple) sur les mesures, prises contre eux, 1722.

7045 Requête des docteurs et bacheliers de Sorbonne au Parlement, appellants comme d'abus de la conclusion du 12e août 1724 sur la soumission à la bulle Unigenitus, 1724.

7045* Thèses, défendues à la Sorbonne par Jacques de la Lande, prêtre du diocèse de Coutances, 12 janvier 1729 (imprimées).

Terrasson, supérieur de l'Oratoire à Nevers
7046 Lettre de Jean Soanen, évêque de Senez, 1737 sept. 3.

Texier, avocat au Parlement de Paris
7047 Lettres de J. B. le Sesne de Ménilles d'Étemare, 1748–1761. 12 lettres.
N.B. 1752 janv. 20: la fin manque.
1758 juin 12: commencée par G. Dupac de Bellegarde.
1758 sept. 25: Mémoire à consulter (sur l'Église de Hollande). Le date de ce mémoire se révèle dans la lettre du 2e octobre 1758.

1758 oct.: Addition au Mémoire. Ci-jointe copie de la lettre de Pierre-Jean Meindaerts, archevêque d'Utrecht, au pape Clément XIII 1758 oct. 3 (quinto nonas octobris). Quelques lettres sont de l'écriture de G. Dupac de Bellegarde et de quelques lettres l'adresse a été biffée.

Minute
7048 Lettre à N.N., 1760 févr. 2.
N.B. "... ce petit billet qui sera glissé dans celui de M. le cher Prieur" (= Coudrette?).

Mademoiselle de Théméricourt à Paris
Lettres reçues de:
7049 J. B. Mayou, chantre de l'église d'Angoulême, à Quimper, 1729 févr. 10.
7050 N.N., 1729 mars 10, avec copie du testament spirituel de Jean-Baptiste Mayou, prêtre, chantre de l'église cathédrale d'Angoulême, mort à Quimper 5 mars 1729.

Copies
7051 Lettre de J. B. d'Étemare à L. Dilhe (des Ormes), 1724 juin 2.
7052 Relation des convulsions de Dom Thomas Tassart, religieux de la Congrégation de St. Maur en l'abbaye de St. Riquier, (1732) (copie par Mlle de Théméricourt). Avec extrait d'une lettre de St. Riquier (dioc. d'Amiens) sur le même sujet, 1732 déc. 18.

Président et Définiteurs du chapitre général de la Congrégation de Saint Maur dans l'abbaye de Marmoutiers lez Tours
7053 Lettre de Dom Michel Piette O.S.B. de l'abbaye de St. Vincent du Mans, 1726 mai 9.

Chapitre de Tours
7054 Lettre d'Auvinet, curé de Chinon, 1720 avril 20.
7055 Minute d'une lettre à Guillaume cardinal Dubois, archevêque de Cambrai, 1723.

Le Chevalier du Tronchet à Paris
7056 Lettre de Jacques-Bénigne Bossuet, évêque de Troyes, 1731 août 25.
N.B. Cette lettre est la réponse à une lettre des curés et autres ecclésiastiques du diocèse de Sens.

Religieuses Carmélites du Faubourg de Troyes
Actes
7057 Procès-verbal, dressé par les religieuses Carmélites du Faubourg de Troyes, de la visite de l'abbé Lallemant, leur visiteur, 1726 août 24, et lettre à N.N., s.d. (après 1729 mai 5). Copies.
7058 Relation de la visite de l'abbé Lallemant au monastère des religieuses Carmélites de Troyes, 1726 août 24.
7059 Acte de protestation contre la bulle Unigenitus et d'adhésion à l'appel des quatre évêques, 1728 janv. 20 (copie non-signée).
7060 Acte d'adhésion au premier appel de 1717 et au second de 1720 des quatre évêques, 1728 févr. 1, avec les signatures de cinq religieuses.

Lettres reçues
7061 Lettre de la sœur Bénigne-Thérèse de Jésus au monastère de l'Incarnation des Carmélites de Chartres à une Révérende Mère sur la maladie et la mort de sœur Cathérine des Anges, 1713 déc. 30 (sans adresse).

7062 Lettre de la sœur Marthe-Angélique Dubourg du monastère de Toulouse à la prieure, 1725 sept. 13.

7063 Lettre de la sœur de St. Herg à Paris à une religieuse, 1730 mai 7.

7064 Lettre de la Mère Marie-Thérèse de Villac sur l'entrée d'une princesse de France dans un couvent de Carmélites, comme professe se nommant sœur Thérèse de St. Augustin, (1771) (copie).
N.B. Louise-Marie fille de France, fille du roi Louis XV, entra au couvent de Saint-Denis en 1770 et prit la voile en 1771.

De Vaucocourt, curé de Magny
7065 Testament, 1759 août 3.
N.B. Copie certifiée avec acte de dépôt de l'original.

Jean de Vaugirauld, évêque d'Angers
7066 Lettre de Patrice Le Breton, O.S.B. de l'abbaye de St. Aubin, 1731 oct. 12.

Le Père de Vence, prêtre de l'Oratoire
Lettres reçues de:
7067 Abbadie d'Arbocave, Bernard, évêque de Dax, 1721 sept. 9.
N.B. Adressée à: Mon très Révérend Père.

7068 Barchman Wuytiers, Corneille-Jean, archevêque d'Utrecht, 1726 avril 23.

7069 Boudet, Pierre-Jean-Marie, O.S.B., à l'abbaye de St. Pierre de Môlome près Tonnerre, 1736 janv. 8.
N.B. Notice dorsale: Procuration de 126 pour signer le Mémoire.

7070 Cicoteau, prêtre de l'Oratoire, à Orléans, 1723 avril 10.

7071 Dunesme, Estienne, O.S.B., à St. Denis, 1733 mars s.j.
N.B. Adressée à: Mon Révérend Père.

7072 N.N. et autres religieux (à La Chaise-Dieu), 1735 nov. 29.
N.B. Adressée à: Mon Révérend Père.

7073 N.N. (religieux de la Congrégation de?), s.d. (copie).

7074 Remy O.F.M. Cap., 1755 mars 29.
N.B. Adressée à: Mon Révérend Père.

7075 Supérieur exilé de l'abbaye Bénédictine de St. Michel-en-l'Herm (dioc. de Luçon), (c. 1730).

7076 Soanen, Jean, évêque de Senez, 1714–1740. 18 lettres.

Minute
7077 Lettre à C. J. Colbert de Croissy, évêque de Montpellier, 1724 août 18.

La marquise de Vielbourg à Paris
7078 Lettre de Nicolas Petitpied, 1734 mars 29.

Madame Villain à Paris
7079 Lettre de Jean Soanen, évêque de Senez, 1734 nov. 13.

Villaret, prêtre secondaire à Bailliargues
7080 Lettre de N.N. à son neveu (?), s.a. (avant 1745) juillet 30.
N.B. Avec notice: Le cher oncle mourut le cinq avril, lundy de la Passion, 1745.

De Villevieille, conseiller et secrétaire du roi à Castellane
7081 Lettre de Jean Soanen, évêque de Senez, 1711 juillet 17.

François Villebrun, prêtre et curé de Ste. Anne de Montpellier

7082 Décret d'ajournement à comparaître devant l'official de Montpellier contre François Villebrun, prêtre et curé de la paroisse de Ste. Anne de Montpellier, pour être interrogé sur l'accusation de désobéissance aux constitutions apostoliques contre la doctrine du livre de Jansénius, 1739 avril 8.

VARIA

7083–7151

Copies de lettres et d'autres documents concernant les Jésuites, le Jansénisme etc.

7083 Copie d'une pancarte en parchemin, dans laquelle le général de la Société de Jésus fait part à Anne Hernart, veuve de François Pra, aux bonnes œuvres de ladite Société, 1628 oct. 28.

7084 Extraits du livre Morale Pratique concernant des déclarations du P. Jean-Baptiste Moralès O.P. sur les Jésuites et leur conduite en Chine, (c. 1633). Copie.

7085 Extrait du 2e volume des œuvres du cardinal Cusa (1450), imprimées à Bâle en 1665 sur une prédiction des persécutions de l'Église entre 1700 et 1734.

7086 Lettre du P. Eusèbe de Bourges O.F.M. Cap., missionnaire, à "Monseigneur" sur les difficultés entre les Capucins Missionnaires en India et le Patriarche de Tournon avec les Jésuites, 1706 juin 22 (copie).

7087 Réflexions sur le bref du pape Benoît XIII Demissas preces du 6e novembre 1724, 1725 janv. 20 (copie).
> N.B. Ce bref, adressé aux Dominicains, canonisait la doctrine de Saint-Thomas et de Saint-Augustin, et reprouvait celle de Molina (cf. Gazier, I, 266).

7088 Extrait du premier livre d'un poème au sujet de la lettre des 12 A. et de la protestation des 8, (c. 1725). – Plainte de la Religion au sujet du Jansénisme (Ode), (1728).
> N.B. Le poème se dirige contre Honoré de Quiqueran de Beaujeu, évêque de Castres, et Armand-Jean de la Voue de Tourouvre, évêque de Rodez.

7089 Extrait d'une déclamation, faite par le Régent Rhétoricien du Collège des Jésuites de Castres en 1728, contenant la Plainte de la Religion au sujet du Jansénisme.

7090 Mémoire au Roi pour le procureur général du Parlement de Bretagne touchant l'exécution des bulles papales contre le Jansénisme et de celle de la constitution Unigenitus, (1730). Projet non présenté en 1731, communiqué au maréchal d'Estrées, etc. (copie).

7091 Idée en abrégé d'une confession générale, par le P. Amelot, Jésuite Missionnaire, soit pour le Jubilé ou pour un autre temps pendant la vie etc. (Permis d'imprimer et de distribuer, 1737 juillet 14).

7092 Epistola Doctoris Sorbonici ad amicum Belgam sur le différend entre les Dominicains et les Jésuites touchant la censure contre la "Bibliotheca Janseniana", par le P. de Colonia S.J., c. 1750.

7093 Extrait de la Gazette d'Amsterdam sur l'expulsion des Jésuites du Portugal, 1754 (1764?).

7094 Copies de lettres de l'évêque de Lisieux (Jacques-Marie de Caritat de Condorcet) à l'archevêque de Paris (Christophe de Beaumont), 1761 sept. 2, et de l'évêque de Lodève (Jean-Félix-Henri de Fumel) au Chancelier, 1761 sept. 27, en faveur des Jésuites.

7095 Lettre de Rome sur le crédit diminuant des Jésuites à Rome et ailleurs, 1768 août 23.

7096 Lettre de M. de Marca à M. de la Motte, prêtre, sur la défense de son livre De concordia sacerdotii, 1642 oct. 7, et Extraits de deux lettres sur l'élection du pape Clément XIV et son attitude envers les Jésuites, 1769 mai 24.

7097 Lettera di un Prelato ad un Gentiluomo di Torino concernant le pape Clément XIV et les Jésuites, (entre 1769 et 1774) (en italien).

7098 Lettre (en latin) à un évêque comme défenseur des libertés de l'Église Gallicane, s.d. (18e siècle).

> N.B. On a daté les quatre copies de lettres suivantes qui sont d'une même écriture, entre 1802 et 1808, parce que la troisième lettre parle d'un archevêque de Paris qui avait été plus tôt évêque de Marseille. Probablement l'auteur ici a eu en vue Jean-Baptiste de Belloy, évêque de Marseille 1755–1801, archevêque de Paris 1802–1808. Dans ce cas l'évêque à qui cette troisième lettre susnommée s'adresse, doit avoir été son successeur.

7099 Lettre d'un évêque italien à un de ses amis sur la facilité des Jésuites à augmenter le nombre des Élus, s.d. (1802–1808).

7100 Quatre nouvelles lettres sur la morale des Jésuites, s.d. (1802–1808).
> N.B. 1. Sur l'Inadvertance ou l'Ignorance actuelle.
> Les pages 3–41 de cette première lettre manquent.
> 2. Sur l'Ignorance invincible et le défaut de Grâce.
> À la fin une liste: Nova Jesuitarum doctrina S.D.N. Clementi Papae XII denuncianda.
> 3. Sur l'Ignorance en général.
> À la fin une liste: Nonnullae Jesuitarum Propositiones S.D.N. Clementi Papae XII denunciandae.
> 4. Sur l'Inadvertance ou l'Ignorance actuelle.

7101 Lettre à l'évêque de Marseille sur le péché philosophique, s.d. (1802–1808).
> N.B. À la fin une liste: Nonnullae Jesuitarum Propositiones S.D.N. Clementi Papae XII denunciandae.

7102 Lettre touchant la conscience erronée, s.d. (1802–1808).
> N.B. À la fin deux listes intitulées: Nonnullae Jesuitarum Propositiones S.D.N. Clementi Papae XII denunciandae.

Copies et autres écrits concernant la bulle Unigenitus et les Appellants, le refus des Sacrements etc.

7103 Bulle du pape Innocent X pour la condamnation des cinq propositions, 1646, et lettre de l'évêque de Luçon (Jean-François de Valdériès de Lescure) et de l'évêque de La Rochelle (Étienne de Champflour) sur leur censure du livre du P. Quesnel et la condamnation de leur lettre par celle du cardinal de Noailles, (1711). Copie.
> N.B. Cf. Gazier, I, 237.

7104 12 propositions du P. Quesnel condamnées par la bulle Unigenitus, interprétées dans un bon et mauvais sens par Messieurs des Missions Étrangères, s.d. (après 1713).

7105 Formule abrégée où sont exprimées les principales vérités condamnées par la constitution Unigenitus, s.d. (après 1713).

7106 Acte d'appel des quatre évêques de Mirepoix, de Senez, de Montpellier et de Boulogne, 1717 mars 1 (copie).

7107 Lettre écrite par M. S.... à Mlle G., sur la Bulle, 1717.

7108 Lettre écrite par M. M.... à Mgr. le duc d'Orléans au nom de l'évêque d'Orléans (Louis-Gaston Fleuriau), attribuée calomnieusement à M. Fleury, curé de St. Victor à Orléans, s.d. (après 1720 mars 13).
> N.B. La lettre fait mention du Corps de Doctrine qui date du 13e mars 1720.

7109 Réflexions à éclairer quelques personnes qui s'imaginent qu'en refusant à accepter la Constitution on n'est plus dans l'Église visible, ou du moins qu'on manque à la soumission filiale qui est due à cette mère commune, s.d. (c. 1720?).

7110 12 propositions distribuées et soumises à l'examen d'une assemblée du clergé le mercredi 24 octobre (1725?).

7111 Examen de cette question : Si le pape peut priver un cardinal de la dignité sans lui faire son procès dans les formes, et sans prendre l'avis des cardinaux, (c. 1725).

7112 Lettre du public au roi sur l'affaire de la constitution Unigenitus, présentée au Conseil et y lue par le duc d'Orléans, (1729).

7113 Mémoire sur cette question importante : Si la puissance temporelle ou ecclésiastique peut imposer silence en matière de religion, et si dans ce cas on est obligé de lui obéir, 1731 mars 29.

7114 Arrêt du Conseil du roi, condamnant l'Instruction pastorale de l'archevêque d'Embrun sur la constitution Unigenitus, 1731 sept. 24.

7115 Réfutation des erreurs de M. Tissot, Lazariste, professeur au séminaire de Béziers, dans ses cahiers, 1743 nov. 29.

7116 Mémoire sur un ouvrage que l'auteur se propose de faire, intitulé : Exposition de la foi des Appellants et de tous ceux qui refusent d'accepter la bulle Unigenitus, adressée à l'Église universelle, s.d. (c. 1740?).

7117 Correspondance (3 lettres) de N.N. avec l'évêque de Grasse Charles-Octavien d'Anthelmi sur le refus des sacrements, imposé au premier par l'évêque à cause de son appel de la Bulle, 1740.

7118 Lettre des 19 évêques au roi au sujet de l'arrêté du Parlement du 5e mai 1752 contre l'archevêque de Paris.

7119 Arrêté du roi du 21e nov. 1752 qui rappelle l'édit de 1695 concernant l'administration des sacrements (en double).

7120 Conclusions du mandement de Christophe de Beaumont, archevêque de Paris, du 22e avril 1752 touchant la constitution Unigenitus.

7121 Lettre du Prince Charles aux Conseils Royaux des Provinces respectives des Pays-Bas Autrichiens, de la part de S.M. l'Impératrice, défendant aux ecclésiastiques français bannis de leur pays de faire des disputes sur la bulle Unigenitus pendant leur séjour aux Pays-Bas Autrichiens, 1755 mai 14.

7122 Poème contre l'archevêque de Paris, exilé à Conflans (Christophe de Beaumont en 1755).
N.B. Cf. Nouvelles Ecclésiastiques, 1755, p. 11.

7123 Lettre du pape Benoît XIV aux cardinaux, archevêques et évêques qui ont tenu la dernière assemblée du clergé de France, (1756 : 17e année de notre pontificat) oct. 16.

7124 Lettre du Roi à l'archevêque de Reims (Armand-Jules de Rohan) sur la paix de l'Église et le refus des sacrements, s.d. (après 1756).

7125 Lettre sur la mort de Dom Claude-Bernard Barhom, religieux de l'abbaye d'Orval, qui refusait d'accepter la Constitution, était emprisonné pendant 40 ans et mourut à la fin de mai 1764, 1765 oct. 2.

7126 Fragment d'une lettre contre l'acceptation de la Bulle, en réponse d'une Instruction Pastorale.

Relations et dissertations
7127 Abrégé du concile de Trente, (18e siècle).

7128 Extrait de la Politique Sacrée de M. de Meaux (Jacques-Bénigne Bossuet) sur la Majesté Royale, (entre 1681 et 1704).

7129 Lettre contenant une relation de la mort de Louis-Jacques de Chapt de Rastignac, archevêque de Tours, (1750) lundi sept. 14 (copie).
N.B. Mgr. de Rastignac mourut 2 août 1750.

7130 Lettre de Samuel-Guillaume de Verthamon de Chavagnac, évêque de Luçon, à l'abbé H. à Paris, sur l'incendie de son évêché, 1753 janv. 22 (copie), avec un fragment de la Gazette du 27e janv. 1753 (imprimé).

7131 Relation de la conversion de la Mère Charlotte-Marguerite Turmeau, religieuse de l'Hôtel-Dieu d'Orléans, exilée dans le couvent des Ursulines de la même ville, morte 23 mai 1759.
N.B. Cf. Nouvelles Ecclésiastiques, 1736, 137–139.

Écrits et traités dévots concernant la grâce

7132 Sentiments de Jean-Pierre le Camus, évêque de Belley (sacré 1609), sur la doctrine de Molina et les Jésuites concernant la grâce, tirés d'un de ses livres, imprimé en 1642.

7133 Réfutation des erreurs du P. Griffet S.J. dans son ouvrage, intitulé: L'année du Chrétien, concernant la grâce. Premier Cahier. – Second Cahier.
N.B. Cf. Nouvelles Ecclésiastiques, 1747, 93–106.

7134 Responsa Illustrissimi Domini Canonici Simioli ad "Virum Clarissimum", concernant la grâce, 1771 janv. 3.

7135 Pénitence qu'on a jugé nécessaire d'imposer à une personne qui est tombée dans des désordres affreux etc.

7136 Écrit du 18e siècle, contenant:
   1. Notes sur St. Augustin, Erreurs des Marseillois ou Sémipélagiens (avec supplément).
   2. Lettre du pape Célestin I aux Évêques des Gaules pour la défense de St. Prosper et de St. Hilaire.
   3. Authorités de quelques évêques du Siège Apostolique sur la matière de la grâce de Dieu (incomplet).
   4. Gratuité et efficacité de la grâce de Jésus Christ.

7137 Instructions pour les malades, tirées des Réflexions manuscrites sur l'Écriture Sainte.

7138 Fragment d'un manuscrit sur la grâce suffisante, pp. 27–29.

Copies de dissertations religieuses
N.B. Peut-être quelques-uns de ces manuscrits ont appartenu à l'abbé d'Étemare ou à l'abbé de Fourquevaux, mais on n'en a pas trouvé de preuves.

7139 Compilation du livre: De Anti-Christo et ejus ministris ac de ejus adventu et signis propinquis atque remotis etc., par Nicolas Orême, évêque de Lisieux (1377–1382).

7140 Recueil de l'idée du sacerdoce de Jésus Christ.

7141 Recueil de différentes matières sur la doctrine chrétienne.

7142 Réflexions sur divers sujets de doctrine et de morale.

7143 Idée abrégée des maux de l'Église et de leurs remèdes.

7144 Question à résoudre: Les supérieurs ecclésiastiques ont-ils le pouvoir de nous faire des commandements hors ce qui regarde la police de l'Église et la publicité du culte?

7145 Dissertation sur les actions des infidèles.

7146 Précis des preuves de la dissertation par lequel on démontre à la manière des géomètres que les complaisances des payens pour la justice n'avaient rien de vicieux.

Lettres de piété et autres lettres

N.B. Ces lettres, en partie des originales, en partie des copies, ne portent pour la plupart ni nom d'auteur, ni nom de destinataire. Les lettres qui semblent d'avoir une certaine importance, sont specifiées. Peut-être les cinq premières étaient-elles destinées au Rédacteur des Nouvelles Ecclésiastiques.

7147 Extrait d'une lettre sur une terrible exécution, faite à Lisbonne, 1759 mars 1.

Extrait d'une lettre, écrite par un curé du diocèse de Luçon, sur le synode de ce diocèse, 1769 janv. 4.

Extrait d'une lettre, écrite de Virapatnam près de Pondichéry, sur la destruction du collège des Saints Anges Gardiens et du séminaire de St. Joseph des Missions Étrangères par la guerre de Siam, 1717 oct. 6.

Lettre de D. à Paris sur un livre, intitulé: Les Hébriennes ou Lettres Provinciales Philosophiques (1 vol. in 12.), 1781 mai 12.

Lettre sur la personne de l'abbé Thuet, prêtre du diocèse de Noyon, premier vicaire de St. Médard, ayant prononcé l'oraison funèbre de l'archevêque de Paris Christophe de Beaumont, s.d. (après 1782 avril 17).

N.B. La lettre fait mention de "la feuille d'aujourd'huy", probablement les Nouvelles Ecclésiastiques du date susnommé, où se trouve une récapitulation de la vie du défunt, que l'orateur n'a pas lue.

Lettre d'une mère à Quatremer à sa fille au couvent, 1765.

Lettre de la sœur Jourdan de Ste. Agnès à une Mère Supérieure, s.a. oct. 8.

Lettre sur la grâce, s.d.

Lettre à une novice sur le bonheur de se consacrer à Dieu dans la vie religieuse etc., s.d. (copie).

Lettre de fr. C.B. (?) sur le chant du chœur pendant l'office, s.d.

Lettre sur l'ancien ouvrage d'Hermes Égyptien, intitulé: Les sept sceaux d'Egypte, d'une édition de 1608, s.d. (vers 1750).

Lettre de M., contenant quelques faits sur les deux tribus de Nephtali et de Zabulon, perdus et retrouvés au fond de l'Amérique, et quelques nouvelles sur les Juifs orientaux, et en outre sur le St. Diacre et les convulsions, s.d.

Lettre sur la disette de prêtres dans l'Église, s.d.

Lettres de piété sans adresse ou nom d'auteur. 4 lettres.

Copies de quelques lettres etc. à des diverses personnes

7148 Mémoire de l'évêque de Dax (Bernard d'Abbadie d'Arbocave) sur les doutes au sujet des communications de l'abbé Pastel, (1720); lettre de l'évêque de Mirepoix (Pierre de la Broue) à la marquise d'Al(ègre), 1720 avril 5; lettre de l'évêque de Senez (Jean Soanen) aux évêques de Montpellier (C. J. Colbert de Croissy) et de Boulogne (Pierre de Langle), 1720 avril 21.

7149 Lettre de Dom F. Bonnecaze O.S.B. à Dom Étienne Verdelle, prieur de l'abbaye du Mas de Verdun, (1728) juillet 3.

N.B. voir inv. no. 2701*.

7150 Lettre d'un ecclésiastique à un de ses amis au sujet de ce qui est arrivé aux Pères Bénédictins de l'abbaye de St. Séver-Cap à l'ordination de Quatretemps de l'Avent, faite par l'évêque d'Aire (Gilbert de Montmorin), 1730 déc. 31.

7151 Mandement de Jean-George de Souillac, évêque de Lodève, pour publier une déclaration et un acte capitulaire des Récollets de la ville de Lodève en sa faveur, 1736 juillet 13.

ÉVÊQUES ET PRÊTRES CONSTITUTIONNELS

7152–7154

Claude Debertier, évêque constitutionnel de Rodez
7152 Testament spirituel, 1807, avec postscriptum, et profession de foi avec complément autographe, (1829).
Passages de l'Écriture Sainte que l'on a mis sur la tombe.

Abbé Constantin Grégoire, ancien curé de Montliard
7153 Lettre de l'abbé Franquet, ancien curé de Vitry-le-brulé, 1833 août 14. Avec une lettre du même à M. Gillet, entrepreneur de bâtiments à Paris, 1833 août 15.
Consultation sur l'usure, défendue par la loi divine et humaine.
N.B. Ci-joint: liste d'ouvrages sur l'usure, écrite sur un papier destiné à l'abbé Grégoire.

Jean-Louis Rondeau, ancien oratorien, ancien curé constitutionnel de Sarcelles, vicaire à St. Séverin à Paris († 1832)
7154 Notes de l'abbé Rondeau sur les convulsions.

INVENTAIRES

7155–7156

7155 Catalogue de manuscrits divers par ordre de matières, fait par l'abbé Jean-Louis Rondeau (M.S.), avant 1832.
N.B. Incomplet.
7156 Table générale des 59 cartons, faite par Mlle Rachel Gillet en 1847 (M.S.).
N.B. Avec une préface pour déclarer sa méthode de travail.

ADDENDUM

14* Recueil contenant:
Écrit d'une personne qui s'était mise en retraite dans un monastère, peut-être Port-Royal. Vie de Madame Mathon, 1649. Copies de quelques papiers et lettres de la princesse de Conti, 1657–1668 (à l'abbé La Vergne, l'abbé de Cyron et d'autres). Retraite de Madame de Longueville, 1661.

Plusieurs numéros de l'inventaire auxquels l'index qui suit réfère, ne font pas mention dans le texte descriptif du nom. Il s'agit alors de paquets souvent volumineux de copies de lettres, de dossiers, etc. Dans ces cas-là les pièces originales ont une table des matières.

Les noms avec particule commençant par: de, der, di, do, van et von, sont classés sous le nom si la particule est détachée du nom. Par exemple: Van Espen, voir Espen; mais Vandiere, voir Vandiere; De Mont, voir Mont; mais Demont, voir Demont.

Les noms commençant par: del, della, des, du, la, le et les, sont classés sous la première lettre. Par exemple: Della Rocca, voir Della Rocca.

A.A., 1290
A. d....., à Paris, 267
A.D.P.C.E., à Paris, 3074
Abaucour, d'., à Douai et Nancy, 2029
Abbadie d'Arbocave, Bernard, évêque de Dax, 4810, 6110, 7067, 7148
Ablainville, Étienne d', (Fontaine), cistercien, sous-prieur de Beaupré, 1838, 3804, 3934, 4092*, 4493, 5183
Abram, E., curé de Saint-Jean-de-Monts (diocèse de Luçon), 4332, 7023/24
Abry, confrère de l'Oratoire à Saint-Martin de Mizere, 6394
Achery, Noël d', bénédictin, à Paris, 3805, 4381
Adam, premier commis de M. de Torcy, 6912
Aerschot, duchesse d', voir: Auvergne
Afforty, curé à Écouan, 4579, 6395, 6916, 7023/24
Agier, Jean-Pierre, président de la cour impériale d'appel à Paris, 4176, 4206, 4228, 4229
Agnès, Mère, 2243
Agnès de Jésus, carmélite, 411
Aguesseau, d', (Daguesseau), chancelier de France à Paris, 1008, 1368, 2673, 2734, 3693, 3753, 6937
Aguesseau, Madame d', 636
Aguillon, André, sous-diacre de Senez, 6354
Aguillon, Jean, 6354
Ahuys, Adelbertus, curé à Amsterdam, 2030, 2094, 2537, 3934
Ahuys, Lucas, curé à Amsterdam, 3806, 3934
Aigouyn, curé à Ganges, 4340, 5822
Aigrain, voir: Pradier
Aiguillon, duchesse d', 331
Ailenc, d', voir: Daillenc
Aillaud, vicaire perpétuel de Saint-Jacques, 6612, 7023/24.
Aimar, voir: Emart

Aimée, Mlle, chez M. de Senlis, 706
Aize, R. P. d', 7023/24
Akkoy, Godefroy, curé à Utrecht, 1610, 3339, 3654, 3691, 3700, 3769, 3933, 4066, 4083, 4136, 4155
– élu coadjuteur, 3690, 3766, 4008, 4055–4057, 4149
Alaydon, P., 5842
Albert, 2031
Albert, P., curé de Poitiers, sous-vicaire de la paroisse de St. André de Paris, 1150, 2676, 3115, 4811, 5794
Albert, d', voir aussi: Dalbert
Albert, d', conseiller du parlement d'Aix, à Aix, 4580–4588, 4609
Albert, d', au cloître Val de Grâce à Paris, 4589, 6917, 7023/24
Albert (de Luynes), H. Angélique d', sœur de Jouarre, 236
Albert de Luynes, d', voir: Luynes
Albine, Michel d', chanoine régulier de Ste. Geneviève, 4379, 7023/24
Albizzi, F. d', à Paris, 4812.
Albon, sœur d', 738, 776
Alcazar, Fernando, 1742
Aldigier, chanoine de Riom, à Saint-Amable, 7023/24
Alègre, Madame d', à Paris, 629
Alègre, marquise d', 3057, 3221, 5240, 6096, 7148
Alençon (Toussaint d'), voir: Dallencon
Alens, Madame d', 2190
Alens, sœur d', religieuse de Prouille, 6813, 7023/24 (Luc)
Aletion, d', voir: Houtard
Alex, voir: Arenthon
Alexandre VII, pape, 440, 535, 574, 852, 918, 919, 1226, 4255, 4258, 5401. Voir aussi: Formulaire

Alexandre, Louis-François, lieutenant de la Maîtrise des eaux et forêts à Montargis (diochèse de Sens), 6397

Alexandre, dominicain, 918

Alexandre, J., prêtre de la paroisse de Saint-Nicolas à Nantes, 4814

Alexandre, R., curé de Gadancourt (diocèse de Rouen), 5555, 6182

Alexandre, au prieuré de Saint-Hymer, 1680

Alexandre, 3935

Aliber de Labii, d', dominician, 7023/24

Aligre, Élisabeth d', abbesse de Saint-Cyr, 130

Alissan, docteur de Sorbonne, à Paris, 4590

Allen, Madame, voir: A. Féret

Alliaume, Nicolas, acolyte du diocèse de Laon, 5676

Allon, Louis, receveur des tailles à Beauvais, 4815, 6398, 7023/24

Allon, Madame, 7023/24

Allons, d', 7023/24

Allons, Madame d', 7023/24

Allourry, M., 502

Ally, Mad. d', (Dally), à Londres, 3135, 3222***, 6519, 6994, 7023/24

Almeida, voir: Salerna

Alphutius, banquier à Hambourg, 230, 677

Alpruni, Francesco, à Pavie, 2032, 3393

Alsace-Boussu, Thomas-Philippe d', archevêque de Malines, 3934

Altheer, J., 3392, 3453, 3465, 3559

Alvarez, 401

Amaury, oratorien à Thouars, 1681

Amblard, acolyte de la Doctrine Chrétienne, à Villefranche de Rouergue, 4816

Ambroise, à Aix, 4591

Ambroise de Paris, capucin, 5857

Ameline de Noisement, Marc-Thomas, prêtre du diocèse de Vannes à Quimperlé, 4817, 5527

Ameline, M., 154

Amelot, jésuite missionnaire, 7091

Amont Bellot, voir: Bellot

Amstel, B. van, à Rotterdam, 3936

Amy, prêtre à Moulins, 4818

Amy, oratorien, chanoine du Marlure à Riom, 7023/24

Ancezune, Madame d', à Maubuisson, 4819

Ancheman, voir: Villars

Ancognée, Mademoiselle d', 7023/24. Voir aussi: Dancognée

Andigné, M. d', 3089

Andigné, d', voir aussi: Dandigné

Andigné d'Eaubonne, Madame d', à Paris, 2040

Andilly, voir: Arnauld d'Andilly

André, diacre du diocèse de Senez, à Auxerre, 6399, 7023/24

Ange gardien (Germain Vuillart), voir: Vuillart

Angélique, sœur, à Montpellier, 3116

Angélique de Sainte-Claire, sœur, 7023/24

Anger Le Roy, Madame, 3117

Angerville, Mademoiselle Marguerite-Catherine d', 7023/24

Angerville, d', 7023/24

Angevin, à Ménars, 1764

Angeville, d', grand prieur de Saint-Claude, à Paris, 4820

Anglade, d', oratorien à Paris, 2033

Anglure de Bourlemont, Louis d', évêque de Castres, archevêque de Toulouse, 824

Ango, Toinette, 7023/24

Angran, M., 268

Angran, Catherine, voir: Bélisy

Angran de Fontpertuis, voir: Fontpertuis

Anjubau(l)t, 14, 658, 3056

Anjubault, sœur F., de Saint-Calais, 4165

Annat, François, jésuite, confesseur du roi, 4288, 6074

Anne d'Autriche, 31

Anne, princesse palatine de Bavière, 953

Anne Marie de Jésus (de Vertus), 485

Anne Victoire, abbesse de Gif, voir: Clermont de Montglat

Annette, Jacques, curé du Petit Andely (diocèse de Rouen), 4352, 6400

Anquetil Duperron, 2034, 2677

Ansel, Simon, à St. Omer, 3934

Anthelmy, Charles-Octavien d', prévôt de Fréjus, évêque de Grasse, 6153, 7117

Antoine de Sainte-Catherine (Le Bieux), feuillant, à Paris, 4821, 6242

Antrages, d', conseiller au Parlement d'Aix, à Digne, 4822

Antraisgue, sœur Marguerite-Agnès d', 1398

Apollinaire, prieur des carmes déchaussés, à Nevers, 6401, 7023/24 (Nevers)

Arancey, d', 2035, 2207

Arbocave, voir: Abbadie

Arboulin, d', voir: Darboulin

Archaimbaud, oratorien à Riom, 954

Archinto, Giuseppe, cardinal, archevêque de Thessalonique et de Milan, nonce en Espagne, 1509

Ardenne, frère Pacome d', religieux de la Trappe, ci-devant Guillaume, prêtra de la Doctrine Chrétienne, 4557, 5633, 6402, 7023/24

Aremberg, duchesse d', voir: Auvergne

Arenthon d'Alex, Jean d', évêque de Genève, 4722

Argombat, Jean d', jésuite, 5997

Arias Montanus, B., 3208

Ariste, J. E., directeur de Notre-Dame de Liesse, 103, 155, 778–789, 955, 1740, 3055, 3057

Arkel, Mad. d', 3209

Armagnac, voir: Lorraine d'Armagnac

Armaille de Montaignie, Madame d', 2853

Arman, oratorien, 2036

Arman(d), Jean-Baptiste, élève, clerc de la Doctrine Chrétienne à Gimont (diocèse de Lombez) et Muret, 1682, 1683, 4823, 6403, 7023/24

Armantleu, Madame d', chanoinesse de Toulouse, 6885, 7023/24

Armond, voir: La Roche

Arnaud, Madeleine, à Beauvezer, 6340

Arnaud, ecclésiastique de Condom, 4824

Arnaud, théologal de Forcalquier, 4825, 6404, 7023/24

Arnaud, P., dominicain, 6366

Arnaud, fermier de Senez, 7023/24

Arnaud, d', oratorien à Paris, 4545, 4826

Arnaudin, d', 500

Arnauld, (Catherine)-Agnès de Saint-Paul, 31, 32*, 51, 53–98, 145, 204, 209, 232, 235, 436
– copies, 3043, 3048–3049, 3208–3209, 3210, 3211, 3214, 4286
– épitaphe, 3054

Arnauld, Marie-Angélique de Sainte-Madeleine, 1, 14, 32*, 33–52, 53, 99, 157, 245, 251, 254, 258, 261, 332, 345, 346, 354, 874
– copies, 3045, 3049, 3051, 3055, 3208, 3210–3214
– interrogatoire, 3049
– lettres non imprimées, 3215
– instructions, 3214
– édition de ses lettres, 3995

Arnauld, Anne-Eugénie de l'Incarnation, 233, 3209, 3211

Arnauld, Antoine (père), 345

Arnauld, Dr. Antoine (Davy), 26, 32*, 32**, 33, 54, 148, 156, 202–206, 209, 224, 267–324, 344, 357, 385, 388, 399, 412, 442, 445, 501, 549, 584, 590, 631, 716, 718, 722, 739,

763, 776, 847, 866, 869, 913, 918, 919, 956, 1067, 1084, 1200, 1231, 1233, 1281, 1319, 1324, 1507, 1633, 1636, 1640, 2151, 4249–4251, 4286, 5997, 6035, 6095
– thèse de Sorbonne, 4249
– itinéraire, 1613
– œuvres, 2245, 2978 (observations)
– copies, 2654*, 2668, 3043, 3048, 3051, 3054, 3055, 3060, 3066, 3207–3209, 3210, 3214, 3216, 3217, 3220, 3222**, 3828
– vie, 32**, 2667, 3221
– différend de, et du P. Malebranche, 4290
– journaux, 2667
– édition de Dupac, 2668, 2670
– catalogue de ses ouvrages par Clémencet et Dupac, 2669
– autres écrits, 2671
– varia, 3075, 3085
– conférences, 3217*
– traités de piété, 3218*, 3218**
– histoire de ses ouvrages, 3221
– mémoire pour le rétablissement des docteurs dans la faculté de théologie, 4251
– lettres, 7026
– Voir aussi: d'Étemare

Arnauld, Catherine de Sainte-Félicité, 32*, 3211, 3214

Arnauld, Catherine de Saint-Jean, 3049, 3209, (Mad. Le Maistre)

Arnauld, Françoise-Louise de Sainte-Claire, 232

Arnauld, Henri, évêque d'Angers, 14, 15, 55, 257, 322, 324–330, 443, 630, 717, 825, 852, 884, 917, 918, 4252, 4277, 4282
– copies, 3043, 3057, 3209, 3211, 3216

Arnauld, Marie-Claire, 369, 3049

Arnauld, chirurgien, 3001 (certificat)

Arnauld d'Andilly, Angélique de Saint-Jean (Madame de Genlis), 7, 8, 15, 16, 32*, 146, 154–209, 269, 345, 347, 413, 473, 592, 609, 632, 665, 718, 957, 1230, 1987
– copies, 3043, 3045, 3049, 3051, 3055, 3057, 3209, 3210, 3214, 3216, 3220

Arnauld d'Andilly, Anne Marie de Sainte-Marguerite, 3043

Arnauld d'Andilly, Marie Angélique de Sainte-Thérèse, 195, 234, 235, 270, 385, 593, 666, 1508, 3044, 3055, 3209, 3222

Arnauld d'Andilly, Marie Charlotte de Sainte-Claire, 195, 236, 348

Arnauld d'Andilly, Robert, 32*, 32**, 34, 240, 271, 331–345, 357, 385, 433, 470, 591

Autherive, Pierre d', 32** (Cordier)
Autriche, M. F. X. J. d', archevêque de
    Cologne, 3394
Autriche, d', voir: Anne
Auvergne, sœur Marie-Anne de Saint-Augus-
    tin d', carmélite, à Paris, 3222***, 4837,
    6408, 6919, 7023/24
Auvergne, Madame Marie-Anne de Mézy (de
    Bonval), duchesse d'Aremberg, et d'Aer-
    schot, princesse d', 1421, 1630, 1887, 1899,
    2343, 2364, 2681, 2703, 3014, 3118, 3204,
    3625, 3632, 3807, 3931, 3933, 3934, 4141*,
    4660*, 5355, 6716, 6972, 7023/24 (Maisy)
    – épitaphe et liste de boiserie etc., 4148
Auvergne, voir: La Tour d'Auvergne, Marie-
    Anne
Auvinet, Joseph, chanoine de Saint-Martin,
    à Candes, 4361, 6298
Auvinet, curé de Chinon, 7054
Auvray, Augustin, religieux camaldule à l'Isle
    Chauvet, 4459, 6409, 7023/24
Aveillon, oratorien à Paris, assistant du
    général de l'Oratoire, 6412, 6912
Averhoult, Mademoisselle d', à Utrecht, 2041
Avernes, d', voir: Beauvau
Avoine, François, curé de Saint-Ouen au
    château de Bayeux, puis d'Orangis, 920,
    4304, 4661, 6198
Avréménil, d', voir: Beauvau
Avril, bénédictin, visiteur de la province de
    France, 7023/24
Avril, à Loudun, 2682
Aymon, voir: La Roche Aymon
Azzolini, Dazio, cardinal, 3051

B., 1732, 2215, 2683, 3267
B., abbé, 1510
B., curé de la D.D.H., diocèse de N., 6092
B., à Paris, 1904
B., D., 2893
B., H.D.L., à Loudun, 2042
B., M. de, 3060
B., M. L. de, 3130
B. A., sœur, 2683
B. B., 3633
B. P., 4615
Babaud, Madame, la jeune, 7023/24
Babaud du Mail, 789, 7023/24
Babuty, François, libraire à Paris, 5702
Bachen, chanoine à Saintes, 5488
Backhusius, 3672, 3849, 3933
Backx, Jean-Ignace, à Rome, 1511, 3933
Bacon, 3627, 3753

Bacx, Rumoldus, chanoine d'Anvers, 1646
Badou, prêtre, à Toulouse, 1328
Baerts, Lambert, chanoine de Malines, 1646
Baesrode, J. van, prêtre à La Haye, 3634
Bagnols, Madame de, 6156
Bagnols, Mademoiselle de, 3057, 3216. Voir
    aussi: Dugué
Bagnols, de, voir: Dugué de Bagnols, Le
    Camus de Bagnols
Bagnols (de la Motte), à Artenay et à Mont-
    gogé, 2684, 2808, 2943, 3119, 3210, 3211,
    3214, 3808, 5858, 6331, 7023/24. Voir aussi:
    Dugué, Le Camus
Bagot, Jean, supérieur de Saint-Louis à Paris,
    503, 3060
Baillet, Paul-Félix-Joseph, ancien curé de
    Saint-Séverin, 4199
Baillot, 3060
Baillot, Mère Anthoinette, bénédictine, de
    Sainte-Scolastique de Troyes, 963, 3809,
    3931
Baillou, à Loudun, 2043
Bailly de Montaram, scolastique et chanoine
    d'Orléans, 5926
Balanqué, deux prêtres à Capbreton (diocèse
    de Dax), 4839, 6413, 7023/24
Balbes de Berton de Crillon, François des,
    archevêque de Vienne (France), 4577
Baldovinetti, Antonino, 2044, 3397
Balin, chanoine, archiprêtre d'Auxerre, 4662
Ballin, François, prêtre de la paroisse de
    Saint-Roch à Paris, 4663, 4664, 6414,
    7023/24
Ballore, de, à Ballorre en Charollais, 1880,
    2045
Balthazar, frère, religieux d'Orval, à Rijnwijk,
    4840
Bammann, N., instituteur, à Petersbourg,
    3398
Ban, 1157
Banier, Madame, bénédictine, à Autun,
    7023/24
Banis, Antoine de, vicaire général de Mgr.
    Colbert, 4797
Bankes, Madame Alice, sa conversion, 3066
Baptiste, voir: Dubreuil, J. B.
Barbaroux, chanoine de Senez, 4588, 4607
Barbaroux, curé de Thorame Basse, 5859
Barbeau(x) (Dupuis), J. L., à Utrecht et
    Montmartre, 2046, 2343, 2658*, 3120, 4136
Barbereau, F., 856
Barbiano de Belgioioso, Louis comte de, à
    Bruxelles, 2047

Barbin, doyen des avocats à Paris, 7023/24
Barchman Wuytiers (Delvaux), Corneille-Jean, archevêque d'Utrecht, 1695, 1859, 1905, 1972, 1986, 2685, 3222***, 3268, 3339, 3635, 3810, 3911, 3931, 3933, 3934, 3938, 4092, 4480, 4481, 4786, 4840, 5679, 5860, 5899, 6920, 7068
– copies, 3228, 3770, 4152
– visite à Rijnwijk, 3331
– succession, 3960, 4140
– patentes pour la Russie, 4152
– épitaphe, 5927
– vie et mort, 1958* 4140
Barcos, Martin de, abbé de Saint-Cyran, 32*, 32**, 35, 56, 100, 104, 131, 354–359, 826, 3209, 3210, 3214
– Exposition de la foi, 1415
Bardon, B., à Culemborg, 2048
Bardon de Lairodière, Jean-Charles, clerc du diocèse de Poitiers, 4841
Barentin de Montchal, lieutenant de gendarmerie à La Motte en Auvergne, 7034
Barescut, Jacques, bénédictin, à Montolieu près de Carcassonne et ailleurs, l'aîné, 4392, 4393, 4445, 4842, 5522, 7023/24
Barescut, Joseph, bénédictin, de l'abbaye de Saint-Chinian, le cadet, 4441, 6415, 7023/24
Barhom, Dom Claude-Bernard, religieux d'Orval, 32*, 3934, 7125
Barière, Madame de, biographie, 32**
Barillon, Henri de, évêque de Luçon, 16, 964, 4277
Barjon, Dom François, à Marmoutiers, 6049
Barnabas, F., évêque d'Ispahan, 3627, 3672, 3676, 3753
Barneville, Servule de, 965, 3753, 3811. Voir aussi: Servule
Barneville, Matthieu de, prêtre, chantre de la cathédrale de Dublin en Irlande, prisonnier à la Conciergerie à Paris, 4665, 4666
Barneville, de, prêtre à Paris, 4843
Baron, François, bénédictin à Saint-Jean d'Angely et à La Chaise Dieu, 2685*, 4396, 4412, 4449, 4844, 7023/24
Baron, P., dominicain à Paris, 1684
Baroneau, 7023/24 (Passage)
Baroni, Lorenzo, à Florence, 3399
Baronnies Belin, des, 4660*
Barré, doyen d'Orléans, 594, 610
Barreau, curé de Rabastens, 6311
Barrin, Armand-Christophe, archidiacre de Tréguier, 4845
Barry, abbé, 4229

Bart, de, 2759. Voir aussi: Madame Duguet-Mol
Barthel, à Würzburg, 2632
Bartillac, M. de, 344
Barville, de, voir: Clément de Barville
Barzie, Dom Corentin le, procureur du monastère de Léon, 6049
Basile, Saint, 1362
Basmarein, voir: Reculés
Basnage, 966
Basnage de Beauval, 3220
Bassablong, Madame, 7023/24
Batbedat, dit Latrie, Jean-Baptiste, (Deschamps, De La Haye), 1847, 2787, 2829, 3158, 3160, 3264–3266, 3275, 3698, 3954, 3995, 4092
– affaire avec Savoye, 3937, 3995, 4017, 4020
Batbedat, Pierre, frère de Latrie, 3995
Batbedat, père de Latrie, 3939
Batbedat, Bernard, sous-diacre de la Doctrine Chrétienne, à Toulouse, curé de Gien, 1888, 6417, 7023/24
Battarel, prêtre-bénéficier de la cathédrale de Toulon, 4549, 6418
Baudelicque, oratorien à Juilly et Amersfoort, 2050
Bauder de Saint-Cyr, sœur Antoinette-Catherine de Saint-Joseph, 3210
Baudichon, André, bénédictin, 2686, 4447
Baudin, sœur Anne-Jacqueline de Sainte-Félicité, religieuse hospitalière de l'Hôtel-Dieu à Paris, 6419, 7023/24
Baudin, 3817, 3934
Baudoin, Claude, chanoine de Reims, 1248–1253, 1400, 1442, 2687, 3121, 3145, 3220, 3812, 3931, 4667, 5449, 6184
Baudoin, Jean-Edme, (Du Brosseau), docteur de Sorbonne, chanoine d'Auxerre, vicaire de la paroisse de Saint-Leu et Saint-Gilles, à Paris, 4846, 5497, 7023/24 (Baudouin, Du Brosseau)
Baudouin, Nicolas, chanoine et grand vicaire de Metz, 4338, 4667
Baudouin, Madame, 967
Baudouin, relation de la mort de Mgr. de Langle, 3911
Baudrand, Françoise-Madeleine de Sainte-Julie, prieure de Port-Royal des Champs, 224, 272, 370, 576, 611, 668, 1512, 3044, 3110**, 3122
Baudry, N., prêtre habitué de Saint-Pantaléon à Troyes, 4362, 4847
Baudry d'Asson, Antoine, voir: Saint-Gilles

Baugne, oratorien, 1799
Baumann, lieutenant impérial, à La Haye, 2051
Baumelle, curé à Saint-Clément, 4340, 5398, 5823, 6387
Baumés, Jean, tisserand à Montpellier, 5733
Bauvin Marchant de Beaumont, Madame, 2052, 2329
Baux, sœur Françoise, 2053
Bavay, Anselme de, abbé de Beaupré, 3933, 3934, 4493.
Bavière, Anne, princesse palatine de, 953
Bavière, Clément-Auguste de, archevêque élu de Cologne, 1627
Bavière, Joseph-Clément de, archevêque de Cologne, 1506, 1522, 1648
Bavière, L. M. H. de, abbesse de Maubuisson, 32
Bavière, Maximilien Emmanuel, duc de, 1642, 1643, 1651
Bayane, A. de, auditeur de Rote, à Rome, 2054
Bayard, Alexis, bénédictin de Cluny, à Lons-le-Saulnier, 6420, 7023/24
Bayard, à Paris, 2055
Bayle, à Paris, 2056
Bayonne, 2853
Bazile, 2057, 2273
Bazin, à l'armée, 159
Bazin, Vincent-François, supérieur de la communauté de Saint-Hilaire à Paris, 1254, 4848
Bazin de Bezons, Armand, évêque de Carcassonne, 2058, 5897
Bazourdi, 5928
Beaubrun, Henri-Charles de, 392, 465–472
Beaubrun, M. de, 3220, 3222**, 4148
Beaubrun, Mademoiselle de, 3220, 3222**
Beaucourt, 968
Beaufils, curé de Saint-Michel, à Chartres, 792
Beaufort, voir: Hertault de Beaufort
Beaujan, de, 7023/24 (Beaujan, Bojan)
Beaujeu, de, voir: Quiqueran
Beaulaigre, prêtre du diocèse de Paris, 6421, 7023/24
Beaulieu, de, (F. du Fossé), 578
Beaulieu, M. de, à Paris, 3635*
Beaulieu, voir: Le Blanc de Beaulieu
Beaumont, Christophe de, archevêque de Paris, 7094, 7120, 7147
Beaumont, de, voir: Le Nain de Beaumont, Marchant de Beaumont, Péréfixe de Beaumont, Pougnet.

Beaumont, le chevalier de, 4668–4670. Voir aussi: Pougnet
Beaumont (frère du chevalier), 4668
Beaumont, Mad. de, voir: Bauvin Marchant de Beaumont
Beaune de Gemblous, J., 1612
Beaupoil de Saint-Aulaire, Martial-Louis de, évêque de Poitiers, 2730
Beaupré, M. de, 4072, 6092
Beaupré, voir: Joubert
Beaupuis, M. de, 471, 3057. Voir aussi: Wallon de Beaupuis
Beauregard, voir: Duverdon, Paix de Beauregard
Beauteville, Jean-Pierre, bénédictin de l'abbaye de la Grasse, 4448, 4850, 5522
Beauteville, marquis de, 1329, 2778
Beauteville, voir: Du Buisson
Beauvais, M., à Rotterdam, 1891, 2060
Beauvau, de, 2688
Beauvau, E. de, 3096
Beauvau, sœur Félix de Sainte-Adélaïde de, assistante des religieuses du Calvaire de Tours, 885, 2061, 2688*
Beauveau, Mademoiselle de, à Paris, 3112
Beauvau d'Avernes, Madame de, 2689
Beauvau d'Avréménil, M. et Madame de, 2690
Beauvau d'Épinay, Madame de, 3123
Beauvau de Rivau, René-François de, archevêque de Narbonne, 2690*, 3934, 4801, 4802
Beauvezet, voir: Masclary
Beauvillain, Jean-Claude de, cistercien, à l'abbaye des Vaux de Cernay, 4854
Beauvillers, F. X. H. A. de, évêque de Beauvais, 1158
Beauvilliers, sœur de Saint-Jean de, abbesse de Montmartre, 36
Becherand, de, alias Dubreuil, 2691, 4676, 5959
Becherand, L. de, 3124, 3204
Becherand, sœur M. C. de Saint-Pierre, bénédictine à Lyon, 5346, 6424
Becherand, Madame de, religieuse de Villefranche, 4453
Becherand de la Motte, à Lierville et à Paris, 2062, 3014, 3085, 3275, 4671–4673, 4856, 5449, 6297, 7023/24
Beck, Jacob van der, capitaine de vaisseau, à Batavia, 1997
Beckers, M., chapelain de Berlicum, 3616
Beckers Proto, Adam, à Amsterdam, 3401

Becquey de la Neuville, au collège d'Huban à Paris, 4857
Bedonich, Jean, bénédictin, à Saint-Sever, 4393, 4858
Bédoyère, voir: La Bédoyère
Beek, J. van, curé à Rotterdam, 3636
Beertens, C., 3392
Bégon, Scipion-Jérôme, évêque de Toul, 3934, 4092
Bégon, docteur de Navarre, 1401
Bégon, intendant de Canada, 3637
Bégon, sœur de Sainte-Claire, O.S.B., à Tours, 2692
Bel, frère, 468
Bel, prieur bénédictin, à Paris, 2063
Bel, 4641
Belcampo, abbé de, 1610, 3933
Bel.... de Clermont, Mlle de, 3222***
Belgioioso, voir: Barbiano
Bel Hamel, voir: Duhamel
Belhomme, Humbert, président de la congrégation de Saint-Vanne, 3812, 3931, 3933
Belichon, avocat, 7023/24
Belin, curé de Blainville (diocèse de Bayeux), 4304, 4859
Belin, voir: Baronnies
Belisy-Angran, Catherine de, 32** 57, 361, 473, 474, 609, 3211
Bellanger, Guillaume, diacre de Rennes, à Paris, 6425
Bellaunay, François-Turpin de, archidiacre de Séez, 4860, 4999
Bellay, Eustache de, évêque de Paris, 5997
Bellegarde, voir: Dupac, Estaing, Du Maraing
Bellegarde, sœur de, religieuse dominicaine de Prouille, 6813, 7023/24 (Luc)
Belle-Isle, duc de, 2396. Voir aussi: Bellisle
Bellenger, M., vicaire général de Bayeux, 4248
Bellenger, à Paris, 1291, 3221
Bellet, Jacques, bénédictin, à l'abbaye de Saint-Jouin de Marnes, 4433, 6426
Bellisle, de, 2693
Belloc, prêtre et directeur de l'hôpital général de Limoux (diocèse de Narbonne), 4861
Bellon de Saint-Quentin, J., 1708, 1892–1897, 2064, 2245, 2606, 2694, 2727, 2730, 3366
Belloni, Gerolamo, à Rome, 3933
Bellot, Paul Amont, docteur de Sorbonne, 3802, 4862
Belloy, Jean-Baptiste de, évêque de Marseille, archevêque de Paris, 7098
Belloy, de, 3847

Belmas, Louis, évêque de Cambrai, 4247
Belmont, M. de, à Munich, 1546
Belon, Jacques, sous-diacre du diocèse de Lyon, 5171
Belon, marchand à Lyon, 7023/24
Belon (Bellon), J., prêtre desservant de Treigny, 6410, 7023/24 (aussi: Du Courtil)
Belon, 1043
Belpêche, Urbain, (De l'Estang), à Schonauwen, 1915, 3948, 4472, 4483, 4490, 5447, 5643
Belsunce, Henri-Xavier de, évêque de Marseille, 5928, 6427, 6921
Belza, Francesco, augustin, à Madrid, 2065
Bénard, Jean-Benoît, (de la Houssière), religieux d'Orval, à Torenvliet, 3813, 3934, 5440
Bénard, (frère Jean-Laurent d'Hurbal), 3933, 3934, 3940
Bénard, sœur de Ste. Eugénie, sœur de J. B., 3813, 3933
Benay, prieur de la Chartreuse de Troyes, 6428
Bencini, agent de Mgr Colbert à Rome, 4863
Bénigne-Thérèse de Jésus, carmélite à Chartres, 7061
Benoise, Marie-Catherine de Sainte-Célinie, 237, 633, 821
Benoist, prêtre, à Chambon, 3088
Benoît XIII, pape, 2829, 3085, 3339, 3771, 3933, 3934, 4073, 4175, 4493, 4787, 4840, 6204, 6207, 6373, 7030, 7087
Benoît XIV, pape, 3127, 3248, 4086, 5926, 7123
Benoît = Th. de Viaixnes, voir: Viaixnes
Benoît, Jean, religieux d'Orval à Rijnwijk, 4840
Bentivoglio, Giacomo Michele, à Turin, 2066
Bentzeradt, Charles de, abbé d'Orval, 1482, 1513
Bérard, voir: Pougnet
Bérard, ecclésiastique du diocèse de Senez, 6429
Bérard, Madame, veuve à Saumur, 7023/24
Bérard, récollet à Nîmes, 6922
Bérard de Sainte-Dorothée, religieuse à Jouare (diocèse de Meaux), 6268, 7023/24
Berbis, curé de Saint-Cosme à Paris, 634, 1474, 6198
Bercegol, prêtre du diocèse d'Agen, 4872
Berche, 5926
Bercher, prêtre du diocèse de Paris, 4864, 7023/24

Bercher de Saint-Charles, Le Roy de, voir: Le Roy
Bère, Mademoiselle de (L'Ours, Présentine, Ribelle), à Paris, 3637*, 4094, 4102, 4120, 4148
Berenger, à La Haye, 2067
Berger de Charancy, George-Lazare, évêque de Saint-Papoul, évêque de Montpellier, 2694*, 3125, 5926, 5951, 6022, 6031
Berger de Malissoles, François, évêque de Gap, 3085, 6430, 6464
Berger de Ressye, à Paris, 3126
Berghes, Alphonse de, archevêque de Malines, 1612, 1639
Berghes, George-Louis de, évêque élu de Liège, 1627, 3931, 4078
Beringhen, François-Charles de, évêque du Puy, 7023/24
Beringhen, sœur Marie-Louise-Nicole de, religieuse à Farmoutier, 4865
Beringhen, sœur Olympe de, abbesse de Farmoutier, 4865, 7035
Beringhen de Vieuxpont, marquise de, à la Roncière près Orléans, 2695, 4156, 4866, 6431, 7023/24 (Vieuxpont)
Berjon, confrère de l'Oratoire, à Niort, 6432
Berlize des Annonciades, de, 969, 2695*
Bermond, Sébastien, archiprêtre à Combaillaux, 4340, 5824, 6387
Bernage, de, intendant, 3933, 5694
Bernard, F., avocat à Castellane, 6433, 7023/24
Bernard, Marie-Catherine, biographie, 32**
Bernard, Michel, religieux d'Orval, à Torenvliet, voir: Metzers
Bernard, abbé de Vaucler, 3924
Bernard, l'aîné, 3220
Bernard, l'Hermite, 2853
Bernard, chanoine régulier, prieur, curé de Nanterre, 4659
Bernard, religieux de la Trappe, 970
Bernard, Edme, 3615
Bernier, Guillaume, prêtre à Guerrande, 6196, 6245
Bernières, M. de, à Rouen, 37
Bernières, Madame de, 3211
Bernières, Madame la présidente de, 58
Bernières, voir aussi: Camusat de Bernières, Maignart de Bernières
Berrier, Pierre-Alexandre, bénédictin de l'abbaye de St. Ouen, 6835
Berruyer, Isaac-Joseph, jésuite, *Histoire du peuple de Dieu*, 1288, 3014, 4708, 6029, 6030

Berta, Francesco, bibliothécaire, à Turin, 2068, 2168
Bertault, chanoine d'Oisron, 3088
Berthier, Robert-Charles, à Paris, 392, 433, 1255–1257, 1366, 4867
Berthod, Denis de Saint-Bernard, feuillant à Poitiers et Rouen, 4868, 6434, 7023/24
Bertier, Le B. de, à Madrid, 1514
Bertier, voir: Debertier
Bertin, André, prêtre à Provins, 2468, 4356, 5504
Bertin, Mademoiselle Claude, biographie, 32**
Bertin, Nicolas, abbé, à Paris et Raptoncourt, biographie, 32**, 970*
Bertin, prieur de Palaiseau, grand vicaire de Périgueux, 4592
Bertin, directeur des vivres de la Marine à Paris, 475, 476
Bertin, voir aussi: La Croix, de
Berton, voir: Balbes
Bertonnet, P., 3814
Bertou, curé de Trigance, 6435, 7023/24
Bertram, chartreux de Schonauwen, 3981
Bertrand, Marie Madeleine de Sainte-Cécile, 669
Bertrand de Lisbonne, Jean, à Liège, 2069
Bertrand, curé de Fontenai, 7023/24
Bertrand, solitaire, 5861
Berulle, cardinal de, 3933
Bervelingh, J., à Amsterdam, 3638
Berziau, André de, 967, 971
Bes, 5812
Besoigne, Jérôme, docteur de Sorbonne,1698, 2094, 3384*, 4771, 4869
Besplas, chevalier de, 2070. Voir aussi: Gros
Besse, Pierre, bénédictin à l'abbaye de Saint-Jean d'Angely, 4396, 4870
Besse, P., bénédictin, à Souillac, 4871
Bessière, P. H., à La Haye, 3808
Besson, Jean, curé de Magny, 32**, 160, 720
Besson, oratorien à Douay, 971*
Besson, oratorien, du diocèse de Clermont, à Riom, 6436
Besson, 2071, 2257, 2351, 2539, 3403, 3449, 3461
Betbeder, Salvat de, ancien curé de Buglose, ancien archiprêtre de Lanescq (diocèse de Dax), 4318, 4873
Bethmann, frères, à Francfort, 2072
Béthune, Hippolyte de, évêque de Verdun, 1273, 4874, 5716
Béthune, Mademoiselle de, 3211

Béthune d'Orval, Madame de, abbesse de Gif, 3222***, 7023/24
Betoland, à Mayence, 2073
Bettini, Dominicus, conseiller du prince-évêque de Passau, 2074, 2288, 3404
Beudet, P., 3815
Bèvres, à La Haye, 1402
Beijerman, C. Gzn., à Rotterdam, 3405
Bezançon, à Orléans, 3361
Bezançon dit Poligny, L. C., chapelain de Rijnwijk, 1286, 1843, 2075, 2696, 2967, 3248, 3366
Beziers, citoyenne Agnès, à Montmorency, 4674
Bezon, recteur du collège des prêtres de la Doctrine Chrétienne à Noyers, 4875, 5728
Bezons, voir: Bazin
B. H. (Bon Homme), voir: Guénin
Bibolé, Joseph, bénédictin de l'abbaye royale de Saint-Médard à Soissons, 4876
Bicheur, curé de Medan, 6486
Bidal d'Asfeld, Étienne, abbé de l'Échelle-Dieu, 972, 1292, 2698, 4677, 6244
Bidal d'Asfeld, Jacques-Vincent (l'abbé des Tuiles), à Villeneuve-le-Roi, 667, 960, 1399, 1421, 1697, 2678, 3085, 3857, 4663, 4675, 4676, 4690, 4737, 4771, 4829, 5788, 5789, 6990
Bidant, Dom, aumônier de l'abbaye de Voisins, 4494
Biesbrouck, P. van, curé de Wevelghem, 3933, 4360
Bignon, Jean-Baptiste-Paul, 376
Bignon, avocat général, 3211
Bigot, Catherine, sourde-muette, à Versailles, 5743
Bigot, Guillaume, curé de Limay, 973, 1282, 1768, 4877, 6081
Bigot, veuve Charles, 973
Bigot, voir aussi: Sainte-Croix
Bigres, 635
Bijou, M., 1690, 3222**
Bijou, Mlle, 989, 1690, 3222**
Billette, curé de Janville, 4202
Billy, Jean de, 974, 5433
Biré, voir: Malnoë
Biron de Gontaut, abbé de, 579
Bissy, Henri cardinal Thiard de, évêque de Meaux, 1733, 1805, 3205, 3752, 3934, 4068, 4719, 6207
– catéchisme de, 4719
Bizault, oratorien, 4547, 7023/24
Bizot, docteur de Sorbonne, à Paris, 4878

Bizou, voir: Clément
Bl., (à Castellane?), 6437
Blacas, sœur Claire-Élisabeth de, religieuse de la Visitation de Sainte-Marie à Castellane, 4612, 4728, 4939, 6246, 6438, 7023/24
Blacas de Vérignon, sœur Marie-Élisabeth, 4729
Blache, abbé, 919
Blaise, Jean, prêtre de la Mission, 6078
Blampignon, 504, 3060
Blampin, Dom Thomas, 3220
Blanc, médecin, à Castellane, 7023/24
Blanc, prêtre, 4597
Blanc, Mademoiselle, à Castellane, 7023/24
Blanchard, docteur de Sorbonne, à Paris, 4879
Blanchart, F., abbé de Sainte-Geneviève, 505, 3060
Blanchet, Guillaume, prêtre d'Orléans, 4880
Blande, de, à Paris, 2146
Blandé, de, sous-diacre de l'Oratoire, à Troyes, 4881, 6892
Blarer, Melchior, supérieur du séminaire à Brünn, 2076, 2268, 3406
Blaru, chevalier de, 7023/24
Blaru, chevalier de, (frère Hilaire), 3037, 6439, 7023/24
Blaru, de, voir aussi: Guillet
Blau, voir: Seroskerke
Bleigny, Basile de, (Chupé), chartreux, 3831, 3949, 3973, 4472, 4483, 5643
Blekman-Günther, Th. A., 3407
Bliort, à Aix, 4598
Bloemert, 1157
Blois, voir: Esprit de Blois
Blonde, à Rijnwijk, 1286, 2207
Blonde, de l'Oratoire, 4290
Blondel, I. I., 3208, 3221
Blondel, Laurent, à l'imprimerie de Desprez et Desessarts à Paris, 29, 1685, 1686, 3941
Blondel, Pierre, curé de Saint-Étienne du Mont, 1844, 6198
Blondel, oratorien, 2700, 2767
Blondel, (Léon Brunet Serraire, Korstadt), chartreux à Utrecht, 2077, 3817, 3934, 3942, 4094-4118, 4472, 4476, 4483, 4490, 5449
Blotin, 2270
Blotin, Étienne, 32**
Blotterie, voir: Havard
Bloyet, L. P., à Londres, 2078
Bluemigen, Heinrich Graf von, à Vienne, 2079, 3619
Bobié, doyen de Saint-André à Chartres, 4678-4682

Bobié, mère de, 4682

Bocaud, François, évêque d'Alet, 4683

Bochart de Sarron, François, évêque de Clermont-Ferrand, 813**, 919

Bochart de Sarron, abbé, trésorier de la Sainte-Chapelle de Vincennes, 813**, 3085, 3096, 3221

Boche, Jacques de, sacristain d'Arles, 975, 3220

Bock, Jérôme de, curé à Amsterdam, 3639, 3934

Bocquillot, Lazare-André, chanoine d'Avallon, 670, 4300, 4999

Bodchon, 3856

Bodouin, voir: Baudouin

Bodoux, J., prêtre, 5069

Boede, Pierre, curé à Rotterdam, 3816

Boehm, Petrus, à Fulda, 2080

Boenike, à Salzburg, 2081

Boes, C., à Amsterdam, 3943

Bogaert, P. J., 1997

Boidot, à Rueil et à Paris, 3014, 3222***, 3228, 3817, 3931, 3933, 3934, 4092, 4716, 5449, 6441, 6923, 7023/24

Boileau, Ch., 506

Boileau, Jacques, doyen de Sens, 740, 776, 976

Boileau, Jean-Jacques, archidiacre de Paris, chanoine de Saint-Honoré, 918, 919, 977, 1213, 1248, 1293, 1403, 1475, 1497, 1515, 1739, 2698, 3055, 3057, 3220, 3221, 3269, 5937

Boileau, 5991

Boileau Despréaux, Nicolas, 30, 323, 3220–3221, 3222**

Boiron, François-Joseph, religieux de Grandmont, 5167, 6442

Boiron, 3627

Bois, F. Claude, religieux d'Orval, 3934

Boiscervoice, Anne de Sainte-Cécile de, 231

Boiscervoise, à Paris, 4882

Boisdavid, Madame de Saint-Cyprien, religieuse du Calvaire d'Orléans, 2699, 2730*

Boisgourmon, voir: Gaultier de Boisgourmon

Boisguilbert, Mad. de, à Rouen, 59, 3211

Boismarie, de, oratorien du diocèse d'Angers, 6719

Boisot, abbé, 1367

Bois Ruffin, M. Catherine de, religieuse à Chelles, 60, 333

Boisselly Rimbaud, Madame, 7023/24

Boissien, comte de, 7023/24

Boissières(?), Mademoiselle de, 7023/24

Boissonnade, Marie, femme de Martial Donnat, 5732

Boissy, Clément de, voir: Clément de Boissy

Boissy, Desprez de, voir: Desprez

Boistard, Dom Claude, supérieur général de la Congrégation de Saint-Maur, 3933

Boitin, conseiller au parlement, 7023/24

Boizon de la Courance, Guillaume, prêtre du diocèse de Tours, à Paris, 4361, 4883, 6443, 7023/24

Bojan, voir: Beaujan

Bollioud de Saint-Jullien, receveur général du Clergé, à Paris, 2083

Bollioud, sœur de Saint-Palémon, religieuse à Lyon, 4884

Bolongaro Crevenna, P. A., à Amsterdam, 2084

Bon d'Allon, voir: Dallon de Bon

Bon, de, lieutenant criminel, 7023/24

Bona, Giovanni, cardinal, 323

Bonamour, oratorien à Paris, 4885

Bonchamps, Mademoiselle de, 7023/24

Boncicant, Gervais, à Saint-Denis, 3818

Bongenoux, voir: Le Roy de Bongenoux

Bon Homme, Le, voir: Guénin

Bonnafous, Jean, ancien prieur de Saint-Sauveur à Montpellier, 4340, 5820, 5862

Bonnaire, de, à Paris, 6444. Voir aussi: Debonnaire

Bonneau, à Paris, 2071

Bonnecaze, Dom F., bénédictin, 2701*, 7149

Bonnecompagne, prêtre à Loudun, aumônier du comte de Ménilles, 2085, 2702

Bon(neford), de, oratorien, à Nantes, 978

Bonnery, curé à Béziers, 4886

Bonnet, Jean, supérieur des prêtres de La mission de Saint-Lazare, 6229

Bonnet, prêtre de l'Oratoire, à Notre Dame de Grâce, 4613, 6247, 7023/24

Bonnet, curé de Saint-Nicolas des Champs, à Paris, 6185

Bonnet, à Paris, 3066

Bonnevais, 281

Bonneval, Boneval, voir: Fourquevaux

Bonnier, Jean-Baptiste-André, bénédictin, 6719

Bonnin de Chalucet, Armand-Louis, évêque de Toulon, 4803, 6445

Bonome, Honoré, 6360

Bonome, P., 1516, 1651

Bonome, oratorien à Arles, 6446

Bont, C. de, 979, 1517

Bonval, Madame de, alias de Mézy, voir: Auvergne

Bonval, M. de, (Le Breton à Saint-Malo), fils de Madame d'Auvergne, 1899–1902, 2703, 2829, 3127, 3264, 3270, 3275, 3362, 3625

Bonzi, Pierre cardinal de, archevêque de Narbonne, 918, 4264

Boon, P., 3944

Bordes, oratorien à Pézenas, 6387, 6797

Borel, Pierre, biographie, 32**

Borel de Lironcourt, Madame, 2086, 3499

Borger, P., 2094

Borré, André, bénédictin de l'abbaye de Jumièges (diocèse de Rouen), 4887

Borré, Jean, bénédictin à Paris, à Saint-Florent lez Saumur, à l'abbaye de Jumièges (diocèse de Rouen) et à celle de Saint-Gildas-des-Bois (diocèse de Nantes), 3819, 4395, 4447, 4888

Borzon, sous-diacre à Paris, 980

Bosch, dr. H. S., à Utrecht, 2087

Bosch, M., d'Auxerre, 2703*

Boscheron, prêtre, chanoine régulier de l'abbaye de Saint-Quentin à Beauvais, 6449

Bosmelet, Thomas de, 2088, 2177. Voir aussi: Du Fossé

Bosquet, François, évêque de Lodève, 4265

Bosroger, 3055. Voir aussi: Le Maistre, Du Fossé

Bosset, S., à Batavia, 1907, 1921

Bossi, 3513

Bossière, (d'Hervieu), 2704, 3366

Bossuet, Jacques-Bénigne, évêque de Condom puis de Meaux, 231, 741, 863, 933, 1247*, 2151, 3209, 3717, 7128
– mémoire sur ses œuvres, 2835
– Politique Sacrée de, 7128

Bossuet, Jacques-Bénigne, évêque de Troyes, 3222***, 4684, 4685, 4776, 4778, 4804, 4889, 6450, 7023/24, 7056

Botereau, bénédictin à Lyon, 7006

Bottari, Giovanni, à Rome, 1709, 1861, 2066, 2089, 2207, 2247, 2767, 3366, 6052

Boubée, lieutenant-colonel de la cavalerie, 7023/24

Boubée, vicaire général de Lectoure, 5502, 5721

Boucachal, Madame, 7023/24

Bouchard, voir: L'Isle Bouchard

Bouchard, H., oratorien à Paris, 32**, 61, 132, 161, 981, 3209, 6133

Boucher, E. M., docteur de Sorbonne, 1258–1261

Boucher, Marguerite-Gertrude, biographie, 32**

Boucher, Marie, à Chemellier (diocèse d'Angers), 5777

Boucher, Philippe, diacre à Paris, 3639*, 4891, 6451, 7023/24

Boucher, sous-préfet au séminaire d'Amersfoort, 3408

Boucher, abbé de Clairvaux, 1518

Boucher, docteur de Sorbonne, à Montgeron près de Paris, 4890

Boucher, confrère de l'Oratoire à Saint-Martin de Mizere, 6394

Boucher, 3143, 3204, 3366

Boucher, voir: Lamy

Boucher Brunly, Paul, prêtre à La Roche-Bernard (diocèse de Nantes), 4720, 6196

Boucher Dulaincourt, G., prêtre à La Roche-Bernard (diocèse de Nantes), 4720, 6196

Boucher Dulesneuff, René, prêtre à La Roche-Bernard (diocèse de Nantes), 4720, 6196

Boucherat, 1654

Boucton, voir: Brémi

Boucy, prêtre à Saint-Cassien, 2705

Boudet, Pierre-Jean-Marie, bénédictin à l'abbaye de Saint-Pierre de Môlome près Tonnerre, à Saint-Benoît-sur-Loire et à Pontleroy, 4417, 4431, 4448, 5390, 7069

Boudet, à Paris, 2128

Boudon, sœur Louise-Barbe de Saint-Bernard, religieuse de Notre-Dame à Étampes, 5085, 6552

Boudot, bénédictin de Montmartre, 7023/24

Boué, Jean-Baptiste, chartreux, 4286

Bougerel, oratorien, 7023/24

Bouguer, conversion de, 2917

Bouhon, F. A., 982

Bouhon, Marguerite, 1055

Bouhours, jésuite, réponse à l'avertissement de, 3220

Bouilland, prêtre, 2018

Bouilland, Louis-Charles, prêtre du diocèse de Rouen, à Montgeron près de Pontoise, 4352, 4892

Bouillé, Mademoiselle, 2090, 2180, 2706

Bouillon, Emmanuel-Théodose de la Tour d'Auvergne, cardinal de, 983, 3096

Boulanger, H. L., chef de bureau des postes impériales, à Liège, 3409

Boulanger, Jacques, cousin d'André Jallon, 2707, 4347, 4999

Boulanger, 3233

Boulanger, 4970

Boulard, Élisabeth de Sainte-Anne, 215–221, 263, 3220–3221

Boulenois, diacre à Paris (de Champinot, de Saint-Martin), 984, 1610, 1908, 2509, 3640, 3772, 3821, 3931, 3933, 3934, 3945, 4016, 4092, 4141, 5449, 6453, 7023/24

Boulet, Susanne, veuve de Jean Fages, de la paroisse des Matelles (diocèse de Montpellier), 5734

Boullault, François-Raphaël, bénédictin à Varades, à Saint-Florent-le-Vieux et à Marmoutiers lez Tours, 4395, 4447, 4893, 6854, 7023/24 (Roncet)

Boullard, Louis, 2707*

Boullement, Pierre-Romphaix, prêtre du diocèse de Lisieux, à Paris, 6452

Boullenois, voir: Boulenois

Boullette, 2091

Boulogne, François-Marie de, capucin à Saint-Honoré, 5881

Boulogne de Saint-Ange, Anne de Sainte-Eugénie de, 265, 3210

Boulouffe, Jean-François, ci-devant notaire de Liège, à Schonauwen, (De Langle, Paterculus,) 2020, 3893, 3946, 4119, 6454, 7023/24

– guérison miraculeuse de, 3946, 6454

Boulouyer, voir: Le Camus de Boulouyer

Bourau, prêtre à Tours, 1519

Bourbon, Madame J. X. de, 325

Bourbon, Armand de, prince de Conti, voir: Conti

Bourbon, religieuses de, 1072

Bourbon-Condé, Anne-Geneviève princesse de, voir: Longueville

Bourdeaux, Madame, 7023/24

Bourdin, procureur à Paris, 1687

Bourdoise, 15

Bourgeois, Alphand, à Aix, 4580–4588, 4614

Bourgeois, docteur de Sorbonne, 350

Bourgeois, abbé de la Merci-Dieu, 3055

Bourgeois, Le, voir: Soanen

Bourges, Bernard de, capucin, 3641

Bourges, Eusèbe de, capucin missionnaire, 7086

Bourgogne, D. C., à Loches, 3234

Bourgneuf, voir: Bourneuf

Bourgoin, à Paris, 1688, 1689

Bourgoignon, J. B., 3946

Bourignon, Madame, 1199

Bourlemont, voir: d'Anglure

Bourlet, licencié de Sorbonne, à Paris, 4895

Bourlez, Stanislas, religieux de la Charité, à Paris, 6455, 7023/24

Bourlon, à la Chaise-Dieu, 2708

Bourneuf Ménilles, de, 2857, 3096

Bournisien, curé de Saint-Josse à Paris, 6198, 6456, 7023/24

Bournisien, voir: Le Mercier Bournisien, Madame

Bournonville, F. P., princesse de, née de Chauterau, 32**, 3057

Bourrey, abbé, 7023/24

Bourses (Bourzès), de, curé de Conflans-lez-Paris, pénitencier de l'église d'Auxerre, 3642, 4897, 5433, 6131, 6199, 6458

Boursier, Laurent-François, docteur et bibliothécaire de Sorbonne (Germain, Rochefort), 1118, 1262–1264, 1365, 2709, 3014, 3934, 3947, 4092, 4152, 4688–4716, 4718, 4896, 5568, 5680, 5713, 5812, 5863, 5938, 5988, 5992, 6140, 6457, 6568, 7023/24

Boursier, Madame, 1887

Boursier, Mademoiselle, 7023/24

Boursier, voir aussi: Thibau(l)t

Bourzès, de, voir: de Bourses

Bousquet, curé de Flamarens (diocèse de Lectoure), 4327, 4898, 5721

Boussu, voir: Alsace

Boutard, Madame, 398

Bouthillier de Chavigny, D. P. de, voir: Chavigny

Bouthillier de Rancé, Armand-Jean le, voir: Rancé

Boutier, L., Ord. Cist., sous-prieur de l'abbaye de Champagne dans le Maine, 4899

Boutin, président au Parlement de Paris, 2092, 2710, 3948

Boutin de la Boissière, à Paris, 3275, 6459, 6924, 7023/24

Boutin de la Boissière, Madame, 7023/24

Bouvier, cousin et cousines de J. B. Mouton, 3410

Bouville, sœur de, religieuse à Paris, 4900

Bouwey, à Paris, 3822

Bouwez, Jean-François, à Livourne, 4095

Boxadors, S. T., cardinal de, général des dominicains, 2093

Boyer, Jean-François, théatin, évêque de Mirepoix, 4901, 5926

Boyer, supérieur de l'Oratoire, à Montpellier, 7023/24

Boyer, oratorien à Paris, 1124, 2711, 3014, 4902, 6892, 7023/24 (Solmes)

Boyetet, lieutenant criminel à Orléans, 7023/24

Boylesve de la Maurouzière, Marin, à la Plissonnière, près de Mortagne (Bas-Poitou), 2812, 4903, 6810, 7023/24 (Maurouzière.)

Boylesve de la Maurouzière, fils, 1752, 2712

Boytet, curé de Terminiers (diocèse d'Orléans), 4345, 4470, 4904

Brachet, Étienne, voir: Ourry

Bracy Duclos, 2506

Bragelogne, abbé de, docteur de Sorbonne, chanoine de Paris, 4717

Braier, Pierre, grand vicaire de Metz, 4137, 4338

Braier, conseiller au parlement, 3222***, 7023/24

Brancal, duc de, 4281

Brancas, Henri-Ignace de, évêque de Lisieux, 6288

Brancas, de, 863

Braud, prieur, 2095

Brault, Charles, évêque de Bayeux, 4248

Braux, Henry, prémontré, à Ressons, 4555, 5864, 6460, 7023/24 (B.)

Breard, Nicolas, bénédictin du Mont Saint-Michel, 4905

Breb, fr., 2773

Bregançon, de, 7023/24

Brégy, Eustoquie de, 721

Brégy, de, voir: Flécelles de Brégy, A. M. de

Brémi, Boucton Pierre, franciscain, 2305

Brenon, voir: Niel de Brenon

Brentano Grianta, Cesare, à Pavie, 2096

Brésil, princesse de, 2626

Bresle, voir: Manon de Bresle

Bretaigne, de, Mlle de(s) Vertus, voir: Vertus

Bretenet, Guillaume, ci-devant prieur de Saint-Jean de Laon, 4451, 4906

Breteuil, baron de, à La Haye, 2097

Breuil, P. de, 5941

Brianne, J., curé de la cathédrale de Rodez, 4907, 4908, 6390, 6462

Bricault, notaire à Paris, 6181

Bricogne, Athanase, maire de Paris, 4178

Bricquet, E., à Nogent, 38

Bridaine, missionnaire, 5927

Bridieu, H. M. de Sainte-Agnès de, ursuline de Saint-Charles, 62

Bridieu, à Port-Royal, 742

Bridieu, de, archidiacre de Beauvais, 918, 985

Brié, de, chanoine de Saint-Urbain, 3222**

Brienne, L. H. de Loménie comte de, voir: Loménie

Brienne, Madame de (de Chavigny), 265

Brière, Mademoiselle de, à Notre-Dame de Liesse, à Paris, 2776, 2973

Briez, M., 2829

Brigode, P. de, à Lille, 1520, 3950

Brigode, Madame de, 3221

Brigode Dubois, Anselme de, 950

Brigode Dubois, Arnout-Joseph de, (Silvain), 950, 986, 1045, 1065, 1171, 1405, 1428, 1521, 1603, 1621, 1904–1997, 2712*, 3221, 3642*, 3647, 3672, 3688, 3692, 3694, 3710, 3710*, 3740, 3742, 3747, 3804, 3815, 3823–3824, 3825, 3890, 3931, 3933, 3934, 3948, 4008, 4137, 4170, 5594, 6273. Voir aussi: Dubois

Brihor, Madame M., 1527

Brillon de Jouy, Aubin, curé de Sainte-Opportune, 5930

Brillont, chanoine et chancelier de Chartres, 4909

Brillont, 1743

Briosne, prêtre, à Paris, 4910, 6198, 7023/24

Briquet, Madeleine de Sainte-Christine, 9, 238, 273, 671, 719, 1230, 3209, 3211

Brisacier, de, directeur du séminaire des Missions Étrangères, à Paris, 987, 1997, 3643, 3753, 3802, 6084, 6087

Brisbart, Claude, 507

Brissac, duchesse de, 562

Brochant, Jacques, oratorien à Nevers et à Aubervilliers, 4544, 7023/24

Brochot, prêtre à Senlis, 4293, 4911

Broedersen, Nicolaus, curé à Delft, 1610, 1909, 3337, 3339, 3644, 3773, 3825, 3933, 3934, 4092

Broekman, A. J., évêque de Haarlem, 1838, 2098, 3411, 3616

Brossard, Louis, bénédictin de Cluny à Saint-Nicolas d'Acy lez Senlis, 4442, 4912

Brouillard, A., curé de Saint-Jean des Champ, 988

Broussin, Julien, vicaire de Mayet (diocèse du Mans), 6463, 7023/24

Broye, Nicolas, bénédictin de Pontlevoy, 4448, 4913, 5490

Bruc de Monplaisir, sœur Marie-Henriette de, religieuse de l'Annonciade, 5771

Brucelle, Claude-Joseph, O.S.B., à Compiègne, 4435, 4914

Brugière, Pierre, curé de Saint-Paul, à Paris, 3412

Brugnatelli, Giacomo, 4180

Bruiy, Nicolas, vicaire à Joigny (diocèse de Sens), 4915
Brulard de Genlis, Charles, archevêque d'Embrun, 813*, 6464, 7028
Brulart de Sillery, Fabio, évêque de Soissons, 6186
Brumot, voir: Tombeur.
Brun, F., à Toulouse, 1868
Brunati, à Rome, 2099
Brunet, Guillaume, curé de Sassetot (diocèse de Rouen), 5409
Brunet, Jean, bénédictin, 5825
Brunet, chanoine et archi-diacre, vicaire général de Tours, 2713, 4738, 4916
Brunet, voir: La Frenaye
Brunet, Mademoiselle, 7023/24
Brunet, prêtre, 5656
Brunet Serraire, Léon, chartreux, voir: Blondel
Brunier, Léonard, bénédictin, 3128
Brunier, abbé de Saint-Alyre, 7023/24
Brunly, voir: Boucher
Brunsvick-Wolfenbüttel, duc de, 1051
Bruscoly, oratorien, 483
Bucquet, Claude, ancien chanoine de Beauvais, 4852, 4917, 6422
Budding, Élisabeth, 1917, 1957, 3694
Buetemeister, envoyé, 3505
Buffard, à Paris, 2100
Bugarel, Madame Geneviève, 6465, 7023/24
Bugarel, Mesdemoiselles, 7023/24
Bugnac, prêtre de Saint-Julien à Montpellier, 5826
Buisson, Étienne, bénédictin, à Marmoutiers et ailleurs, 4298, 4419, 4448, 4918, 5490, 7023/24
Buisson, Jacques, à Eu, 3951
Buisson, Petrus, directeur de l'Institution des sourds-muets, à Saint-Étienne (Loire), 4179, 4181
Buisson, 1818
Buisson de Beauteville, J. L. de, voir: Du Buisson de Beauteville
Bull, Godefridus, 3645
Bullet, à Rouen et Tours, 4096
Bullion, de, comte d'Esclimont, 7023/24. Voir aussi: Esclimont
B(urdel), à Tumbrel, 2714
Bureau, Anne-Marie de Sainte-Rose, supérieure des ursulines de Montcénis, 616, 620, 621, 624, 660
Burgert, Everard, 3694
Burgh, H. van den, 3595

Burlugay, Jean, théologal de Sens, 162, 877, 3057
Bussi, Giovanni-Battista, internonce à Bruxelles, 1312, 1522
Bussy, voir: Rabutin
Butin, Louis, 1009
Buul, H. J. van, évêque de Haarlem, 4208
Buul, dr. J. van, 3413
Buys, P., 4177, 4209, 4230, 4239
Buyet, cordelier à Lyon, 4919
Buzanval, Choart de, Marie-Amée de Sainte-Pélagie, 149, 165, 484
Buzanval, Nicolas Choart de, évêque de Beauvais, 11, 122, 222, 329, 453, 484, 526, 595, 827, 852, 886, 3057, 3216, 4266, 4277
– vie, 8
Bijeveld, B. J., évêque de Deventer, 2102, 2537, 2590, 2592*, 2715
Byou, voir: Bijou

C., 2103, 7023/24
C. C. sœur de la Visitation, à Montréal, 3646
C. B.(?), fr., 7147
C., D., 3129
C., G., 2104
Cabanes, prêtre à Paris, 4920
Cabanon, prêtre de Pézenas, vicaire à Agde, 4921
Cabassut, Jean, sa biographie, 32**
Cabissol, Jean-Pierre-Joseph, prêtre de la Doctrine Chrétienne, à Castelnaudary, 4504, 4922
Cabreros, Diego, 1523
Cabrillon, Jean-François, bénédictin de Saint Pierre de Corbie, 4394, 5070, 6680, 7023/24 (Cabrillon, Lefricque)
Cabrisseau, chanoine théologal de Reims, 3271, 4923
Cabrisseau, à Tours, 1699
Cabueil, oratorien aux Vertus, 4924
Cadas, oratorien, 3414
Cadet, Remi, bénédictin, 3833, 3933, 6466, 7023/24
Cadillac, curé de Baillargues, 4925, 6387
Cadillac, à Narbonne, 5865
Cadry (Darcy), abbé Jean-Baptiste, 4718, 4768, 5806, 5926
Caesar, voir: Julius Caesar
Caffe, Jean-Antoine, chapelain d'Arthé, dominicain à Chambéry, 2105, 4616
Caffé(?), à Nantes, 2715*
Cageul de Liancour, voir: Liancour

Cagliostro, 3394

Cagnieu, Jean-François, prêtre à Paris, 4389, 5354

Cahour, prêtre du diocèse de Coutances, vicaire de Lezonne en Bire (diocèse de Troyes), 6467, 7023/24

Caignart, 486, 3066

Caillard, sœur Marie-Anne de Ste. Cécile, à Orléans, 4926

Caillard, ancien chanoine d'Alais, à Paris, 6198, 6300

Caillau, procureur, 7023/24

Caillebot, voir: La Salle

Caillet, notaire, 454

Cailloux, Mademoiselle, 3050

Caissotti, Paolo, évêque d'Asti, 2066, 2106, 2630

Calabre, E., biographie, 32**

Calderon, M., 1524

Callanon, marchand à Toulouse, 6468

Cambon, Colomban, bénédictin, 3934, 5827

Cambor, voir: Vigier

Cambout de Coislin, Henri-François Du, évêque de Metz, 3931, 4928, 5720

Cambout de Coislin, Pierre cardinal du, évêque d'Orléans, 210, 414

Cambout de Coislin de Pontchâteau, Sébastien-Joseph du, voir: Pontchâteau

Cambray, trésorier général des finances à Tours, 7023/24

Cambray, Mademoiselle de, 3057

Camet, curé de Montgeron, 3647, 3753, 3933, 3934, 4929, 6187, 6199

Camici, Giovanni Giuseppe, à Florence, 3415

Camion, prêtre à Paris, 4930, 7023/24

Campagne, M. de, 3014

Campan, Mesdemoiselles, 7023/24

Camper, Pieter, président de l'Assemblée des Etats-Généraux à La Haye, 2489

Campomanes, Don Pedro Rodriguez de, procureur-général du conseil du roi d'Espagne, 2633

Camus, avocat, 2318

Camus, Jean-Pierre, évêque de Belley, 7132

Camusat de Bernières, Madame, 2148

Canard, R. P., 7023/24

Candalle(?), Mademoiselle, 7023/24

Candide, sœur, 6925, 7023/24

Canta Laure, à Toulouse, 2107

Cantecort, N., à Paris, 3416

Cantelou, voir: Collet

Capecelatro, Giuseppe, ancien archevêque de Tarante, 4233

Capobianco, Alberto, archevêque de Reggio, 2207, 2630

Cappé, directeur du séminaire à Châlons, 743, 776, 890, 915

Caraccioli, marquis, (Negroni), 2716

Caraccioli, Louis-Antoine de, confrère de l'Oratoire, 2716*

Caraffa, Diomede, à Rome, 2108

Caraffa, secrétaire de la Propagande, 3627

Caranove, Henri, bénédictin à Narbonne et à Saint-Sever-Cap, 4429, 4931, 5522

Carbon, voir: Montpezat de Carbon

Carbonel, Savinien, trésorier de France à Toulouse, 5625, 7023/24

Carbonnel, Charles de, chanoine régulier à l'abbaye de Saint-Vincent des Bois (diocèse de Chartres), 6469, 7023/24

Cardonel, M. de, 1622

Carion, Estienne, curé de Gancourt (diocèse de Beauvais), 4852, 6422, 6470

Cariot, curé d'Arthel (diocèse de Nevers), 4932

Caritat, voir: Condorcet

Carl, Gaspard, à Vienne, 2109, 3417

Carlat, F., 15

Carnaud, curé de Saint-Sauveur à Aix, 4617

Caro, René, bénédictin à Vertou, 3826, 4395, 6758

Caron, L. A., curé de Lieusaint, 990, 6199

Caron, S., à Paris, 2717

Caron, prêtre et chapelain de Paris, 4933

Carpegna, Gaspare, cardinal, 1641

Carpentier, Pierre, bénédictin à Reims, 4934

Carpentier-Mouton, Madame, 3418

Carpentier de Changy, sœur Marie-Monique, supérieure du monastère de la Visitation à Nevers, 6471, 7023/24 (aussi: Changy)

Carré, Jean, (M. de Saint-Florent), 3827

Carré de Montgeron, Louis-Baptiste, à Paris et ailleurs, 2855, 3275, 3708*, 4935, 5969, 6172, 6472, 7023/24 (Cornier, Montgeron)

Carter, 2718

Casal, Joannes do, évêque de Macao, 1997

Casaubon de Maniban, François-Honoré de, archevêque de Bordeaux, 4719

Casaumajour, à Paris, 3952

Casaux, J., 1286, 2110, 2508, 2967, 3419

Casaux, Jacques, bénédictin de l'abbaye de la Grasse et ailleurs, 4393, 4445, 4936

Casembroot, Mademoiselle de, 3458

Casaneuve, Madame de, exilée à Pézenas, 6926, 7023/24

Casaneuve, de, 7023/24

Casaneuve, voir aussi: Cazeneuve
Casmont, de, oratorien à Marseille, 991
Casoni, Lorenzo, archevêque de Césarée, cardinal, 1525
Cassagnet, voir: Tilladet
Cassainy, Mademoiselle de, 7023/24
Cassard, recteur, curé de Saint-Laurent à Nantes, 1006, 4720
Cassard, oratorien, 7023/24
Cassegan, sœur de, religieuse de Fontevrault (diocèse d'Auch), 6473
Cassegan, Madame de, 7023/24
Cassel, Eustache, bénédictin de l'abbaye de Bonneval en Beauce et à celle de Sainte-Colombe lez Sens, 4443, 4937
Castañaga, marquis de, 322
Castel, P., 1364, 1710
Castel San Pietro, comte, chanoine de Gand, 2111
Castelas, prêtre suisse à Paris, 4938
Castellan, maçon, 7023/24
Castelli, Giuseppe Maria, cardinal, préfet de la Congrégation de la Propagande, 2630, 3435
Castera, à Bayonne, 2112
Castera Lanauze, à Aillas, 3489
Castera (de) Larrière, Jean-Baptiste, (Dubois), 1286, 1839, 1866, 1868–1876, 1878, 1890, 2052, 2329, 2396, 2508, 2778, 2853, 2967, 3368, 3416, 3432, 3434, 3435, 3438, 3441, 3507, 3605, 3609, 3615, 3621
Castera Larrière, frère du précédent, 3489
Castera Larrière, neveu aîné, 3434, 3461, 3489
Castille, Bathazar, religieux d'Orval, à Torenvliet, 3933, 3934, 5440
Castries, Armand-Pierre de la Croix de, archevêque d'Alibi, 4940
Catelain, S. J., 5927
Cat(ellan), Mademoiselle de, 7023/24
Catellan, Mademoiselle Amable de, 7023/24 (Amable)
Catellan, A. de, 2113
Catellan, de, abbé de Boulancourt, 1691
Catellan, Mesdemoiselles de, religieuses, 4941
Catherine, sœur, 3037
Catherine du Saint-Sacrement, abbesse de Tard, 63
Cats, Jacob van, 2674
Caubère, Jean-Baptiste, bénédictin de Cluny à St. Nicolas d'Aci, près Senlis et au prieuré de Longeville, 4415, 4442, 4942, 6477, 6494, 7023/24

Caulet, François-Étienne de, évêque de Pamiers, 14, 15, 32*, 659, 918, 925–927, 3060, 4267
– vie de, 8, 4154
Caulet, Joseph-Jacques de, chanoine à Toulouse, 4359, 4943
Caulet, le P. de, 3648
Caumartin, voir: Lefèvre de Caumartin
Caumesnil, Monsieur de, à Paris, 1692, 1693
Caussel, Pierre, directeur de l'Hôpital général de Montpellier, 4340, 4735, 4944, 5866, 6387
Caussin, 918
Caux, J., chapelain de Briis (diocèse de Paris), 6188
Cavallery, P., 2764
Cavissol, prêtre à Pézenas, 4945
Caylus, Charles de, évêque d'Auxerre, 1265–1271, 1277, 1316, 1331, 1367*, 1406, 1750, 2719, 2778, 2908, 3014, 3130, 3204, 3222***, 3262, 3272, 3275, 3385, 3649, 3933, 3934, 3953, 4083, 4092, 4136, 4582, 4618, 4641, 4662, 4669, 4691, 4715, 4736–4783, 4785, 4946, 5231, 5730, 5731, 5867, 5910, 5926, 6010, 6053, 6135, 6136, 6218, 6241, 6293, 6322, 6478, 7023/24
Caylus, sœur de, 992
Cazaubon, directeur de l'Imprimerie-librairie Chrétienne, à Paris, 3420
Cazeneuve, Jacques, professeur à Toulouse, vie, 3934
Cazzaniga, Girolamo, 2044
Ceboy, curé de Milesse (diocèse du Mans), 4947
Celes, Mesdemoiselles de, 4941
Célestin I, pape, 7136
Célez, Mademoiselle de, 2396
Celis, Emmanuel Rubin de, évêque de Carthagène, 2114
Célisse, de, à Paris, 2115
Céloron, C., biographie, 32**, avec vie de J. F. Rousseau
Celoron, Claude, oratorien du diocèse de Paris, 4948, 5775, 5828
Centomairie, voir: Lecand Centomairie
Cerati, Gaspare, comte, proviseur et recteur de l'université de Pise, 2720, 3287, 4097
Cerle, Jean-F., chanoine de Pamiers, vicaire général s.v., 32*, 164, 274, 4253
Cervone, Benedetto, évêque d'Aquila, 3525
César, prêtre de la Doctrine Chrétienne, à Cardillac, 4949, 6479, 7023/24
Cessateur de la Porte, voir: La Porte

Cézarges, voir: Dubourg

Chabot, voir: Rohan de Chabot

Chaduc, Blaise, biographie, 32**

Chaillou de Querenet, oratorien, 1272, 4535, 5433

Chaisne, M., 3414

Chalucet, voir: Bonnin, Verthamon

Chalvet, prêtre de la Doctrine Chrétienne, à Moissac, 6479, 7023/24 (César, Chalvet)

Chalvin, Joseph, consul de Senez, 6481

Chamant, voir: Titon

Chambarat, de, 2035, 3421. Voir aussi: Lebeuf

Chambre, dom Philippe de, barnabite à Dax, 6482

Chamerlat, supérieur, 7023/24

Chamillard, 98, 322, 397, 508, 3060

Chamillard, 6339

Chamousset, maître d'hôtel de l'évêque de Montpellier, 5496

Champagne, Catherine de Sainte-Suzanne, 9, 239, 474

Champcourt, de, 7023/24. Voir aussi: Frenaye de Champcourt

Champflour, Étienne de, évêque de La Rochelle, 918, 3085, 3857, 3933, 7027, 7103

Champgaillard, Jean-Robert de, prêtre, sacristain de l'hôpital dit la Pitié à Paris, 6483, 7023/24

Champigny, voir: Montgon

Champinot, de, voir: Boulenois

Champion de Cicé, J. B. M., évêque d'Auxerre, 2508

Champsaud, commissaire provincial de la Doctrine Chrétienne, 6928

Chanal, Simon, prémontré, à Paris, 4553, 5454, 6789

Changy, voir: Carpentier

Chantal, Madame de, 3210, 3214

Chapet, oratorien, professeur à Tournon, 2116

Chappotin, chanoine d'Auxerre, 4740

Chapt de Rastignac, voir: Rastignac

Charancey, de, à Meaux, 3131

Charancy, L. de, 2975**

Charancy, voir: Berger de Charancy

Chardon, Mademoiselle, à Saint-Vrain lez Paris, 6127

Chardon, à Paris, 4950

Chardon, 15, 744, 776

Charlas, 2207, 2635

Charles, 3220

Charles, Dom, 1986

Charles, F., 793

Charles de Saint-Henri, 468, 3222**

Charles III, roi d'Espagne, 1652

Charlier, Anne-Barbe, voir: La Fosse, de

Charlier, J., prêtre, à Rijnwijk et à Paris, 1889, 2117, 3422, 3933

Charlot, 365

Charlus, voir: Levy Charlus

Charly, voir: La Val(l)ette

Charmont, Monsieur de, à Paris, 990, 1694, 2721. Voir aussi: Petitpied

Charmont, Madame de, 86

Charmoys, Mademoiselle, à Paris, 4002

Charneux, Monsieur de, 1236

Charon, Monsieur de, 1695, 1696

Charost, duc de, 1367**

Charpentier, curé de Boncé (diocèse de Chartres), 4951, 4953

Charpentier, curé de Saint-Leu à Paris, 1697–1699, 4785

Charpentier, fils, à Rennes, 6484, 7023/24

Charrier, abbé, 3060

Charron, Magdeleine, voir: Piercour-Charron

Chaseille, de, 7023/24. (Du Bourget)

Chasnau, Aspasius, voir: Dumonceaux

Chassaigne, 1610

Chassebras, curé de la Madeleine à Paris, 509, 3060

Chassenay, de, 994

Chastaigneray, voir: Clinet

Chasteigner, voir: Chateigner

Chastellier de Senlys, Madame G. M., 995, 1294, 1407

Chastenay Lanty, comtesse de, chanoinesse à Neuville, 2118, 2195

Chastillon, Claude abbé de, 275, 745, 776, 3051

Chastillon, Olympe de, abbesse de Saint-Loup-lez-Orléans, 4954, 7014

Chastueil, de, subdélégué de l'intendant de Provence, 7023/24

Châteauneuf de Rochebonne, Charles-François de, évêque de Noyon, archevêque de Lyon, 4430, 4453

Châteauneuf, Isabelle de Sainte-Agnès de, 240

Chateau Renaud, voir: Renaud

Châteauvieux, 2722

Chateigner, Diane, (de la Rocheposay, Madame de Saint-Loup), 133, 403, 879, 3040, 3057

Chatel, Jean, 919

Chatelain, voir: Pierre Savoye

Chatillon, voir: Chastillon

Chaucet, curé d'Auxerre, 2207
Chaudières, N., doyen de la Sorbonne, 996
Chaudon, vicomte de, 6929
Chaudon, prêtre de Riez, 6487, 7023/24
Chaugy, André-Denis de, bénédictin de l'abbaye de Saint-Waudrille, 6488, 6991, 7023/24
Chaugy, de, religieuse de la Visitation d'Annecy, 64
Chaulin, François, à Paris, 3222***, 4955
Chaulin, docteur de Sorbonne, 5742
Chaumond, François, bénédictin, 3829, 4432, 4855, 4999, 5829
Chaumont, directeur de la poste à Bruxelles, 1637
Chaunel, voir: Guenet
Chauterau, voir: Bournonville
Chauv., Messieurs, 7023/24
Chauveau, Marie-Angélique, religieuse à Paris, 6750
Chauvelin, à Amiens, 1671
Chauvelin, abbé, conseiller à Versailles, 4741
Chauvelin, garde des sceaux, 6320
Chauvelin, ministre, 4795
Chauvelin Necouffontein, Madame, à Toulouse, 2119
Chauvereau, conseiller du Présidial de Tours, 4956
Chauvereau, voir aussi: Chauvreau
Chauvin, Alain, bénédictin, 5527, 6854, 7023/24 (Roncet)
Chauvin, voir: Audibert Chauvin
Chauviré, Madame de, religieuse, 7023/24
Chauvou, R. P., 7023/24
Chauvreau (Chauvereau), Nicolas-Joseph, chanoine de Tours, 2120, 2778, 3132, 4361, 4999, 7023/24
Chauvreau, à Poillé, 2723
Chavagnac, voir: Verthamon
Chavanne, à Texel, 4098
Chavigny, D. P. de Bouthillier de, évêque de Troyes, 1404
Chavigny, Louis de Saint-Pierre de, feuillant à Châtillon-sur-Seine, 4957, 6173
Chavigny, de, voir aussi: Brienne
Chazal, François, prieur de l'abbaye de Pontlevoy, 4448, 4958, 5490
Chazé, Madame de, 3211
Chazelle, Madame de, 7023/24
Chazeron, sœur Marie-Élisabeth de, 6489
Chazette, Jean-François, curé de l'Isle Adam (diocèse de Beauvais), 4306, 4959
Chebron, 3235

Chérin, M., 2201
Cheron, J., curé de Sagy, 5868
Chertemps, Antoine, 485–499, 3044, 3053, 3057, 3066, 3220
Cherville, 578. Voir aussi: T. Dufossé
Chesneau, Aspais, voir: Dumonceaux
Chesnon, Jacques, recteur du collège royal de Poitiers, 918
Chevalier, M., envoyé par le roi de France à Rome, 2952
Chevalier, abbé M., 2952
Chevallier, Eustache, clerc du diocèse d'Évreux, 4960
Cheveray, Madame de, ancienne abbesse de Gif, 3057
Cheverny, Angélique de, abbesse de l'Eau, 65
Chever(r)y, Mademoiselle de, à Auxerre, 6490, 7023/24
Chevroté, Mademoiselle, 5750
Chevreuil, 7023/24
Chevreuse, Marie de Rohan, duchesse de, 344
Chevron, 1408
Chévry, voir: C. F. Monnier
Chicanot, officier du duc d'Orléans, 1700
Chicot, J., 510
Chiozza, Giuseppe, à Milan, 2121
Chirat, Dom Jean de Saint-Laurent, feuillant, à Paris, 6788, 7023/24
Chiris, fermier des revenus de l'évêché de Senez, 3222***
Choart de Buzanval, voir: Buzanval
Choiseul, Gilbert de, évêque de Comminges, 32**, 334, 511, 852, 1226, 3040, 3060, 4268
Chomont, Joseph de, 1514
Chrétien, Henri, bénédictin à Lyre, 2724, 3156
Chrétien, Michel, clerc du diocèse d'Évreux, 4960
Christine de Jésus, abbesse des bernardines à Dijon, 66
Christine, reine de Suède, 3051
Chrysostome, F. J., 997
Chub, M., 1360
Chupé, voir: Bleigny
Cibo, Alderamo cardinal, 918
Cicé, Louis, évêque de Sabule en Siam, vicaire apostolique de Siam, 1910, 1997, 3802, 6086, 6087
Cicé, Champion de, voir: Champion
Cicoteau, oratorien à Orléans, 7070
Cillart, prêtre à Paris, 4961, 7023/24
Cinck, A., 1526, 3911, 3339, 3933, 3934, 4082

Cinck, M. O., enseigne du régiment Orange-Gueldre, à Tilburg, 2122
Cinelle de Vermoise, de Troyes, 7023/24
Circour, de, prêtre de Lorraine, 4962
Circourt, Nicolas, chanoine de Saint-Diez, 3933
Circourt, Monsieur de, directeur des dames carmélites, à Paris, 1701, 1702
Ciron, Gabriel de, 14*, 15, 4285
– vie, 2778
Claes, G. M., épitaphe, 3221
Claire-Marie de Jésus, carmélite (de Saint-Denis), 4142
Claire, prieure d'Ébarry, 2123
Clairets, sœur F. de, abbesse, 863
Clairmont, à Paris, 998
Claude de Chastillon, voir: Chastillon
Claude de Jésus, abbesse de Notre Dame à Troyes, 67
Claude-Joseph Sainte-Anne, Fr., 5741
Claudele, à Verdun, 3832
Claudieu, Jacob-René, bénédictin à Laon et à Saint-Denis, 4432, 4963
Clauspruch, voir: Cramer de Clauspruch
Clavière, curé de Baillargues, 4340, 4964, 5398
Clefay, J. de, notaire à Utrecht, 2124, 3392, 3615, 3624
Cleinberg, voir: Cuzzoni
Clemence, Pierre-Denys, bénédictin de Saint-Pierre de Conches et à Bocherville, 4415, 4437, 4965
Clémencet, Charles, (Philalèthe, Eusèbe Eraniste), 1269, 2125, 2669, 2724*
Clément IX, pape, paix de l'église, 217, 852, 3072, 3220–3221, 4656, 5712
Clément XI, pape, 30, 230, 231, 1310, 1649, 1650, 1661, 3626, 3774, 3933, 4693, 5928
– permissa circa ritus Sinicos, 4069
Clément XII, pape, 3775, 4655, 4808, 5493, 5680, 7100–7102
Clément XIII, pape, 2508, 6051, 7047
Clément XIV, pape, 2066, 2106, 2291, 2537, 2621, 3435, 4226, 7096, 7097
Clément, abbé à Paris, 1703, 2032, 2251, 2404. Voir aussi: Clément du Tremblai
Clément, conseiller au Parlement de Paris, 4966, 7023/24
Clément, curé du diocèse de Boulogne, 4967
Clément, frère, aux Blancs-Manteaux, 2126
Clément, voir: Lénard
Clément de Barville, J. C. A., 2049, 3400, 4966

Clément de Bizou, à Paris, 4966
Clément de Boissy, à Paris, 2082, 4966
Clément de Feillet, 4966
Clément du Tremblai (ou Clément de Bizon de Tremblay), Augustin-Jean-Charles, 1708–1731, 1839, 1865, 1870, 1893, 2035, 2071, 2128, 2178, 2207, 2460, 2489, 2511, 2530, 2556, 2590, 2606, 2630, 2735, 2764, 2767, 2978, 2989, 3434, 3435, 3441, 3933, 4213, 6491, 7023/24
Clercq, Ignace de, jésuite, 999
Clerget, M., 68
Clerjault, chanoine de Saint-Quentin (diocèse de Noyon), ancien aumônier de la maison du roi, 4968
Clermont, Mademoiselle de, voir: Bel... de Clermont
Clermont-Tonnerre, François de, évêque de Noyon, 512, 3060, 4277, 6912
Clermont de Montglat, Anne-Victoire de, abbesse de Gif, 201, 863, 1186, 3057, 3221
Clervaut, voir: Silly
Cleymans, Philippe, bénédictin de Vlierbeek, 1836, 2127, 3273, 3933, 3934
Climent, Joseph, évêque de Barcelone, 2128, 2214
Clinet de la Chastaigneray, Louis, vicaire général de Saint-Malo, 1000
Clouet, Mademoiselle Élisabeth, 3269, 3812
Clouet, Placide, sous-prieur du monastère de Saint-Pierre à Châlons, 3833
Cochet, François-Anne-Marguerite, bénédictin de l'abbaye de la Couture (diocèse du Mans), 4419, 4969
Cochin, avocat au Parlement de Paris, 3222***, 4796
Cochois, Arsène, prieur des camaldules, 1817
Cock, Th. de, provicaire apostolique des Pays-Bas, 2656, 2657
Cocq, Jacques de, 2148, 2508
Cocquelin, 276, 3060
Codde, Jérome, à Mantoue, 2129, 3423
Codde, Pierre, archevêque de Sébaste, vicaire apostolique des Pays-Bas, 32*, 1472, 1506, 2277, 2655–2658, 2674, 3933
– biographie, 32**
– généalogie, 3423
– journaux, 2659
– cause, 4067
– médaille sur l'interdit, 2433
Coenen, D., à Rotterdam, 3424
Coëtquen, sœur Marguerite-Françoise de Saint-Augustin de, supérieure générale de

la congrégation du Calvaire, 4970, 6299, 6930, 7023/24
Coffin, recteur de l'université de Paris, 3221, 6493, 6931, 7023/24
Coffin, Mademoiselle, 7023/24
Coibeau, sœurs, religieuses à Poitiers, 7023/24
Coignard, voir: Dufresnes
Coigniasse, Louis, dominicain du couvent de Troyes, 4972
Coislin, voir: Cambout
Colars, 794
Colbert, Nicolas, évêque de Luçon et d'Auxerre, 32**, 520, 1001
Colbert, doyen d'Orléans, 2725*
Colbert, prieur, en Sorbonne, 513
Colbert Colin du Juanet, H., oratorien, biographie, 32**
Colbert de Croissy, Charles-Joachim, évêque de Montpellier, 713, 1255, 1265, 1273–1275, 1367, 1392, 1483, 1682, 2002, 2725, 2992, 3014, 3143, 3203, 3204, 3205, 3217, 3221, 3222***, 3275, 3651, 3776, 3881, 3933, 4172, 4291–4578, 4619, 4671, 4692, 4717, 4742, 4797–5796, 5846, 5869, 5876, 5911, 5926, 5939, 5989, 5993, 6011, 6028, 6031, 6093, 6111, 6118, 6120, 6159, 6168, 6220, 6278, 6320, 6495, 6497, 6914, 6932, 7023/24, 7035, 7038, 7077, 7148
– affaires de, 4809
– bibliothécaire de, 6009–6048
– doctrine de, 4799, 4800, 4802, 5846
– domestique et cocher de, 5735, 5738, 6151
– épitaphe de, 5928
– grands vicaires de, 1363, 1819, 2514, 2992, 3204, 3366, 4797, 5226, 5697, 6129, 6297–6317
– lettres circulaires de, 4075, 4648, 5700
– lettres pastorales de, 5700–5705
– mandements de, 5493, 5700, 5702
– œuvres de, 3995, 4020
– sermons de, 5703, 5706, 5707
Colbert de Croissy, Charlotte, religieuse à Saint-Antoine de Paris, abbesse de Maubuisson, 1256, 1792, 2514, 2992, 3143, 4620, 4973, 5796–5802, 5870, 6107, 6496, 7023/24
Colbert de Croissy, Louis-François-Henri, ambassadeur en Suède, à Hambourg, 4974
Colbert de Torcy, voir: Torcy
Colin, Jean-Baptiste, oratorien, 4539
Colin du Juanet, H., voir: Colbert Colin du Juanet

Colinet, oratorien à Troyes et à Orléans, 4976, 6498, 7023/24
Collard, Antoine, oratorien, 1002, 1120, 1823
Collard, Paul, 1747, 1823
Collet, 1359
Collet, voir: Desroches
Collet de Cantelou, Pierre-Tristan, curé de Saint-Barthélemy près de Montivilliers (Normandie), 4352, 4977
Collette, G., régent du Faucon à Louvain, 1911, 3652
Collibert, Michel, prêtre du diocèse de Bayeux, à Paris, 4978
Collignon, abbé, à Rottembourg, 2130
Colligny, de, chanoine régulier à Orléans, 6499
Collinou, 7023/24
Colloredo, Leandro, cardinal, 663
Colomb, Jean, bénédictin à Compiègne et au Mans, 4419, 4979, 6719
Colondres, 514
Colonia, Dominique de, jésuite, 7092
Combattes, F., O. P., à Clermont-Ferrand, 2725**
Combe, de, abbé du chapitre de Saint-Séverin à Clermont, 6500
Concho, 3087
Condorcet, Jacques-Marie de Caritat de, évêque de Lisieux, 7094
Conflans, Godefroy-Maurice de, évêque du Puy-en-Velay, 4980
Coninck, F. de, 1912, 3652*
Conquerant, sœur de, de Sainte-Scolastique, supérieure des ursulines de Sens, 6501
Constant, P., prieur de Savignières de Montbrison, 4981
Constant, prêtre du diocèse de Langres, 6502
Constant, 3066, 3274
Constantin, prince de Hesse, 2131
Conte, de, confrère de l'Oratoire, à Nantes, 6503
Conti, Bernard-Marie cardinal, 5682
Conti, Prospero, à Montevaschi, 2132
Conti, princesse de, 14*, 3066, 4285
Conti, écrit sur les lettres du prince de, 3220
Conti, Armand de Bourbon, prince de, 14*, 23, 576, 852, 4285
Copper, W., curé à Dordrecht, 3425
Coq, le petit, voir: Mademoiselle de Joncoux
Coqueley, conseiller honoraire au bailliage de Bar-sur-Seine, 7023/24
Corbel, 3395
Cordier, François, 32** (avec vie de Pierre

d'Autherive) Cordier, F., en Tonkin, 1913, 1974, 1997, 3653, 3710*, 3713, 3802

Cordier, Ph., à Trèves, 2344

Cordier, banquier à Paris, 3954

Cordier Desmaulets, 487

Cordon, Dom Arsène, 828

Cormaille, 2726

Cormis, de, doyen des avocats à Aix, 5803, 6504, 6934

Cornet, François-Honoré, bénédictin de Saint-Riquier, 4394, 4430, 6848, 7023/24 (Fleury)

Cornier, Honoré (dit de Sainte Croix), à Utrecht, 1998, 3937, 3955, 4028, 4123–4130, 6505, 7023/24

Cornier, Louis, à Marseille, 3955

Cornisset, Simon, curé de Villeneuve-le-Roi (diocèse de Sens), 4982

Cosme de la Croix, carme déchaussé à Troyes et à Langres, 4983

Cosnac, Daniel de, archevêque d'Aix, 6506

Cosnac, abbé de, grand vicaire de Paris, 5931, 5933

Cossart de Flon, Denise de Sainte-Anne, 3209

Costa, voir: Da Costa

Costa du Vilard, Marguerite-Joseph, supérieure de la Visitation d'Annecy, 4722

Costi, André-Louis-Joseph, bénédictin de l'abbaye de Saint-George près Rouen et de celle de Saint-Étienne de Caen, 4984, 5872

Cotte, oratorien, 5397, 5717, 7023/24

Cottereau, curé de Lémiré, 3100

Cottet, Jacques-Louis, curé de Saint-Hilaire de Sens, 4356, 4985, 4999, 5830

Cottet, chanoine de Sens, 6507

Cottin, prêtre, 4986

Coucicault, ancien échevin de Paris, 7023/24

Coudrette, Christophe, prêtre de Paris (Le Prieur), 2134, 2727, 3000, 4966, 4987, 5804–5813, 5845, 5873, 5935, 6198, 6508, 7023/24, 7048

Coudrette, Madame, 7023/24

Couet, J., curé de Darvoi (diocèse d'Orléans), 4988, 6776

Couet, abbé, à Paris, 4989

Couet, à Rouen, 4694

Couetquen, de, voir: Coëtquen

Cougniou, de, chanoine d'Orléans, 6509

Coulet, prêtre, à Montpellier, 5397, 6031, 6387

Coulin, curé d'Eaux (diocèse de Condom), 4990, 6383

Couppé, Jean, prieur à Lonlay proche Domfront (Basse Normandie), 4991

Couppé, Jean, bénédictin de l'abbaye de Saint-Pierre de Préaux près Pont-Audemer en Normandie, 6510, 7023/24

Courayer, religieux de Sainte-Geneviève, 6935

Courcelles, Monsieur de, à Paris, 1259, 1740, 1860, 1899, 2728, 3133, 3264, 3275, 3625, 4083, 4660*, 5814–5818

Courcelles, Mademoiselle de, 3057, 3216

Courcier, Pierre, théologal de Paris, 661, 863

Courmond, voir: Rose de Courmond

Couronneau, Marianne, à Paris, 6511

Couroye, Jean, bénédictin à Pontoise, 5188

Coursillon, voir: Fauvel

Court, de, chevalier de Saint-Louis à Paris, Major de Bellegarde, 2101, 2149, 2737*, 2993, 3014, 3366, 5819

Court, de, avocat à Pézenas, 6512, 7023/24

Coutier, Pierre, bénédictin, ancien professeur de théologie de la congrégation de Saint-Maur, 4992

Courtin, voir: Le Féron Courtin

Courtioux, de, voir: Dumesnil, Claude Louise

Cousin, Marguerite, à Paris, 3934, 5774

Coutinho, voir: Souza Coutinho

Cou(s)turier, Marie de Sainte-Anne, 241, 664, 672, 795, 865, 1003, 3066, 4495

Couturier, père, 675

Coybo, J. de, curé de Cherbonnières (diocèse de Saintes), 4994, 6391

Coybo, sœurs bénédictines, à Niort, 6765

Cozen, van der, à Bordeaux, voir: Géoffret

Cramer, Jacques, (Nicodème), à Amsterdam, 2291, 2630

Cramer de Clauspruch, Joseph, chanoine, à Bonn, 2135, 3426

Crassous, Jean-Baptiste, oratorien, à Troyes, 4995, 6719, 6892

Crasto, Isaac de Salomon de, à Amsterdam, 2427

Creil, sœur Marguerite de Sainte-Euphrosine de, 149

Crépagne, abbé de Châron, curé de Suresnes, 5932

Crépin, Mademoiselle, 3057

Cresbonne, prêtre, 5656

Crespat, Jacques de, bénédictin à La Chaise-Dieu et à Saint Jean d'Angely, 2725**, 4396, 4412, 4432, 4438, 5168, 6473, 6768

Cretot, Charles à Metz, 796, 3834

Creusot, N., 4695

Creux, le comte de, ambassadeur plénipotentiaire à Risvik, 6912
Crevecœur, marquise de, 3222***
Crevenna, voir: Bolongaro Crevenna
Crèz, prêtre du diocèse de Bayeux, 4304, 4997
Crillon, voir: Balbes
Croissy, voir: Colbert de Croissy
Croix, Monsieur, 1532
Croizier, oratorien à Paris, 6513, 7023/24
Croon, Th. van der, archevêque d'Utrecht, 1409, 1672, 2000, 3288, 3339, 3654, 3766, 3777, 3933, 3957, 4056, 4083, 4092, 4093, 4136, 4151, 4666, 4998, 5649, 5815, 5816, 5818, 6219, 6514, 6936, 7023/24
- formula circa usuram, 4079
– nomination d'Akkoy, 4055
– son sacre, 3642*, 3654
Croz, Pierre, prêtre, chanoine et sacristain de l'église collégiale de Sainte-Anne de Montpellier, secrétaire de l'évêque de Montpellier, 4340, 4497, 4511, 5397, 5820–5839, 5874, 6179, 6278, 6387
Crux, comte de, 5940
Cruyce, E. P. van den, censeur royal à Bruxelles, 2136
Cruyce, J. van den, à Anvers, 1814
Cugot, J., 2729, 3134
Cuillier, L. de, 625
Cunha, voir: Da Cunha
Cuperly, de, curé de Gennevilliers (diocèse de Paris), 5232
Curin, J., curé de Saint-Pierre de Pontoise, 5000
Curiot, à Reims, 3276
Cursay, M. de, à Paris 2138, 2215, 2730, 2778, 3363, 3365, 3366
Cuse, Nicolas de, cardinal, 7085
Cussonet, Pierre, à Lyon, 5775
Cuvelier, 1628
Cuzzoni, P. A., (Petitmont, Kleinberg), 1869, 1898, 2007–2017, 2022, 2139, 2605, 2957
Cyprien, P., 2140
Cyron, abbé de, voir: Ciron

D., 1363, 1769, 2731
D., curé d'Halluin, biographie, 32**
D., frère, 2697
D., J., supérieure de l'Hôtel-Dieu de Saint-Joseph, à Villemaire, 3726
D., M., 2733
D., Madame C., 2732
D., à Paris, 7147
D., à Soissons, 1004

D. B., 2893
D.D.R., 1005
D.F., à Paris, 2141
D.L., à Bourneuf, 1332
D.M., 3220
Dachery, Louis, chanoine régulier de Saint-Quentin-lez-Beauvais, 4851, 6255
Dachery, voir: Achery, d'
Da Costa, D. L., consul de Portugal à Amsterdam, 2133
Da Costa, voir: Salerna
Da Cunha, D. Luis, envoyé de Portugal à La Haye, 3655, 3778
Da Cunha, le comte, envoyé de Portugal à La Haye, 2137
Da Cunha, L., secrétaire d'Etat de Portugal, 2133
Dagay, sœur Emanuelle-Élisabeth, religieuse de la Visitation à Castellane, 4721
Dagay, sœur Françoise-Gabrielle, religieuse de la Visitation à Castellane, 4939, 6515
Dagneau, F., 1007
Daguesseau, voir: Aguesseau, d'
Daguilhe, prêtre à Cette, 6516
Dailenc, avocat à Dax, 6517, 7023/24 (Aillenc)
Dailenc, diacre à Montpellier, 5001
Dailhen, Fabien, prêtre à Dax, 4318, 6518, 7023/24
Daillaud, prieur d'Alons, 6913
Daimart, Dominique, 1965
Dalennoort, Willem Frederik van, (Hortulanus), curé à La Haye, 1465, 1610, 3650, 3656, 3779, 3803, 3835, 3911, 3933, 3934
Dallencon, à Paris, 372
Dallon, de Bon, à Castellane, 6524. Voir aussi: Allons
Dally, voir: Ally, d'
Dalonville de Louville, sœur Olympiade de Sainte-Félicité, religieuse du Calvaire à Poitiers, 6803
Dam..., M., 3220
Damen, H., doyen de Saint-Pierre à Louvain, 4660*
Damigné, prince, au Mans, 6080
Damoreau, vicaire de Sainte-Marguerite à Paris, 5002
Dampierre, à Rijnwijk, 3958
Dampierre, voir: Vieux Dampierre
Dampierre, Mademoiselle de, 152. Voir aussi: Duval de Dampierre
Dancognée, Catherine, convulsionnaire à Paris, 3222***, 6520, 7023/24. Voir aussi: Ancognée

Dandigné, abbé, chanoine de Tours, visiteur de la congrégation du Calvaire, 4806, 4807
Dandigné, Madame, 2734*
Dandigné, voir aussi: Andigné, d'
Dandon, archidiacre de Grasse, 5928
Danet, F. G., à La Haye, 2143
Danet, abbé, 751, 891
Danicourt, voir: Pinpresel
Daniel, F., franciscain à Orléans, 819
Daniel, P., jésuite, 1203
Danjan, Marie-Clément, à Paris, 6521, 7023/24
Danjan, Victoire, à Paris, 2735
Danjan, à Paris, 5840
Danjan, fils, à Paris, 2735
Danquin, Dom Jacques, bénédictin, de l'abbaye de Notre-Dame de Breteuil en Picardie, 5982
Dansan, curé de Saint-André, à Bordeaux, 6448
Dantine, Maur, bénédictin, à Paris, 6522, 7023/24
Dany, prêtre du diocèse de Paris, 4664
Danycan de la Bédoyère, Madame, voir: La Bédoyère
Darboulin, A., greffier de la Cour des aides, à Paris, 1842, 1843, 2144, 3248, 3366, 3385*, 3948
Darboulin, N., 1839
Darboulin, Madame, 3222***
Darcy, 5926. Voir aussi: Cadry
Daret, Jean, bénédictin, en l'abbaye du Bec, prieur du prieuré de Saint-Quentin lez Péronne (diocèse de Noyon), 1009, 3657, 3836, 3933, 4400, 4451, 4855, 5003, 5395, 5521, 5841, 5842
Darguibel, Augustin, chanoine et official du Saint-Esprit près Bayonne, 6523
Daroux, à Paris, 30
Dartaguiette de la Mare, Jean, 1839
Dat, Jean, ancien échevin de Batavia, 2145
Dattigni, à Paris, 3658
Daubared, voir: J. B. Desessarts
Daubrespin, voir: Pellicier Daubrespin
Dauger, 2737
Daux Dubos, Madame, à Beauvais, 5004
Davia, Giovanni Antonio, nonce à Cologne, puis cardinal, 1609, 5005, 5683
David, curé de Saint-Thomas, 3113
David, M., oratorien, 1010
David, Maître de Pension, 7023/24
David, 7023/24
Davion, à N. Orléans, 3659

Davollé, Hercules-Meriadec, diacre à Paris, 5006
Davoult, à Mézières, 1770
Davoynes, M., ci-devant principal du collège de Mayenne (diocèse du Mans), 5007
Davy, voir: Antoine Arnauld
Deaubonne, voir: Eaubonne, d'
Debaugé, Pierre-Jacques, bénédictin à Saint-Benoist-sur-Loire et à Auxerre, 4399, 4431, 5010, 5522
Debenoist, Étienne, bénédictin de Saint-Maur à l'abbaye de Saint-Florent-le-Vieux (diocèse d'Angers), 4395, 4396, 4448, 6847
Debertier, Claude de, évêque constitutionnel de Rodez, 4194–4196, 4215, 4233, 4236, 7152, 7153
Deblanc, Louis et Bernard, prêtres à Rodez, 5011
Debonnaire, Antoine, frère de Guérin, 3660
Debonnaire, Étienne, religieux de la Chartreuse de Bourbon lez Gaillon (diocèse d'Évreux), et à Schonauwen, 4479, 4483, 5013, 5843. Voir aussi: Louis Guérin
Debonnaire, chanoine de Saint-Urbain à Troyes, 5012
Debonnaire, à Paris, 5014
De Bonnaire, abbé, 5896
De Bonnaire, voir: Bonnaire, Guerin
Debreton Villière, curé de Saint-Sulpice, 3060
Decelets, François, vicaire général de Mgr. Colbert, 4797
Decez, Jean, prêtre et chanoine du Sainte-Esprit à Gimont, 4502, 5015
Dechamp, à Hutin, 2147
Decocq, voir: Cocq, de
Decourt, voir: Court, de
Decourton, chanoine, 2150
Decourtoux, procureur de Sainte-Geneviève, 2738
Deforis, Jean-Pierre, bénédictin, 2071, 2151, 2207
Degola, Eustachio, prêtre de Gênes, 1711, 3402, 3428, 4210, 4230
– discours sur les ruines de Port-Royal, 4227
Degola, Ignazio, à Gênes, 4211
Degros Deloche, Madame, à Tain, 2152
Dehaly, jésuite, 918
Dehangest, sœur Henriette-Armande, 5548
Dehors, prieur de l'Hôtel-Dieu du Pont-Audemer, 1771, 4352, 4997
Delage, D., à Paris, 3429
Delage, voir aussi: Lage, de
Delan, F. H., à Paris, 4696

Delan, 1318, 1410, 4092, 7023/24
Delaulne, Simon Jean, prêtre du diocèse de Paris, 1843, 5017
Delaunay, François, prémontré, à Paris, 4553, 5454, 6789
Delaunay, voir: Launay, Le Couteulx
Delaunay Patu, Madame L. C., 1011
Delbecque, voir: Elbecque, d'
Delbene, Alphonse, évêque d'Orléans, 918
Delbène, voir: Elbène, d'
Delespine, Philippe-Antoine-Alexandre, bénédictin à Villemagne, 4403, 5018
Delestang, voir: Belpèche
Delfau, François, bénédictin, 1012
Del Fontaine, M., à Amsterdam, 3543
Delft, Pierre van der, 3661, 4066
Del Giudice, Francesco, cardinal, 1545
Delhaye, Patrice, chanoine régulier d'Oignies, 3934, 3959
Delhort, Simon, bénédictin de Saint-Maur, à La Chaise-Dieu, 4412, 4433, 6480
Delisle, Joseph, curé de Donzy (diocèse d'Auxerre), 5019
Delisle, voir aussi: Lisle, de
Della Rocca, Dominique, à Constantinople, 3662
Del Mare, Paolo Marcello, baptistin, 1712, 2153, 2207, 2630
Deloche, voir: Degros
Deloeil, J. P., 515
Dololeth, à Rome, 2739
Delorme, F. N., célestin, prieur de N. D. d'Ambert, 1013, 1704–1706, 3376, 4470
Delort, Guillaume, bénédictin à La Chaise-Dieu, 4412, 6480
Delouit, Marc, 3430, 4212
Delphine, 3149
Delvaux, voir: Barchman Wuytiers
Delvinne, F., 3857
Delwarde, P., 1013*, 3221
Demalou, voir: Lafoye
Demont, 2739*
De Mont, voir aussi: Mont, de
Demontaut, Fr., prieure de Prouille, 2154. Voir aussi: Montaut
Demontempuis, 1014, 1411. Voir aussi: Montempuys
Demonthéros, à Chalon, 3663
Demornay, voir: Dugué
Denattes, prêtre d'Auxerre, 2740
Dengivre, 3277
Denis, C., oratorien à Douai, 1014*, 1131

Denis, oratorien, 4261
Denis, voir: Ruffin
Denis de Saint-Bernard, voir: Berthod
Denis de Saint-Robert, feuillant, 7023/24
Denisart, Michel, (De La Forest), chartreux à Schonauwen, 3837, 3934, 4476, 4483, 4485, 5447, 6189
Denisart, curé de Coucy-le-Château (diocèse de Laon), 5021
Deon, sœur Nicole de Saint-André, religieuse de l'abbaye de Notre-Dame de Sens, 4455, 5022
Depreau, voir: Étemare, d'
Derbaix, Jean, prieur de l'abbaye de Saint-Ghislain, 1529, 3838, 3933, 3934
Dereims, Claude, chanoine régulier à Troyes, 5023
Derfelden, G. F. de, à Utrecht et Snellenberg, 3431
Derouxpuivert, 2155, 2174
Desaigles, diacre à Paris, 4909
Desaint, veuve, à Paris, 2156, 2479
Des Anges, sœur Catherine, carmélite, 7061
Des Anges, Jean-Remy, feuillant à Saint-Mesmin-lez-Orléans, 6781
Desangins, Christophe-François, prêtre, 5739
Des Angles (Patris), 1286, 2157, 2456, 2741, 2967
Des Annonciades, voir: Berlize
Desarmuseries, Mademoiselle, 6525
Desaubois, voir: Le Couteulx
Desaulieux, à Paris, 2158
Des Balbes, voir: Balbes
Des Baronnies Belin, voir: Baronnies
Desbasmonts, Mademoiselle, 1530
Desbasmonts, 277
Desbois, Élisabeth, (la duchesse de Rochechouart), 2742, 2979, 3014, 3191
Des Bois, abbé, archidiacre de Mâcon, 6386, 7023/24
Descarsin, Robert, (de Noviom), ci-devant chanoine de Varzy (diocèse d'Auxerre), 2743
Descartes, 718, 1157
Descassières, voir: Frenaye
Deschamps, (Toussaint Drain), à Amersfoort, 1713, 1839, 2026, 2076, 2159, 2479, 3236, 3430, 3432, 3435, 3441, 3494
Deschamps, à Clermont en Auvergne, 7023/24
Deschamps, oratorien, à Paris, 2744
Deschamps, voir aussi: Sabatier

343

Descheult, religieuse cordelière, 7023/24. Voir aussi: Laborde de Scheult

Deschiens, voir: Rossignol Deschiens

Descroisettes de Granville, Claude-Imbert, chanoine régulier à Saint-Quentin lez Beauvais et à l'abbaye de Saint-Vincent de Senlis, 4385, 4851, 5025

Deseraucourt, D., archidiacre de Reims, 5024

Desessarts, Alexis, 927, 1826, 1844, 2745, 3144, 3205(?), 3278, 3279, 3663*, 4999

Desessarts, Jean-Baptiste, (d'Aubaret, Poncet), 1412, 1685, 1826, 1838, 1845–1852, 1886, 1916, 2009, 2747, 2829, 2958, 3014, 3060, 3203, 3222**, 3279, 3338, 3339, 3839, 3894, 3954, 3960, 4125, 5449

Desessarts, abbé Marc Antoine, 1853–1858, 3280, 5448, 5449, 5993, 7023/24

Desessarts, Madame, 3213

Desessarts, de l'abbaye de la Lucerne d'A-vranches, 2746, 3136

Desessarts, à Utrecht, 2160

Desessarts et Desprez, imprimerie de, à Paris, 1685, 1686

Des F., 7023/24 (F.)

Desfarges, voir: Thibaut, François; et Farges

Desfilletières, voir: Filletieres

Des Forterres, voir: Guyard des Forterres

Des Fort, voir: Le Peletier des Fort

Desgab[ets], Robert, bénédictin, 746, 3828, 3931

Des Gots, Madame, 7023/24

Desgranges, Madame, 1792

Desgranges, voir: Duperoux

Desgrilles, liste de papiers, 4060

Desjobert, fils, grand-maître des eaux et forêts, à Paris, 2161

Des Landes, Madame, épouse de M. Huard, à Saumur, 5984

Deslyons, Jean, 500–574, 531, 535, 581, 582, 873, 3059, 3060

Desmares, Toussaint-Guy-Joseph, oratorien, 575, 1015

Desmarets, Paul, évêque de Chartres, 211

Desmarets, Vincent-François, évêque de Saint-Malo, 5026

Desmarets, contrôleur-général des finances, 6938

Des Marettes, voir: Le Brun des Marettes

Desmaulets, voir: Cordier

Des Monstiers de Mérinville, Charles-François, évêque de Chartres, 4681

Des Montées, voir: Fontaine des Montées

Desmonts, Remy, bénédictin de Saint-Vanne, à Metz, 3622, 4426

Desnoyers (Nicolas le Doux), chartreux à Vronestein et à Schonauwen, 1836, 2748, 3281, 3873, 3933, 3961, 4473, 4478, 4483, 6677

Desnoyers, abbé, 2162

Desolières, Pierre, bénédictin, à Bordeaux et ailleurs, 4427, 4450, 5027, 6526, 7023/24

Desolmes, Pierre, à Paris, 6527

Desormes, voir: Dilhe

Desplanches, voir: Théodore de Saint-François

Desplantes, Madame, 3745

Des Plassons, comtesse, 7023/24 (Plassons)

Despoisses, Mademoiselle, à Écouan, 5845. Voir aussi: Espoisses

Des Preaux, à Paris, 6811, 7023/24

Despréaux, voir: Boileau

Desprez, 747, 1685, 2163

– imprimerie, voir: Desessarts

Desprez de Boissy, à Paris, 2082

Des Rentes, voir: Roullin

Desrichards, prêtre, à Letrée, 2164

Des Rochers, Mademoiselle, à Paris, 2687, 2719, 2767, 2804, 2857*, 3000, 3004, 3146, 4097

Desroches, J. Collet, prêtre à Paris, 5028

Des Rocques, P., 6318

Dessaux, sœur Marie de Sainte-Agathe, 3211

Dessaux, M., 258

Desseult, Mademoiselle G. T. S., 6249

Destieux, 2071

Destouches, 2018, 2019, 2749

Destouches, voir: Le Pelletier Destouches

Destournelles, 2165

Des Tournelles, voir: Giroust des Tournelles

Des Tuiles, voir: Bidal d'Asfeld

Des Vallées, Marie, vie, 3066

Desvignes, Edmée, à Seignelay (diocèse d'Auxerre), 4779

Des Vories, voir: Du Vignaud

Dettey, prêtre à Paris, 6300

Deu, doyen à Châlons, 3840

De Vecchi, Fabio, à Rome et Sienne, 2557, 3584

Devenet, Étienne, chanoine régulier, prieur-curé de Saint-Cosme (diocèse du Mans), 4375, 6528

Devez, 6053

Devin, prêtre à Paris, 5030

Devivié, Arnauld, avocat au Parlement de

Guyenne, à Bayonne, 3014, 5029, 6250, 7023/24 (Duvivier, Vivié, de)
Deydé, Jean-Balthazar, chevalier, 5031, 5739
Dey de Serancourt, voir: Serancourt
Dien, curé de Lémiré, 2764
Digard, Jean, curé de Chambon (diocèse de Sens), 4298, 5032, 7023/24
Dilhe Desormes, Léonard, diacre du diocèse de Montpellier, à Saint-Magliore à Paris (autrement: Dupuis), 32*, 1016, 1027, 1315, 1413, 1531, 1836, 1859, 1860, 1917, 2750, 2829, 3014, 3203, 3204, 3205, 3306, 3366, 3376, 3467, 3664, 3669, 3780, 3806, 3841, 3933, 3943, 4083, 4131, 4340, 4716, 4718, 4743, 5034, 5095, 5449, 5477, 5698, 5708, 5830, 5846–5927, 5994, 6241, 6274–6276, 6547, 6568, 6896, 6898, 6916, 7023/24, 7051
– captivité de, 5853–5856
– domestique de, 3934, 5847, 5848, 5854–5856, 5923
– mémoire sur Antoine Arnauld, 2667
– testament spirituel, 3467. Voir aussi: Duperron
– nouvelles de, 3933, 3934
Dimmer, Sophie E., à Utrecht, 69
Dinelli, Vincenzo Maria, dominicain, 2530
Dionis, 7023/24
Dirigoin, Amable, bénédictin à l'abbaye de Souillac et à Saint-d'Jean Angely, 4396, 5035
Diroys, P., 516, 1017
Ditionvas, voir: Quatremère Ditionvas
Doamlup, J., 360, 808, 3054
Dodart, le père Denis, médecin, 32**, 244, 576, 1512, 3220, 3222**
Doé, abbé, 2985
Doien, abbé, voir: Doyen
Doigt, Salomon, à Saint-Michel-en-l'Herm, 3842
Dol, prêtre de Senez, vicaire de Norante, curé dans le diocèse de Montpellier, 6529, 7023/24
Dolgorouky, A. prince, à Paris, 4100
Dolgorouky, prince et princesse, 2642
Dolgorouky, princesse Anna Serghevna, (= Mademoiselle Le Beau), 2166, 2642, 3222*, 4102, 4106, 4121, 4153
Dolgorouky, princesse Irène Petrovna, née Gallitzin, 3632
– profession de foi, 4152
Dolgorouky, N. prince, 4099, 4100
Dolgorouky, Wolodimer prince, 4100, 4101, 4122, 4153

Dolgorouky, famille, 3222*, 4152
Dolmières, à Lastouseilles, 2167
Domat, Jean, biographie, 32**
Domprot, Nicolas Demertous, prêtre du diocèse de Troyes, 5020
Donat de La Vérune, Madame, 5541
Donatien de Griet, Barthélemy de, évêque de Comminges, 39
Donaudi, Gaetano, abbé à Turin, 2168, 2257
Doncker, Theodorus, curé à Amsterdam, 1018, 1986, 3221, 3665, 3843, 3907, 3931, 3933, 3934, 6190
Donis, 383
Donnant, chanoine de Dreux (diocèse de Chartres), 5036
Donnat, Martial, époux de Marie Boissonnade, 5732
Dooren, van, à Amsterdam, 3543
Dorat, Jean-Jacques, 921
Dorat, Joseph-Martial de Sainte-Marie, feuillant, à Bordeaux, 6448
Dorguibal, 7023/24
Doriac, sœur, religieuse dominicaine de Prouille, 6813, 7023/24 (Luc)
Dorigny, voir: Lalource Dorigny, Madame
Doringer, secrétaire de la légation impériale à La Haye, 2169
Dornais, oratorien, 1019
Dorothée, sœur, 120 (Marguerite ou Perdreau?)
Dorpmans, J. B., 2170, 3433
Dorville, sœur, 780
Dory, Romain, diacre du diocèse de Paris, 5037
Dory, prêtre, 7023/24
Dosne, R. A., à Paris, 2171
Dossolin, oratorien à Bourges et à Clermont, 1020, 5928, 6530, 7023/24
Doublot, sœur de Sainte-Élisabeth, religieuse de Montmartre, 5038
Douce, Armand, 1790, 3931
Douvrier, George, bénédictin de Saint-Pierre de la Réolle et à Bordeaux, 4402, 5039
Douvrier, à Toulouse, 5040
Douxfils, à Bruxelles, 1021, 3934
Dozier, 1233*
Doyen, abbé à Paris, 1707, 2127, 2172, 2207, 2673, 2751, 5929, 7023/24
Dragauri, Pietro, voir: Girard
Drageville, neveu de J. B. Hamon, 367
Drain dit Deschamps, voir: Deschamps
Dranac, von, 3395

Drappier, Guy, curé de Beauvais, 1022, 3221. Voir aussi: Rollin
Drilhon, à Paris, 373
Driloses, à Paris, 3054
Dromesnil, voir: Hallencourt
Drouard de Lavrillère, curé de Saint-Nicolas au Mans, 5041, 6719
Drouet, Madame, 674, 3066
Drouët de Villeneuve, Gabriel, bachelier en théologie, 918
Drouhet, prieur des augustins d'Angers, 5042, 7023/24
Drouhin, Charles, curé de Vigny, 4325, 6075
Drouillet, Ponce, curé et doyen de Mouzon (diocèse de Reims), 4349, 5043
Drouin, Pierre, bénédictin à Soissons, 5044
Drouin, René, dominicain, ci-devant professeur royal en théologie de l'université de Caen, à Troyes, 5045
Drouyneau, Paul, dépositaire des Ermites du Mont Valérien, 5930–5933
Druillet, André, évêque de Bayonne, 5046
Drussier, doyen de la faculté de Paris, 3060
Druval, 577
Dub.(?), 7023/24
Dubarail, 2242
Dubedat, Jean, doyen d'Uzeste (diocèse de Bazas), 4353, 5047
Du Bignon, 7023/24
Dubois, Guillaume cardinal, archevêque de Cambrai, ministre, 3933, 5684, 6939, 7055
Dubois, Julien, bénédictin à Tuffé près le Mans et à Quimperlé, 4434, 4440, 5049, 6531, 7023/24
Dubois, P. Valentin, 1002
Dubois, chanoine de Saint-Honoré à Paris, 5048, 7023/24
Dubois, secrétaire du Régent, 6532
Dubois, Madame, 2173
Dubois, Mademoiselle, à Toulouse, 5934
Dubois, 3755(?). Voir aussi: Brigode Dubois
Dubois, voir aussi: Legros, Castera de Larrière
Dubois, curé d'Aspres, 3066
Dubois, 3368
Dubois de la Pose, sœur Anne, 5548
Dubos, voir: Daux
Du Bosroger, voir: Le Maistre
Du Boulay, à Beaulieu, 3844
Du Bourdun, 2857, 3116
Du Bourdun, famille, 3096
Du Bourdun, Madame, à Loudun, 4687
Du Bourdun de Ménilles, Madame, mère de d'Étemare, 3086–3098

Dubourg, sœur Marthe-Angélique, carmélite à Toulouse, 7062
Dubourg de Cézarges, à Ternay, 6533
Du Bourget, neveu de Mgr. Soanen, 6940, 7023/24
Dubreuil, Jean-Baptiste, prêtre à Rouen (Insulaire, L'Isle Bouchard, Baptiste, De la Croix, Rufin), 14, 32*, 32**, 282, 323, 464, 658, 809, 1215, 1532, 2595, 3220–3221, 3222**, 3809
Dubreuil, voir: De Becherand, Le Maistre
Dubreuille, 3088
Dobrosseau, voir: Baudouin, Jean-Edme
Dubrouchay, Placide, 278
Dubruelh de Sainte-Colombe, Madame, 2174
Dubuisson, sœur Agathe, ursuline de Nemours, 4532, 6534, 7023/24 (Buisson)
Dubuisson, voir: S. Hoffreumont
Du Buisson de Beauteville, Jean-Louis, évêque d'Alais, 1330, 2058, 2101, 2149, 2358, 5512, 5819, 6051, 6055
Du Bunois, 7023/24
Du Cambout de Coislin, voir: Cambout
Ducasse, prêtre de la Doctrine Chrétienne, à Toulouse, 6251
Ducellier, François-Charles, 1628, 4077
Ducellier, Jacques, (Tranquille), diacre capucin, à Rijnwijk, 1918, 2020, 2021, 2175, 2752, 3282, 3666, 3933, 3934, 4008
Duchamps, voir: Du Vaucel
Du Chantrel, 2753
Du Charmel, 637, 3046
Duchâteau, François, (Grandmaison, Groothuys), 1919, 2720, 4000
Du Chatelier, 702, 3052
Duchemin, Charles, biographie, 32**
Duchenay, 7023/24
Du Chesne, chevalier, 7023/24
Du Chey, procureur du roi à Riom, 5946, 7023/24
Duchossi, voir: Thiollière Duchossi
Duclos, voir: Bracy, Pinel
Duclos Tardif, Anne-Louise, à Paris, 6535
Duclou, Mademoiselle, 1106
Ducloux, chanoine d'Orléans, 5050, 6776
Du Coudray, Marolde, conseiller au Châtelet, à Paris, 1861–1863, 2066, 2176, 2251, 5935
Du Courret (Courray), 7023/24
Du Courtil, A. Grégoire, prêtre d'Auxerre, 6410, 7023/24
Du Cr., voir: Lasillan du Cr., Mademoiselle
Ducros, fils, à Moissac, 5051

Dueil, 1773

Dufargis, Marie de Sainte-Madeleine, 128, 130–148, 149–153, 279, 456, 474, 488, 675, 1533, 3055, 3208, 3210

Dufey, H., correcteur des comptes, à Paris, 3962, 6941, 7023/24 (Fey, du)

Duffours, à Paris, 1414

Duforest, Jacques, chanoine de Saint-Pierre à Lille, 1023, 1276, 1520, 3666*, 3933, 3934, 3963, 4360, 6393

Dufort, Madame, 2754, 3137

Du Fossé, sœur Madeleine de Sainte-Mathilde Thomas, 9, 149, 3209

Du Fossé, (Pierre) Thomas, 445, 578, 579, 675, 3057 (M. de Beaulieu, Cherville), 3057*

Dufossé, Thomas, au Bosmelet, 2177

Du Fossé, voir: Le Maistre du Fossé, Poulet

Dufour, acolyte du diocèse de Rieux, 5052

Dufour, curé de Saint-Martin-sur-Renelle, à Rouen, 5908

Dufour, frères, à Livourne, 4103

Dufourny, Nicolas-Josse, sous-diacre, bénédictin de Pontlevoy, 4448, 6537

Dufourny, religieuse à Chelles, 4157

Dufourny, Marie-Anne, prieure perpétuelle des bénédictines à Villeneuve-le-Roi, 4455, 6536, 7023/24

Dufraisse, seigneur de Chey, procureur au présidial d'Auvergne, 3222***

Dufresne, Luc-François, bénédictin à Fécamp, 5054

Dufresne (Coignard?), 2756

Dufresne, voir: Langlois

Dufresneai, O.S.B., sous-diacre au monastère de Saint-Benoît-sur-Loire, 5053

Dugué, annotation sur la famille, 2757

Dugué de Bagnols, Guillaume, senior, 16, 32**, 40, 580, 1277–1279, 3051, 3211
- sa fille à Port-Royal, 3045
- son petit-fils, 1277–1279
- junior, 1245, 2887*. Voir aussi: Bagnols

Dugué Demornay, 5875, 6156

Dugué de Tillières, Madame, 2757

Duguet, C. J., prêtre du diocèse de Lyon (le neveu), 5055

Duguet, Madame H., à Paris, 2010, 2022, 2605, 2759

Duguet, Jacques-Joseph, oratorien, 14, 32**, 676, 734, 797, 918, 1024, 1060, 1280–1285, 1333, 1369, 1484, 1534, 2758, 3001*, 3014, 3022****, 3110**, 3138, 3195, 3204, 3220–3221, 3222**, 3222***, 3667, 3964, 4092, 4250, 4283, 4695, 4697, 5056, 5788, 5789, 5876, 5936–5945

Duguet, consulte sur la chasteté, 4174

Duguet, Mademoiselle, 2010, 2022, 2759, 3364

Duguet, neveu, 1284, 1295, 1334, 3204, 4151

Duguet-Mol, Madame, nièce, (de Bart), 1092, 1666, 1799–1804, 2759, 2804, 3130, 3139, 3283, 3667, 4750, 5876, 5938, 5945, 6014

Duhamel, Henri Ch., curé de Saint-Merry, 452, 3057*

Duhamel, René, bénédictin à Préaux, 4421, 5057

Duhamel (Bel Hamel), Robert-Joseph-Alexis, à Seignelay, 1286–1288, 2178, 2760, 2767, 3014

Duhamel, Robert, 6054

Duhamel, prêtre de Bayeux, 5058

Duhamel, voir aussi: Goguet

Duhousset, Jean-Louis, à Paris, 5059

Dujardin, 4653

Du Juanet, 922. Voir aussi: Colin du Juanet

Du L., L., 3366

Dulac, 1516

Dulaincourt, voir: Boucher

Du Larry, à Paris, 3934

Du Lary, 7023/24

Du Laurier, à Rome, 2761, 3934

Dulerin, oratorien, 7023/24

Dulesneuf, voir: Boucher

Duliepvre, chanoine régulier au Bourg-des-Comptes, 6538, 7023/24

Du Liepvres, Gilles, ancien prieur de Saint-Gildas-des-Bois, 3845, 3934, 4428, 4449

Dulivier, P. L., à Bayonne, 5060

Du Luc, voir: Vintimille du Luc

Du Lys, à Paris, 3263

Dumail, 3222***

Du Mail, voir: Babaud du Mail

Du Marc, sœur Marie-Séraphique, religieuse de la Visitation, à Castellane, 4723, 4939

Du Maraing de Bellegarde, Dorothée, dominicaine à Prouille, 2184, 2188

Dumarnef, prieur de Bray, 500, 581–583

Dumas de Saint-Germain, sœur Élisabeth, religieuse de l'Hôtel-Dieu à Paris, 6539

Duménil, à Leiden, 2179

Duménil, à Paris, (De la Brosse, Du Tronchet), 2687, 2762, 3066

Du Ménillet, voir: Nivelle

Dumesnil, Claude-Louise de Sainte-Anastasie de Courtioux, prieure de Port-Royal des

Champs, 30, 225–231, 465, 617, 623, 638, 677, 798, 3047
Dumesnil, Simon, (Durval, Guelphe, Merlin), 285, 307, 310, 489, 584, 1535, 1920, 3057*, 3846, 4138
Dumesnil, à Paris, 5947
Dumois, Louis, ancien chanoine de Saint-Sauveur à Montpellier, 4340, 5397, 5820
Du Mois, voir: Jourdain du Mois
Du Molain, 585–587
Dumonceaux (Aspais Chesneau), chartreux, 2763, 3284, 3830, 3934, 3974, 4115, 4120–4122, 4476, 4483, 4485, 4787, 5447, 6189
Dumond, 3096
Dumont, docteur de Sorbonne, 918
Dumont, à Paris, 1714, 2180
Dumont, biographie, 32**
Dumont, voir: Varlet
Dumoulin, Madeleine-Thérèse, à Paris, 5061, 5757
Du Moulin, Madame Robert, 7023/24
Dumoulin, prêtre, à Paris, 5062
Du Moulin Henriet, archidiacre et chanoine de Nantes, 6540, 7023/24
Dunesme, Estienne, bénédictin à Saint-Denis, 7071
Du Noyer, voir: Ruth d'Ans
Du Ormeau, voir: Feydeau
Du P..., A., à Tours et à Bayonne, 3140
Dupac de Bellegarde, Mademoiselle C., 2118, 2189, 2195, 2199
Dupac de Bellegarde, Caroline, (nièce), 2118, 2181, 2185, 2189, 2193, 2195
Dupac de Bellegarde, Madame Catein, (Catherine), (sœur), à Toulouse, 2182, 2183, 2185, 2192
Dupac de Bellegarde, Mademoiselle Françoise, (sœur), à Toulouse, 2182, 2183, 2185
Dupac de Bellegarde, Gabriel, (Milor), 1335, 1709, 1839, 1864, 1869, 1876, 1880, 1881, 1892, 1894, 2011, 2022–2592*, 2182, 2185–2197, 2199, 2673, 2727, 2730, 2764, 2767, 2778, 2792, 2798, 2813, 2853, 2924, 3014, 3236, 3237, 3246, 3365, 3366, 3435, 3566, 3621, 3965, 3970, 5966, 6069, 6070, 6157, 7047
– annotations, 3207, 3605, 3615, 3700, 3932, 4164
– copies, édition et catalogue des ouvrages d'Arnauld, voir: Antoine Arnauld
– passeport, itinéraire et journal de voyage, 2026, 2619
– histoire de l'Église d'Utrecht, 2631**

– imprimées, 2674
– louage d'une chambre, 3387
– succession, maladie, vie et épitaphe, 3392, 3542, 3608
Dupac de Bellegarde, comte Gabriel-Marie, neveu, capitaine de cavallerie, 2182, 2189, 2195, 2197, 2198, 2201, 3436
Dupac de Bellegarde, abbé Guillaume, chanoine-comte de Lyon, frère de Gabriel, 2181, 2185, 2186, 2188, 2189, 2191, 2192, 2201, 3438
Dupac de Bellegarde, baron Guillaume-Marie, enseigne de vaisseau, neveu, 2181, 2182, 2185, 2186, 3435
Dupac de Bellegarde, Mademoiselle Jeanne-Françoise, (Pouponne), à Prouille, 2181, 2184, 2188, 2194, 2196
Dupac de Bellegarde, marquis Jean-Pierre, frère de Gabriel, 2181, 2185, 2186, 2189, 2191, 2192, 2196, 2201, 2329
Dupac de Bellegarde, Louise, (nièce), 2181, 2185, 2186, 2193, 2196, 2199, 2201
Dupac de Bellegarde, Madeleine, (nièce), 2181, 2185, 2186, 2193, 2195, 2196, 2201
Dupac de Bellegarde, Marie, (nièce), chanoinesse, 2118, 2189, 2190, 2193, 3437
Dupac de Bellegarde, chevalier, 2201
Dupac de Bellegarde, Mesdames, à Toulouse, 2190
Dupac de Bellegarde, prieure de Prouille, 2053, 2184, 2185, 2190, 2194, 2208
Dupac de Bellegarde-Gros, Madame Dorothée, femme de Jean-Pierre, 2185, 2191
Dupac de Bellegarde-de Pradier d'Aigrain, Madame Philibert-Claudine, épouse de Gabriel-Marie, 2181, 2197, 2201. Voir aussi: Pradier
Dupac de Bellegarde, famille, 3435–3438. Voir aussi: Du Maraing de Bellegarde, Estaing de Bellegarde
Dupac-Duvivier, Madame, (cousine), 2200
Duparc, voir: Dupac de Bellegarde
Du Parquet, prêtre à Paris, 5063
Dupasquier, Jean, prêtre et chanoine de Senez, aumônier de Mgr. Soanen, 5948, 6349, 6357, 6913
Du Passage, Mlles, 7023/24 (Passage)
Duperoux Desgranges, prêtre et ancien curé du diocèse de Bourges, 5064
Duperron (Dilhe?), 2202. Voir aussi: Anquetil
Du Perron, à Liège et Petersbourg, 3439
Du Pille, abbé à Paris, 166, 475
Dupin, Louis-Élie, 1025, 1443, 1471, 3220

Dupin, diacre et chanoine de la cathédrale d'Alais, 6541, 7023/24
Du Pin, voir: La Tour du Pin de Montauban
Duplessis, 344
Duplessis, jésuite, 5927
Duplessis, à Amsterdam, 1921, 1985, 2765, 3817, 3847
Duplessis, confrère de l'Oratoire, à Niort, 6766
Duplessis, à Chilly, 5949, 5950
Duplessis, voir aussi: Piet Duplessis
Dupont, Charles, bénédictin, ancien professeur de théologie, à Blois, 4399, 4400, 4412, 4423, 4451, 5065, 5395, 6194
Dupont, Étienne, 2766
Dupont, voir: La Haye, de, N. Legros, Poulet
Dupont, à Pozzo, voir: Varlet
Duportail, Claude Johanne, prêtre de l'Oratoire, à Saumur, 1026, 1272, 4348, 4534, 5066, 5433, 5984
Duportal, Pierre, prêtre de la Doctrine Chrétienne, 5067
Dupré, Jacques, curé de Roelofarendsveen, 3934
Dupré, Marguerite de Sainte-Gertrude, 9, 114, 118, 242, 243, 255
Dupré, à Lyon, 7023/24
Dupré, 3222***
Dupré, voir aussi: Leclerc Dupré, Varlet
Dupré de Saint-Maur, 1360*, 2203, 3440
Du Puget, Henri, évêque de Digne, 6815
Dupuis, accord avec Latrie, 3995
Dupuis, 3669
Dupuis, voir aussi: Barbeaux, Dilhe, François de Sales Dupuis, Madame Guélon, La Mottiere, Quesnel
Dupuis de Saint-Jean, Gabriel, feuillant, à Paris, 6788, 7023/24 (aussi: Dupuis)
Dupuy, A., abbesse du Ronceray, 70
Dupuy, André, bénédictin de l'abbaye de Saint-Jouin de Marnes (diocèse de Poitiers), 6542
Dupuy, J. L. B., à Schonauwen, 3670
Du Puy, oratorien, 7023/24
Dupuy, chanoine de Condom, 4316, 5068, 6383
Dupuy, avocat à Paris, 948*
Dupuy, Madame, 3141
Dupuy, voir: Dilhe
Dupuy Saint-Sauveur, 280
Duque[s]noy, abbesse de l'Estrées, 1028
Duquesnoy, 2952
Duquesnoy, voir: Nivelle

Durand, F., et fils, à Montpellier, 2204
Durand, prêtre de Doué en Anjou, 4297, 5069
Durand, 7023/24
Durani, à Rouen, 1774
Duranville, sœur Bellemare, supérieure du monastère de Saint-François de Bernay en Normandie, 6543, 7023/24
Dureau, M., 923
Duret, Edmond-Jean-Baptiste, bénédictin, à Corbie et à Saint-Germain-des-Prés, 1029, 5070, 6544, 6680, 7023/24
Duretal, oratorien, à Lyon, 4334, 4541, 5071, 5433
Du Rieux, Monsieur et Madame, 3360
Du Rieux, Thomas, biographie, 32**
Du Rocher, voir: Rocher, Des Rochers
Du Rosay, prieur à Rouen, 1788
Duroussin, Philibert, bénédictin à Pontlevoy, 5072
Du Royon, voir: Fontpertuis
Durozier, Joseph, oratorien à Saumur, 4535, 5073
Du Ruel, curé de Sarcelles, 3848, 3933, 4999
Durval, voir: Dumesnil, Simon
Du Saussay (de Marolle), Louis, chanoine d'Orléans, 678, 3052, 4148, 4345
Du Saussay, Marie-Ferrand, official de l'Église de Paris, 3211
Du Saussoy, curé de Haucourt (diocèse de Rouen), 5074
Dusellier, 3817
Dusolon, voir: Verzeau
Dustou, P., dominicain, 2194
Dutens, Louis, à Londres, 2205
Du Til, voir: Hennebel
Dutour, prêtre à Paris, 2755
Dutour, dominicain à Toulouse, 2206
Dutour, à Naples, 3366
Dutour, à Soissons, 517, 3060
Dutour, 3966
Dutour, voir: Quesnel
Du Tremblai, voir: Clément du Tremblai
Dutreul, S., oratorien à Paris, 3222***, 4547, 5075, 5433, 7023/24
Du Tronchet, chevalier, à Paris, 7056
Du Tronchet, voir: Duménil
Du Tronchoy, A., chanoine de Saintes, 134, 167, 386, 3216
Du Trouillas, Lomb., 168
Duval, Laurent, prémontré, curé-prieur de Boisemont (diocèse de Rouen), 5076
Duval, dominicain à Prouille, 2188, 2190, 2208

Duval, Madame, 3275
Duval, voir: Houasse
Duval de Dampierre, Mademoiselle, 169.
  Voir aussi: Dampierre
Du Vallois, Marie-Madeleine de Sainte-
  Gertrude, 213, 244, 679, 1030
Du Vallon, curé de Champoulet (diocèse
  d'Auxerre), 5077
Duvau, prêtre d'Auxerre, 6410, 7023/24 (Du
  Courtil)
Du Vaucel, Louis-Paul (Duchamps, Waloni),
  281, 438, 892, 925, 1031, 1231, 1296, 1322,
  1415, 1536, 1633, 1636, 1922, 2595, 2655–
  2658*, 3052, 3142, 3221, 4286
Duvel, Jean-François, bénédictin au monas-
  tère de N.D. de Lyre par Conches en
  Normandie, 6545, 7023/24
Duverbois, 588
Duverdon, Ignace de, (Beauregard), char-
  treux, à Schoonhoven, 3671, 3933
Duvergier, curé de Geours (diocèse de Dax),
  6546. Voir aussi: Le Vergier
Duvergier, Jean-Gerard, prêtre de la Doctrine
  Chrétienne, à Moissac, 4505, 6301
Du Vergier, voir: J. B. Mouton
Du Vergier de Hauranne, Jean, abbé de Saint-
  Cyran, 32*, 32**, 41, 352, 353, 384, 455,
  808, 3057*, 3206, 3207, 5996, 6074
Du Vignaud des Vories, sœur Mélanie-
  Augustine, religieuse à Blois, 6903
Du Vilard, voir: Costa du Villard
Du Vivier, B., 2209
Duvivier, voir: Devivié, Dupac, Touvenot
Duvivier, Madame, 7023/24
Duvivier Lansac, chanoine-comte de Lyon,
  à Paris, 2210
Du Viviers, 3037
Duycker, Van den, voir: Jallabert
Duynkercken, van, voir: Wittert van Duyn-
  kercken
Du Zele, comte, 5493
Duzillon, voir: Quesnel
Du Zilly, 1163
Dijck, sieur van, 1669

E., P., docteur de théologie, à Paris, 30
Eaubonne, F. d', curé d'Epiais (diocèse de
  Paris), 5009, 6199
Eaubonne, d', chanoine de Paris, 5008, 6547,
  7023/24
Eaubonne, d', voir aussi: Andigné d'Eaubon-
  ne
Ecius, 3066

Eeckhout, Augustin van, abbé des prémontrés
  de Grimberghen, 3933, 3934
Effertz, M., Marin, lecteur à Cologne, 2211
Egisti, Giovanni-Antonio, à Vienne, 2212
Ekemars, facteur de poste à Zwolle, 4141
Elbecque, Norbert d', (Rivius), 1032, 1528,
  1914
Elbene, d', voir: Delbene
Elbène, Madame d', religieuse de Fontevrault,
  3209
Eléonore, sœur, 7023/24
Eleuterius, voir: Meyer, Livinus de
Élisabeth de la Sainte-Mère de Dieu, carmé-
  lite, 748
Elizé, P., 2853
Elvard, Jean, 5524
Emart (Aimar), voir: Jallabert
Emeric, sœur Anne-Charlotte d', religieuse de
  la Visitation, 6359
Emilic, sœur, 6252
Emmanuel, Jean, prêtre à Pavie, 4180
Emmeclaer (Foeyt), Mademoiselle d', 1216
Engelfred, fermier de Senez, 7023/24 (Arnaud)
Engelfred, prêtre fugitif du diocèse de Senez,
  à Lyon, 6548
Engelfred, dit le Marseillois, bourgeois, 7023/
  24
Enschede, J., en Zonen, à Haarlem, 3442
Enselme, Jean-Charles, 5768
Epernon, Anne-Marie de Jésus d', carmélite,
  14, 823, 1280, 3053, 3057, 3220, 4286
Épinay, d', 5078
Épinay, Madame d', voir: Beauvau
Epouesse, Mademoiselle d', 3222***
Eraniste, Eusèbe, voir: Clémencet
Erckel (Erckelius), Johannes Christianus van,
  curé à Delft, doyen du chapitre métro-
  politain d'Utrecht, vicaire général s.v.,
  1033, 1416, 1610, 1924, 3339, 3672, 3753,
  3781, 3803, 3816, 3849, 3931, 3933, 3934,
  3978, 4053, 4092, 5079, 6549, 6942, 7019
Ergny, d', à Paris, 6550
Ermar, Pierre-Louis, bénédictin à Saint-
  Florent lez Saumur, 4395, 4436, 5947
Ernsthuys, André Casimir van, à Paris, 3672*
Eschausses, curé de Bazanne, à Paris, 2213
Esclimont, comte d', prévôt de Paris, 6551.
  Voir aussi: Bullion
Espen, Zeger-Bernard van, professeur de
  l'université de Louvain, 1538, 3228, 3673,
  3933, 3934, 4260, 5080
– causa, 2136
– supplément, 2344, 2660, 3673

- œuvres, 2437
- *de vita et scriptis*, 2593, 4048
Espert, Fr., augustin à Perpignan, 2214
Espinose, d', 2769
Espinose, d', archi-diacre à Nantes, 5081, 5413
Espoisses, Mademoiselle d', 7023/24. Voir aussi: Despoisses, Guitaud
Espoy, le chevalier d', à l'abbaye de Saint-Polycarpe près Limoux, 5082
Esprit, oratorien, 563, 829
Esprit de Blois, capucin, 1034
Esquieu, abbé, à Paris, 5083
Estaing, Madame H. M. J. de Fontaine Martel d', 1035, 3222***, 7023/24
Estaing de Bellegarde, Hélène de l', à Toulouse, 2182, 2183, 2185, 2187, 2192
Estang, de l', voir: Belpèche
Estève, E. P., 5877
Estève, Jacques, à Montpellier, 5735
Estève, Jean-Henry, prieur-curé de Saint-Vincent de Barbeyrargues, archi-prêtre d'Assas, 4340, 4744, 5084, 5951, 5952, 6387
Estienne, Dom, 415
Estienne, dominicain, 2216
Estrées, César cardinal d', évêque d'Albano, 4803
Estrées, Félicité Perpétue d', 1036. Voir aussi: Félicité
Estrées, maréchal d', 7090
Étampes de Valençai, L. d', archevêque de Reims, 564
Étemare, Jean-Baptiste Le Sesne de Ménilles d', (Preaux, Renton, Rigobert, de la Rivière, Senneville), 1037, 1249, 1254, 1258, 1262, 1297, 1336, 1347, 1417, 1473, 1494, 1495, 1498, 1707, 1716, 1734, 1749, 1752, 1798, 1819, 1820, 1839, 1854, 1880, 1881, 1894, 1900, 1999, 2012, 2022, 2023, 2062, 2064, 2215, 2324, 2343, 2675–3013*, 2730, 2737*, 2844*, 2887*, 3089, 3090, 3099, 3101, 3108, 3143–3146, 3186, 3275, 3279, 3287, 3296, 3366, 3368, 3383, 3384, 3674, 3851, 3968, 4097, 4132, 4698, 4765, 5086, 5449, 5878, 5947, 5953–5977, 5998, 5999, 6012, 6092, 6157, 6266, 6302, 6325, 6553, 6577, 7023/24, 7047, 7051, 7139–7146
- personalia, 2675
- lettres reçues, 2062, 2676–3013*, 3144, 3366, 3368, 4097
- octroi ad testandum, 2675
- vie et ouvrages, 2597, 3605
- divers écrits, 5972–5977
- copies, 2661, 2975, 3018, 3029–3085, 3203, 3205, 3222**, 3222***, 3275, 3933, 3970, 4092, 4136, 4182
- réflexions sur l'Écriture Sainte, 2666
- réflexions sur les miracles, 5958
- mémoire sur Antoine Arnauld, 2667
- consultation sur les convulsions, 5960
- minutes de lettres, 2745, 2747, 2762, 2785, 2790, 2853, 3009, 3014, 3144
- annotations, 917, 1359, 2752, 2904, 2932, 3017, 3022, 3130, 3160, 3193, 3368, 3700
- postscripta, 2968, 3096, 3365
- minutes de mémoires etc., 3014–3028
- extraits de lettres et écrits, 3018, 3019, 3205
- conservations, 3022
- mémoire pour, 3153
- mémoire sur ses fonds et succession, 3441, 3615
- mémoire sur un troisième évêque, 3968
- acte d'appèl, 3614
- généalogie, 3028
Étemare, Monsieur et Madame d', parents de Jean-Baptiste, 2770, 4182
Étemare, sœurs de l'abbé, 2849, 2857–2860, 2933*
Étemare, d', cousin et cousine de l'abbé, 2883, 2924, 2986. Voir aussi: Rully, de
Étemare, d', famille, 3086–3230
Étienne, frère, bénédictin, 2216
Étienne, frère, voir aussi: Le Couteulx Desaubois
Étoile, F. B. abbé de l', 749
Eudes, administrateur des sacrements dans la paroisse de Sainte-Marguerite, à Paris, 5087
Eudes, P., 3066
Eugénie, Mère, hérésies, 370
Eugénie, sœur, de la Visitation à Troyes, 7023/24
Eusèbe Eraniste, voir: Clémencet
Eustace, 225, 237, 247, 249, 250, 361, 622, 626, 680, 1038, 3055, 3147, 3220
Eustache, abbé de Septfont, 170, 3051
Eustache de Saint-Michel, carme déchaussé à Charenton, 6554
Eveillard, Noël, bénédictin au monastère de Tuffé (diocèse du Mans), 6531, 7023/24
Evrard, Dom Pierre, à Saint-Ghislain, 1539, 3928, 3933
Eymar Saint-Jean, prêtre de Forcalquier (diocèse de Sisteron), 5089
Eyssautier, prêtre de Riez, 5090, 7023/24

F., D., à Paris, 2141, 2771
F., des, 7023/24
F. de Saint-Augustin, abbesse de Gif, 71
Fabarel, grand chantre de l'église de Saint-Étienne à Dijon, 5091
Fabier, curé à Casillac, 4340, 5831
Fabin, Jean-Baptiste, prêtre à Rigny, 2772
Fabre, Joseph, prieur-curé de Barrême, 6349, 6555, 7023/24
Fabre, mémoire au P., 4054
Fabricius, Franciscus, 1540
Fabricy, Gabriel, dominicain, 2217, 2221, 2375
Fages, Jean, 5734
Fagnier de Vinets, Marie, prieure des bénédictines de Saint-Joseph, à Châlons, 3852
Fagon, Antoine, évêque de Vannes, 6112
Failly, ecclésiastique de Paris, 5092
Falconis, Mademoiselle, à Paris, 2680
Falla, Grégoire, abbé du Val Saint-Lambert, à Liège, 2218, 3249, 3443
Faret, Marie, 830
Farges de Lyon, 1541
Farges, des, ancien officier, à Paris, 6556
Fargues, maître, 5783
Farolfi, Ercole, à Pistoie, 3444
Faronville, sœur de, 781
Farvacques, P., chanoine de Tournai, 1274, 6557, 7023/24
Fasinghen, à Boulogne, 1673
Fau, Henry-Louis, bénédictin de l'abbaye de Saint-Étienne de Caen, 5872
Faucher, J. P., en Tonkin, 1913, 1997, 3713
Fauconnier, Jean, 1106
– biographie, 32**
Faugère, Prospère, 3209
Faugeron, Cécile, 1815
Fauquembergue, Monsieur de, 556
Faure, François V., évêque d'Amiens, 589, 3060
Fautras de Saint-Paul, Marie-G., religieuse augustine, à Paris, 6558, 7023/24
Fauvel, curé de Saint-Sauveur à Caen, 5093
Fauvel (Coursillon), à Aix-la-Chapelle et Maestricht, 3969
Favoriti, Agostino, secrétaire du Chiffre, 443, 3217
Febronius, Jean-Nicolas, (J. N. von Hontheim), 2169, 2329, 2336, 2437, 3601
Feillet, de, voir: Clément de Feillet
Feistemantel & Co., à Amsterdam, 3445
Félicité, sœur, 3147*
Félicité, sœur, de l'Hôtel-Dieu, 7023/24

Félicité de Jésus, sœur, 6131
Fénelon, François de Salignac de la Mothe, archevêque de Cambrai, 862, 918, 933, 1202, 3752
Fénelon, à La Haye, 1418, 3782
Fenouillet, Pierre, évêque de Montpellier, 4269
Ferdinandi, L. A., 2219, 2616
Féret, A., (Madame Allen), 72, 3210
Féret, S., curé de Saint-Nicolas à Paris, 518, 831
Féret, 681, 3052, 3060
Fermal, Charles, bénédictin à Saint-Vincent du Mans, 6559, 7023/24
Fernanville, Simon de, prêtre du diocèse de Besançon, 1337, 1732–1734, 1925, 2773, 3014, 3148, 3204, 5095, 7023/24
Ferrand, à Dijon, 1419. Voir aussi: Dilhe
Ferreira, voir: Pinheiro Ferreira
Ferriere, Amable, bénédictin de l'abbaye de Souillac en Quercy, 5096
Ferrou de Mondion, ancien curé de Lardy, desservant la cure de Guibeuille (diocèse de Paris), 5098
Ferrouillat (Pasquier), 2003*
Fessler, Ignaz Aurel, (P. Innocent, capucin), à Vienne, 2283
Fétizon, 1072, 1603
Feu, Marie des Anges de, 245
Feu, curé de Saint-Gervais à Paris, 2773*, 5099, 6198, 7023/24
Feuillet, chanoine, 751, 924, 3051
Feuquieres, voir: Pas-Feuquières
Fey, du, voir: Dufey
Feydeau, Mathieu, (Du Ormeau), 171, 363, 590–608, 609, 750, 776, 867, 887, 3055, 3060, 3066, 4285. Voir aussi: Flambart, La Croix
Fichet, J., à Amsterdam, 2220
Fiefvet, prêtre de la Mission, 6079
Fileau, voir: Madame de Fontpertuis
Filippucci, voir: Philippucci
Filletières, de, 4650, 6945, 7023/24
Filletières, Madame de, 7023/24 (= Mlle Le Blond)
Filletières, Rouillé des, à Paris, 2984, 5016, 6560, 7023/24
Fiqueredo, voir: Pereira de Fiqueredo
Fitz-James, François de, évêque de Soissons, 5978–5980, 6055
Fizes, Jean-Joseph, bénédictin à Caunes, 4427, 4429, 5100
Flambart, compagnon de Feydeau, 609–613

Flavie, sœur, de l'abbaye de Saint-Loup-lez-Orléans, 4954

Flécelles, Mademoiselle Angélique de, 616–619

Flécelles, Élisabeth-Madeleine de, 620–623

Flécelles, Madeleine de Sainte-Sophie de, 247, 614, 618, 620, 621, 624, 628, 3066

Flécelles, Marguerite de, 624–628

Flécelles, Madame de, 614–615

Flécelles de Brégy, A. M. de Sainte-Eustoquie de, 246. Voir aussi : Brégy

Fléchier, abbé, 751

Flet, à Abbeville, 1692

Fleur de Rouvroy, curé de Ronchères, près Saint-Fargeau, 6212, 6561

Fleuri, jésuite, 5927

Fleuriau, Louis-Gaston, évêque d'Orléans, 1737, 7108

Fleury, Claude, 970*, 4054

Fleury, Joseph, bénédictin de Saint-Riquier, 4394, 6562, 6848, 7023/24

Fleury, Yve, prêtre du diocèse de Beauvais, à Paris, 5102

Fleury, prêtre, 880

Fleury, curé de Saint-Victor à Orléans, 7108

Fleury, André-Hercule cardinal de, évêque de Fréjus, 1484*, 1806, 3222***, 3803, 3934, 4684, 5085, 5101, 5512, 5677, 5686, 5912, 5981, 6163, 6168, 6207, 6320, 6323, 6563, 7023/24

Fleury, François de, confesseur de la reine de Pologne, 3213, 3214

Fleury, Jean de, seigneur de Die, 5981

Fleury, voir : Joly de Fleury

Flocque, de, curé d'Alnay, 6564, 7023/24

Flon, voir : Cossart de Flon

Florac, marquis de, à Nîmes, 5742

Florian, Declari, prêtre de l'Église anglicane, à Londres, 5879, 5913

Floriot, Pierre, 135, 377, 752

Flory, Charles de, missionnaire en Chine, 1997

Flory, M., ordination, 3639

Flourent, Jean-François, religieux d'Orval à Torenvliet, 3933, 3934, 5440

Floyrac, Dom Baptiste, bénédictin au Mans, 6216

Fock, M., à Liège, 2218

Foeyt, voir : Emmeclaer, Mademoiselle d'

Foggini, Pier Francesco, garde de la Bibliothèque du Vatican, 1715, 1729, 2207, 2222, 2617, 2630, 6060

Foggini, Nicola, 2375

Foix, Jean-Pierre-Gaston de, 14

Foix, M. de, abbesse de Saintes, 266

Folard, chevalier de, à Paris, 3367

Follini, Bartolomeo, à Florence, 2223, 2489, 3447

Fondouve, voir : Laserre

Fonspertuis, voir : Fontpertuis

Fontaine, Claude, bénédictin à Saint-Benoist-sur-Loire et à Orléans, 4431, 6565

Fontaine, J. B., à Utrecht, 2774, 3435, 3448

Fontaine, sœur Jeanne-Alphonsine, religieuse de la Visitation, à Melun, 6566, 7023/24

Fontaine, Nicolas, 240, 3065 (Mémoires sur messieurs de P.R.)

Fontaine, curé de Mantelan (diocèse de Tours), 5103

Fontaine, voir aussi : Alblainville, Estaing, Hutin, Massuau

Fontaine, M. del, 3543

Fontaine de la Roche, rédacteur des *Nouvelles Ecclésiastiques*, 5982–5985, 6946

Fontaine Ryant, Madame de, 918

Fontaine des Montées, Charles, évêque de Nevers, 6233

Fontana, Gregorio, professeur à Pavie, 2224

Fontbonne, Jean-Baptiste, bénédictin à Saint-Benoît, 5104

Fontenay, voir : Varet de Fontenay

Fonteni, de, voir : Gobert

Fontenille, Monsieur de, 1692

Fontpertuis, A. C. de, 658, 1791

Fontpertuis, Monsieur de, le fils, 639

Fontpertuis, Angélique Angran, comtesse de, (Du Royon, Fileau, Le Tallu, Le Tanneur, de Mérilles, de Vaux), 32**, 596, 629–658, 631, 727, 1112, 1323, 1654, 2595, 3046, 3050, 3052, 3056, 3057, 3216, 3217, 3220–3222**

Forbin Janson, Toussaint cardinal de, évêque de Beauvais, 777, 5220

Forestier, chanoine de l'église de Saint-Lazare d'Avallon (diocèse d'Autun), 5105

Forestier, oratorien à Nevers, 5987, 7023/24

Forget, Agnès de Sainte-Blandine, 682

Fort, oratorien à Marseille, 5106

Fortbois, P. de, jésuite, professeur au collège de Sedan, 3934

Fortet, 1753*

Fortin, 7023/24

Fortin, (Abraham Fortijn), (de La Haye), marchand à Amsterdam, 1037, 1421, 1917, 1960

Fortin de la Hoguette, Hardouin, évêque de Poitiers, 3066

353

Foucher, abbé, censeur à Tours et Paris, 1289, 1716, 2225, 2775, 3366

Foucquet, oratorien à Paris, 1420, 4545, 5107, 5988, 5989, 6568

Fougeray, Jeanne et Françoise, 1039

Fougerolle, Madame, religieuse de la Visitation, 7023/24

Fouillou, Jacques, (De la Place, De la Fontaine), 29, 32**, 683, 725, 727, 730, 977, 995, 1040, 1150, 1157, 1290–1326, 1399, 1421, 1443, 1541*, 1756, 1757, 1848, 1926 2666*, 2776, 3014, 3204, 3207, 3220, 3221, 3222**, 3275, 3326*, 3339, 3675, 3933, 3934, 4711, 4771, 5108, 5568, 5713, 5772, 5880, 5926, 5990–5997, 6226, 6273, 6303
– thèses, 5990

Foulon, N., bénédictin, 2226, 3449

Foullon, secrétaire de M. Deslyons, 582

Fouquet, François, évêque de Bayonne, depuis archevêque de Narbonne, 832, 1228

Fouquet, Charles-Armand, biographie, 32**

Fouquet, L., évêque d'Agde, 15, 597

Fouquet, P., 2777, 3014, 3204, 5957

Fourcroy, Marie-Jeanne, 5778

Fouré, François, oratorien à Grenoble, 1040*

Fouré, oratorien, chanoine de Nantes, syndic de la faculté de théologie de Tours, 1041, 1800, 5109, 5413, 6569

Fourgon, Barthélemy, prêtre de Lyon, 4999, 6192

Fourgon, M., prêtre de Lyon, à Paris, 1735, 4653, 5110

Fourmondière, voir: Veron Fourmondière

Fourneau, G. G., à Liège, 3450

Fournel, F. H., 2013, 2016

Fournerat, sous-diacre du diocèse de Langres, 5111

Fournier, Léonard, 32*

Fournier, Pierre, bénédictin à La Grasse, 4408, 5112

Fournier, chanoine régulier, 5191

Fourquevaux, Jean-Baptiste de Pavie de (Bonneval, de Valbon), 1289, 1327–1365, 2227, 2396, 2598, 2661, 2670, 2778, 2853, 3014, 3143, 3149, 3203, 3204, 3222**, 3366, 3368, 3384, 3970, 4699, 5113, 5448, 5449, 5963, 5998, 5999, 6158, 7023/24, 7139–7146
– ouvrages, 1361
– vie, 3369

Fourquevaux, marquise de, mère de Jean-Baptiste, 1338, 7023/24

Fourquevaux (de Valbon), Mlle de, (nièce), 2228, 2779, 3368, 3369

Foynat, chapelain de Courgy (diocèse d'Auxerre), 4301, 4745, 4999, 6411

Fraissinet, V., à Amsterdam, 3971

Framéry, de, 3057

Franc, voir: Simon

Francastel, de, 799

France, Jean-Baptiste de, bénédictin au Mans, 4419, 6570

Francière, L. de, 2780, 5114

Franciscus, Praepositus Monachii, 2229

François, M., à Bruxelles, 1428

François, frère, 468

François, curé de Saint-Pantaléon de Troyes, 5115

François de Paul, 14

François de Saint-Joseph, feuillant à Paris, 5116

François de Saint-Laurent, feuillant à Tours et à Soissons, 6091, 6571

François de Sales, 14, 728, 6027

François de Sales Dupuis, voir: Le Blond

Frankenberg, Jean-Henri, cardinal, archevêque de Malines, 2344, 2637, 3496

Franquet, curé de Vitry-le-Brûlé, 4214, 7153

Frapé, Mademoiselle, 672

Fraycinhes, Jean-Antoine, prêtre du diocèse de Rodez, 4999, 5117

Fredin, curé de Fremenville (diocèse de Rouen), 5118, 5555

Frehel, curé de Notre Dame du Port, à Clermont, 5119

Fréjeville (de Lastour), 1339

Fremond, confrère de l'Oratoire, à Niort, 6766, 7023/24 (Fromond)

Frenaye, Joseph, 7023/24

Frenaye, neveux de Mgr Soanen, 6949, 7023/24

Frenaye, sœurs, religieuses de la Visitation, nièces de Mgr Soanen, à Riom, 6004–6006, 6270, 6330, 7023/24
– Gabrielle, 6330
– Gilberte, 6330
– Jeanne-Thérèse, religieuse de la Visitation à Riom, 4561, 6004, 6006
– Marie-Agnès, religieuse de la Visitation à Riom, 4561, 6005, 6006
– Marie-Anne, 6330

Frenaye, Mademoiselle, nièce de Mgr Soanen, 7023/24

Frenaye, Madame, sœur de Mgr Soanen, 4670, 6000, 6001, 6948

Frenaye, lieutenant, et Madame Frenaye, lieutenante, à Gannat, neveu et nièce de Mgr Soanen, 6003

Frenaye, Madame, lieutenante, 7023/24
Frenaye de Champcourt, neveu de Mgr Soanen, 7023/24
Frenaye Des Cassières, neveu de Mgr Soanen, 6002, 6949, 7023/24 (Descassieres, Frenaye, Frenaye l'aîné)
Frequau, de, voir: Quesnel
Freschot, Casimir, à Luxeuil, 3853
Fresne, Madame, 627
Fresne, de, voir: Quesnel
Fressant, P., à Paris, 5120
Frigard, Pierre, prêtre de Louviers, en Normandie, 4321, 4474, 5088, 5908
Frizon, 3221
Fronteau, ancien bénédictin, à l'abbaye de Saint-Florent-le-Vieil, 5121, 5282
Froumentières, Madame A. de, 463
Fulgence, capucin à Paris, 4461, 4464, 5122, 5949
Fulger, secrétaire du grand-duc de Toscane, 2038
Fumel, Jean-Félix-Henri de, évêque de Lodève, 7094
Furstemberg, voir: Seignelay
Fuveau, supérieur de l'Oratoire, 7023/24

G., D., 2781
G., abbé, 3365
G., à Fontenay, 5882
G., P. de, réponse sur les convulsions, 4129
G., de, oratorien, 3222***
Gabaret, P., 925, 926
Gachet, prêtre à Paris, 4961
Gadagne, Marie Gabrielle de, supérieure des annonciades à Lyon, 73
Gaffarel, Joseph, oratorien à Nevers, 5123
– vie, 32**
Gagne, chanoine de Saint-Étienne de Dijon, 6007
Gagnin, 3007
Gagnon, abbé, à Paris, 1736, 2230, 3366, 7023/24
Gaillard, à Richelieu, 3102, 3150
Galart, chanoine de l'église du Saint-Esprit, près Bayonne, 5124
Galart, Michel, dit Gilbert (de la Cose), diacre, 1927*, 2000, 2020, 2787, 3151, 3222**, 3288, 4133
– différend avec Savoye, 3972
– ses meubles, 3989
Galassini, Maria Elisabetta, 3451
Galbaud, Guillaume, bénédictin à l'abbaye de Bourgueil en Anjou et à Saint-Florent

lez Saumur, 4395, 4447, 6572
Galier, Mlle, voir: de Joncoux
Gallais, Laurent, bénédictin de l'abbaye de Saint-Pierre de la Couture (diocèse du Mans), 4419, 5125
Galliot, J., syndic de la faculté de théologie de Nantes, 5127, 5413, 6758
Galliot, chanoine-théologal d'Angoulême, 4298, 5126, 6380
Gallipaud, P., 1825
Gallison, Charlotte de Sainte-Radegonde, sous-prieure, depuis supérieure du Calvaire de Loudun, 2975*, 3014, 3146, 5341, 6705
Gallitzin, voir: Dolgorouky, Irène Petrovna
Galloche, à Poitiers, 3103
Galloche, curé de Saint-Pierre, 3238
Gallois, F., voir: Petitpied
Gallot, 7023/24
Galloya, 519
Galvan, B., 1542
Gamaches, comtesse de, 6950
Gamaches, marquise de, 4286
Ganderatz, théologal et chanoine de Tarbes, 5128
Gar, de, 753
Garbrin, L. H. de, 814
Garcin Taulane, voir: Garsin
Gardane, A., à Hispahan, 3676, 3753
Gardey, oratorien, 754, 776, 1042
Gardouch, marquis de, 6008, 7023/24
Gardouch-de Jul(l)iard, Madame de, à Toulouse, 2231, 6624, 7023/24
Garelli, Pius Nikolaus, chevalier, protomédecin de l'impératrice et bibliothécaire à Vienne, 1625, 3933
Garenc, Pierre, oratorien à Montpellier et Pézenas, 5140, 6387, 6797
Garin, Madame, 7023/24
Garnier, P., 6331, 7023/24
Garnier, Mademoiselle, 7023/24
Garnier, voir: Soufflot, Modeste
Garralon, P., provincial des dominicains, 2190
Garreau, Jacques-Christofle, solitaire à Marmoutier, 3152, 4447, 5129
Garrigoux, C., à Soissons, 3452
Garrus, Jean-François, confrère de l'Oratoire, à Pézenas, 6574, 7023/24
Garsin, Joseph-Félix, lieutenant général de Castellane, 6912
Garsin, prêtre à Castellane, 5131, 6089
Garsin de Taulane, 6573, 7023/24 (d'Allons, Garsin)

355

Garsin, prêtre à Paris, 4599

Gasq, prêtre à Lieuran de Ribeaute (diocèse de Béziers), 5132

Gassaigne, dit Philibert, Jean-Antoine, 3511

Gasse, curé de Saint-Rémy à Bordeaux, 2232, 2782, 6448, 6575, 7023/24

Gassendy, Louis, sous-diacre de Riez, chanoine de Senez, 6344

Gastaud, abbé à Aix, 995, 1043, 6951

Gaucher, Alexandre-Joseph, chanoine de Jargeau (Gergeau), 1737, 6576, 6776

Gaudeffroy, Anne, religieuse hospitalière d'Orléans, 5438, 6778, 6780, 7023/24

Gaulard, Claude-Charles, augustin, 3934

Gaulard, Marie-Jeanne, épouse de Stapart, 5606

Gaulier, secrétaire du roi, à Paris, 2638

Gaullier, 2215

Gault, Marie, 7023/24 (Ango)

Gaulthier, N., 74, 78

Gaultier, Jacques, bénédictin à Vendôme, 4411, 5133, 5623

Gaultier, Jean-Baptiste, prêtre d'Évreux, chanoine, grand vicaire, bibliothécaire de Mgr Colbert, de Boulogne, 1044, 1392, 4795, 4802, 5134, 5926, 6009–6048, 6123, 6125, 6217, 6221, 6387
– Traité de la Doctrine Chrétienne sur l'Espérance par, 7039

Gaultier, F. L., curé de Savigny-sur-Orge, 1824, 5840, 5950

Gaultier, Laurent-Augustin, chanoine régulier à Châtillon-sur-Seine, 4373, 5135

Gaultier, Jean, 6009

Gaultier, 5816

Gaultier, à Louviers, 6126

Gaultier de Boisgourmon, Louis-Charles, prieur de Chalais en Poitou, (De Lérines), 2004, 2707*, 2783, 2837, 2996, 3143, 3144, 3163, 3297*, 3703, 3974, 4083(?), 4131–4136, 4139, 5069, 6577, 7023/24 (Chalais)

Gautarel, ministre protestant, 5926

Gautheron(?), à Paris, 7023/24

Gautheron, sœurs, ursulines, 7023/24

Gauthier, prieur du Sauveur Agonizant à Toulon, 5136

Gauthier Pasquier, Madame, à Paris, 2233

Gautier, Jean-Jacques, vie, 32**

Gautier, Joseph, bénédictin à Montolieu, 5137

Gautier, Pierre, à Pézenas, 5250, 5751

Gautier, curé de Poitiers, 5138

Gautier, Père, à Pézenas, 5139

Gautier, docteur de Sorbonne, 1992

Gautier, interrogatoire de, 3066

Gautrin, Louis, chirurgien à Pontoise, 5747

Gayot, Gérard, prieur des feuillants, 3854, 5141

Gazan, prêtre du diocèse de Chartres, 5088, 5142

Gazelli, chevalier, 1625

Gazzaniga, P. M., dominicain, professeur en théologie à Vienne, 2207, 2234, 2646

Geet, N. van, chanoine de Gand, 1646

Gefrard, Léonard, prieur de l'abbaye de Bourgueil, 6049

Gelders, J., directeur des postes, à Maeseyck, 2235, 3250, 3453, 3496, 3588. Voir aussi: Verschuyl

Gelders, J. J., fils, 3453

Gemblous, de, voir: Beaune

Gendron, docteur en médecine de la faculté de Montpellier, à Auteuil, 4600, 4621, 5143, 6578

Gendrot, Louis, chartreux, vicaire de Val Saint-George, 4472, 4483

Gênes, J. R. B. de, vie 32**

Genet, François, évêque de Vaison, 1567

Genet, J., [signé Pitty,] théologal d'Avignon, 1543

Genet, voir: Sartre

Geneviève, M., à Paris, 2236

Geneviève, 2784

Geneviève du Saint-Enfant Jésus, 3221

Géniez, voir: Joncoux

Genlis, Madame de, voir: Arnauld d'Andilly, Angélique de Saint-Jean

Genlis, voir: Brulart

Gennes, Gilles de, bénédictin à Angers, 5144

Gennes, Julien-René-Benjamin de, oratorien à Paris, 4545, 5527, 5953, 6050, 6579, 6952, 7023/24

Gennes, de, jésuite, lettres à, 2875, 6141

Gentil, à Paris, 3060

Géoffret (Van der Cozen, Lacoze de la Case), J. B., oratorien, 2785, 3146, 3153, 3204, 3933, 3934, 3956, 5433, 6448, 7023/24
– vie, 32**

Geoffroy, chanoine et curé de Saint-Sumphorien de Reims, 4349, 5145

Georgi, Agostino Antonio, procureur général des augustins à Rome, 2237, 6056, 6061

Geranton, Louis, bénédictin de Cluny, sous-prieur de l'abbaye de Coincy (diocèse de Soissons), 6580, 7023/24

Gérard, Étienne, 3390

Gérard, J. B., prêtre de Paris, 6581
Gérard, Jeanne, à Sedan, 3975
Gerard, curé de Berthecourt, 5146
Gérard, frère, à Lille, 3975
Gerbais, M., 4115
Gerberon, Gabriel, bénédictin de Saint-Maur, à Saint-Germain des Prés, 928–933, 1544, 3931, 4432, 6273
Gerbier, à Paris, 2238
Gercy, voir: Languet de Gercy
Gerdes, Daniel, à Groningue, 4104
Germain, Louis, prêtre du diocèse de Paris, 5147
Germain, 1422. Voir aussi: Boursier
Germeau, A., à Paris, 3677
Gerson, conférences de, 4119
Gerson, voir: Varlet
Gertat-Mouton, Madame, sœur de J. B. Mouton, 3520
Gervasy, Marguerite de Sainte-Pulcherie, prieure de N. D. de Liesse à Paris, 5453, 7023/24
Gesvres, Leo cardinal Potier de, archevêque de Bourges, 1559, 5687, 6582, 6953
Get (La Pallu), 1286, 2239, 2786 (*de bono et vero*), 2967, 3263, 4111
Gheel, M. van, curé d'Overijsche, 1615
Ghilini, T. M., archevêque de Rhodes, nonce à Bruxelles, 2640
Gibassier, clerc à Dijon, 1738
Gibassier, recteur d'école à Beaune, 1738
Gibert, Baltazar, recteur et syndic de l'université de Paris, 3222***, 6583, 7023/24
Gibert, sœur M. J., dite de Saint-Paul, novice hospitalière à l'Hôtel-Dieu de Paris, 5759
Gibert, Jean-Pierre, canoniste, 3677, 6376
Gibron, P. G. de, vie, 32**
Gilbert, Jacques, prévot de Saint-Amé et chancelier de l'université à Douay, 918, 1242, 1415
Gilbert, prêtre à Paris, 1741
Gilbert, vicaire général de Paris, 215, 219, 226, 230
Gilbert, 3066, 3677
Gilbert, voir: Galart
Gilbon, doyen de la faculté de Poitiers, 2788
Gildemeester, J., à Amsterdam, 2137, 2240
Gillet, Bercaire, bénédictin de Saint-Vanne, 3622, 3934
Gillet, Jean, bénédictin à Tours, 4447, 4449, 5148
Gillet, Mlles Rachel et Sophie, à Paris, 456, 1271, 1369, 1397, 1679, 1826, 3203, 3320, 4195, 4198, 4637, 4662, 4691, 4692, 4698, 4701, 5227, 5699, 5923, 6015, 6053, 6227, 6228, 6260, 6320, 6859, 7025, 7156
Gillet, entrepreneur de bâtiments à Paris, 7153
Gillet, prêtre de Paris, 5149
Gillot, Germain, 520
Gillot, chanoine de Reims, 2789, 3154, 3933, 3934, 4349, 5150
Gilquin, maître de l'École Chrétienne, 4178, 4239
Gin, avocat de Paris, 3222***, 7023/24
Gir, 893
Girard, Alexandre, médecin, 244
Girard, Hyacinthe, bénédictin à Saint-Benoît-sur-Loire, 5151
Girard, Louise de Sainte-Eugénie, 248, 3054
Girard, (Pietro Dragauri, Portineau), oratorien à Rome et Marseille, 2790, 3228, 3289, 5493
Girard, 3054, 3055, 3218*, 3218** (traités de piété)
Girard, docteur de Sorbonne, 918, 3216
Girardot, J. B., bénédictin à Dijon et à l'abbaye de Sainte-Colombe lez Sens, 4443, 5152
Girardot, prêtre de Dijon, 4320, 5153
Giraud, négociant, 7023/24
Giraut, oratorien, 7023/24
Giron, abbé Juan Manuel, à Paris, 1742
Giroust, Antoine, 362
Giroust, Louis, marchand à Paris, 5154
Giroust, Marguerite, 5154, 7023/24
Giroust, Mademoiselle, 7023/24
Giroust des Tournelles, Marguerite du Saint-Esprit, 362
Giustiniani, Niccolo Antonio, évêque de Padoue, 2241
Gl., baronne de, 6954
Glabbais, Gilles de, 2674
Glanage, 791
Glandelet, supérieur du séminaire à Quebec, 3678, 3933
Glasson, Nicolas, vie, 32**
Glim, comte de, 3339
Gobbé de Saint-Étienne, Pierre-François-David, bénéficier de Saint-Benoît, à Troyes, 5155, 7023/24
Gobé, Mlle, voir: Goubey
Gobert (de Fonteni), P., à Paris, 3679
Gobillon, M., 1792
Gobreau, chanoine, 3241
Godeau, Antoine, évêque de Vence, 3054

Godefroid, Angélique, à Lille, 1928
Godefroid, M., 1928
Godet, inspecteur des postes à Bruxelles, 3455, 3496
Godfriaux, N. J., 3976
Godin, 2242
Godineau, oratorien à Paris, 5156
Godron, 3931, 3934
Gogneau, J., ancien curé à Châlons, 1704
Goguet (Duhamel), 3668
Golefert, abbé, 1683, 3175, 3220
Gondard, Antoine-Joseph, oratorien à Dijon, 4533, 5157
Gondi, Jean-François-Paul de, cardinal de Retz, archevêque de Paris, 42, 457, 918, 3048, 3049, 3060, 3066, 3210, 3211
Gondi, Paule-Marguerite-Françoise de, duchesse de Lesdiguières, 640, 3057
Gondrin, Louis-Henri de Pardaillan de, archevêque de Sens, 15, 383, 470, 659, 918, 3058
Gonse, directeur des postes à Bruxelles, 3455
Gontaut, voir: Biron de Gontaut
Gontier, Guillaume, curé et chanoine de Pézenas (diocèse d'Agde), 5158
Gontieri, François-Maurice, archevêque d'Avignon, 6585
Gonzaga, cardinal Valenti, voir: Valenti Gonzaga
Gonzaga (Gonzague), voir: Louise-Marie de Gonzales, Thyrsus, général des jésuites, 2543
Gorge, chanoine régulier à Angers, 598
Gorin, voir: Saint-Amour
Goron, Louis, prêtre de Sablé (diocèse du Mans), 5159
Gortmans, I. F., et fils, à Rotterdam, 3456
Gosselin, 2060, 2243
Gotty, Jean, bénédictin à Grasse, 5160
Goubey (aussi: Gobé), Marie-Claire, à Paris, 6586, 7023/24 (Gobé)
Gouge, curé au bourg de Laon, 5161
Gough, Étienne, vie, 32**
Goujet, Charles-Marin, bénédictin à Préaux et à Jumièges, 4421, 4437, 4451, 5162
Goujet, Claude-Pierre, chanoine de Saint-Jacques l'Hôpital, 1340, 1743, 1744, 2244, 3290, 6587, 7023/24
Goujon, Joseph, clerc tonsuré du diocèse de Genève, à Clamecy, 4323, 6588, 7023/24
Goulard, J., vicaire général de Paris, 2791, 5883, 5914
Goulart, M., official de Cambrai, 1002
Goulas, sœur Catherine de Saint-Paul, 3211

Gouneau, curé à Séry, 3457
Goupil, Louis, bénédictin à Séez et à Saint-Germain d'Auxerre, 4838, 5163, 7023/24
Gouraud, Marie, 3855
Gourdan, Bernard, prêtre de la paroisse de Saint-Roch à Paris, 6955, 7023/24
Gourdon, curé de Combrée (diocèse d'Angers), 5524
Gouré, vicaire de Pouilly, 4755
Gourlin, Étienne (de la Boute), vicaire de Saint-Benoît à Paris, 1745, 1871, 2245, 2439, 2508, 2630, 2792, 2853, 3366, 3965, 3970, 5164, 6051–6067, 6198, 6590, 7023/24
– correspondance avec Reynaud sur le traité de la confiance, 2978
Gourmaud, J., prêtre à Nantes, 1751
Gourmoud de Saint-André, curé à Gien (diocèse d'Auxerre), 2703, 2887*, 5165, 6591, 7023/24 (Gourmaut, Saint-André)
Gournay, de, voir: Le Maistre de Sacy, Isaac
Goussainville, 521
Gouvello, voir: Kerantré
Gouvernet, voir: Verfeuil.
Gouy, Mademoiselle de, de Saumur, 7023/24
Goy, Jean-Baptiste, curé de Sainte-Marguerite à Paris, 5166, 6198, 6213
Gr., F. L., à Soissons, 2793
Gr..., (de l'Oratoire, à Thuin), 1045
Graeffe, R., à Vienne, 2246
Graillet, Anne de Sainte-Christine, 3209
Graillet dit d'Hauteville, Charles-Armand, à Rijnwijk, 3856
Gramagnac, Pierre-François de Sainte-Marguerite, feuillant, à Bordeaux, 6447, 6448, 7023/24
Granch, Madame, religieuse, 7023/24
Grandchamp, de, à Rome, 1872, 2207, 2247
Grandchamps (Sinesi), 5964
Grandin, (de), 105, 522, 574, 3060
Grandjean, P. Jérome, prieur des camaldules de Bessé (diocèse du Mans), 4458
Grandmaison, voir: Duchâteau
Grandmont, sœur de, 641
Grandsaigne, Claude Treille de, bénédictin à Saint-Valéry-sur-mer, 4394, 4401, 6592, 7023/24
Grandsaigne, François de, bénédictin à Saint-Jean-d'Angely, 5168
Grangier, Balthazar, évêque de Tréguier, 852
Grangier, avocat, 7023/24
Grangier, bénédictin à Chanteuges, 6068
Granier, 7023/24
Granville, voir: Descroisettes

Gras, Jean-Baptiste, fermier général de l'évêché de Senez, 6331, 7023/24

Gras, notaire à Castellane, 7023/24

Gras, curé de Leyrargues, 4340, 6031

Grateloup, Gabriel, marchand à Dax, 6593, 7023/24

Gratien, J. B., évêque de Rouen, 1688

Grau, dominicain à Aix, 1658

Graveson, P. de, 3647

Gravier, Ambroise, clerc, 6360

Gravier, Étienne, prêtre, 7023/24

Gravier, fermier de Senez, 7023/24 (Arnaud, Gravier)

Gravier, à Aix, 2248, 2794

Gravier, neveu du précédent, 2248, 2794

Gravier, à Thorame-Haute, 4622

Grégoire XVI, pape, 4189, 4208

Grégoire, Constantin, curé de Montliard, 4244, 4245, 7153

Grégoire, Henri, évêque constitutionnel de Blois, 3441, 3458, 4215, 4229, 4233, 4236

Grégoire, M., député des Amis, 4177

Grégoire, St., 1362

Grenedan, Eléonor de, 1097, 6791

Grenedan, comte de, 7023/24. Voir aussi: La Bedoyère de Grenedan

Grenet, Claude, curé de Saint-Benoît, à Paris et supérieur de Port-Royal, 172, 209, 336, 362*, 523, 3057

Grésy, M., à Calais, 1393

Grianta, voir: Brentano

Grier, marquis de, 3898

Griet, de, voir: Donatien de Griet

Griffet, Henri, jésuite, 7133

Grignan, Louise de, 660, 661, 800

Grignan, comte de, 6912

Grignan, Mademoiselle de, 3222***

Grignan de Simiane, marquise de, 5169

Grigny, prieur-curé de Lugny, 5170

Grillot, Jean-Joseph chanoine de Chablis, 3275, 3291, 4325, 4999, 7023/24

Grilly, Jean-Baptiste de, curé de Brailly vie, 32**

Grimaldi, Jérôme, cardinal, archevêque d'Aix en-Provence, 4270

Grimaldi, internonce à Bruxelles, 1660

Grimauld, G., supérieur des oratoriens à Montpellier, 5397, 7023/24

Grimauld, sœur Marie de Saint-Charles, ursuline à Clermont, 6594

Grinden, M. de, 3453

Grisoni, abbé Antonio, à Naples, 2249, 2251

Grognard, J. C., ecclésiastique du diocèse de Digne, à Auxerre, 5171, 6595, 7023/24

Gromaire, Jean-Baptiste-Joseph, prêtre de Saint-Roch à Paris, 6596, 7023/24

Groot, J. C. de, curé à Leeuwarden et à Leyde, 2250, 3237, 3239, 3242

Groothuys, voir: Duchâteau

Gros (Grosso), Carlo Armano, comte de, 1862, 2176, 2207, 2251, 3394, 3459

Gros, Madame de Bellegarde, née Gros, voir: Dupac de Bellegarde

Gros, confrère de l'Oratoire, à Pézenas, 6597, 7023/24

Gros de Besplas, à Versailles, 2252

Grosbois, Perrency, confrère de l'Oratoire, à Nevers et à Paris, 4545, 6598

Grossart, Louis, chanoine régulier de Saint-Étienne à Troyes, 3857, 3933, 3934

Grozelier, oratorien et professeur de théologie au collège de Troyes, 5172, 6892, 7023/24

Gua, sœur de, religieuse de Sainte-Claire, à Toulouse, 6886, 7023/24 (Verthat)

Guaidon, Rémy, prêtre du diocèse de Reims, 5173

Guaidon, chanoine à Clamecy, 4755

Guaita & Co., à Amsterdam, 2253, 3460

Gualtieri, Filippo Antonio cardinal, évêque d'Imola, vice-légat d'Avignon, 1485, 3680, 5174

Guarin, François, bénédictin à Chartres, 6485

Guasco, Jean-Baptiste, prêtre à Paris, 6599

Gudvert, chanoine de Saint-Quentin (diocèse de Noyon), 5175

Guélon, Louis-Ambroise, 4179–4205, 4239

Guélon, Félicité, 4181

Guélon, Louise, 4181

Guélon, Madame M. A. Dupuis-, 4181

Guélon-Guibout, Madame M. J. F., 4181

Guélon, généalogie, 4181

Guelphe, voir: Dumesnil

Guelphe, Léon de, 631

Guéméné, Anne de Rohan princesse de, 48, 195, 322, 344, 345, 3210, 3211

Guenet Chaunel, Madame, à Montpellier, 6600, 7023/24 (Chaunel)

Guénin dit de Saint-Marc, M. C., (Le Bon Homme), rédacteur des *Nouvelles Ecclésiastiques*, 1286, 1839, 1864–1867, 1873, 2291, 2329, 2396, 2508, 2767, 2853, 2967, 2978, 2989, 3366, 3382, 3434, 3441, 3461, 3496, 3515, 6069–6073

Guénot, 1286

Guenther, voir: Blekman-Günther

Guérier, vicaire général de Sens, 553
Guerin, Claude, bénédictin à Ambronay (route de Genève) ancien sous-prieur de Sainte-Colombe lez Sens, 4424, 4443, 6601, 7023/24
Guérin, Louis (E. Debonnaire), 1929, 2255, 3240, 3660, 3993, 5843
Guerin, oratorien à Troyes, 5176, 7023/24
Guérin de Richeville, avocat à Paris, 1746
Guérin de Tencin, voir: Tencin
Guerrier (Guérier), Pierre, oratorien, professeur de philosophie au collège de la ville du Mans, 4716, 5177, 6264, 6441, 6602, 6719, 7023/24
– manuscrits de, 6074
Guerrieri, Giuseppe, chanoine à Crema, 2254
Guertler, abbé Anton Bernhard, à Vienne (Autriche), 2256
Gueston, 1423
Gueydan, Madame de, 7023/24
Gui, Mademoiselle, convulsionnaire à Paris, 3222***, 7023/24
Guibaud, D. L. C., oratorien à Lyon, 2116, 2257
Guibet, François, avocat au Parlement de Paris, 6603
Guibout, voir: Guélon-Guibout, Madame
Guicherit-Aubry, Marie, 2258
Guichon, chanoine de Paris, 5178, 6604, 7023/24
Guidi, payeur de rentes à Paris, 2795, 3366
Guiet, prêtre, 2259
Guignard, F. E., voir: Saint-Priest
Guignard, Jean, jésuite, 919
Guigue, Antoine, en Siam, 1930, 1997, 3681, 3802
Guilbert, prêtre à Paris, 6605, 7023/24
Guillard, à Paris, 796, 3155
Guillaume III d'Orange, 1233*
Guillaume V d'Orange, 3557
Guillebert, François, bénédictin à Chartres, 4953, 6485
Guillebert, dr. Jean, curé de Rouville, 934
Guillebœuf, voir: Joncoux
Guilleminet, chanoine de Carcassonne, 5179
Guillet de Blaru, avocat, 7023/24
Guilleux, A., prêtre à Paris, 4349, 5180
Guilliot, Claude-Nicolas, prêtre du diocèse de Senlis, chapelain de N.D. de Paris, 4999, 5181
Guillon, la succession de, 3999
Guillon, veuve, à Utrecht, 2767
Guion, curé de Marault, 3060

Guion, voir aussi: Guyon
Guiot, 2260
Guirard, sœur de, dominicaine à Prouille, 2261
Guitard, Antoine, 32*
Guitaud, Antoine-Cyprien de, à Epoisses et à Paris, 4325, 6075, 6076
Guitaud, abbé de, doyen du chapitre de Tours 4361, 5723, 5884
Guitaud d'Espoisses, Mademoiselle de, 7023/24. Voir aussi: d'Espoisses
Guron, voir: Rechigne Voisin de Guron
Gusneau, J., curé de Saint-Mandé, 1765
Guy, J., prêtre du diocèse de Paris, 3977
Guy, Romain, 5182
Guy, 524
Guyard des Forterres, sous-diacre, chanoine à Paris, 6606, 7023/24
Guyart, syndic de Paris, 525
Guyenne, de, Louis-Étienne, avocat au Parlement de Paris, 2262, 6607, 7023/24
Guyon, abbé, aux Vertus, 1830, 2771, 2797
Guyot, Madame, 2263

H., abbé d', 2344, 6239, 7130
H. M., 3146
H. P., 2264
Habert, Louis, 918
Hablenville, Étienne, voir: Ablainville
Haen, A. de, professeur en médecine à Vienne, 2234, 2265
Haen, E. de, à La Haye, 2266, 3251, 3835
Haen, de, voir: Scheen-de Haen
Haen, Jean-Hyacinthe, vice-pasteur à La Haye, 3683, 3835, 3934
Haes, Hugo, jésuite, 2543
Haghen, J. J., abbé de Rolduc, 2267
Haguenot, prieur de Saint-Vincent, 4340, 5398, 5832
Haineau, P., 4942
Hallé, Madame M. M., 1046
Hallencourt de Dromesnil, Charles-François, évêque d'Autun, 5105
Hameau, Pierre, bénédictin de Cluny à Saint-Nicolas d'Acy-lez-Senlis, 4442, 4942, 5184, 6608
Hamelin, maire de Loches, 3241
Hamme, P. van, 932, 1047
Hamon, Jean, 32*, 363–367, 416, 490, 3048, 3051, 3214, 5927
– cantique des cantiques expliqué par, 2666
– traités de piété, 3218*, 3218**, 5927
Hamon, J. B., 3390

Hamon, Mlle, 1747
Hannecart, Philippe-Joseph, clerc tonsuré du diocèse de Liège, à Lille, 6609, 7023/24
Hannin, Lucien, curé de Sainte-Madeleine à Beauvais, 4852, 5185, 6422
Hardouin, Louise, à Paris, 3222***, 5186
Hardouin, jésuite, 5971, 6030
Hardy, J. P., à Leyde, 3462
Hardy, théologal d'Alet, 852, 1048
Hariaque, Madame d', 3222***, 6956, 7023/24
Hariaque, Monsieur d', 3222***
Haricour, de, 1424
Harlay, Élisabeth-Marguerite de, abbesse de la Virginité (diocèse du Mans) et de Port-Royal de Paris, 153
Harlay, François de, archevêque de Rouen, depuis archevêque de Paris, 9, 150, 153, 206, 209, 322, 362*, 565, 872, 918
Hauke, Chr., 2076, 2268, 3413 (nécrologe), 3463
Hauranne, voir: Du Vergier de Hauranne
Hausi, Mattias-Jérome de, 7023/24
Haussonville de Vaubécourt, François d', évêque de Montauban, 5187
Hautefeuille, chanoine régulier de Beaugency, 6610, 7023/24
Hautemps, Jacques, bénédictin à Pontoise, 5188
Hautemps, Louis, bénédictin au prieuré de Saint-Fiacre en Brie, 4425, 5189
Hauteville, d', voir: C. A. Graillet
Havard de la Blotterie, à Loudun, 2308
Havelange, abbé, 2476
Hazard, P., jésuite, 322, 931
Hazart, d', 4284
Heau, Marin-Denis, prêtre du diocèse d'Orléans, 4345, 5190
Hébert, François, bénédictin, 5191
Hébert, François, évêque d'Agen, 5192, 5944
Hébert, Madame, sur son mariage, 3220
Hébert de Saint-Gervais, P., missionnaire apostolique en Tonkin, 1997, 3653, 3710*, 3713, 3802
Hecquet, Jacques, curé d'Allery (diocèse d'Amiens), 4296, 5193
Hecquet, J., à Abbeville, 6614
Hecquet, N., à Abbeville, 1341, 1443, 2798, 3370
Hecquet, Philippe, médecin de Paris, 244, 1049, 4840, 5194
– vie, 32**
Hecquet-Homassel, Madame, 6614, 7023/24

Heeck, Jacques van, à Rijnwijk, 3231
Heldewier, Mademoiselle E. W., 2269
Hélos, à Paris, 2270
Hemicort, B., 136, 491
Hénard, oratorien à Tournon, 2271
Henckell, Ignace Antoine, oncle de Th. van Zeller, à Porto, 2272, 3464
Hengst, P. van, 3465
Hénin, Madame, 1425
Hénin, Mademoiselle, 7023/24
Hennebel, Joannes Libertus, (Du Til), 1415, 1546, 1619, 1644, 1660, 1662, 4256, 6273
– journaux, 2659
Hennequin, chanoine honoraire de Paris, 5195, 6077
Hennert, J. F., 3466
Hennezon, voir: Henry
Henrart, Charles-Louis d', (d'Osival), à Orval ct Torcnvliet, 1931, 3933, 3934, 3978, 5440
Henri de Saint-Ignace, 1932
Henriet, voir: Du Moulin Henriet
Henrion, Étienne, abbé d'Orval, 1538*, 3850, 3933, 3934
Henrion, vicaire de Rumilly-lès-Vaudes (diocèse de Troyes), 5196
Henry, François, prieur à Melun, 5197
Henry (Hennezon), abbé de Saint-Mihiel, 755, 776
Henri IV, roi de France, 918
– attentat, 919
– ode sur l'assassinat, 919
Henry, 4647
Héraud, Antoine, prêtre de Brignolle en Provence, 4292, 5199
Héraud, François, prêtre de Brignolle en Provence, 4292, 5199
Herault, lieutenant-général de police à Paris, 4168, 4970, 5200, 5926
Herbault, J. B., prêtre du diocèse de Poitiers, 2707*, 5201
Herbault, sœur de Saint-Athanase, ursuline à Melun, 6611, 7023/24
Herbault, d', voir: Phélippeaux
Herbers, J., curé de Gossilies, 1426, 1663
Herbert, John, avocat à Londres, 3934
Herby, Robert, religieux de la Trappe, 3803, 4557, 5198, 5633
Héricourt, M. d', à Soissons, 938, 1050
Hérissant, J., à Paris, 2273
Hérissant, Théodore, à Paris, 2273
Herisson, Charles, sous-diacre de Saint-Malo, 5202
Hermant, Godefroi, chanoine de Beauvais,

2–6, 173, 260, 282, 378, 417, 526, 599, 684, 777, 881, 1987, 3057, 3060

Hernart, Anne, veuve de François Pra, 7083

Herreria, vicomte de la, ambassadeur d'Espagne à La Haye, 2357

Hersant, J., 527, 882, 3060

Hersant, oratorien à Angers, 5203

Hertault de Beaufort, Paul-Robert, évêque de Lectoure, 4070

Hertefelt, Jan van, curé à Amsterdam, 3979

Hervault, Mathieu Ysoré d', archevêque de Tours, 2798*

Hervieu, d', voir: Bossière

Hess, M. de, conseiller de la Régence d'Autriche, 3453

Hesse, Constatin prince de, 2131

Hessen-Rheinfels, Ernest de, 1537

Hesselbach, Jacobus, professeur en théologie, 2444

Heultz, oratorien à Paris, 4545, 6892, 7023/24

Heurck, J. C. van, à Bruxelles, 2274

Heurtaux, à Wolfenbüttel, 1051

Heussen, H. F. van, (Timothé), vicaire général d'Utrecht s. v., 1052, 1233, 1547, 2656, 2657, 7019

Heuvelink, N., curé du diocèse de Rouen, à Longeville, 5204

Heuvrard, Jean, chanoine de Tonnerre (diocèse de Langres), 4325, 5204

Heydendaal, J., 2022, 2275, 2799, 3937, 3995

Heyne, professeur et bibliothécaire de l'université de Göttingen, 2276

Heysterman, J., à Amsterdam, 2277

Hibon, Hyacinthe, célestin à Esclimont, 5206

Hignou et Co., à Lausanne, 2278

Hilaire, 418. Voir aussi: Blaru

Hillerin, Charles, curé de Saint-Merry, prieur de Saint-André, 662

Hillet, chanoine de Châlons-sur-Marne, 5207

Himbert, Pierre, prêtre de la Congrégation de la Mission, 6078, 6079

Hippolite, capucin, de Dieppe, 4460, 5208

Hoang, Simon, marchand chinois, 1997

Hocquet, chanoine de Beauvais, 484

Hoeven, J. T. van der, à Amersfoort, 4182

Hoffmann, vicaire de Versailles, 4225

Hoffreumont, Jean-Jacques, à Torenvliet, 3858, 3933, 3934, 5440

– biographie, 4092*

Hoffreumont, Servais, (Dubuisson, De l'Arbuisson, De Rubo), à Vienne, à Amersfoort et sur Ameland, 1548, 1933, 1991, 3684, 3858, 3933, 3934, 3946, 3980, 5885

Homassel, Jacques-Antoine, prémontré à Paris, 6613

Homassel, Madame, voir: Hecquet

Hondt, J. M., prévôt de l'Oratoire à Bruxelles, 322, 663

Hondt, Jean de, oratorien à Rotterdam, 3933, 3981

Honnoré, prêtre du diocèse de Riez, 5210

Honorati, voir: Onorati

Hontheim, voir: Febronius

Hoquincourt, voir: Monchy d'Hoquincourt, de

Horix, J., à Mayence, 2279

Horlogeur, l', voir: Audibert Chauvin

Hornet, Jacques, 4795

Hortulanus, voir: Dalennoort

Houasse, Benoît, (Duval, van Schuym), prieur des chartreux au Val Saint-George près Corbigny, à Schonauwen, 3286, 3859, 3933, 4137, 4475, 4481, 4483, 4490, 4788, 5212, 5886

Houbigant, Anne, oratorien, 1004, 4536, 7023/24

Houdessan, abbé d', 174

Houtard, Philippe, (d'Aletion), à Liège, 3982

Houtard, M., à Orval, 1748

Hovy, à Amsterdam, 4102

Huard, marchand-épicier à Saumur, 5948

Hubert, A., docteur de Sorbonne, à Paris, 5213

Hubert, Noël, à Versailles, 4314, 5214

Huchereau, curé de Saint-Liesve à Melun, 4356, 7023/24

Huchet de la Bedoyère, François-Bon, bénédictin, au Mans, sous-prieur de Saint-Julien de Tours, 4419, 4447, 5215, 5527, 5835, 6719

Hucqueville, Nicolas, vie, 32**

Huet, curé de Mage, 1743

Huez, L., oratorien à Troyes, 5834

Hugat, René, acolyte du diocèse de Paris, 5216

Hulet, A., secrétaire du comte de Nény, à Bruxelles, 1723, 2280, 2437

Hullot, docteur de Sorbonne, à Paris, 5217

Humbelot, député de la faculté de théologie de Paris, 1310

Humières, Louise-Antoinette de la Chastre d', depuis maréchale d', 528, 3057

Hurbal, frère J. L. d', voir: Bénard

Huré, Charles, vie, 32**

Hureau, député des Amis, 4177

Hurel, M., 2281

Hutin, Marguerite, dite Fontaine, 3222***, 6615, 7023/24
Huygens, Gommar, 1614, 1632, 1646
– oraison funèbre et épitaphe, 3221
Hijnberg, G., curé à Leeuwarden, 2282

Ignace, M., à Born, 2303
Illiers, Mademoiselle d', 1053, 7023/24
Imbert, Mesdames M. et T., 3685
Inarre, J. B. B. d', chanoine d'Ax, 3291*
Innocent X, pape, 4282, 7103
Innocent XI, pape, 330, 886*, 918, 919, 6132
Innocent XII, pape, 723, 916, 1641, 1643, 3220
Innocent XIII, pape, 3784, 3933, 4073
Innocent, P., capucin, voir: Fessler, Ignaz Aurel
Insfeldt, Charles, à Amersfoort, 2284
Insfeldt, J. C., med. dr., à Amsterdam, 2285
Insulaire (l'Isle Bouchard), voir: J. B. Dubreuil
Inville d'Orléans, Monsieur d', 4202
Irénée, sœur, à l'hôpital Saint-Antoine à Paris, 4183
Isabeau, voir: Metzers
Isarn, Pierre, ministre de l'église Wallone à Amsterdam, 983
Ishoven, P. van, à Bergen op Zoom, 2522
Isidore, abbé de la Trappe, 4679
Isidore de Saint-Antoine, carme déchaussé à Langres et à Nevers, 5218, 5257
Isoard, curé de Sainte-Marine à Paris, 6198, 6307, 6456, 6616, 7023/24
Issaly, Monsieur, à Paris, 175, 3057, 3220
Issaly, Mademoiselle, 664, 672, 4254
Issaly, Marie de Sainte-Catherine, 249, 250, 685, 801, 865, 4254

J., 1443
J., à Saint-Comes-lez-Tours, 5929
J. B., 283, 2804
Jabinau, 2286
Jacanho, 3785
Jacby(?), D. L., à Paris, 2800
Jacqmin, Michel, 3231*
Jacquemont, François, ancien curé de Saint-Médard en Forez, 4216, 4232
Jacques II, roi d'Angleterre, 3068, 5771
Jacques, abbé de la Trappe, 3068
Jacquesson, J. J., (Levasseur), 1719, 2026, 2291, 2764, 3396, 3413, 3435, 3615
Jacquin, bachelier de l'université de Paris, 2291

Jacquot, curé de Courgy (diocèse d'Auxerre) 6411
Jahan, à Richelieu, 2287, 3104
Jahan, prêtre de Tours, 4361, 5219, 7023/24
Jahn, Martin J., prémontré à Brück et Znaim, 2288
Jallabert, Guillaume, (Aimar, van der Duycker, Emart), chartreux, à Schonauwen et Vronestein, 1610, 1923, 3685*, 3846, 3860, 3862, 3933, 3934, 3967, 4138–4140, 4486
Jallabert, Pierre Jean-Baptiste, religieux de Saint-Denis, frère de Guillaume, 3933, 4451
Jallabert, à Reims, 3860, 3933, 3934
Jallon, André, 2024, 2282, 2289, 2801, 3232–3248, 3467
Jang, Antoine, prêtre chinois, 1997
Jannart, oratorien à Paris, 5978, 7023/24
Jansenet, à Amersfoort, 2290
Janson, voir: Forbin Janson
Janssens, Adamus, curé de Wustwesel (diocèse d'Anvers), à Utrecht, 5220
Janville, 4202
Jarton, Jean, bénédictin à Soissons, 5222
Jaunard, oratorien, bibliothécaire de Saint-Honoré à Paris, 6080
Jaunay, Étienne, oratorien, 5834
Jaup(a)in, Adrienne, 977, 1037, 1065, 1295, 1426, 1515, 1521, 1546, 1551, 1589, 3647, 3688, 3694, 3809, 3857, 3903
Javain, X., dominicain, 3468
Javoroy, M. de, 1584
Jean-Joseph, Dom, religieux d'Orval, à Rijnwijk, 4840
Jeanne de Jésus, religieuse à l'Hôtel-Dieu de Riom, 4524, 5536, 7023/24 (Jésus)
Jeanne de Jésus, prieure carmélite à Pontoise, 566, 3060
Jeanne de la Croix de Saint-Joseph, sœur, carmélite, 6290
Jeanne-Françoise du Saint-Sépulchre, chanoinesse de Belle-Chasse, 6617
Jeard, fermier de l'évêché de Sneez, 7023/24 (Gras, Jeard)
Jégou de Querville, voir: Querville
Jehac, chanoine de Narbonne, 4342, 5223
Jenkins, F., épitaphe, 3054
Jerôme, M., 989
Jeson, Dom Jacques-Sulpice, bénédictin à Lagny-sur-Marne et Pontoise, 4432, 4437, 6618, 7023/24
Jeulin, Jean-Baptiste, curé de Quetteville (diocèse de Lisieux), 4330, 4352, 4999, 6619, 7023/24

Jeuneur, 7023/24 (Léauté)
Joannes, Arménien, 3687, 3724, 3742
Joannes Bonaventura, P., 1997
Jobard (de Saint-André), Claude-Romain, curé d'Évry-sur-Seine, supérieur du séminaire des Missions Étrangères à Paris, 1997, 3688, 3709, 3727, 3742, 3753, 3802, 6081–6088, 7023/24
Jobart, chanoine de Reims, 1739, 3269
Jogues, Madame, à Mortagne, 3470
Joli, théologal de Séez, 1427
Jollain, à Calais, 1775
Jollivet, Philibert, bénédictin à Souillac, 6620, 7023/24
Joly, à Clermont, 3632, 3861
Joly de Fleury, 1302, 1443
Jomard, Bernard, bénédictin de l'abbaye de Moutiers-Saint-Jean proche Montbard en Bourgogne et l'abbaye de Sainte-Colombe lez Sens, 4443, 5224, 7023/24
Jomart, Norbert, prémontré à Noyon, 3933, 3934, 4427, 5225
Jomart, prieur des bénédictins de Fives proch Lille, 3931
Joncoux, Madame de, 1157
Joncoux, Mlle Françoise-Marguerite de, (Galier, Géniez, Guillebœuf, Le petit coq, Montagne, Petit, Quillebœuf, Saint-Étienne, Senlis, Wendrock), 227, 322, 389, 665–736, 865, 870, 894, 1054, 1109, 1428, 1819, 2595, 2668, 2802, 3052, 3066, 3220–3221, 3222**, 3223, 6089, 6983
– manuscrits légués à l'abbaye de Saint-Germain, 2600
– varia, 3076
Jong, C. de, curé de Sainte-Marie (Clarenburg), à Utrecht, 4217
Jongh, T. de, curé de Sainte-Gertrude au coin de Sainte-Marie à Utrecht, 1717, 1839, 3392, 3471. 4176, 4218, 4228
Jonval, T. D. de, voir: Touvenot
Jonzac, Madame de, voir: Seignelay de Jonzac
Jooretz, dit de la Chapelle, ancien curé de Malines, 3645
Joseph II, empereur, 2344, 2476, 2524
Joseph Emanuel de L. C. P., Mad. S.M., 1055
Joseph de Saint-Martial, feuillant, à Paris, élu général, 6090, 6091
Josse, Marguerite de Sainte-Thècle, 32**, 251–253, 345, 3213
Jossin, Pierre, bénédictin à Metz, 3622, 4426
Jossinet, Nicolas, prieur de l'abbaye de Montieramey, 3931

Joubert, François, 2343
Joubert, prêtre de Montpellier, grand vicaire de Mgr Colbert, 1342, 1749, 1750, 2019, 2294, 5226, 6092, 6093
Joubert, abbé à Paris, 2295, 2804, 3034, 3203, 3204, 3205, 3221, 3366, 5227, 5965
Joubert, 6236
Joubert de Beaupré, abbé à Montpellier, 6387, 6621, 7023/24
Jouéry, Marianne de, 5228
Jouéry, prieur-curé de Testet (diocèse de Rodez), 5228
Jouet, oratorien à Avignon, 5229
Jouin, à Paris, 5230
Jounel, Dom André, 6094
Jourdain, C. L., (Vaneste), 2114, 2218, 2296, 3249–3257, 3472
Jourdain, Nicolas, oratorien à Paris, 1681
Jourdain à Montpellier, 3473
Jourdain, l'aîné, à Muizon, 3475
Jourdain, à Paris, 3474
Jourdain de Montbois, 2297
Jourdain du Mois, 2298
Jourdain de Muizon, Charles-Augustin, à Paris, 3477
Jourdain de Muizon, à Maestricht, 2298, 3476
Jourdan de Sainte-Agathe, sœur, 7147
Jourdin, curé de Courcelles (diocèse d'Auxerre, 5231, 7023/24
Jouvancourt, chanoine régulier, 5765
Jouvery, J. H., vie, 32**
Jouy, Salomon, bénédictin de l'abbraye de Noaillé près Poitiers, 4407, 4433, 4435, 6622, 6847, 7023/24
Jouy, voir: Brillon
Jubé, Jacques, dit de la Cour, curé d'Asnières, 1935, 2804*, 3156*, 3203, 3204, 3222*, 3275, 3293, 3690, 3777, 3862, 3933, 3934, 3983, 4008, 4083, 4137, 4141–4152, 4700, 4786, 4999, 5232, 5954, 6888, 7023/24
– testament spirituel, 4151*
– journal du voyage pour la Russie, 4152
– relation de son voyage à Rome, 4149*
– mémoire, 3690
– sur sa mort, 3306
Jucqueau, prêtre de Paris, 5233
Juigné, voir: Leclerc de Juigné, de Thézan de Juigné
Juillet, avocat, 7023/24
Juliac, prêtre à Aix, 6623
Juliard, prévôt de l'église cathédrale de Toulouse, 7023/24
Juliard, abbé de, 5888

Juliard de Gardouch, marquise de, voir: Gardouch
Julien, curé d'Etrepilly, 529
Julien, prieur de Saint-Lazare, 3049
Julien, sacristain, de Saint-Maclou, à Pontoise (diocèse de Rouen), 5234, 6625, 7023/24
Julius Caesar, A., à Friedberg, 2300
Jupine, Mademoiselle, fille dévote de Bruxelles, 1546, 6095
Jurieu, 1234
Justel, Henri, 1549

Kabout, A., à La Haye, 3478
Kalken, P. van, curé à Culemborg, 3479
Kalken, P. van, junior, à Leyde, 3479
Kan Hi, empereur de Chine, testament, 1997
Karsten, Christian, à Amersfoort, 1899, 4177, 4184, 4190, 4199, 4225, 4240, 4243, 4244
Kech, à l'abbaye de Rommersdorf près Coblenz, 2641
Kemp, Willibrord, curé à Utrecht, 1421, 1610, 3691, 3732, 3786, 3843, 3933, 3934,
Kenens, Gerard, curé à Purmerend, 2301
Kerantré, Gouvello de, à Auray (diocése de Vannes), 6626
Kermorvan le Borgne, chanoine de Beaune, 5235
Ketel, B. van, 3480
Kipp, A. J., à Paris, 4185
Kipp, P. J., à Delft, 4186
Kleinberg, voir: Cuzzoni
Knotter, L., 3849, 3933
Knowles, Gilbert, à Londres, 5236
Knuym, D. H., receveur des postes à Doesburg, 2302
Koeune, Jean-Henri, à Vienne, 2303
Koopman, W. et W. G., à Utrecht, 2304, 3481
Korstad, voir: Blondel, chartreux
Kreten, M. van, 3543
Kreter, van, à Hambourg et Münster, 3482
Kreter, R. van, femme du précédent, 3482
Kribber, C., libraire à Utrecht, 2046, 2275, 3275, 3625
Krisch, Joseph Wenceslas von, à Vienne, 2079, 3619
Krijs, Arent, 1914
Krijs, Jacobus, curé à Amsterdam, 1610, 1907, 1910, 1930, 1936, 1949, 1950, 1970, 1974, 1979, 1997, 3642*, 3672, 3692, 3753, 3802, 3931, 3933, 3934
Kurzweil, de Jägersdorff, Ch., 3406
Kuyter, B., à Amsterdam, 3483

L., 1937, 2305
L., abbé, 2890
L., M., 3144
L., Mgr, 1288
L., Mlle M., 1056
L., S., 1550
L., M. de, 737
L. C. P. ,Madame S. M. Joseph Emanuel de, 1055
L. L., 3029
La Barge de Tour, voir: Tour
La Barrière, Thomas de, (Rémi), chanoine régulier de Rétel, 3984
Labat, prêtre du diocèse de Condom, à Agde, 6627
Labat, prêtre de la Doctrine Chrétienne, à Brive, 5237
Labat, dominicain à Paris, 5766
La Bat, sœur de, religieuse de Prouille, 6813, 7023/24 (Luc)
Labbat, P. D., prieur de Montolieu, 2306
Labbé, J., curé de Saint-André à Paris, 6198
Labbé, Mademoiselle, 7023/24
Labé, Marin, évêque de Tilopolis, 3802
La Bédoyère, comte de, cadet, 6629
La Bédoyère, de, procureur-général du Parlement de Bretagne, à Rennes, 2937, 6628, 7023/24
La Bédoyère, voir: Huchet
La Bédoyère, Madame Danycan de, à La Bedoyère, 2736, 6630, 7023/24
La Bédoyère, Murinais de, 1097, 1141
La Bédoyère de Grenedan, de, 1097. Voir aussi: Grenedan
La Belle, oratorien à Pézenas, 5433, 6387, 6631, 6797, 7023/24
La Berthonye, F., dominicain à Paris, 2307, 2806, 2917, 3371
Labii, voir: Aliber
Lebistrate, C. de, mère de Mgr d'Alet, 844
Labit, Mademoiselle, 2270
La Blotterie, voir: Havard
La Boissière, de, oratorien, 1057. Voir aussi: Boutin de la Boissière
Laborde, Bernard de, oratorien à Saumur, 1058, 4297, 5836
Laborde, P., à Rome, 2952
Laborde, 948*
Laborde, Nègre de, à Tillières, 2807
Laborde de Scheult, Françoise de, religieuse cordelière, à Paris, 6632. Voir aussi: Descheult
Laborie, bailli d'Amiens, 2309

La Boute, de, voir: Gourlin

La Brosse, M. de, voir: Duménil

La Broue, Blaise de, diacre et prêtre du diocèse de Cahors et ancien archidiacre de Mirepoix, 2310, 4311, 5238, 7023/24

La Broue, F. de, 1691

La Broue, J. de, religieux à Noyon, 5239

La Broue, Pierre de, évêque de Mirepoix, 918, 1059, 1257, 1275, 1366, 1691, 3222**, 4701, 4715, 4716, 5283, 5240, 5688, 6096–6100, 6204, 6633, 6957, 7148

La Broue, Silvestre de, (S. Montfort), bénédictin à l'abbaye de Saint-Eloy de Noyon, 3933, 3934, 4430, 4432

Labroulière, à Amsterdam et Nantes, 3863, 3985

La Bruyère, Madame de, 6101, 7023/24

Laby, femme de, à La Haye, 3986

La C..., Monsieur de, 3220

La Calabre, docteur en théologie de Nantes, 7023/24

La Case, de, voir: Géoffret

La Caze, Jaques, à Amsterdam, 3987

La Chaise, François de, jésuite, 3221, 6186, 6634, 6912

La Chaize, Madame de, voir: Pagani de la Chaize

La Chaize, de, 7023/24

La Chambaudière, Mademoiselle de, au château de Rivau, 2849, 3002

La Chapelle, de, voir: Jooretz, de la Chassaigne

La Chassaigne, Antoine de, (dit de la Chapelle), procureur du séminaire des Missions à Paris, 1610, 3294, 3694, 3753, 3802, 3933, 3934, 3988, 4083, 4092

La Chastaigneray, voir: Clinet de la Chastaigneray

La Chastre, Claude-Louis de, évêque d'Agde, 5241, 6248, 6635, 7023/24

La Chastre, de, voir aussi: Humières

La Chaulme, Jean-Baptiste de, bénédictin à la Chaise-Dieu et à Saint-Jean d'Angely, 4396, 4412, 6636

La Chaussée, Mademoiselle de, 6637, 7023/24

Lachaux, de, curé de Lisses (diocèse de Paris), 5242

La Chaux, Madame de, 7023/24 (Montbrun)

Lachemia, Jean-Jacques, barnabite, à Dax, 5243

Lachétardye, 466

Lacodre, Gabriel de, prieur bénédictin de Saint-Germain d'Auxerre, 3864, 3934, 4838

Lacolombière, J., à Québec, 3695

Lacombe, prêtre à Moissac (diocèse de Cahors), 5244

La Consy, de, 2807*

La Cortelle, voir: Saint-Jean

La Cose, de, voir: Galart

La Coste, Louis, bénédictin prieur de St. Michel-en l'Herm, 2808, 4158, 4401, 4423, 4436, 4451, 5245, 5390, 6102, 6103, 6194, 6638, 6958, 7023/24

La Cotelle, de, à Utrecht, 3989

Lacouppelle, Mademoiselle, à Paris, 6639, 7023/24

La Cour, de, voir: Jubé

La Courance, de, voir: Boizon

La Court, Pierre de, vie, 32**

La Cousinière, abbé de, à Saint-Magloire, 1751

Lacoze, voir: Géoffret

La Croix, Charles de, vie, 32**

La Croix, Claude de, clerc de Beauvais, 2759

La Croix, Geneviève de, 655

La Croix, Marie, femme d'Antoine Royer, 5735

La Croix, Monsieur de, chartreux au Hoef, 3990, 4014

La Croix, Monsieur de, (Bertin, De Verteuil), à Neufville, 685*, 1060, 1243, 1532, 1551, 1938, 2071, 2311, 2808*, 3221, 3716

La Croix, Monsieur de, 2546

La Croix, Mademoiselle de, 1552

La Croix, de, 7023/24. Voir aussi: Cosme, Dubreuil, Feydeau, Tubert

La Croix de Castries, voir: Castries

La Croix de Saint-Vallier, Jean-Baptiste de, évêque de Québec, 3686

Lacroix de Sayve, à Grenoble, 5246

Lacroze, prêtre de Toulouse, 5247

Lacussol, Jeanne de, à Toulouse, 6640, 7023/24

Ladoeuille, de, curé de Coucy (diocèse de Laon), 5248

Ladron, J. B. C., directeur de la librairie académique, à Louvain, 3484

La Duchatelier Tassin, 1061

Laet, jésuite, professeur à Louvain, 1205

La Fayette, François de, évêque de Limoges, 852

La Fenestre, Florence de Sainte-Gertrude de, sœur du Calvaire, à Poitiers, 5481, 6803, 7023/24

La Ferté, P. de, jésuite, 579

La Ferté, Mademoiselle de, 3051

La Feuillade, duchesse de, 337
La Fontaine, Madame de, 935, 3222
La Fontaine, de, voir: Fouillou
La Forest, de, voir: M. Dénisart
La Forest, de, voir: Pihan
La Forge, père de, carme déchaussé, à Paris, 4590
La Fosse, François de, Maître ébéniste à Paris, 5773, 6293*
Lafosse, Jacques, bénédictin à Quimperlé et à Saint-Julien de Tours, 4447, 6675
La Fosse-Charlier, Anne-Barbe de, femme et veuve de François, 5249, 5702
– miracle, 4238, 5702, 5773, 6293*
Lafosse, de, chanoine régulier, prieur et curé de Fosses (par Lusarches), 6293*
Lafoye Demalou, Jean-François, bénédictin 6485, 6641
La Frenaye, Hugues de, (Brunet, De la Vallée), chartreux à Rouen et au Hoef, 1939, 3991, 4008, 4477, 4484
Lafreté, confrère de l'Oratoire, à Niort, 6642, 7023/24
Lagache, Hugues, curé de Saint-Lievin (diocèse de Boulogne), 1429, 3865, 6643
La Gacherie, Monsieur de, attestation sur, 2792
La Gacherie, Mademoiselle de, à Nantes, 2312
La Garde, sœur Irène de, 2314
La Garde, de, conseiller au Parlement de Toulouse, 2313
La Garde, de, vicaire de Varzy (diocèse d'Auxerre), 4746
La Garde, de, 1062
La Garde, dominicain, 2190
Lagarde, Étienne de, à Montpellier, 5250
La Gare, Étienne de, évêque de Laon, 1807
La Garenne, L. de, à La Haye, 2315
La Garrigue, voir: Rodat
Lage, A. M. de, 355
Lage, de, voir aussi: Delage
La Giraudière, Mademoiselle de, à Paris, 3368
L'Agneau, à Rhijnwijck et à Paris, 6644
Lagneau, 3275
La Grange, François de, à Lausanne, 3485
La Grave, de, 2853
La Guette, de la Visitation, à Poitiers, 75, 106
Laguibaut, Ignace, barnabite, ci-devant directeur au séminaire d'Oléron, 4390, 5251
La Hautière, de, voir: Saint-Paul de La Hautière
La Haye, sœur Geneviève de Sainte-Madeleine, de, 254, 3211

Lahaye, Mademoiselle M. A. de, 6645
La Haye, de, à Noyon, 530
La Haye, de, (Lanniez), procureur de Schonauwen, 4153
La Haye, de, (Laurent, Dupont), à Schonauwen, 1940, 2316
La Haye, de, 2642, 3486
La Haye, de, (Abraham Fortin), voir: Fortin
La Haye, de, voir: Batbedat, dit Latrie
La Herreria, vicomte de, ambassadeur d'Espagne à La Haye, 2357
La Hogue, Madame, à Orléans, 7023/24
La Hoguette, voir: Fortin de la Hoguette
La Houssaye, de, voir: Le Pelletier de la Houssaye, Le Picart de la Houssaye
La Houssaye, Mademoiselle de, à Champigny, 643, 1746, 3148
La Houssière, de, voir: J. B. Bénard
Laigneau, Placide, proviseur du séminaire des Missions Étrangères, 3275, 3696, 3742, 3753, 3866, 3933, 3934, 6104
Laignel, curé de Torfou (diocèse de Paris), 5252
Laimé, Anne de Sainte-Marine, 686
Lair, curé de Saint-Barthélemy à (?), 7023/24
Lairodière, voir: Bardon
Laisné, Jean, 278, 290, 313
Laisné, sœur, prieure des bénédictines de St. Fargeau, 6646
La Jailles, Madame de, à la Tour St. Gélin, 2809
Lalain, dr. L. de, 3622
La Lande, Jacques de, prêtre du diocèse de Coutances, 7045*
Lalande, de, (Pelvert), 2317, 2630, 2643
La Lane, Mademoiselle de, 7023/24
Lalan(n)e, de, avocat au Parlement de Paris 574, 2039, 2112, 2318, 2343, 2853, 3372, 3487
Lalanne, L., marchand à Troyes, à Bayonne, 6647, 7023/24
L'Albalétrier, 7023/24
La Leu, Claude de, à Paris, 5756
Lallement, Monsieur, curé d'Auxerre, 1689
Lallemant, abbé, visiteur des religieuses carmélites de Troyes, 7057, 7058
La Loge, de, à Vincelles, 2810
Lalource, à Fontenay, 2319, 2811
Lalource Dorigny, Madame, à Paris, 2319
Lamaison, Jean, à Amsterdam, 2014, 3625, 3992
Lamaison, Laurent, à Amsterdam, 2320, 3488, 4105
La Marche, de, à Lille, 1941

La Mare, de, 1942, 2321, 3954, 3993
La Mare, de, voir: Dartaguiette de la Mare
La Marque, Jean-Baptiste de, lieutenant particulier au Sénéchal et Magistrat Présidial de Carcassonne, à Tours, 6648
La Mauroussière (Marouzière), de, voir: Boylesve
Lambart, S., 1700
Lambert, contrôleur général, 2188, 2322
Lambert, Bernard, dominicain, 2323
Lambert, abbé à Paris, 1063, 3753, 6105
Lambert, Madame, 1752
La Meintaye, voir: Picot de la Meintaye
Lami, voir: Lamy
La Miséricorde, Louise mère de, religieuse de l'Hôtel-Dieu à Paris, 6949, 7023/24
La Montagne, Mlle de, 7023/24
Lamosson, laïc, à Montpellier, 5253
Lamothe, Pierre, bénédictin à Bourges, 5254
La Mothe, de, voir: Fénelon
La Motte, abbé de, docteur de Sorbonne, vicaire général de Senez, 1753, 2324, 2527, 2887*, 4721. Voir aussi: Bagnols
La Motte, de, prêtre, 7096
Lamotte, à Charanlenai, 4747
La Motte, voir: Becherand, Orléans
La Mottière, de, prêtre du diocèse de Senez à Castellane, 5255
La Mottière (Dupuis), oratorien, 7023/24
Lamoureux de Saint-Jean, du diocèse de Nantes, prêtre à l'hôpital de Bicêtre à Paris, 2325, 2813, 5256, 6106
La Mulle, curé du Fossé (diocèse de Rouen), 6650, 7023/24
Lamy, François, bénédictin, (Boucher), 176, 687, 3820, 3934
Lamy, prêtre de Saint-Lazare à Paris, 6649
Lamyrault, Jacques-Joseph, chanoine de Gien, 4301, 5257
Lanauze, voir: Castera Lanauze
Lancelot, Claude, bénédictin, 8, 9, 32**, 177, 257, 284, 368–371, 385, 419, 3048, 3055, 3206 (Vie de Saint-Cyran), 3220
Landreuille, voir: Laumosnier
Landroville, 5928
La (Neuville?), Marie-Thérèse de, religieuse carmélite, 7023/24
La Neuville, de, voir: Becquey
Langlade, Jean de, natif de Pignan (diocèse de Montpellier), 5736,
Langlard, L. E., 2326
Langlard, de, avocat au Parlement de Paris, 6107, 6108

Langlard, de, notaire à Paris, 5851, 6274,6327
Langle, Pierre de, évêque de Boulogne, 1064, 1241, 1250, 1283, 1298, 1367–1391, 1393, 1553, 1663, 1674, 1701, 1792, 2814, 2875, 3079, 3085, 3228, 3867, 3911, 3931, 3933, 4073, 4310, 4686, 4702, 5258, 5718, 6013, 6109–6124, 6497, 6932, 6959, 7148
Langle, de, voir: Boulouffe
Langlois, Anne, femme de Jean Gaultier, 6009
Langlois (du Fresne), P. Hyppolite, capucin apostat, à Londres, 6127
Langlois, Jean, chanoine régulier à Licery près Paris, 4385, 6651, 7023/24
Langlois, Louis-Julien, chanoine de Saint-Pierre au Mans, 6080
Langlois, conseiller, secrètaire et fermier général du roi à Paris, 6126
Languet de Gercy, Jean-Joseph, évêque de Soissons, depuis archevêque de Sens, 1389, 1808, 2985, 5422, 6122, 6123, 6450
Laniez, Louis, prêtre du diocèse de Tournai, 5259, 6198
Lanneau, vicaire général de la Congrégation de Saint-Maur, 7023/24
Lanniez, voir: La Haye, de, à Schonauwen
La Noé Ménard, Monsieur de, prêtre, directeur de la communauté de Saint-Clément à Nantes, 734, 821, 5772*, 6758
Lanoirie, prêtre à Lyon, 5260
Lanoix, Monsieur de, (Péret), 3258–3262, 3295, 4092
Lanot, 2327
La Noue, de, carmélite, 3221, 4028
Lansac, voir: Duvivier Lansac
Lanty, Madame de, voir: Chastenay Lanty
La Pallu, à Rijnwijk, voir: Get
La Parisière, voir: Rousseau de la Parisière
Laparre, Guillaume, bénédictin de l'abbaye de Montmajour-lez-Arles, 4446, 5262
La Pause, abbé de, 5926
La Petitière, Monsieur de, 178
La Pierre, F. de, 285
La Pierre, Monsieur de, à Amsterdam, 3994
La Pierre, Monsieur de, à Paris, 1065, 2815
La Pierre, Monsieur de, voir: Pierre Leclerc
La Place, F. de, voir: Fouillou
La Planche, de, 179
La Plaue, dominicain à Lyon, 2328
La Plene, de, 2816
La Poèze, de, à Bourgneuf, 2817, 2881
La Porte, Jacques Cessateur de, bénédictin, prieur du monastère de Bonne-Nouvelle à Orléans, 3868, 3904(?), 4412, 5265

Laporte, Philippe, sous-diacre du diocèse de Tarbes, 6448, 6652, 7023/24
Laporte, Charlotte de, 7023/24 (Ango)
La Porte, Étienne de, prêtre du diocèse de Nantes, grand vicaire du diocèse de Senez, 4587, 5264, 6128, 6129, 6347
Laporte, E. de, doyen du Parlement de Paris, à Pontoise, 5263
La Porte, de, docteur de la Sorbonne, 917
La Pose, sœur de, de St. Paulin, religieuse bénédictine de Jouarre (diocèse de Meaux), 6653, 7023/24
La Pose, de, voir: Dubois de la Pose, sœur Anne
La Potherie, Monsieur de, 236
La Poype, de, voir: Vertrieu
La Querre, de, 3220
Larbalétrié, J. L., chapelain, 6654
L'Arbuisson, voir: Hoffreumont, Servatius
La Regnardière, Madame, 476, 864
Larcher, Antoine, prieur de Beaulieu, 3931
La Richardière, de, 5754
Larivière, E. de, curé de Troussey-sur-Meuse (diocèse de Toul), 4358, 5266
La Rivière, de, marchand à Aix, 4612, 6130
La Rivière, de, voir: d'Étemare
La Rivière, voir: Mailly
La Roca, Dominique de, missionnaire capucin, 3753
La Roche, Barthélemi de, à Rijnwijk, 1918, 1943, 3697, 3918, 3934, 3991
La Roche, religieuse de la Visitation, à Tours, 776
La Roche, de, 4966
La Roche, de, prêtre, 789, 7023/24
La Roche, de, voir: Fontaine de la Roche
La Roche Armond, Madame de, supérieure de la Visitation, 7023/24
La Roche Aymon, C. A. de, archevêque de Reims, 2028
La Rochefoucauld, Frédéric-Jérôme, cardinal de, 2514, 3014
La Rocheposay, Madame de, voir: Chateigner
La Roussière, abbé de, 1753
Larrière, Castera (de), voir: Castera
Lartesien, Mathieu, bénédictin de Saint-Riquier, 4394, 4432, 6848, 7023/24 (Fleury)
La Ruelle, Charles de, religieux d'Orval, 1482
La Salle, François de Caillebot de, ancien évêque de Tournai, 4739, 4927
Lasalle, Jean-Baptiste-Louis, bénédictin de l'abbaye de Nogent-sous-Conay par Soissons, 5268

Lasalle, de, à Campagne, 2818, 3157
La Salle, de, à Paris, 3222***, 6307, 6655, 6960
La Salle, de commerciant de Saint-Malo, 3222***
Laserre de Fondousse, Henri, chanoine à Pézenas, 5269, 5469
Lasillan du Cr., Mademoiselle, 3014
Lasnier Le B[lanc], 2819
Lasoule, à Bayonne, 6656, 7023/24
Laspales, J., dominicain à Prouille, 2330
Lasseray, J. B., fils aîné, à Paris, 1877, 2331, 2644, 2820, 3392, 3490, 3511
Lastic de Saint-Jal, François de, évêque d'Uzès, 5270
Lastour, de, voir: Fréjeville
Lastre, de, curé de Bainctun (diocèse de Boulogne), 5271, 5599
La Taste, Dom Louis-Bernard, bénédictin, évêque de Bethléem, 3014, 3144, 4716, 5927
La Thuillerie, Mademoiselle L. G. de, à Nevers, 6657
Latil, prêtre à Perpignan, 6658
La Torre, Jacques de, 3933
La Touche, Monsieur de, à Paris, 2190
La Tour, Mgr de, évêque d'Auch, 3623*
La Tour, de, intendant de Provence, 7023/24
La Tour, Pierre François d'Arères de, supérieur général de l'Oratoire, 789, 3222***, 6279, 6659, 6912
La Tour, Madame, (de Mailly), 3057
La Tour, Mademoiselle de, 3200*, 6225
La Tour, généalogie, 3200*
La Tour, voir: Terrasson, Verfeuil
La Tour d'Auvergne, Marie-Anne, carmélite, à Paris, 6131
La Tour d'Auvergne, voir aussi: Bouillon
La Tour du Pin de Montauban, Louis-Pierre de, évêque de Toulon, 6961
La Tousche, Louis-Julien de, bénédictin de Solesme proche Sablé, prieur de l'abbaye de Saint-Julien de Tours, 4419, 6660
La Treille, emprisonnement, 3052
La Trelhie, Diane de, femme de Jean de Fleury, 5981
La Trémoïlle, duchesse de, 6661, 6962, 7023/24
Latrie, voir: Batbedat
Laudon, Marianne, miracle, 2842
Lauge, Bénigne de, chartreux, 4476, 4483, 4485, 5447, 6189, 7023/24
Laulne, de, voir: Delaulne
Laumon, F., à Lodève, 2820*

Laumosnier Landreuille, 1066
Launay, F. de, 833
Launay, Guillaume de, bénédictin ,prieur de
Saint-Germer, de La Chaise-Dieu et de
Saint-Ouen, 3869, 3934, 4136, 6662, 6991,
7023/24
Launay, Jean de, bénédictin, procureur de
Saint-Denis, 3934
Launay, de, à Namur, (De Vallois), voir: De
Vallois
Launay, de, voir aussi: Delaunay, Val Launay
Launoi, Jean de, médecin, 1204, 3326*
Laurencin, à Orléans, 2887*
Laurencin, chanoine de Tours, 5272
Laurent, F., à Leiden, 1702, 1744
Laurent, Macaire, chartreux à Val Profonde
et à Paris, 3934, 4476, 4489, 4499, 5447, 6189
Laurent, voir: La Haye, de
Laussel, prêtre de Saint-Pierre à Montpellier,
5397, 5400, 6031, 6387
Lauthier, 642
Lauverjat, chanoine et archiprêtre d'Auxerre,
5274
La V., Mlle de, 7023/24
Laval, gouverneur de Colmars (diocèse de
Senez), 6339, 6963
Laval, abbé de, chanoine de Nantes, 6663,
7023/24
Laval, Mademoiselle de, 3211
Lavalette, oratorien à Paris, 5275
La Valette, voir: Lenfant de Lavalette,
Madame
La Val(l)ette de Charly, Madame de, à Lyon,
7023/24
La Vallée, de, voir: La Frenaye
Lavastre, J. Laurent, bénédictin à Bordeaux
et à Verdun, 4441, 4450, 5276
La Vauguyon, duc de, à La Haye, 2332
La Védrine, de, lieutenant et assesseur à Riom,
7023/24
La Vendengeuse, Madame, 2653
La Vergée, Marc-René de Saint-Michel de,
feuillant à Ouville l'abbaye, 6664
Lavergne, Louis, bénédictin à Ambronay,
4424, 5277
La Vergne, abbé, 14*, 834, 4285
La Vergne, P. T. de, 15
La Vergne de Tresnan, Louis de, archevêque
de Rouen, 4673
Lavernier, chanoine d'Abbeville (diocèse d'A-
miens), 5278
La Vérune, de, voir: Donat de la Vérune,
Madame

La Vicendiere, de, voir: Lejeune
La Vie, Charles-Armand de, bénédictin, 6665,
7023/24
La Vieuville, Charles-François d , évêque de
Rennes, 852
La Vign., Catherine de, 7023/24
La Vincendière, voir: Lejeune
Lavoissé, chanoine régulier au Plessis-Gri-
moult (Basse Normandie), 4369, 5279
La Voue, de, voir: Tourouvre
Lavrillère, voir: Drouard
La Vrillière, voir: Vrillière
Law, John, contrôleur général, 6964
Lazerme, médecin de Montpellier, 3222***
Léauté, Antoine, bénédictin de l'abbaye de
Saint-Germain d'Auxerre, 4838, 5550
Leauté, Claude, bénédictin à Melun et à
Ambronay, 4424, 4431, 5121, 5282, 6618,
7023/24
Le B., voir: Bertier
Lebault, Bénigne de Sainte-Anne, abbesse de
Notre-Dame de Tard à Dijon, 2333, 2822
Le Beau, Mademoiselle, à Moscou, voir:
Dolgorouky, Anne princesse
Le Beaux, Marianne la veuve, à Paris, 6667,
7023/24
Lebegue, Alexis, chanoine régulier à Soissons,
5283
Le Bel, François, bénédictin à St. Éloy de
Noyon et à Saint-Florent de Saumur, 3870,
4395, 5433
Le Bel, Jean-Urbain, bénédictin de l'abbaye
de Saint-Florent-le-jeune près Saumur,
5284
Le Berche, Noël, prieur-curé de Mont-
doubleau (diocèse de Blois), exilé à Châ-
teaudun, 4371, 4703, 4715, 5285, 5812,
6668
Le Berthon, Alexandre-François, oratorien
au monastère de Saint-Polycarpe en Lan-
guedoc, 5286
Lebeuf de Chambarat, à Auxerre et Paris,
2334. Voir aussi: Chambaret
Le Bieux, voir: Antoine de Sainte-Catherine
Le Bigre, Natalis, diacre du diocèse de Paris,
5287, 6276
Le Blanc, Denis-Alexandre, évêque de Sarlat,
5288
Le Blanc, E., prêtre à Paris, 531
Le Blanc, Louis, curé de Meuilley (diocèse
d'Autun), 5289
Le Blanc, Marie, 619
Le Blanc, Paul-Claude, à Paris, 1944, 5764

Le Blanc, Paul-François, avocat à Paris, 6669, 7023/24
Le Blanc, ministre de la guerre, 6965
Le Blanc, (P. Serri), voir: Serri
Le B(lanc), voir: Lasnier
Le Blanc de Beaulieu, Jean-Claude, évêque de Rouen, 4246
Le Blond, théologal d'Orléans, 5290
Le Blond, Madame, à Paris, 5291, 7023/24
Le Blond, Mademoiselle, 7023/24. Voir aussi: Filletieres, Madame de
Le Blond (François de Sales Dupuis), 8, 4154
Le Borgne, voir: Kermorvan
Le Bossy, Gérard, procureur de Rijnwijk, 3297, 3934, 5440
Le Boucher, à Paris, 2823
Le Boucher, voir: Letardière le Boucher
Le Bourdieu, 2824
Le Brest, voir: Tardif le Brest
Le Bret, Pierre, premier président à Aix, 6139, 6353, 6670, 6912
Lebret, intendant à Aix, 6755
Le Breton, Augustin, bénédictin à Saint-Gildas-des-Bois, 4428, 5292
Le Breton, Patrice-François, bénédictin à Angers et Saint-Aubin d'Angers, 4395, 5293, 7066
Le Breton, voir: Bonval
Le Bruleur, voir: Lenoir
Lebrun, Dom Jean, voir: Vaillant
Lebrun, J. A., fils, à Lille, 2335
Le Brun, Marie-Thérèse, dite Sainte-Cécile, hospitalière de Reims, 6671
Lebrun, Madame, 3221
Lebrun, 2887*, 3057
Le Brun des Marettes, Jean-Baptiste, à Orléans, 4345, 6235
Le Camus, Étienne, cardinal, évêque de Grenoble, 286, 420, 863, 918, 922, 938, 1067, 1126, 1217, 2595, 3220, 4271, 6132, 6133, 6672, 6912, 6979
Le Camus de Bagnols, 531, 553, 3060
Le Camus de Bouloyer, sœur Françoise-Louise de Sainte-Claire, 3211
Lecand Centomairie, G. J., 2251
Le Canu, N., prêtre, 137
Le Ch(...), président de Trèves, 2336
Le Chanteur, 3491
Le Chevalier, Léon, prieur de Saint-Gildas-des-Bois, 3845, 3871, 3902, 3934, 4159
Le Chevalier, M., 2539
Le Chevallier, T. A., oratorien aux Vertus, 4547, 5294, 6892

Leclerc, H., 1068
Le Clerc, Nicolas, à Bourg-d'Ouville-l'abbaye (diocèse de Rouen), 5763
Leclerc, Pierre, (Monsieur de la Pierre), 2248, 2275, 2471, 2646
– bibliothèque, 2594*
– précis d'un acte, 2603
– procès, 2615
Leclerc, chanoine d'Auxerre, 3688, 3694
Le Clerc, curé de Provins, 421
Leclerc, Madame, 2336*, 2387
Leclerc, à Paris, 3492
Leclerc, 180
Le Clerc, 7023/24
Leclerc, voir: Le Maistre de Sacy
Leclerc de Juigné, A. L. L., évêque de Châlons-sur-Marne, depuis archevêque de Paris, 2299, 2476, 2853
Leclerc Dupré, 3222***
Lecocq, chanoine et prévôt de Saint-Agnan d'Orléans, 5295, 6674, 6776, 7023/24
Lecomte, F., à Amsterdam, 2825, 3275
Lecomte, Marie-Dorothée de l'Incarnation, 255, 256, 3210, 3211
Le Comte, sœur Sainte-Élisabeth, l'aînée, bénédictine à Lyon, 5346, 6673
Lecomte, directeur de la poste à Richelieu, 2337
Le Conte, 6478. Voir: Soanen
Le Courayer, Pierre-François, chanoine régulier de Sainte-Geneviève, docteur d'Oxford, à Paris, 3934, 4077*, 4381, 5705
Le Couriault, Jean-Maurice, bénédictin à Quimperlé et ailleurs, 4395, 4447, 4449, 6675
Lecourt, C., prêtre à Paris, 6676
Le Court, M., trésorier à Montpellier, 2128, 2338, 2358
Le Couteulx Desaubois, fils, dit le frère Étienne, 2826
Le Couteulx, dit Delaunay, 2829
Le Couteulx, réfugié, à Utrecht, 7023/24
Lecreulx, oratorien à Saumur, 4535, 5296
Le Dieu, Charles, en l'abbaye de Saint-Urbain, 3872
Ledoulx, Jean-Baptiste, natif de Laon, 5745, 6304
Le Doux, Nicolas, chartreux, voir: Desnoyers, à Vronestein et à Schonauwen
Le Doux, curé de Saint-Pierre aux Bœufs, 7023/24
Leersum, C. A. van, à Paris, 1945
Le Favre, Charles, bénédictin, 1813

Le Favre, Hélène-Charles, bénédictin au Mont Saint-Michel, 5298
Lefebure, F., 688, 857, 868, 936, 1069
Lefebure, archidiacre de Troyes, 1430
Lefebure, curé de Saint-Marcel à Metz, 2850, 4999
Lefebure, voir aussi: Lefebvre, Lefèvre
Lefebvre, P., prêtre à Loudun, 2827
Lefebvre, Philippe-Joseph, à Ostende, 1947
Le Febvre, curé de Beaurieux (diocèse de Laon), 5300
Le Febvre, chanoine de Gien (diocèse d'Auxerre), 4301, 6678
Lefebvre, docteur de Sorbonne, à Tréguier, 5299
Le Febvre, curé de Versigny (diocèse de Senlis), 5301
Le Febvre de Saint-Hilaire, André-Gérard-Claude, conseiller au Parlement de Paris, 6293*, 6679, 7023/24 (Le Febvre, Saint-Hilaire)
Lefebvre, voir aussi: Lefebure, Lefèvre
Le Féron, Élisabeth de Sainte-Agnès, 148, 257, 689, 3051, 3209
Le Féron Courtin, Madame, 3159
Le Ferret, 2404
Lefèvre, Corneille-Guillaume, à Diest, 29, 1754, 3934
Lefèvre, Catherine-Thérèse-Marie, "klopje" à Utrecht, 1755–1757, 1946, 3933, 3934
Lefèvre, E., oratorien, 3221. Voir aussi: Ravechet
Lefevre, François, bénédictin de l'abbaye du Bec en Normandie, 5302
Lefèvre, Gertrude, marchande-libraire à Utrecht, 1758, 1918, 1946, 3649, 3699, 3934, 4022, 4145
Lefèvre, Jean, à Bruxelles et Louvain, 3996, 4027
Lefèvre, M. C., 1946
Lefèvre, Mathilde, née Noorman, 1756, 1757
Lefèvre, Philippe-Emmanuel-Jérôme, à Thuin, 1759
Lefèvre, Sophie, 3221, 3934
Lefevre, prêtre du diocèse de Noyon, 5303
Lefevre, prêtre de la Doctrine Chretienne, curé de Saint-Jean de Troyes, 4506, 5304
Le Fèvre, docteur de Sorbonne, 6134
Lefevre, voir aussi: Monfeutille, Lefebure, Lefebvre
Lefèvre de Caumartin, Jean-François-Paul, évêque de Blois, 4748, 4766, 5305, 6076, 7033

Le Fournier, chapelain de la Sainte-Chapelle, à Paris, 3065
Lefranc, Guillaume-François, bénédictin à Marmoutiers-lez-Tours et à Angers, 4447, 5306
Lefranc, à Auxerre, 4623, 4647
Le Franc, à Paris, 3934
Le Franc, chanoine de Gien (diocèse d'Auxerre), 5307
Lefranc, voir: Simon
Lefrancq, 3493
Lefricque, Charles, bénédictin de Saint-Pierre de Corbie, 4394, 4444, 5070, 6680, 7023/24
Legaigneulx, prieur de l'abbaye de Saint-Martin de Troyes, 5308
Le Gendre, Fiacre, au Petit Andely (diocèse de Rouen), 4356, 6681
Le Gendre, Joseph-Tiburce, clerc tonsuré au Petit Andely (diocèse de Rouen), 4356,6681
Le Gendre, prêtre, supérieur de l'Oratoire à Riom, 7023/24
Legentil, J., 532
Leget, prêtre, ci-devant supérieur du séminaire d'Aix, 6682
Legofvry, Antoine, bénédictin au Mont Saint-Michel et à Marmoutiers lez Tours, 4447, 5309
Le Gouteux, Martin, prêtre du diocèse de Rouen, 6683, 7023/24
Le Goux, Noël-Marie, bénédictin au Mont Saint-Michel et à Rennes, 5310
Legrand, Jeanne-Marthe, à la Conciergerie de Paris, 6685, 7023/24
Le Grand, père de Jeanne-Marthe, à Paris, 6685, 7023/24
Le Grand, relieur à l'abbaye de la Trappe, 2828
Le Grand, Mademoiselle à Reims, 3997
Legrand de Sainte-Colombe, fils ,à Châtillon-sur-Seine, 6684, 7023/24 (Sainte-Colombe)
Legris, François, oratorien à Paris et à Soissons, 789, 3222***, 6135, 7023/24
Legros, Nicolas, (Dubois, Dupont, Maupas), chanoine de Reims, à Amersfoort et Utrecht, 863, 1070, 1251, 1259, 1262, 1279, 1431, 1846, 1849, 1882, 1886, 1899, 1948, 2000, 2703, 2829, 3014, 3143–3145, 3160, 3204, 3205, 3221, 3222*, 3267–3319, 3288, 3302, 3309, 3319–3359, 3632, 3700, 3766, 3934, 3960, 3998, 4008, 4020, 4056, 4083, 4092, 4136, 4143, 4152, 4660*, 5311, 5818, 6686, 7023/24

Lesdiguières, voir: Gondi, Madame de
Le Sesne, voir: Étemare, Ménilles, Théméricourt
Le Solitaire, voir: Dilhe
Le Soudier, curé de Chaillot-lez-Paris, 5332
Lesourd, à Loches, 2353, 3238, 3240, 3242
Lesourd, Madame M. G., 3240, 3242
Lespagnol, Mademoiselle, 3874
L'Estaing, de, voir: Estaing
L'Estang, de, voir: Belpèche
Lesure, Pierre, bénédictin de Saint-Riquier, 4394, 6848, 7023/24 (Fleury)
Le Tallu, Le Tanneur, voir: Fontpertuis
Letardière le Boucher, de, 1344
Le Tellier, Charles-Maurice, archevêque de Reims, 918, 4262
Le Tellier, François, bénédictin à Jumièges, ancien professeur de théologie, 4437, 5333
Le Tellier, J., acolyte de Paris, 5449, 6697
Le Tellier, jésuite, 813**, 928, 2844, 3096
Le Tellier, chanoine de Sens, 2838*
Le Tellier, à Saint-Germain, 477
Le Tellier, Le Tessier, Le Tointerau, Le Toisonnier, Le Tongre, Le Tonnelier, voir: Fontpertuis
L'Étoille, F. B. de, 749
Le Tonnelier, chanoine régulier de Saint-Victor à Paris, 4381, 5334, 6198
Le Tonneur, voir: Fontpertuis
Le Tors, lieutenant criminel au bailliage à Avallon, 6698
Le Touret, voir: Fontpertuis
Le Tourneur, notaire à Paris, 230
Le Tourneur, Mademoiselle, 777
Le Tourneux, Nicolas, prieur de Villers, 14, 15, 32*, 32**, 693, 1797, 3050, 3057, 3217, 3218
Le Tourneux, Mademoiselle à Paris, 3057, 3221, 5901
Le Toussu, voir: Fontpertuis
Létrée, de 1432
Le Turquier, Jean-François, bénédictin à Jumièges, ci-devant prieur de Saint-Père de Chartres, 4437, 4451, 5335, 5521
Lety, P., 2033
Leullier, Jeanne de Sainte-Colombe, (Levillier), 260
Le V., professeur, à Paris, 3203
Le Vacher, Jean-Baptiste, à Paris, 2839, 5807, 6138–6140
Levage, Pierre, à Rome, 1610, 3705, 3753, 3792, 3933

Levasseur, voir: J. J. Jacquesson
Le Vasseur, Mademoiselle, 7023/24
Le Vassor, P. Étienne, 3220
Le Vassor, Michel, cousin du P. Étienne, 1080
– vie, 32**
Le Vavasseur, Françoise-Madeleine de Sainte-Ide, 231
Le Vayer, Mademoiselle, 3050, 3057
Lévêque, François, vie, 32**
Levêque Saint-Amand, Christine, 4683
Leveret, Antoinette-Françoise, épouse de Jean-Louis Duhousset, à Paris, 5059
Le Vergier, curé de Saint-Geours, 7023/24. Voir aussi: Duvergier
Levesque, voir: Vandière
Le Vigneur, C. R., 914
Le Viguier, à Aups, 6968
Levillier, voir: Leullier
Levy Charlus, sœur de, 862
Le Wif, Dom Joseph, 3812, 3822, 3857, 3870, 3872, 3908, 3916, 3927
Leyburn, John, évêque d'Adramite, 287, 422, 1554
L'Hérault, François, curé de Roudray (diocèse d'Orléans), 4470, 7023/24 (aussi: Herault)
L'Héritier, Nicolas, oratorien et vicaire d'Effiat, 6699
Lhermitte, à Reims, 2001
Lhermitte, 536
L'Hermite, voir: Bernard
Lheta, Mademoiselle, 6700
L'Hopital, supérieur général de la Doctrine Chrétienne, 6912
L'Horlogeur, voir: Audibert Chauvin
L'Hoste, Mademoiselle, à Paris, 5211
Lhuillier, François, bénédictin de Marnes-en-Poitou, 4399, 4433, 6701
Lhuillier, Samuel, bénédictin à Saint-Benoist-sur-Loire et à Saint-Georges de Bocherville (diocèse de Rouen), 4431, 4432, 5837
Liagno, de, père de Neuwied, 4184
Liancour, P. C. R. de Cageul de, 1372
Liancourt, abbé de, 537
Liancourt, Roger Duplessis, duc de, 32**, 322, 342, 817, 3060, 4285
Liancourt, Jeanne de Schomberg, duchesse de, 32**, 112, 342, 559, 817, 3060, 4285
Liaño, Alvar-Augusto de, 2128
Liarant, F., (ancien) curé de Mézy, sacristain de Saint-Pierre de Pontoise, 5555, 5889
Liautaud, 2354, 3497
Lier, J. van, à Amsterdam, 2840

Lieutaud de Troisville, voir: Troisville
Ligaingneutre, F., prieur de l'abbaye de Saint-Martin, 1081
Liges, M. de, 790
Ligny, abbé de, à Paris, 538, 3060
Ligny, Dominique de, évêque de Meaux, 122, 123
Ligny, Madeleine de Sainte-Agnès de, abbesse de Port-Royal, 11, 103–113, 128, 3208, 3210, 3211, 3214
Ligny, Pierre de, professeur en philosophie, depuis chanoine de Saint-Amé, à Douai, 1659, 4299, 5995, 6381
Lilien, baron de, à Essen, 3498
Limozin, curé du Saint-Esprit à Lectoure, 4327, 5336, 5721, 6175
Linyères, de, à Versailles, 1809
Lion, François, prémontré, à Paris, 4553, 5454, 6789
Lionnois, concierge, 7023/24
Lions, à Grenoble, 423
Lipinski, Aug., à Paris, 2355
Lironcourt, chevalier de, à Paris et Amsterdam, 2356, 3499. Voir aussi: Borel de Lironcourt
Lisle, de, 2841, 6969. Voir aussi: Delisle
L'Isle, Madame de, 7023/24
L'Isle Bouchard, voir: J. B. Dubreuil
Lobera, Dominique de, ministre du roi d'Espagne à La Haye, 2357
Lobs, Petrus, curé à Haarlem et Leyde, 3875, 3931, 3933, 3934
Lodigiani, Louis, 4204
Loeffem, E., 1555
Loger, Vincent, curé de Chevreuse, 228, 493, 791–813*, 1556, 1743, 3082
Logre, prêtre à Provins (diocèse de Sens), 6702, 7023/24
Loisel, Marguerite, de Sainte-Clotilde, religieuse du Calvaire du Faubourg Saint-Germain à Paris, 5450, 5752
Lollière, Jean de, missionnaire apostolique, 6085
Lombard, à Soissons, 539
Lombart, 2818, 3228
Lombert, M., 139
Loménie, cardinal, 3394
Loménie, Louis-Henri de, comte de Brienne, 32**, 477–482, 936, 2087, 3220
Loneux, J. P., et fils, à Bois-le-Duc, 3500
Long, Louis, bénédictin à Saint-Pé et ailleurs, 5337
Longer, Louis, à Rouen, 1778

Longer, Sal., prêtre à Paris et à Rouen, 4395, 5338, 5554
Longer, veuve Thomas, 1778
Longer de Saint-Jean, prêtre, sacristain de Saint-Étienne, à Châlons-sur-Marne, 1768–1789
Longueil, oratorien à Saumur, 4535, 5448, 5993
Longuet, M., prêtre, 1764–1767
Longueville, Anne Geneviève, princesse de Bourbon, duchesse de, 14*, 45, 120, 145, 208, 209, 252, 540, 758, 814–816, 3053, 3209, 3211, 3214, 3217, 4285, 4286
Longueville, Charles duc de, comte de Saint-Paul, épitaphe, 918
Longueville, de, à Maestricht, 3876
Loo, Jacob van, à Batavia, 1950
Loos, Henri, archevêque d'Utrecht, 4187
Lopez, Michael, à Saragosse, 2358
Loppin, chanoine, à Beaune, 1475, 1479
Lord, de, abbé, 4601, 4606
Lordat, comtesse de, 2190
Lordat, Madame de, chanoinesse de Saint-Sernin de Toulouse, 5623, 6885, 7023/24 (Armantieu)
Lorieri, 2645
Lorome, de, prêtre à Paris, 6193
Loron, Ch. de, chartreux à Paris, 76, 140, 4263
Lorraine d'Armagnac, François-Armand de, évêque de Bayeux, 1370, 1373, 1473, 1997, 4661, 4717, 4776, 5340, 5731, 6114, 6141–6143
Lottin, Ph. N., imprimeur-libraire à Paris, 6703, 7023/24
Louail, ecclésiastique, 14, 1301, 1790–1797*, 3052, 3056, 3079, 3203, 3217, 5927
Louburg, H., curé à Amsterdam, 2359
Loudier, Pierre-François, chanoine régulier à Senlis, 6704, 7023/24
Louis XIV, roi de France, 31, 98, 124, 151, 206, 208, 230, 322, 323, 329, 383, 395, 450, 484, 723, 852, 862, 863, 886*, 918, 919, 1194, 1240, 1270, 1649, 2698*, 3054, 3096 3221, 3934
Louis XV, roi de France, 1805, 2853, 3222***, 3934, 4167, 4760, 7064
Louis XVI, roi de France, 3394
Louis-Philippe, frère, à Léon, 6049
Louis de Saint-Robert, frère, feuillant, voir: Saint-Robert
Louise-Marie, fille de France, 7064
Louise-Marie de Gonzague, reine de Pologne, 50, 77, 253, 3043, 3212, 3213, 3214

Louise de Sainte-Fare, sœur, 3048

Louise de la Miséricorde, sœur, voir: La Miséricorde

Louise de la Sainte-Trinité, sœur du monastère de la Sainte-Mère de Dieu des carmélites, à Paris, 918

Louisons, 2396, 2853

Loulié, chanoine de Palaiseau (diocèse de Paris), 5342

Loupot, Romuald, bénédictin de Saint-Vanne à l'abbaye de Saint-Urbain, 6706

L'Ours, voir: Mlle de Bère

Lousleste(?), 3877

Louvain, Claude, feuillant, 5748

Louvard, Dom François, bénédictin de Saint-Gildas-des-Bois (de Saint-Gervais), à Saint-Denis et ailleurs, 1082, 1686, 1902, 1974, 3221, 3222***, 3299, 3813, 3933, 3934, 4012, 4155–4174, 4425, 4428, 4432, 4449, 5121, 5343, 6144, 6145, 6707, 6971, 7023/24
– inventaire de ses effets, 4022
– conduite, 4165
– acte de protestation et évasion, 4167

Louvigny, voir: Silly

Louville, de, voir: Dalonville de Louville

Louvois, Camille le Tellier, abbé de, 1790

Louvois, de, 478

Lovat, Victor, à Paris, 6708, 7023/24

Loys, L., prêtre du diocèse de Paris, 5449, 6709, 7023/24

Lubeley et de Wit, à Amsterdam, 4040

Luc, sœur de, dominicaine de Prouille, 6813, 7023/24

Lucas, Guillaume, bénédictin à Chartres, 6485

Luçay, de, religieuse de la Visitation, à Tours, 776

Lucienne, Madame, 7023/24

Lucinge, abbé de, à Poitiers, 3164

Ludes de Paris, Madame de, à Paris, 789, 3222***, 6710, 7023/24 (Paris)

Lugat, conseiller au Châtelet de Paris, 5345, 7023/24

Lups, à Amsterdam, 4102

Lustrac, abbé, à Troyes, 5798, 7023/24

Luynes, Louis-Charles d'Albert, duc de, 101, 184, 817, 3051, 3057, 3211

Luynes, Anne de Rohan, duchesse de, 207, 340, 1527, 3057, 3211, 3214. Voir aussi: d'Albert de Luynes

Luynes, Mademoiselle de, 665

Luzac, Étienne, 2360, 3392

Luzac, J., à Leyde, 2361, 3501

Luzancy, voir: Arnauld de Luzancy

M., 2841*, 2842, 6661, 7108, 7147

M., à Paris, 1345

M., Madame, 2842*

M., abbé de, à Versailles, 1856

M., Madame de, 2362

M., Mr., mémoire sur les ordinations, 4059

M. D., 1363, 2900

M. H., 3146

M. L., 3144

M. V., Mademoiselle, à Paris, 288

Mabile, docteur de Sorbonne, 219, 818

Mabillon, Jean, bénédictin, 863, 1274*

Macadré, Charles, bénédictin, 3856, 4406, 5347, 6848

Maccarti, Ferenzi, à Livourne, 2645*

Macé, abbé, à Paris, 6711, 7023/24

Macheco de Premeaux, Jean-François de, évêque de Conserans, 5347*

Macholles, abbé de, 7023/24

Macquet, ecclésiastique, 3210, 3211

Madeleine de Jésus, bernardine du Tard, à Dijon, 78, 236, 3209

Madeleine de Saint-Augustin, carmélite, à Troyes, 3878

Madeleine de La Sainte-Trinité, religieuse carmélite, 6408

Magdelain, Mademoiselle, chez M. de Senlis, 685*, 703, 707

Magdelaine-Thérèse de Saint-François-Xavier, sœur, carmélite, 6290

Maggi, Luigi, à Livourne, 3502

Maginau, chapelain de Cormerai (paroisse de Chitenai près Blois), 6712

Magliabcchi, Antonio, 1083, 1557

Magnan, prêtre du diocèse de Montpellier, 7023/24

Magnart, sœur Anne de Sainte-Madeleine, 3210, 3211

Magnet, 424

Magnier, Edme, bénédictin à Chalon-sur-Saône, 5349

Magnieu, prêtre à Paris, 185

Magnin, Jean-Baptiste-Henry, bénédictin, ancien prieur d'Ambronay, 4391, 4431, 7023/24

Magnin, diacre, 7023/24

Maignart de Bernières, Charles, maître des requêtes, 3211

Maignart de Bernières, sœur Françoise de Sainte-Thérèse, 3211

Maigne, oratorien, supérieur d'Effiat, 4539, 7023/24

Maigremont, Mademoiselle de, 7023/24

Maigrot, Charles, évêque de Conon (Comana i.p.i.), à Rome, 1610, 1653, 1997, 5350, 6028
Maillard, Jean-François, prêtre de Paris, à Redon, 2364, 2843, 4363, 4501, 5351, 6195, 7023/24
Maillard, François, prêtre de la Doctrine Chrétienne, à Nérac, 4499, 4503, 5352
Maillard, Madame, 7023/24
Maillat, Raymond, dominicain à Rome, 852
Maille, Louis, à Rome, 5353
Maillebois, sœur de Saint-Irenée de, du Calvaire à Tours, 2363, 5451, 6791
Maillebois, Françoise de Saint-Léon de, sous-prieure du Calvaire à Tours, 3246, 6791
Maillefer, chanoine à Reims, 1779, 3879
Maillet, Simon-Joseph, prêtre à Paris, 5354
Mailliette, sœur Justine, maîtresse d'école à Laon, 6713
Mailly, François de, archevêque de Reims, 1374
Mailly, Madame de, 6252
Mailly, Mademoiselle Marie-Madeleine-Joseph de, à Haucourt, 789, 4566, 6715, 7023/24
Mailly, voir aussi: La Tour
Mailly, marquise La Rivière de, 6714, 7023/24
Maintenon, Madame de, 919
Mairan, de, 6280
Maisy, Madame de, voir: Mézy
Majainville, abbé de, à Paris, 2365
Malaval, 7023/24
Malebranche, Nicolas, oratorien, 322, 819, 1084, 4290
Malesherbe, à Amsterdam, 2366
Malevergne, 7023/24
Malissoles, voir: Berger
Mallet, Anne, 896
Mallet, Claude, bénédictin à Bourges, à la Chaise Dieu et prieur de Bernay, 4401, 4412, 6717, 7023/24
Mallet, Victor, bénédictin à l'abbaye de Jumièges (diocèse de Rouen), 4887
Mallet, abbé, visiteur de la Congrégation du Calvaire, 4807
Malnoë, Mademoiselle de, à Paris, 5754
Malnoë Biré, Mademoiselle de, du diocèse de Nantes, 6718
Malouet, Pierre-Antoine, confrère de l'Oratoire du diocèse de Clermont, 5754
Malvin de Montazet, Antoine de, archevêque de Lyon, 2367, 2853, 6057
Mançais, chapelain de Saint-Germain-l'Auxerrois, 5930

Manchot, 2853
Mandonnet, Mademoiselle, 3884
Mane, oratorien à Lyon, 6149, 7023/24
Mane, l'aîné, 7023/24
Mane, le cadet, 7023/24
Maniban, de, voir: Casaubon de Maniban
Manon de Bresle, Mademoiselle, à Paris, 1949
Manucci, G. J., 2398
Marans de Mondion, Madame, à Artigny, 3165
Marant, à Courtrai, 3455, 3503
Marant, P. J., 2344
Marca, Pierre de, archevêque de Paris, 345, 7096
Marcadier, oratorien à Toulouse et à Pézenas, 4550, 5397, 6387, 6720, 6797, 7023/24
Marcel, L., curé de Saint-Jacques du Haut-Pas, 141, 3057
Marcelis, Pierre, 948
Marcha, sœur de Saint-Irénée, bénédictine, à Lyon, 5346, 5357
Marchand, notaire à Paris, 6181
Marchand (Mercadier), à Vianen, 1838, 2384
Marchant, à Paris, 2368, 7023/24
Marchant de Beaumont, 2369
Marchant de Beaumont, Madame, voir: Bauvin
Marchay, André, bénédictin à Lagny-sur-Marne, 6721
Marcland, abbé de Bourges, 7023/24
Marcland, V., bénédictin, abbé de Clermont, 6722
Marcotte, à Saint-Omer, 3231
Mare, Madame, 3057, 3066
Maréchal, A., professeur en philosophie, à Douai, 1659
Marefoschi, Mario cardinal, 1730, 2207, 2370
Mareschal, Dominique, bénédictin de l'abbaye de Saint-Jean d'Angely, 4396, 4870
Marettes, voir: Le Brun des Marettes
Mareuil, chevalier de, 1085
Marganne, Lambert, curé de Renay, 4308, 5358
Margaillan, Mathieu, libraire à Milan, 2383, 3504
Margon, abbé de, 2844, 5926, 6266
Marguerite de Saint-Benoît, sœur, 3210
Marguerite de Saint-Bernard, 1374
Marguerite de Sainte-Dorothée, 118. Voir aussi: Dorothée
Marguerite du Saint-Esprit, 362
Marguerite du Saint-Sacrement, carmélite, à Beaune, 918, 5927

Marguerite Rosalie, 3054
Maria, M., 5677
Maria, (Marie), Madame, l'avocate à Castellane, 3222***, 7023/24
Mariau, P. Ch., ecclésiastique à Paris, 6723, 7023/24
Mariau, prêtre d'Auxerre, 6410, 7023/24 (Du Courtil)
Marie, sœur, visions sur Napoléon etc., 4192
Marie, Madame, voir: Maria
Marie Angélique de Saint-Ange, de la Visitation, à Melun, 79, 236
Marie Angélique de Saint-Barthélemi, 261
Marie-Anne de Jésus, sœur, carmélite, au Grand Cou(vent), faubourg de Saint-Jacques, 7023/24 (Le Nain). Voir aussi: Le Nain
Marie Catherine de l'Incarnation, carmélite, (de Saint-Denis), 4142
Marie Cécile de Saint-Léger, de la Visitation, à Poitiers, 80
Marie-Céleste, de la Visitation, à Rome, 6162
Marie Constance, de la Visitation, à Angers, 81
Marie Martine de Sainte-Lucie, ursuline, à Rouen, 85
Marie de Jésus Christ, de Notre Dame de Tard, 82
Marie de Jésus immolé, 3166
Marie de Jésus Marie, de Notre Dame, à Rouen, 83
Marie de Sainte-Agnès, de Notre-Dame de Tard, à Dijon, 84
Marie de Saint-Joseph, 541
Marie de Saint-Michel, supérieure d'Amiens, 223, 694
Marie-Scholastique, sœur de l'Annonciade de Tours, 6724, 7023/24
Marie Thérèse Victoire, prieure d'Avroy, 1187
Mariette, confrère de l'Oratoire à Orléans, 6150, 6725, 7023/24
Mariette, Mademoiselle, à Ménilles, 3099
Marignier, Guillaume, 361, 386, 387, 695, 3066, 3081
Marin, Dom, 3220
Marine, de, oratorien à Paris, 4545, 7023/24
Marion, Jean-Baptiste, bénédictin à Vendôme et à Ambronay, 4424, 5360, 7023/24
Marion, François, prieur de Saint-Jagu proche Saint-Malo, 3880
Marissal, I., 820
Mariteau, voir: Surville

Marivin, François, commissaire du général de l'ordre de Cîteaux, 4494
Marle, C. de, 86
Marnyhat, Pierre, bénédictin, à Bourges, 5361
Maroles, de, 3999
Marolle, de, voir: Du Saussay
Marrel, D., à La Haye, 3505
Marrot, oratorien, 6726
Mars, Jacques, chapelain à Hilversum, 3645
Mars, Mademoiselle Josèphe de, à Paris, 6727
Marsan, Honoré, chanoine régulier à Nevers, 4380, 5362
Marseillois, le, voir: Engelfred
Marsillac, princesse de, 3210
Martel, P. et Madame, à Paris, 2371
Martel, voir: Estaing, Madame de Fontaine Martel d'
Martelly, Antoine, théologal d'Agde, 1086, 3221, 3933, 5365, 6108, 6151–6154, 6280, 6305, 6973.
Martigny, à Grasse, 4624
Martin, André, vie, 32**
Martin, F., docteur à Louvain, 1558, 1638, 1662, 3933, 3934
Martin, J., curé de Murlin, (diocèse d'Auxerre), 5366
Martin, Louis, chanoine-théologal de Séez, 579, 5367
Martin, de la Doctrine Chrétienne, bénéficiaire de Lodève, 6728, 7023/24
Martin, professeur de droit à Paris, 2372
Martin, 3506
Martin de Saint-Florentin, capucin, 5890
Martine, procureur de l'abbaye de Saint-Denis, 6974
Martineau, Samuel, évêque de Bazas, 46, 542, 3060, 3211, 3214
Martini, 2373, 2489
Martinot, Mademoiselle, 7023/24
Martiny, Bernard, acolyte de l'Oratoire, 6360, 6914
Martiny, Madame de, chanoinesse de Toulouse, 6885, 7023/24 (Armantieu)
Martuel, 1693
Masclary de Beauvezet, de, trésorier, 5927
Mascranny Lenain, Madame, 1343
Masquelier, 2374, 2844*, 3612
Massa, Giacomo, abbé à Rome, 1720, 2207, 2217, 2222, 2251, 2375, 2393, 2530, 2556, 3507
Massan, à Paris, 3509
Massé, chanoine de la Rochefoucauld (diocèse d'Angoulême), 4298, 5368

Massillon, Jean-Baptiste, évêque de Clermont, 918, 5369, 6513, 6975

Massillon, Joseph, supérieur de l'Oratoire, à Clermont, 2376, 5891, 7023/24

Massin, H. W., curé de Saint-Michel à Liège, 3252, 3508

Massol, fils, fourbisseur à Toulouse, 6729, 7023/24

Masson, sœur Marguerite-Geneviève de Sainte-Pélagie, religieuse de l'Hôtel-Dieu de Pontoise, 5031, 5370

Massuau, Augustin-Clément, 6730

Massuau, Raimond, à Orléans, 6730, 7023/24

Massuau, ecclésiastique au séminaire d'Orléans, 937

Massuau, 3052, 3167 (fils aîné)

Massuau Fontaine, 7023/24

Mathon, Madame, 14*, 4285

Matignon, Jacques de, ancien évêque de Condom, précepteur du dauphin, 776, 6976

Mattes, F. D., 2845

Mattheij, A., directeur de l'église Wallone, 3510, 3559

Matthieu, P., 726

Matthieu, Dom Jean, coadjuteur d'Orval, 3934

Maubourg, Mademoiselle de, 3168, 4182

Maubisson, voir: Verthamon de Chavagnac

Maudoux, Abel, curé de Lignères (diocèse du Mans), 4328, 5371

Mauduit, oratorien à Caen, 4272

Mauger, Simon, bénédictin à Saint-Malo, sous-prieur de l'abbaye de Sainte-Melaine, à Rennes, 2845*, 3934, 4414, 4428, 4449, 6731, 7023/24

Maugin, 7023/24

Mauléon, marquise de, 7023/24

Maulnory, François, prêtre du diocèse de Paris, 5372

Maultrot, 2318, 2329, 2377, 3511
– Traité des cas réservés, 2635
– "Jurisdiction ordinaire," 2329

Maulvault, A., 261

Maupas, voir: N. Legros

Maupeou de Pontchartrain, 653

Maur, Mademoiselle, à Paris, 6155

Maurel, de, à Aix, 5702

Maurel de Valbonette, sœur Dorothée, 3221

Maurepas, de, 4652, 4767, 6143, 7033

Mauresane, François de Saint-Alberic, feuillant, à Bordeaux, 6447, 6448, 7023/24 (Gramagnac)

Maurin, Antoine, greffier de l'officialité d'Embrun, 6366

Maurouziere, de la, voir: Boylesve de la Maurouziere

Maurisse, Madame de, prieure de Saint-Martin, 187, 3216

Mayer, Madame, 7023/24

Maygné, ancien curé de Ver (diocèse de Chartres), 5177

Maynier, prêtre du diocèse de Digne, à Aiguines, 4319, 6732

Mayou, Jean-Baptiste, chantre de l'église d'Angoulême, 2845**, 5150, 5373, 7049, 7050

Mayr, Georg, curatus ad S. Stephanum, directeur du séminaire, à Vienne, 2378, 2560

Mazarin, Jules, cardinal, 344, 3049

Mazière, Ph., docteur de Sorbonne, à Rodez, 4351, 5374, 6390

Mazile, grand vicaire de Cambrai, 3838, 3931

Meau, P., au château de Paulney, à Ligueil, 3243

Meaupon, M. de, curé de Nonancourt, 812*

Meganck, François, curé à Schoonhoven et Leyde, 2285, 2379, 3014, 3366, 3512, 3787, 3881, 3933, 3934, 4000, 4092, 4768, 5375

Mégard, Mademoiselle, à Paris, 2–6, 1359

Mégissier, Mademoiselle, vie, 32**

Méguignon junior, 2383

Méguignon, junior, Madame, à Paris, 4246

Méguignon, Madame, à Paris, 2383

Mei, voir: Mey

Meindaerts, Pierre-Jean, archevêque d'Utrecht, 1675, 1741, 1888, 1951, 2380, 2846, 3248, 3300, 3320, 3337, 3339, 3366, 3690, 3691, 3707, 3788, 4001, 4083, 4092, 4651, 4769, 5892, 5915, 6254, 6733, 7023/24, 7047
– parallèle avec W. B. van Sonsbeek, 4058
– mémoire pour Mgr au sujet du second évêque, 4059
– état des dons à Mgr, 4063
– élection et sacre, 3634, 4118

Melanius, voir: Schwarzl

Melior, Alexander, 2381, 2443

Melis, P., 1657

Mellores, de, 7023/24

Menard, sœur de Saint-Victor, religieuse à Hauterive, 5376, 6734

Ménard, M., voir: La Noé Ménard

Menardeau, Pierre, bénédictin au Mont Saint-Michel, 5377

Mendoza, voir: Palafox y Mendoza

Menguy, abbé, 216, 1218, 5799

Ménil, prêtre d'Hérenville, 1736

Ménilles, voir: Étemare, Théméricourt
Ménilles, à Ménilles, (cousin), 2847
Ménilles, Madame de, à Paris, 3014, 3112,
3145. Voir aussi: Mérault de Ménilles, de
Véniez Ménilles, Du Bourdun de Ménilles
Ménilles, comte de, à Bour(g)neuf, 1880,
2702, 3014, 3100–3107. Voir aussi: Bonne-
compagne, Bourneuf Ménilles
Ménilles, comtesse de, à Bour(g)neuf, 3108–
3110
Ménilles, Mademoiselle de, à Évreux, (cousi-
ne), 1703, 2382, 2848, 3113. Voir aussi:
Mariette
Ménilles de Théméricourt, Mad. de, 3111,
3112. Voir aussi: Théméricourt de Menilles,
Madame
Ménilles Vernon, généalogie, 3200*
Mérault, abbé de, prêtre à Paris, 1346, 3275,
3384–3384*, 5378, 7023/24
Mérault, Mademoiselle de, à la Sainte-
Agathe à Paris, 3384
Mérault de Ménilles, Madame, (sœur), 2849,
2860, 3169
Mercadier, voir: Marchand
Mercier, Jean-Baptiste, bénédictin de Sainte-
Colombe lez Sens, 4443, 6735
Mercier, J. P., P.M.A., 3708, 3753
Mercier, curé de Saint-Aunez d'Aurous, à
Montpellier, 5379, 6031
Mercier, veuve, à Blois, 5762
Mercier, voir: Pontchasteau
Meric, François, prêtre du diocèse d'Agen,
5380
Merigon, B., bénédictin à Villemaigne et à
Saint-Savin, 4445, 5381, 5522
Merigon, voir: La Bastide
Mérilles, de, voir: Fontpertuis
Mérinville, voir: Des Monstiers de Mérinville
Merleville, Mademoiselle, 1552
Merlin, Dom Léon, à Hautvillers, 3882, 3931
Merlin, voir: Dumesnil, Simon
Mertens, Madame, 3233. Voir aussi: Verwye
Merville, comte de, ministre des affaires
étrangères de France, 2673
Mesange, François, bénédictin de l'abbaye de
Cérisy (diocèse de Bayeux),4401, 4443, 5382
Mesgrigny, J. I. J. B. de, capucin, évêque de
Grasse, 6343, 6755
Meslay, à Paris, 4002
Mesnard, J. B., 3085
Mestier, Honoré, bénédictin, 5383
Mésy, Mademoiselle de, sur les convulsions,
3037

Metro, Mademoiselle, 7023/24
Metzers, Michel Bernard, (Isabeau, Sterdieu),
religieux d'Orval, à Torenvliet et Rijnwijk,
1853, 1934, 3740, 3883, 3933, 3934, 4003,
4840, 5440
Mey, abbé, à Lyon, 6071
Mey (Mei), M. de, 2275, 2318, 2385, 2545,
3000
Meyer, Livinus de (Eleuterius), 2604
Meyers, Antoine, curé à Amsterdam, 3934
Mézeray, ci-devant curé d'Auberville (diocèse
de Lisieux), 6306
Mézy, Madame Marie-Anne de, née princesse
d'Auvergne (Madame de Bonval), voir:
Auvergne
Mézy, Mademoiselle de, 4153, 7023/24
– Mesdemoiselles, 7023/24. Voir aussi: Mésy
Michault, curé de Grigneuseville et doyen de
Cailly, 4352, 5384
M(ichaut) M(onbilin), Marie D. B., 2386
Michel, Louis, ancien maître expert, écrivain
juré à Paris, 6736
Michel, consul de Barrême, 6737, 7023/24
Michel, Madame, à Paris, 2336*, 2387
Michel, à Amersfoort, 2388
Michel, curé de Saint-Jacques à Beauvais
1088, 4852, 6422
Michel, prieur, curé de Saint-Christophe à
Montpellier, 7023/24
Michelet, lieutenant général à Metz, 1798
Michelet, 2850
Micheli, Andrea, de l'oratoire romain, 2207,
2389, 2630
Middelwaart, Th. van, curé à Haarlem, 2098,
2390, 3513
Midorge, Marie de Saint-Joseph, 3209. Voir
aussi: Mydorge
Mielles, Pierre, curé de Ferques, 2028
Migazzi, C., cardinal, archevêque de Vienne,
2076, 2303
Miget, Marguerite, belle-sœur de Mgr. Varlet,
4031
Mignot, Jacques ,bénédictin à Marmoutiers-
lez-Tours, 4447, 5385
Mignot, chanoine d'Auxerre, 1089, 3934
Milan Visconti, Mademoiselle A. M. de, 696
Milan Visconti, J. G. de, à Utrecht, 1090,
3513*
Milet, curé de Douzy, 3933, 3934
Milhau, prêtre du diocèse d'Agde, à Pézenas,
5386, 5496, 6387, 6797
Milhet, prêtre à Paris, 5387
Millanges, 3221

Millet, sœur Louise-Marthe, à l'abbaye de Maubuisson, 1314, 5747

Millo, Filippo Amedeo, chanoine de Turin, à Soperga, 2391

Millot, Théodose-Emmanuel, prêtre du diocèse de Langres, curé de Blesneau (diocèse d'Auxerre), 5388, 6385

Milor, voir: Gabriel Dupac de Bellegarde

Mineray, de, secrétaire de l'archevêque de Cologne, 2392

Minoprio, L., à Francfort, 3514

Miollis, oratorien à Notre Dame de Grace, 4625

Miopes, C., 1394

Mirabeau, marquis de, "Le bon sens," 2665

Miron, Louis-Daniel, apostat d'Orléans, 3808

Miron, Mademoiselle, à Orléans, 7023/24

Miron, Madame, 3110*

Modersohn, Juste, curé à Amsterdam, 289

Moetjens, Adrien, libraire, à La Haye, 4107, 4109

Moiel, Mademoiselle de, 7023/24

Moignard, Augustin, prieur de la Chartreuse de Gaillon, 3934

Moisant, Arthur-Yves, sous-diacre du diocèse de Tréguier, 5389

Moissac, de, conseiller au Parlement d'Aix, 3222***

Moissac, Madame de, à Aix, 6978, 7023/24

Moisset, Jean, dominicain à Clermont-Ferrand, 6738

Moiss(e)y, P. de, 875, 938, 1091, 3058

Mol, Madame, voir: Duguet-Mol, Mad.

Molinelli, Giovanni Battista, piaristé à Rome 2393

Molla, Joseph, provicaire des Augustins à Valence, 2394

Moly, Guillaume-François, prêtre de la Doctrine Chrétienne, à Toulouse et à Brive, 2851, 4501

Mon, de, chanoine régulier, 7023/24

Monceaux, de, chanoine régulier en l'abbaye de Lesterp (diocèse de Limoges), 6739

Monchal, comte de, 7023/24

Monchy d'Hoquincourt, Armand de, évêque de Verdun, 852

Mondion, voir: Ferrou de Mondion, Marans de Mondion

Monfeutille dite Lefevre, Anne-Catherine, 5740

Mongason, Madame de, (Montgazon), 2395, 2854, 3364

Mongin, J. B., médecin du roi, 1805–1812

Monglats, Mademoiselle de, 186. Voir aussi: Clermont de Montglat

Mongon, abbé de, 7023/24

Monicaud, C., curé de Marquise (diocèse de Boulogne), 5392

Monier, à La Haye, 2029

Monin, Mademoiselle, 7023/24

Monnet, oratorien à Saumur, 4535, 6992, 7023/24

Monneville, Robert de, conseiller au Parlement de Paris, 5393

Monnier, Claude F., (Chévry), grand vicaire de Boulogne, 1037, 1093, 1252, 1302, 1392–1396, 1433, 1499, 1559, 1676, 2852, 3090

Monnier, Hilarion, bénédictin de Saint-Vanne, 760, 917

Monnier, docteur de Sorbonne, à Paris, 5394, 5689

Monpied, Dom, bénédictin, convulsionnaire, 5785

Monpied, voir: Thomé

Monplaisir, voir: Bruc

Mons, Mademoiselle de, 7023/24

Monstiers de Mérinville, Charles-François des, évêque de Chartres, 4681

Mont, Paul-Pie de, religieux de Grandmont, à Louie près Dourdan en Beausse, 6740, 7023/24

Montador, voir: Neufville

Montagne, voir: Joncoux

Montagny, M. de, conseiller au Parlement de Paris, 3222***, 3383, 6159, 7023/24

Montagny, Madame de, 1278, 1347, 2146, 2148, 2149, 2207, 2227, 2396, 2429, 2661, 2730, 2764, 2778, 2828, 2853, 2921, 2948, 2986, 2989, 2992, 3170, 3360–3382, 3384, 3515, 6156 6159

Montagu, Milord W., 589, 3060

Montagu, Mad. de, religieuse du Calvaire, 7023/24

Montaigne, W., 2071

Montaigne, contrôleur des postes, à Limoges, 2071

Montaignie, de, voir: Armaille

Montanus, voir: Arias Montanus

Montaram, voir: Bailly

Montauban, Mademoiselle de, 3014

Montauban, voir: La Tour du Pin de Montauban

Montausier, duc de, gouverneur du dauphin, 341, 379, 761, 776, 3051

Montaut, voir: Rouzeau Montant.

Montaut, Madame de, 2190

Montazet, voir: Malvin
Mont Berty, de, 2397
Montbois, voir: Jourdain de Montbois
Montbrun, marquise de, 7023/24
Montchal, de, guidon des Gendarmes, maison du roi, 7023/24
Montchal, Mademoiselle de, 3222***, 7023/24
Montchal, voir: Barentin
Montées, voir: Fontaine
Montempuys, de, recteur de l'université et chanoine à Paris, 6741, 7023/24
Montempuys, Madame de, 822, 3221
Montet, chapelain de l'église cathédrale d'Angers, 5396
Monteuil, Gilles-François, supérieur de l'Oratoire de Saint-Honoré, 4545, 7023/24
Monteul, oratorien, 3222***, 7023/24
Montfort, comte de, 3220
Montfort, voir: La Broue
Montgaillard, P. J. F. Percin de, évêque de Saint-Pons, 382, 838, 1219, 1434, 3051, 4274, 5461
Montgazon, voir: Mongason
Montgeffond, Antoine de, général des chartreux, 3933, 3934, 5391
Montgeron, de, voir: Carré de Montgeron
Montglat, voir: Clermont de Montglat
Montgoger, 2857, 3119
Montgon, abbé, marquis de, à La Souchère, 6742, 7023/24
Montgon Champigny, Madame, 3222***, 7023/24
Monthuchet, voir: Roger de Monthuchet
Montigny, voir: Singlin
Montigny, Monsieur de, procureur-général des Missions Étrangères à Rome, 1997, 3688, 3709, 3719, 3753, 3802, 3933
Montmorency, Monsieur de, 333
Montmorin, Armand de, archevêque de Vienne, 6743, 6912, 6979
Montmorin, Gilbert de, évêque d'Aire, 7150
Montmorin, marquis et marquise de, 3222***
Montpezat de Carbon, Joseph de, évêque de Saint-Papoul, depuis archevêque de Toulouse, 839, 918
Montpié, Joseph, bénédictin, 5402
Montplaisir, de, voir: Bruc de Montplaisir
Mont Saint-Père, Monsieur de, 3885
Monts, de, à La Ferté, 6747
Monty, de, à Paris, 6295
Moralès, Jean-Baptiste, dominicain, 7084
Moran, P., 1094
Morandi, Benedetto, à Prato, 2398

Morant, Madame, abbesse de Gif, 3211
Morants, oratorien à Soissons, 4548, 5403, 6748
Moras, Madame de, 2399
Morau, prêtre et directeur de la communauté de Saint-Clément à Nantes, 1095, 5772*
Moreau, sœur Euphrasie, de la Charité, à Nevers, 6749
Moreau, Marie-Madeleine, religieuse à Paris, 6750
Moreau, Madame V. P., 3244
Moreau, à Valenciennes, 2400
Morel, Joseph, oratorien à Toulouse, 840
Morel, V., à Châtillon-sur-Seine, 3886
Morel, clerc, 6410, 7023/24 (Du Courtil)
Morel, 2401
Morette, M., 1393
Morice, 3220
Morice, voir aussi: Maurisse
Moriez, 3221
Morillon, P. A. V., ancien maire de Villiers le Bel, 4206–4238
Morin, recueil de passages sur la pénitence, 3014
Morin, prieur-curé de Neuvy-Sautur (diocèse de Sens), 4356, 5404
Morin, du prieuré Saint-Étienne du Plessis, 3301
Morlet, N. J. B., prêtre à Paris, 1348, 5405
Mortagne, René de Voluire de, oratorien à Paris, 1096, 4547
Mortemart, duc de, voir: Rochechouart
Morton, voir: Sainte-Marthe, Claude de
Mosar le fils, chantre de la paroisse de Sainte-Marine à Paris, 5761
Mossaron, Mademoiselle M. M., 3302, 5407, 6751, 7023/24
Mossaron, 7023/24
Motamane, 2402
Motte, P. J., à Paris, 1560
Mouchy, Oudette de, la cadette, dame d'Ancey, à Dijon, 5408, 6753
Mouchy, Mademoiselle de, 87, 188
Mouchy de Sachy, Jean-Nicolas, avocat au Parlement de Paris, à Beauvais, 4564, 6752, 7023/24
Moufle, grand vicaire et official de Sens, 4356, 4751
Moulin, curé et chanoine de Saint-Cande le vieux, à Rouen, 5409, 6754, 6991, 7023/24
Moulton de Saint-Rémy, sœur, réligieuse ursuline, à Montpellier, 5410
Mourao, Joao, missionnaire en Chine, 1997

Moutier, 1901, 2403
Mouton, Henry, doyen de la cathédrale de Senez, 6343, 6755, 6980, 7023/24
Mouton, Jean-Baptiste-Silvain, (Du Vergier), 1286, 1839, 1874, 1877, 1890, 2215, 2223, 2272, 2302, 2329, 2344, 2404, 2474, 2476, 2518, 2620, 2853, 2856, 2967, 3373, 3385–3619, 3621, 3623*, 6072
– personalia, 3385–3392, 3610, 3611, 3615
– bibliothèque, 3391
– famille, 3410, 3418, 3516–3520, 4176
– journal, 3610, 3611
– varia, 3619
– succession, 4176
– frère de, à Orléans, 3516
– neveu, à Orléans, 3517
– belle-sœur, 3518
Voir aussi: Carpentier-Mouton, Gertat-Mouton
Mouton, oratorien, 4290
Mouton, chanoine de Senez, 6171
Moynard de Villamblin, Madame, à Lompoix, 6756, 7023/24 (Villamblin)
Moyré, G. J., prêtre du diocèse du Mans, à Paris, 4328, 6757
Mucy, R. P. de, 7023/24
Muguet, G. P., 3066
Muizon, de, voir: Jourdain
Mulder, C. J., curé à Utrecht, 4188
Mullot, François-Joseph, bénédictin à Chartres, 4999, 5411
Mundelaers, J., curé de Finisterre, 3522
Munier de Trocheon, Madame, 3735
Muñoz, missionnaire dominicain en Chine, 918
Muntendam, P., à De Bilt, 3523
Muntendam et Schelling, 2493*
Murinais, voir: La Bedoyère, Murinais de
Murphy, Giovanni Patrizi, à Dublin, 2405
Musset, prêtre, à Nantes, 5081, 5413
Mydorge, M. G. de, religieuse du Mans et du Pré, 88. Voir aussi: Midorge
Myert Révol, Madame D., 2406
Mython, V. M., 841

N., 7023/24
Nabés, Mathias, bénédictin à Saint-Sever Cap et ailleurs, 4422, 5412, 5522
Nahé, Bernard, 3897, 3902
Nallet, curé d'Etréchy, 4752
Nanette, 3745
Nannaroni, Michele Maria, dominicain à Rome, 6058

Nantiasaux, Madame de, nouvelle catholique, 7023/24
Narbonne Pelet, Claude-François de, évêque de Lectoure, 4070
Narcis, à Paris, 5780
Nardi, Alessandro, 2557
Nascimento, 2460
Nassau, H. comte de, à Utrecht, 2432*
Nassau d'Ouwerkerk, comte de, 1879
Nassau Siegen, Alexis prince de, 1147
Nassau Zeyst, comte de, à Utrecht, 3712
Natali, Martino, piariste à Pavie, 2433
Naudet, Marie-Marguerite, à Saint-Aignan (diocèse de Bourges), 5762
Naudin, prêtre au château de Roncée en Touraine, 5414
Nauta, Th., curé à Zaandam, 3529
Navault, Paul-Augustin, O.S.B., 5415
Naveus, Joseph 32**, 3221
Navier, médecin, 2434
Nazalli, Mgr, 4221
Neck, M. van, 1759
Necouffontein, voir: Chauvelin Necouffontein, Madame
Néé, chanoine d'Auxerre, 4753
Neercassel, Jean van, évêque de Castorie, vicaire apostolique des Pays-Bas, 32*, 32**, 306, 1148, 1198, 1227, 1232, 1567, 1583, 1635, 2151, 2654*, 2655, 3717, 3933, 4261, 6137
– amor poenitens, 1198
– épitaphe, 1512
Néez, Louis, missionnaire en Tonquin, 1964, 1997, 3710*, 3713, 3802, 3933
Negre de la Borde, 2807
Negroni, voir: Caracciolo, marquis
Neiron, Dominique, prêtre de la Congrégation de Saint-Joseph, 4451
Nelleman, Nicolas, évêque de Deventer, 2435, 3530
Neller, G. C., professeur à Trèves, 2436
Nemours, Madame de, 816
Nény, comte de, 1723, 2280, 2437
Nesmond, François de, évêque de Bayeux, 813*, 3066, 4661
Nesse, Guillaume van de, curé de Sainte-Catherine, à Bruxelles, 1646, 4177, 6273
Neufville, Florent-Louis de, prêtre du diocèse de Boulogne, trésorier d'Auxerre, 4999, 5416
Neufville de Montador, le chevalier de, à Paris, 5417
Neuhausen, P. P. B., chanoine à Salzburg, 2438

Neuilly (= Vailly?), 6896
Neyron, à St. Étienne, 5548
Nicaise, abbé, chanoine de Dijon, 89, 189, 724, 3066, 3068, 3220
Nicodème, voir: Cramer
Nicolas, Marie-Thérèse de, à Paris, 6762, 7023/24
Nicolas, définiteur des recollets à Sarlat, 3014
Nicolas de Saint-Joseph, carme déchaussé, à Montpellier, 5420
Nicolay, président de la chambre des comptes, 1310
Nicole, Charlotte, 262, 402
Nicole, Pierre, (Saint-Vaast), 11, 14, 32*, 257, 307, 318, 380, 388–409, 427, 462, 481, 576, 728, 763, 776, 807, 843, 854, 855, 903, 1098, 1149, 1584, 1743, 2508, 2595, 2596, 3022****, 3055, 3066, 3068, 3217, 3220, 4261
– éloge de, 3066
– traités de piété, 3218*, 3218**
– vie, 3217
Nicolini, Antonio marquis, 2601
Nicoud, curé de Magny, 4201
Niel, François, lieutenant civil et criminel, à Castellane, 3222***, 6763
Niel, Honoré, prêtre et chanoine de Senez, 6764
Niel (de) Brenon, à Castellane, 6461, 7023/24
Nieuwenhuys, J., évêque de Haarlem, 3531, 3612
Nieuwenhuysen, G. M. van, archevêque d'Utrecht, 1730, 2207, 2404, 2439, 2502, 2537, 2630, 3392, 3532, 4641
Niquet, président à Narbonne, 5421
Nivelle de Saint-Jean, Gabriel-Nicolas, (Du Ménillet, Duque(s)noy), 1150, 1309, 1442, 1585, 2952, 3204, 3275, 3285, 3711, 3933, 3934, 4304, 4631, 4704, 5449, 5893, 5926, 6138, 6172, 6276, 6977, 7023/24 (aussi: N.)
N. N., 109, 145, 203, 205, 217, 230, 241, 290–299, 322, 383, 401, 404, 425–428, 459, 479, 480, 544–547, 549, 567, 586, 602, 623, 626, 631, 644–647, 677, 697–701, 725, 776, 802, 806, 809, 819, 820, 842, 847, 858, 861, 883, 889, 897–901, 936, 1022, 1072, 1098–1130, 1138, 1221, 1223, 1236, 1260, 1261, 1266, 1303–1307, 1313, 1349–1351, 1421, 1435–1438, 1443, 1467, 1471, 1482, 1496, 1500, 1548, 1557, 1561–1574, 1705, 1746, 1753, 1753*, 1767, 1780–1785, 1792, 1801–1804, 1812, 1842, 1849, 1883–1886, 1895, 1896, 1952–1959, 1981, 1986, 2002, 2015, 2071, 2125, 2245, 2281, 2291, 2407–2409, 2539, 2646, 2684, 2687, 2745, 2813, 2832, 2861–2931, 2945, 2977, 3000, 3043, 3048, 3051, 3052, 3055, 3057, 3060, 3066, 3068, 3091, 3092, 3095, 3096, 3105, 3106, 3110**, 3112, 3118, 3119, 3143, 3144, 3146, 3169, 3171–3176, 3180, 3194, 3200*, 3204, 3220–3221, 3223, 3258–3259, 3275, 3280, 3303–3307, 3366, 3375–3379, 3382*, 3435, 3524–3526, 3604, 3612, 3623, 3625, 3643, 3710–3711, 3722, 3786, 3789, 3790, 3836, 3887–3889, 3960, 4004, 4005, 4066, 4094, 4133*, 4137, 4151, 4160, 4166, 4168, 4173, 4175, 4203, 4262, 4277, 4583, 4584, 4603, 4606, 4626–4629, 4674, 4705–4708, 4732, 4871, 5422, 5423, 5427, 5429, 5760, 5770, 5808–5812, 5814, 5815, 5843, 5894, 5896, 5897, 5916–5920, 5926, 5929, 5941, 5945, 5959, 5968, 5982, 5983, 6016, 6063, 6097, 6130, 6173–6178, 6222, 6223, 6255–6257, 6265, 6272, 6281, 6307, 6654, 6768, 6983, 6984, 6986, 6988, 7023/24, 7048, 7050, 7057, 7080, 7117
N. N., abbé, 775, 1246, 6990, 7023/24
N. N., Altcssc Royale, 6167
N. N., ami de d'Étemare, 5962
N. N., ami de Febronius, 2437
N. N., ami de Feydeau, 608
N. N., ami de François de Paris, 6214
N. N., ami de l'abbé de La Trappe, 863
N. N., archevêque, 3221
N. N., bénédictin, 6991, 7023/24
N. N., cardinal, 4086
N. N., carmélite exilée, 4660
N. N., membre de la chambre des députés, 4203
N. N., chanoine, 7023/24
N. N., chanoine régulier, 863
N. N., chevalier de, 3033
N. N., de la Congrégation de (?), 7073
N. N., convulsionnaire, 5788
N. N., curé, 1246, 5690, 7023/24
N. N., curé de M. H., 6993, 7023/24
N. N., Rév. Pères Deffiniteurs, 7023/24 (Deffiniteurs)
N. N., de la Doctrine Chrétienne, 7023/24
N. N., ecclésiastique, 3202, 7150
N. N., évêque, 2106, 6943
N. N., religieux feuillants, 7023/24 (Feuillants)
N. N., laïc, 6987
N. N., Madame, 383, 548, 863, 1387, 1443, 1548, 2861, 2932, 3001, 3054, 3068, 3144, 3209, 3220, 3374, 4279, 5428, 5959, 6148, 7023/24

N. N., Madame, nièce de Joncoux, 3221
N. N., Mademoiselle, 356, 863, 1222, 1564, 2165, 2382, 2914, 4148, 4173, 6016, 6987, 7023/24
N. N., Mademoiselle Marie-Madeleine, 7023/24
N. N., magistrat, 1034
N. N., Rév. Mère, 357, 3066
N. N., missionnaires, 6088
N. N., Mgr, 322, 568, 2829, 3060, 3062, 3068
N. N., neveu de Mgr de la Broue, 6098
N. N., pour "le Nord," 3365, 7023/24 (Nord)
N. N., novice, 7147
N. N., oratorien, 3220–3221, 5928
N. N., R. P., 1220, 5691, 7023/24
N. N., prémontrés réformés, 7023/24 (Prémontrés)
N. N., prêtre, 1124, 7023/24
N. N., (ancien) procureur général, 4772, 5926
N. N., religieuses, 300, 383, 863, 1101, 6985, 7023/24, 7063, 7147
N. N., sœurs, 357, 1573, 3209, 3221, 7023/24
N. N., cinq sœurs, 7023/24
N. N., docteur de Sorbonne, 1465*
N. N., supérieure, 7147
N. N., supérieure de Sainte-Marie, 1164
N. N., religieuses ursulines, 7018
N. N., à Abbeville, 1131, 1352
N. N., oratorien à Aix, 3221
N. N., religieux d'Allemagne, 863
N. N., à Amiens, 2409, 2410
N. N., à Amsterdam, 1766
N. N., à Angers, 648, 1092
N. N., à Angoulême, 1803*
N. N., à Auxerre, 1721, 1857, 3623*, 3864, 5895
N. N., à Bayeux, 3847
N. N., à Beauvais, 1132, 2411, 3221
N. N., Madame à Bourneuf, 2857, 2857*. Voir aussi: Ménilles, Véniez Ménilles
N. N., à Brescia, 3527
N. N., à Bruxelles, 803, 3221, 3528
N. N., à Caen, 2412
N. N., à Calais, 1960
N. N., à Castellane, 4602
N. N., à Chalon-sur-Saône, 4754
N. N., cousin de Thierry de Viaixnes, à Châlons-sur-Marne, 3890
N. N., à Chelles, maîtresse des novices, 3891
N. N., à Condom, 2413, 3176
N. N., à Curzai, 2932
N. N., à Douai, 1961
N. N., à Évreux, 3093

N. N., à Gien, 2508
N. N., à Giovenazzo, 1575
N. N., à [Grenoble], 1132*
N. N., prêtre français retiré en Hollande, 4093
N. N., à Joinville, 2933
N. N., à La Chaise-Dieu, 7072
N. N., chanoine de Laon, 3892
N. N., à La Réole, 2414
N. N., à Liège, 1581, 2415
N. N., à Lille, 1133, 2416, 3894
N. N., à Lisbonne, 2417
N. N., Madame à Loudun, 2858, 2859, 2933*
N. N., à Louvain, 1576, 2934
N. N., théologien à Louvain, 322
N. N., à Luxeuil, 902
N. N., à Lyon, 2418
N. N., religieuse à Lys, 1164
N. N., vicaire à M., 6258
N. N., à Marly, 1308
N. N., à Marseille, 2935, 5424
N. N., à Meaux, 2418*
N. N., à Mons, 1577
N. N., à Montpellier, 1578, 1740, 2419, 2777, 2936, 3177, 3380
N. N., à Nantes, 1092, 1825, 2937
N. N., à Noyon, 1276
N. N., à Orléans, 2938
N. N., à Paris, 302, 303, 649, 650, 762, 1132, 1134–1139, 1375, 1395, 1439–1441, 1443, 1579, 1665, 1728, 1838, 1884, 1885, 1962, 2003, 2420–2425, 2860, 2876, 2878, 2939–2947, 3895, 4093, 4139, 4630, 5425, 5709
N. N., curé de Paris, 4276
N. N., de la Mission Étrangère à Paris, 1956
N. N., à Pont-Audemer, 543
N. N., religieuse en Provence, 3221
N. N., Madame à Quatremer, 7147
N. N., à Régennes, 2948, 3308
N. N., à Reims, 1475, 1963
N. N., capucin à Reims, 2281
N. N., curé et docteur de Reims, 1072
N. N., servantes à Rennes, 1141
N. N., Madame à Rivau, 2857
N. N., à Rome, 304, 862, 1142–1144, 1158, 1268, 1443, 1580, 1647, 1722, 1863, 2038, 2207, 2212, 2426, 2592*, 2876, 2887, 2949, 3054, 3178
N. N., Madame à Roncée, 2857
N. N., à Rouen, 818, 1786–1787
N. N., à Saint-Cyr, 2950
N. N., à Saint-Mihiel, 305, 902
N. N., à Saint-Victor (Veit), 2427
N. N., à Sens, 3220, 6989, 7023/24 (Sens)

Orange, Guillaume V d', 3557
Orcel, prêtre à Aix, 4632
Orême, Nicolas, évêque de Lisieux, 918, 7139
Oresve, P., 1000
Orgemont, marquise d', 7023/24
Orillard, J. J., curé de Seignelay près d'Auxerre, 5434
Orléans, Louise-Adélaïde d', abbesse de Chelles, 1082, 1378, 3931, 3933, 4169, 4170, 5435, 6319, 6775, 7023/24
Orléans, Mgr Philippe duc d', régent, 351, 924, 1072, 1224, 1245, 1392, 1469, 1700, 4782, 5436, 5694, 5711, 6143, 6164, 6169, 6282, 6997, 7108, 7112
– mort du, 2365
Orléans, Madame d', 1469
Orléans, voir: Inville d'Orléans, Porrade d'Orléans
Orléans de la Motte, Louis-François-Gabriel d', 5926
Orry, J. curé de Milon, 5898, 7023/24
Orsini, Domenico cardinal, 2447, 2529
Orval, d', voir: Béthune
Orville, d', à Paris, 5441
Osmont, 5632
Os, Willibrord van, archevêque d'Utrecht, 3536, 4219
Osival, d', voir: Henrart
Osson, Père F. C. d', 1032
Ostermayer, abbé Franc., 2076, 2448
Otelin, 1965, 3934
Ots, Jacobus, à Nordstrand, 3714
Ots, P., à Bruxelles, 2449
Ottoboni, Pietro, cardinal, 1198
Oudinot Villain, Madame, à Paris, 6782. Voir aussi: Villain
Oury, chantre, curé de Clamecy, 4755
Ourry, Étienne, (Brachet), 1888–1890, 2094, 3392
Ours, l', voir: Mademoiselle de Bère
Outrein, Joh. d', à Amsterdam, 1154
Ouwerkerk, voir: Nassau d'Ouwerkerk
Ozival, d', voir: Henrart

P., E.G., 917
P., le chevalier, 677
P., abbé de, à Venise, 439
Pacory, Ambroise, diacre, principal du collège de Ceaucé, depuis supérieur du petit séminaire d'Orléans, 651, 702, 937, 1793, 3052, 5442
Padéry, chevalier, 3715, 3933
Pagani de la Chaize, sœur Marie-Victoire de,

religieuse de la Visitation à Nevers, 4563, 6783, 7023/24 (La Chaize)
Pageot, 2215, 2450, 3620–3623
Pages, prêtre de la Doctrine Chrétienne, à Toulouse, 5443
Pagni, Niccolò, à Florence, 3537
Pagnierre, François, curé de St. Éloy, 4352, 5444
Paix de Beauregard, Antoine-Barthélemy, avocat au Parlement, à Paris, 6784, 7023/24 (Beauregard)
Pal, Henry, à la métaitie de Merle près Sauve (Cévennes), 5779
Palafox y Mendoza, Jean de, évêque de Puebla de Los Angeles, 32*, 2038, 2207, 2887
Palarin, Madame de, chanoinesse de Toulouse, 6885, 7023/24 (Armantieu)
Palerne, frère Jean, à Monbrison, 5838
Palerne, Nicolas, bénédictin, 2953*
Pallafort, fermier de Senez, 7023/24 (Arnaud, Pallafort)
Palleot, Joseph, président de Saint-Vanne, 3897, 3931, 3934
Pallu, à Paris, 2829
Palmieri, Vincenzo, oratorien à Gênes, 2451
Panet, sœur de la Résurrection à Étampes, 6552
Pannilini, Giuseppe, évêque de Chiusi et Pienza, 3454
Panter, Gio., à Vienne, 2452
Paolucci, voir: Paulucci
Papebroch, Daniel, jésuite, bollandiste, 1224
Papin, Isaac, 1234
Paradant, Pierre, abbé de Vlierbeek, 1610, 3898, 3931, 3933, 3934
Paraura, consultation sur l'Église grecque, 4152
Paraza, Madame d'Assezat de, 1347, 2453
Parcq, baronne de, 652
Parfumeur, L., 672
Pâris, François de, diacre, 32*, 32**, 467, 1277–1279, 1397, 3013*, 3182, 3222***, 3776, 3934, 4139, 4346, 4779, 5186, 5732–5770, 5787, 5792, 5969, 6039, 6172, 6181, 6214, 6618, 6824, 7147
– épitaphe, 3013*, 4119, 6214
Pâris, Jérôme-Nicolas de, conseiller au Parlement de Paris, 789, 3222***, 5455, 6215, 6785, 7023/24
Paris, Joseph de, capucin, 5887
Paris, Laurent de, capucin, 5273
Paris, Altin, bénédictin à Pontlevoy, 4411, 4448, 5456, 5490

Paris, M., prieur de Saint-Sévère, 1086
Paris, Madame, 2539
Paris, de, voir: Ambroise de Paris, Ludes de Paris
Paris Vaquier de Villiers, Louis, voir: Villiers
Parisot, procureur général du Parlement de Bourgogne, 1476, 1477
Parive, F. de, à Liège, 308
Parlongue, Paul, bénédictin au monastère de La Charité-sur-Loire, 6793
Parquoy, 2454
Partarrieu, à Bordeaux, 3434, 3538
Partz de Pressy, François-Joseph-Gaston de, évêque de Boulogne, 2028
Pascal, Blaise, 15, 32*, 3064, 4287, 4288, 6074
Pascal, Jacqueline de Sainte Euphémie, 32**, 853, 3208, 3210, 3214, 6074
Pascal, Gilberte, voir: Madame Périer
Pascal, famille, 4286
Paschal, abbé, 1683, 3175
Pas-Feuquières, Philibert-Charles de, abbé commendataire, évêque d'Agde, 4273
Pasquier, Madame G., à Paris, 2455
Pasquier, voir: Gauthier Pasquier, Madame Pasquier, 550
Pasquier, voir: Ferrouillat
Passart, Catherine de Sainte-Flavie, 209, 3209, 3211
Passet, prieur de Vernoil Vernante, 941, 1797*
Passionei, Domenico, cardinal, 4007, 4104, 4109, 4112, 4114, 4117 (compte, liste des livres envoyés et extraits de lettres)
Passionei, voir aussi: Provost, Testaud (secrétaires)
Pastel, abbé, 1325, 4810, 7148
Pasumot, 2207, 3623*
Paterculus, voir: Boulouffe
Patriarca, Francesco, banquier à Rome, 1927, 3933
Patris, voir: Des Angles
Patrizi, Giovanni, voir: Murphy
Patu, voir: Delaunay Patu
Paul, voir: François de Paul, Vincent de Paul
Paul, J. B., oratorien à Troyes, 4545, 5457, 6892
Paulard, voir: Pollart
Paule, sœur de Saint-Bruno de, bénédictine à Lyon, 5346, 6803
Paulet, M., 802
Pauli, F. Florent, 1967, 3663*
Pauli, Jeanne, à Anvers, 1966
Paulin, marchand de toile, 1534
Paulin, voir: Ruth d'Ans

Paulon, A., 410
Paulucci, Fabrizio, cardinal, 1312, 2829, 3339
Pauw, T. D., 3386
Pavie, voir: Fourquevaux
Pavillon, L. H., 1238
Pavillon, Marie, 845
Pavillon, Marie de la Visitation, 845
Pavillon, Marthe, 846
Pavillon, Nicolas, évêque d'Alet, 8, 14, 23, 31, 32*, 142, 329, 344, 359, 381, 429, 569, 603, 823–852, 863, 918, 1201, 1321, 3051, 3060, 4263–4278, 4281, 4286
Peaucelier, Nicolas, prémontré à Paris, 4553, 5458
Pechmarty, J. J., curé de Villemartin, 2457
Pégase, Fr. de Saint-Prosper, 2458
Pehem, Jos., professeur ,à Vienne, 2459
Peiras, 7023/24
Pélagie de l'Enfant Jésus, sœur, prieur du Calvaire de Saint-Cyr, à Rennes, 6823
Pelart, Marie-Louis, chanoine régulier de Saint-Quentin lez Beauvais, 4370, 6794, 7023/24
Pelé, Dom Julien, bénédictin à Angers, 4395, 4407, 5527, 6216
Pelé, René, bénédictin, sous-prieur du monastère de Saint-Clément de Craon, 1813
Pelet, voir: Narbonne Pelet
Pelinghen, 551
Pélissier, 3060
Pélisson, M. de, 760
Pelletier, à Paris, 1155, 3060
Pellicier Daubrespin, Nicolas-Thyrse, 3511
Pelvert, voir: Lalande
Pémartin, abbé Bertrand, 2112, 3615, 3624. Voir aussi: Aubry, Bertrand
Pemartin, prieur du Saubret (diocèse de Bayonne), 5459
Pemartin du Saubot, prêtre à Paris, 6795, 7023/24
Penlan, de, abbé titulaire du Montet aux Moines, à Limoges, 5460
Pennaert, Charles Ignace, curé à Egmond, 3716
Pépin, Marguerite de Sainte-Lucie, 263, 804
Pérac, M., 1443
Pérault, Dom Edme, 1421, 3899, 3933
Pérault, voir: Petitpied, Nicolas
Péray, Mademoiselle de, à La Haye, 1156
Percin de Montgaillard, voir: Montgaillard
Perdreau, Marie de Sainte-Dorothée, 209, 222, 3211

Péréfixe de Beaumont, Hardouin de, arche-
vêque de Paris, 98, 116, 121, 122, 125, 127,
209, 242, 410, 435, 852, 921, 3209, 4288
Pereira de Fiqueredo, Antonio, 2133 (ouvra-
ges), 2460, 3542, 3618
Péret, Jean-Claude, chanoine de St. Honoré,
à Paris, 6181
Péret, voir: Lanoix
Périchon, prévôt des marchands à Lyon, 6147
Périer, Étienne, conseiller de la cour des aides
à Clermont, (neveu de Pascal), 776, 4182,
4286
Périer, Madame, (Gilberte Pascal), 451, 771,
776, 853, 4182, 4286, 4288
Périer, Mademoiselle Jacqueline, 191, 4287
Périer, abbé Louis, (neveu de Pascal), 451,
4286
Périer, Louise, (nièce de Pascal), 4182
Périer, Marguerite, à Clermont, (nièce de
Pascal), 764, 2954, 3095, 3182, 4182
Périer, Pierre, (neveu de Pascal), 854
Périer, beau-frère de Pascal, 4287
Périer, à Paris, 2461
Périer, famille, 4286, 4288
Perly, prêtre à Nantes, 5462
Perouillac, M. de, 3200*
Perpétue, sœur, 3209
Perpétue, sœur, religieuse (abbesse?) de Gif,
4633
Perreau, 904
Perrein, jésuite, 5927
Perrency Grosbois, voir: Grosbois
Perret, prêtre de Saint-Josse à Paris, 5448,
6999, 7023/24
Perrin, Léopold, prémontré à Mureau en
Champagne, 5463
Perrin, Pierre-Alexandre, bénédictin de Mont
Saint-Quentin lez Péronne, 3900, 4430
Perrin, oratorien à Saint-Just (diocèse de
Montpellier), 4340, 5398, 5900
Perrochel, F., évêque de Boulogne, 570
Persin de Montgaillard, voir: Montgaillard
Personne, J. de Sainte-Domitille, 309
Pescherard, 3240
Pessen, prieur de Chambon, 2955
Pesser, B., 289, 2656
Pestel, à Leyde, 2462
Pesters, W. N. de, à Utrecht, 2463
Petaut, V., oratorien, 1486
Peters, 3442
Petit, André, 1967
Petit, Ch., 3539, 3615
Petit, Madame Marie, 856–859

Petit, Mademoiselle, voir: Joncoux
Petit, 859
Petit, à Orléans, 2956
Petitdidier, Matthieu, abbé de Senone, 3817,
3901
Petitmont (Cleinberg), voir: Cuzzoni
Petitot, Jean, bénédictin à Séez, 5464
Petitpied, Nicolas, (F. Gallois, Pérault), à
Utrecht et à Paris, 822, 870, 943, 990, 1157,
1241, 1398–1473, 1443, 1456, 1458, 1470,
1477, 1587, 1694, 1696, 1756, 1757, 1847,
1848, 1850, 1968, 2595*, 2666*, 2703, 2747,
2958, 2975, 2996, 3014, 3183, 3204, 3221,
3222**, 3222***, 3223, 3262, 3275, 3310,
3327, 3328, 3339, 3717, 3777, 3791, 3803,
3869, 3931, 3933, 3934, 3960, 4008, 4030,
4083, 4092, 4134, 4136, 4137, 4170, 4172,
4709, 4756, 4771, 5465, 5568, 5713, 5800,
6139, 6140, 6217–6228, 6796, 7000, 7023/24,
7098
– décision sur l'église grecque, 4152
– œuvres posthumes de, 6067
– voir aussi: Le Jeune, 1443, 1477
– Appendix ad considerationes de usura,
4080
Petitpied de Charmont, B., 1458
Petitpied de Vaubreuil, (Pontel), C. C., 1158,
1443, 1458, 1473, 1474–1480, 3221, 3223
Peynet, Pierre, bénédictin à Saint-Michel-en-
l'Herm, 4423, 5466
Peyré, licencié ès lois, à Limoux, 5467
Peyron, 5468
Pfaffius, à La Haye, 1159
Pheboul, prieur à Colmar, 6798
Phélipeau, 702
Phélippeaux d'Herbault, Louis-Balthazar,
évêque de Rodez et de Riez, 5470, 5928,
7023/24
Phélippeaux, Louis, comte de Pontchartrain,
chancelier, 7001. Voir aussi: Pontchartrain,
Vrillière
Philadelphe (Perrin), à Schonauwen, voir:
Soufflot
Philalèthe, chevalier, voir: Clémencet
Philbert, Madame, à Bourneuf, 2959
Philibert, 2387, 2464
Philibert, voir aussi: Gassaigne
Philippe, à Liège, 3933, 3934
Philippe, à Paris, 2960, 2992, 3184, 6799
Philippe, Dom, 5966
Philippe, voir aussi: Louis-Philippe
Philippe dit René, Jacques, diacre, à Paris,
4326, 6800, 7023/24

Philipps, G., son manuel du droit canonique, 4243

Philippucci, commandeur de Macerata, 2221, 2404, 2465, 3253

Philochar, voir: Pichard

Philopald, prêtre, supérieur du séminaire Saint-Lazare, à Paris, 1896, 3718, 5471, 6229–6231

Piaggio, Carlo Francesco, à Gênes, 2466

Pichard, Jacques, oratorien à Notre-Dame de Grâce, à Saint-Étienne-en-Forests, 4551, 6233, 6234

Pichard, Samuel, 2613

Pichard, secrétaire de l'évêque de Nevers, 6235

Pichard (Philochar), abbé d'Orléans, 2467

Pichard, chanoine de Saint-Agnan à Orléans, 4710, 6236–6238, 6776

Pichart, curé d'Angers, 3082

Pichaud, doyen de Montaigu (diocèse de Luçon), 4332, 5473, 6194, 6239, 6240

Pichaud, à Paris, 2961

Pichon, P., 5979, 6016, 6028

Pichonnat, Françoise-Geneviève de Saint-Hilaire, religieuse de Notre Dame à Étampes, 5085, 6552

Pichot, C., ancien curé d'Auxon, 2468

Picot de la Meintaye, comte, 2129, 3427, 3540

Pidou, 2207, 2470

Pie IV, pape, professio fidei, 3542, 3618

Pie VI, pape, 2038, 2068, 2212, 2303, 2375, 2489, 3394

Pie VII, pape, 3531, 4192, 4195

Pie VIII, pape, 4222

Pie IX, pape, 4189

Piercour, Paul, vitrier à Orléans, 4952, 5744

Piercour-Char[r]on, Magdeleine, femme de Paul Piercour, 4952, 5744

Piéri, oratorien à Mons, 307

Pierre, M., 6241

Pierre, curé de Saint-Étienne du Mont, 1844

Pierre, frère, 3037

Pierre de Saint-Hilarion, feuillant à Paris, 5472

Pierre de Saint-Martin, 3275

Pierre de Sainte-Susanne, Dom, feuillant à Paris, 6242

Pierres, Jean-Augustin, bénédictin de Cluny à Coincy-l'abbaye, 4444, 6801

Pierrot, Antoine, d'Orval, 3933, 3934, 5927
– biographie, 4092*

Piet Duplessis, 2318

Piette, Michel, bénédictin de l'abbaye de Saint-Vincent du Mans, 7053

Pigeon, Anne, 110

Pigeon, 7023/24

Pighius, Albertus, à Rome, 2344

Pignay, N., 552, 3060

Pihan de la Forest, François, curé de la Ville-tertre (diocèse de Rouen), 5475, 5555, 6808

Pihan de la Forest, Louis, du vicariat de Pontoise, à Paris, 5476

Pillafort, voir: Pallafort

Pillault, maire à Loches, 3245

Pinault, Philippe-G., avocat au Parlement de Paris, 2318, 2471, 2962, 3014, 3366, 4572

Pinault, Pierre-Olivier, prêtre, à Paris, 4572, 5477

Pineau, sœur Geneviève de l'Incarnation, 3211

Pineau, 1160

Pinel (Duclos), oratorien à Paris, 4009

Pinel, voir: Aubry

Pinelle, oratorien, 7023/24

Pinette, 1160

Pingré, Alexandre-Guy, chanoine régulier à La Couronne proche Angoulême, 4367, 5478

Pinheiro Ferreira, nommé ambassadeur de Portugal chez le roi de Prusse, 3542

Pinnard, Madame, 7023/24

Pinondel, sœur M. J., religieuse de Farmou-tier, 4865

Pinondel, chanoine régulier à Paris, 4381, 6243

Pinondel, Pierre, prêtre de la Congrégation de la Mission, à Richelieu, 4529, 5901, 6243

Pinot, Claire Martine, vie, 32**

Pinot, Madame, 7023/24

Pinpresel (Danicourt), à Miramont, 2963

Pinson, Nicolas, sculpteur de Dieppe, 1822, 6286

Pinson, curé de Loiré, 1822, 6286

Pionneau, Madame, à Saumur, 3185

Piou, André, à Tours, 6308

Piqueri, oratorien à Mons, 860

Piron, Christian, valet de chambre du baron de Schell, 4010, 4110

Pisieux, voir: Watier de Pisieux

Pitorres, curé de Sales, 2472

Pitty, voir: J. Genet

Pivot, en Sorbonne, 246

Plainchesne, chanoine régulier, 6802, 7023/24

Plainesevette, de, 2964

Planterose, sœur, religieuse hospitalière de R., 7023/24

Platel Renault, Antoine, 5801

Plateman, chirurgien à Amsterdam, 6275

Pleines, M. de, 3204

Plisson, Élisabeth-Louis de Saint-Henry, religieuse de Notre Dame à Étampes, 5085, 6552

Plisson, Marie-Joseph de Saint-Isidore, religieuse de Notre Dame à Étampes, 5085, 6552

Plouvier, Columban, 1161

Plowden, 2473

Pluche, Ant., 2965

Pluyette, N., acolyte du diocèse de Meaux, à Paris, 5479

Pocquet, à Paris, 3719

Poictevin, Jean, maître ès arts de Poitiers, 918

Poiret, Pierre, 1199

Poisson, Bernard, bénédictin à Montolieu près de Carcassonne, 4408, 5480

Poissonnet, Mademoiselle Charlotte, à Orléans, 4570

Poitevin, Armand, curé de Saint-Josse, 1997

Poitevin, à Paris, 1162

Poleins, Antoine de, oratorien du diocèse de Lyon, 5433, 5482

Polier, prêtre à Marne, 5483

Polier, curé de Notre-Dame de Montpellier, 1414, 5484, 6309

Polignac, Melchior cardinal de, ambassadeur de France, 1310, 2673

Poligné, 238, 246

Poligny, Madame de, 3048

Poligny, voir: Bezançon

Pollart, André, curé de Lorris (diocèse de Sens), 4356, 5485

Pollet, Firmin, 230

Pollin, Jacques, (ancien) curé de Vanécro (diocèse de Lisieux), 4352, 5486, 6804, 7023/24

Polonceau, Nicolas-François, chanoine régulier à Blois, 5487

Polycarpe, P., 3847

Pombal, 2417

Pomponne, Henri-Charles Arnauld, abbé de, 1794, 5802

Pomponne, voir: Arnauld de Pomponne, Torcy

Pomus, de, chanoine à Saintes, 5488

Poncet, Jean, bénédictin de Saint-Vincent au Mans, 3848

Poncet, Maurice, bénédictin de l'abbaye de Saint-Mathieu (diocèse de Saint-Pol-de-Léon), 3222*, 3902, 4391, 4400, 4432, 4440, 5356, 6805, 6854, 7023/24 (Roncet)

Poncet, M., 861

Poncet, voir: J.'B. Desessarts

Poncin, Dom Sébastien, 3933, 3934

Pontchartrain, Louis comte de, chancelier à Fontainebleau, 654, 732, 1310, 1654, 6244, 6806, 7001. Voir aussi: Maupeou de Pontchartrain, Phélippeaux

Pontchâteau (Mercier), Sebastien Joseph Du Cambout de, 102, 213, 310, 390, 411–448, 482, 721, 765, 776, 790, 809, 905, 1163, 1227, 1588, 2654*, 3057, 3066, 3209, 3220

– voyage en Italie et à la Trappe, 3061

– vie, 32*, 3061

Pontel, voir: Petitpied de Vaubreuil

Pontevez, P. de, de la Doctrine Chrétienne, à Avignon, 5702

Pontevez, abbé de, 7023/24

Pontevez, chevalier de, au château de Saint-Jean, 6807

Pontis, Louis de, vie, 32**

Pontleroy, à Beaulieu, 5489

Pontus, L., 4634

Poort, N. van de, à Delft, 3220

Popian, clerc tonsuré à Béziers, 5491

Popian, voir: Pradines Popian

Porée, jésuite, 1379

Porhoët, de, voir: Rohan de Porhoët

Poringo, H. D., à Aalsmeer, 3720

Porrade d'Orléans, P., 3220, 3222**

Porte, sœur de Sainte Mélanie de, bénédictine à Lyon, 5346, 5492, 7023/24

Portes, marquis de, 3049

Portier, Charles, curé de Penlatte (diocèse d'Évreux), 6809, 7023/24

Portineau, voir: Girard

Potard, curé de Bouttancourt (diocèse de Rouen), 5494

Potel, chanoine d'Auxerre, 4111, 4757

Potgieter, C., à Amsterdam, 2474, 3543, 3989

Potgieter, N., à Amsterdam, 4011

Potherie, prêtre à Paris, 7023/24

Potier, Michel, chanoine d'Époisses, 4325, 6287, 6310

Potier, voir: Gesvres

Pottin, à Paris, 2475

Pouchard, Julien-Alexandre, diacre de Paris, 4999, 5495

Pouchard, 3014

Pouget, François-Aimé, oratorien, abbé de Chambon, 918, 1481–1493, 2968, 3089, 3096, 3114, 3186, 3934, 4285, 4340, 5107, 5496, 5695, 5955

Pougnet, Jean-Joseph, (De Beaumont, Bérard), prêtre secondaire à Castellane, au-

mônier et secrétaire de Mgr Soanen, 2059, 2969, 3187, 3222***, 3381, 4585, 4635, 4639, 4716, 5497, 5566, 6245–6271, 6327, 6914, 6999
Poulain de Vaujoye, trésorier de France, à Tours, 2833, 2970, 6810, 7023/24 (Poulain, Vaujoye)
Poulet, George-François, (Dufossé, Dupont), O.S.B., 3903
Poulié, 3081
Poulouzat, oratorien aux Vertus, 5498
Poupet, Marie, femme de François Verie, 5749
Pouponne, voir: Dupac de Bellegarde, J. F.
Pourchot, professeur, 732, 3221
Pourra, A. R., 3066
Pourtalès, E., à Hambourg, 4012
Pouru, Romuald, bénédictin à Metz, 4426, 5499
Pozzo, 1110
Pra, François, 7083
Pradel, chanoine régulier, 7023/24
Pradier d'Aigrain, Madame de, voir: Dupac de Bellegarde-de Pradier d'Aigrain
Pradier-Rigoley, Madame de, 2186, 2196, 2198
Pradines Popian, officier du pays de Caux, 6142
Pralard, libraire à Paris, 1197
Prauwels, Gabriel, 2674
Prax, chanoine d'Alet, 4295, 4813, 5500
Préau, abbé, 796
Préaux, chevalier de, voir: J. B. d'Étemare
Preaux, des, à Paris, voir: Des Preaux
Précipiano, H. de, archevêque de Malines, 950, 951, 1506, 3220–3221, 4177
Préfontaine, Monsieur de, 766, 776, 862, 906, 3096
Preignan, François, ancien curé de Larroque (diocèse de Lectoure), 5502, 5721
Premeaux, de, voir: Macheco
Présentine, voir: de Bère
Pressigny, de, à Liège, 2476, 3544, 4013
Pressigny, Madame de, à Liège, 3545
Pressin, à Paris, 2971
Pressy, voir: Partz de Pressy
Preval, Françoise de, pensionnaire de la Congrégation de Notre-Dame à Étampes, 5501, 6812
Prévost, Florentin, bénédictin à Jumièges et à Saint-Georges de Bocherville (diocèse de Rouen), 4437, 5837
Prévost, prieur de Saint-Amand, prieur de Jaligni, 4407, 7023/24

Prevost, curé de Lierville, grand vicaire de Pontoise (diocèse de Rouen), 5503
Prévot, Juste, à la Chartreuse de Gaillon, 4476, 6272
Prié, Ercole Turinetti, marquis de, 1626, 1669, 3933
Prie, de, voir: Robert de Prie
Prieur, M. le, voir: Coudrette
Prohenques, Madame de, chanoinesse de Saint-Sernin de Toulouse, 5623, 6885, 7023/24 (Armantieu)
Proli, Pieter, à Anvers, 1969
Proto, voir: Beckers Proto
Prouillac, voir: Sirmond de Prouillac
Provost, abbé, secrétaire du cardinal Passionei, 2477, 4109, 4112
Pucelle, René, conseiller au Parlement, abbé de Saint-Léonard de Corbigny, 1218, 1883, 3222***, 3933, 5505, 6814, 7002, 7023/24
Pujati, Giuseppe M., professeur à Padoue, 2478, 3546, 3617
Pujo, ecclésiastique à Dax, 5506
Pulquérie, sœur, à Liesse, 7023/24
Purquet, Louis, bénédictin à Lagny, 5507
Putten, M. van, 1589

Quatremère, marchand-drapier à Paris, 2972, 6816, 7023/24
Quatremère Ditionvas, avocat général, 3559
Quérelay Tessier, voir: Tessier
Quéras de Xaintonge, 553, 3060
Queriolet, de, 917
Querville, Olivier Jégou de, évêque de Tréguier, 5508
Quesnel, François, 494, 1164, 1238
Quesnel, Guillaume, 950, 1165, 1168, 1237
Quesnel, Pasquier, (De Frequau, De Fresne, Dupuis, Du Tour, Duzillon, Rebeck), 14, 29, 32*, 192, 285, 311, 391, 468, 495, 631, 655, 703, 715, 724, 726, 727, 729, 736, 854, 908, 918, 919, 923, 928, 935, 939, 941, 942, 945, 949–1247, 1082, 1084, 1231, 1232, 1244, 1277–1279, 1444, 1469, 1470, 1501, 1504, 1589, 1644, 1651, 1685, 1690, 1748, 1750, 1754–1760, 1818, 1822, 1823, 1990, 2595, 2595*, 2658*, 2668, 2673, 2973, 3055, 3062, 3066, 3068, 3079, 3085, 3089, 3217, 3220–3222**, 3905, 3933, 4161, 4170, 4711, 5509, 5696, 5722, 5821, 5894, 5916, 6154, 6269, 6273–6286, 7103, 7104
– anecdotes et pièces diverses, 3220–3221, 3224, 3692

- explication apologétique, 730
- généalogie, 3222*
- prison et délivrance de, 6273
- procès, 1206–1207, 1237–1240
- decreta Leodiensia contra, 4078
Quesnel, le troisième frère de Pasquier, 3220
Quesnel. mère de Pasquier, 1168
Quesnel, sœur, religieuse au Lys, 1164, 1225, 3221
Queudeville, P., 1822
Quillebeuf, Nicolas-Pierre, curé de Vecheuil (diocèse de Rouen), 5510, 5555
Quillebœuf, Mademoiselle de, voir: Joncoux
Quillos, dialogue sur le Quiétisme, 31
Quincy, sœur de, 865
Quintin, procureur du roi à Pézenas, 5511, 6817, 7023/24
Quiqueran de Beaujeu, Honoré de, évêque de Castres, 2687*, 3188, 3222***, 5512, 5729, 6115, 6169, 6200, 6818, 7088
Quiros, de, 1652
Quitaud, abbé A. C. de Peichepeyrou de Commenges de, à Espoisses, 1166
Quoix, Madame de, chanoinesse régulière, 7023/24

R., 3204, 6231
R., Mademoiselle D., 2974
R., Madame P., 1445
R.D.N., réfutation de sa lettre, 3756
R.P.C., à Mons, 704
R., de, sœur, 7023/24
R., de, (Roquette), 3721
Rabon, Guillaume, chartreux, à Basseville (diocèse d'Auxerre) et à Schonauwen, 3948, 4473, 4478, 4490, 4791, 5513
Rabouyn, sœur Anne-Marguerite, 1167, 1446
Rabouyn, M., 943
Rabutin de Bussy, Michel-Roger, évêque de Luçon, 6240
Racine, Agnès de Sainte-Thècle, 210–214, 312, 469, 604, 612, 705, 3044, 3110**, 3220–3221
Racine, Bonaventure, chanoine d'Auxerre, 1494, 2975, 3189, 4344
Racine, F., prêtre de Meulan (diocèse de Rouen), 5514
Racine, Jean, 656
Racine, Dom, à l'abbaye de Saint-Germain, 3014
Racine, ecclésiastique d'Albi, 5515
Racine, ecclésiastique, à Paris, 7003
Racine, à Rabastens, 6311

Raffelin, Jean, bénédictin à Chelles, 3906, 5516
Raffetot, Marie-Claire du Saint-Sacrement (de Notre-Dame à Troyes), 91, 111, 3211
Raffin, C., oratorien à Pézenas, 5517, 6387, 6797
Ragnard, prieur de Castellane, 6359
Ragot, V., promoteur d'Alet, 834, 847, 3051, 4278
Raimond, 3222**
Raischak, M. de, 2535
Rambures, de, abbesse de Vuillancourt, 193
Rame, médecin à Lyon, 6819, 7023/24
Rancé, Armand-Jean le Bouthillier de, abbé de la Trappe, 461, 483, 723, 767, 776, 812, 812*, 848, 863, 913, 919, 1168, 3068, 3074, 3201 (esprit et portrait), 3220, 6094
- déclaration au maréchal de Bellefond, 3202
Rançon, J., à Paris, 2479, 3547
Rancour, L. de, chanoine de Gien (diocèse d'Auxerre), 4301, 5518
Rang, M., 3458, 3548
Ranton, de, voir: d'Étemare
Rascas, Jean, prêtre doctrinaire à Lavaur, 4500, 4505, 5519, 6584
Rastignac, Louis-Jacques de Chapt de, archevêque de Tours, 2975**, 3190, 7129
Rathier, prêtre à Mailly-le-Château, 4758
Raucour, de, à Melun, 313
Ravechet, H., vie, 32**, avec épitaphe de Lefevre
Ravechet, syndic de la faculté de théologie de Paris, 6832
Ravisé, 4239
Ray de Sienne, écuyer à Lyon, 2648
Raymond, Jacques, à Middelburg, 2480, 3549
Raymond, notaire à Paris, 5851, 6274
Raynard, archidiacre de Senez, 6820
Raze, sœur Marie-Anne-Angélique de Sainte-Claire de, bénédictine de l'abbaye de la Trinité à Poitiers, 6803, 7023/24
Rebeck, de, voir: Pasquier Quesnel
Reboual, à Paris, 3550
Reboul, avocat du roi au siège d'Aix, au Bourquet, 7004
Rebours, Antoine de, 257, 554, 3054, 3060
Rebuffat, Joseph, à Ispahan, 3676, 3680, 3722, 3753
Rechigne Voisin de Guron, Louis de, évêque de Tulle, 555, 3060
Rechteren, comte de, grand bailli de Wijk bij Duurstede, 3613

Recouly, voir: Vital
Recouly, Madame, voir: Viel
Reculard, Marie, femme de Louis Michel, 6736
Reculés du Basmarein, Pierre, à Limoges, 6250, 7023/24 (Basmarein)
Reede van Renswoude, baron van, 1590, 1610, 3907, 3933, 3934
Rees, de, prêtre, à Renaix, 3934
Reginald, P., Quaestio theologica, 3221
Regnard, Honoré, chanoine régulier de l'abbaye de Saint-Quentin à Beauvais, 6821, 7023/24
Regnaudot, Madame, supérieure de Liesse, 3211
Regné, Denize, 7023/24 (Ango)
Reifferscheid, voir: Salm Reifferscheid
Rely, Nicolas-Joseph de, sous-prieur à Bernay (diocèse de Lisieux), 4436, 6689, 7023/24
Remaele, M. Z., 2481
Réméon, Louis de, oratorien à Bourges et à Angers, 2976, 4535, 4539, 5448, 5524, 7023/24
Remeon de Thorigny, 7023/24
Remicourt, Anne-Julie de Sainte-Synclétique de, 250, 264, 476, 706, 864
Reminiac, R. H. de, abbé du Val des Écoliers, à Liège, 1502, 1591
Rémond, voir: Roquette
Rémi, voir: La Barrière
Remy, capucin, 7074
Rémy, menuisier à Paris, 1823
Rémy, voir: Ruffin
Renaize, 6259
Renard, à Aix, 2482
Renaud, Madame de Chateau, 223, 230
Renaudot, Eusèbe, abbé, à Rome, 5525
Renault, voir: Platel
Rendorp, M., 4109
René, voir: Philippe
Reneaume, médecin de Paris, 5526
Renou, trésorier, curé d'Apoigny (diocèse d'Auxerre), 5528
Renou, prêtre de la Mission, à Sens, 4528, 5433, 5902
Renswoude, voir: Reede van Renswoude
Renton, voir: J. B. d'Étemare
Ressye, 2977. Voir aussi: Berger de Ressye
Retart, François, vie, 32**
Rétel, 3984
Retz, cardinal de, voir: Gondi
Reuse, Jean-Maximilien, prêtre de Paris, 5529
Révol, voir: Myert Révol, Mad.

Rey, J., à Amsterdam, 2483, 3551, 4113
Rey, conde de, 1592
Reynaldy, François, bénédictin à l'abbaye de Saint-Calais près Montoire, 5530
Reynaud, M. A., curé de Vaux et Champs, 1815, 2484, 2978, 3014, 3035
Reynaud, oratorien, clerc du diocèse d'Aix, à Pézenas, 4830, 6387, 6797
Reynold, lieutenant-général, 4164
Rézay, Cyprien-Gabriel-Bernard de, évêque d'Angoulême, 1379*, 4759, 6116
Rheinfels, voir: Hessen-Rheinfels
Rhijn, J. J. van, archevêque d'Utrecht, 2485, 3552
Rialp, marquis de, 1629
Ribadière, directeur, 7023/24
Riballier, à Paris, 2486
Ribelle, voir: de Bère
Riberolles, de, général de la Congrégation de Sainte-Geneviève, 3221
Ribes, Th., chanoine et vicaire général d'Alais, 6051
Ribeyre, de, président de la cour des aides de Clermont-Ferrand, 4286
Ricard, maître François, 4797
Riccardi, Alessandro marquis, bibliothécaire, à Vienne, 1447, 1600, 1898, 3933, 3934
Ricci, Bettino de', à Florence, 1725, 2487, 2500
Ricci, Giovanni Battista de', à Florence, 2488
Ricci, Scipione de', évêque de Pistoie, 2223, 2398, 2487, 2489, 2625, 3394, 3553, 3617
Richard, Jean, curé de Triel, 92, 441
Richard, M., 2700, 2967
Richard, Victor, 768
Richard, curé de Vermenton (diocèse d'Auxerre), 6312
Richard, à Paris, 556
Richelieu, Armand-Jean du Plessis, cardinal de, 15, 3933
Richelmy, sœur Marie-Magdeleine, mère des visitandines, 4724, 4725, 4731, 4939
Richer, Alexis, bénédictin à Paris, 4451, 5531
Richer, Nicolas-Henri, diacre de Sens, professeur de l'université de Paris, chanoine d'Auxerre, 1287, 1816, 4999, 5532, 6410, 7023/24
Richer, prieur-curé du Tremblay (diocèse de Chartres), 5533
Richer, Mademoiselle, 194
Richeville, voir: Guérin de Richeville
Ricquaert, Joannes Franciscus, chanoine, à Malines, 2674

Ricquement, Claude, diacre du diocèse de Paris, 5534, 6198
Rigal, prêtre, à Montpellier, 5397, 5400, 6031, 6387
Rigault, abbé, chanoine, 2816, 7023/24
Rigaut, 1899, 5795
Rigelé, Jean, 3453
Rigny, Mademoiselle de, 2490
Rigobert, voir: d'Étemare
Rigoley, voir: Pradier-Rigoley
Rimbaud, Madame, à Marseille, 7023/24. Voir aussi: Boisselly Rimbaud
Rindsmaul, Johannes Otto comte, chanoine de Passau, 2491
Riollet, prêtre de l'église de Chartres, 4966, 5535, 6155, 7023/24
Riou, Marie-Jeanne de Saint-Clément, religieuse de N.D. à Étampes, 5085, 6552
Ripoll, Thomas, général de l'ordre des dominicains, 3813, 6289
Rippert, Jean-Joseph, curé à Aix, 4343, 5537
Riquet de Saint-Césaire, sœur Françoise-Étiennette, religieuse du Val-de-Grâce, 6824
Ritard, Madame, 3054
Rivau, de, voir: Beauvau
Rivet, Antoine, bénédictin au Mans, 32**, 3827, 3908, 4391, 4419, 4432, 5538, 6719, 6878, 7023/24
Rivet, Roger, 5539
Rivette, professeur au collège de Beauvais à Paris, 5540
Rivière, à la Vérune, 5541
Rivius, voir: Elbecque, d'
Roannez, duc de, 557
Roannez, Mademoiselle de, 3210, 4288, 6074
Roard, Vincent-Guillaume, chanoine de Tonnerre (diocèse de Langres), 5542
Roard, abbé, à Paris, 6287
Robart, François, bénédictin de l'abbaye de Saint-Riquier, 5543
Robert, Hilarion, religieux de Grandmont, 5167, 6825
Robert, M., 728, 864, 1593
Robert, Madame, voir: Dumoulin
Robert, Suzanne de Sainte-Cécile, 115, 3211
Robert de Prie, Jean-Augustin-Charles, 3554
Robin, Jean, bénédictin à Tonnerre, 5544
Robol, J., à Utrecht, 3555
Robol, M., 2492
Rocamp, Bernard, bénédictin à Bonneval, 5545

Rocas, curé de Murlin, 7023/24
Roccas, François-Paulin, de l'Oratoire et du diocèse de Glandèves, à Pézenas, 5546
Roch, Antoine, maître-cordonnier, 4608. Voir aussi: Audibert
Roch, Gaspard Muraine, 4608
Roch, Gabriel de, bénédictin, 6826, 7023/24
Roche, François, à Amiens, 392
Rochebonne, de, voir: Châteauneuf de Rochebonne
Rochebouet, curé de Saint-Germain-le-Vieux à Paris, 5547
Rochechouart, Guy de Sève de, évêque d'Arras, 919, 971*, 1380, 3014, 3933
Rochechouart, Louis de, duc de Mortemart, 4250
Rochechouart, duchesse de, voir: Desbois
Rochefort, voir: Boursier
Rocher, Antoine, surnommé Deroché, domestique et cocher de Mgr Colbert, 5735, 5738, 6151
Rocher, abbé, 865
Rochet, S., chanoine, 1169
Rocquemont, J. de, oratorien, à Saumur, 5433, 5836
Roda, Manuel de, ministre d'Espagne, 2649
Rodat de la Garrigue, Dominique, curé de Saint-Amand à Rodez, exilé à Lodève, 5130, 6390, 6462, 6728, 6827, 7023/24 (La Garrigue)
Roemers, A. F., curé à Maestricht, 2344, 2493, 3496, 3556
Roger, 7023/24
Roger de Monthuchet, 7023/24
Rohan, Armand-Jules de, archevêque de Reims, 1381, 4073, 7124
Rohan, L. A. cardinal de, 732, 735, 1244, 1459, 1810, 3934, 4782, 6207
Rohan de Chabot, Julie de, abbesse à Soissons, ensuite de Liesse, 993, 7023/24
Rohan, Anne de, voir: Guéméné, Luynes
Rohan de Léon, sœur C. E. de, religieuse à Soissons, 6828, 7023/24
Rohan de Porhoët, sœur M. L. de, religieuse à Soissons, prieure de Sainte-Scolastique à Troyes, 5548, 6828, 6829, 7023/24
Rohan de Soubise, Armand-Gaston cardinal de, évêque de Strasbourg, 7005
Roi de France, Angleterre, Espagne, Portugal voir Index II
Roland, Jeanne, veuve de Claude Roussel, à Reims, 6290
Rolland, docteur de Sorbonne, 3723, 3933

Rollin, Charles, (Drappier), ancien recteur de l'université de Paris, 1448, 1478, 3204, 3221, 3311, 5422, 5449, 5549, 6372, 6830, 7023/24

Rollin, M., succession, 4062

Rollosini, abbé, 2493*

Romaggerii, abbé à Vienne, 2494

Romanson, François, bénédictin de l'abbaye de Saint-Germain d'Auxerre, 5550

Romchin, voir: Dilhe

Romecourt, M. de, bénédictin à Troyes, 3909

Romingas, voir: Roumingas

Romondt, van, 3557

Roncé, Madame B. de, 2495, 2980

Roncée, à Roncée, 3107

Roncée, mère de Saumery (?) de Johanne, 2981

Roncy, abbé de, à Loudun, 2982

Rondeau, Jean-Louis, oratorien, ancien curé constitutionnel de Sarcelles, vicaire à Saint-Séverin, à Paris, 4177, 4220, 4221, 4234–4236, 4795, 7154, 7155

Roos, H., à Rotterdam, 3910, 3934

Roost, André, vicaire général de la Mission de Siam, 1949, 1970, 1997, 3701, 3933, 6085

Roost, Guillaume van, chanoine, à Malines, 3934

Roques, Jacques, prêtre de la Doctrine Chrétienne et professeur de philosophie à Gimont (diocèse de Lombez) et à Lectoure, 4507, 6831, 7006

Roques, P., 2190

Roquette, abbé de, (Rémond), à Paris, 1843, 3261, 3293, 3312, 3721, 4014, 4144, 4647

Roquette, Gabriel de, évêque d'Autun, 1419, 1449, 1475, 1479

Roquette, H. E. F. de, prieur de Saint-Hymer en Auge (diocèse de Lisieux), 4352, 5551, 6288, 6832, 7023/24

Rosalie, sœur, à Sainte-Agathe, 3192

Rosalino, secrétaire de A. B. Guertler, à Vienne (Autriche), 2256

Rose de Courmont, Michel, religieux d'Orval, 4015, 4019, 5927

Roset, varia, 3076

Rosier, Victor, 3233

Roskam, prêtre, à Delft, 3933

Roslin, docteur de Sorbonne, exilé à l'abbaye du Bec, 5552

Rosney, Mademoiselle, 1705

Rosset, Antoine-Philbert de, acolyte de Paris, 5553

Rosset, Mlle de, 1354

Rosset, Madame de, 7023/24

Rossignol Deschiens, Madame, 2918*

Rossignoli, Marco-Aurelio, sénateur de Nice, 6833, 6912

Rothelin, Madame de, 3209

Rotteveel, A., secrétaire du chapitre d'Utrecht, 4221

Rouault, curé de Reguigny en Bretagne, 7023/24

Rouffiac, de, clerc tonsuré du diocèse de Narbonne et chanoine de Moissac (diocèse de Cahors), 6837, 7023/24

Rouffiac, sœur de, religieuse de Prouille, 6813, 7023/24 (Luc)

Rougelot, à Paris, 1817, 2498

Rougemont, de, à Paris, 789, 2983, 3222***

Rouillé Desfilletières, à Paris, voir: Filletières

Roullé, 2166, 2642

Roulleaux, Dom Jacques, 3934

Roullin Des Rentes, J., curé du Bourg-la-Reine (diocèse de Paris), 5556

Roumer, Jean-Baptiste, dominicain à Rodez, 5557

Roumingas, R., héritage, succession de, 2145, 2330, 2404, 2480, 3549

Rousse, Gérard, prêtre et chanoine de l'abbaye royale d'Avenay, 368, 3048, 5676

Rousseau, Charles-Henri, prêtre de la paroisse de Saint-Roch à Paris, 6838, 7023/24

Rousseau, J. F., voir: Céloron

Rousseau, Louis, bénédictin à Paris et à Saint-Malo, 4439, 5558

Rousseau, Louis, prêtre de Liège, 32**, 944

Rousseau de la Parisière, J. C., évêque de Nîmes, 2984*

Roussel, Adrienne (sœur Magdelaine-Thérèse de Saint-François Xavier), carmélite, 6290

Roussel, Claude, à Reims, 6290. Voir aussi: Roland

Roussel, Henriette (sœur Jeanne de la Croix de Saint-Joseph), carmélite, 6290

Roussel, Jean-Baptiste, supérieur de la communauté de Sainte-Barbe à Troyes, 1495–1496*, 2985, 3014, 3144, 3193, 3204, 3222** 3696, 3724, 3934

Roussel, Marin, curé d'Ennery (diocèse de Rouen), 3696, 3724, 5555, 6808, 6839

Roussel, Pierre, chanoine de la cathédrale de Châlons-sur-Marne, 6290

Rousselot, Abraham-Louis, à Paris, 5559

Rouvière, François, dominicain, docteur de théologie de Paris, 1992, 3813, 6289

Rouvière, Jean, à Rotterdam, 1891
Rouvroy, voir: Fleur
Roux, Antoine, oratorien à Notre-Dame de Graces, 4541, 4586, 5560
Roux, Jean, à Beauvezer, 6340
Rouzeau Montaut, à Paris, 2496
Roy, J. J. V., à La Haye, 2799
Roy, Philippe, bénédictin de Saint-Maur, à La Chaise-Dieu et à Saint-Jouin de Marnes, 4412, 4433, 6480
Royer, métropolitain de Paris, 1731
Roynette, S., vicaire général de Paris, 214
Rubel, sœur, hospitalière, 7023/24
Rubin de Celis, voir: Celis
Rubo, de, voir: Hoffreumont, Servatius
Ruel, Madame, marchande du Palais, à Paris, 5753
Ruelens, Jean-Louis, à Amersfoort et Delfshaven, 3558
Rufan, sœur Thérèse, 4066
Ruffin, Nicolas-Marie, (Denis, Rémy), curé de Manneville, 32**, 1131, 1170, 1310, 1450, 1471, 1497–1505, 1761, 1971, 3203, 3220–3221, 3222**, 4999
Ruffin, voir: Bois Ruffin, de
Rufin, voir: J. B. Dubreuil
Ruggieri, Constantino, abbé, publicazione nuova della bolla Unigenitus, 2556
Rulie, curé, 1355
Rully, de, abbesse de Tard à Dijon (cousine d'Étemare), 1880, 2986, 3146
Ruth d'Ans, Ernest, (Du Noyer, Paulin), chanoine de Sainte-Gudule à Bruxelles, 32**, 301, 307, 461, 587, 631, 657, 707, 725, 909, 933, 947, 1002, 1108, 1171, 1311, 1382, 1451, 1471, 1504, 1506–1669, 1532, 1559, 1584, 1589, 1600, 1610, 1613, 1643, 1644, 1762, 1917, 1968, 1972, 2656, 3081, 3194, 3221, 3222**, 3694, 3725, 3812, 3911, 3921, 3931, 3933, 3934, 4092, 6117, 6273, 6292
– apologie, 3221
– itinéraire, 1613
– passeport et actes sur le refus des sacrements, 1506
– sa mort, 1506, 3912
Ryant, voir: Fontaine Ryant, Mad. de
Ryot, J., 948*

S., D.M.R., à Toulouse, 2142
S., M., 7107
S., Madame L., 2497
S. H., 1431
S. M. A. J., religieuse, 314

Sabatier, (Deschamps), oratorien à Paris et à Troyes, 4545, 5561, 5844, 7023/24 (Deschamps)
Sabathier, à Châlons-sur-Marne, 2498
Sabattier, Pierre, évêque d'Amiens, 1383, 5971
Sabatin, J. A., 4184
Sabbatier, Jean-Baptiste-Étienne, curé, vicaire perpétuel de Saussan (diocèse de Montpellier), 7023/24
Sabbatier, Madame, religieuse, 7023/24
Sablé, marquis de, 2499
Sablé, marquise de, 93, 344, 3209, 3211, 3216
Sablier, 910
Sachy, voir: Mouchy de Sachy
Sacripante, Giuseppe, cardinal, 230
Sacy, voir: Le Maistre de Sacy
Safoux, sœur de Sainte-Pélagie, voir: Saphoux
Sagrestani, Charles, secrétaire de Bettino de Ricci, à Florence, 2487, 2488, 2500
Saichot, Jean, bénédictin au Mont Saint-Michel, 4400, 4451, 5562
Sainson, Louis, curé de Semerville (diocèse de Blois), 4308, 6840, 7023/24
Saintaman, oratorien à Troyes, 5563
Saint-Amand, voir: Levêque
Saint-Amour (Gorin de), 322, 575, 658, 3060, 4282
Saint-André, Monsieur de, 1973, 2201
Saint-André, Monsieur de, curé de Gien, voir: Gourmaud de Saint-André
Saint-André, Monsieur de, voir: Claude-Romain Jobard
Saint-Ange, Madame de, voir: Boulogne de Saint-Ange
Saint-Anselme, sœur de, novice de l'Hôtel-Dieu de Paris, 7023/24 (Paris)
Saint-Auban, abbé de, 7007
Saint-Auban, Monsieur de, 2501, 3391, 3557, 3559
Saint-Augustin, sœur de, 7023/24
Saint-Augustin, F. de, abbesse de Gif, 71
Saint-Aulaire, voir: Beaupoile
Saint-Basile, 1362
Saint-Cajetan, J. B. de, procureur général bénédictin à Lisbonne, 2502
Saint-Calais, sœur F. de, 4165
Saint-Césaire, sœur L. de, 2805
Saint-Charles, de, voir: Le Roy de Bercher de Saint-Charles
Saint-Cyprien, Madame de, voir: Boisdavid
Saint-Cyr, voir: Bauder
Saint-Elme, voir: Le Maître de Saint-Elme

Saint-Verguet, Joachim-Joseph de, chapelain à la cathédrale de Saint-Malo, 4355, 6850, 7023/24

Saint-Vincent, Robert de, à Paris, 1726, 2511, 2990, 3563

Saint-Vincent, Madame de, 7023/24

Saint-Vincent, Mademoiselle de, l'aînée, 7023/24

Saint-Vincent, Mademoiselle de, la cadette, 7023/24

Saint-Yves, Monsieur de, 4015, 4019

Sainte-Agathe, sœur, 7023/24

Sainte-Agnès, sœur de, 779

Sainte-Bathilde, sœur, religieuse du Valdône, à Charenton, 6295

Sainte-Beuve, de, 316, 572, 3060, 3078

Sainte-Cécile, sœur de, hospitalière à Sens, 6862

Sainte-Claire, Joachim de, 2272, 2292, 3469

Sainte-Clotilde, Madame de, religieuse du Calvaire du Luxembourg à Paris, 7023/24

Sainte-Colombe, sœur de, ursuline de Beauvais, exilée à Clermont, 7023/24

Sainte-Colombe, voir: Dubruelh de Sainte-Colombe, Madame, Legrand, Leullier

Sainte-Croix, Louis-Claude Bigot de, secrétaire de l'ambassade de France, à Turin, 2503

Sainte-Croix, de, voir: Honoré Cornier

Sainte-Digne, Monsieur de, 866

Sainte-Dorothée, sœur de, à Nevers, 673

Sainte-E., sœur, 2768

Sainte-Eléonore, sœur, 7023/24

Sainte-Eugénie, sœur de, voir: Bénard

Sainte-Eulalie, sœur de, 1740

Sainte-Eulalie, sous-prieure du Calvaire, à Nantes, 6759, 7023/24

Sainte-Euphemie, sœur de, 7023/24

Sainte-Foy, sœur de, 2779*

Sainte-Geneviève, sœur de, 782

Sainte-Irène, sœur de, 2799**

Sainte-Justine, sœur de, 1975

Sainte-Madeleine, sœur de, 784

Sainte-Marthe, Abel-Louise de, 32**, 849, 918, 919, 1173, 3072

Sainte-Marthe, Claude de, (Morton), 1, 14, 16, 32*, 121, 243, 257, 317, 430, 449–456, 496, 588, 770, 860, 1232, 3066
– traités de piété, 3218*, 3218**

Sainte-Marthe, Dom Denis de, 2845*, 3813, 4162

Sainte-Marthe, de, bénédictin de Saint-Maur, prieur de Saint-Julien à Tours, 3074

Sainte-Mélanie, sœur de, 7023/24

Sainte-Mesme, Mademoiselle de, 867

Sainte-Olimpiade, sœur de, 789

Sainte-Perpétue, sœur de, religieuse du Calvaire de Loudun, 2975*

Sainte-Placide, sœur de, 787

Sainte-Pulquérie, sœur, 7023/24

Sainte-Sophie, sœur Marie de, religieuse du Calvaire, 6759, 7023/24 (Sainte-Eulalie)

Sainte-Thais, sœur de, 7023/24

Sainte-Thècle, sœur de, 7023/24

Sainte-Thérèse, sœur de, 788

Sainte-Tulle, comtesse de, 7023/24

Sainte-Ursule, sœur de, 789

Sainte-Victoire, sœur de, religieuse à Nevers, 7023/24

Saléon, Jean d'Yse de, abbé, vicaire général de Senez, 4721, 4733

Salerna, Pedro da Costa de Almeida comte de, envoyé de Portugal, à La Haye, 2651, 2991

Sales, religieux minime, à Toulouse, 5571

Sales, voir: François de Sales

Sales Dupuis, François de, voir: Le Blond

Salignac, de, voir: Fénelon

Salis, Monsieur de, capitaine au régiment suisse de Buisson, 1818

Sallais, Martin, bénédictin de l'abbaye de Saint-Martin-lez-Pontoise, 4437, 5572

Sallé, Louis, bénédictin de la Chaise-Dieu, 5573

Sallengre, Philippe de, 1595

Salm, prince de, 1236

Salm-Reifferscheid, F. E. de, évêque de Tournai, 1706

Salmon, Jean-Nicolas, domestique de l'archevêque d'Utrecht, 3934

Salmon, Pierre-Mathurin, oratorien, à Niort, 6766, 6851

Salmon, 3066

Salomon, bénédictin, 7023/24

Salomon, vicaire de Gien (diocèse d'Auxerre), 4301, 6678

Salvat de Betbeder, voir: Betbeder

Salvy, prêtre de Carcassonne, 2512

Sanchez, Thomas, missionnaire en Chine, 1997

Sanguin, Denis, évêque de Senlis, 574

Sanson, 1737, 2747, 2829, 2875

Sansone, Augustin, acolyte de Rouen, 4999, 5574

Santen, Mgr J. van, archevêque d'Utrecht, 4184, 4189, 4204, 4215, 4221, 4222, 4232–4236, 4245

Santenas, marquis de, 919

Santeuil, Jean-Baptiste de, chanoine régulier de Saint-Victor, 95, 143, 238, 323, 693, 3050, 3216

Saphoux, sœur Marie de Sainte-Pélagie, bénédictine à Lyon, 5575, 6852, 7023/24 (Safoux)

Sarau, 945

Sarazin, Pierre, théologal de Chartres, 558

Sarpi, Paolo, 5705

Sarrebourse, Mademoiselle Charité, à Orléans, 6853, 7023/24

Sarrebourse, Mesdemoiselles, 3222***

Sarret, abbé, archidiacre de Montpellier, 6296

Sarron, voir: Bochart de Sarron

Sarsfield, 2513

Sartre, Claire-Angélique, religieuse de la Visitation, à Montpellier, 6746

Sartre, Louise-Antoinette, supérieure de la Visitation, à Montpellier, 6746, 7023/24

Sartre, Pierre, (Génet), prieur de la Sorbonne, grand vicaire de Mgr Colbert, 1363, 1819, 2215, 2514, 2639, 2992, 3014, 3203, 3204, 3366, 3933, 4340, 4712, 5200, 5397, 5697, 5852, 6129, 6297–6317, 6387, 7023/24, 7041, 7043. Voir: Nouvelles ecclésiastiques, 1771 déc. 12, 19

– voyage à l'abbaye de Saint-Polycarpe, 5903

– exil, 6317

Sartres, Mesdemoiselles, 7023/24

Saubinet, sœur, 7023/24

Saubot, voir: Pemartin

Sauçay, Monsieur de, chanoine, 868, 869

Saulx de Tavannes, Nicolas de, évêque de Châlons-sur-Marne, 714, 3933, 4784

Saumery, Laurent de, cordelier, à Amsterdam, 3934

Sauméry, de, 3869. Voir aussi: Roncée

Saurin, oratorien, à Toulouse, 5577, 7023/24

Sauteron, chanoine théologal de Senez, 4604

Sauturon, Guillaume, prêtre de la Doctrine Chrétienne, à Villefranche de Rouergue, 4505, 5578, 6584, 7023/24

Sauvage, J. M., prêtre du diocèse de Boulogne, à Argenteuil, 5579

Sauvagniac, Guillaume, à Amsterdam, 3564

Sauvagniac, famille, 3411

Sauvan, Joseph, curé de Peyrolles en Provence, 4292, 6855, 7023/24

Sauvere, vicaire général de Glandèves, 6856

Sauville, Monsieur de, 1610, 3933, 3934

Save, Joseph-Philippe-Ignace, docteur en médecine de la faculté de Paris, 1111, 3220, 3222**

Save, Philippe, oratorien à Mons, 1174

Save, 708

Savigni, M. de, 1820

Saville (?), 2993

Savonière, sœur Hélène de Sainte-Agnès de, 9

Savoye, Jean, neveu, à Reims, 3275, 4021

Savoye, Pierre, (Chatelain), libraire, à Utrecht, 1899, 1998–2006, 3228, 3258–3262, 3264–3266, 3267, 3275, 3277, 3649, 3688, 3694, 3700, 3728, 3828, 3934, 3937, 3954, 3972, 3974, 3989, 3995, 4014, 4017, 4020, 4092, 4144, 4172

– arbitrage contre Latrie et, 3937, 3995

Savoye, Eugène prince de, 3931, 3933

Savoye, sœur Marie-Anne de la Nativité de, religieuse de la Congrégation de Notre Dame, chanoinesse de Saint-Augustin à Etampes, 5085, 7023/24

Savoye, duc de, 6912

Saxe, C., 3565

Sayve, Madame de, à la communauté de Saint-Benoît de Lyon, 3222***

Sayve, de, voir: Lacroix de Sayve

Scalberge, Mlle, à Paris, 6318

Scarlatti, Giovanni Battista, baron, 1596

Schaaff, Sébastien, bénédictin à Fulde, 2515, 3566

Schâbol, Roger, diacre du diocèse de Paris, 5580, 6198

Schachner, P. Eugenianus, capucin à Vienne, 2544

Schade, Cornelis, à Amsterdam, 3567

Schade, Ernest, à Utrecht, 4126

Schade, Theodora, veuve Wittert, voir: Wittert

Schallmaier, professeur en théologie, à Bonn, 3568

Schanza, W., professeur à Brünn, 2459, 2516

Scheen-de Haen, J. A., à La Haye, 2517

Scheidel, F., professeur à Mayence, 2518, 3453, 3569

Schell, baron de, chanoine tréfoncier de Liège, 4010. Voir aussi: Piron

Schelling, J., libraire à Utrecht, 2218, 2235, 2493*, 2523, 3401, 3409, 3426, 3442, 3444, 3450, 3456, 3484, 3498, 3504, 3505, 3508, 3570, 3576, 3580, 3587, 3594

Schelpiste, René à, 946

Schelstrate, E. A., 1175

Schenaerts, frère Bruno, chartreux, 3933

Schendel, A. van, 3392

Schepper, Jean-Baptiste-Bernard, docteur en médecine, 2994

Scheult, voir: Laborde

Schirmann, Coelestius, vicaire du monastère de Kremsmünster, 2074

Schönfeld, F. van, à Vienne, 2278

Schomberg (Schonberg), Jeanne de, duchesse de Liancourt, voir: Liancourt de Schomberg

Schoonhoven, Thymen Pietersz. van, à Rotterdam, 4022

Schraut, à La Haye, 2520

Schravelaar, Andreas, 1890, 3387

Schreuder, J., à Amsterdam, 2521

Schreuder, veuve, 3571

Schrieck, P. S. van der, 2522

Schrijver, P. M., curé d'Harlebeke, 2523

Schuur, A. van der, 3220–3221, 3223

Schuym, van, voir: Houasse

Schwarzl, Charles, (Melanius), professeur en théologie et bibliothécaire impérial à Innsbruck et Fribourg, 2524, 3572

Sciarelli, Nicolas, évêque de Colle di Val d'Elsa, 2625

Segond, prêtre de la Doctrine Chrétienne, à Saint-Girons en Consérans, 5581

Segouin, curé de Bray (diocèse de Bayeux), 6858, 7023/24

Séguenot, Claude, sa vie, 3221

Seguerend, 918

Séguier, D., évêque de Meaux, 571

Séguier, théologal de Paris, 522, 888

Ségur, Jean-Charles de, ancien évêque de Saint-Papoul, 3085, 4637, 4718, 5582, 6015, 6260, 6319–6321, 6859, 7008, 7023/24

Ségur, Madame de, coadjutrice et abbesse de Gif, 1740, 3222***, 6261, 7009, 7023/24

Ségur, Madame de, religieuse de Jouarre, à Gif, 7023/24

Ségur, Madame la présidente de, 7023/24

Séguret, chanoine honoraire d'Alais, 2525

Seigliers, Charles, jésuite, 5997

Seignelay, Marie-Louise-Maurice de Furstemberg, marquise de, 4571, 7023/24

Seignelay de Jonzac, Madame, 2803

Seixas, de, secrétaire du ministre de Portugal, à La Haye, 2526

Sellier, Jean-Louis, prêtre à Paris, 5583

Senault, P., jésuite, 6297

Sénaux, Bertrand de, évêque d'Autun, 1452, 1480

Senjean, Paulin, barnabite, à Dax, 6860, 7023/24

Senlis, voir: Joncoux, Mademoiselle de

Senlis, Monsieur de, avocat à Paris, 703, 706, 707

Senlis, Madame de, sœur de Mademoiselle de Joncoux, 870

Senlys, de, voir: Chastellier de Senlys, Madame

Senneville, voir: J. B. d'Étemare

Sentis, Jean de, curé de Lézenne, 1610, 4360

Serani, 1821

Seratti, F., secrétaire du conseil d'état de Toscane, 2489

Seraucourt, Jean Baptiste Dey de, grand archidiacre et chanoine de Reims, 3934

Sergent, veuve, à Paris, 2527

Sericourt, de, 3210

Sericourt, de, voir: Le Maître de Sericourt, Mademoiselle

Seron, Joseph, chanoine de Metz, 4338, 5587

Seroskerke de Saint-Paul de Blau, Madame, à Boulogne-sur-Mer, 1453, 4023, 6440, 7023/24

Serraire, voir: Brunet Serraire

Serre, Jean-Félix, prêtre de la Doctrine Chrétienne, à Gimon (diocèse de Lombez), 4501, 4505, 5588

Serres, Pierre, prêtre de la Doctrine Chrétienne, à Villefranche, 4501, 4503, 4505, 5589

Serri, P., dominicain, (Le Blanc), 30, 918, 1415, 2604, 3933

Serry, Hyacinthe, 1597

Serry, de, à Rotterdam, 3573

Serrier, Bénigne, commis de la Congrégation de Saint-Maur, 5755

Serte, sœur Saint-Charles, religieuse à Lyon, 5590

Seru, oratorien, 7023/24

Servolle, abbé, 7023/24

Servolle, procureur à Riom, 3275, 7023/24

Servule, à Syrap [Paris], 3729. Voir aussi: Barneville, Servule de

Seuilhac, curé à Sauve (Cevennes), 5591

Sève de Rochechouart, voir: Rochechouart

Sévigné, Monsieur de, 3209, 3210, 3211

Sévigné, Madame de, 345

Sevin, Madame de, 7023/24

Short, 3221

Sicard, abbé, 2112

Siegen, voir: Nassau Siegen

Sienne, voir: Ray de Sienne

Sillery, Monsieur de, sieur de Rivau, 1534

Sillery, voir: Brulart

Silly de Clervaut, Claude de, prêtre d'Amiens, curé de Doudeauville (diocèse de Boulogne) 1670–1678, 2823, 2995, 3014, 3195, 3313, 4024, 5592

Silly de Louvigny, Fr. de, doyen de l'église d'Abbeville (diocèse d'Amiens), 5593
Silva, médecin consultant du roi, 6000, 6332
Silva, 1680
Silvain, voir: Brigode Dubois
Silviki, missionnaire de Pologne, 2771
Silvy, 4200, 4201, 4220, 4223
Simart, Monsieur, à Paris, 6863
Simiane, voir: Grignan, marquise de
Simioli, chanoine, directeur du séminaire de Naples, 6059, 6064, 7134
Simon, François-Denis, acolyte de Beauvais, 5595
Simon, R. P. Honoré, 6325
Simon, Joseph, bénédictin de Cluny, 4942, 6864
Simon, Joseph, à Saint-André (diocèse de Lodève), 5739
Simon, avocat du roi à Castellane, 4638, 4724, 6865, 7023/24
Simon, imprimeur du Parlement, 2528
Simon, prêtre de la Congrégation de la Mission, à Rome, 1176
Simon, curé de Soleilhas (diocèse de Senez), 6324, 7023/24
– arrestation et exil, 6324
Simonelli, Tommaso, 2529
Simonnet, 3085
Sinai, abbé de, 405
Sinelle, 7023/24
Sinesi, voir: Grandchamps
Singlin, Antoine, (Montigny), 32*, 209, 262, 431, 457–460, 3051, 3210, 3211, 3216
Sire, jésuite, 918
Sirié, Mademoiselle, 7023/24
Sirmond, archidiacre de Senez, 6866, 7013, 7023/24
Sirmond, Madame, religieuse hospitalière, 7023/24
Sirmond de Prouillac, Madame, 7023/24
Sirmon, de, 6984
Sisti, Domenico Maria, à Rome, 2530
Slicher, Antony et Wigbold, 1610
Sluze, J. G. cardinal de, (Slusius), 1637, 3066, 3220
Smal, I. J., curé au Helder, 3574
Smitmer, J. T., à Vienne, 2531
Soanen, Jean, évêque de Senez, 32*, 733, 789, 1177, 1277–1279, 1356, 1384, 1487, 1679, 1682, 2002, 2996, 3014, 3097, 3196, 3204, 3221, 3222*, 3222**, 3222***, 3275, 3314, 3320, 3384, 3721, 3730, 3793, 3803, 3931, 3933, 3934, 4083, 4092, 4291–4578, 4579, 4589, 4591, 4594, 4605, 4606, 4608, 4639,

4641–4644, 4646, 4647, 4649, 4650, 4657, 4658, 4666, 4670, 4672, 4675, 4713, 4716, 4722, 4726–4731, 4733, 4769, 4796, 5285, 5596, 5715–5719, 5844, 5859, 5872, 5878, 5904, 5922–5924, 5946, 5956, 5985, 5987, 6001–6006, 6008, 6068, 6089, 6101, 6102, 6106, 6118, 6149, 6150, 6171, 6215, 6224, 6241, 6250, 6262, 6268, 6270, 6283, 6294, 6313, 6315, 6320, 6326–7039, 7046, 7076, 7079, 7081, 7148
– affaires financières, 6331
– anecdotes, 6269
– aumônier de, 6327, 7013
– cantiques et sonnets en honneur de, 7036
– cœur, 6328
– croix pectorale, 2248
– état de santé, 6332
– héritiers ab intestat, 6333
– jugement d'Embrun, 3085
– miracles, 3013*
– mitre, 4641
– neveux de, 789, 6002, 6003, 6949
– nièces de, 6003–6006, 6270, 6330
– noms de personnes supprimés dans les lettres, 7025
– oraison funèbre de Legros, 3222*
– ordinations des Hollandais, 7038
– ouvrages, 6335
– plaintes, 7033
– projet pour notre cazarnet, 7020
– secrétaire de, 5497, 6245–6271, 6914
– sœur de, 6948
– sommes dues, 6331
– testament olographe, 6326
– testament spirituel, 5493, 6327
– voyages, 3222*, 6334
Soanen, Madame, 7023/24
Socquard, Jean-Augustin, docteur de Sorbonne, à Paris, 3934, 5449, 5597
Soenens, J., à Gand, 3731
Solari, Benedetto, dominicain, évêque de Noli, 3428
Solas, prêtre de Montpellier, 6031, 7023/24
Soldevilla, le chevalier de, à Marmoutiers près Tours, 5599
Soleillas, de, 6912
Soleis, de, 7023/24
Solier, Simon-César, prêtre de La Doctrine Chrétienne à Villefranche de Rouergue et à Gimont, 4502, 4503, 5600, 6584
Solières, R. P. de, 7023/24
Solignac, prêtre du diocèse de Lectoure, à Bordeaux, 5721, 6448, 6867

Solitaire, le, voir: Dilhe
Solmes, de, 7023/24
Solu, voir: Villerault
Sonnes, L., prêtre, 5601
Sonsbeeck, Winand Bonifatius van, curé à Polsbroek, 3339, 3689, 3732, 4058, 4083, 4092
Sornet, prêtre à Paris, 4362, 6868, 7023/24
Sossy, Jean-Louis, ecclésiastique du diocèse de Digne, 5171, 6595, 7023/24 (Grognard, Sossy)
Sotelet, Adam-Joseph baron de, à Bruxelles, 1610, 3912
Soubise, voir: Rohan de Soubise
Souchay, Claude-Julien, chanoine régulier, prieur de Saint-Maurice à Senlis, 6869, 7023/24
Souchay, chanoine régulier de l'abbaye de la Reau, par Civray en Poitou, 5602
Soudry, J., curé de Tonneville (diocèse de Rouen), 6191, 6197, 6870
Soufflot, Modeste, (Garnier), chartreux de Bourgfontaine, à Hilversum, 1976, 3847, 3864, 3913, 3934, 3973, 4479, 4484, 4488, 4790, 5603
Soufflot, Philadelphe, (Perrin), chartreux de Bourgfontaine, à Rouen et à Schonauwen, 4175, 4477, 4483, 4490, 4790, 5604
Souillac, Jean George de, évêque de Lodève, 2996*, 3366, 5598, 5739, 6016, 6028, 7151
– lettre pastorale de, 6061
Souslaidbeau, de, en Siam, 3733
Souza Coutinho, Rodrigo de, à Lisbonne, 3575
Soyer, avocat au Parlement de Paris, 7014, 7023/24
Soyer, Mademoiselle, 196
Spada, dominicain, internonce à Bruxelles, 1599
Spada, Fabrizio, cardinal, à Rome, 1598, 5605
Spaur, Joseph Philipp von, évêque de Seccau, depuis de Brixen, 2074, 2524, 2630, 3619
Spengler, J. François, laïc œconome, 6410, 7023/24 (Du Courtil, Speingler)
Spinelli, Giuseppe, internonce à Bruxelles, 1600, 3933, 3934
Spinelli, Carlo, marquis, 1600, 1610
Spoors, Th., curé à Hoogkarspel, 1977
Staatman, Frederic, à La Haye, 3254, 3576
Staatman, Guillaume, à La Haye, 3576
Staatman-Magnet, A. M., à La Haye, 3576
Stadion, Frédéric comte de, à Erfurt, 2532

Stafford, 2630, 3513
Stakenburg, Cornelius, vicaire général d'Utrecht s.v., 7019
Staniek, J., Decanus Tropplovicensis, 2533
Stanislaus, F., 3197
Stapart, notaire royal à Epernay, 5606
Steenoven, Corneille, archevêque d'Utrecht, à Leyde, 1601, 1610, 2055, 3644, 3675, 3718, 3725, 3734, 3741, 3914, 3933, 5607, 5640, 5907, 6871
Stegelmann, C., à Utrecht, 2534
Steger, W., curé à La Haye, 2535
Steman, J. G., Seigneur de Maarsbergen, 2071, 2536, 3577
Sterdieu, voir: Metzers
Steyaert, défense des deux brefs d'Innocent XII contre, 3220
Stiphout, J. van, évêque d'Haarlem, 2291, 2439, 2537, 2587, 2630, 2997, 3315, 3366, 3578, 3934, 4008
Stornat, Jean-Baptiste, bénédictin de l'abbaye de Saint-Germain-des-Prés à Paris, 4432, 5608
Stouthandel, Agatha L., à Amsterdam, 3934, 4076*, 4840
Strada, M. de, 855
Straten, van der, à Paris, 1978, 3933
Stromaier, M., 2622
Strijdonk, "klopje", 1467
Stuart, prêtre, 2998, 3146
Suarez, Joseph Marie, évêque de Vaison, 1178
Sueilles, sœur Marie-Françoise de, supérieure du monastère de la Visitation à Montpellier 6160, 6161
Suireau, Marie des Anges, 99–102, 3051, 3210, 3211
Sullivan, Dom Ét. O', à Toulouse, 2539
Supplémenteur, 4644
Surle, chanoine de Marseille, 5364, 7023/24
Surry, de, de la Doctrine Chrétienne, 2999
Surville-Mariteau, veuve, 3735
Susleaue, Dom Paul, de l'abbaye de Saint-Riquier et de Saint-Basle proche Reims et à Paris, 3904, 4391, 4394, 4432, 4435, 5576, 6848, 6872, 7023/24 (Fleury)
Susteren, H. J. van, vicaire général de Malines, 952, 1171, 1239, 3933
Suzanne, sœur, 7023/24
Swart, Monsieur de, résident des États Généraux, à Pétersbourg, 4094
Sweerts, Monsieur de, à Bruxelles, 2344
Swert, L. J. J. de, à Bruxelles, 2540
Swieten, Frans Joseph de, à Cologne, 2541

Sylva, E., à Londres, 986, 7023/24

T., 3366
T.T.Q.N. (= I.H.V.), 2542
Tabaraud, 4234
Taconnet, N., 32**, 144, 197, 3218*, 3218**
Taffoureau, Charles-Nicolas, évêque d'Alet, 5609
Tagnier, 3213
Taigner, 3060
Tailhié, prêtre de la Mission de Saint-Lazare, à Paris, 5610
Taillart, Guillaume-Hervé, bénédictin de Saint-Nicolas lez Angers, 4395, 4451, 5611, 6719
Taimer, dr., 554
Tallevanne, de, de St. Mihiel en Lorraine, 3915, 3931, 3934, 3937
Tamburini, 2543
Tamisier, Fleurie, à Saint-Galmier, 5781
Tanard, 1635
Tanner & Co., à Hambourg, 3395
Tardif, Jacques prêtre de la maison du Mans, 5177
Tardif, voir: Duclos Tardif
Tardif le Brest, Mademoiselle, à Paris, 4640
Tarfanne, 3198
Tartel, receveur des tailles à Brion, 7023/24
Tartel, ancien payeur des rentes, 7023/24
Tassart, Thomas-Antoine, bénédictin, à Saint Valéry-sur-mer et en l'abbaye de St. Riquier, 4394, 6592, 6848, 7052
Tassin, curé de St. Jacques de Troyes, 5612
Tassin, voir: La Duchatelier Tassin
Tassy, H. F. de, évêque de Chalon-sur-Saône, 393
Taulan(n)e, voir: Garsin
Taumas, voir: Thaumas
Tavannes, voir: Saulx de Tavannes
Teissier, Gilles-Pierre, bénédictin à La Seauve par Bordeaux et ailleurs, 4402, 5613
Telles, Francisco, missionnaire jésuite en Siam, 1997
Tellier, P., 6266
Temming, H., 1236
Tencin, Pierre cardinal de Guérin de, archevêque d'Embrun, depuis archevêque de Lyon, 2514, 3222***, 3934, 4718, 4733, 4889
Tenne, Jean-Baptiste, bénédictin au prieuré de Saint-Pierre de Mortagne, en Bas-Poitou et à Saint-Jean d'Angely, 3222*, 4396, 4405, 4433, 4438, 6873, 7023/24

Terme, abbé J. B. de, chanoine à Vienne, 2303, 2544
Terrasson, supérieur de l'Oratoire, à Nevers, 7023/24, 7046
Terrasson de la Tour, Gaspard, curé de Treigny, 5928, 6874, 7023/24
Terreau, à Pont-Audemer, 3203
Terrillon, J., curé de Monthiérami, 2985
Tessier, Jean-Jacques de Quérelay, évêque de Rosalie à Mahapram, 1979, 1997, 3736, 3802, 6084, 6086, 6087
Tessonnière, P., 2707*
Testard, Louis-Pierre, prêtre à Paris, 6875
Testaud, abbé, secrétaire et bibliothécaire de Passionei, 4007, 4109, 4114
Testu, Madame, religieuse de Poissy, 3211
Texandier, Jérémie, prieur des feuillants à Lyon, 5614, 7006
Texier, avocat au Parlement de Paris, 1357, 1408, 1880, 1881, 2545, 2727, 3000, 3014, 3366, 4966, 5967, 7023/24, 7047, 7048
– consultation sur l'usure, 4025
Thassart, 1314
Thaumas, Claude, 497, 847, 871, 872, 3051
Thaumur, D., prêtre aux Kaokias, 3737
Théas (?), P., 2208
Thegan, voir: Tyggad
Thémericourt, M. de, 3110
Thémericourt de Ménilles, Madame de, 2770, 3110**, 3111, 3112
Thémericourt, Marie-Scolastique le Sesne de Ménilles de, 13, 53, 1278*, 1495, 1496*, 2004, 2670, 2687, 2719, 2745, 2747, 2759, 2804, 2818, 2831, 2832, 2837, 2897, 2907, 2943, 2948, 2956, 2968, 2975, 2985, 3001, 3001*, 3040, 3060, 3112, 3115–3230, 3298, 3316, 3382*, 3384, 3916, 4135, 4182, 6159, 7023/24, 7049–7052
– papiers de Legros, 3160
Thémericourt, voir aussi: Ménilles
Théodon, Madame, 7023/24
Théodore de Saint-François, carme, (Desplanches), 1772, 6263
Thérèse de la Conception, sœur, carmélite à Montpellier, 5615
Thérèse de Jésus, prieure des carmélites, à Riom, 771, 776, 4182
Thérèse de l'Enfant-Jésus, carmélite, à Narbonne, 198
Thérèse de Saint-Augustin, sœur, carmélite, 7064
Thérèse de Saint-François, supérieure de Notre-Dame à Provins, 113

Thézan de Juigné, sœur de, à Prouille, 2299
Thiard, voir: Bissy, Thiard de
Thibaud, chanoine régulier de l'abbaye de la Celle à Poitiers, 4382, 5616
Thibauld, à Paris, 1072, 1279, 3002
Thibauld, Madame, 1603
Thibault, Dom Pierre, supérieur général de la congrégation de Saint-Maur, 3934, 5608
Thibau(l)t, avocat au Parlement, à Bordeaux, 6876, 7023/24
Thibau(l)t, (Boursier), prêtre et conseiller clerc du Parlement de Sedan, 3933, 3934, 5521, 5617
Thibaut, Claude-Philippe, curé de Sainte-Croix et de la Roche-sur-Yonne (diocèse de Sens), secrétaire des conférences ecclésiastiques de Joigny (diocèse de Sens), 5618, 6184
Thibaut, François, (Desfarges), à Rijnwijk, 3917, 5906
Thibaut, veuve, à Sedan, 2829
Thiboult, à Quebec, 3738
Thiboust, Nicolas, 32**, 3066
Thierry, Jean-Louis, trésorier de France, à Paris, 6877
Thierry, F., 709
Thiollière Duchossi, à Saint-Galmier, 4224
Thion, Louis-François, bénédictin à Marmoutier-lez-Tours, 3222*, 6878
Thiriar, Barthélemy, voir: B. de la Roche
Thiroux, Jean, 1180, 6273
Thisquen, M., à Vienne, 1624
Thomas, Gentien, maître des comptes à Rouen, 97
Thomas, Jeanne, 1618
Thomas, sœur Madeleine de Sainte-Mathilde, voir: Du Fossé
Thomas, capucin, à Madras, 3739
Thomas, curé de Saint-Jacques du Haut-Pas, 199, 3216
Thomas, vicaire de Saint-Séverin à Paris, 1980
Thomas, Louis de, évêque de Sisteron, 5619
Thomas du Fossé, voir: Du Fossé
Thomassin, Louis, oratorien, 1098, 1181, 1684
Thomassin, P., 1454
Thomassin, docteur de Sorbonne, vice-gérant de l'officialité de Paris, 6181
Thomé, Benoît, (Monpied), ancien prieur de la Chartreuse de Beaune, à Vronestein, 3919, 3933, 3934, 4480
Thorame, de, 6912
Thorigny, voir: Remeon de Thorigny

Thouin, Jean-François, chanoine régulier de l'abbaye de Saint-Jean de Melinais, 4366, 6880, 7023/24
Thouin, Madame, 7023/24
Th. Resassen, 1569
Thubières, voir: Caylus
Thuet, abbé, prêtre du diocèse de Noyon, premier vicaire de Saint-Médard, 7147
Thulden, Charlotte de, prieure de la Cambre, 163
Thijssens, J. J., 3413
Tiberge, directeur du séminaire des Missions à Paris, 1997, 6084, 6087
Tilens, Jean-Joseph, (Noiron), au Helder et à Torenvliet, 3920, 3933, 3934, 5440
Tilladet, Michel de Cassagnet de, évêque de Mâcon, 4718, 4763, 5620, 5730, 5731, 5839, 7015
Tillemont, voir: Le Nain de Tillemont
Tillières, de, voir: Dugué de Tillières, Mad.
Timothée, voir: Gabriel Dupac de Bellegarde et Van Heussen
Tingau(l)t, J., à Paris, 2207, 2546, 6787
Tiphaigne, Joseph, prémontré de la province de Normandie, à Paris, 5621, 6789
Tissard, de l'Oratoire, à Paris, 6881, 7023/24
Tissart, Maurice, diacre à Paris, 4145, 4999, 6882, 7023/24
Tissot, lazariste, professeur au séminaire de Béziers, 7115
Titius, 7023/24
Titon, conseiller au Parlement de Paris, 1883, 5622, 6679, 6883, 7023/24
Titon de Chamant, conseiller au Grand Conseil, 6884, 7023/24 (Titon)
Toinon, Madame, vie, 32**
Tombeur, Pierre, (Brumot), prêtre de Liège, 1967, 1981, 3339, 3934, 4019, 4329
Tongre, voir: Fontpertuis
Tonnelier, à Liège, 1603 (signature P.L.). Voir aussi: Le Jeune
Tonnerre, voir: Clermont-Tonnerre
Toobi, D., à Paris, 3740
Torcy, Catherine-Félicité Arnauld de Pomponne, marquise de, 958
Torcy, Jean-Baptiste Colbert, marquis de, ministre des affaires étrangères, 1488, 4693, 4975, 5681, 5871, 6912, 6933
Toré, voir: Fontpertuis
Torné, abbé à Paris, 6073
Tour, Mademoiselle de la Barge de, 3003, 3014, 3199, 3204
Toureil, voir: Fontpertuis

Tournaire, oratorien, 3579
Tournay, Monsieur de, 4148
Tournay, Madame, 789, 3222***, 7016, 7023/24
Tournely, 1359
Tournemine, jésuite, 1811
Tournon, cardinal de, 30, 3217
Tourness, les Frères de, à Genève, 2547
Tournus, F. L., ancien curé de Vias (diocèse d'Agde), 32**, 1680, 4291, 5626
Tourouvre, Jean-Armand de la Voue de, archidiacre et vicaire général de Rouen, puis évêque de Rodez, 1503, 3003*, 3222***, 4804, 5280, 5957, 6113, 6666, 7080
Tourves, voir: Valbelle
Touvenot, Charles-Antoine, prêtre du diocèse de Paris, vicaire général de Senez, 6348
Touvenot Duvivier, Louis-Joseph, (de Jonval), docteur de Sorbonne, à Paris et à Utrecht, 1882–1887, 3004, 3014, 3200*, 3222***, 3275, 3292, 3689, 4026, 4092, 4133*, 4142, 4714, 5355, 5628, 5629, 6888, 7023/24
Trab., D., 4172
Trabouillard, François, bénédictin, à Corbie, 3921, 4406, 4432, 5630
Train, Louis, bénédictin à Saint-Michel-en-l'Herm, 4423, 5245, 6194
Train, Paul-Henri, bénédictin à Poitiers et à Saint-Julien de Tours, 4447, 5631, 6194
Tranquille, voir: Ducellier
Tranquille, de Bayeux, diacre capucin, de la province de Normandie, à Paris, 4460, 5632
Trans, René de, jésuite, 5997
Trappe, M. van, curé d'Oudenaarde, 1814
Trattnern, chevalier de, à Vienne, 3580
Trautmansdorff, Thaddée comte de, chanoine à Olmütz, 2344, 2548
Trees, Johannes-Willibrordus, 3741, 3849, 4027
Treille de Grandsaigne, voir: Grandsaigne
Tremblai, H. J., procureur des Missions Étrangères, à Paris, 1982, 3309, 3713, 3742, 3753
Trépigny, Charles-Antoine-François, prêtre du diocèse de Boulogne, 5634
Tresiguidy, Madame de, 6994, 7023/24
Tresnan, voir: La Vergne
Treteau, Marie Anne, 3742*
Treu, 772
Treuvé, S. M., 606, 613, 743, 3057*
Tricot, Hilarion, 3934, 3982, 4015, 4019
Trie, comte de, à Bruxelles, 2549

Tripperet, Hilaire, bénédictin de Cluny à Souvigny et à Saint-Leu d'Esserens, 6494, 6889, 7023/24
Tristan, Cl., chanoine de Beauvais, 573, 873, 3060
Tristan de Verdrel, Jerosme, clerc tonsuré de Beauvais, 5635
Trocheon, voir: Munier de Trocheon, Mad.
Troisi, Vincenzo, à Naples, 2550, 3581
Troisville, Phillippe Lieutaud de, à Nantes, 4028
Tronchay, Michel, chanoine de Laval (diocèse du Mans), 1604, 5636
Tronchay, abbé de, 874
Tronchon, oratorien à Paris, 4545, 5637, 6892
Trouvain Ch., bénédictin, prieur claustral de l'abbaye de Coincy, 6890, 7023/24
Truchon de la Maison-Neuve, 2551, 3005
Trudon, prêtre de Paris, 6893
Truilhier, oratorien, 3006, 6894, 7023/24
Trusson, 3461
Tubert de la Croix, Marie, supérieure des ursulines à Blois, 615, 623, 710
Tubeuf, M., évêque de Castres, 850
Tuiles, l'abbé des, voir: Bidal d'Asfeld
Tuillandier, sœur Jeanne-Marie, 7023/24
Turinetti, voir: Prié
Turmeau, Marguerite, religieuse de l'Hôtel d'Orléans, 6778, 6780, 7023/24, 7131
Turmeni, 2552
Turpin, Jacques-François, bénédictin, à Chelles, 5516
Turpin, Marguerite, 7023/24 (Ango)
Tusort, 2553
Tutot, à Liège, 3255
Tuylen, H., à Haarlem, 3582
Tyggad (Thegan), oratorien à Amsterdam, 3933, 3934

Ubraye, d', 7023/24
Urtaran, Ortuz de, 1605

V., I.H. (= T.T.Q.N.), 2542
V., à Neuville, 3743
V., Mademoiselle de, 322
Vacher, 5936
Vachières, de, provincial des augustins, 6912
Vaes, Mère Marie-Hélène (de), à Liège, 1763, 3221
Vaes, J. L., 948
Vaes, Madame, 947, 1603
Vaillant, Pierre, prêtre du diocèse de Troyes, à Paris, 4362, 5642

Vaillant, à Vianen, 1838

Vaillant, (Dom Jean Lebrun), conseiller, à Verdun, 3922

Vailly (?), de, oratorien à Vendôme, 6896

Vairac, vicaire général et official de Fréjus, 6897

Val..., Mlle de, 7023/24

Valbelle, marquise de, de Trigance, 7023/24

Valbelle de Tourves, François de, évêque de Saint-Omer, 1385, 5644

Valbon, voir: Fourquevaux

Valbonette, de, religieuse ursuline à Aix, 4559, 7020

Valbonette, vori aussi: Maurel de Valbonette, sœur

Valderiès de Lescure, Jean-François de, évêque de Luçon, 918, 3085, 7027, 7103

Valée, Alexis, prêtre de Paris, 5354, 6808

Valençai, voir: d'Étampes

Valenti, P., 918

Valenti Gonzaga, Silvio cardinal, 2601

Valentin, Joseph, curé de Saint-Hilaire de Roullié près Lusignan, 2554

Val Launay, de, directeur des postes à St. Pierre, 1822

Vallée, Pierre, bénédictin au Bec, 5645

Vallées, Marie des, vie, 3066

Valleix, Blaise, oratorien à Riom, 4539, 6846

Vallengin, 816

Valletat, Philibert, oratorien, 5646

Vallier, Mad. la présidente, 7023/24

Vallier, Madame, 3007

Vallière, à Rouen, 1455

Vallière, Mademoiselle de, 7023/24

Vallois, de, à Rijnwijk, (De Launay, à Namur), 3008, 3275, 3625, 4029

Vallon de Beaupuis, Mademoiselle, voir: Wallon de Beaupuis

Valois, Madeleine de Sainte-Gertrude de, 1092, 3221

Valsecchi, Antonio, dominicain à Padoue, 2555

Vancquetin, 2318

Vandenesse, voir: Nesse

Vandiere, Jacques Levesque de, chanoine de Laon, 5261, 5647

Vaneste, voir: C. L. Jourdain

Vanin, notaire à Paris, 2016

Vaquier de Villiers, Louis Paris, voir: Villiers

Varennes, abbé de, à Paris, 2720, 3744, 6898, 7023/24

Varet, Alexandre-Louis, grand vicaire de Sens, 875

Varet, 409, 901, 3058 (vie)

Varet de Fontenay, F., 420, 773, 876–882, 911, 3048, 3053

Varhville, de, à Abbeville, 1489

Varlet, Dominique-Marie, (Dumont, Dupont à Pozzo, Dupré, Gerson), élu d'Ascalon, évêque de Babylone, 1456, 1606, 1610, 1983, 2675, 2787, 3009, 3222***, 3309, 3317, 3339, 3626–3803, 3923, 3933, 3934, 3953, 3978, 4006, 4030, 4032, 4044, 4053, 4083, 4092, 4093, 4136, 4137, 4146, 4149, 4151, 4774, 4998, 5649, 5815, 5907, 6514, 6899, 7023/24

– acte de protestation, 3690, 3766

– actes de suspension, 3627

– actes d'appel, 3715, 3757, 3758

– catalogue de la vente de ses livres, 4044

– famille, 3260, 3309, 3745, 4006, 4030–4032

– lettres envoyées et reçues, 3795

– lettres d'ordination, copies, 3626

– lettres d'ordination, minutes, 3750

– mémoire pour, 4149

– mémoire sur, 3333, 3694

– minutes de pièces, 3750–3768*

– mort de, 3953, 4093

– passeport, 3626

– réputation, 3756

– secrétaire de, 3804

– succession, 3012, 4006, 4032, 4044

– testament, 3629, 3631

– voyage en Perse, 3626, 3694

Varlet, Marie-Anne, sœur de Mgr Varlet, femme d'Antoine Olivier, 3309, 3745, 4031

Varlet, Pierre, neveu de Mgr Varlet, 3309, 4031, 4032

Varlet, mère de Mgr, 3745

Varoux, Antoine, à Malines, 4033

Varrentrap et Werner, à Francfort, 3583

Vaslet, curé de Linières (diocèse de Blois), 4308, 5650

Vasquez, Francisco Xavier, général des augustins à Rome, 1728, 2556

Vatbois, voir: Le Moussu

Vauban, 1233*

Vaubécourt, voir: Haussonville

Vaubreuil, voir: Petitpied de Vaubreuil

Vaucocourt, M. Ch. A. de, curé de Magny-Lessart, 6201, 7065

Vaugirauld, Jean de, évêque d'Angers, 5928, 7066

Vaujoye, voir: Poulain

Vaury, François, maître d'école à Chilly, 1823

Vaury, Monsieur, de la communauté de Saint-Jacques du Haut-Pas, à Paris, 1824
Vaux, Jacques de, bénédictin de Vaucler, 1949, 3220, 3924
Vaux, de, voir: Fontpertuis
Vecchi, de, voir: De Vecchi
Vegeat, Vincent-Joseph, prêtre à Paris, 5651
Vence, P. de, oratorien, à Saint-Magloire, à Paris et à Vendôme, 1825, 4072, 4545, 5652, 6900, 7023/24, 7067–7077
Vendôme, duc de, 30
Vendrin, 4239, 4242
Vénier, Bonaventura, à San Giorgio Maggiore (Venezia), 2558, 3585
Véniez Ménilles, Madame de, à Bourneuf, 1482, 1795
Véniez Ménilles, Mademoiselle de, à Paris, 918, 3056, 3096, 3114
Veny, Madame de, bénédictine aux Trenelles, 7023/24
Verbeek, M., 3392
Vercour & Co., M. J., à Liège, 3586
Verdelle, Dom. Étienne, prieur de l'abbaye du Mas de Verdun, 2701*, 7149
Verdier, oratorien à Pézenas, 6387, 6797
Verdier, à la Motte, 1284
Verdrel, voir: Tristan
Verfeuil de la Tour de Gouvernet, le baron de, à Uzès, 5654
Verheul, Corneille, curé des orphelins, à Amsterdam, 3931
Verheul, Godfried, curé à Helder, 3746, 3933
Verhulst, Ph. L., à Louvain et Amersfoort, 1183, 1457, 1607, 2005, 2829, 3265, 3282, 3318, 3339, 3925, 3930, 3931, 3933, 3934, 4034, 4083, 4092, 4147, 5655
Verie, François, maçon à Bessé (diocèse du Mans), 5749
Vérignon, voir: Blacas
Verlhac, de, religieuse de Sainte-Claire, à Toulouse, 6886, 7023/24 (Verthat)
Vermeille, J. F., chapelain de la Sainte-Chapelle de Vincennes, 5656
Vermeulen, J., à Leyde, 3010
Vermoise, voir: Cinelle
Vernay, Simeon de, bénédictin à Jumièges proche Rouen, 5657
Verne, P., oratorien à Vendôme, 1272, 5658
Vernesson, sœur Christine, bénédictine de Saint-Maur, 3926
Verneulie, oratorien à Vendôme, 5659
Verniel, Jac., 320

Verninac, Dom Jean, bénédictin de l'abbaye d'Ivry, à Paris, 3144, 3902, 3927, 4391, 4431, 4432, 5660, 5927, 6776
Vernon, voir: Ménilles Vernon
Veron Fourmondière, Madame, à Laval, 3587
Verschuyl née Gelders, Madame, directrice des postes à Maeseyck, 3588
Verset, 2189
Versia, diacre du diocèse de Toulon, 5661
Verson, Nicolas de, chartreux à Val Profonde et à Bourbon lez Gaillon, 4474, 5908
Vert, Claude de, bénédictin de Cluny, 432, 447
Verteuil, de, voir: La Croix, de
Verthamon, Jean-Baptiste de, évêque de Pamiers, 3010*, 4775, 5662, 5715, 6119, 6125
Verthamon, Pierre de, provincial des jésuites de France, 918
Verthamon de Chalucet, Isaac-Jacques de, évêque de Conserans, 3934, 5663
Verthamon de Chavagnac, Samuel-Guillaume de, évêque de Luçon, 6291, 7130
Vertrieu de la Poype, Jean-Claude de, évêque de Poitiers, 919, 1490, 3098, 3110, 3200, 5138
Vertua, Giambattista, de Soresina, 4204, 4205
Vertus, Anne-Marie de Jésus de, 485
Vertus, Mademoiselle de(s), (X. de Bretagne), 14, 16, 265, 328, 343, 498, 815, 878, 883, 1512, 1608, 3050, 3053, 3055, 3057, 3110**, 3111, 3220, 4283, 4284, 5942
Verwey veuve Mertens, R., 2559, 3247. Voir aussi: Mertens
Verzeau Dusolon, diacre à Paris, 4930
Vet, Mgr Guillaume, évêque de Deventer, 4184, 4221, 4231, 4242
Veylouva, Benedetto, chanoine d'Asti, 4229
Viaixnes, Thierry de, (Benoît), 933, 1250, 1253, 1421, 1559, 1610, 1621, 1626, 1789, 1796, 1921, 1972, 1984, 2006, 3014, 3224, 3228, 3339, 3747, 3794, 3804–3934, 3846, 4035, 4409, 5927, 6104, 6190, 6273
– minutes et copies, 3931–3934
– prison et exil, 3931
– remarques touchant le fameux mémoire, 4049
– neveu, 3890, 3931
– frère, 3931
Vialart, Félix, évêque de Châlons-sur-Marne, 15, 128, 559*, 774, 776, 851, 884–886, 918, 1067, 1184, 1683, 3060, 3175, 3220, 4275
– vie, 8
Viard, Monsieur, avocat, 2318

Wlokka, M., doyen et commissaire de l'archevêque d'Olmütz, 2584
Wolf, Nicolaus de, curé à Schiedam, 2654
Wolfenbuttel, voir: Brunsvic-Wolfenbuttel
Wors, Cornelis, à Amsterdam, 4042
Würdtwein, S. A., official de Mayence, 2585
Wijnants, A. C. de, chanoine, 4056
Wijtmans, Willibrord, à La Haye, 4043

Xaintonge, voir: Quéras de Xaintonge

Yardin, Benoît, prêtre du diocèse de Châlons-sur-Marne, 5676, 6787
Yardin, N., prêtre à Paris, 6910
Yon Tchin, empereur de Chine, sa nouvelle promulgation, 1997
York, M., ambassadeur d'Angleterre, à La Haye, 3435
Yse de Saléon, voir: Saléon

Zacharie, frère, carme dechaussé de Nevers, 1816

Zaguri, Pietro, à Venise et Padoue, 2586
Zegers, J., 1470
Zele, comte du, 5493
Zeller, Henri-Joseph van, à Utrecht, 2587, 2588
Zeller, J. van, à Paris, 2589
Zeller, L. van, curé à Utrecht, 1709, 2082, 2344, 2439, 2502, 2590, 3601
Zeller, L. M. van, douairière Wittert, à Leyde, 3534
Zeller, M. van, à Rotterdam, 2272
Zeller, Theodore van, à Rotterdam, 2591, 2927, 3464, 3602. Voir aussi: Henckell
Zeller, Theodore van, junior, à Rotterdam, 2588
Zetty, A., 258
Zeyst, voir: Nassau Zeyst
Zola, Guiseppe, à Pavie, 2592, 3603
Zorzi, Pietro Antonio, évêque de Ceneda, depuis archevêque d'Udine, 3541, 3612, 3617

INDEX II

Noms de lieux

Aalsmeer (diocèse de Haarlem), curé à, 5641.

Abbeville (diocèse d'Amiens), chanoines d', 5278, 5329.

– chanoine de Saint-Vulfran d', 4296.

– chapelain d', 4296.

– prieur de la chartreuse de Saint-Honoré d', 4482.

– cordelière d', 4497.

– doyen de l'église d', 5593.

– religieuse à, 7023/24 (Hecquet).

Adramite, évêque d', 287, 422, 1554.

Agde, curé de Saint-André à, 4533.

– évêché d', 4291, 4392, 4533, 6343.

– évêque d', 15, 597, 4273, 5241, 6248, 6635, 7023/24 (La Chastre).

– oratorien à, 4533, 4828.

– prêtre et bénéficier de l'église d', 4291, 7023/24 (Aubenque).

– théologal d', 1086, 3221, 3933, 5365, 6108, 6151–6154, 6305, 6973.

– vicaire à, 4921.

– miracles opérés dans l'église de Saint-André à, 5926.

– clerc du diocèse d', 4317, 4830.

Agen, évêque d', 5192, 5944.

– prêtre du diocèse d', 4872, 5380.

Aire, évêché d', 4393.

– évêque d', 4393, 7150.

Aix-en-Provence, archevêché d', 4292, 4498, 4534, 4559.

– archevêque d', 4270, 4593, 4606, 6506, 6915.

– chapelain de Saint-Sauveur à, 4608–4660.

– clerc du diocèse d', 4830.

– curé de Saint-Sauveur à, 4580, 4593–4607, 4610, 4617, 7023/24 (Audibert).

– prêtre de la Doctrine Chrétienne à, 4498.

– dominicain à, 1658.

– oratorien à, 3221, 4534.

– prêtre à, 995, 1043, 4632, 6623, 6951.

– supérieur du séminaire d', 6682.

– ursuline à, 4559.

– vicaire perpétuel de l'église métropolitaine d', 4593.

– vicaires généraux d', 4593.

– avocat à, 5803, 6504, 6934.

– avocat du roi au siège d', 7004.

– intendant à, 6755.

– marchand à, 4612, 6130.

– commissaires du Parlement d', 6396.

– conseiller au Parlement d', 4580–4588, 4822, 6843, 6978.

– un magistrat du Parlement d', 7038.

– premier président du Parlement d', 6353, 6670, 6912.

– procureur général à, 6373.

– prêtres du diocèse d', 4292.

Alais, chanoine d', 2525, 6541, 7023/24 (Du Pin).

– chanoine et vicaire général d', 2539, 6051.

– évêché d', 4293.

– évêque d', 1330, 2058, 2101, 2149, 2358, 5512, 5819, 6051, 6055.

Albano, évêque d', 4803.

Albi, archevêché d', 4294.

– archevêque d', 4940.

– prêtre d', 5515.

Alet, archidiacre d', 4295.

– chanoines d', 834, 4278, 4295, 4813, 5500.

– évêché d', 4295.

– évêque d', 8, 14, 23, 31, 32*, 142, 329, 344, 359, 381, 429, 569, 603, 823–852, 863, 918, 1201, 1321, 3051, 3060, 4263–4278, 4281, 4286, 4683, 5609.

– promoteur d', 834, 847, 3051, 4278.

– supérieur du séminaire à, 1048.

Allemagne, Églises d', 5710, 6226.

– jésuites en, 2663.

Allery (diocèse d'Amiens), curé d', 4296, 5193.
– vicaire d', 4296.
Allons, prieur d', 6913.
– consuls d', 6912.
Alnay, curé d', 6564, 7023/24 (Flocque).
Ambronay (route de Genève), bénédictins à, 4424, 6601, 7023/24 (Guérin).
– ancien prieur de, 4431.
Ameland, 1933, 1991, 3980. Voir aussi: S. Hoffreumont (index I).
Amérique, les tribus de Naphtali et Zabulon retrouvés en, 7147.
Amersfoort, bibliothèque, 2666*, 3610.
– bourses pour le collège, 3392, 4008.
– éducation dans le collège, 2076, 4123.
– résolution du chapitre d'Utrecht touchant le collège, 4047.
– convict, 4093.
– curé à, 3433, 4225, 5641.
– dotation pour, 2613.
– prémontré à, 3494.
– professeur à, 4212.
– séminaire, 3661, 3747.
– président du séminaire à, 1713, 1839, 2026, 2076, 2159, 2207, 2479, 3236, 3430, 3432, 3435, 3441, 3494, 4062.
– succession de M. Rollin, donnée au président, 4062.
– sous-préfèt, 3408.
– théologiens d', 4092.
– vacature, 2115.
Amiens, bailli d', 2309.
– évêché d', 4296, 4394, 4497, 4523, 5971.
– évêque d', 589, 1383, 3060, 5971.
– prêtre d', 1670–1678, 2823, 2995, 3195, 3313, 4024.
– supérieure de Saint-Julien d', 223, 694.
– monastère de la Visitation à, 669.
Amsterdam, banquiers à, 1421.
– bourse à, 1421.
– chirurgien à, 6275.
– consul de Portugal à, 2133, 2240.
– curés à, 289, 2030, 2359, 3531, 3665, 5641, 6190.
– signatures des curés d', 3665.
– gazette d', 2133, 7093.
– marchand à, 1960.
– ministre de l'Église Wallone à, 983.
– miracle de A. L. Stouthandel à, 4076*, 4840.
– maison des orphelins masculins, 2291.
Ancey, dame d', à Dijon, 5408, 6753.

Andely, Petit (diocèse de Rouen), curé de Saint-Sauveur du, 4352, 6400.
– clerc tonsuré au, 4356, 6681.
– maître d'école au, 4356.
Angers, prieur des augustins d', 5042, 7023/24 (Drouhet).
– bénédictins à, 5144, 5293, 5306, 5611, 6216.
– chanoine régulier à, 598.
– chapelain de l'église cathédrale d', 5396.
– curé d', 3082.
– évêché d', 4297, 4366, 4395, 4535, 4560.
– évêque d', 14, 15, 55, 257, 322, 324–330, 443, 630, 717, 825, 852, 884, 917, 918, 3043, 3057, 3209, 4252, 4277, 4282, 5928, 7066.
– lettres d', 1092.
– oratoriens à, 4535, 5203, 5524.
– monastère de la Visitation á, 81, 648.
Voir aussi: Saint-Aubin, Saint-Nicolas, Saint-Serge.
Angles (diocèse de Senez), paroisse d', 4608.
Angleterre, ambassadeur d' – à La Haye, 3435.
– capucin apostasié en, 5208.
– évêques français réfugiés en, 4195.
– ordinations, 3647, 4077*.
– roi d', 3068, 5771, 5927.
– état de l'Église en, 2623, 3700.
Angoulême, chanoine-théologal d', 4298, 4346, 5126, 6380.
– chantre de l'église d', 5150, 5373, 7049, 7050.
– évêché d', 4298, 4367, 4396, 6380.
– évêque d', 1379*, 4652, 4759, 6116.
– lettre d', 4652.
Voir aussi: La Couronne.
Aniane (diocèse de Montpellier), curé à, 4340, 5666.
Anjou, voir: Bourgueil.
Annecy, monastère de la Visitation d', 64, 4722.
Anvers, chanoine d', 1646.
Apoigny (diocèse d'Auxerre), curé d', 5528.
Aquila, évêque d', 3525.
Aragon, provicaire des augustins d', 2394.
Aranjuez, lettres d', 2207.
Arcadie, évêque d', 2603.
Ardilliers, église de Notre-Dame des, 5777.
Argens, consuls d', 7023/24.
Argensol, abbesse d', 3211.
Argenteuil, fidèles d', 4189.
– prêtre du diocèse de Boulogne à, 5579.
Arles, archevêché d', 4397.
– archevêque d', 6915.

– oratorien à, 6446.
– guérison miraculeuse à, 5767.
– sacristain d', 975, 3220.
Voir aussi: Montmajour lez Arles.
Arménie, séjour en, 3687. Voir aussi: Joannes Arménien.
Arras, miracles opérés au Calvaire du rempart d', 5782.
– évêché d', 4299, 6391.
– évêque d', 919, 971*, 1380, 3014, 3933.
– prêtres du diocèse d', 4299.
Artenay (diocèse d'Orléans), prieur-curé d', 4470.
Arthé près Auxerre, chapelain d', 2105, 4616.
Arthel (diocèse de Nevers), curé d', 4932.
Arthès, curé de Saint-Pierre d', 4294.
Ascalon, élu d', voir: D. M. Varlet.
Asnières, curé d', 4999, 5232, 6888.
Aspahan, (Hispahan, Ispahan), évêque d', 3627, 3672, 3676, 3753.
– supérieur des carmes à, 3753.
Aspres, curé d', 3066 (Dubois).
Asq, curé d', 940.
Assas, archiprêtre d', 4340.
Asti, chanoine d', 4229.
– évêque d', 2066, 2106, 2630.
Athènes, archevêque d', 1485.
Auberville (diocèse de Lisieux), curé d', 6306.
Aubervilliers, oratorien à, 7023/24 (Brochant).
Auch, évêque d', 2624*.
Auge (diocèse de Lisieux), voir: Saint-Hymer.
Aurous, voir: Saint-Aunez d'Aurous.
Auteuil, docteur en médicine à, 5143, 6578.
– guérison miraculeuse à, 5758.
Autriche, empereur d', 2344, 2476, 2524, 3931, 3933, 3934.
– impératrice d', 7121.
– prince Charles d', 7121.
– Anna d', 31.
Voir aussi: Vienne.
Autun, bénédictins de l'abbaye de Saint-Martin à, 4398, 4836.
– bénédictine à, 7023/24 (Banier).
– évêché d', 4300, 4368, 4398, 4472, 4483.
– évêque d', 1419, 1449, 1452, 1475, 1479, 1480, 5105.
Auvergne, présidial d', 5946.
– lieutenant de gendarmerie à, 7034.
Auxerre, acolyte d', 6595, 7023/24 (Grognard, Sossy).
– archiprêtre d', 4662, 5274.
– benedictins de l'abbaye de Saint-Germain à, 3864, 4838, 5010, 5550.

– chanoines d', 1089, 1287, 1494, 1816, 2348, 2975, 3189, 3688, 3694, 4111, 4301, 4662, 4740, 4753, 4757, 5274, 7023/24 (Baudouin, Pelart).
– chanoine-trésorier d', 1708–1731.
– collège d', 4782.
– dominicain à, 4508.
– évêché d', 4301, 4399, 4473, 4508, 6382.
– évêque d', 32**, 520, 1001, 1265–1271, 1316, 2508, 2719, 2778, 2908, 3014, 3130, 3204, 3262, 3272, 3275, 3384**, 3649, 3933, 3953, 4083, 4092, 4093, 4136, 4582, 4618, 4641, 4652, 4662, 4669, 4691, 4715, 4736–4783, 4785, 4808, 4946, 5231, 5730, 5731, 5867, 5910, 5926, 6010, 6053, 6135, 6136, 6218, 6241, 6293, 6322, 6478, 7023/24 (Caylus).
– remonstrances des jésuites à Mgr d', 4093
– lettre d', 3623*.
– pénitencier de l'église d', 4897, 6458.
– prêtre d', 2740, 6410, 6595, 7023/24 (Du Courtil, Grognard).
– trésorier d', 1708–1731, 5416.
– chanoines réguliers du diocèse d', 5585.
– curés à, du diocèse d', 1271, 1689, 1888, 2207, 5231.
– curés et ecclésiastiques du diocèse d', 4736.
– ecclésiastiques et laïcs du diocèse d', 6410, 6411, 7023/24 (Du Courtil, Goujon).
– paroisse du diocèse d', 6411.
– synode diocesain d', 4781.
Auxon, ancien curé d', 2468.
Avallon (diocèse d'Autun), chanoine de l'église de Saint-Lazare d', 5105.
– chanoine d', 4300, 4999.
– chapitre d', 5105.
– lieutenant criminel au baillage à, 6698.
Avenay (diocèse de Reims), chanoine de l'abbaye royale d', 5606.
– chanoine appellant d', 5776.
– guérison miraculeuse à, 5776.
Avignon, archevêque d', 6585.
– prêtre de la Doctrine Chrétienne à, 5702.
– oratorien à, 5229.
– théologal d', 1543.
– vice-légat d', 5174.
– supérieure de la Visitation à, 406.
Avranches, évêché d', 4302, 4400.
– prêtre du diocèse d', 6183.
Avroy, célestines d', 1055.
– prieure d', 1187.
Ax, d', voir: Dax.

Babylone, coadjuteur de, 3626.
– évêque de, 1456, 1606, 1610, 1983, 2675, 2787, 3009, 3317, 3626–3803, 3923, 3953, 3978, 4006, 4030, 4032, 4044, 4053, 4093, 4136, 4137, 4146, 4149, 4151, 4774, 4998, 5649, 5815, 5907, 6514, 6899, 7023/24 (Varlet).
– journal de voyage vers, 3753.
Baillargues (diocèse de Montpellier), curé de, 4340, 4925, 4964, 5398, 6387.
– miracle à, 5927.
– prêtre secondaire à, 7080.
Baincthun (diocèse de Boulogne), curé de, 5271, 5599.
Bâle, 7085.
– évêché de, 4303.
Bar-sur-Seine, conseiller honoraire au bailliage de, 7023/24 (Coqueley).
Barbeyrargues, prieur-curé de Saint-Vincent de, 4340.
Barcelone, évêque de, 2128, 2214.
Barrême, paroisse de, 6349.
– prieur-curé de, 6349, 6555, 7023/24 (Barrême, Fabre).
– secondaire de la paroisse de, 6349.
– consuls de, 6416, 6737, 7023/24 (Barrême, Michel).
– hameau de Giraudon, paroisse de, 6349.
Bassac, bénédictins de l'abbaye de Saint-Étienne de, 4438.
Basseville (diocèse d'Auxerre), chartreux à, 4473, 4478, 4791, 5513.
Bastille, 871–872, 4168, 4171, 5848, 5853–5856, 5909.
Bas-Vendômois, camaldules du, 4458.
Batavia, ancien échevin de, 2145.
– Jacob van der Beck à, 1997.
– S. Bosset à, 1907, 1921.
– F. de Coninck à, 1912.
– Jacob van Loo à, 1950.
Bayeux, bénédictin de Saint-Vigor à, 6102–6103, 6638.
– prieur du monastère bénédictin de Saint-Vigor à, 4401.
– capucin de, 4460, 5632.
– curé de Saint-Ouen au château de, 920, 4304, 4346, 4661.
– évêché de, 4304, 4369, 4401, 4460.
– évêque de, 813*, 1370, 1373, 1473, 3066, 4248, 4661, 4717, 4776, 5340, 5731, 6114, 6141–6143.
– vicaire général de, 4248.
– prêtres du diocèse de, 4304, 4978, 4997,

5058, 5320.
Bayonne, chanoine de l'église du Saint-Esprit près, 4305, 5124, 6523.
– évêché de, 4305.
– évêque de, 1228, 5046.
– avocat au Parlement de Guyenne à, 5029.
Bazanne, curé de, 2213.
Bazas, évêché de, 4402.
– évêque de, 46, 542, 3060.
Beauce, voir : Bonneval, Louie, Terminiers.
Beaugency, chanoine régulier de l'abbaye de Notre-Dame de, 6610, 7023/24 (Hautefeuille).
Beaune, sœur carmélite à, 5927.
– chanoine de, 1479, 4537, 5235.
– La chartreuse de, 4141.
– ancien prieur de la chartreuse de, 4480.
– chartreux de, 4483, 4849.
– recteur d'école à, 1738.
– oratorien à, 4537.
Beaupré en Lorraine (diocèse de Toul), abbé de, 3934, 4493.
– sous-prieur de, 1838, 3804.
– cisterciens à, 4493, 5183.
Beaurieux (diocèse de Laon), curé de, 5300, 6386.
Beauvais, acolyte de, 5595.
– archidiacre de, 918, 985.
– capucin de, 4461.
– chanoines de, 282, 484, 573, 777, 873, 3060, 4306, 4917.
– clerc tonsuré de, 2759, 5635.
– curé de, 1022, 1088, 3221, 4852, 5185, 6422.
– évêché de, 4306, 4369, 4461, 4564.
– évêque de, 8, 11, 84, 222, 329, 453, 484, 526, 595, 777, 827, 852, 886, 1158, 3057, 3216, 4266, 4277, 5220.
– grand vicaire de, 873.
– religieuses du monastère de Sainte-Ursule de, 6423, 7023/24 (Beauvais).
– ursuline de – exilée à Clermont, 7023/24 (Sainte-Colombe).
– avocat à, 7023/24 (Mouchy).
– receveur des tailles à, 4815, 6398, 7023/24 (Allon).
– chanoines et curés du diocèse de, 4852.
– curés et chanoines du diocèse de, 6422.
– prêtre du diocèse de, 4306, 5102.
Voir aussi : Saint-Quentin lez Beauvais.
Beauvoire-sur-Mer, sous-prieur du couvent dominicain de, 4510.
Beauvoisis, voir : Clermont.

Belgique (Belgium), de origine et progressu Formularii Alexandrini in, 4257.
– index librorum prohibitorum, 2628.
– lettre papale aux évêques de, 3394.
– secrétaire d'état, 928.
– amicus Belga, 7092.
Belle-Chasse, chanoinesse de, 6617.
Bellefond, abbaye de, 264.
– maréchal de, 776, 863, 3068, 3202.
Belley, évêque de, 7132.
Berlicum, chapelain de, 3616.
Bernay en Normandie (diocèse de Lisieux), prieur de, 4401.
– sous-prieur bénédictin à, 6689, 7023/24 (Rely).
– religieuses du monastère de Saint-François de, 7023/24 (Bernay).
– superieure du monastère de Saint-François de, 6543, 7023/24 (Duranville).
Berry, voir: Celles, Valençay.
Berthecourt, curé de, 5146.
Besançon, chanoine de, 1169.
– oratorien à, 1091.
– prêtre du diocèse de, 5095.
Bessé (diocèse du Mans), prieur des camaldules de, 4458.
– guérison miraculeuse à, 5749.
Bethléem, évêque de, 5927.
Béziers, clerc tonsuré à, 5491.
– curé à, 4886.
– évêché de, 4307, 4403.
– professeur au séminaire de, 7115.
Billé près Fougères (diocèse de Rennes), chanoine régulier de, 4383.
Bire, voir: Lezanne.
Blainville (diocèse de Bayeux), curé de, 4304, 4859.
Blasimont, abbé de, 3011.
Blérancourt (diocèse de Soissons), feuillants à, 4519.
Blesneau (diocèse d'Auxerre), curé de, 5388, 6385.
Blieux, consuls de, 7023/24.
Blois, bénédictin à, 4404, 6065.
– capucin à, 1034.
– chanoines réguliers à, 4371, 5487.
– évêché de, 4308, 4371, 4404.
– évêque de, 4748, 4766, 5305, 6076, 7033.
– évêque constitutionnel de, 3441, 3458, 4215, 4229, 4233, 4236.
– religieuse à, 6903, 7023/24.
– ursulines à, 615, 623, 710.
– prêtre du diocèse de, 4308, 6773, 7023/24

(Olivier, Sainson).
Voir aussi: Chitenay, Cormerai.
Bocherville, (diocèse de Rouen), bénédictins de l'abbaye de Saint-Georges à, 4437, 5837.
Boisemont (diocèse de Rouen), curé-prieur de, 5076.
Boissy (diocèse de Rouen), curé de, 4321, 5669.
Bonn, chanoine à, 2135, 3426.
– professeur de théologie à, 3560.
Bonneval en Beauce, bénédictins de l'abbaye de, 4443, 4937, 5545.
Bordeaux, archevêché de, 4309, 4405, 4565.
– archevêque de, 4719, 5027.
– curé de Saint-André à, 4309, 6448.
– curé de Saint-Rémy à, 2232, 2782, 6575, 7023/24 (Gasse).
– ecclésiastiques, religieux et fidèles de, 6448.
– feuillants à, 6447, 7023/24 (Gramagnac).
– fidèles à la Vérité à, 7023/24 (Bordeaux, La Chaize).
– oratoriens à, 2785, 3146, 3153, 3204, 3956, 7023/24 (Geoffret de la Caze).
– avocat au Parlement à, 6876, 7023/24 (Thibault).
Voir aussi: La Sauve.
Boulancourt, abbé de, 1691.
Boulogne (-sur-Mer), annonciades de, 6124.
– chanoine de, 1044.
– chapitre de, 1386.
– curé à, 1429, 3865.
– évêché de, 4310, 4406, 4536.
– évêque de, 570, 1064, 1241, 1250, 1283, 1298, 1367–1391, 1393, 1553, 1663, 1674, 1701, 1792, 2028, 2814, 2875, 3079, 3085, 3228, 3867, 3911, 3931, 3933, 4073, 4310, 4686, 4702, 5258, 5596, 5714–5518, 5720–5727, 6013, 6109–6125, 6497, 6932, 6959, 7106, 7148.
– officialité de, 6109.
– oratorien à, 1004, 4536.
– grands vicaires de, 1037, 1093, 1252, 1302, 1392–1396, 1433, 1499, 1559, 1676, 2852, 3090, 5134, 6009–6048, 6123, 6125.
– clerc du diocèse de, 4841.
– curés du diocèse de, 4686, 4894, 4967.
– prêtres du diocèse de, 5416, 5579, 5634.
Bourbon lez Gaillon (diocèse d'Évreux), la chartreuse de, 4474, 4484, 4488, 5013, 6272.
Bourbon, chanoinesses régulières de, 1072.
Bourg Argental (diocèse de Vienne), ursuline à, 5772.
– guérison miraculeuse à, 5772.

Bourg-des-Comptes, chanoine régulier au, 7023/24 (Duliepvre).

Bourges, archevêché de, 4407, 4511, 4537.

– archevêque de, 1559, 5687, 6582, 6953.

– bénédictins à, 5254, 5361, 6717, 7023/24 (Mallet).

– oratorien à, 2976, 5928.

– prêtre et ex-curé du diocèse de, 5064.

Bourgfontaine, assemblée prétendue de, 322.

– chartreux de, 4483, 4490, 5603, 5604.

Bourg-la-Reine (diocèse de Paris), curé de, 5556.

Bourgogne, bénédictin de Saint-Maur, 3934.

– intendant de – à Dijon, 1419.

– procureur général du Parlement de, 1476, 1477.

Voir aussi: Moutiers-Saint-Jean, Noyers.

Bourg-Saint-Andéol (diocèse de Viviers), barnabite à, 4390.

Bourgueil en Anjou, bénédictin de l'abbaye de, 4395, 6572.

– prieur de, 6049.

Bourneuf, 1332, 3100, 3108, 3110**, 3366.

– bibliothèque de, 3086.

Bouttencourt (diocèse de Rouen), curé de, 5494.

Bouy (diocèse de Troyes), curé de, 4362.

Brabant, Conseil de, 948, 1237, 1642, 4177.

– Confutatio scriptionis Brabantinae circa usuram, 4081.

– nouvelles de, 3934.

Brains (diocèse de Nantes), curé de, 4341.

Bray, (diocèse de Bayeux), curé de, 6858, 7023/24 (Segouin).

– prieur de, 500, 581–583.

Bray-sur-Seine (diocèse de Sens), chanoine et trésorier de, 4356.

Bresles (diocèse de Beauvais), prieur-curé de, 4370.

Bretagne, lettre de, 3375.

– Parlement de, 5853, 6628, 7090.

– procureur général du Parlement de, 2937, 5853, 6628, 7023/24 (La Bédoyère), 7090.

Voir aussi: Reguigny, Rennes.

Breteuil (diocèse d'Évreux), prêtre de, 4321.

Breteuil en Picardie, abbaye de Notre-Dame de, 5982.

Brie, voir: Saint-Fiacre.

Brielle (diocèse d'Utrecht), curé à, 5641.

Brignolle en Provence, prêtres de, 4292, 5199.

Briis (diocèse de Paris), chapelain de, 6188.

Brion, receveur des tailles à, 7023/24 (Tartel).

Brive (diocèse de Limoges), prêtres de la Doctrine Chrétienne à, 4501, 5237.

Brixen, évêque de, 2074, 2524, 3619.

Brugairolles (diocèse de Narbonne), curé de, 4342, 5671.

Brünn, séminaire à, 2076.

– professeur à, 2459, 2516.

Bruxelles, chanoine de Sainte-Gudule à, 6117, 6292.

– prieur de la chartreuse de, 3934.

– curé à, 1646, 6273.

– fille dévote à, 6095.

– internonce, nonce à, 1312, 1522, 1599, 1600, 1660, 2640, 3933, 3934.

– oratorien à, 322, 663.

– censor regius à, 2136.

– président du conseil d'état à, 1814.

– président du conseil privé à, 1723, 2280, 2437.

– directeur, inspecteur des postes à, 1428, 1637, 3455, 3496.

– trésorier à, 1610.

Buglose (diocèse de Dax), ancien curé de, 4318.

Cadillac, prêtre de la Doctrine Chrétienne à, 4249.

Caen, bénédictins de l'abbaye de Saint-Étienne de, 5872.

– chanoine du Saint-Sépulchre à, 4999.

– curé de Saint-Sauveur à, 5093.

– écrit de, 6065.

– oratorien à, 4272.

– ancien professeur en théologie de l'université de, 5045.

Cahors, diacre de, 2310.

– évêché de, 4311.

– prêtre du diocèse de, 4311, 5238.

Cailly, doyen de, 4352, 5384.

Calais, jubilé à, 1389.

Cambrai, archevêché de, 4312.

– archevêque de, 862, 918, 933, 1202, 3752, 3934, 5684, 6939, 7055.

– évêque de, 4247.

– official de, 1002.

Canada, mission de, 3678, 3737, 3738.

– intendant de, 3637.

– journal de, 4128.

Candes (diocèse de Tours), chanoine de Saint-Martin à, 4361, 6298.

Cantorbéry, archevêque de, 579.

Capbreton (diocèse de Dax), prêtres à, 4839, 6413, 7023/24 (Balanqué).

Carcassonne, chanoine de, 5179.
- dominicain à, 6769, 7023/24 (Noailles).
- évêché de, 4408.
- évêque de, 2058, 5897.
- prêtre de, 2512.
- sénéchal et magistrat présidial de, 6648.
Voir aussi: Montolieu.
Cartagène, évêque de, 2114.
Carvin-Épinoy (diocèse de Tournai), pasteur de, 4360.
- ancien vicaire de, 4360, 6393.
Casillac (diocèse de Montpellier), curé à, 4340, 5831.
Castellane, église paroissiale de, 6341.
- hôpital de, 4646, 6329, 6474, 7023/24.
- paroisse de Saint-Victor de, 4608.
- prêtres à, 4581, 5131, 5255, 6089.
- prêtre secondaire à, 4585.
- prieur-curé de, 4721, 6359.
- religieuses de - exilées à Grasse, 6927.
- monastère de la Visitation à, 4721–4734, 6913.
- conseil du monastère de la Visitation à, 4726.
- économe du monastère de la Visitation à, 4727.
- religieuses de la Visitation à, 3222***, 4612, 4721–4734, 4939, 6246, 6359, 6438, 6475, 6515, 6913, 7023/24 (Blacas).
- supérieure du monastère de la Visitation à, 4722, 4724, 4725, 4732, 4733.
- vice-supérieure du monastère de la Visitation à, 4731.
- avocat à, 7023/24 (Bernard, Simon).
- écolières de, 4641.
- greffe criminel de, 4721.
- intendant de, 6912.
- lieutenant civil et criminel de, 6354, 6763.
- lieutenant-général de, 6912.
- médecin à, 7023/24 (Blanc).
- notaire royal à, 6331, 7023/24 (Gras).
- conseiller et secrétaire du roi à, 7081.
- ville de, 6341, 6344.
Castelnaudary, prêtre de la Doctrine Chrétienne à, 4504, 4922.
- prêtre prébendié de Saint-Michel de, 4339.
- religieuses de, 6476, 7023/24.
Castorie, évêque de, 32*, 32**, 306, 1148, 1198, 1227, 1232, 1583, 1635, 2151, 2654*, 2655, 3717, 4261, 6137.
- Amor Poenitens, 1198.
- épitaphe, 1512.
Castres, évêque de, 824, 850, 2687*, 3188,

3222**, 5512, 5729, 6115, 6169, 6200, 6818, 7088.
- collège des jésuites à, 7089.
- religieuse à, 6845, 7023/24 (Saint-Palais).
Caunes (diocèse de Narbonne), bénédictins à, 4429, 5100.
Caux, officier du pays de, 6142.
Ceaucé, collège de, 3052.
Celleneuve (diocèse de Montpellier), curé de, 4340, 4797.
Celles en Berry, feuillants à l'abbaye de, 4511, 5762.
Ceneda, évêque de, 3541, 3612, 3617.
Cérisy (diocèse de Bayeux), bénédictin de l'abbaye de, 4401, 5382.
Cernay, voir: Vaux.
Césarée, archevêque de, 1525.
Cesy (diocèse de Sens), prieur-curé de, 4356.
- vicaire à, 5316.
Cette, prêtre à, 6516.
Chablis (diocèse de Langres), chanoine de, 4325, 4999, 7023/24 (Grillot).
Chaillot lez Paris, curé de, 5332.
Chalais en Poitou, prieur de Notre-Dame de, 2004, 2707*, 2783, 2837, 3143, 3144, 3297*, 3703, 3974, 4131–4136, 4139, 5069, 6577, 7023/24.
Chalon-sur-Saône, bénédictins à, 4410, 5349.
- évêché de, 4410.
- évêque de, 393, 1952.
Châlons-sur-Marne, bénédictines de, 3852, 4452.
- chanoines de, 5207, 6290.
- ancien curé de, 1704.
- doyen à, 3840.
- évêché de, 4313, 4372, 4409, 4452.
- évêque de, 8, 15, 128, 212, 559*, 714, 774, 776, 851, 884–886*, 918, 1067, 1161, 1184, 1377, 1683, 2299, 2476, 2853, 3060, 3220, 3933, 4275, 4717, 4784, 5430, 5692, 6180.
- monastère de Saint-Pierre à, 3833.
- sacristain de Saint-Étienne à, 1768–1789.
- ursulines à, 4784.
- curés du diocèse de, 5638.
- prêtre du diocèse de, 5676.
Chambon (diocèse de Sens), abbé de, 1481–1493, 2968, 3089, 3096, 3114, 3186, 4285, 4340, 5107, 5496, 5695, 5955.
- curé de, 4298, 5032, 7023/24 (Digard).
- prieur de, 2955.
Champagne dans la Maine, sous-prieur de l'abbaye cistercienne de, 4899.

Champoulet (diocèse d'Auxerre), curé de, 5077.

Champs, curé de, voir: Vaux et Champs.

Chanet (diocèse de Mâcon), curé de, 4092, 4334, 5348, 6386, 6918, 7023/24 (Aubret).

Chanteuges, bénédictin à, 6068.

Charenton, carme déchaussé à, 6554.

– religieuse du Valdône à, 6295.

Châron, abbé de, 5932.

Chartres, bénédictins à, 5411, 6485.

– monastère des carmélites à, 7061.

– chanoine et chancelier de, 4909.

– curé de Saint-Michel à, 792.

– évêché de, 4314, 4411, 4521, 4538.

– évêque de, 211, 4681.

– supérieure des hospitalières à, 691.

– prêtre de, 961, 4951, 5535.

– doyen de Saint-André à, 4678–4682.

– prieur et chanoines réguliers de l'abbaye de Saint-Jean de, 4411.

– abbaye de Saint-Père en Vallée de, 4411, 5335.

– théologal de, 558.

– curés du diocèse de, 6486.

– prêtres du diocèse de, 4314, 4953, 5142.

Chateaudun, curé de Montdoubleau exilé à, 6668.

Chatillon, abbé de, 275, 745, 776, 3051.

Chatillon-sur-Seine (diocèse de Langres), chanoines réguliers à, 4373, 5135.

– monastère des feuillants à, 6173.

– feuillants à, 4512, 4957, 6173.

Chauny, voir: Fontaine.

Chauvet, voir: Isle Chauvet.

Chazelles (dept. de la Loire), ancien-curé de Saint-Médard à, 4216, 4232.

Chelles, abbesse de, 1082, 1378, 3933, 4169, 4170, 5435, 6319, 6775, 7023/24 (Orléans).

– bénédictins à, 5516.

– maîtresse des novices à, 3891.

– religieuses à, 60, 333, 4157.

– affaire de, 4163.

Chemellier (diocèse d'Angers), guérison miraculeuse à, 5777.

Chemilly (diocèse de Langres), curé de, 4325, 4999.

Cherbonnières (diocèse de Saintes), curé de, 4994, 6391.

Chérencé (diocèse d'Avranches), curé de, 4302.

Cherlieu (diocèse de Besançon), abbaye cistercienne de, 5986.

Chesnay, école de, 18.

Chesy, abbaye de, 4409.

Chevreuse, curé de, 228, 493, 791–813**, 1556, 1743, 3082.

Chilly, curé de, 4628, 4629.

Chine empereur de, 1997.

– jésuites en, 1997, 7084.

– lettre de, 1157.

– mission de, 918, 1229, 1653, 1997, 3736, 3739, 5927.

– permissa circa ritus Sinicos, 4069.

– vicaire apostolique de la province de Fo-Kien en, 6028.

Chinon, curé de, 7054.

Chitenai près Blois, curé de, 4308.

– paroisse de, 6712.

Chiusi, évêque de, 3454.

Cîteaux, abbé de, 863.

Civray, voir: La Reau.

Clairvaux, abbé de, 863, 1518, 3211, 5986.

Clamecy, chanoine de, 4755.

– clerc tonsuré à, 6588.

– curé de, 4755.

Clarenburg (maison à Utrecht), 1839–1841, 2275, 3472, 3486, 4094, 4120.

– actes d'achat et de possession de, 4176.

– bibliothèque de, 3559.

Clermont, abbé bénédictin de, 6722.

– abbé du chapitre de Saint-Séverin à, 6500.

– curé de Notre-Dame du Port à, 5119.

– dominicain à, 2725**, 4509, 6738.

– évêché de, 4315, 4412, 4509, 4524, 4539, 4561.

– évêque de, 813**, 919, 5369, 6513, 6975.

– oratorien à, 4539, 6530, 6602, 7023/24 (Dossolin).

– supérieur des oratoriens à, 7023/24 (Massillon).

– ursuline à, 6594.

– ursuline de Beauvais exilée à, 7023/24 (Sainte-Colombe).

– conseiller de la cour des aides de, 776, 4182, 4286.

– prêtre, confrère de l'Oratoire du diocèse de, 5754, 6436.

Clermont-en-Beauvoisis, ursulines de, 3222***, 6492, 7023/24.

– chanoines de, 4306.

Cléry (diocèse d'Orléans), chanoine de, 4345.

Clisson (diocèse de Nantes), curé de Notre Dame de, 4341.

Cochinchine, mémoire et lettres pour la mission en, 3688.

Coincy (diocèse de Soissons), bénédictins de l'abbaye de, 4444, 6494, 6801.

– prieur de l'abbaye de, 6890, 7023/24 (Trou-vain).
– sous-prieur de l'abbaye de, 6580, 7023/24 (Geranton).
Coivrel, conférences de, 3052, 3230.
Colmars (diocèse de Senez), prieur de, 6338, 6798.
– comédiens et bateleurs à, 6338.
– commandant, gouverneur de, 6339, 6963.
Colle di Val d'Elsa, évêque de, 2625.
Cologne, archevêque de, 1506, 1522, 1627, 1648, 2135, 2392, 3394.
– bénédictin à, 2445.
– lecteur des carmes chaussés à, 2211.
– étudiants à, 3756.
– nonce à, 1609.
Comana i.p.i., voir: Conon.
Combaillaux (diocèse de Montpellier), archi-prêtre à, 4340, 5824, 6387.
Combrailles, voir: Évaux.
Combrée (diocèse d'Angers), curé de, 5524.
Comminges, évêque de, 32**, 39, 334, 511, 852, 1226, 3040, 3060, 4268.
Compiègne, bénédictins à, 4432, 4914, 4979.
Conay, voir: Nogent.
Conches en Normandie (diocèse d'Évreux), bénédictin de l'abbaye de Saint-Pierre de, 4415.
Condom, archidiacre et vicaire général de, 6516.
– chanoine de, 4316, 5068, 6383.
– ecclésiastique de, 4824.
– évêché de, 4316, 4499, 4540, 6383.
– évêque de, 741, 3209, 6976.
– oratoriens à, 4540, 5433, 5746.
– prêtre du diocèse de, 6627.
Conflans lez Paris, curé de, 3642, 4897, 5433, 6199.
– archevêque de Paris, exilé à, 7122.
Conon (Comana i.p.i.), évêque de, 1610, 1653, 1997, 5350.
Consérans, évêché de, 4317.
– évêque de, 5347*, 5663.
Voir aussi: Saint-Giron.
Constantinople, 5273.
Corbeil, voir: Vieux Corbeil.
Corbie, bénédictins à, 4394, 5070, 6544, 6680, 7023/24 (Duret).
– prieur de, 918, 942.
Corbigny, prieur des bénédictins de, 4412.
Voir aussi: Val Saint-George.
Cormerai (paroisse de Chitenai près Blois), chapelain de, 6712.

Cornillon, bénédictins au monastère de Saint-Robert de, 4416.
Coucy-le-Château (diocèse de Laon), curé de, 5021, 5248.
Couillet (diocèse de Liège), curé de, 4329.
Coulombs, abbaye bénédictine de Notre-Dame de, 4411.
Courcelles (diocèse d'Auxerre), curé de, 5231, 7023/24 (Jourdin).
Courdimanche (diocèse de Rouen), curé de, 4352.
Courgy (diocèse d'Auxerre), chapelain de, 4301, 4745, 4999, 6411.
– curé de, 4301, 4999, 6411.
– paroissiens de, 6411, 7023/24.
Couronne (diocèse d'Auxerre), curé de, 5205, 5675.
Coutances, évêché de, 4413.
– évêque de, 344.
– prêtres du diocèse de, 4993, 6467, 7023/24 (Cahour), 7045*.
Craon (diocèse d'Auxerre), curé de, 4749.
– sous-prieur du monastère de Saint-Clément de, 1813.
Crépy (diocèse de Senlis), ecclésiastiques de, 4996.
– religieuses hospitalières de Saint-Michel de, 4523.
Cricqueville (diocèse de Bayeux), curé de Notre-Dame de, 4304.
Culemborg, curé à, 3479, 5641.

Darvoi (diocèse d'Orléans), curé de, 4988, 6776.
Dax (Ax), barnabites à, 5243, 6482, 6860, 7023/24 (Senjean).
– chanoine de, 3291*.
– ecclésiastique à, 5506.
– évêché de, 4318.
– évêque de, 1325, 4810, 6110, 7067, 7148.
– prêtre à, 4318, 6518, 7023/24 (Dailhen).
– avocat à, 6517, 7023/24 (Ailenc).
– marchand à, 6593, 7023/24 (Grateloup).
D.D.H. (diocèse de N.), curé de, 6092.
Delfshaven (diocèse d'Utrecht), curé à, 5641.
Delft, curé à, 5079, 6549, 5641.
Deventer, évêque de, 2102, 2435, 2537, 2590, 2592*, 2715, 3530, 4184, 4221, 4231, 4242.
– état des dons à l'évêque de, 4063.
– nomination de l'évêque de, 2545, 2629, 3968, 4090, 4221.
Die, (diocèse), sieur de, 5981.
Diependaal, maison près Maarssen, 2086.

Dieppe, capucin de, 4460, 5208.
– sculpteur de, 6286.
Digne, évêché de, 4319.
– évêque de, 6815.
– conseiller au Parlement d'Aix à, 4822.
– ecclésiastiques du diocèse de, 5171.
– prêtre du diocèse de, 4319, 6732.
Dijon, bénédictins de l'abbaye de Saint-Bé-
nigne de, 5033.
– bénédictins à, 3449, 5152, 6722.
– bernardines de Tard à, 78, 82, 84, 236, 3209.
– abbesse de Tard à, 66, 1880, 2333, 2822,
2986, 3146.
– chanoine à, 89, 189, 3066, 3068, 3220.
– chanoine de Saint-Étienne de, 4333, 6007.
– chantre de l'église de Saint-Étienne à, 5091.
– évêché de, 4320.
- oratorien à, 1020, 4533, 5157.
prêtre de, 4320, 5153.
– conseiller au Parlement de, 5324.
– dame d'Ancey à, 5408, 6753.
– intendant de Bourgogne à, 1419.
Diocèses, curés et ecclésiastiques de divers,
4999.
Doesburg, receveur des postes à, 2302.
Dol, évêché de, 4414.
Domfront (Basse Normandie), voir: Lonlay.
Donzy (diocèse d'Auxerre), curé de, 5019.
Dordrecht, curé à, 3425, 5641.
Douai, chanoines de Saint-Amé à, 1659, 5995,
6381.
– oratoriens à, 971*, 1014*, 1131.
– prévôt de Saint-Amé à, 918, 1242.
– censure sur la grâce, 3220.
– chancelier de l'université de, 918 (Gilbert).
– signature du Formulaire à l'université de,
1659.
– fourberie de, 2594*.
Doudeauville (diocèse de Boulogne), biens de
la cure de, 1677.
– curé de, 5592.
Doué en Anjou, prêtre de, 5069.
Dourdan en Beauce, voir: Louie.
Draguignan (diocèse de Fréjus), couvent dominicain de, 6289.
Dreux (diocèse de Chartres), chanoine de,
5036.
Dublin en Irlande, chantre de la cathédrale
de, 4665–4666.
Dusseldorf, directrice des postes à, 3588
Düssendael (diocèse de Cologne), abbé de,
3934.

Eau, abbesse de l', 65.
Eaux (diocèse de Condom), curé d', 4990,
6383.
Ébarry, prieure d', 2123.
Écouan, curé à, 4579, 6395, 6916, 7023/24
(Afforty).
Effiat, curé d', 4539.
– prêtre de l'Oratoire à, 4539, 6699.
– supérieur de l'Oratoire d',7023/24 (Maigne).
– vicaire d', 6699.
Egmond (diocèse de Haarlem), curé à, 3716,
5641.
Egmond a/d Hoef, voir: Hoef.
Embrun, archevêque d', 813*, 3222***, 3934,
4718, 4733, 4889, 6376, 6464, 7028, 7114.
– assemblée provinciale d', 6345, 6356.
– concile d', 3085, 3222***, 3933, 3934, 4291–
4578, 4718, 4759, 4776, 5719, 5922, 6179,
6202, 6359, 6362–6393, 6462, 7032.
– greffier de l'officialité d', 6366.
Enkhuizen (diocèse de Haarlem), curés de,
5641.
Ennery (diocèse de Rouen), curé d', 3696,
3724, 5555, 6808, 6839.
Épernay, notaire royal à, 5606.
Épiais (diocèse de Paris), curé d', 5009, 6199.
Époisses (diocèse de Langres), curé de Saint-
Symphorien d', 4325.
– chanoine d', 4325, 6287.
– prêtre d', 4325.
Esclimont, célestin à, 5206.
Escrignelles, oratorien à, 6579, 7023/24
(Gennes).
Espagne, jésuites en, 2663.
– nonce en, 1509.
– ambassadeur d' – à La Haye, 2357, 2649.
– ministre d', 2649.
– roi d', 1207, 1237, 1639, 1644, 1646, 1652,
2038, 3221, 4259.
– procureur-général du conseil du roi d', 2633.
Essarts-le-Vicomte (diocèse de Troyes), curé
des, 4346, 4362.
Essen, directrice des postes à, 3588.
Estrées, abbaye de l', 2490.
– abbesse de l', 1028.
– sœurs à l', 1030, 1092.
Étampes (diocèse de Sens), religieuse de la
congrégation de Notre-Dame à, 5085, 5501,
6552, 7023/24 (Savoye).
– chanoinesse de Saint-Augustin à, 7023/24
(Étampes, Savoye).
Étréchy près Étampes (diocèse de Sens), curé
d', 4356, 4752.

Etrepilly (diocèse de Meaux), curé d', 529

Eu (diocèse de Rouen), chanoines réguliers de l'abbaye de Notre-Dame, 1372, 4384.

Évaux en Combrailles, chanoine régulier à, 4376, 5321.

Évreux, évêché d', 4321, 4415, 4474, 4484, 6384.

– évêque d', 1371.

– prêtre à, 2758, 2830, 3162.

– clercs du diocèse d', 4321, 4960.

– curés du diocèse d', 6191, 6384.

– prêtres du diocèse d', 4321, 5088, 5134.

Évry-sur-Seine, curé d', 1997, 3688, 3709, 3727, 3742, 6081–6088, 7023/24 (Jobard).

Falaise (Basse-Normandie), prémontré à, 4552, 5313.

Farmoutier, abbesse et religieuses de, 4865, 7035.

Fécamp, bénédictins de l'abbaye de la très Sainte-Trinité à, 5054, 5094.

Ferque, curé de, 2028.

Ferrières, bénédictins du monastère de – dans le Gatinois, 4433, 5097.

Finisterre, curé de, 3522.

Fitz-James (diocèse de Beauvais), curé de, 4306, 4852, 6422.

Flamarens (diocèse de Lectoure), curé de, 4327, 4998, 5721.

Florence, chanoine de, 2489.

– grand vicaire de, 2489.

– annales ecclésiastiques de, 2624*.

Voir aussi: Toscane.

Fontaine près Chauny, chanoine régulier à, 5327.

Fontainebleau, chancelier à, 6806.

– assemblée des évêques (1661) à, 918.

Fontenay (diocèse de Paris), curé de, 4827, 7023/24 (Bertrand).

Fontevrault (diocèse d'Auch), religieuse de, 3209, 6473.

Fontfroide (diocèse de Narbonne), abbaye cistercienne de, 5986.

Fontgauffier, abbesse de, 6567, 7023/24.

Forcalquier chanoine-théologal de, 4825, 6404, 7023/24 (Arnaud).

– prêtre de, 5089.

Fosses (par Lusarches), prieur et curé de, 6293*.

France, clergé de, 918, 1649, 7027.

– agents du clergé de, 6114.

– assemblée générale du clergé de, 4800, 5846, 6051, 6141, 6356, 7110, 7123.

– lettre circulaire du clergé de, 2764, 4795.

– cause du clergé constitutionnel de, 4198.

– receveur général du clegé de, 2083.

– ecclésiastiques bannis de, 7021.

– Églisc de, 3647, 3649, 5710, 6226.

– Église gallicane de, 4193, 7098.

– histoire ecclésiastique de, 2661, 3040, 3077, 3083, 3085, 3207, 3762, 4130.

– relations et mémoires sur les affaires de l'Église de, 3207.

– évêques de, 862, 1194, 1224, 1245, 2190, 3208, 4193–4195, 4648, 4684, 4693, 4795, 4801, 5685, 5711, 5724, 5979, 6202.

– député des évêques français à Rome, 4282.

– évêques réfugiés en Angleterre, 4195.

– évêques et prêtres constitutionnels, 4244–4248.

– projet de lettre aux évêques de, 3654.

– réponse des six évêques de, 3752.

– les XII évêques appellants, 5726, 5728–5731, 6120.

– les 19 évêques (1752), 7118.

– visiteur de la province bénédictine de, 7023/24 (Avril).

– ambassadeur de, 2673, 6912.

– ambassadeur de – à La Haye, 158, 2650.

– ambassadeur de – en Suède, 4974.

– secrétaire de l'ambassade de – à Turin, 2503.

– auditeur en la chambre des comptes, voir: Petitpied de Vaubreuil.

– chambres assemblées de, 4255, 4795.

– chanceliers de, 230, 322, 374, 636, 917, 918, 1008, 1368, 1654, 2673, 2734, 3049, 3221, 6937, 7001, 7094.

– conseil d'état de, 954, 1320, 5085, 5727, 5853.

– grand conseil de, 6884, 7112.

– contrôleur-général des finances de, 4764, 6938, 6964, 6965.

– cour de, 5927, 5944.

– déclaration sur le mémoire du dauphin de, 3221.

– gouverneur du dauphin de, 341.

– ministre d'état de, 1488, 4693, 4795, 4975, 5681, 5871, 6912, 6933, 6939, 6965.

– secrétaire d'état de, 928, 5281, 6939, 7023/24 (Saint-Florentin).

– ministre des affaires étrangères, 1488, 2673.

– ministre de la guerre de, 6965.

– Mademoiselle de, fille de, 335, 7064.

– Parlement de, 1196, 5927, 6023, 6030, 6883, 7118.

- princesse de, 7064.
- régent de, 5436, 5694, 5711, 5725, 6532, 6997.
- reine de, 344, 5700.
- reine-mère de, 52.
- maître des requêtes à Lyon et à Paris, 580.
- rois de, 30, 98, 124, 151, 206, 208, 230, 322, 329, 383, 395, 450, 484, 862, 886*, 918, 1194, 1270, 1473, 1649, 1805, 2698*, 2853, 3096, 3203, 3205, 3221, 3222***, 3394, 4167, 4255, 4276, 4277, 4677, 4684, 4685, 4693, 4732, 4760, 4776, 4954, 4966, 4970, 5085, 5220, 5512, 5712, 5727, 5729, 5730, 5731, 5926, 5927, 5948, 6023, 6030, 6126, 6166, 6206, 6213, 6341, 6357, 6361, 6375, 6933, 6947, 7027, 7030, 7041, 7064, 7081, 7090, 7112, 7118, 7119, 7124.
- attentat sur le roi de, 919.
- ancien aumônier de la maison du roi de, 4968.
- avocat du roi de, 7004, 7023/24 (Simon).
- bibliothèque du roi de, 6030.
- confesseur du roi de, 6074.
- conseil du roi de, 2853, 4277, 7112, 7114.
- conseiller du roi de, 580, 862, 6126, 6648, 7081. Voir aussi: Petitpied de Vaubreuil.
- fermier général du roi de, 6126.
- maison du roi de, 7023/24 (Montchal).
- médecin consultant du roi de, 1805–1812, 6332.
- procureur du roi de, 5511, 5946, 7023/24 (Du Chey, Quintin, Servolle).
- secrétaire du roi de, 2638, 6126, 7081.
- Altesse Royale de, 6167.
- royaume de, 7023/24 (Cornier).
- ordonnances du royaume de, 6361.
- garde des sceaux de, 6320.
- trésorier de, 5927, 6810, 6877, 7023/24 (Cambray, Carbonel, Poulain, Vaujoie).
- décadence de l'étude en, 1829.
Fréjus, évêché de, 4594.
- évêque de, 1484*, 4684, 5085, 5101, 5512, 5677, 5686, 5912, 6163, 6168, 6207, 6320, 6323, 6563, 7023/24 (Fleury).
- prévôt de, 6153.
- vicaire général et official de, 6897.
Fremenville (diocèse de Rouen), curé de, 5118, 5555.
Fribourg, professeur en théologie et bibliothécaire impérial à, 2524, 3572.
- quelques thèses soutenues à, 2524.
Fronestein, voir: Vronestein.
Frontignan, curé à, 5398, 5668.

- église de, 5668.
Fulde, conseil ecclésiastique de, 2636.
- bénédictin à, 2515, 3566.

Gadancourt (diocèse de Rouen), curé de, 5555, 6182, 6422.
Gaillon, voir: Bourbon lez Gaillon.
Gancourt (diocèse de Beauvais), curé de, 4852, 6470.
Gand, chanoine de, 2111.
Ganges (diocèse de Montpellier), curé à, 4340, 5822.
Gannat, lieutenant et lieutenante à, 6003.
Gap, évêque de, 813*, 3085, 6430, 6464, 6915.
- évêché de, 4322.
Gatinois, le, voir: Ferrière.
Gênes, chanoine de, 1711, 3402, 3428, 4210, 4227, 4230.
- congrégation italienne pour les missions, 2153.
- oratorien à, 2451.
- directeur de l'institut des sourds-muets à, 4207.
Genève, évêché de, 4323.
- évêque de, 4722.
- réponse à l'écrit de, 4164.
- clerc tonsuré du diocèse de, 4323, 6588.
Voir aussi: Ambronay.
Gennevilliers (diocèse de Paris), curé de, 5232.
Geours (diocèse de Dax), curé de, 6546.
Gergeau (Jargeau) (diocèse d'Orléans), chanoine de, 1737, 6576, 6776.
Gétigné (diocèse de Nantes), recteur de, 4341.
Gien (diocèse d'Auxerre), chanoines de, 4301, 5257, 5307, 5518, 6678, 7023/24.
- curé de Saint-Louis de, 1888, 2703, 2887*, 5165, 6591, 7023/24 (Gourmaud, Saint-André).
- vicaire de, 4301, 6678, 7023/24.
Gif, abbesse de, 71, 201, 863, 1145, 1186, 1740, 2059, 3057, 3211, 3216, 3221, 3222***, 6261, 7009, 7023/24 (Béthune d'Orval, Ségur).
- coadjutrice de, 1740, 3222***.
- prieure de, 3211.
- religieuses de, 1740, 4633, 6253.
Gimont (diocèse de Lombez), clerc de la Doctrine Chrétienne à, 4823.
- maison de la Doctrine Chrétienne de, 6584, 6831.
- prêtres de la Doctrine Chrétienne à, 4502, 5015, 5588, 6831, 6884, 6904.
- professeur de philosophie à, 6831.

Giraudon, voir: Barrême.

Glandèves, oratorien du diocèse de, 5546.

– vicaire général de, 6856.

Gorinchem, curé de, 5641.

Gossilics, curé de, 1426, 1663.

Göttingen, professeur et bibliothécaire de l'université de, 2276.

Gouda, curé de, 5641.

Gozée (diocèse de Liège), vicaire de, 4329.

Grandmont, religieux de, 5167, 6442, 6740, 6825, 7023/24 (Mont).

Grasse, archidiacre de, 5928.

– bénédictin à, 5160.

– évêque de, 6153, 6343, 6755, 7117.

– religieuses de Castellane, exilées à, 6927.

Graz, séminaire à, 2109.

Grenoble, évêché de, 4324, 4416, 6385.

– évêque de, 286, 420, 863, 918, 922, 938, 1067, 1126, 1217, 2595, 3220, 4271, 6132–6133, 6672, 6912, 6979.

– collège des jésuites à, 5996.

– oratorien à, 1040*.

– curés du diocèse de, 6132.

– prêtre du diocèse de, 2230, 4324, 5674.

Voir aussi: Saint-Martin de Miséré.

Grigneuseville, curé de, 4352, 5384.

Grosbois (diocèse de Paris), camaldules à, 4459.

Guerrande (diocèse de Nantes), prêtres à, 6196, 6245.

Guibeuille (diocèse de Paris), curé de, 5098.

Gujan, curé de, 4317.

Guyenne, avocat au Parlement de, 5029.

Haarlem, chapitre de, 3635, 3933, 3934.

– clergé du diocèse de, 3934, 5641.

– curé à, 2098, 2390, 3513, 5641.

– Église de, 3639.

– évêques de, 1838, 2098, 2291, 2439, 2537, 2587, 2630, 2997, 3366, 3411, 3531, 3578, 3612, 3616.

– nomination d'un évêque de, 1462, 3332, 3638, 3642*, 3651, 3763–3765, 4059, 4083, 4084.

– rente pour les évêques de, 2580.

– curés du diocèse de, 3665, 3682, 3783, 3934.

– gazette de, 2590.

– maison des orphelins à, 2110.

Halluin, curé d', 32** (D).

Ham, chartreux au, 1835–1837, 3859, 4480–4490, 4786, 4792, 5209, 5886.

Hambourg, ambassadeur de France en Suède à, 4974.

– banquier à, 230, 677.

Harlebeke, curé de, 2523.

Hautcourt (diocèse de Rouen), curé de, 5074, 5318, 7023/24.

Hautebruyère, religieuse de l'ordre de Fontevrault à, 5322, 5797, 6693, 7023/24 (Le Moine).

Haute Fontaine, abbé de, voir: Guillaume Le Roy (Index I).

Hauterive, religieuse à, 5376, 6734.

Helder, curés au, 3574, 3746, 5641.

Hérenville, prêtre d', 1736.

Hilversum, chapelain à, 3645.

– curé à, 3645, 5641.

– dotation pour, 2613.

Hispahan, voir: Aspahan.

Hoef, chartreux au, 1939, 3990, 3991, 3993, 4000, 4014, 4137.

Hoiricourt (diocèse de Châlons-sur-Marne), curé de, 4313.

Hollande, affaires de, 1312, 1610, 1613, 1727, 1897, 2113, 2291, 2662, 3607, 3747, 4177. Voir aussi: Utrecht.

– chapelains des ambassades en, 2535, 2611.

– chartreux en, 1835–1837, 1939, 3660, 3664, 3672, 3740, 3859, 3948, 3949, 3952, 3954, 3960, 3978, 3981, 3990, 3991, 3993, 4000, 4014, 4094–4175, 4480–4490, 4786–4794, 5209, 5843, 5886, 6677, 6857, 7023/24 (Schonauwe). Voir aussi: Orval, Rijnwijk, Schonauwen.

– ancien clergé de, 2610, 4177.

– foi et innocence du clergé de, 3220.

– pièces sur l'Église de, 1766, 2612, 2614, 2620, 2622, 3332, 3435, 3803, 3933, 3934, 4054, 4093, 4177, 7047.

– statistique de l'Église de, 2616.

– sacre des évêques de, 3634, 3635, 3694.

– plus grand nombre des sièges épiscopaux, 1727, 2587, 2608.

– second évêque (Haarlem) en, 1462, 3332, 3638, 3642*, 3651, 3763–3765, 4059, 4083, 4084, 6577.

– troisième évêque (Deventer, Leeuwarden) en, 2435, 2545, 2629, 3530, 3707, 3968, 4090.

– lettre aux évêques de, 4241.

– supplique des évêques à Clément XIV, 4226.

– lettre pastorale des évêques (1845), 4184.

– lettre des évêques à Pie IX, 4189.

– lettre des évêques à Mgr Nazalli, 4221.

La Motte en Auvergne, lieutenant de gendarmerie à, 7034.

Lançon (diocèse d'Aix), prêtre à, 4831.

Landevennec, bénédictins de l'abbaye de, 4434.

Lanescq (diocèse de Dax), ancien archiprêtre de, 4873.

Langres, carmes déchaussés à, 4465, 4983, 5218.

– évêché de, 4325, 4373, 4417, 4465, 4475, 4485, 4512.

– grand vicaire de, 3933, 6007.

– prêtres du diocèse de, 5388, 6502.

– sous-diacre du diocèse de, 5111.

Languedoc, noblesse de, 2188.

– rente de, 3609.

Voir aussi: Saint-Polycarpe.

Lansargues (diocèse de Montpellier), curé de, 4340, 5398, 6031, 6387.

Laon, ancien prieur de l'abbaye de Saint-Jean de, 4906.

– sous-prieur de, 4418.

– bénédictin à, 4418, 4963.

– curé de Saint-Martin à, 4326.

– chanoines de, 3892, 5317, 5647.

– évêché de, 4326, 4418.

– évêque de, 1807.

– lettre de, 1954.

– maîtresse d'école à, 6713.

– thèses de, 2433.

– acolyte du diocèse de, 5676.

– chanoines et curés du diocèse de, 5261.

– curé au bourg de, 5161.

Lardy, ancien curé de, 5098.

La Reau par Civray en Poitou, chanoine régulier de l'abbaye de, 5602.

La Réolle, bénédictin de l'abbaye de Saint-Pierre de, 4402.

La Roche–Bernard (diocèse de Nantes), prêtres à, 4341, 4720.

La Roche-sur-Yonne (diocèse de Sens), curé de, 5618, 6184.

La Rochefoucauld (diocèse d'Angoulême), chanoine de, 4298, 5368.

La Rochelle, évêché de, 4374, 4513.

– évêque de, 918, 1208, 3085, 3857, 3933, 7027, 7103.

Larroque (diocèse de Lectoure), ancien curé de, 5502, 5721.

La Sauve par Bordeaux, bénédictins de l'abbaye de, 4402, 5326, 5613.

La Tardière en Poitou, prieur de, 918.

La Trappe, abbaye de, 723, 805, 863, 919, 970, 1078, 1254, 1797, 3068.

– abbé de, 461, 483, 723, 767, 776, 810, 812, 812*, 848, 863, 913, 919, 1168, 3068, 3074, 3201, 3202, 3221, 4279–4281, 4678, 4679, 6094.

– prieur de, 1078.

– relieur à, 2828.

– religieux de, 970, 3069, 5198, 6533, 6402, 7023/24 (Ardenne).

– lettre de, 1254.

– mémoire sur les faits débités contre Port-Royal, 3221.

– sentences de, 3201.

– voyage de Louail à, 1797.

– voyage de Pontchasteau à, 3061.

Lauret (diocèse de Lectoure), curé de, 4327.

Laval (diocèse du Mans), chanoine de, 5636.

– chanoine régulier à, 5315.

Lavaur, évêché de, 4500.

– prêtre Doctrinaire à, 4500, 5519.

La Vérune, miracle de, 5732.

– curé de, 5398.

La Villetertre (diocèse de Rouen), curé de, 5475, 5555, 6808.

La Virginité (diocèse du Mans), abbesse de, 153.

Le Bec en Normandie, bénédictins de l'abbaye du, 3836, 4855, 5003, 5302, 5319, 5645.

– docteur de Sorbonne, exilé à l'abbaye du, 5552.

Le Bourquet, avocat du roi au, 7004.

Lectoure, carmélites de, 3222***, 4467, 5297.

– chanoines de, 5648, 5721.

– chapitre de, 4327.

– curé du Saint-Esprit à, 4327, 5336, 5721, 6175.

– prêtre de la Doctrine Chrétienne à, 7006.

– évêché de, 4070, 4327, 4467.

– évêque de, 4070.

– vicaire général de, 5502.

– chanoines, curés et ecclésiastiques de la ville et du diocèse de, 5721.

– prêtre du diocèse de, 6867.

Leeuwarden, curé à, 2282, 3237, 3242, 5641.

– droit de nommer un évêque pour le diocèse de, 3707.

Le Fossé (diocèse de Rouen), curé du, 6650, 7023/24 (La Mulle).

Leiden, voir: Leyde.

Le Mans, abbaye de Saint-Vincent du, 3222*, 3848, 3931, 4419, 4437, 5356, 6559, 7023/24 (Fermal), 7053.

– bénédictins au, 4419, 5538, 6216, 6559, 6570.

- chanoine de Saint-Pierre du, 6080.
- curé de Saint-Nicolas de la ville du, 5041.
- évêché du, 4328, 4375, 4419, 4458, 4542.
- oratorien à, 833, 4542, 5177.
- religieuse du, 88.
- collège de la ville du, 5177.
- maison du, 5177.
- bénédictins du diocèse de, 6719.
- oratoriens du diocèse du, 6719.
Voir aussi: La Couture, La Virginité.
Le Marlure, chanoine du, 7023/24 (Amy).
Lémeré, curé de, 2764, 3100.
Léon, procureur du monastère de, 6049.
Le Plessis-Grimoult (Basse Normandie), chanoine régulier à, 4369, 5279.
Le Puy-en-Velay, évêché du, 4348.
- évêque du, 4980, 7023/24 (Beringhen).
- Notre-Dame du, 5781.
Lequin (diocèse de Tournai), ancien deserviteur de, 4360.
Le Ris, prieur du, 311.
Lescar, évêque de, 2441.
Lescure (diocèse d'Albi), curé de Saint-Michel de, 4294.
Lessay (diocèse de Coutances), bénédictin de l'abbaye de, 4413.
Lesterp (diocèse de Limoges), chanoine régulier en l'abbaye de, 6739.
Le Tremblay-le-Vicomte (diocèse de Chartres), prieur-curé du, 4381, 5533.
Le Tronchet, prieur des bénédictins de l'abbaye du, 4414, 4428.
Leyde (Leiden), curé à, 2250, 2379, 3239, 5641.
- professeur à, 2566.
Lezanne en Bire (diocèse de Troyes), vicaire de, 6467, 7023/24 (Cahour).
Lezenne (diocèse de Tournai), curé de, 1610, 4360.
Liancourt, oratorien à, 575.
Licery près Paris, chanoine régulier à, 6651, 7023/24 (Langlois).
Liège, abbaye du Val Saint-Lambert à, 2218.
- abbé du Val Saint-Lambert à, 3249, 3443.
- abbé du Val des Écoliers à, 1502, 1591.
- chanoine-tréfoncier de, 4010.
- chanoine de Saint-Martin à, 1072, 1603, 1760–1763.
- curé de Saint-Michel à, 3252, 3508.
- évêché de, 4329.
- évêque de, 1627, 3931, 4078.
- mandement épiscopal de, 1603, 2235, 4078.
- grand vicaire de, 1522, 1648.

- prêtre de, 4329.
- vicaire de, 4329.
- notaire de, 4119, 6454, 7023/24 (Boulouffe).
- chef de bureau des postes impériales à, 3409.
- clerc tonsuré, ecclésiastique du diocèse de, 6609, 7023/24 (Hannecart).
Lierville, curé de, 5503.
Liesse, abbesse de, 993.
- prieure de, 7023/24.
- religieuses de (à Paris), 778–789, 3222***, 6998, 7023/24 (Pulquérie).
- directeur des religieuses de Notre-Dame de, 778–789, 1740.
- supérieure de, 3211.
Lieuran de Ribeaute (diocèse de Béziers), prêtre à, 5132.
Lignères-la-Doucelle (diocèse du Mans), curé de, 4328, 5371.
Lille, chanoine de Saint-Pierre à, 1023, 1276, 1520, 3666*, 3963, 4360, 6393.
- chapelain de Saint-Pierre à, 4360, 6393.
- clerc tonsuré de, 6609.
- nouvelles de, 3933, 3934.
Limay (diocèse de Rouen), curé de, 973, 1282, 1768, 4877, 6081.
Limoges, abbé titulaire du Montet aux Moines à, 5460.
- évêché de, 4376, 4420, 4501.
- évêque de, 852.
- contrôleur des postes à, 2071.
- guérison miraculeuse à, 6250.
- négociant à, 7023/24 (Basmarein).
Limoux (diocèse de Narbonne), directeur de l'hôpital général de, 4861.
Voir aussi: Saint-Polycarpe.
Linières (diocèse de Blois), curé de, 4308, 5650.
Lis, voir: Lys.
Lisbonne, procureur général des bénédictins à, 2491.
- oratorien à, 2460.
- exécution faite à, 7147.
- lettres de, 2417, 2592*.
- mémoire sur l'Église de Hollande, envoyé à, 2612.
Lisieux, évêché de, 4330, 4377, 4421.
- évêque de, 918, 6288, 7094, 7139.
- prêtre du diocèse de, 4330, 6452.
Lisses (diocèse de Paris), curé de, 5242.
Livorno, prévôt et grand vicaire capitulaire à, 2044.
Loches, maire à, 3241, 3245.

Lodève, bénéficiaire de, 6728, 7023/24 (Martin).
- diacre prébendié de, 4331, 5665, 5677.
- évêché de, 4331, 4422.
- évêque de, 2996*, 3366, 4265, 5598, 5739, 6016, 6028, 7094, 7151.
- église paroissiale de Saint-Fulcran de, 5981.
- Récollets de, 7151.
- curé de Rodez, exilé à, 6728.
- guérisons miraculeuses au diocèse de, 5732–5739.
Loiré, curé de, 1822, 6286.
Lombez, évêché de, 4502.
Londres, prêtre de l'Église Anglicane à, 5879.
- capucin apostat à, 6127.
Longeville, curé du diocèse de Rouen à, 5204.
- bénédictin au prieuré de, 4415.
Lonlay (diocèse du Mans), abbaye bénédictine de, 5339.
Lonlay proche Domfront (Basse Normandie), prieur de, 4991.
Lons-le-Saulnier, religieux des bénédictins de Cluny à, 6420, 7023/24 (Bayard).
Lorraine, prêtre de, 4962.
Voir aussi: Beaupré.
Lorris (diocèse de Sens), curé de, 4356, 5485.
Loudun, confesseur du Calvaire à, 4347.
- prieure du Calvaire à, 5341, 7023/24.
- religieuses du Calvaire à, 2975*, 5341, 6705, 6970, 7023/24.
- sous-prieur du Calvaire à, 2507, 2988.
- supérieure du Calvaire à, 3146.
- prêtres à, 2085, 2702, 2827.
- confesseur de la Visitation à, 4347.
Louie prés Dourdan en Beauce (diocèse de Chartres), religieux de Grandmont à, 4521, 5167, 6740, 7023/24 (Mont).
Louvain, collegium Alticollense à, 4071.
- avocat à, 2344.
- paedagogium Castrense à, 1506.
- docteurs de, 1558, 1638, 3673, 3933, 4092.
- doyen de Saint-Pierre à, 4660*.
- faculté de théologie de, 1655, 4092, 4256, 4258, 4259.
- régent du Faucon à, 1911, 3652.
- censures sur la grâce, 3220.
- directeur de la librairie académique à, 3484.
- professeurs à, 1205, 1607, 4260, 5080.
- théologiens de, 322, 1667, 4259.
- université de, 1235, 1657, 1661, 1667, 2344, 2593, 2594*, 3933, 4256–4260.
- prévôt et chancelier de l'université de, 1147.
- doctrine de, 1612.

- lettre de, 4260.
- nouvelles de, 3934.
- Vindiciae resolutionis doctorum Lovaniensium, 3673.
Louviers en Normandie, religieuses hospitalières de, 5344.
- paroisse de Notre-Dame à, 6009.
- prêtre de la paroisse de Notre-Dame de, 4321, 4474, 5908.
- lieutenante générale de Pont de l'Arche à, 4340.
Luçon, évêché de, 4332, 4423, 4510, 6240, 7130.
- évêque de, 520, 918, 964, 1001, 1208, 3085, 4277, 6240, 6291, 7027, 7103, 7130.
- curé du diocèse de, 7147.
- ecclésiastiques du diocèse de, 6194.
- synode de, 7147.
Lugny, chartreux de Paris à, 4485, 6189, 7030.
- prieur-curé de, 5170, 5348.
Lunel (diocèse de Montpellier), chapelain à, 4340.
- curé de, 4340, 5398.
- vicaire de, 4340, 5398.
Lusarches, voir: Fosses.
Lusignan, voir: Rouillé.
Lusitania, voir: Portugal.
Lyon, supérieure des annonciades à, 73.
- archevêché de, 4333, 4424, 4453, 4541, 4566
- archevêque de, 2323, 2367, 2514, 2853, 4453, 6057.
- bénédictin à, 7006.
- bénédictines de, 4453, 5346, 5357, 5492, 5575, 6146–6148, 6424, 6852, 7023/24 (Porte, Safoux).
- comte de, 2210.
- cordelier à, 4919.
- curé de Sainte-Anne à, 5926.
- prieur des feuillants à, 5614, 7006.
- guérison miraculeuse à, 5775.
- prêtres, confrères de l'Oratoire à, 938, 1153, 2116, 2257, 4541, 5071, 5482, 6149.
- prêtres à, du diocèse de, 5055, 5110, 5260, 6192.
- prêtre fugitif de Senez à, 6548.
- prévôt de, 3438.
- prieur de la grande chartreuse à, 3933, 3934.
- religieuses à, 4884, 5590, 6424, 6673.
- écuyer à, 2648.
- marchand à, 7023/24 (Belon).
- médecin à, 6819, 7023/24 (Rame).
- prévôt des marchands à, 6147.
- sous-diacre du diocèse de, 5171.

Lyre par Conches en Normandie, bénédictins à, 2724, 2808, 3156, 6545, 7023/24 (Duvel).
– monastère de Notre-Dame de, 6545.
Lys (lis), religieuses de, 1164, 1225, 3221.

Maarsbergen, seigneur de, 2071, 3577.
Maarssen, Diependaal (maison), 2086.
Macao (Chine), évêque de, 1997.
Macerate, commandeur de, 2221, 2404, 2465, 3253.
Mâcon, archidiacre de, 7023/24 (DesBois).
– chanoine de, 4334.
– chanoines et curés de, 5348, 6386.
– évêché de, 4334, 6386.
– évêque de, 4718, 4763, 5620, 5730, 5731, 5839, 7015.
Madras, capucin à, 3739.
– mission, 3739.
Madrid, lettre de, 2764.
– mémoire sur l'Église de Hollande, envoyé à, 2612.
– reconciliation avec Rome, 2664.
Maeseyck, postes de, 3250, 3453, 3588, 3594.
– contrôleur des postes à, 3594.
– directeur (directrice) des postes à, 2235, 3250, 3453, 3588.
Maestricht, curé de Saint-Jacques à, 2344, 2493, 3496, 3556.
– Mons Calvariae à, 1645.
Mage, curé de, 1743.
Magny, curé de, 4201.
Magny-Lessart, curé de, 32**, 720, 6201, 7065.
Mahapram, 1970, 6084.
– collège de, 6085.
Mailly-le-Château, prêtre à, 4758.
Maine, Champagne dans la, voir: Champagne.
Malesherbes (diocèse de Sens), curé de, 4356.
Malines, archevêque de, 950, 951, 1506, 1612, 1639, 2344, 2637, 3220, 3221, 3496, 3934, 4177.
– chanoine de, 1646.
– cour épiscopale de, 928.
– curé de, 3645.
– vicaire général de, 952, 1171, 1239.
– assassinat tenté à, 1988.
Malnoue, religieuses de Port-Royal des Champs à, 1003.
Manneville (diocèse de Rouen), curé de, 32**, 1131, 1170, 1310, 1450, 1471, 1497–1505, 1761, 1971, 3203, 3220, 3222**.
– vicaire de, 1450.

Mantelan (diocèse de Tours), curé de, 5103
Marault, curé de, 3060.
Marmoutiers lez Tours, bénédictins de l'abbaye de, 4447, 4918, 5306, 5385, 6049, 6176, 6878.
– solitaire à, 5129.
– chapitre général de la Congrégation de Saint-Maur tenu en l'abbaye de, 4391–4451, 7053.
Marne, prêtre à, 5483.
Marquise (diocèse de Boulogne), curé de, 5392.
Marseille, chanoine de, 7023/24 (Surle).
– chanoines et bénéficier des Accoules à, 5364.
– évêché de, 4335, 4514, 4567.
– évêque de, 3934, 4939, 5424, 5928, 6427, 6907, 6915, 6921, 7098, 7101.
– ancien prieur des feuillants à, 4514.
– fidèles de, 5363.
– oratoriens de, 991, 2790, 5106, 5928.
– bourgeois de, 7023/24 (Cornier).
Matelles (diocèse de Montpellier), paroisse des, 5734.
– prieur des, 5398.
Maubuisson, religieuse de l'abbaye de, 5747.
– abbesse de, 32, 1256, 1792, 2514, 2992, 3143, 3210, 3211, 3214, 4620, 4973, 5796–5802, 5870, 6107, 6496, 7023/24 (Colbert de Croissy).
Mayence, professeur à, 2518, 3453, 3569.
Mayenne (diocèse du Mans), principal du collège de, 658, 3056, 5007.
– official de, 2585.
– prêtre de, 4328.
Mayet (diocèse du Mans), vicaire de, 6463, 7023/24 (Broussin).
Meaux, évêché de, 4336, 4425.
– évêque de, 122, 123, 231, 571, 741, 863, 933, 1247*, 1733, 1805, 2151, 3209, 3717, 3752, 4068, 4719, 6207, 7128.
– guérison miraculeuse à, 5769.
– acolyte du diocèse de, 5479.
Medan (diocèse de Chartres), curé à, 6486.
Melinais, chanoine régulier de l'abbaye de Saint-Jean de, 4366, 6880.
Melun, bénédictin à, 5282.
– curé de Saint-Liesve à, 7023/24 (Huchereau).
– prieur à, 5197.
– sœurs exilées à, 7023/24.
– ursuline à, 6611, 7023/24 (Herbault).
– supérieure des ursulines de, 7023/24.
– ursuline de Nemours exilée à, 6534.

– religieuses de la Visitation à, 79, 236, 6566, 7023/24 (Fontaine).

Mende, chanoine de, 4337.

Menneville (diocèse de Laon), curé de, 4326.

Merle près Sauve (Cevennes), guérison miraculeuse à, 5779.

Metz, abbaye de Saint-Clément à, 3834, 3933.

– bénédictins à, 4426, 5499.

– chanoine de, 5587.

– chanoines et grands vicaires de, 4137, 4338, 4667.

– curé de Saint-Marcel à, 2850, 4999.

– évêché de, 4338, 4426.

– évêque de, 3931, 4928, 5720.

– lieutenant-général à, 1798.

Meuilley (diocèse d'Autun), curé de, 5289.

Meulan (diocèse de Rouen), prêtre de, 5514.

Mézy, curé de, 5555, 5889.

M.H., curé de, 7023/24 (N.N.).

Milan, archevêque de, 1509.

– directeur de la poste impériale de, 2038, 3394.

– libraire à, 2383, 3504.

Milesse (diocèse du Mans), curé de, 4947.

Milon, curé de, 5898, 7023/24 (Orry).

Miranda, mandement de l'évêque de, 2764.

Mirepoix, archidiacre de, 5238.

– évêché de, 4339.

– évêque de, 918, 1059, 1257, 1275, 1366, 1691, 3222**, 4701, 4715, 4716, 4901, 5238, 5240, 5688, 5714–5718, 5720–5725, 5926, 6096–6100, 6205, 6633, 6957, 6959, 7106, 7148.

Moissac (diocèse de Cahors), chanoine de, 4359, 6837.

– prêtre de, 5244.

– prêtre de la Doctrine Chrétienne à, 6301, 6479, 7023/24 (César, Chalvet).

Molesme (diocèse de Langres), bénédictins de l'abbaye de Notre-Dame de, 4417.

Molôme près Tonnerre, bénédictins de l'abbaye de Saint-Pierre de, 4417, 5390, 6971, 7069.

– abbaye de Saint-Martin de, 4417.

Monfroid proche Montpellier, prieur de, 5496.

Mons, carmélite à, 411.

– chanoine de Sainte-Waudru à, 4312.

– oratoriens à, 307, 860, 1174, 3220, 3222**.

– prévôt de l'Oratoire à, 1013*.

Montaigu (diocèse de Luçon), chanoine de, 4332.

– curé de, 4332.

– doyen de, 4332, 5473, 6194, 6239–6240.

Montargis (diocèse de Sens), lieutenant de la Maîtrise des eaux et forêts à, 6397.

Montauban, évêché de, 4568.

– évêque de, 5187.

Montbard en Bourgogne, voir: Moutiers-Saint-Jean.

Montbazin (diocèse de Montpellier), prieur de, 4340.

Montbrison, voir: Savignières.

Montcénis, supérieure des ursulines de, 616, 620, 621, 624, 660.

Montdoubleau (diocèse de Blois), prieur-curé de, 4371, 5285, 6668.

Montgeron, curé de, 3647, 3753, 3933, 3934, 4929, 6187, 6199.

– prêtre à, 4892.

Montiéramey, curé de, 2985.

Montigné (diocèse de La Rochelle), église de, 5927.

Montivilliers (Normandie), voir: Saint-Barthélemy.

Montliard, ancien curé de, 4244–4245, 7153.

Montmajour lez Arles, bénédictines à l'abbaye de, 4397, 4830*, 5262.

Montmartre, abbesse de, 36, 3211, 3214.

– bénédictin de, 7023/24 (Boudot).

– curé de, 6198.

– religieuse de, 5038.

Montoire, bénédictin à l'abbaye de Saint-Calais près, 4419, 5530.

Montolieu près Carcassonne, bénédictin à, 4408, 4842, 5137, 5480, 5785, 7023/24 (Barescut l'aîné).

– prieur de, 2306.

Monton-sur-Bievre (diocèse de Blois), curé de, 4308.

Montpellier, archidiacre de, 6296.

– carme déchaussé à, 5420.

– carmélites à, 5615.

– carmélites, exilées à, 6744, 7023/24.

– catéchisme de, 6031.

– cathédrale de, 4800, 4802, 5703.

– chanoine de l'église cathédrale de, 6297.

– chanoine de Saint-Sauveur de, 4340, 6387.

– chanoine et sacristain de l'église collégiale de Sainte-Anne de, 4340, 5397, 5820–5839, 6387.

– chanoine de Saint-Pierre de, 4340.

– curé de Notre-Dame de, 5484, 6309.

– curé et vicaires de Sainte-Anne à, 4340, 5399, 7082.

- curé et vicaires de Saint-Pierre à, 5397, 5400, 6387.
- délivrance de, 5952.
- diacre à, du diocèse de, 5001, 5846.
- ecclésiastiques de, 5820.
- évêché de, 4340, 4427, 4461, 4543, 4558, 4562, 4569, 6387.
- évêque de, 713, 1255, 1265, 1273–1275, 1367, 1392, 1483, 1682, 2002, 2514, 2725, 2992, 3125, 3143, 3203, 3204, 3217, 3221, 3222***, 3275, 3651, 3776, 3881, 3933, 3934, 4075, 4083, 4092, 4172, 4269, 4291–4578, 4619, 4648, 4671, 4692, 4717, 4742, 4797–5796, 5846, 5869, 5876, 5911, 5923, 5926, 5928, 5939, 5951, 5989, 5993, 6011, 6022, 6028, 6031, 6093, 6111, 6118, 6120, 6159, 6168, 6220, 6278, 6298–6313, 6320, 6360, 6367, 6495, 6497, 6914, 6932, 7023/24 (Colbert de Croissy), 7035, 7038, 7077, 7106, 7148.
- agent de l'évêque de, 5851, 6274.
- lettre circulaire de l'évêque de, 4648.
- maître d'hôtel de l'évêque de, 5496.
- secrétaire de l'évêque de, 4497, 4511, 4517, 5820–5839.
- docteurs en médicine de la faculté de, 5143, 7023/24.
- directeur de l'Hôpital général de, 4735.
- maître maçon à, 5737.
- mission faite par un missionnaire à, 5927.
- official, officialité de, 5821, 7082.
- oratoriens à, 1481–1493, 4543, 5140, 5717.
- superieur de l'Oratoire à, 7023/24 (Boyer, Grimauld).
- prêtres de, du diocèse de, 1342, 1749, 1750, 2019, 2294, 3664, 4340, 4944, 5084, 5226, 5853, 5862, 6092–6093, 6387, 7023/24 (Magnan, Solas).
- prieur-curé de Saint-Christophe à, 7023/24 (Michel).
- prêtre de Saint-Julien à, 5826.
- prieur de Saint-Sauveur à, 4340, 5820, 6387.
- prieur-curé de Saint-Vincent à, 4744, 5951–5952.
- professeur en théologie de l'ordre de la Sainte-Trinité à, 4558.
- directeurs du séminaire de, 5717.
- tisserand à, 5733.
- trésorier à, 2338.
- université de, 5401.
- ursulines à, 5410, 6170, 6745, 7023/24.
- vicaires généraux, grands vicaires de, 1819, 4797, 5226, 6297–6318.

- monastère de la Visitation à, 6160–6170.
- religieuses de la Visitation à, 4562, 6160–6170, 6746, 7023/24.
- supérieure de la Visitation à, 6160, 6161, 7023/24 (Sartre).
- bureau des finances de, 5927.
- curés du diocèse de, 5398, 5700, 5879, 7023/24 (Dol).
- ecclésiastiques et oratoriens du diocèse de, 5397.
- guérisons miraculeuses au diocèse de, 5732–5739, 5927.
  Voir aussi: Monfroid.
Montréal, sœur de la Visitation à, 3646.
Mont Saint-Michel, bénédictins de l'abbaye du, 4400, 4905, 5298, 5309, 5310, 5377, 5395, 5562.
Mont Saint-Quentin (diocèse de Noyon), chanoine de, 4968, 5175.
- prieur du prieuré de – lez Péronne, 1009, 3657, 3836, 5003, 5841, 5842.
- bénédictins de l'abbaye de, 4430.
Mont Valérien, Ermites du, 796, 5930–5933.
Moravie, différents ecclésiastiques en, 2076.
Morée (diocèse de Blois), hameau de, paroisse de Saint-Claude, 5786.
Mornac, voir: Saint-Sulpice.
Mortagne (Bas-Poitou), bénédictin au prieuré de Saint-Pierre de, 4438, 6873, 7023/24 (Tenne).
Moscou, Moscovie, catholiques de, 7023/24.
Moulins, prêtre à, 4818.
Moutier Lacelle lez Troyes, bénédictins de l'abbaye de, 6466.
Moutiers-Saint-Jean proche Montbard en Bourgogne, bénédictins de l'abbaye de, 4412, 4417, 5224, 7023/24 (Jomard).
- sous-prieur à, 4417.
Mouzon (diocèse de Reims), curé et doyen de, 4349, 5043.
Mudaison (diocèse de Montpellier), curé de, 4340, 5398.
Munich (Monachium), prévôt de, 2229.
Mureau en Champagne, prémontré à, 5463.
Mureaux (diocèse de Chartres), curé des, 5314.
Muret, clerc de la Doctrine Chrétienne à, 6403.
Murlin (diocèse d'Auxerre), curé de, 5366, 7023/24 (Rocas).

Nangeville (diocèse de Sens), curé de, 4356.
Nanterre, prieur, curé de, 4659.

Nantes, archidiacre de, 5081, 6540, 7023/24 (Du Moulin).
– religieuses du Calvaire de, 6759, 7023/24 (Sainte-Eulalie).
– chanoine de, 1041, 1800, 5109, 6540, 6569, 6663, 6981, 7023/24 (Du Moulin, Laval).
– clerc de, 411–448*.
– communauté de Saint-Clément à, 1095, 5413, 5772*.
– curé de Saint-Laurent à, 1006, 4720, 6194.
– prêtre de la paroisse de Saint-Nicolas à, 4814.
– dominicain à, 2105, 2715*.
– évêché de, 4341, 4378, 4428.
– faculté de théologie de, 2868, 2937, 4341, 5109.
– docteurs de la faculté de théologie de, 6981, 7023/24 (La Calabre, La Vicendiere).
– doyen de la faculté de théologie de, 5109, 5413.
– syndic de la faculté de théologie de, 5127.
– confrères, oratoriens de, 978, 1019, 1040*, 1069, 6503, 6691, 7023/24 (Le Mercier).
– sentence du présidial de, 2764.
– prêtres à, du diocèse de, 1073, 1751, 2325, 2813, 4341, 4720, 5256, 5462, 6092(?), 6196, 6347.
– ecclésiastiques du diocèse de, 5413, 6758.
Naples (Napoli), évêques nommés par le roi, 3394.
– mémoire sur l'Église de Hollande envoyé à, 2612.
– réconciliation avec Rome, 2664.
– directeur du séminaire de, 6059.
– roi de, 2038.
– lettres de, 2207, 3366, 3435.
– livre de, 5423.
Narbonne, archevêché de, 4342, 4429.
– archevêque de, 832, 918, 1228, 2990*, 3934, 4264, 4800, 4802, 4853, 5375, 5512, 6161.
– lieutenant-général des armées de, 6982.
– assemblée de, 4802.
– carmélite à, 198.
– chanoine de, 4342, 5223.
– président à, 5421.
– clerc tonsuré du diocèse de, 6837.
Navarre, docteur de, 1401, 3226*.
Nemours, religieuses de la congrégation de Notre-Dame de, 4532, 5418, 6760, 7023/24.
– ursuline de – exilée à Melun, 6534, 7023/24 (Buisson).
Nérac, prêtre de la Doctrine Chrétienne à, 4499, 5352.

Neufchatel, souveraineté de, 816.
Neuville, chanoinesse à, 2118, 2195.
Neuvy-Sautur (diocèse de Sens), prieur-curé de, 4356, 5404.
Nevers, carme déchaussé à, 5257.
– prieur des carmes déchaussés à, 6401, 7023/24.
– C.D. de, 1816.
– chanoines réguliers de l'abbaye de Saint-Martin à, 4379, 5362, 5419.
– religieuse de la Charité à, 6749.
– évêché de, 4379, 4544, 4563.
– évêque de, 6233.
– secrétaire de l'évêque de, 6235.
– oratoriens à, 4544, 5123, 5987, 6598, 7023/24 (Forestier).
– supérieur des oratoriens à, 7023/24 (Terrasson), 7046.
– religieuse à, 7023/24 (Sainte-Victoire).
– ursulines de, 672, 6761, 7018, 7023/24.
– supérieure des ursulines de, 673.
– religieuses de la Visitation à, 4563, 6471, 6783, 7023/24 (La Chaize).
– supérieure de la Visitation à, 6471, 7023/24 (Carpentier, Chagny).
Nice, sénateur de, 6912.
Nîmes, évêché de, 4343.
– évêques de, 2984*.
– prêtre de la Doctrine Chrétienne à, 4647, 6294.
– Récollet à, 6922.
– curé du diocèse de, 5879.
Niort, bénédictines à, 6765.
– oratoriens à, 4546, 6432, 6642, 6766, 6851, 7023/24 (Fromond, La Frété).
Noailles près Poitiers, bénédictin à l'abbaye de, 4433, 6622, 7023/24 (Jouy).
– sous-prieur de, 4433.
Nogent sous Conay par Soissons, bénédictin de l'abbaye de, 5268.
Nogent-le-Rotrou(diocèse de Chartres), doyen de Saint-Jean à, 4314.
Noirmoutier en Poitou, voir: La Blanche.
Noli, évêque de, 3428.
Nonancourt, curé de, 812*.
Norante, bailli et conseil de, 6771.
– vicaire de, 7023/24 (Dol).
Nord, l'illustre famille du, 7023/24.
– lettres pour le, 3365.
Nordstrand, affaire de, 639.
Normandie, curés de, 6197.
– prieurs des bénédictins et députés de la province de – pour le chapitre général, 4391.

–chanoine régulier de, 925–927.
– évêché de, 4380.
– évêque de, 8, 14, 15, 659, 918, 925–927, 3010*, 3060, 4154, 4267, 4286, 4775, 5662, 5715, 6119, 6125.
– vicaire général de, 32*, 164, 274, 4253.
– curés et prêtres du diocèse de, 4253.
Paris, archevêché de, 4346, 4381, 4432, 4454, 4457, 4459, 4462, 4466, 4468, 4476, 4487, 4492, 4495, 4516, 4522, 4527, 4531, 4545, 4553, 4571, 6389.
– archevêque de, 9, 31, 42, 116, 121, 122, 125, 127, 150, 153, 206, 209, 212, 218, 220, 230, 231, 242, 322, 362*, 387, 435, 457, 565, 731, 813, 872, 921, 1158, 1224, 1226, 1325, 1376, 1468, 1471, 1473, 1485*, 1491, 1736, 1952, 2299, 2476, 2673, 3048, 3049, 3060, 3066, 3080, 3085, 3086, 3209, 3210, 3211, 3220, 3221, 3228, 3366, 3754, 4077*, 4163, 4171, 4288, 4717, 4783, 4798, 4803, 4804, 5431, 5461, 5596, 5693, 5709, 5803, 5851, 5853, 5937, 6077, 6086, 6099, 6181–6207, 6374, 6375, 6497, 6770, 6912, 6995, 7094, 7098, 7103, 7118, 7120, 7122, 7147.
– archidiacre de, 3055.
– assemblée générale du clergé de France à, 4800, 5846.
– assemblée des prélats à, 4799.
– religieuse augustine à, 7023/24 (Fautras).
– bénédictins à, 1029, 1274*, 2226, 3144, 3805, 3902, 3927, 4432, 5446, 5531, 5558, 5660, 5927, 6522, 7023/24 (Dantine).
– Calvaire du Luxembourg à, 5450, 6790, 7023/24 (Paris, Sainte-Clothilde).
– Calvaire du Marais à, 4783, 5451, 6791, 7023/24 (Paris).
– Calvaire du faubourg de Saint-Germain à, 5452, 5752.
– religieuses du Calvaire à, 4457, 5095.
– capucins à, 1359, 4462, 5122, 5632, 5887, 5949.
– carme déchaussé à, 4590.
– religieuses carmélites à, 737, 4286, 4468, 4837, 6131, 6408, 6919, 7023/24 (Le Nain), 7063.
– directeur des Dames carmélites à, 1701–1702.
– Grand Couvent des carmélites du faubourg de Saint-Jacques à, 737, 1087, 6131, 7023/24 (Le Nain).
– chanoines de, 4717, 5008, 5178, 5195, 6300, 6547, 6604, 6606, 6741, 7023/24 (Eaubonne, Guichon, Guyard, Montempuis).

– chanoine de Saint-Benoît à, 7023/24 (Gobbé).
– chanoine de Notre-Dame à, 1077.
– chanoine de la Sainte-Chapelle à, 1213.
– chanoine de Saint-Honoré à, 1475, 3057, 3220–3221, 5048, 6181, 7023/24 (Dubois).
– chanoine de Saint-Jacques l'Hôpital à, 1340, 1743–1744, 3290, 4346, 6587, 7023/24 (Goujet).
– chanoine de Saint-Merry à, 4346.
– chanoine de Saint-Thomas du Louvre à, 485–499.
– chanoine régulier de, 4381, 5334, 6243.
– chanoine régulier de Saint-Victor à, 4381, 6198.
– religieux de la Charité à, 6455, 7023/24 (Bourlez).
– la chartreuse à, 4074, 4787.
– chartreux à, 76, 140, 4263, 4476, 4483, 4485, 4487, 4489, 5447, 6189.
– collège Du Plessis à, 1291, 4346.
– collège de Fortet à, 1753*.
– collège d'Huban à, 4857.
– collège de Saint-Jean de Beauvais à, 4346, 4971, 5540, 7023/24 (Coffin).
– congrégation des filles Notre-Dame à, 3114.
– cordelière à, 6632.
– curés et ecclésiastiques de, du diocèse de, 141, 172, 336, 509, 518, 521, 523, 531, 634, 831, 1255–1257, 1474, 1491, 1697–1699, 1844, 1980, 2213, 2346, 2347, 2773*, 2835, 3057, 3060, 3412, 4199, 4276, 4346, 4663–4664, 4770, 4785, 4798, 4811, 4846, 5002, 5087, 5092, 5099, 5164, 5166, 5445, 5449, 5456, 5547, 6023, 6185, 6198, 6199, 6213, 6307, 6321, 6374, 6389, 6590, 6616, 6723, 6786, 6787, 6838, 7003, 7023/24 (Ballin, Du Brosseau, Feu, Gourdan, Gromaire, Isoard, Labbé, Mariau, Sainte-Marguerite, Saint-Josse), 7154.
– diacres à, du diocèse de, 984, 1150, 1610, 1908, 2509, 3639*, 3640, 3772, 3821, 3945, 4016, 4891, 4910, 4930, 5006, 5037, 5287, 5495, 5534, 5580, 6276, 6425, 6451, 6453, 6800, 6882, 7023/24 (Boucher, Philippe, Tissart).
– prêtre de la Doctrine Chrétienne à, 6294.
– supérieur général de la Doctrine Chrétienne à, 6912.
– dominicains à, 1684, 2307, 2806, 3371, 5766.
– noviciat des dominicains à, 1684, 2063.
– prieur des dominicains à, 2063.

- évêque de, 5997.
- faculté de théologie de, 344, 1310, 3060, 4251, 6832, 7044.
- feuillants à, 4516, 4821, 5116, 5472, 6090–6091, 6242, 6405.
- feuillants du monastère de Saint-Bernard à, 4516, 6788, 7023/24 (Chirat, Dupuis de Saint-Jean.).
- religieux de Grandmont à, 4522.
- Hôpital de Bicêtre à, 6106.
- sacristain de l'Hôpital dit de la Pitié à, 6483, 7023/24 (Champgaillard).
- Hôpital Saint-Antoine à, 4183.
- religieuses hospitalières de l'Hôtel Dieu de, 5759, 6419, 6539, 6792, 6949, 7023/24 (Baudin, Félicité, La Miséricorde, Paris, Saint-Anselme).
- religieuse hospitalière de Saint-Gervais de, 7023/24 (Rosset).
- jésuites à, 6030, 6634.
- métropolitain de, 1731.
- Missions Étrangères de Saint-Lazare à, 888, 1229, 1949, 1956, 1982, 3067, 3309, 3643, 3688, 3694, 3713, 3718, 3742, 3802, 3866, 3988, 4527, 5471, 5610, 6081–6088, 6229–6231, 6649.
- nonce à, 1393.
- directeur de Notre-Dame de Liesse à, 778–790, 1740.
- prieure de Notre-Dame de Liesse à, 778.
- religieuses de Notre-Dame de Liesse à, 785, 2973, 4454, 5453, 6998.
- officialité de, 30, 2673, 5715, 5716, 6181.
- assistant du général des oratoriens à, 922.
- oratoriens à, 32**, 61, 132, 161, 789, 819, 829, 962, 981, 1057, 1096, 1681, 1825, 2033, 2376, 3096, 4009, 4545, 4885, 4902, 5075, 5156, 5275, 5331, 5448, 5561, 5652, 5828, 5844, 5852, 5978, 6080, 6133, 6135, 6412, 6513, 7023/24 (Croizier, Vence), 7067–7077.
- bibliothèque des oratoriens à, 5852.
- prémontrés à, 4553, 5454, 5458, 5621, 6613, 6789.
- prévôt de, 6551.
- receveur général du clergé à, 2083.
- religieuses à, 4900, 6750.
- Saint-André à, 1150, 4811, 6198, 7023/24 (Labbé).
- Saint-Antoine à, 5796–5802.
- Saint-Barthélemy à, 1255–1257, 1366.
- Saint-Benoît à, 172, 209, 336, 523, 4346, 5164, 6198, 6590, 7023/24 (Gobbé, Gourlin).

- grand prieur de Saint-Claude à, 4820.
- Saint-Cosme à, 634, 1474, 6198.
- Saint-Étienne du Mont à, 1844, 4346, 6023, 6198.
- Saint-Germain-l'Auxerrois à, 3749, 5930, 6198.
- abbaye de Saint-Germain-des-Prés à, 1029, 4432, 5608.
- Saint-Germain-le-Vieux à, 5547.
- Saint-Gervais à, 2773*, 5099, 5445, 6198, 7023/24 (Feu).
- supérieur de la communauté de Saint-Hilaire à, 1254, 4848.
- Saint-Honoré à, 1475, 3057, 3220, 3221, 5048, 6080, 6181, 7023/24 (Dubois, Monteuil).
- Saints Innocents à, 4346, 6198.
- Saint-Jacques de la Boucherie à, 4795.
- Saint-Jacques du Haut Pas à, 141, 199, 1824, 3057, 6198, 7023/24 (Du Brosseau).
- Saint-Jacques l'Hôpital à, 818, 1340, 1743–1744, 1843, 3290, 6587, 7023/24 (Goujet).
- Saint-Josse à, 5448, 6198, 6328, 6456, 7023/24 (Bournisier, Saint-Josse).
- Saint-Leu à, 1491, 1697–1699, 4785, 7023/24 (Du Brosseau).
- Saint-Leu et Saint-Gilles à, 4846.
- Saint-Louis à, 503, 3060.
- Saint-Magloire à, 477–482, 494, 936, 1016, 1132, 1751, 1853–1858, 3186, 3221, 5652, 6275.
- Saint-Médard à, 9, 3048, 5742, 5784, 6198, 6214, 7147.
- Saint-Nicolas des Champs à, 6185.
- Saint-Nicolas du Chardonnet à, 518, 831.
- Saint-Paul à, 3412.
- prieur de Saint-Riom à, 907.
- Saint-Roch à, 4346, 4663–4664, 6838, 7023/24 (Ballin, Gourdan, Gromaire, Rousseau).
- Saint-Séverin à, 1980, 4199, 6198, 6321, 7154, 7155.
- Saint-Sulpice à, 531.
- Saint-Yves à, 2347, 2835.
- Sainte-Agathe à, 3384.
- la Sainte-Chapelle à, 1213, 3065.
- Sainte-Croix à, 4346.
- Sainte-Madeleine à, 509, 521, 3060.
- Sainte-Marguerite à, 4346, 5002, 5087, 5166, 6198, 6213, 6293*, 6787, 7023/24 (Sainte-Marguerite).
- Sainte-Marine à, 5761, 6198, 6307, 6456, 6616, 7023/24 (Isoard).

- séminaristes des Bons Enfants à, 6230.
- syndic de, 525.
- syndic de la faculté à, 822.
- sous-diacre à, 980.
- théologal de, 522, 661, 863, 888.
- bachelier de théologie à, 1163, 7044, 7045.
- cloître de Val de Grâce à, 4589.
- vicaire général, grand vicaire de, 214, 215, 219, 226, 229, 230, 2791, 3366, 5883, 5914, 5931.
- religieuse de la Visitation du Faubourg Saint-Jacques à, 1036.
- Académie des Inscriptions à, 1716.
- bibliothèque des Amis de la Vérité à, 4656.
- députés des Amis de la Vérité à, 4177.
- avocats de, 2013, 2377, 2407, 6669, 7023/24 (Le Blanc). Voir aussi: avocats du parlement.
- doyen des avocats à, 7023/24 (Barbin).
- banquier à, 3954.
- bibliothèque royale à, 156, 209, 282, 325, 1790–1797*, 6030.
- chirurgiens à, 5778.
- Conciergerie à, 4346, 4665–4666, 6685.
- chef du Conseil à, 6212.
- conseiller au Châtelet de, 1861–1863, 2176, 5345, 7023/24 (Lugat).
- conseiller de grande chambre à, 3383, 6159.
- conseiller, secrétaire et fermier général du roi à, 6126.
- convulsionnaires à, 7023/24 (Dancognée, Gui).
- correcteur des comptes à, 7023/24 (Fey).
- greffier de la Cour des Aides à, 1842–1843, 2144, 3248, 3366, 3385, 3948.
- président de la Cour des Aides à, 6908, 7023/24 (Voigny).
- président de la Cour Impériale d'appel à, 4176, 4206, 4228, 4229.
- docteurs de, 6364.
- grand maître des eaux et forêts à, 2161.
- échevin de, 7023/24 (Concicault).
- écrivain juré à, 6736.
- entrepreneur des bâtiments à, 7153.
- Imprimerie-librairie Chrétienne à, 3420.
- imprimerie de Desprez et Dessesarts à, 1685–1686.
- imprimeur-libraire à, 6703, 7023/24 (Lottin).
- imprimeur du Parlement à, 2528.
- intendant des vignes à, 585–587.
- lettres de, 986, 1326, 1415, 1443, 1471, 1838, 1994, 2592*, 2872, 4076, 5187, 5249, 5525.

- libraire à, 1197, 4239, 4242, 5702, 6703.
- lieutenant-général de police à, 4168, 5200, 5926.
- maire de, 4178.
- marchand à, 5154.
- marchand-drapier à, 6816, 7023/24 (Quatremer).
- marchande du Palais à, 5753.
- directeur des vivres de la Marine à, 475–476.
- médecins à, 4243, 5194, 5526, 6291.
- médecin du roi à, 1805–1812.
- menuisier à, 1823.
- notaires à, 230, 2016, 5851, 6181, 6274, 6327.
- nouvelles de, 3824, 3933, 3934, 4139.
- ancien officier à, 6556.
- ordre royal et militaire de Saint-Louis à, 2737*, 5819.
- Parlement de, 918, 1196, 1233*, 4966, 6023, 6030, 6329, 7042, 7045.
- avocats, conseillers au Parlement de, 703, 706, 707, 948*, 1357, 1360*, 1408, 1746, 1880–1881, 1883, 2039, 2112, 2262, 2318, 2343, 2377, 2471, 2545, 2727, 2962, 3000, 3014, 3222***, 3366, 3372, 3487, 4025, 4346, 4564, 4572, 4796, 4966, 5330, 5393, 5455, 5967, 6107–6108, 6215, 6293*, 6362, 6365, 6371, 6372, 6603, 6607, 6679, 6752, 6785, 6967, 7002, 7014, 7023/24 (Beauregard, Boitin, Braier, Clément, Guyenne, Le Febvre de Saint-Hilaire, Le Paige, Montagny, Montgeron, Pâris, Pucelle, Soyer, Texier, Titon), 7047–7048.
- conseillère au Parlement de, 1752.
- doyen du Parlement de, 5263.
- origines des M.M. du Parlement de, 1233*.
- président du Parlement de, 2092, 2710.
- payeur des rentes à, 2795.
- procureur à, 1687.
- procureur au Châtelet à, 1687, 3260, 3309, 3713*, 3745, 3753, 4006, 4031, 4032.
- professeur à, 2372, 3011, 4346, 5532.
- trésorier de France à, 6877.
- secrétaire du roi à, 2638.
- université à, 2637.
- recteur, sindic de l'université de, 5449, 6493, 6583, 6741, 6830, 6931, 7023/24 (Gibert, Rollin), 7042.
- acolytes du diocèse de, 5216, 5330, 5553, 6697.
Voir aussi: Chaillot, Conflans, Licery.
Parme, réconciliation avec Rome, 2664.

Passau, chanoine de, 2491.
– conseiller du prince-évêque de, 2074, 2288, 2583, 3404.
– évêque de, 2074.
Pavie, écoles de, 2433.
– prêtre à, 4180.
– professeur de l'université à, 2224.
Pays Bas, caisse des orphelins à, 2618, 3392.
– conseil d'état des, 2489.
– États Généraux des, 1623, 3435, 5640.
– églises des, 2593.
– Avis sincères aux Catholiques des Provinces Unies des, 3221.
– vicaires apostoliques des, voir: Pierre Codde, Neercassel.
Voir aussi: Hollande, Utrecht.
Pays Bas Autrichiens, 7121.
– gouverneur, gouvernante, des, 322, 3934.
– Index librorum prohibitorum aux, 2628.
Pégairolles (diocèse de Montpellier), curé de, 4340.
Penlatte (diocèse d'Évreux), curé de, 6809, 7023/24 (Portier).
Périgueux, grand vicaire de, 4592.
– maître des postes à, 2071.
Péronne, voir: Mont Saint-Quentin.
Perpignan, augustin à, 2214.
– prêtre à, 6658.
Perse, voyage de Mgr Varlet en, voir: Varlet (Index I).
Petit-Andely, voir: Andely.
Peyrolles en Provence, curé de, 4292, 5397, 6855, 7023/24 (Sauvan).
Pézenas (diocèse d'Agde), curé et chanoine de, 5158.
– pères, confrères de l'Oratoire à, 5517, 5546, 6574, 6720, 7023/24 (Garru, Gros, Marcadier).
– oratoriens de divers diocèses à, 6797.
– supérieur des oratoriens à, 7023/24 (Auphant).
– prêtre de, 4291.
– avocat à, 6512, 7023/24 (Court).
– guérison miraculeuse à, 5250, 5751.
– lettre de, 5926.
– procureur du roi à, 5511, 6817, 7023/24 (Quintin).
Picardie, voir: Breteuil.
Picpus, chanoinesses de, 264, 2469.
Pienza, évêque de, 3454.
Pignans en Provence (diocèse de Fréjus), chanoines de, 5474.
Pijnakker (diocèse d'Utrecht), curé de, 5641.

Pise, recteur, provisor de l'université de, 2720, 3287, 4097.
Pistoie, évêque de – (et Prato), 2223, 2398, 2487, 3394, 3553, 3617.
– concile de, 3394.
Poitiers, chanoine régulier de l'abbaye de la Celle à, 4382, 5616.
– bénédictins de l'abbaye de Saint-Cyprien de, 4433.
– bénédictins à l'abbaye de Noaillé près, 4433, 6622, 7023/24 (Jouy).
– sœur bénédictine de l'abbaye de la Trinité à, 7023/24 (La Fenestre, Raze).
– bénédictins de, 5631.
– Calvaire de, 5138, 5481, 6803.
– curé de, 3115, 5138.
– curé de Sainte-Opportune à, 2966, 4347.
– docteur de la faculté de théologie de, 1150.
– doyen de la faculté de théologie de, 2788.
– évêché de, 4347, 4382, 4433, 4517, 4546, 4572.
– évêque de, 919, 1490, 2730, 3066, 3110, 3200, 5138.
– feuillant à, 4517, 4868.
– religieuses à, 355, 7023/24 (Coibeau).
– monastère de la Visitation à, 75, 80, 106.
– clerc du diocèse de, 4841.
– prêtre du diocèse de, 4347, 5201.
Voir aussi: Noailles.
Poitou, voir: Chalais, La Blanche, La Reau, La Tardière, Saint-Savin.
Pologne, roi de, 3213.
– reine de, 50, 77, 253, 3043, 3212, 3213, 3214.
– diétine de, 5493.
– juifs de, 2771.
Polsbroek, curé de, 3732, 4083, 4092, 5641.
– miracle de, 1702, 3654, 3677*, 3732, 4150*.
Pondichéry, missionnaire à, 6208.
– vicaire apostolique à, 3067.
– lettre de Virapatnam près de, 7147.
Pont-à-Mousson (diocèse de Toul), couvent des carmélites à, 6290.
Pont-Audemer en Normandie (diocèse de Lisieux), carme à, 1772.
– prêtre de Saint-Ouen du, 4352, 4999.
– prieur de l'Hôtel Dieu du, 1771, 4352, 4997.
Pontigny, abbaye de, 5926.
Pontlevoy (diocèse de Blois), bénédictins de l'abbaye de, 4411, 4448, 5072, 5456, 5490.
– prieur de, 4448, 4958.
Pontoise (diocèse de Rouen), bénédictins à, 5188.

- prieure des carmélites à, 566, 3060.
- curé de Saint-Pierre à, 5000, 5889.
- religieuse hospitalière de, 5031, 5370.
- sacristain de Saint-Maclou à, 5234, 6625.
- grand vicaire de, 5503.
- vicariat de, 5476, 5555, 6808.
- chirurgien à, 5747.
- doyen du Parlement de Paris à, 5263.
  Voir aussi: Saint-Martin lez Pontoise.
Port-Royal des Champs, abbaye de, 1–32*, 230, 345, 419, 433, 456, 471, 724, 742, 912, 4283–4284.
- abbesses de, 31, 33–221, 279, 312, 357, 456, 469, 474, 488, 612, 675, 716, 1533, 3055, 3208, 3210, 3211, 3220–3221.
- actes capitulaires, 230.
- amis, sympathisants de, 462–917, 3057 (lettres de consolation), 4285–4290.
- apologie, 9, 434, 919.
- appel, 114.
- bibliothécaire, 240.
- cartes de visite, 214, 219, 410, 811.
- catalogus, 17.
- collections, 1271.
- confesseur de, 237, 361, 3147.
- directeur de, 1038.
- écoles, 18.
- épitaphes, 3054.
- jardinier de, 365.
- journaux, 2–6, 10–13, 20, 24, 27, 28.
- mémoires, 15, 27, 209, 230, 374, 712, 1209, 1230, 3043, 3049, 3065, 3066.
- mémoire sur les faits débutés sous le nom de l'abbé de la Trappe contre messieurs de, 3221.
- messieurs, 267–461, 374, 392, 3065, 3219, 3221.
- miracle, 6074.
- nécrologe, 29, 472, 3065, 5983.
- partage des biens, 129, 151, 221.
- persécutions, 30, 116, 126, 208, 230, 231, 234, 235, 256, 264, 398.
- pièces, 3040, 3054, 3066, 3085.
- prieur de, 209, 362*, 3057 (Grenet).
- prieures de, 128, 224–231, 272, 370, 465, 576, 611, 617, 623, 638, 668, 677, 798, 1512, 3044, 3047, 3054, 3110**, 3122.
- religieuses, 21, 230, 232–266, 383, 387, 396, 435, 442, 460, 672, 677, 682, 686, 802, 1003, 1030, 3210, 3211, 3221, 4254, 4495, 5927.
- liste des religieuses, 19.
- parents des religieuses, 121, 122, 124.
- reliques, 322.

- rétractations, 241, 242, 259.
- sacristain de, 360, 362.
- séparation des deux Port-Royal, 150.
- sermons, 433.
- solitaires de, 374.
- supérieur de, 121, 144, 362*.
- traités de piété, 3218*, 3218**, 3219.
- écrit au cardinal de Retz, 3048.
- parallèle de l'histoire des Machabées avec, 3034.
- requêtes, 116, 121, 122, 124, 206, 230.
- dicours sur les ruines de – par Dégola, 4227.
- translation de – dans le diocèse de Sens, 107, 116, 123, 126.
- visite de Mgr Hardouin, 410.
- relation de la seconde visite du lieutenant civil, 3049.
Port-Royal de Paris, abbaye de, 129, 150, 221, 230.
- abbesses de, 153, 222–223.
Portugal (Lusitania), jésuites en, 2663.
- expulsion des jésuites de, 7093.
- consul de – à Amsterdam, 2133, 2240.
- envoyés et secrétaires d'état de, 2133, 2137, 2651, 2991, 3542, 3655, 3778.
- secrétaire du ministre de – à La Haye, 2526.
- roi de, 2133, 2764.
Pougy (diocèse de Troyes), chanoine de, 4362.
Pouilly, vicaire de, 4755.
Pozzo, Dupont à, voir: Varlet (Index I).
Prato, évêque de, voir: Pistoie.
- règlement du séminaire à, 2489.
Pré, religieuse du, 88.
Préaux, bénédictins de l'abbaye de Saint-Pierre de, 4421, 5162, 6510, 7023/24 (Couppé).
Prouille (diocèse de Saint-Papoul), religieuses de l'abbaye de, 2058, 2063, 2154–2155, 2174, 2184, 2188, 2190, 2194, 2208, 2217, 2261, 2299*, 2330, 6813, 7023/24 (Luc, Prouille, Rouffiac).
- abbesse de, 2048.
- prieure de, 2053, 2154, 2184–2185, 2188, 2190, 2194, 2208.
- dominicain à, 2188, 2190, 2208.
- affaire d'un visiteur à, 2217.
Provence, religieuse en, 3221.
- intendant de, 7023/24 (Chastueil, La Tour).
Voir aussi: Brignolle, Peyrolles, Pignans.
Provinces Unies, voir: Hollande, Pays Bas.
Provins (diocèse de Sens), chanoines réguliers à, 4356, 4386, 5490, 6695.
- curé de, 421.

prêtre de, 5504, 6702, 7023/24 (Logre).
- prêtre de la paroisse de Sainte-Croix à, 4356, 5490.
- supérieure de Notre-Dame de, 113.
- vicaire de Saint-Quiriau à, 4356.
- mission faite par les jésuites à, 5927.
Prusse, nommé ambassadeur de Portugal chez le roi de, 3542.
Purmerend (diocèse de Haarlem), curé de, 5641.

Quatremer, 7147.
Quebec, évêque de, 3686, 3933.
- intendant de Canada à, 3637.
- mission en, 3737.
- supérieur du séminaire à, 3678.
Quercy, voir: Souillac.
Quetteville (diocèse de Lisieux), curé de, 4330, 4352, 4999, 6619, 7023/24 (Jeulin).
Quimper, prieure de Calvaire de, 4970.
- évêché de, 4434.
Quimperlé (diocèse de Vannes), bénédictins à, 4434, 4440, 6675.
- prêtre à, 4817.

R., religieuse hospitalière de, 7023/24 (Planterose).
Rabastens, curé de, 6311.
Redon (diocèse de Vannes), prêtre de Paris à, 4346, 4363, 5351.
- bénédictins de l'abbaye de Saint-Sauveur de, 4449.
Reggio di Calabria, archevêque de, 2207, 2630.
Régny (diocèse de Mâcon), curé de, 4334, 5348, 6386.
Reguigny en Bretagne, curé de, 7023/24 (Rouault).
Reims, archevêché de, 4349, 4435, 4554, 4573.
- archevêque de, 564, 1374, 1381, 2028, 4073, 4262, 5228, 7124.
- archidiacre de, 5024, 5586.
- bénédictin à, 4934.
- sermon d'un capucin à, 2281.
- chanoines de, 1248–1253, 1400, 1442, 1739, 1779, 2789, 3121, 3145, 3154, 3220, 3269, 3271, 3677, 3812, 3879, 4349, 4667, 4923, 5145, 5150, 5311, 6184, 7023/24 (Le Gros).
- filles de la communauté du Saint Enfant Jésus à, 6822.
- curé de Saint-Symphorien de, 4349, 5145.
- curé et docteur de, 1072.
- religieuse hospitalière de, 6671.

- curés du diocèse de, 5521.
- prêtres du diocèse de, 4349, 5173, 5675.
Voir aussi: Saint-Basle, Saint-Thierry lez Reims.
Renay (diocèse de Blois), curé de, 4308, 5358.
Rennes (en Bretagne), bénédictins à, 4436, 5310, 5527.
- religieuses du Calvaire de Saint-Cyr à, 6823.
- prieure du Calvaire à, 7023/24.
- diacre de, 6425.
- évêché de, 4350, 4383, 4436.
- évêque de, 852.
- oratoriens à, 5527.
- Parlement de, 1163, 3435.
- procureur général du Parlement de Bretagne à, 2937, 6628, 7023/24 (La Bedoyere).
Ressons, prémontré à, 4555, 6460.
Retel, chanoine régulier de, 3984.
Rhodes, archevêque de, 2640.
Ribeaute, voir: Lieuran.
Richelieu, prêtre de la Congrégation de la Mission à, 4529, 5901, 6243.
- directeur de la poste à, 2337.
Rieux, acolyte du diocèse de, 5052.
Riez, évêque de, 5928, 7023/24 (Phélypeaux d'Herbault).
- prêtres de, du diocèse de, 5090, 5210, 6487, 7023/24 (Chaudon, Eyssautier).
- sous-diacre de, 6344.
Rigny-la-Salle, prêtre à, 2772.
Rijnwijk, 1286, 1708, 1826–1834*, 1842–1887, 2059, 2551, 2606, 4092*, 4765, 5899, 6289.
- achat de, 4045.
- administrateur, 3935–4043.
- affaire de, 3334.
- bibliothèque, 2627.
- capucin à, 5906.
- cartes de visite, 3331, 5899.
- chapelain, 1286, 1843, 2075, 2696, 2967, 3248, 3366.
- direction, 2606.
- école de, 4110.
- élection d'un supérieur, 4140.
- état des personnes à, 4050.
- fondateurs, 1286, 1842–1887, 2408.
- lettres de messieurs de et sur, 2840, 2853, 2967, 3748, 3960, 3974, 4010, 4016, 4092*.
- lettres pour le Nord, 3365.
- religieux d'Orval à, voir: Orval.
- plan d'études, 2089.
- procureur de, 2963, 3297.
- théologiens de, 3014.
- vente de, 1826.

Rijswijk (Risvik), ambassadeur de France à, 6912.
– curé à, 5641.
Riom, chanoine de, 7023/24 (Aldigier).
– chanoine du Marlure à, 7023/24 (Amy).
– religieuses hospitalières à, 4524, 5536, 7023/24 (Jésus).
– oratoriens de, 954, 4539, 6436.
– superieur des oratoriens à, 7023/24 (Le Gendre).
– prieure des carmélites à, 771, 776, 4182.
– religieuses de la Visitation à, 3222***, 4561, 6004–6006, 6270, 6330, 7023/24 (Frenaye).
– lieutenant et assesseur à, 7023/24 (La Vedrine).
– présidial d'Auvergne à, 5946.
– procureur du roi à, 5946, 7023/24 (Du Chey, Servolle).
Risvik, voir: Rijswijk.
Rivau, château de, 1732–1734, 3002.
– sieur de, 1534.
Rodez, curé de la cathédrale de, 6390, 6462.
– curés de, 4907, 4908, 5130, 6462, 6827.
– curé de Saint-Amand de, 6390, 6462, 6827, 7023/24 (La Garrigue).
– prieur-curé de La Madeleine à, 4351.
– curé de – exilé à Lodève, 6728.
– docteur de Sorbonne à, 5374.
– dominicain à, 5557.
– évêché de, 4351, 4503, 4574, 6390.
– évêque de, 3003*, 3222***, 4804, 5280, 5470, 5957, 6113, 6666, 7088.
– évêque constitutionnel de, 4194–4196, 4215, 4233, 4236, 7152.
– prêtres à, du diocèse de, 5011, 5117.
Roelofarendsveen (diocèse d'Haarlem), curé de, 3934 (Dupré, De Wit), 5641.
Roissas en Trière (diocèse de Die), curé de, 5674.
Rolduc, abbé de, 2267.
Rome, agent de Mgr Colbert à, 4863, 5851.
– général des augustins à, 1728.
– collège de la Sapience à, 4655.
– Collège romain des jésuites à, 5493.
– cour de, 3710, 4193.
– dominicains de, à, 1195, 2093, 3085, 6058, 6062.
– députés des évêques français à, 4282.
– évêque de Conon à, 5350.
– crédit diminuant des jésuites à – et ailleurs, 7095.
– procureur des Missions Étrangères à, 1997,

3688, 3709, 3719.
– oratorien à, 2790, 3228, 3289, 5493.
– auditeur de rote à, 2054.
– Saint-Siège, 4716, 4783, 4798, 6374.
– sœur de la Visitation à, 6162.
– abus et nullités du decret du 4 octobre 1707, 3221.
– accomodement avec, 2630, 2631, 2631*, 3319, 3392, 4086, 4091.
– decretum concilii, 1725, 4076.
– esprits à – sur l'Église de Hollande, 2622.
– négociations de la France et Rome sur la bulle Unigenitus, 2673.
– journal de Paris à, 3376.
– lettres de, 862, 1158, 1443, 2207, 2592*, 2764, 2876, 2887, 2989, 3435, 7031, 7095.
– mémoire pour, 3220.
– metodo dei studi del seminario Romano, 2672.
– négotations à, 2952, 4256.
– ouvrages sur, 2626.
– poste impériale de Milan à, 2038, 3394.
– réconciliation avec Madrid, Naples et Parme, 2664.
– réorganisation de la congrégation du Calvaire prescrite par, 4805.
– voyageurs pour, 3220, 3432, 4149*.
Rommersdorf, abbaye de, 2641.
Ronay (diocèse de Raims), ancien curé de, 4349.
Roncée en Touraine, prêtre au château de, 5414.
Ronceray, abbesse du, 70.
Ronchèrcs près Saint-Fargeau, curé de, 6212, 6561.
Roncq (diocèse de Tournai), (ancien) pasteur de, 4360, 6393.
Roosendaal près Breda, affaire de, 2799.
Rosalie, évêque de, 1979, 1997, 3736, 3802, 6084, 6086, 6087.
Rotterdam, curé de, 3636, 5641.
– gazette de, 862.
Rouans (diocèse de Nantes), curé de, 4341.
– ancien vicaire de, 4341.
Roudray (diocèse d'Orléans), curé de, 4470.
Rouen, bénédictins de l'abbaye de Saint-Ouen à, 4437, 6835, 7023/24 (Saint-Ouen).
– prieur de l'abbaye de Saint-Ouen à, 6991, 7023/24 (Launay).
– acolyte de, 5574.
– archevêché de, 4352, 4384, 4437, 4463, 4477, 4488, 4518, 4525, 4547, 4555, 4575.

- archevêque de, 918, 1310, 1471, 1503, 4661, 4673.
- bénédictin à, 6641.
- capucin de, 4463.
- chartreux à, 4477, 5604.
- curé de Saint-André à, 5325.
- curé et chanoine de Saint-Cande-le-Vieux à, 5409, 6754, 7023/24 (Moulin).
- curé de Saint-Martin-sur-Renelle à, 5908.
- ecclésiastiques et laïcs de, 6834.
- évêque de, 1688, 4246.
- feuillants à, 4518, 6434, 7023/24 (Berthot).
- fidèles de, 7023/24.
- religieuses hospitalières à, 4525, 6836, 7023/24 (Lenoble).
- maîtresse des novices de l'Hôtel Dieu de, 7023/24.
- prêtre à, 14, 32**, 282, 464, 658, 1215, 1532, 2595, 3220, 3221, 3222**, 3809.
- prêtres de la ville de, 5554.
- prieur du Rosay à, 1788.
- religieuse de Port-Royal en exil à, 682.
- supérieure de Notre-Dame de, 83.
- ursulines à, 85, 3211.
- supérieure des ursulines à, 3211.
- supérieure de la Visitation à, 692.
- arrêté de, 2764.
- maître des comptes à, 97.
- curés du diocèse de, 5204, 5555.
- prêtres du diocèse de, 4352, 4892, 6683, 7023/24 (Julien, Le Gouteux).
- abbaye de Saint-George près, 4984.
Voir aussi : Saint-Anian.
Rouergue, voir : Villefranche.
Rouillé près Lusignan, curé de, 2554.
Rouville, curé de, 934.
Rumilly-lès-Vaudes (diocèse de Troyes), vicaire de, 5196.
Ruremonde, lettre de, 6070.
Russie, mémoire sur l'Église de la, 4149.
- lettres des évêques de la – à la Sorbonne, 4152.
- jésuites en, 2663.
- journal d'un voyage en, 4152.
- patentes pour la, 4152.

Sablé (diocèse du Mans), prêtre de, 5159.
Sabot, prieuré de, 2112.
Sabule, évêque de, 1910, 1997, 3802, 6086, 6087.
Sagy, curé de, 5868.
Sain, abbé du monastère de, 2444.
Saint-Aignan (diocèse de Bourges), guérison miraculeuse à, 5762.
Saint-Alyre, abbé de, 7023/24 (Brunier).
Saint-Amand, prieur de, 4407, 7023/24 (Prévost).
Saint-André (diocèse de Lodève) guérison miraculeuse à, 5739.
Saint-Angel (diocèse de Limoges), bénédictins du monastère de, 4420.
Saint-André, prieur de, 662.
Saint-Anian près de Rouen, curé de, 4384.
Saint-Aubin d'Angers, bénédictin de l'abbaye de, 4395, 7066.
- supérieure de, 3211.
Saint-Aunez d'Aurous (diocèse de Montpellier), curé de, 5379, 6031.
Saint-Ay-sur-Loire (diocèse d'Orléans), ancien curé de, 4345, 4832, 6776.
Saint-Barthélemy près de Montivilliers (Normandie), curé de, 4352, 4977.
Saint-Basle proche Reims, bénédictin de l'abbaye de, 3904, 4435, 6872.
Saint-Benoît-sur-Loire, bénédictins de l'abbaye de, 4431, 5053, 5104, 5151, 5755.
Saint-Brès (diocèse de Montpellier), curé de, 4340, 5398.
Saint-Brieuc, évêché de, 4353.
Saint-Calais près Montoire (diocèse du Mans), bénédictins à l'abbaye de, 4419, 5530.
Saint-Cassien, prêtre à, 2705.
Saint-Chinian, bénédictins à l'abbaye de, 4441, 6415, 7023/24 (Barescut le cadet).
Saint-Clément (diocèse de Montpellier), curé à, 4340, 5398, 5823, 6387.
Saint-Cloud, chanoine de, 751.
Saint-Cosme (diocèse du Mans), prieur-curé de, 4375, 6528.
Saint-Crepin en Chaye lez Soissons, prieur de l'abbaye de, 4548.
Saint-Cyr, abbesse de, 130.
Saint-Cyran, abbé de, 32**, 35, 41, 56, 100, 104, 131, 352–359, 384, 455, 808, 826, 3057*, 3206, 3207, 3209, 5996, 6074.
- exposition de la foi de l'abbé de, 1415.
- religieux de, 3048.
Saint-Denis, procureur de l'abbaye de, 6974.
- annonciades de, 255.
- bénédictins à, 1082, 4391, 4432, 5343, 5432, 6144, 7071.
- carmel de, 7064.
- carmélites à, 3222***, 4142, 6841, 7064.
Saint-Denis des Coudrais (diocèse du Mans), curé de, 4328.
Saint-Dizier, supérieure des ursulines de, 759.

442

Saint-Éloy (diocèse de Rouen), curé de, 4352, 5444.

Saint-Ernest, prieur de, 1589 (Ernest Ruth d'Ans).

Saintes, abbesse de, 266, 3211.

– chanoines de, 134, 167, 386, 5488.

– évêché de, 4354, 4438, 6391.

Saint-Esprit, voir: Bayonne.

Saint-Étienne (Loire), directeur de l'Institution des sourds-muets à, 4179, 4181.

Saint-Étienne du Plessis, prieuré de, 3301.

Saint-Fargeau, prieure des bénédictines de, 6646.

Saint-Fargeau, voir: Ronchères.

Saint-Fiacre en Brie, bénédictins au prieuré de, 4425.

Saint-Florent-le-Jeune près Saumur, bénédictins de l'abbaye de, 4395, 5284, 6854.

Saint-Florent-le-Vieil, bénédictins à l'abbaye de, 4395, 5121.

Saint-Florent près Saumur, paroisse des Ulmes, 329 (miracle).

Saint-Galmier, guérison miraculeuse à, 5781

Saint-Geours, curé de, 6546, 7023/24 (Le Vergier).

Saint-Germain, abbaye de, 2600.

– prieur de, 3096.

Saint-Germer (diocèse de Beauvais), curé de, 4306.

Saint-Germer, prieur de, 3869, 4136, 6662.

Saint-Ghislain, abbaye de, 1539, 3928, 3933, 3934.

– prieur de, 1529, 3838, 3933, 3934.

Saint-Gildas-des-Bois (diocèse de Nantes), bénédictins de l'abbaye de, 3221, 3845, 4155–4174, 4428, 4888, 5292, 6145.

– prieur de, 3871, 4428, 4449.

Saint-Giron en Consérans, prêtre de la Doctrine Chrétienne à, 5581.

Saint-Guilhem-du-Désert, bénédictins à, 4422, 5664.

Saint-Hymer en Auge (diocèse de Lisieux), prieur de, 4352, 5551, 6288, 6832, 7023/24. (Roquette).

– prieuré de, 1680, 5551.

Saint-Jacut (diocèse de Dol), bénédictin à, 4400.

Saint-Jagu proche Saint-Malo, prieur de, 3880.

Saint-Jean, château de, 6807.

Saint-Jean d'Angély, bénédictins de l'abbaye de, 4396, 4870, 5168.

Saint-Jean-de-Monts (diocèse de Luçon), curé de, 4332.

Saint-Jean des Vignes, religieux de, 447.

Saint-Jouin de Marnes (diocèse de Poitiers), abbaye de, 4395.

– bénédictins de, 4433, 6426, 6542, 6701.

Saint-Just (diocèse de Montpellier), oratorien à, 5900.

prieur de, 4341, 5398.

Saint-Laumer (diocèse de Blois), bénédictins de l'abbaye de, 4404.

Saint-Lazare, prieur de, 3049.

Saint-Leu d'Esserent, bénédictin de Cluny à, 6889, 7023/24 (Tripperet).

Saint-Liévin (diocèse de Boulogne), curé de, 1429, 3865, 6643, 7023/24.

Saint-Loup lez Orléans, bénédictines de l'abbaye de, 5567, 6779, 7023/24 (Saint-Loup).

– abbesse de, 4954, 7014.

– prieure de, 5567.

Saint-Malo, bénédictins à, 4439.

– religieuses du Calvaire à, 6844, 7023/24.

– chapelain à la cathédrale de, 6950, 7023/24 (Saint-Verguet).

– évêché de, 4355, 4439.

– évêque de, 5026.

– prêtre de, du diocèse de, 4355.

– sous-diacre de, 5202.

– vicaire général de, 1000.

Voir aussi: Saint-Jagu.

Saint-Mandé, curé de, 1765.

Saint-Martin (diocèse de Beauvais), prieure de, 187, 3216.

Saint-Martin, prieur de l'abbaye de, 1081.

Saint-Martin de Miséré près Grenoble, maison de, 5754.

– confrères de l'Oratoire à, 6394.

Saint-Martin lez Pontoise, bénédictins de l'abbaye de, 4437, 5572.

Saint-Martin-sur-Renelle, curé de, 5908.

Saint-Mathieu (diocèse de Saint-Pol-de-Léon), bénédictin de l'abbaye de, 3902, 4440, 6805.

– nommé prieur de, 4428.

Saint-Merri, curé de, 452, 662, 3057*.

Saint-Mesmin lez Orléans, feuillants du monastère de, 4515, 6781.

– prieur des feuillants de, 4431.

Saint-Michel-en-l'Herm (diocèse de Luçon), bénédictins de l'abbaye de, 3842, 4423, 5245, 5466, 6194.

– prieur de, 4158.

– supérieur exilé de, 7075.

Saint-Mihiel, abbé de, 755, 776, 3915.

Saint-Nazaire (diocèse de Montpellier), curé de, 4340, 5397, 5398.

Saint-Nicolas lez Angers, bénédictins à, 4395.

Saint-Nicolas d'Acy lez Senlis, bénédictins à, 4442, 5184, 6477, 6608, 7023/24 (Caubere).

Saint-Omer, évêque de, 1385, 5644.

Saint-Ouen, curé de – au château de Bayeux, 920, 4304, 4346, 4661.

Saint-Papoul, chanoines de, 2167.

– clergé et fidèles de, 6859.

– évêché de, 4504, 6859.

– évêque de, 839, 2694*, 2190, 3085, 3125, 4637, 4718, 5582, 6015, 6260, 6319–6321, 6859, 7008, 7023/24 (Ségur).

Saint-Pé, bénédictin à, 5337.

Saint-Père en Vallée de Chartres, 4411, 5335.

Saint-Pierre, curé de, 3238.

Saint-Pierre aux Boeufs, curé de, 7023/24 (Le Doux).

Saint-Pol-de-Léon, évêché de, 4440.

Saint-Polycarpe près Limoux en Languedoc (diocèse de Narbonne), abbaye de, 5082, 5286, 5568, 5713, 5903.

– prieur de, 5568, 5677, 5713.

Saint-Pons, évêché de, 4441.

– évêque de, 382, 813*, 838, 1219, 1434, 3051, 3366, 4274, 5461.

Saint-Pourçain, bénédictins de l'abbaye de, 6847.

Saint-Quentin lez Beauvais, chanoines réguliers de l'abbaye de, 4370, 4851, 5569, 6255, 6449, 6821, 7023/24 (Regnard).

– prieur de l'abbaye de, 4370.

Saint-Quentin lez Péronne (diocèse de Noyon), voir: Mont Saint-Quentin.

Saint-Rémy, abbé de, 1603.

– bénédictin à, 4411.

Saint-Riquier (diocèse d'Amiens), bénédictins à l'abbaye de, 4394, 5543, 5576, 6848, 7052.

Saint-Savin-en-Lavedan, bénédictins à, 4445.

Saint-Savin-en-Poitou, bénédictins de l'abbaye de, 4433.

Saint-Serge lez Angers, bénédictins à, 4395.

Saint-Serier (diocèse de Montpellier), curé de, 4340, 5398.

Saint-Sever-Cap, bénédictins de l'abbaye de, 4393, 4858, 4931, 5412, 7150.

Saint-Sévère, prieur de, 1086.

Saint-Sulpice, curé de, 3060.

– prieur du prieuré de – près Mornac, 4354.

Saint-Thibéry (de la province de Toulouse), bénédictins de l'abbaye de, 4392.

Saint-Thierry lez Reims, bénédictins de l'abbaye de, 5520.

Saint-Thomas, curé de, 3113.

Saint-Urbain, bénédictin à l'abbaye de, 3872, 4409, 6706.

– chanoine de, 3222**.

Saint-Valéry-sur-mer, bénédictins à, 4394, 6592, 7023/24 (Grand Saigne).

Saint-Vincent (diocèse de Montpellier), prieur de, 4340, 5398, 5832.

Saint-Vincent-des-Bois (diocèse de Chartres), chanoines réguliers de l'abbaye de, 6469, 6906, 7023/24 (Carbonel, Solu).

Saint-Waudrille, bénédictin de l'abbaye de, 6488, 7023/24 (Chaugy).

Sainte-Colombe, prêtre à, 880.

Sainte-Colombe lez Sens, bénédictins de l'abbaye de, 4443.

Sainte-Geneviève, abbé de, 505, 918, 3060.

– chanoine régulier de, 4368, 4381, 7023/24 (Albine).

Sainte-Geneviève, procureur de, 2738.

Sainte-Marie, supérieure de, 1164.

Sainte-Oportune, curé de, 5930.

Sales (consulat de Limoux), curé de, 2472.

Salzburg, chanoine à, 2438.

Samer aux Bois (diocèse de Boulogne), prieur et bénédictins de l'abbaye de, 4406.

Sarcelles, curé de, 3848, 3933, 3934, 4999, 6198, 6199, 7154, 7155.

Sarlat, évêque de, 5288.

– définiteur des Récollets de, 3014 (Nicolas).

Sassetot (diocèse de Rouen), curé de, 5409.

Saubret (diocèse de Bayonne), prieur du 5459.

Saumur, pères de l'Oratoire à, 1010, 1272, 4252, 4297, 4349, 4535, 5066, 5073, 5296, 5659, 5836, 5984.

– prêtre à, 4687.

– religieuse à, 94.

– ursuline exilée à, 4560.

Voir aussi: Saint-Florent-le-Jeune.

Saussan (diocèse de Montpellier), vicaire perpétuel de, 7023/24 (Sabbatier).

Sauve (Cevennes), curé à, 5591.

Voir aussi: Merle.

Savignières de Montbrison, prieur de, 4981.

Savigny-sur-Orge, curé de, 5840, 5950.

Savoye, duc de, 6912.

Schiedam, curé de, 5641.

Schonauwen, 1467, 1686, 1835–1837, 1842–1887, 2077, 2703, 3960, 4004, 4137, 6454.

– administrateur de, 3935–4043.

- chartreux (français) à, 1836, 1837, 1976, 3949, 3960, 3981, 4137, 4480–4490, 4787, 4789, 4790, 5843, 6677, 6857, 7023/24.
- derniers habitants, 3948.
- domestique de, 4037.
- état des personnes à, 4050, 4094–4175.
- procureur de, 4153.
- titre de propriété, 1835.
- vente de, 4116.

Schoonhoven (diocèse d'Utrecht), curé à, 3933, 3934, 5375, 5641 (Meganck).

Schörfling, curé de, 2583.

Seccau, évêque de, 2074, 2630.

Sedan, conseiller au présidial de, 5521, 5617.

Séez, archidiacre de, 4860, 4999.
- bénédictins à, 5163, 5464.
- écrit contre les catéchismes de, 6065.
- chanoine-théologal de, 579, 1427, 3073*, 5367.
- évêché de, 4552, 4557.
- évêque de, 579.

Seffendijck, sénéchal de, 946.

Seignelay (diocèse d'Auxerre), curé de, 5434.
- guérison miraculeuse à, 4779.

Semerville (diocèse de Blois), curé de, 4308, 6840, 7023/24 (Sainson, Semerville).

Senez, archidiacre de, 6820, 6866, 7013, 7023/24 (Sirmond).
- cathédrale de, 4594.
- chanoine de, théologal de, 1679, 4604, 4607, 5948, 6171, 6344, 6349, 6764, 6913, 6980, 7023/24 (Mouton).
- chapitre de, 4721.
- clergé de, 6336, 7010, 7011.
- doyen de la cathédrale de, 6343, 6755.
- évêché et seigneurie de, 6336–6361.
- évêque de, voir: Jean Soanen.
- aumônier de l'évêque de, 6327, 6357, 6913.
- secrétaire de l'évêque de, 6245–6271, 6914.
- procureur de l'évêque de, 6349.
- députés de l'évêque de – à l'assemblée provinciale d'Embrun, 6345, 6356.
- fermier général de l'évêché, de 6331, 7023/24 (Gras).
- consuls de, 6481, 7023/24.
- recteurs de l'hôpital de, 7023/24.
- grand vicaire, vicaire général de, 4587, 4721, 4733, 5264, 6128–6129, 6347, 6348, 6438, 7012.
- prêtres de, du diocèse de, 5948, 6529, 6548, 6915, 7023/24 (Dol).
- prévôt de, 6900.
- acolyte du diocèse de, 6360, 6914.

- clerc du diocèse de, 6914.
- curés et prêtres du diocèse de, 5255, 5948, 6338, 6375, 7023/24 (Simon).
- diacres du diocèse de, 6351, 6352, 6399, 7023/24 (André).
- doyens ruraux du diocèse de, 7011.
- ecclésiastique du diocèse de, 6429, 7023/24 (André).
- fermiers du diocèse de, 7023/24 (Arnaud, Gras, Gravier, Jeard, Pillafort).
- sous-diacre du diocèse de, 6354.
- excommunication des habitants du diocèse de, 6350.
- synode général du diocèse de, 4721, 6336, 6342, 6355.
- ordonnances synodales de, 6336, 6337.

Senlis, chanoines réguliers à l'abbaye de Saint-Vincent de, 4385, 5584, 6704, 6869, 7023/24 (Loudier).
- doyen de, 500–574.
- évêché de, 4386, 4442, 4496.
- évêque de, 574.
- prêtres à, du diocèse de, 4293, 4911, 5181.
- prieur de Saint-Maurice à, 6869.
- chanoines réguliers de l'abbaye de Saint-Maurice de, 4381, 4385.

Voir aussi: Saint-Nicolas d'Acy lez Senlis.

Sens, abbaye de Notre-Dame de, 5022.
- archevêché de, 4356, 4386, 4443, 4455, 4489, 4528, 4532, 4576.
- archevêque de, 15, 383, 470, 659, 1808, 2985, 3058, 5422, 6122, 6123, 6450, 6552.
- assemblée provinciale de, 4778.
- bénédictins de, 6375.
- bénédictine de Notre-Dame de, 4455.
- prieure des carmélites à, 748.
- chanoines de, 2838*, 6171, 6507.
- collège de, 6323.
- curés de, 6066, 7056.
- curé de Saint-Hilaire à, 4356, 4985, 4999, 5830.
- curé de Saint-Savinien à, 4356.
- diacre de, 5532.
- doyen de, 740, 976.
- fidèles de, 6861, 6989, 7023/24.
- religieuse hospitalière à, 6862.
- prêtre de la Mission à, 4528, 5902.
- théologal de, 162, 877, 3057.
- supérieure des ursulines de, 6501, 7023/24.
- grand vicaire et official de, 875, 4356, 4751.
- vicaire général de, 553.
- Amis de la Vérité à, 3222***.
- officiers municipaux de la ville de, 6323.

445

bénédictın à, 3909.
- carme déchaussé à, 4983.
- carmélites de, 3878, 4468, 5927, 6891, 7023/
- 24, 7057–7064.
- chanoine régulier à, 3857, 5023.
- chanoine de Saint-Urbain à, 5012.
- chartreux à, 4479.
- prieur de la chartreuse de, 6428.
- collège de, maison de, 5172, 5670, 7023/24.
- curé de Saint-Jacques de, 5612.
- curé de Saint-Jean de, 4506, 5304.
- curé de Saint-Pantaléon de, 5115.
- couvent dominicain de, 4972.
- évêché de, 4362, 4388, 4448, 4469.
- évêque de, 1404, 3222***, 4197, 4479, 4506, 4684, 4685, 4776, 4778, 4804, 4808, 4889, 6450, 7023/24 (Bossuet), 7056.
- remontrances des diocesains à l'évêque de, 4197.
- maison du Saint-Esprit de, 7023/24.
- prêtre de l'Oratoire à, 4881, 4976, 5172, 5176, 5561, 5563, 5670, 5833, 6498, 6892, 7023/24 (Colinet, Grozelier, Heultz, Tro-yes).
- prêtre habitué de Saint-Pantaléon à, 4362, 4847.
- prieur et chanoines réguliers de l'abbaye de Saint-Martin de, 4388, 5308.
- prieure de Sainte-Scolastique à, 5548, 6829, 7023/24 (R ohan).
- ancien professeur de théologie de Caen à, 5045.
- religieuse de Notre-Dame de, 111.
- supérieur de la communauté de Sainte-Barbe à, 1495, 1496, 2985, 3144, 3193, 3204, 3222**, 3696, 3724.
- religieuses de la Visitation à, 7023/24 (Eu-génie, Le Maire).
- cas de conscience de, 736.
- lettre de, 1421.
- maires et échevins à, 917.
- marchand à, 7023/24 (Lalanne).
- curés du diocèse de, 5638.
- prêtre du diocèse de, 4362, 5020.
Voir aussi: Moutier Lacelle lez Troyes.
Tuffé (diocèse du Mans), bénédictins du mo-nastère de, 5049, 6531, 7023/24 (Du Bois, Julien, Eveillard).
Tulle, évêque de, 555, 3060.
Turin (Torino), secrétaire de l'ambassade de France à, 2503.
- gentiluomo di, 7097.
- mémoire sur l'Église de Hollande, envoyé à,

2612.
Turmigny (diocèse de Tournai), curé de, 4360, 6393.
Udine, archevêque d', 3541.
Utrecht, archevêques d', 1409, 1601, 1610, 1672, 1675, 1695, 1730, 1741, 1859, 1888, 1905, 1951, 1958*, 1972, 1986, 2000, 2055, 2207, 2380, 2404, 2439, 2502, 2537, 2630, 2685, 2846, 3222***, 3228, 3248, 3268, 3288, 3300, 3320, 3331, 3337, 3366, 3392, 3532, 3634, 3635, 3642*, 3644, 3654, 3675, 3690, 3691, 3707, 3718, 3725, 3734, 3741, 3766, 3770, 3777, 3788, 3810, 3911, 3914, 3931, 3933, 3934, 3938, 3957, 3960, 4001, 4055, 4056, 4058, 4059, 4063, 4079, 4083, 4086, 4092, 4093, 4118, 4136, 4140, 4151, 4152, 4184, 4189, 4204, 4215, 4219, 4221, 4222, 4232–4236, 4480, 4481, 4641, 4651, 4666, 4769, 4786, 4840, 4998, 5607, 5640, 5641, 5649, 5679, 5815, 5816, 5818, 5860, 5892, 5899, 5905, 5907, 5915, 5927, 6219, 6254, 6514, 6733, 6871, 6920, 6936, 7023/24 (Croon, Meindaerts), 7047, 7068.
- liste des archevêques 'd, 4212.
- sacre des archevêques (évêques) d', 3656, 3664, 3665, 3672, 3694, 3717, 3718, 3725, 3730, 3734, 3747, 3749, 4118, 4221, 5817, 5818.
- bibliothèque des théologiens à Clarenburg, 3559.
- chapitre d', 1465, 1610, 2537, 2634, 3630, 3650, 3656, 3761, 3773*, 3786, 3803, 3978, 4047, 4051, 4052, 4053, 4086, 4092, 4481, 4789, 5079, 5640, 6104, 6895, 6942.
- doyen du chapitre d', 5079, 6942.
- secrétaire du chapitre d', 4221.
- chartreux à, 2077, 3942, 4094–4118.
- clergé du diocèse d', 1610, 3339, 3933, 4086, 5641.
- coadjuteur d', 3690, 3766, 4008, 4055–4057, 4149, 5817.
- concile d', 2607, 3366.
- conférences ecclésiastiques, 3907.
- curés à, 5641.
- curé de Clarenburg (Sainte-Marie) à, 4217, 5641.
- curé au Coin de Sainte-Marie (Sainte-Gertrude) à, 1421, 1610, 1717, 1839, 2082, 2344, 2439, 2502, 2590, 3392, 3471, 3601, 3691, 3732, 3786, 3843, 3933, 3934, 4176, 4188, 4218, 4228, 5641.
- droits de l'Église d', 3651, 4093.
- état de l'Église d', 4093, 6549.

- histoire de l'Église d', 2631**, 4064, 4093, 4190 (notes).
- pièces sur l'Église d', 1897, 2594*, 2612, 2614, 3041, 3042, 3073, 3085, 3262, 3339, 3649, 3656, 3723, 3747, 3796, 3805, 4092, 4093.
- accomodement entre – et Rome, 3319, 4086 (projet), 4091.
- suffragan d', 5817.
- théologien d', 7037.
- vicaires généraux s.v. d', 6942, 7019.
- aalmoezenierskamer à, 3626.
- États d', 3613.
- Français en, 1678, 3559.
- "Provinciaal Utrechtsch Genootschap van Konsten en Wetenschappen" à, 2027, 3389.
- "klopje" à, 1755–1757.
- libraires à, 1758, 1918, 1946, 1998–2006, 2046, 2218, 2235, 2275, 2438, 2465, 2493*, 2523, 2571, 2764, 2767, 2781, 2922, 3275, 3401, 3409, 3426, 3432, 3444, 3450, 3456, 3484, 3498, 3504, 3505, 3508, 3570, 3576, 3580, 3587, 3592, 3594, 3625, 3649, 3699, 4022, 4145.
- maison française à, 1826.
- notaire à, 2124, 3392, 3615, 3624.
- province ecclésiastique d', 5817.
- tremblement de terre à, 2646.
- Rijnwijk proche, voir: Rijnwijk.
Voir aussi: Hollande.
Uzès, évêque d', 5270.
Uzeste (diocèse de Bazas), doyen d', 4353, 5047.

Vaas, (diocèse du Mans), prêtre de Saint-George à, 4328.
Vaes, pays de, 946.
Vaison, évêque de, 1178, 1567.
Val de Grâce, abbesse du, 3057.
- religieuse du, 1145, 6824.
Valdône, à Charenton, religieuse du, 6295.
Valençay en Berry, supérieure des ursulines de, 4835.
Valence, évêque de, 1625.
- provicaire des augustins d'Aragon à, 2394.
Vallengin, souveraineté de, 816.
Val Profonde, chartreux à, 4489, 5908.
Val Saint-George près Corbigny (diocèse d'Autun), chartreux au, 4472, 5643.
- prieur des chartreux de, 4475, 4788, 5212.
Vanécro en Normandie (diocèse de Lisieux), curé de, 4352, 5486, 6804, 7023/24 (Pollin).
Vannes, évêché de, 4363, 4449.

- évêque de, 6112.
Varades, bénédictin à, 4893.
Varsovie, lettre de, 1326.
Varzy (diocèse d'Auxerre), chanoine de, 2743.
- vicaire de, 4746, 6410.
Vaucler, abbé des bénédictins de, 3924.
- bénédictin à, 1949, 3220, 3924.
Vaux de Cernay, cistercien de l'abbaye des, 4854.
Vaux et Champs (diocèse d'Auxerre), curé de, 1815, 2484, 2978, 3014, 3035.
Vence, évêque de, 3054.
Vendôme, bénédictins à l'abbaye de la Sainte-Trinité de, 4411, 5133, 5360, 5653.
- M. de, 2698*.
- oratoriens à, 1272, 4538, 5658, 6896, 6900, 7023/24 (Vence).
- ursulines à, 6901, 7023/24.
Venise, duc, doge de, 5640, 6104.
- maître de l'École Chrétienne à, 4178.
- manuscrit de, 2672.
- république de, 2303.
Ver (diocèse de Chartres), ancien curé de, 5177.
Verdun, prieur de l'abbaye du Mas de, 2701*, 7149.
- bénédictins à, 4450, 5276.
- chanoines de, 4364.
- évêché de, 4364, 4450.
- évêque de, 852, 1273, 4874, 5716.
- officialité de, 5716.
Verdun-sur-Garonne, bénédictin à, 6526, 7023/24 (Desolieres).
Vergons (diocèse de Senez), paroisse de, 4608.
- consuls de, 7023/24.
Vermenton (diocèse d'Auxerre), curé de, 6312.
Verneuil (diocèse d'Évreux), curé de, 4321.
Vernoil Vernante, prieur de, 941, 1797*.
Versailles, (ancien) évêque constitutionnel de, 1708–1731, 1839, 3441, 4213. Voir aussi: Clément du Tremblai (Index I).
- vicaire de Saint-Louis à, 4225.
- conseiller à, 4741.
- fidèles de, 6902, 7023/24 (Amis de la Vérité).
- guérison miraculeuse à, 5743.
- médecin à, 576.
Versigny (diocèse de Senlis), curé de, 5301.
Vertou, bénédictin à, 3826.
Vertus, oratoriens aux, 1106, 4547, 4924, 5294, 5331, 5498.
Vétheuil (diocèse de Rouen), curé de, 5510, 5555.

449

Vianen, curé de, 5641.
- château, 1467.
- maison, 1838, 1868.
Vias (diocèse d'Agde), ancien curé de, 4291, 5626.
Vienne (Autriche), archevêque de, 2076, 2303.
- capucin à, 2544.
- chanoine à, 2256.
- conférence de, 2631.
- confesseur de la cour impériale de, 2256.
- curatus ad. S. Stephanum, 2378.
- nonce à, 2620.
- séminaire à, 2076, 2560.
- bibliothécaire à, 1625.
- garde de la bibliothèque de l'université de, 2109, 3417.
- lettres de, 2207, 2431, 2560.
- professeurs de l'université de, 2207, 2234, 2265.
- proto-médecin de l'imperatrice, 1625.
- questions à, 2068.
Vienne (France), archevêché de, 4365, 4577.
- archevêque de, 4577, 6743, 6912, 6915, 6979.
Vieux Corbeil, doyenné du, 6187.
Vigny, (diocèse de Langres), curé de, 4325, 5555, 6075.
Villefranche (diocèse de Lyon), religieuse de, 4453.
Villefranche de Rouergue, acolyte de la Doctrine Chrétienne à, 4816.
- prêtres de la Doctrine Chrétienne à, 4503, 5578, 5589, 5600, 5667.
Villema(i)gne, bénédictins à, 4403, 5018, 5381.
Villemaire, supérieure de l'Hôtel-Dieu de Saint-Joseph à, 3726.
Villemartin, curé de, 2457.
Villenes (diocèse de Chartres), curé de, 6486.
Villeneuve-le-Roi (diocèse de Sens), prieure des bénédictines à, 4455, 6536, 7023/24 (Du Fourni).
- curé à, 4982.
Villers, prieur de, 15, 32**, 673, 3050, 3057, 3217, 3218.

Villiers le Bel, ancien maire de, 4206–4238.
Vincennes, Sainte-Chapelle de, 813**, 5656.
- lieutenant de roi du château de, 3931 (M. de Saint-Sauveur).
Virapatnam près de Pondichéry, lettre de, 7147.
Vitry-le-Brulé, curé de, 4214, 7153.
Vitry-le-François (diocèse de Châlons-sur-Marne), vicaire de, 4313.
Viviers, évêché de, 4390.
- bourgeois de Marseille exilé à, 7023/24 (Cornier).
Vlierbeek, abbé de, 1610, 1836, 2127, 3273, 3898.
Voisins (diocèse d'Orléans), abbaye cistercienne des, 4494, 5672.
- abbesse des, 3222***, 4494, 7023/24 (Villelongue).
- aumônier des, 4494.
- confesseur de l'abbaye des, 4491.
Von (diocèse de Reims), curé de, 6284.
- incendie à, 6284.
Voortwijk, lettre de, 4016.
Vronestein (Fronestein), maison de, 1610, 1835–1837, 3281, 3685*, 3830, 3831, 3846, 3860, 3873, 3919, 3967, 4480–4490, 4786, 4789, 4792, 5209, 6677.
Vuillancourt, abbesse de, 193.

Westergoo, propositio deputatorum, 2291.
Westminster, journal de, 5927.
Wevelghem (diocèse de Tournai), curé de, 3933, 4360.
Wijk bij Duurstede, catholiques de, 3613.
- grand bailli de, 3613.
Wustwesel (diocèse d'Anvers), curé de, 5220.

Ypres, lettre pastorale d', 3496.

Zaandam (diocèse de Haarlem), curé de, 2529.
Zabulon, voir: Sabule.
Zoetermeer (diocèse d'Utrecht), curé à, 5641.
Zwolle, facteur de la poste à, 4141*.